Géographie

Terminales L, ES, S

Sous la direction d'Eric ROGER
Professeur agrégé, Lycée Félix-Mayer (Creutzwald, Moselle)

Elise BLONDELLE-FRISCHMANN
Professeur agrégée, Lycée Alfred Kastler (Stenay, Meuse)

Jean-Paul GADLER
Professeur certifié, Lycée Jean de Pange (Sarreguemines, Moselle)

Jean-Pierre LE BAIL
Professeur certifié, Lycée Alfred Kastler (Stenay, Meuse)

Christophe MARCHAND
Professeur certifié, Lycée Charles-Jully (Saint-Avold, Moselle)

Pierre SCHILL
Professeur agrégé, collège de Fontcarrade (Montpellier, Hérault)

Jean-Luc WOZNIAK
Professeur certifié, Lycée Félix-Mayer (Creutzwald, Moselle)

BERTRAND-LACOSTE
36, rue Saint-Germain-l'Auxerrois – 75001 PARIS

LE MONDE POLITIQUE

ARCTIQUE
RUSSIE
Alaska (É.-U.)
KAZAKHSTAN
MONGOLIE
OUZBÉKISTAN
KIRGHIZISTAN
GÉORGIE
13
14
TURQUIE
TURKMÉNISTAN
TADJIKISTAN
CORÉE DU NORD
CORÉE DU SUD
JAPON
CHINE
CHYPRE
15
SYRIE
IRAK
IRAN
AFGHANISTAN
ISRAËL
16
BHOUTAN
KOWEIT
NÉPAL
PAKISTAN
ÉGYPTE
QATAR
Tropique du Cancer
TAIWAN
ÉMIRATS-ARABES-UNIS
ARABIE SAOUDITE
OMAN
INDE
MYANMAR
LAOS
BANGLADESH
ÉRYTHRÉE
YÉMEN
THAÏLANDE
VIETNAM
SOUDAN
DJIBOUTI
PHILIPPINES
OCÉAN PACIFIQUE
ÉTHIOPIE
SRI LANKA
CAMBODGE
BRUNEI
SOMALIE
MALAISIE
OUGANDA
KENYA
Équateur
BURUNDI
TANZANIE
INDONÉSIE
PAPOUASIE-NOUVELLE-GUINÉE
TIMOR
MALAWI
OCÉAN INDIEN
ZIMBABWE
MADAGASCAR
MOZAMBIQUE
Tropique du Capricorne
AUSTRALIE
Swaziland
Lesotho
NOUVELLE-ZÉLANDE
Antarctique
Cercle Polaire Antarctique

Les programmes des séries L–ES

Partie I : Un espace mondialisé (10 h)	
1. Mondialisation et interdépendances	L'espace mondial se présente aujourd'hui comme un système marqué par la multiplication de flux de toute nature (hommes, marchandises, capitaux, informations) qui ont des effets sur les sociétés. Ces flux sont organisés par des acteurs spatiaux comme les États, les entreprises multinationales, les organisations non gouvernementales, les organisations illicites. L'intensité de ces échanges favorise l'émergence de lieux de la mondialisation à différentes échelles, notamment les métropoles mondiales disposant d'un pouvoir de commandement.
2. Autres logiques d'organisation de l'espace mondial	La mondialisation est l'objet de débats concernant ses modalités de mise en œuvre, sa relation avec la question du développement et avec les enjeux environnementaux. Par ailleurs, le processus de mondialisation ne constitue pas la seule clé de lecture du monde. D'autres logiques d'organisation du monde se juxtaposent et interfèrent : les aires de civilisation (cultures, langues, religions), les États, les organisations économiques régionales.
Partie II : Trois grandes aires de puissance dans le monde (22 h)	
1. L'Amérique du Nord	
Les États-Unis : la superpuissance	La superpuissance des États-Unis est décrite dans ses différents aspects (économique, financier, culturel, diplomatique et militaire). On prend en compte l'inscription de cette puissance dans l'espace mondial. On étudie l'organisation du territoire des États-Unis.
La façade atlantique des États-Unis et de l'Amérique du Nord	L'étude de l'exemple de la façade atlantique de l'Amérique du Nord, du Saint-Laurent au golfe du Mexique, permet de présenter l'originalité de l'organisation de son espace et quelques aspects de l'ouverture au monde des trois États de l'ALENA.
2. L'Union européenne	
La puissance économique de l'Union européenne	L'Union européenne est d'abord étudiée globalement sous l'angle de sa puissance économique et commerciale. On présente ensuite la diversité spatiale.
L'Europe rhénane	L'Europe rhénane, qui inclut différents États (Suisse, Allemagne, France, Benelux) constitue le cœur économique de l'Union européenne. Densément peuplé, et marqué par l'importance des villes et de l'industrie, il s'organise autour d'axes majeurs. Il dispose d'une puissante fenêtre maritime qui le met en relation avec le monde.
3. L'Asie orientale	
Une aire de puissance en expansion	La puissance de l'Asie orientale vient d'abord de son poids démographique. Bien que marquée par une grande diversité des systèmes politiques, des niveaux de vie, des activités économiques, cette aire de puissance trouve un élément d'unité dans son dynamisme. Elle comprend le Japon, la Corée du Sud, Taïwan, la Chine littorale et Singapour. Il s'agit donc d'une aire multipolaire animée par des échanges commerciaux, des réseaux d'entreprises et des investissements croisés. On l'étudie ici globalement.
La mégalopole japonaise	La mégalopole japonaise fait l'objet d'une étude spécifique. Dominée par Tokyo, ville mondiale, elle concentre l'essentiel de la population et des activités économiques du Japon. Elle est en relation avec l'Asie orientale et le monde. Les fortes densités et les contraintes naturelles confèrent une importance particulière aux questions d'environnement.

Partie III : Des mondes en quête de développement (18 h)	
Unité et diversité des Sud	L'inégal développement à l'échelle du monde est tout d'abord rappelé. Les États du Sud présentent des traits communs, liés au sous-développement. Ils se différencient toutefois de manière croissante, en fonction de politiques de développement inégalement efficaces. On étudie ensuite le Brésil pour montrer les contrastes spatiaux du développement à l'échelle du pays et à celle des villes.
Une interface nord-sud : l'espace méditerranéen	La Méditerranée constitue un espace de clivage en même temps que de contacts entre les pays du Nord et ceux du Sud. Dans ce cadre géographique, on étudie les écarts de développement, la mobilité des hommes (migrations, déplacements touristiques), les échanges économiques, financiers et culturels. En s'appuyant sur quelques exemples, on montre les effets de ces phénomènes sur les sociétés et les territoires.
La Russie : un État et un espace en recomposition	Le plus vaste pays du monde est confronté au problème du post-soviétisme marqué par la crise des structures politiques et économiques et par des problèmes démographiques et sociaux. Pour assurer les bases d'un nouveau développement, la Russie peut toutefois compter sur des atouts, notamment ses ressources naturelles. De nouvelles logiques d'organisation de l'espace apparaissent, contribuant à des changements importants dans la répartition géographique des hommes et des activités économiques.

Les programmes des séries S

Partie I : Un espace mondialisé (10 h)	
1. Les centres d'impulsion et les inégalités de développement	L'espace mondialisé est dominé par trois grands centres d'impulsion, dont l'Union européenne qui fait ici l'objet d'une prise en compte particulière. On insiste aussi sur l'intensité des réseaux d'échanges qui relient ces trois centres d'impulsion. L'inégal développement laisse en marge le reste du monde, lui même très diversifié.
2. D'autres logiques d'organisation de l'espace mondial	La mondialisation est l'objet de débats concernant ses modalités de mise en œuvre, sa relation avec la question du développement et avec les enjeux environnementaux. Par ailleurs, le processus de mondialisation ne constitue pas la seule clé de lecture du monde. D'autres logiques d'organisation du monde se juxtaposent et interfèrent : les aires de civilisation (cultures, langues, religions), les États, les organisations économiques régionales.
Partie II : Les États-Unis (8 h)	
1. La superpuissance des États-Unis	La superpuissance des États-Unis est décrite dans ses différents aspects (économique, financier, culturel, diplomatique et militaire). On prend en compte l'inscription de cette puissance dans l'espace mondial. On étudie l'organisation du territoire des États-Unis.
2. La façade atlantique des États-Unis	L'exemple de la façade atlantique des États-Unis permet de présenter l'originalité de l'organisation de son espace et quelques aspects de son ouverture au monde.
Partie III : L'Asie orientale (8 h)	
1. Une aire de puissance en expansion	La puissance de l'Asie orientale vient d'abord de son poids démographique. Bien que marquée par une grande diversité des systèmes politiques, des niveaux de vie, des activités économiques, cette aire de puissance trouve un élément d'unité dans son dynamisme. Elle comprend le Japon, la Corée du Sud, Taïwan, la Chine littorale et Singapour. Il s'agit donc d'une aire multipolaire animée par des échanges commerciaux, des réseaux d'entreprises et des investissements croisés. On l'étudie ici globalement.
2. La mégalopole japonaise	La mégalopole japonaise fait l'objet d'une étude spécifique. Dominée par Tokyo, ville mondiale, elle concentre l'essentiel de la population et des activités économiques du Japon. Elle est en relation avec l'Asie orientale et le monde. Les fortes densités et les contraintes naturelles confèrent une importance particulière aux questions d'environnement.
Partie IV : Une interface Nord-Sud : l'espace méditerranéen (6 h)	
La Méditerranée constitue un espace de clivage en même temps que de contacts entre les pays du Nord et ceux du Sud. Dans ce cadre géographique, on étudie les écarts de développement, la mobilité des hommes (migrations, déplacements touristiques), les échanges économiques, financiers et culturels. En s'appuyant sur quelques exemples, on montre les effets de ces phénomènes sur les sociétés et les territoires.	

Avant-propos

Clairement situé à l'échelle planétaire, le programme de Terminale se propose de décrire en détail l'organisation de l'espace mondial, ses principaux acteurs, ses centres d'impulsion et ses discontinuités majeures.

Nous avons voulu concevoir un manuel qui réponde à deux objectifs formateurs fondamentaux. Tout d'abord, préparer les élèves aux épreuves écrites du baccalauréat en consolidant les compétences acquises depuis la classe de seconde (acquisition de notions et de connaissances, activités variées d'écriture et de schématisation, exercices de type baccalauréat). Mais aussi, construire un savoir géographique pour mieux comprendre un monde en constante mutation : confrontés à des situations clairement problématisées, les élèves sont ainsi conduits à exercer autonomie et esprit critique au service d'une géographie citoyenne.

Les auteurs.

Sommaire

LEXIQUE

Les notions du programme de seconde réutilisées dans les programmes de terminales

- **Acteurs spatiaux**
  Groupes de personnes ou d'organisations qui agissent sur un espace et contribuent à le transformer par leurs aménagements.

- **Aménagement**
  Actions menées pour occuper un espace, favoriser son développement économique, préserver son environnement et réduire les inégalités socio-spatiales.

- **Contraintes**
  Ensemble d'éléments qui exercent une influence négative et créent des difficultés ou des limites à la mise en valeur d'un espace donné : les contraintes peuvent être naturelles, économiques, historiques ou sociales.

- **Développement**
  Croissance de la production de richesse couplée à l'amélioration d'un certain nombre d'indicateurs sociaux (espérance de vie, accès à l'éducation, niveau de vie) ; cette notion est complétée par celle de développement « durable », fondée sur une utilisation raisonnée des ressources visant à satisfaire les besoins du présent tout en garantissant ceux des générations futures.

- **Discontinuités**
  Modification brutale d'un phénomène de part et d'autre d'une limite : les discontinuités peuvent être démographiques, économiques et sociales, spatiales, voire politiques.

- **Environnement**
  Pour les géographes, la notion d'environnement repose à la fois sur les composantes sociales, humaines et naturelles d'un milieu ; les hommes et les sociétés humaines sont donc au centre d'un environnement qu'ils contribuent à transformer par leurs aménagements.

- **Flux**
  Volume de biens ou de personnes en circulation : les flux se caractérisent par une origine, une destination, un itinéraire, une « épaisseur ».

- **Organisation de l'espace**
  Résultat de la combinaison des actions humaines sur les territoires : l'étude de cette organisation (structures et disparités spatiales) et de ses évolutions (dynamiques spatiales) est l'objet même de la géographie.

- **Paysage**
  Perceptible à l'échelle locale, le paysage est l'expression visible des aménagements humains sur une portion d'espace.

- **Pôle**
  Lieu carrefour qui exerce une attraction et, parfois, une domination sur un espace donné.

- **Réseaux**
  Les réseaux peuvent être de nature variée (villes, routes, voies ferrées, couloirs aériens ou maritimes, télécommunications...), ils s'organisent à partir de nœuds, supportent des flux et contribuent à structurer les espaces humanisés.

- **Ressources**
  Richesses ou ressources naturelles qui peuvent être exploitées à un moment donné et à un coût considéré comme acceptable (donnée relative).

- **Risques**
  Menace potentielle pesant sur les hommes et leurs activités : le risque est le résultat d'un aléa qui frappe une zone humanisée.

- **Territoire**
  Portion d'espace clairement définie, mais sans échelle spatiale fixe, dont les contours sont reconnus par les sociétés humaines qui les occupent.

Les notions complémentaires introduites par les programmes de terminales

- **Aire de puissance**
  Espace géographique constitué d'un ensemble d'États ou de régions qui par leur poids économique, leur influence politique, militaire ou culturelle, éventuellement leur poids démographique, occupent une place prépondérante dans l'organisation géographique du monde.

- **Aire de civilisation**
  Espace géographique au sein duquel des traits culturels communs sont identifiables et ne se rencontrent pas ou peu en dehors de cette aire.

- **Axe**
  Ligne ou couloir autour duquel et grâce auquel se structure un espace géographique environnant.

- **Centre d'impulsion**
  Espace où se trouvent concentrées des fonctions de commandement (politiques, économiques, culturelles) qui confèrent à ce lieu un rôle structurant sur l'espace mondial.

- **Développement durable**
  La notion de développement durable (ou développement « soutenable ») est fondée sur une utilisation raisonnée des ressources par les sociétés humaines qui puisse à la fois répondre aux besoins présents, sans compromettre les capacités des générations futures à répondre aux leurs.

- **Disparités spatiales**
  Différences quantitatives (démographiques, économiques, culturelles) repérables et mesurables dans l'organisation d'un espace géographique.

- **Dynamiques spatiales**
  Changements que l'on peut repérer dans un espace concernant la localisation des activités et de la population.

- **Front pionnier**
  Le terme désigne des zones de mise en valeur et de peuplement récents. Plus que de façon linéaire, la progression d'un front pionnier s'effectue en noyaux de peuplement le long d'axes de communication. Aujourd'hui, les principaux fronts pionniers actifs se retrouvent en Sibérie, en Indonésie, au Brésil et en Australie.

- **Interface**
  Ligne de contact entre deux ensembles distincts : pour les géographes les façades littorales, les frontières peuvent être considérées comme des interfaces.

- **Mégalopole**
  Désigne des aires urbaines géantes plus ou moins continues aboutissant à une exceptionnelle concentration de personnes, d'activités et de pouvoirs.

- **Métropolisation**
  Processus de concentration de la population et des activités dans des zones urbaines de grande taille.

- **Mobilité**
  Forme de mouvement qui s'exprime par un changement de lieu : la mobilité concerne aussi bien les personnes (migrations plus ou moins durables, saisonnières ou pendulaires), que les activités (délocalisations), les capitaux, voire les paysages.

- **Mondialisation**
  Dans sa définition économique, le terme désigne d'abord une tendance à l'interdépendance qui se traduit par une concurrence accrue (libre-échange) et une mobilité internationale des facteurs de production (capital et travail) ; mais la notion a également une dimension culturelle qui affecte toutes les civilisations en accentuant leurs similarités dans un espace mondial contracté, sans pour autant conduire à une véritable uniformisation.

- **Multinationale**
  Entreprise qui contrôle des unités de production et de conception dans plusieurs États : on peut préférer le terme de " transnationale " dans la mesure où les fonctions de commandement sont souvent localisées dans un même État.

PRÉSENTATION

L'entrée de chapitre

Tous les chapitres du manuel s'ouvrent par une **double page qui présente le thème abordé à l'aide de documents visuels** (photographies, cartes ou croquis) et qui en définit les problématiques.
Les chapitres sont clairement identifiés selon les séries auxquelles ils s'adressent (**L-ES**, ou **L-ES** et **S**). Il peut arriver que dans certains chapitres destinés aux L-ES, des dossiers ou des objectifs bac soient aussi destinés aux élèves des séries S, et cela pour permettre de traiter les quelques particularités du programme des sections scientifiques : une première partie qui insiste sur l'**Europe** comme centre d'impulsion de l'économie mondiale (les chapitres 6 et 7 étant réservés aux L-ES) et qui présente les inégalités de développement du monde actuel (les chapitres 10-11 et 13 étant réservés aux L-ES).

Des cartes pour comprendre

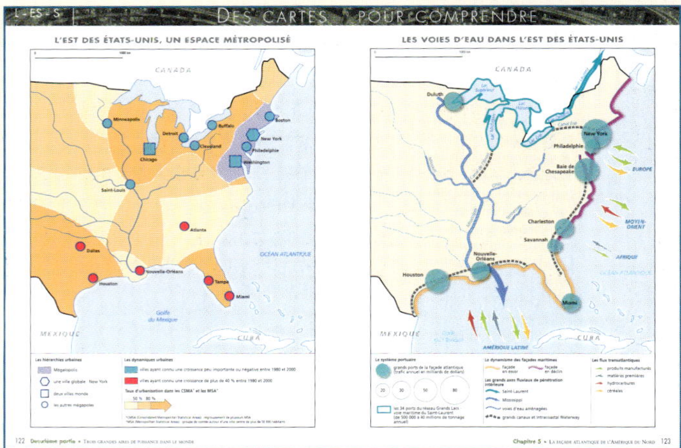

Tous les chapitres comprennent également une **double page d'entrée cartographique** (« des cartes pour comprendre ») qui est destinée à **étoffer la présentation problématique** du thème abordé et à apporter des éléments de contextualisation pour l'étude des différents dossiers du chapitre.

Les dossiers

Chaque chapitre offre un large choix de **dossiers documentaires**. Ces dossiers comprennent des documents de nature variée (textes scientifiques, articles de presse, graphiques, documents cartographiques, photographies…).
Ces dossiers proposent **des activités clairement définies** (réalisation d'organigrammes, de croquis ou de schémas, rédaction de textes argumentés, classement et confrontation d'informations) qui permettent une part importante de travail autonome des élèves et les placent en situation de mettre en pratique toutes les compétences acquises depuis la classe de seconde pour mieux se préparer aux épreuves de type baccalauréat.

Objectif Bac

À chaque chapitre sont associées deux doubles pages **d'entraînement aux épreuves du baccalauréat**. Y sont proposés des sujets d'étude d'un ensemble documentaire (conformes aux nouvelles instructions données pour cette épreuve), ainsi que des pistes pour préparer des **sujets de composition** et de **croquis de géographie** en utilisant toutes les ressources du manuel scolaire.

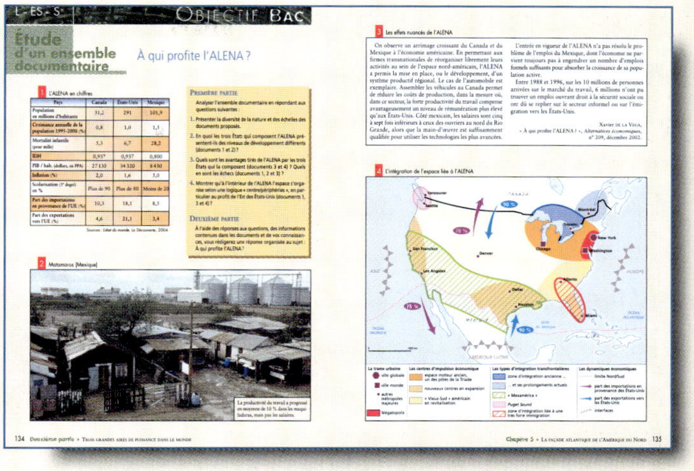

La synthèse

Tous les chapitres se terminent par trois doubles pages de synthèse. **Un texte clair et hiérarchisé** fait le point sur les connaissances de base à acquérir.
Ce texte est sans cesse mis en relation avec les dossiers documentaires et le lexique des notions clefs (notions définies à la page 7) par un système de renvois signalés en marge. Par ailleurs, chaque double page propose également deux ou trois documents complémentaires (textes, photographies, cartes, croquis ou schémas) qui illustrent le texte de synthèse et proposent des pistes d'approfondissement du thème abordé dans le chapitre.

Retrouver l'essentiel

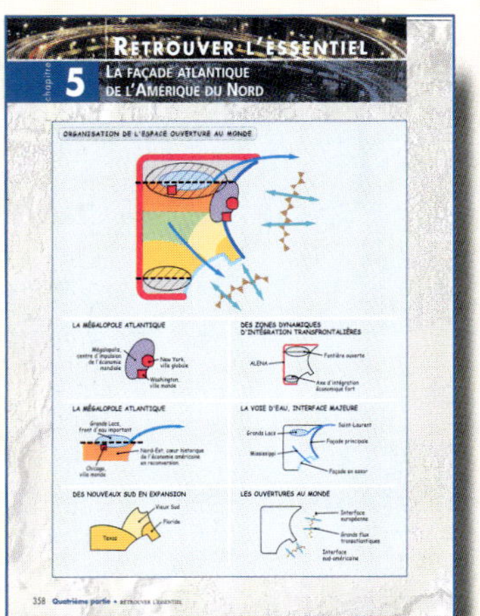

Enfin, une page « Retrouver l'essentiel » est proposée pour chacun des treize chapitres du manuel. À l'aide de supports variés (organigrammes, tableaux synthétiques, plans alternatifs, schématisations), **ces pages aident à mémoriser les points clefs du cours** dans la perspective de l'examen et complètent utilement les textes de synthèse des différents chapitres.

PARTIE 1 Un espace mondialisé

Chapitre 1

Dossiers

Objectif Bac

Chapitre 2

Dossiers

Objectif Bac

Chapitre 3

Dossiers

Objectif Bac

L - ES

chapitre 1

UN MONDE DE FLUX

Problématique

La mobilité et le fractionnement grandissant des facteurs de production ont engendré de puissants flux de marchandises, de services, de capitaux et d'informations, flux favorisés par les progrès des moyens de transport et de communication. Quels sont les différents acteurs de ces flux, quels en sont les impacts sur l'organisation de l'espace mondial ?

Le commerce mondial des marchandises en 2000

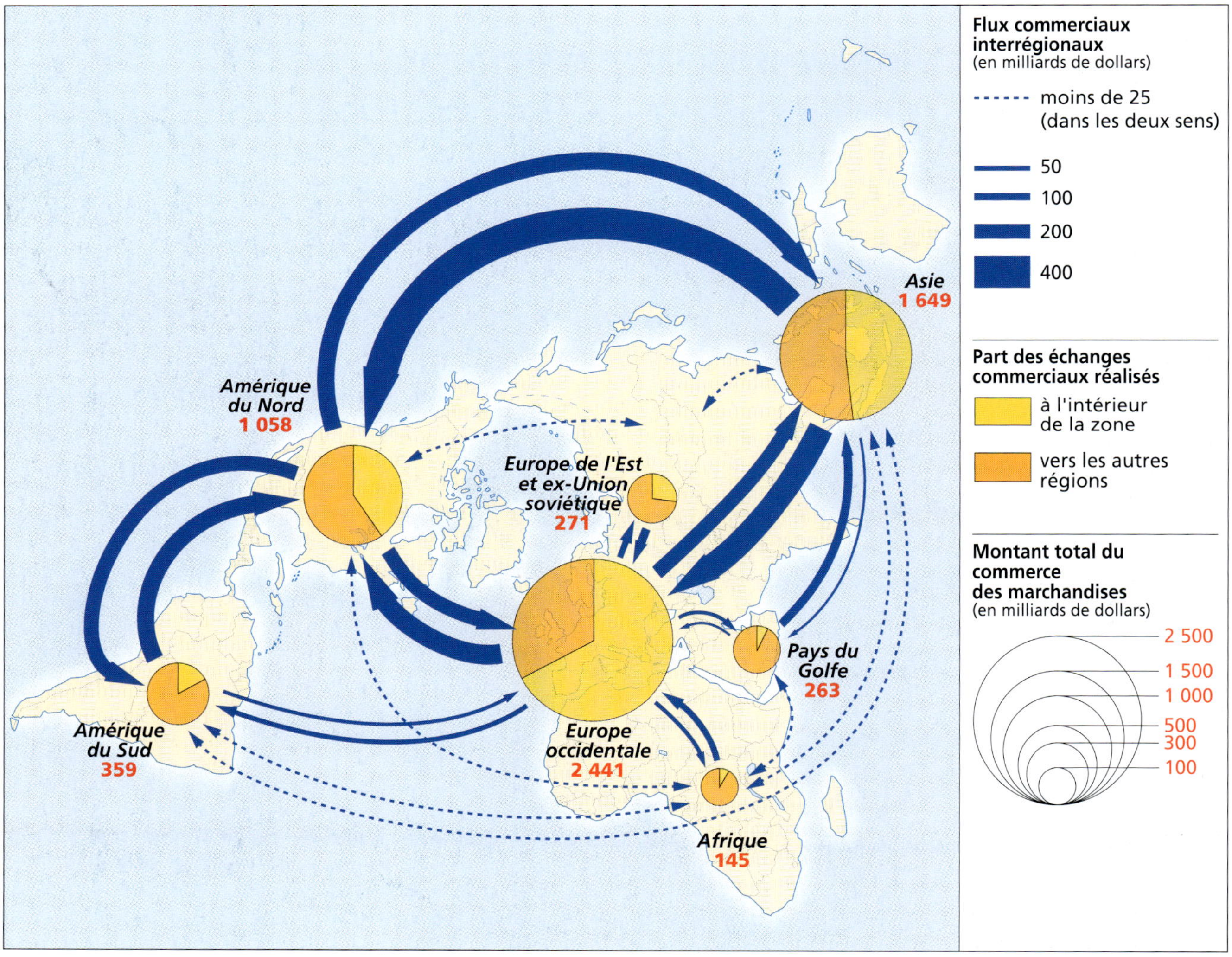

Source : *Atlas du Monde diplomatique*, 2003.

Le port de conteneurs de Hambourg : une porte ouverte sur le monde

LES PRINCIPAUX PORTS DE MARCHANDISES ET FLUX MARITIMES

Source : *Atlas du Monde diplomatique*.

LES MIGRANTS ÉCONOMIQUES EN 2000

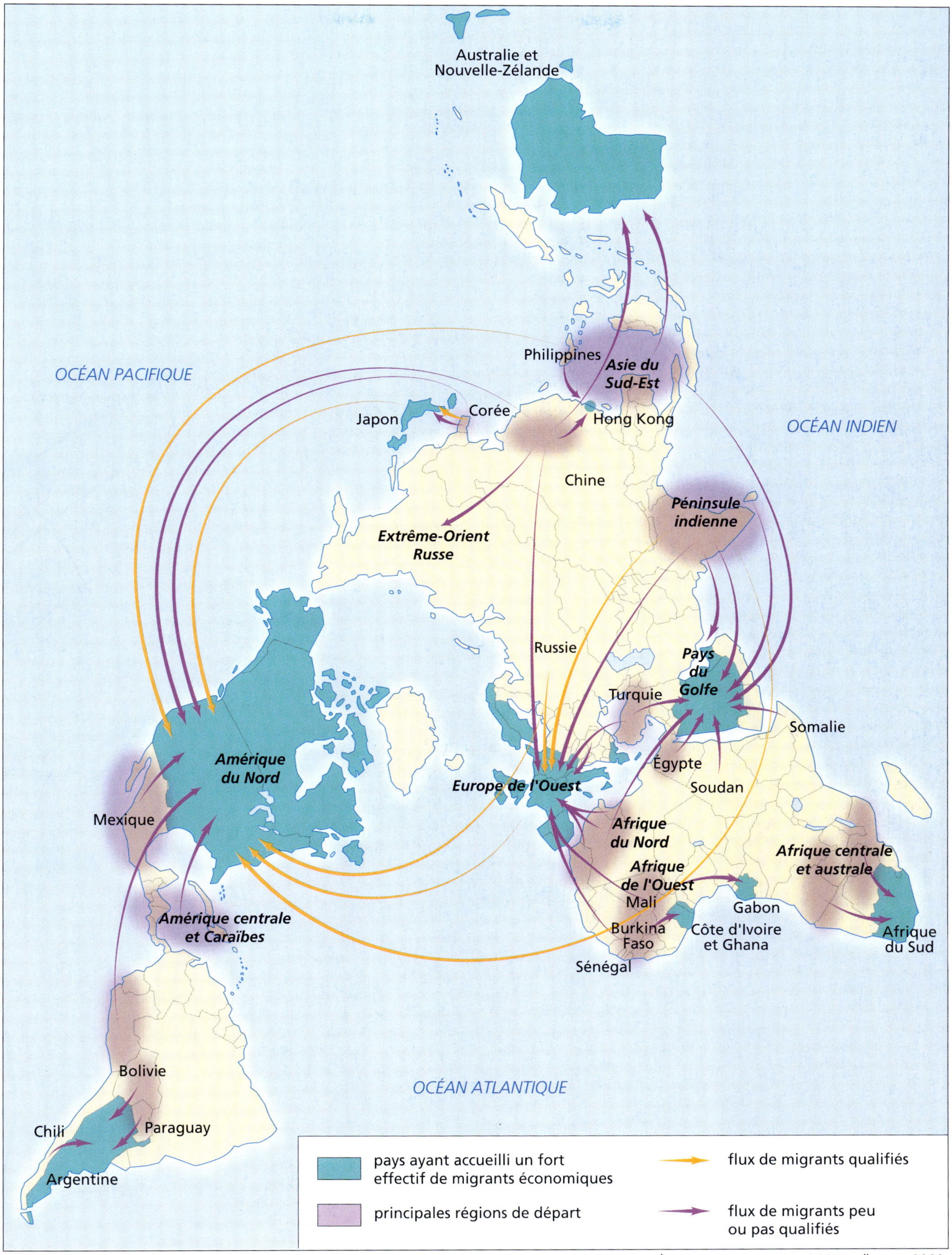

Source : *Alternatives économiques*, n° 216, juillet-août 2003.

dossier 1

Les flux du pétrole

Première source d'énergie mondiale et surtout matière première pour toute une série d'industries dérivées, le pétrole est une des marchandises les plus échangées au monde. Comment expliquer ces flux et à quelles logiques spatiales obéissent-ils ? Si l'organisation des flux commerciaux est modélisable, est-elle transférable à d'autres types de flux ?

1 Les routes du pétrole dans le monde en 2002

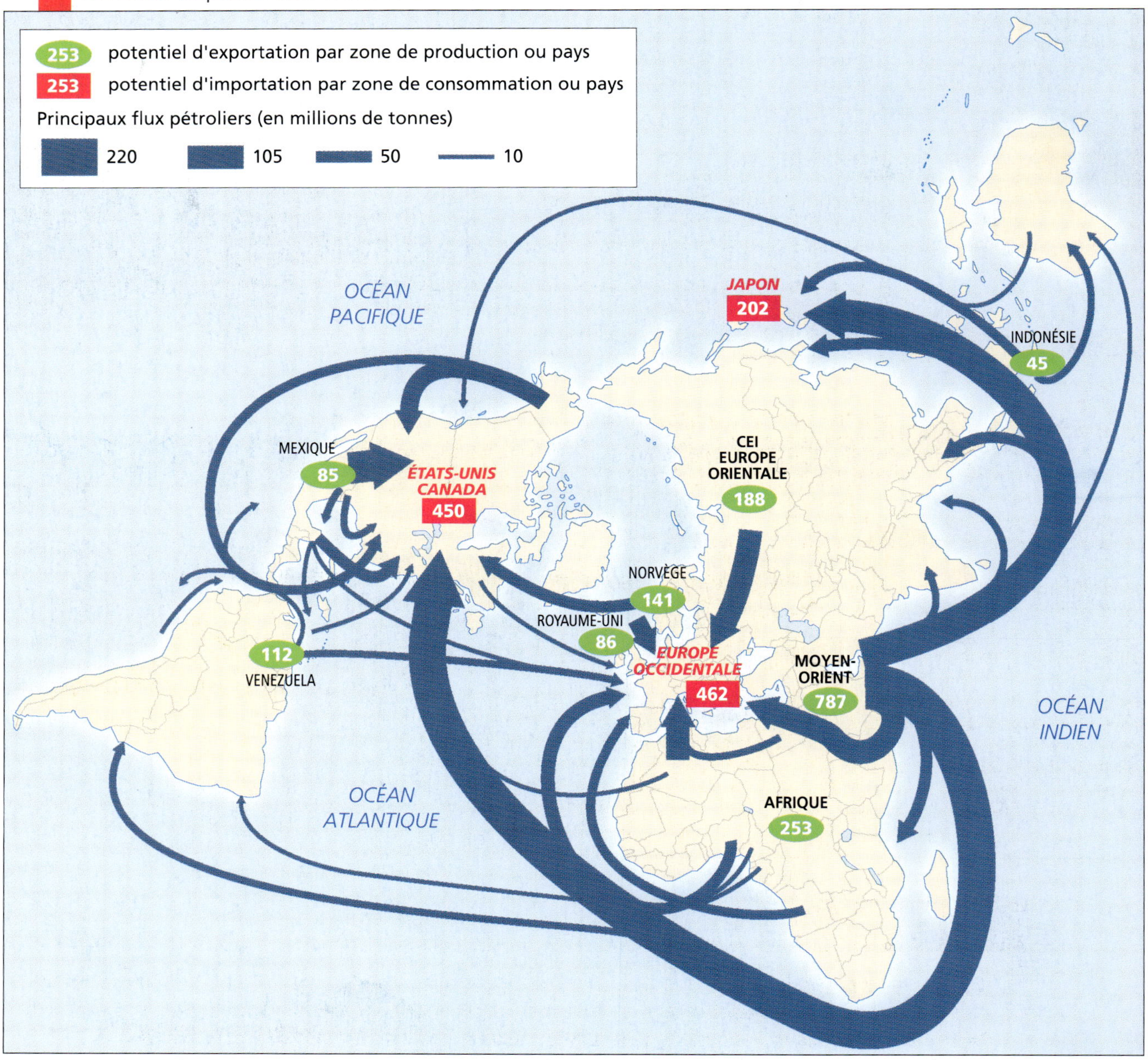

Source : *Institut français du pétrole, Sciences Po Cartographie et Images Économiques du Monde*, 2004.

2 Modélisation des flux commerciaux à l'échelle planétaire

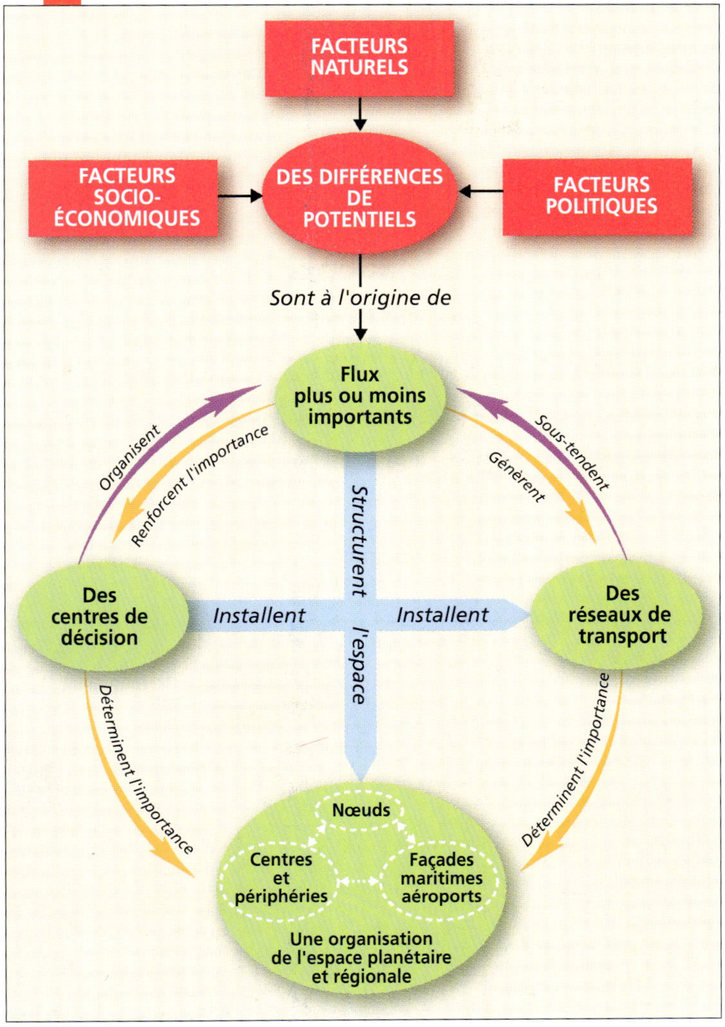

3 Le terminal pétrolier dans le port de Rotterdam, premier port mondial

4 Les dix premiers pays producteurs, exportateurs et consommateurs de pétrole dans le monde en 2002

Les dix premiers pays producteurs (en millions de tonnes)		Les dix premiers pays exportateurs (en millions de tonnes)		Les dix premiers pays consommateurs (en millions de tonnes)	
1. Arabie Saoudite	418 Mt	1. Arabie Saoudite	302 Mt	1. États-Unis	894 Mt
2. Russie	367 Mt	2. Russie	188 Mt	2. Chine	245 Mt
3. États-Unis	360 Mt	3. Norvège	141 Mt	3. Japon	242 Mt
4. Mexique	184 Mt	4. Iran	122 Mt	4. Allemagne	127 Mt
5. Chine	168 Mt	5. Venezuela	112 Mt	5. Inde	97 Mt
6. Iran	166 Mt	6. Nigeria	102 Mt	6. Italie	93 Mt
7. Norvège	157 Mt	7. E.A.U.	86 Mt	7. France	92 Mt
8. Venezuela	151 Mt	8. Royaume-Uni	86 Mt	8. Canada	89 Mt
9. Royaume-Uni	115 Mt	9. Mexique	85 Mt	9. Brésil	85 Mt
10. Canada	107 Mt	10. Irak	84 Mt	10. Mexique	81 Mt
TOTAL PRODUCTION MONDIALE = 3 526 725 Mt		TOTAL EXPORTATION MONDIALE = 1 666 700 Mt		TOTAL CONSOMMATION MONDIALE = 3 522 500 Mt	

Source : D'après *Images économiques du Monde*, 2004, SEDES.

Activité

Décrire et expliquer le marché et les flux du pétrole à l'aide des documents 1, 3 et 4. Confronter les explications au modèle proposé par le document 2. Appliquer ensuite le modèle proposé au flux des travailleurs (document 3, page 31) ou à celui du tourisme international (document 3, page 29).

dossier 2

Les flux financiers

Croissance des échanges de marchandises, révolution technologique, essor de la « nouvelle économie », développement des relations commerciales illicites : autant de facteurs qui ont contribué, ces dernières années, à accélérer la mondialisation financière.
Quels sont aujourd'hui les acteurs et les règles de fonctionnement de ces flux financiers internationaux ?

1 La capitalisation boursière à la fin de l'année 2000

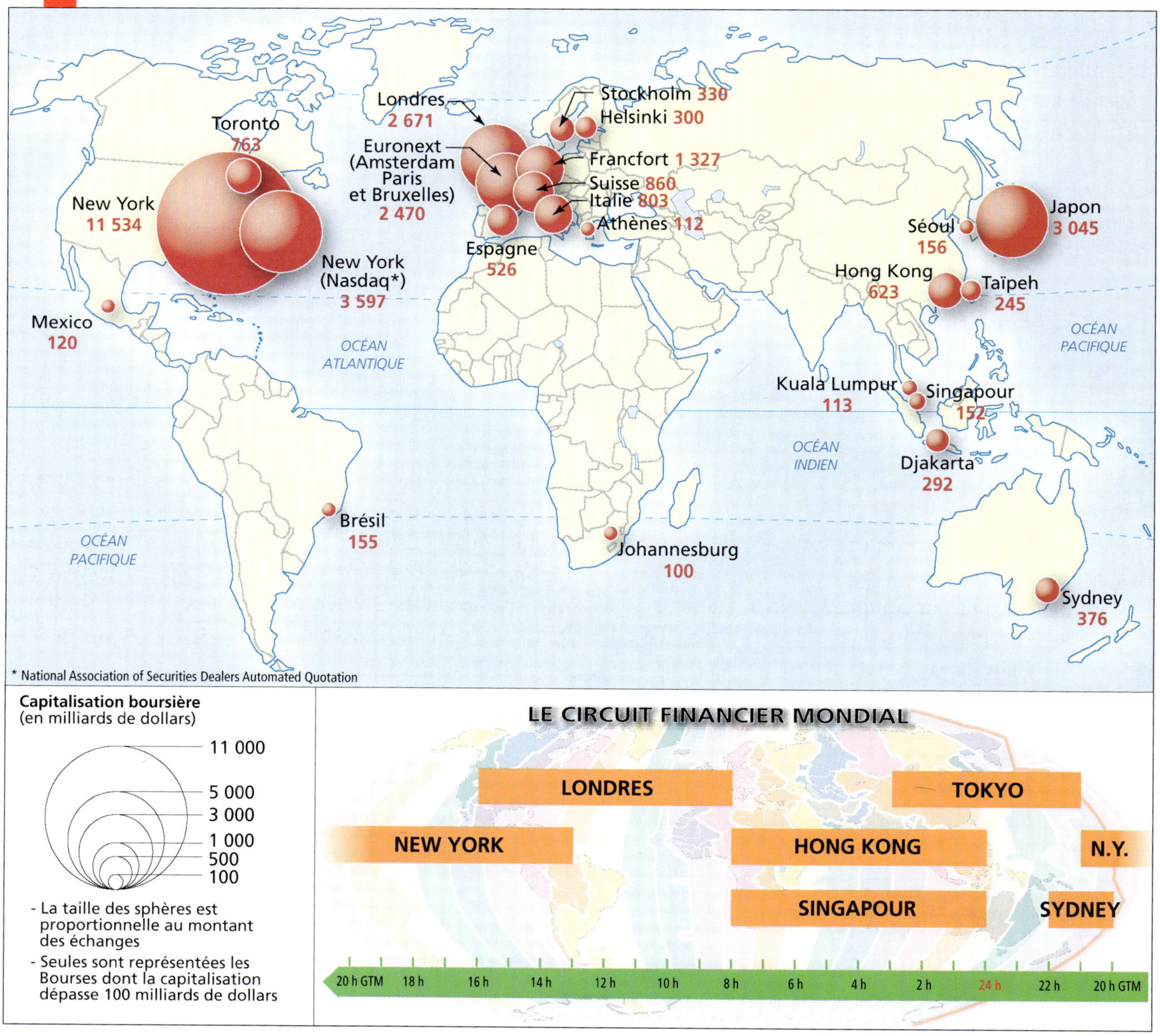

Source : *Atlas de la mondialisation, Le Monde diplomatique*, 2003.

2 Le nouveau marché financier mondial

Il se transige pour plus de 1 500 milliards de dollars par jour sur le marché des échanges ; les investissements directs et les échanges de biens et de services portent sur 100 milliards : c'est donc une masse énorme de capitaux qui, chaque jour, circule dans un but spéculatif, à la recherche de profit à très court terme sans aucune production de biens ou de services.

De grands financiers participent à ces manœuvres spéculatives (G. Soros) mais les banques commerciales étaient les principaux agents dans le fonctionnement traditionnel des marchés. De nouveaux acteurs les supplantent : les investisseurs institutionnels.

Il s'agit en premier lieu des compagnies d'assurances, des fonds de pension et de fonds mutuels (organismes de placement collectif en valeurs mobilières). La CALPERS (California Public Employees Retirement System) est l'un de ces nouveaux acteurs ; c'est le fonds de pension... qui gère l'argent capitalisé par les travailleurs californiens pour leur retraite (350 000 retraités et 850 000 actifs) soit un total de 165 milliards de dollars en 2000. On parle aujourd'hui de capitalisme patrimonial, voire rentier. Car la CALPERS n'est que l'un de ces nouveaux investisseurs : en 2000, on estime que mille fonds américains représentent 4 800 milliards de dollars. Pour l'ensemble de l'OCDE, c'est plus de 15 000 milliards de dollars que comptabilisent ces fonds : grosso modo, quinze fois le PIB de la France.

Claude Manzagol, *La Mondialisation, données, mécanismes et enjeux*, coll. « Campus », A. Colin, 2002.

4 Caricature de Plantu

Source : *Le Monde*, 19 avril 2000.

3 Tous à Zoug !

Voilà qui fera bien plaisir aux licenciés de Metaleurop Nord : Zoug, une bourgade de Suisse centrale, près de Zurich, est la ville du pays la plus attractive, selon le classement du journal économique de l'Agefi.

C'est bien ce qu'avait compris Glencore (dont le siège est à Zoug), premier actionnaire de Metaleurop à l'origine du lâchage de la fonderie de Noyelles-Godault (Nord). Le canton se veut une sorte de Suisse de la Suisse avec impôts planchers et super secret. Résultat : Zoug compte 11 900 sièges d'entreprises, dont 500 nouveaux en 2002.

Mais l'attractivité calculée par l'Agefi n'intègre pas que des critères agréables aux patrons cachottiers : le social, l'environnement et la culture sont tout aussi importants.

C'est sans doute pour ces raisons que Zoug héberge depuis plusieurs années Marc Rich, un fameux homme d'affaires spécialiste du trading de matières premières, qui a fui les États-Unis en 1983 et a eu le FBI au train pendant dix-sept ans après avoir soufflé 48 millions de dollars au fisc.

Ou encore la société de courtage Crown Ressources affréteur du Prestige qui avait lâché ses boulettes sur les côtes européennes. Et il y a deux semaines, l'ancien joueur de tennis Boris Becker a annoncé qu'il allait désormais habiter à Zoug.

Libération, 7 octobre 2003.

Activité

À l'aide des informations prélevées dans les quatre documents, rédiger un paragraphe qui se présentera sous la forme d'une réponse argumentée aux éléments énoncés dans la problématique.

dossier 3

Les flux illicites : l'économie de la drogue

Le marché mondial des drogues illicites se développe fortement depuis quelques années au point de devenir le premier marché mondial de matières premières. Quelles raisons à l'explosion de ce marché ? Quels effets dévastateurs sur l'économie mondiale ?

1 Le trafic international de la drogue

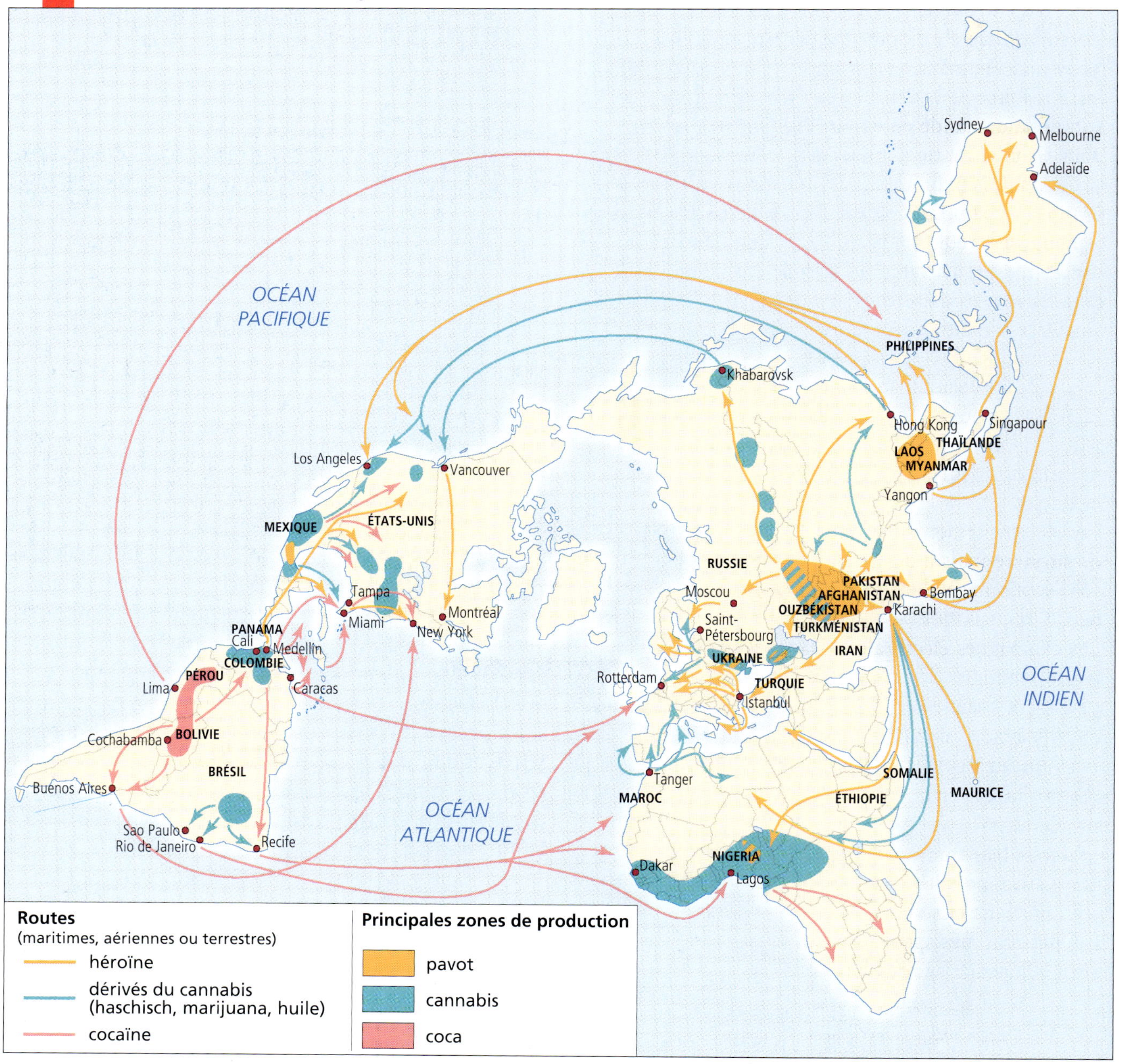

Source : *Atlas des relations internationales*, Hatier, 2002.

2 L'économie de la drogue : une menace réelle...

Selon l'Observatoire géopolitique des drogues (OGD), le marché des drogues illicites s'élève à 500 milliards de dollars par an soit 2 % du PIB mondial et 8 à 10 % du commerce international. Ses profits cumulés peuvent être comparés à ceux des marchés industriels comme celui de la chimie ou de l'automobile. [...]

Mais le constat est plus alarmant encore, lorsque l'on s'intéresse à l'évolution de l'économie de la drogue : la richesse dégagée par cette activité s'accroît avec l'augmentation forte de la production. Parallèlement, l'explosion du marché des drogues de synthèse ne tend pas à remplacer la consommation de produits tels que la cocaïne ou l'héroïne, mais s'y ajoutent en pénétrant de nouveaux segments de la population.

L'économie de la drogue s'accroît en raison de la demande en expansion (surtout dans les pays du tiers-monde), de la multiplication des conflits locaux dans le monde (Pérou, Afghanistan, Éthiopie) financés par l'impôt sur les cultures illicites et de la mondialisation (les cultures vivrières sont remplacées par les cultures de rentes, la coca remplace le maïs [...] les capitaux circulent librement...).

Le marché de la drogue a des effets dévastateurs sur tous les rouages de l'économie mondiale. Dans les zones de production, la drogue est pourvoyeuse d'emplois et de richesses (10 % PNB péruvien, 25 % au Yémen) et permet à de nombreux paysans de survivre mais a des effets improductifs sur l'économie et il existe un risque évident de « criminalisation » de l'État (financement des campagnes électorales). Dans les pays consommateurs, le trafic est à l'origine de déviances sociales et génère d'importants coûts sociaux pour la collectivité. Enfin, il irrigue toutes les phases du commerce international ce qui en brouille les règles de fonctionnement.

[...] Le blanchiment de l'argent de la drogue équivaut au PIB de la France et fait l'objet d'une lutte très difficile. Ces fonds placés sur des marchés spéculatifs accroissent le risque financier systémique global.

Rémi Pérès, *Thèmes d'actualité économiques, politiques et sociaux*, 2003-2004, Vuibert.

"El Cobra" chef d'un escadron de la mort colombien, devant un graffiti anti-Farc. Les paramilitaires comptent 10 000 combattants. 70 % de leur financement proviennent de la drogue.

Alternatives Internationales, n° 2, mai-juin 2002.

3 El Cobra

4 Le prix d'un kilo de cocaïne (en dollars)

Niveau de la filière	Prix au kg	Bénéfice par kg	Part du bénéfice dans le bénéfice total par kg	Bénéfice réalisé sur la quantité totale
Plantation (feuilles)	750	–	–	–
Export (Colombie) 170 tonnes	2 000	1 250	1 %	212 millions
Import (Miami) 170 tonnes	15 000	13 000	11 %	2,2 milliards
Gros (kg à Detroit, USA), 212 tonnes	23 000	8 000	17 %	1,7 milliard
Demi-gros (vente à l'once à Detroit), pureté 65 %, 212 tonnes	47 000	24 000	35 %	6,2 milliards
Détail (gramme, USA), pureté à 54 %, 316 tonnes	135 000	88 000	100 %	27 milliards

Source : *Thèmes d'actualité économiques, politiques et sociaux, 2003-2004*, Vuibert.

Activité

Après avoir localisé les principaux flux illicites de drogue, classer et confronter les différentes informations disponibles dans ce dossier documentaire en construisant un tableau à double entrée :

	Pays producteurs	Pays consommateurs	Système mondial
Effet du marché de la drogue sur			
Éléments de lutte contre la drogue et effets sur			

dossier 4

La circulation de l'information : Al Jazeera la CNN arabe ?

CNN, symbole de l'information états-unienne mondialisée, qui décline seize chaînes différentes dans deux cent douze pays se voit aujourd'hui concurrencée par d'autres chaînes caractérisées par une couverture offensive des événements mondiaux. En quoi Al Jazeera est-elle devenue en quelques années la CNN arabe ? Quelle place occupe-t-elle dans le « système médiatique mondial » ?

1 Les studios d'Al Jazeera à Doha (Qatar)

2 Al Jazeera, "CNN arabe" ?

Al Jazeera, fondée en 1996 dans l'émirat du Qatar, est, avec ses 35 millions de téléspectateurs, le plus important des canaux d'information du monde arabe et celui qui connaît de loin le plus de succès.

Cette réputation, les journalistes de la chaîne la doivent avant tout à leur ton courageux et critique dans leurs rapports avec les puissants de ce monde, chose plutôt inhabituelle dans cette partie du monde. Par ailleurs, ils n'hésitent pas à projeter sans complexe des images de manifestations contre des régimes arabes. Des envoyés spéciaux d'Al Jazeera ont ainsi été soumis à des représailles en Égypte, au Koweit et en Jordanie. En Arabie Saoudite, ils sont carrément interdits de territoire.

En Occident, cette chaîne a été saluée comme une lueur d'espoir annonçant des horizons plus démocratiques. Mais c'est avant tout la diffusion *in extenso* des longues tirades de haine des hauts responsables terroristes d'Al-Qaida qui lui ont valu d'amères critiques et de solides inimitiés. Après la vente dans le monde entier, pendant la guerre en Irak, d'images de soldats alliés blessés ou prisonniers, la chaîne s'attira les foudres de Washington et de Londres.

Suite à la diffusion d'une bande audio dans laquelle l'un des chefs d'Al-Qaida, l'Égyptien Al-Zawahri appelait, fin mai, à de nouveaux attentats-suicides contre les États-Unis, le secrétaire d'État aux Affaires étrangères américain Colin Powell protesta très énergiquement auprès de son collègue qatari.

Une semaine plus tard, l'émir du Qatar licencia le directeur et fondateur de la chaîne Mohammed Dschassim al-Ali. Celui-ci s'est ensuite vu offrir par le même émir un siège au conseil d'administration de la chaîne, signe de l'estime dans lequel l'émir tient son chef déchu. Le porte-parole d'Al Jazeera a précisé que « la ligne rédactionnelle ne serait pas changée ».

D'après *Focus*, n° 24, 2003.

3 La fabrique de l'information

Le « système médiatique » contemporain n'est que l'un des systèmes à côté de nombreux autres tels que les systèmes monétaire, juridique, administratif [...].

Il s'inscrit au sein d'un vaste « complexe socioculturel » qui médiatise la communication des sociétés avec elles-mêmes et entre elles, en rendant le monde contemporain, ses réalités sociologiques, historiques et géographiques immédiatement accessibles. [...]

L'opinion et l'expression de l'opinion se transforment radicalement selon le média utilisé. Et quand les avancées technologiques modifient les conditions d'émission, les expressions vont aussi évoluer. La guerre du Golfe fut le premier grand spectacle d'information télévisuelle en temps réel, qui engendra de nouveaux rapports de temporalité avec l'information médiatique et sa spectacularisation. Dès ce moment, l'objectif des médias, qui consistait à informer le plus vite possible le public après que fut survenu un événement, a été remplacé par cette exigence inimaginable jusqu'il y a peu : l'événement doit si possible être médiatisé pendant qu'il se déroule. Les moyens techniques de captation et de transmission le permettent, le public y a pris goût. [...]

Dès lors, quand l'information devient concomitante à l'événement, dans quelle mesure ces émissions peuvent-elles encore permettre une véritable compréhension ? L'urgence semble faire office d'analyse et empêche toute forme de réflexion. Quel besoin de continuer à développer des débats d'idées, puisque les sujets qu'ils abordent sont déjà balayés par le surgissement d'autres événements médiatisés ?

Marc Lits, « Espace public : de la presse écrite à Internet », *Sciences Humaines*, n° 129, juillet 2002.

4 Des images dérangeantes

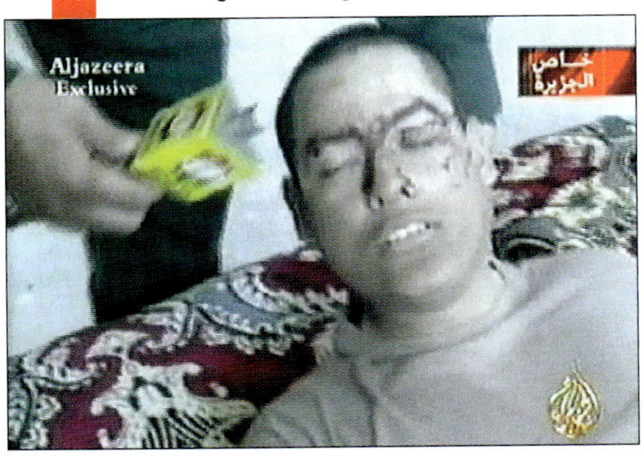

Photographie d'un GI blessé pendant la guerre d'Irak et diffusée par la chaîne qatarie.

Activité

À l'aide d'informations extraites du dossier documentaire, préparer et organiser un débat sur le thème du « système médiatique mondial » qui peut s'articuler autour de quelques éléments majeurs. (Comment Al Jazeera est-elle devenue un acteur incontournable du système médiatique mondial ? À quel prix ? Le système médiatique mondial : reflet des inégalités et des luttes d'influence du monde actuel ?)

dossier 5

Les migrations internationales de travailleurs : l'exemple des États-Unis

Un immigré sur cinq vit aux États-Unis. Ce pays constitue de loin la première terre de migration. Quelle place tient l'immigration aux États-Unis dans le mouvement migratoire mondial ? Quelle est l'origine géographique de ces migrants ? Quels effets ont ces migrants sur la société états-unienne ?

1 L'immigration aux États-Unis

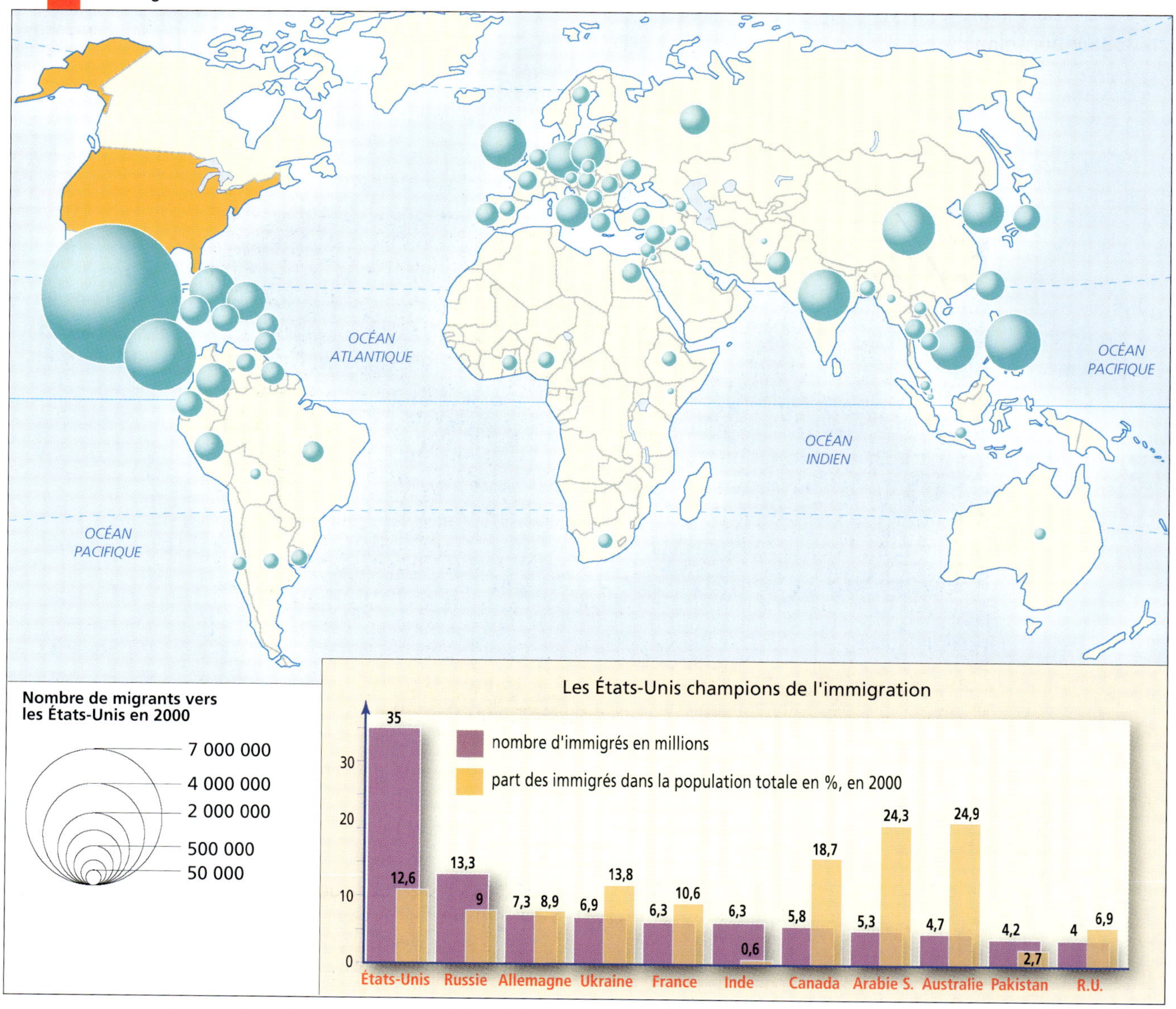

Sources : *Alternatives économiques, Les chiffres de l'économie 2004*, hors-série n° 58, 4e trimestre 2003. *Atlas du Monde diplomatique*, 2003.

2 Le multiracial fait vendre

Ceux qui ont regardé la télévision ces deux dernières années auront remarqué ce que Leon E. Wynter* appelle dans son livre *American Skin : Pop Culture, Big Business and the End of White America.*

[...] Il y a bien sûr l'immense popularité de superstars noires comme le basketteur Michael Jordan et l'animatrice Oprah Winfrey, ou des célébrités métissées comme le golfeur Tiger Woods... mais on pense aussi à la pub de Pepsi qui, en 1999, montrait une petite fille blanche imitant Aretha Franklin. [...] Et puis ces Noires qui se teignent en blond, ces Blanches qui portent des *dreadlocks* et ces gamins des banlieues aisées blanches qui se mettent au hip-hop.

[...] Avec l'album *Thriller*, de Michael Jackson, sorti en 1983, la donne change pour de bon et, à la fin des années quatre-vingt, « la couleur commence à se glisser dans la musique, le sport, la télévision, la presse, la littérature ; du jamais vu ». En l'espace d'une décennie, le diadème de Miss États-Unis est revenu quatre fois à des non-Blanches. Dans le monde du sport, la grande star nationale non-blanche est devenue un enjeu marketing de première importance pour la fédération de basket (NBA) et les Jeux olympiques, et les annonceurs ont commencé à s'apercevoir que le multiracial était vendeur.

Des marques qui se veulent typiquement américaines, comme Coca-Cola ou Chevrolet sont maintenant « obligées de cultiver une image de diversité raciale » explique M. Wynter. Un nombre grandissant de grandes entreprises « brunissent leur image de marque afin de se vendre au grand public, aux investisseurs potentiels aux salariés et aux électeurs ».

« Le multiracial, poursuit-il, correspond à une attente du marché, non pas parce que c'est politiquement correct, mais parce que c'est ainsi que l'Amérique veut se voir, comme une société multiraciale unifiée ».

* Leon E. Wynter est un journaliste noir qui dirige la rubrique « Business and race » qui traite d'entreprises dirigées par des Noirs dans le *Wall Street Journal*. Il collabore régulièrement au *New York Times* et au *Washington Post*.

Michiko KATUATANI, *The New York Times*,
cité dans *Courrier International*,
« États-Unis, la fin de la société blanche,
l'essor de la culture "brown" »,
n° 624 du 17 au 23 octobre 2003.

3 La frontière Mexique/États-Unis, plage de Palo Alto

Afin de lutter encore plus efficacement contre l'immigration clandestine, le mur de haute sécurité entre les deux pays se prolonge maintenant jusque loin dans la mer.

Activité

À l'aide des documents, classer les informations dans les trois rubriques suivantes :
- les grands foyers d'appel des mouvements de migrations des travailleurs à l'échelle mondiale ;
- les zones de départ des mouvements migratoires à destination des États-Unis ;
- les particularités du mouvement migratoire et ses apports aux États-Unis d'Amérique mais aussi dans la perspective de la mondialisation.

dossier 6

Les Philippines, une émigration organisée par l'État

Alors que la plupart des pays en voie de développement cherchent uniquement à attirer chez eux les délocalisations industrielles des pays développés, les Philippines, en plus, délocalisent leur main-d'œuvre avec le soutien des pouvoirs publics. Quels avantages en espèrent-ils ? Quels apports au développement du pays ? Quelles faces cachées pour cette exportation de main-d'œuvre ?

1 À Manille, devant un panneau d'affichage proposant des offres d'emploi à l'étranger

2 Évolution et impacts des migrations

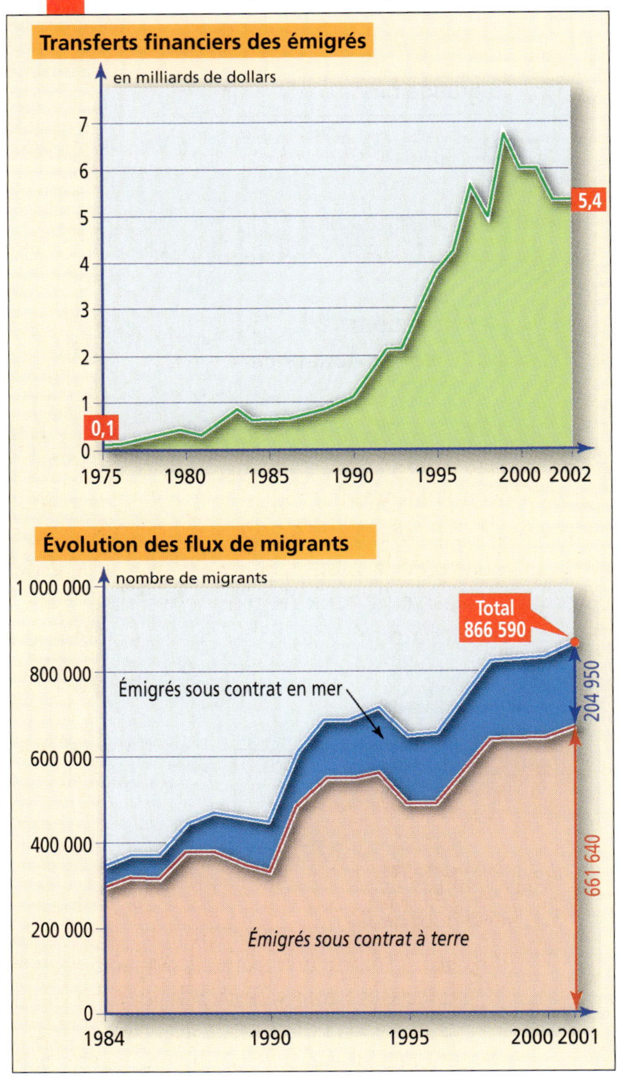

Source : *Alternatives économiques*, n° 215, juin 2003.

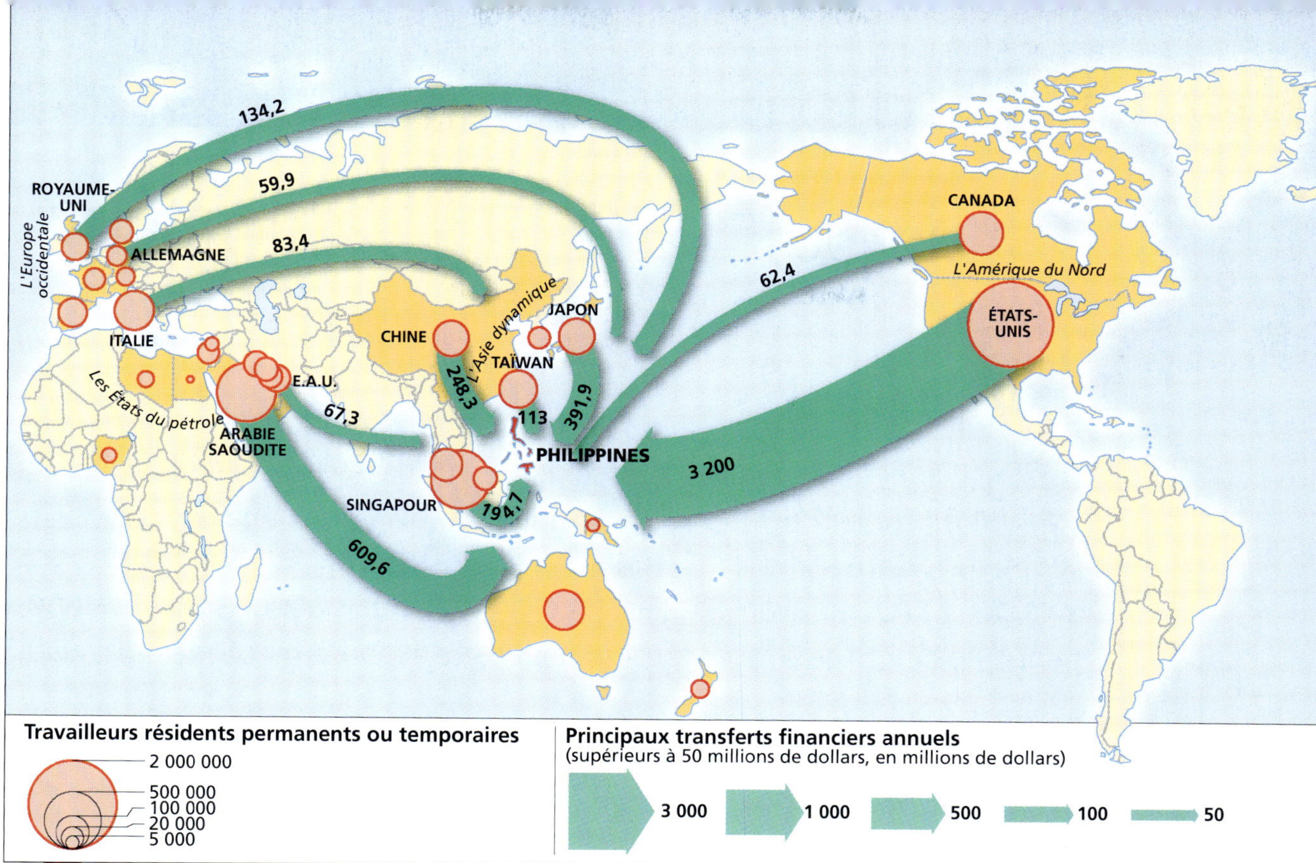

3 Main-d'œuvre expatriée et apports financiers

Source : *Alternatives économiques*, n° 215, juin 2003.

4 La grande braderie de main-d'œuvre

Aujourd'hui, 7,33 millions de Philippin(e)s vivent outre-mer.

L'émigration représente 10 % des 77,2 millions d'habitants en 2002, soit l'équivalent de 18,5 % de la population active.

Les transferts annuels des émigrés sont passés de 357 à 5 365 millions de dollars en vingt ans, soit de 1,5 % du PNB en 1962 à 8,2 % l'an passé.

L'émigration a été promue, encouragée et coordonnée par les pouvoirs publics philippins. Ils sont en quelque sorte devenus la première agence de travail temporaire du monde. Ce volontarisme étatique s'explique à la fois par la qualité de la main-d'œuvre et par une situation sociale explosive (le taux de pauvreté s'élève à 33,7 % et un tiers de la population vit avec moins d'un dollar par jour, 800 000 jeunes arrivent chaque année sur le marché du travail).

[...] Ces cinq dernières années, trois types d'États cumulent l'essentiel des flux : les pays producteurs de pétrole du Proche et du Moyen-Orient, devant les dragons asiatiques et les pays développés.

Les flux et les ressources des migrants sont cependant sous la menace permanente, soit d'une détérioration économique du pays d'accueil, soit d'une crise géopolitique grave comme ce fut le cas pendant la guerre du Golfe ou lors de la crise asiatique de 1998.

Les effets de cette migration sont donc très ambigus. Si elle permet partiellement de desserrer la contrainte démographique, elle contribue au contraire à aggraver l'état de dépendance financière, commerciale et industrielle envers le marché mondial que renforce une stratégie de développement intérieur jouant sur le faible coût de la main-d'œuvre pour attirer les investissements étrangers (l'assemblage électronique contribue pour 60 % aux exportations).

Laurent Carroué,
« La grande braderie de main-d'œuvre »,
Alternatives économiques, n° 215, juin 2003.

Activité

Classer, à l'aide de l'ensemble des documents disponibles, les informations de ce dossier en trois rubriques :
- les causes de l'émigration philippine ;
- les retombées positives de l'émigration ;
- les conséquences négatives de cette émigration pour les Philippines.

dossier 7

Le tourisme international

Le tourisme de masse a connu un développement fulgurant depuis une quarantaine d'années. Comment pour de nombreux pays le tourisme est-il devenu la première industrie ? Pourquoi son internationalisation renforce-t-elle, néanmoins, son caractère profondément inégalitaire ?

1 Croisière aux Bahamas

2 Le tourisme globalisé

De plus en plus de touristes profitent des offres promotionnelles de TUI*, Thomas Cook* ou Lufthansa pour s'évader quelques jours vers les Caraïbes, le Kenya ou l'Asie du Sud-Est. Le tourisme intercontinental a ainsi progressé de 73 % entre 1990 et 2000 et cette tendance se confirmera encore dans l'avenir. Quelles conséquences pour notre atmosphère, notre climat ?

Les limites du supportable sont déjà atteintes dans beaucoup de centres touristiques. Avec les marges de croissance actuelles, le dernier carré de nature intact risque de ne plus résister très longtemps aux assauts du tourisme international…

Par ailleurs, la multiplication des vols charters accentue l'émission de substances nocives dans l'atmosphère et contribue à l'effet de serre. Celui-ci menace d'ailleurs tout particulièrement des destinations fort prisées des vacanciers, comme les îles tropicales des Maldives par exemple, désormais à la merci du réchauffement climatique et du relèvement du niveau des océans.

La formule « all inclusive » connaît une croissance exponentielle. La plupart des grands voyagistes mondiaux investissent dorénavant dans des ghettos touristiques sécurisés. Les populations locales sont ainsi exclues pour l'essentiel des revenus du tourisme, dans la mesure ou bien souvent même la nourriture est importée des pays développés.

Avec les croisières, ce même principe du profit maximal pour les voyagistes atteint son apogée. Transport, nuitées et restauration constituent la part léonienne des dépenses de chaque touriste. Celles-ci atterrissent ainsi pour 100 % dans les caisses des géants de l'industrie touristique mondiale. La croisière utilise certes des infrastructures locales, mais n'abandonne pas grand-chose à l'économie locale.

D'après Norbert Suchanek, « Les faces sombres de la globalisation du tourisme », *Politik und Zeitgeschichte*, n° 47, 2001.

* TUI, Thomas Cook : les deux premiers voyagistes européens (TUI = 12,4 milliards d'euros de chiffre d'affaires en 2002 et Thomas Cook avec 8,1 milliards d'euros).

3 Les flux du tourisme international

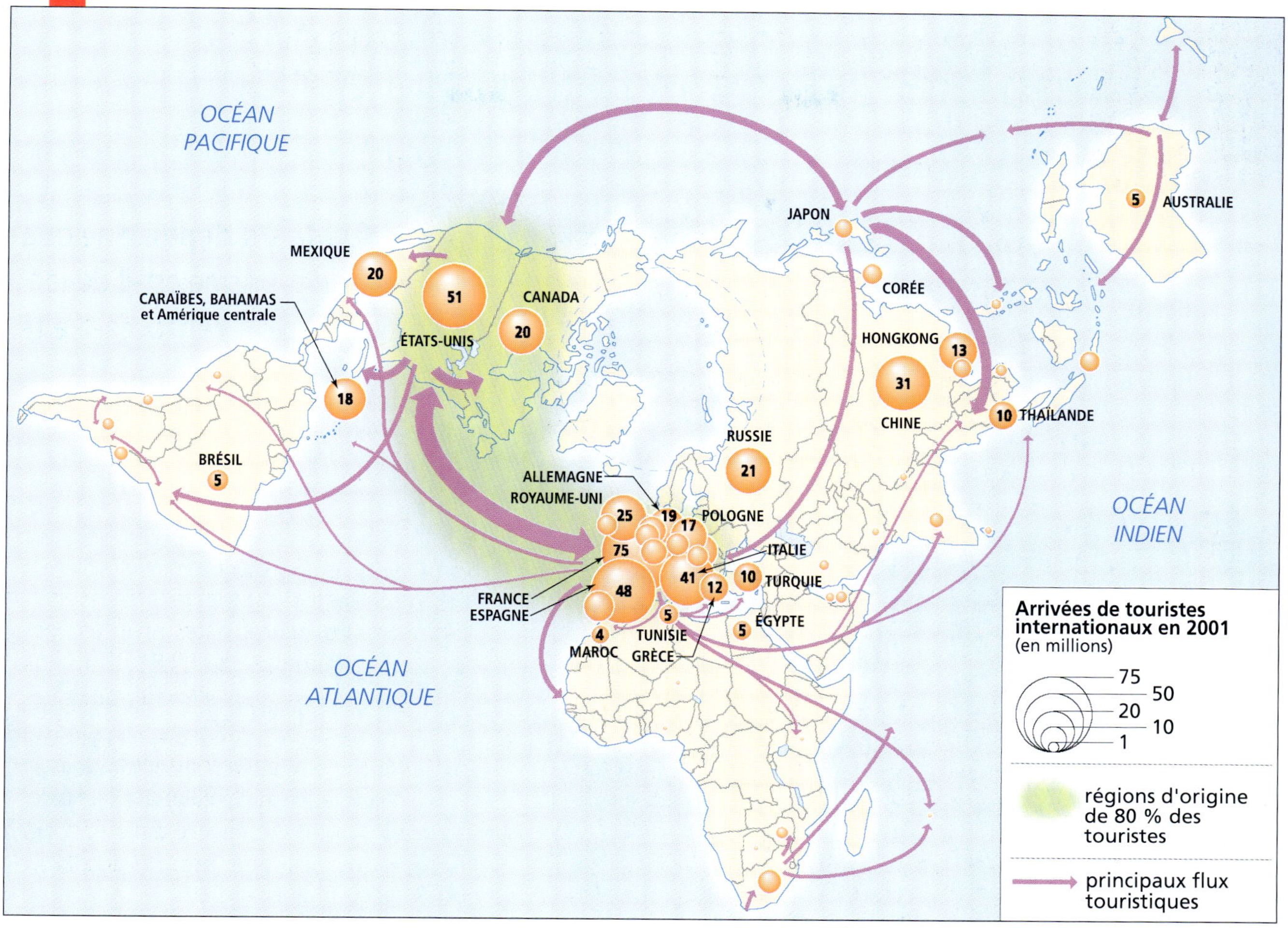

Sources : *Atlas du Monde diplomatique*, *World Tourism Organisation*.

4 Les impacts du tourisme international

Évolution du nombre de touristes internationaux de 1960 à 2020

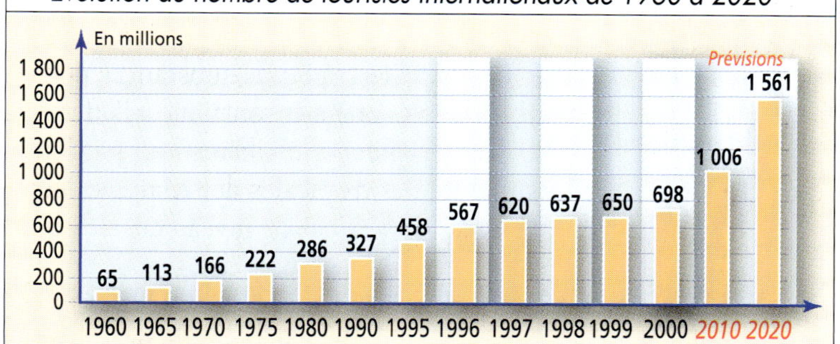

Évolution des revenus du tourisme international dans les 15 premiers pays d'accueil

Pays	Rentrée de devises* 2000	Rentrée de devises* 2001	Évolution en % 2000-2001	Part de marché 2001 en %
États-Unis	82,0	72,3	– 11,8	15,6
Espagne	31,5	32,9	4,4	7,2
France	30,7	29,6	– 3,6	6,4
Italie	27,5	25,9	5,8	5,6
Chine	16,2	17,8	9,9	3,8
Allemagne	17,9	17,2	– 3,9	3,7
Royaume-Uni	19,5	15,9	– 18,5	3,4
Autriche	10,0	12,0	20,0	2,6

Pays	Rentrée de devises* 2000	Rentrée de devises* 2001	Évolution en % 2000-2001	Part de marché 2001 en %
Canada	10,7	-----	-----	-----
Grèce	9,2	-----	-----	-----
Turquie	7,6	8,9	17,1	1,9
Mexique	8,3	8,4	1,2	1,8
Hongkong	7,9	8,2	3,8	1,8
Australie	8,0	7,6	– 5,0	1,6
Suisse	7,5	7,6	1,3	1,6

* en milliards de dollars

Source : WTO, juin 2002.

Activité

À l'aide des informations contenues dans les différents documents, montrer en quoi le tourisme international est le reflet des inégalités de développement dans le monde actuel ?

Étude d'un ensemble documentaire

L'émigration, moteur ou frein pour le développement des pays du « Sud » ?

1 Une part importante de diplômés

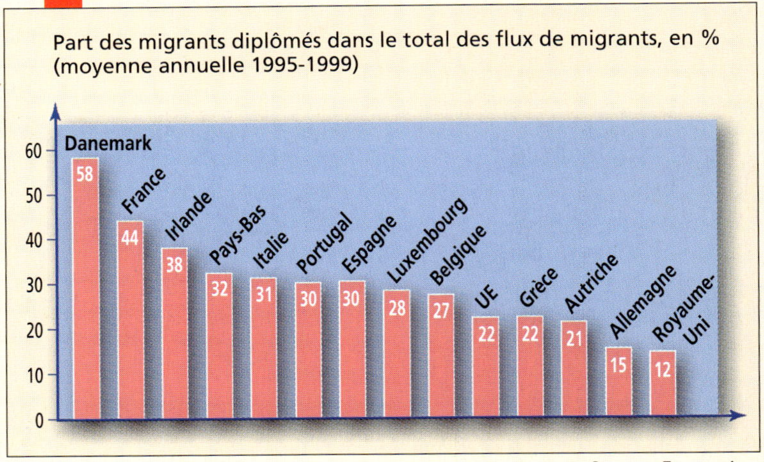

Source : *Eurostat-Ires.*

2 500 000 exilés par an

Toutes les heures, 58 Latino-Américains émigrent, soit 1 392 personnes par jour et plus de 500 000 par an. La plupart de ces émigrants se rendent aux États-Unis et en Europe, et très peu dans les pays voisins. La plupart de temps, ils fuient la pauvreté, l'injustice et les inégalités sociales. Aucun pays n'échappe à ce phénomène. Ceux qui fournissent le plus d'émigrants sont l'Équateur, la Colombie et l'Argentine.

De 1999 à 2001, 1,5 million d'Équatoriens (près de 14 % de la population) sont partis… dont 200 000 pour la seule Espagne.

En Argentine, alors que pendant un demi-siècle le flux d'émigration s'établissait à 12 000 personnes par an en moyenne, ce sont 160 000 Argentins qui ont quitté leur pays en crise, entre 2000 et 2002. Quant à la Colombie, 1,36 million de personnes ont fui la violence entre 1996 et 2001.

La plupart des émigrants ont entre 18 et 40 ans, et partent sans leurs enfants : plus de 6 millions d'enfants restent ainsi dans leur pays natal sous la garde d'autres personnes que leurs parents. En échange, les Latino-Américains ayant migré ont envoyé à leurs familles, en 2001, l'équivalent de 23 milliards de dollars.

Ces revenus représentent pour une demi-douzaine de pays plus de 10 % de leur PIB et souvent plus que leurs exportations.

Consultoria para los Derechos Humanos el Desplazamiento (CODHES), Colombie, décembre 2002, cité dans *Courrier International* n° 676 du 16 au 22 octobre 2003.

Première partie

Analyser l'ensemble documentaire en répondant aux questions suivantes :

1. Lister à l'aide des documents 3 et 5, les principaux pays émetteurs de migrants. Quel est leur point commun ? Quelles sont les destinations majeures des émigrés philippins ?
2. Relever à l'aide des documents 2, 3, 4 et 5 les arguments qui permettent d'affirmer qu'à court terme, les conséquences économiques et sociales de l'émigration sont positives dans les pays du « Sud ».
3. Expliquer, à partir des documents 1, 2 et 4 quelques aspects négatifs provoqués par l'émigration dans les pays du « Sud ».
4. Expliquer, à l'aide de tous les documents de l'ensemble documentaire, pourquoi l'émigration n'est ni un facteur de développement solide, ni d'une réelle ampleur pour les pays du « Sud ». Comment les pays du « Nord » peuvent-ils venir en aide à ces pays (document 4) ?

Deuxième partie

À l'aide des réponses aux questions, des informations contenues dans les documents et de vos connaissances, vous rédigerez une réponse organisée au sujet : L'émigration, moteur ou frein pour le développement des pays du « Sud » ?

3 Les migrations internationales et les inégalités de développement

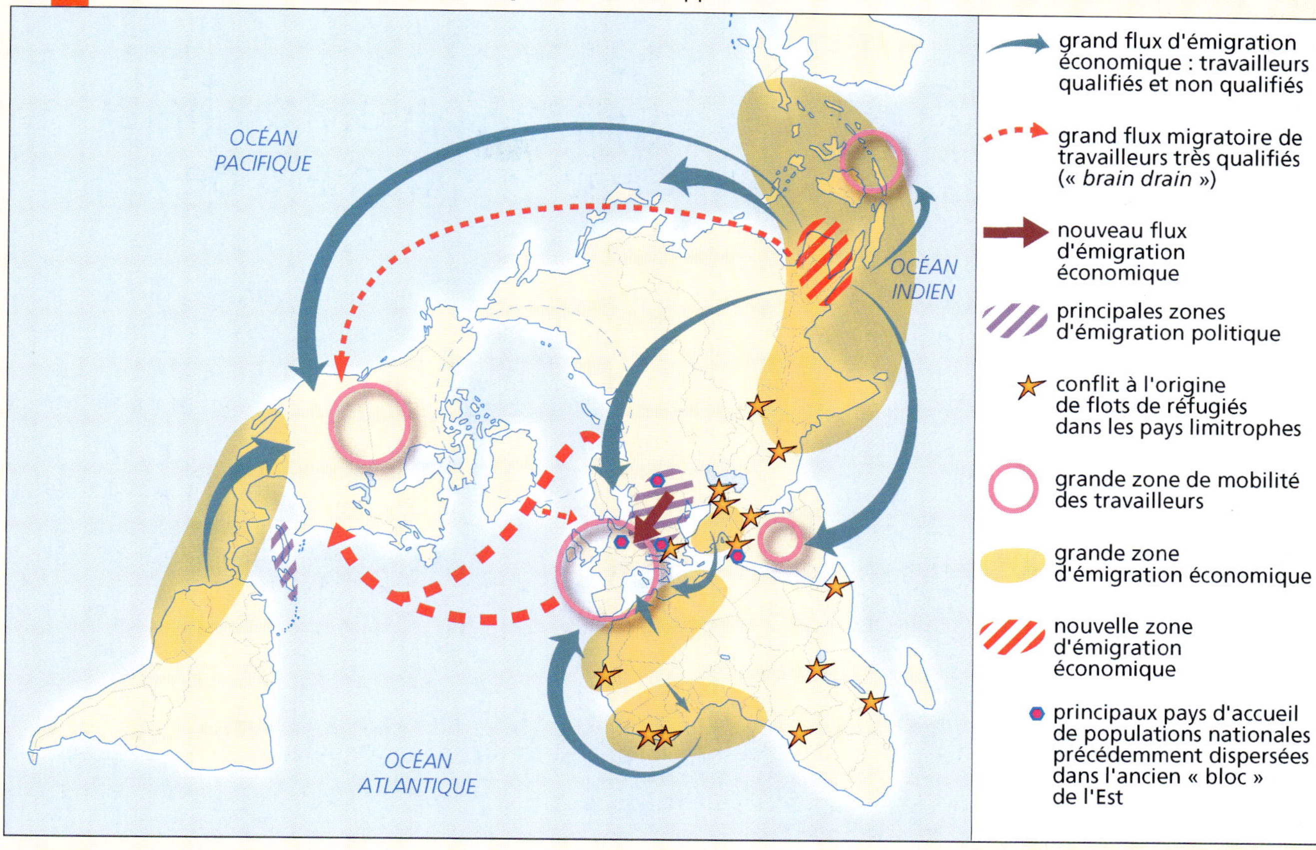

Source : *Sciences Humaines*, hors-série n° 17.

4 Mère Teresa est morte, vive « l'Indiennet »

Auparavant, les Indiens ne récoltaient en Allemagne que des regards pleins de commisération. [...] Puis, Internet est arrivé, et le pays des chars à bœufs s'est transformé en pays des merveilles. Bangalore, dans le Sud, est devenue La Mecque d'un avenir numérique plein de promesses. [...]

Avec la *green card*[1], tout a changé en Allemagne du moins pour les Indiens : [...] si l'ordinateur plante, un Indien pourra sûrement faire quelque chose. Mère Teresa est morte, vive « l'Indiennet ».

[...] Nombre d'Allemands semblèrent comprendre que l'immigration servait leurs intérêts.

[...] Pour les Indiens, les changements sociaux que la *green card* a provoqués dans de nombreux quartiers de Bombay sont probablement encore plus profonds que la peur de l'invasion étrangère en Allemagne. Car la *green card* déstabilise les fondements du système social en Inde. Il suffit pour s'en convaincre, de jeter un coup d'œil sur les petites annonces matrimoniales du *Times of India* : « Greencard cardholder wanted »[2] c'est à eux que va désormais la préférence.

La *green card* a du jour au lendemain donné à l'Inde une nouvelle assurance. Et une nouvelle modification des permis de séjour aux États-Unis a également contribué au boom de l'informatique dans le sous-continent. La Californie avait en effet décidé, au début des années quatre-vingt-dix, de lutter contre le *dumping* salarial car les ingénieurs indiens, meilleur marché, prenaient les emplois des autochtones. Quand la loi les obligea à gagner autant que les ingénieurs américains, ils devinrent tout d'un coup moins intéressants et retournèrent dans leur pays tropical –d'où ils continuèrent à travailler grâce aux liaisons par câble. Les Américains Hewlett-Packard et Sun Computers n'étaient pas les seuls à apprécier le zèle, l'imagination et les compétences des Kalyana ou des Murti : Lufthansa et Siemens en profitaient aussi et pour pas cher. C'est par cette porte de derrière du village global qu'est né le mythe de l'Inde terre d'informatique.

Ranga Yogeshwar, dans *Süddeutsche Zeitung*
citée par *Courrier International* n° 676
du 16 au 22 octobre 2003.

1. *Green card* : titre de séjour temporaire en Allemagne décidé par le gouvernement Schröder pour faire face à la pénurie d'informaticiens hautement qualifiés en 2000 (20 000 devaient être distribuées).
2. *Greencard cardholder wanted* = Recherche détenteur (trice) d'une *green card*.

5 L'émigration philippine

(Voir document 3, page 27)

Composition Les migrations internationales, expression de la mondialisation ?

A. Comprendre le sujet

Présenter le sujet – La notion de migrations internationales renvoie à la mondialisation des échanges qui se traduit par une plus grande mobilité des populations, que ce soit pour des raisons économiques, politiques ou à des fins de loisirs.

Ces flux se sont accélérés et intensifiés depuis les années quatre-vingt-dix surtout, engendrant de fortes tensions. Aujourd'hui, l'espace géographique des migrants s'élargit au monde entier.

Problématiser le sujet – Le sujet invite à la réflexion autour des liens entre migrations internationales et mondialisation : les migrations internationales, reflet de l'interdépendance et des inégalités de développement ? Quels effets sur les pays émetteurs et les pays récepteurs ? Comment maîtriser les flux internationaux de population ? Un élément du dialogue Nord-Sud ?

B. Plan proposé

Pour vous aider à bâtir une argumentation appuyée sur des exemples précis, un plan détaillé vous est fourni avec des renvois à des dossiers ou des documents précis du chapitre que vous venez d'étudier.

1. L'ampleur et la diversité des flux migratoires internationaux…	
1. Les migrations économiques sont de plus en plus variées et intenses	*Documents 1 à 3, pages 24-25.* *Documents 1 à 4, pages 26-27.*
2. Les migrations politiques : un nombre croissant de réfugiés	*Document 1, page 39.*
3. Les migrations touristiques sont surtout le fait des pays du Nord	*Documents 1 à 4, pages 28-29.*
2. … s'expliquent par les écarts grandissants entre le Nord et le Sud…	
1. Les migrations économiques, expression des différents niveaux de développement	*Document 4, page 31.*
2. Les migrations politiques liées à l'instabilité géopolitique du monde actuel	*Document 1, page 39.*
3. Les migrations touristiques expression d'une société des loisirs dans les pays du Nord	*Documents 1 à 4, pages 28-29.*
3. … et se traduisent par des conséquences sociales et géographiques complexes.	
1. Des migrations économiques aux conséquences sociales importantes mais différentes dans les pays émetteurs et récepteurs	*Documents 1 à 3, pages 24-25.*
2. Les migrations politiques aggravent surtout la misère dans le Sud	*Document 4, page 31.*
3. Les migrations touristiques : un poids croissant dans les économies concernées	*Documents 1 à 4, pages 28-29.*

C. Pour conclure

Insister sur les flux migratoires d'origine économique qui prennent leur source dans l'inégal développement économique. Ils connaissent ainsi une évolution certaine avec l'apparition et le développement des flux Sud-Sud et même Nord-Nord. Ils continuent néanmoins de témoigner de la domination du Nord envers le Sud mais n'en sont que l'une des multiples facettes.

En ouverture, on peut évoquer que pour des raisons économiques les flux des hommes sont rendus de plus en plus difficiles par les pays d'accueil, alors que la mondialisation conduit plutôt à une plus grande mobilité (dialogue Nord-Sud).

Croquis

La diversité des flux migratoires dans le monde

A. Comprendre le sujet

Le sujet propose de réaliser un croquis qui fasse apparaître les trois grandes formes de migrations internationales (flux économiques, politiques et touristiques) ainsi que les espaces géographiques concernés par ces flux (zones émettrices et réceptrices ; du moins les plus importantes d'entre elles, sans quoi la carte serait difficilement lisible).
Pour ce faire, on peut se référer aux différents dossiers composant ce chapitre et consacrés aux migrations internationales.

B. Activité

Compléter la légende organisée proposée en attribuant à chaque rubrique une couleur ou un symbole approprié (en pensant à la lisibilité de la carte) en vous aidant des indications données dans la légende.
Réaliser ensuite le croquis en y plaçant les différents éléments de la légende, indiquer également quelques localisations significatives.

C. Fond de carte

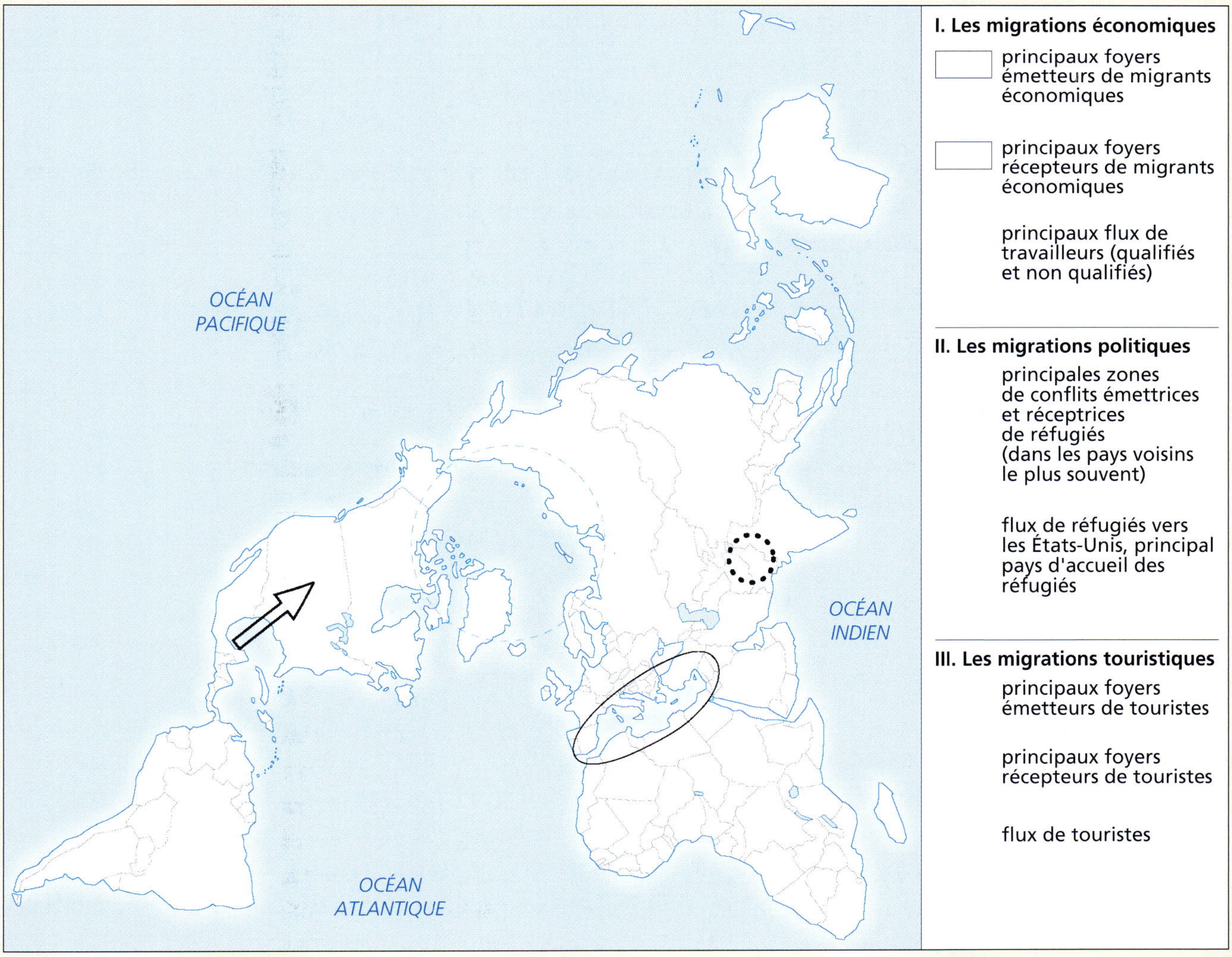

chapitre 1

1. Des échanges de plus en plus actifs

La planète est affectée de plus en plus par un processus de mondialisation : les marchandises, les services, les hommes, les informations et les capitaux n'ont jamais autant circulé.

Quelles caractéristiques pour chacun de ces **flux** ? Quelle nouvelle géographie naît de ces nouvelles interdépendances ? Quelles régions du monde en pâtissent ?

Dossier 1, p. 16-17.

A. Des flux de plus en plus nombreux et variés...

La **mondialisation** se traduit par une diffusion accrue des marchandises et des services à l'échelle planétaire (en 2000, les flux internationaux portent sur 28 % de la production mondiale). La libéralisation des échanges, la révolution des transports et des communications ainsi que l'interdépendance de plus en plus poussée entre les différents pays du globe en sont les trois moteurs essentiels.

La structure des échanges a longtemps été marquée par la prépondérance des matières premières et des sources d'énergie. Ces flux sont toujours aussi importants en volume (2 milliards de tonnes de pétrole, 100 millions de tonnes de blé échangés en 2002) mais, en valeur, ils ne réalisent plus aujourd'hui qu'environ 10 % du commerce international.

C'est le flux des produits manufacturés qui progresse le plus, pour représenter les trois-quarts des échanges mondiaux. Pour ces produits, ce sont les pays riches qui dominent car une très large part du commerce des pays développés résulte des échanges que ces pays font entre eux (80 % du commerce international).

Les échanges de services dans le monde progressent très rapidement depuis un quart de siècle (en 2000, 1 350 milliards de dollars de services échangés soit 21 % des transactions mondiales totales de biens et de services).

Ils concernent pour l'essentiel les pays développés à travers les **firmes multinationales**, la tertiarisation des activités et le degré de **développement** des sociétés.

B. ...à l'origine d'une recomposition de l'espace mondial

Les échanges maritimes constituent le principal support du commerce international (trois-quarts du volume et deux-tiers de la valeur) de par le faible coût d'exploitation, la spécialisation (vracquiers, pétroliers) et l'intermodalité (conteneurisation). L'avion reste réservé aux denrées périssables ou à très forte valeur ajoutée ; les transports terrestres quant à eux assurent une fonction de redistribution dans des espaces restreints et bien équipés.

Les grands ports mondiaux sont concentrés dans les façades maritimes de la Triade (Nord-Est des États-Unis, Nord-Ouest de l'Europe et Japon) ainsi que dans quelques pays émergents en Asie du Sud-Est (Hong Kong et Singapour). Les principales routes maritimes mondiales relient d'ailleurs ces grandes façades maritimes (route de l'Atlantique Nord, route transpacifique et route Europe-Asie en contournant l'Afrique).

La géographie des flux reste cependant très différenciée selon les produits concernés et reflète la nouvelle division internationale du travail qui s'est installée depuis peu. Les pays développés se spécialisant dans les produits à très haute valeur ajoutée qu'ils exportent surtout entre eux. Ils abandonnent les industries de main-d'œuvre à quelques pays émergents qui exportent les produits finis pour l'essentiel vers les pays de la Triade. Les pays les moins avancés ne disposent souvent que d'un seul maigre avantage : exporter leurs ressources naturelles à bas prix.

Notions clefs
- Développement
- Firmes multinationales
- Flux
- Mondialisation

Voir lexique, page 7

1 Les flux aériens

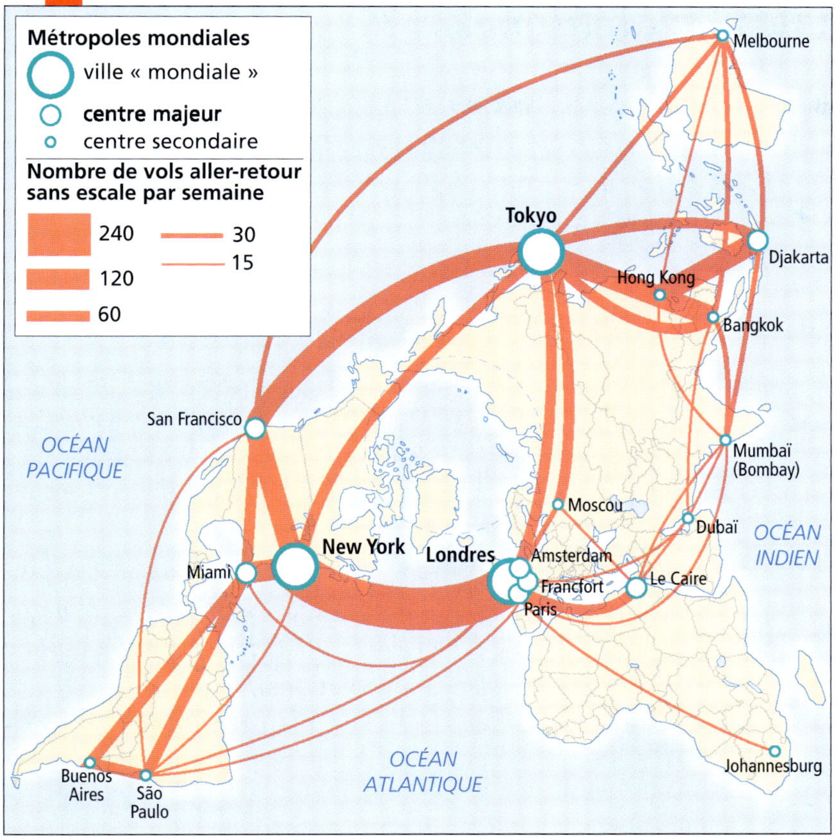

Source : *Atlas du Monde diplomatique*, 2003.

2 Le commerce informel dans le monde

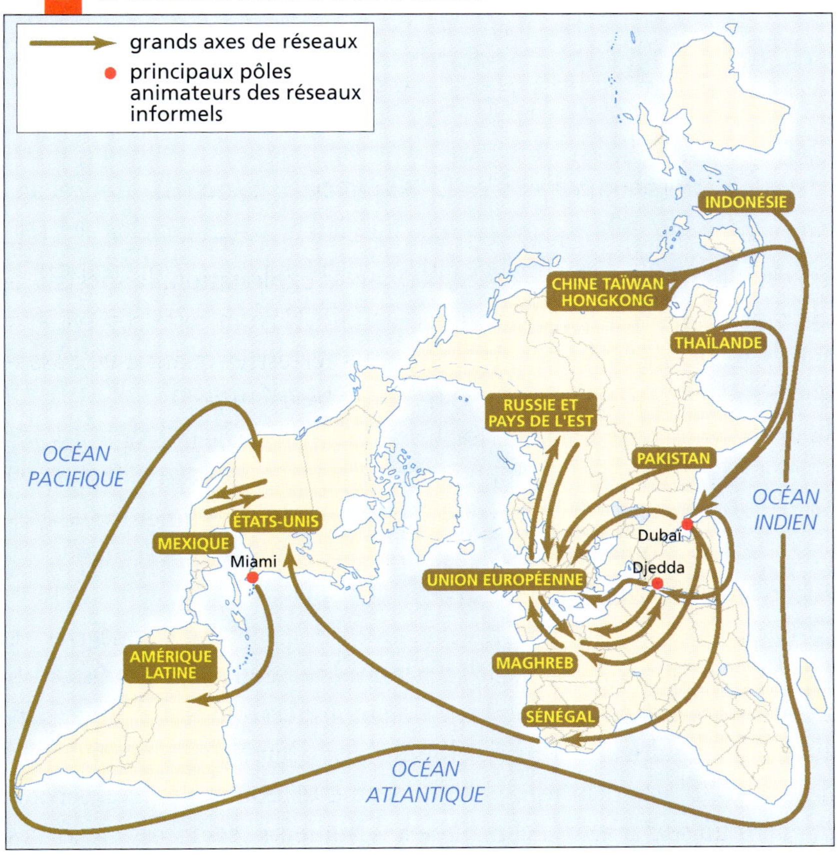

Source : *Alternatives économiques*, n° 216, juillet-août 2003.

3 Les réseaux parallèles de la mondialisation

Des lecteurs de DVD dernier cri aux voitures rafistolées, des jeans quasi parfaits aux cassettes pornographiques bas de gamme, des plaquettes de frein plus vraies que les originales aux chaussures de sport, les circuits informels de la mondialisation ratissent large. D'Est en Ouest et du Nord au Sud, se développe une autre mondialisation où des professionnels de l'organisation en réseaux, originaires des pays du Sud, sont capables de prendre un produit – une marchandise ou de l'argent – dans un endroit du monde et de l'amener dans un autre sans payer de taxes, sans faire voir ce qu'ils transportent, en un mot, sans s'embarrasser des frontières étatiques.

Un exemple ? Un lecteur de DVD sûrement produit à Taïwan, embarque à Hong Kong, dans un bateau à destination de Dubaï. […] Avant d'arriver dans le Golfe, une partie de la cargaison est transférée sur des embarcations plus modestes qui passent le canal de Suez et alimentent les ports de la Méditerranée, en Turquie pour les marchés de l'Europe de l'Est, ou à Bari pour l'Italie et le reste de l'Europe de l'Ouest. Tout se passe hors douanes, au large, avec un grand savoir-faire.

Christian CHAVAGNEUX, « Au cœur des réseaux », *Alternatives économiques*, n° 216, juillet-août 2003.

2. L'explosion des flux informels

L'effet de la **mondialisation** est le plus sensible dans le domaine des **flux** informels. L'information et les capitaux circulent de plus en plus vite –plus facilement que les hommes et les biens matériels– et sur des distances de plus en plus grandes.

Dossier 4, p. 22-23.

A. La circulation de l'information, nouvel enjeu planétaire

L'information est devenue un outil de travail, un facteur de production aussi important que la main-d'œuvre et les capitaux, notamment pour les **firmes multinationales** ou les grands organismes bancaires internationaux. Mais elle influence aussi très largement la stabilité des gouvernements et des états-majors militaires ainsi que les sociétés du monde entier. Aujourd'hui, chacun peut émettre une information que le monde entier peut recevoir de manière quasi instantanée.

La chaîne informative, soutenue par l'extraordinaire foisonnement technologique (satellites de communications, téléphonie mobile, Internet, mise en réseau de banques de données) reste toutefois contrôlée par un oligopole de grandes entreprises sises dans la Triade (Microsoft, AOL-Time Warner, Sony, Philips, R. Murdoch...). Technologie ne rime pas forcément non plus avec égalité : la carte des accès à l'information dans le monde, correspond à celle des inégalités de revenus, d'accès à l'éducation, à la santé. La fracture technologique renforce ainsi les **disparités spatiales** planétaires.

Dossier 2, p. 18-19.
Dossier 3, p. 20-21.

B. La sphère financière : facteurs, organisation spatiale et enjeux

Les flux de capitaux, licites ou illicites, circulent dans un espace financier international bien balisé. S'appuyant sur les progrès dans les technologies d'informatique et de communication, les flux financiers sont devenus colossaux (de 1 500 à 2 000 milliards de dollars sont échangés quotidiennement ce qui représente cent fois les besoins du marché commercial et des services). Parmi ces flux, on distingue pour l'essentiel des investissements directs à l'étranger et les capitaux purement spéculatifs.

Ils s'articulent autour de quelques grandes places financières à l'échelle internationale (New York, Tokyo, Londres, Paris...), interdépendantes et fonctionnant de manière quasi permanente. Les grandes bourses accueillent les investisseurs institutionnels (banques, assurances, firmes multinationales) mais aussi, de plus en plus, les fonds de pension états-uniens ou japonais qui cherchent à rentabiliser les dépôts de leurs clients. Les paradis fiscaux sont une autre destination très prisée par les capitaux. Des circuits parallèles très complexes assurent, par ailleurs, le blanchiment de l'argent des trafics illicites de la drogue, des armes ou des faux papiers.

Mais la récente crise financière en Asie (1997-1998), la faillite retentissante d'entreprises américaines (Enron en 2001) montrent, si besoin en était, à quel point la mobilité des capitaux peut être fragile et dangereuse. Le « turbocapitalisme » fondé sur la rentabilité à court terme des entreprises suscite des dissensions de plus en plus grandes entre les transactions boursières et l'économie réelle, ce qui contribue à déstabiliser des régions entières de la planète.

Notions clefs
- Disparités spatiales
- Firmes multinationales
- Flux
- Mondialisation

Voir lexique, page 7

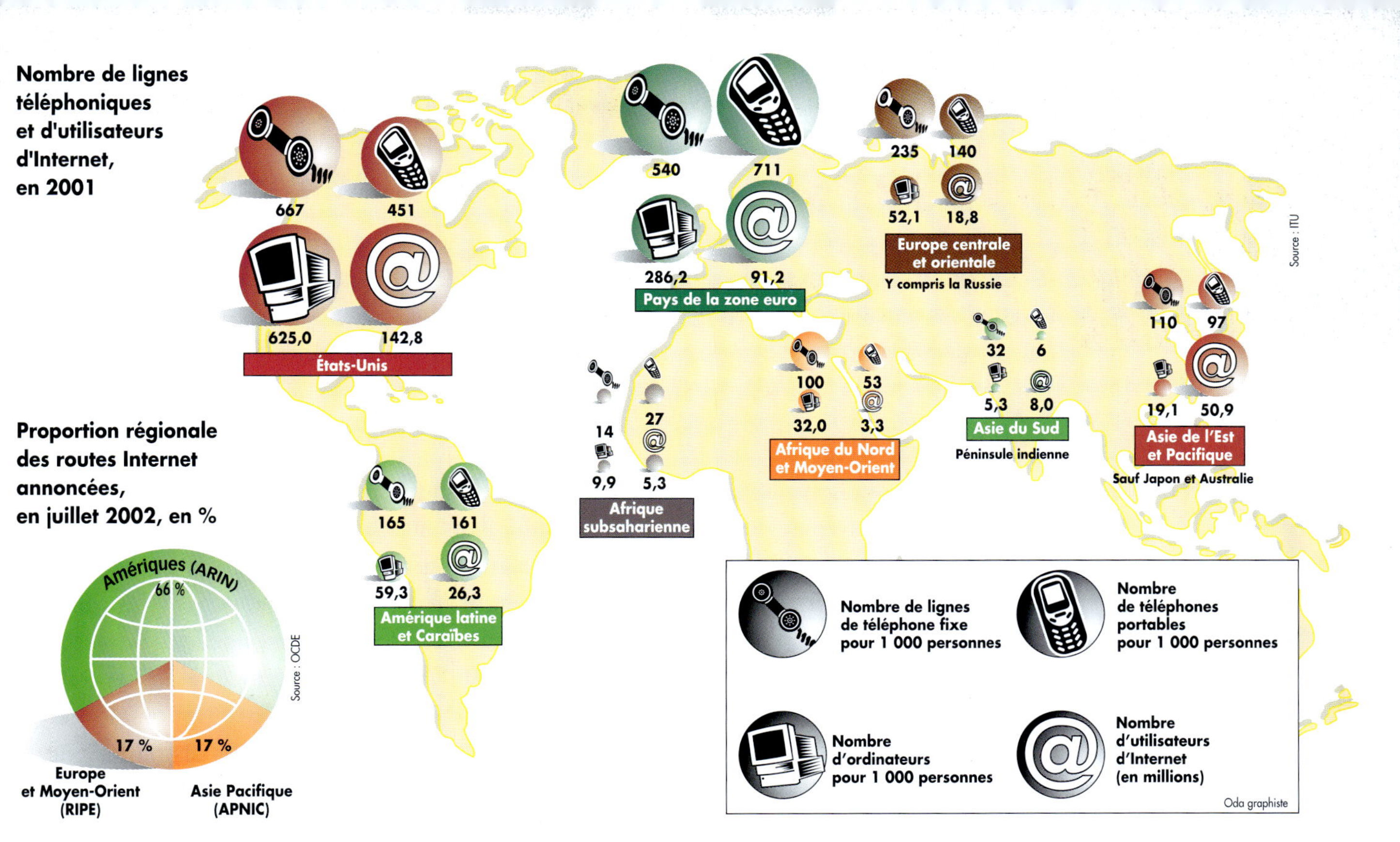

1 Le Sud, aux abonnés absents

Source : *Alternatives Économiques, Les chiffres de l'économie 2004*, hors-série n° 58, 4e trimestre 2003.

2 Le scandale Parmalat

En 1990, Parmalat entrait en Bourse, s'affirmant comme le septième groupe privé italien et occupant la première place mondiale sur le marché du lait de longue conservation. Ce colosse employait quelque 37 000 salariés dans plus de trente pays, et son chiffre d'affaires atteignait, en 2002, 7,6 milliards d'euros (supérieur aux PNB d'États comme le Paraguay, la Bolivie, l'Angola ou le Sénégal).

11 novembre 2003. Ce jour-là, des commissaires aux comptes expriment des doutes sur un investissement de 500 millions d'euros effectué sur le fonds Epicurum, basé aux îles Caïmans. Aussitôt, l'agence Standard & Poor's abaisse la notation des titres Parmalat, l'action chute. Au même moment, la Commission des opérations de Bourse demande des clarifications sur la manière dont le groupe compte rembourser des dettes qui arrivent à échéance, fin 2003. Dans le but de rassurer, la direction de Parmalat annonce l'existence d'une cagnotte de 3,95 milliards d'euros déposés dans une agence de la Bank of America aux îles Caïmans. À cet instant décisif, la Bank of America affirme que le document est… faux. L'action s'effondre, elle ne vaut presque plus rien. En quelques jours, plus de 115 000 investisseurs et petits épargnants se retrouvent floués, certains ruinés. On va vite apprendre que l'endettement de Parmalat s'élève à 11 milliards d'euros ! Et que –comme dans les scandales Enron, Tyco, Worldcom, Ahold– il a été sciemment dissimulé, depuis des années, au moyen d'un système frauduleux à base de malversations comptables, de faux bilans, de documents truqués, de bénéfices fictifs et de pyramides complexes de sociétés *off-shore* emboîtées les unes dans les autres, de manière à rendre impossible la traçabilité de l'argent et l'analyse des comptes.

Ignacio Ramonet, *Le Monde diplomatique*, février 2004.

3 Les trois géants de la communication mondiale (fin 2002)

	AOL Time Warner	Vivendi Universal	News Corporation
Cinéma	Warner Bros, RKO, Castle Rock…	Studio Universal, Studio Canal, Studio USA Networks	20th Century Fox…
Télévision	CNN, Cartoon network, HBO, Turner classic movies, TBS superstar…	Canal+, Canal satellite…	Fox, BskyB, National geographic channels…
Édition, presse	Time Inc. (64 magazines dont *Time*, *Sports Illustrated*, *Fortune*)…	Vivendi Universal Publishing (en France : Larousse, Le Robert, les groupes de presse *L'Express* et *L'Expansion*…)	Harper Collins, 175 journaux en Grande-Bretagne (*The Times*, *The Sun*), aux États-Unis et en Australie…
Internet	AOL, Compuserve…		Broadsystem, News Interactive…
Music	Warner Music group	Universal music group	

3. La mobilité des hommes

L'évolution de la mobilité des hommes (travailleurs, réfugiés, touristes) est de plus en plus le reflet des inégalités du monde : contrastes démographiques, inégalités de **développement**, tensions géopolitiques, abaissement du coût du transport aérien.

Dossier 5, p. 24-25.
Dossier 6, p. 25-27.

A. Des flux migratoires croissants et complexes

Près de 120 millions de migrants économiques ont quitté leur pays dans l'espoir de trouver ailleurs une vie meilleure. Longtemps cantonnées dans une logique Nord-Sud (Mexicains aux États-Unis, Asiatiques du Sud-Est au Japon), ces migrations se sont complexifiées avec l'appel de main-d'œuvre de certains pays émergents, la chute du communisme et la fermeture des frontières dans les pays développés (ou le tri de la main-d'œuvre en fonction de leurs besoins).

Leur effet est complexe : les pays de départ voient des forces vives et jeunes les quitter mais ils reçoivent en échange des sommes considérables qui maintiennent leur économie sous perfusion ; les pays d'accueil profitent d'une main-d'œuvre bon marché mais ils ont de plus en plus de mal à intégrer ces populations soit du fait de leurs particularismes, soit du fait des réactions hostiles des autochtones.

Les réfugiés (plus de 30 millions dans le monde) prennent également de l'importance. La multiplication des conflits entraîne des déplacements forcés et des fuites de populations souvent chez les pays voisins (notamment en Afrique et en Asie mais également en Europe à la suite du conflit yougoslave). Les Afghans constituent actuellement le groupe de réfugiés le plus important dans le monde avec près de 4 millions de personnes déplacées.

Dossier 7, p. 28-29.

B. Les impacts de la croissance des flux touristiques

Le tourisme de masse a remplacé le tourisme de classe. Il est né de la conjoncture des congés payés, de la hausse du niveau de vie, de la révolution des transports et de la société des loisirs dans les pays développés. Il donne aujourd'hui au phénomène touristique sa véritable stature internationale (près de 750 millions de touristes en ce début de XXIe siècle et une marge de progression encore fabuleuse puisque 8 % seulement de la population mondiale est actuellement concernée !).

L'Europe et les États-Unis sont à la fois les principaux émetteurs et récepteurs de touristes (80 % des mouvements). Les touristes mondiaux se retrouvent dans quelques dizaines de lieux privilégiés : grandes métropoles mondiales, hauts lieux culturels, stations balnéaires ou de ski, îles ou archipels, grands parcs d'attraction. Mais les pays du Sud attirent également plus de clientèle notamment l'Asie et la Chine en particulier.

Le poids économique du secteur touristique correspond à environ 500 milliards de dollars annuels et des millions d'emplois directs ou induits (un actif sur dix dans le monde). Il profite surtout aux grandes nations émettrices et réceptrices du Nord (États-Unis, France, Espagne, Italie…) mais l'impact économique est devenu vital pour de nombreux pays du Sud (40 millions de personnes employées dans le tiers monde, des rentrées d'argent équivalentes à celles de l'aide au développement).

Le tourisme reste cependant une activité fragile et sensible : cataclysmes, attentats peuvent tout remettre en question. D'autres effets négatifs apparaissent également : défiguration des sites naturels, pollution, dépendance économique, acculturation. Toutefois, certains pays du Sud profitent du tourisme pour maintenir et promouvoir leurs traditions et spécificités mais aussi pour asseoir des politiques de développement.

Notions clefs
- Développement
- Flux

Voir lexique, page 7

1 L'Europe : un eldorado pour les réfugiés

Mars 2002 : le cargo « Monica » venu du Liban jette l'ancre à Catane, en Sicile. À bord : 1 000 Kurdes irakiens dont 361 enfants. L'équipage s'est volatilisé. Les passeurs ont pris 4 000 dollars par personne. Pour ces réfugiés, la fin du voyage passe par un camp de transit.

2 Hôtel en République dominicaine

L - ES - S

chapitre

2 Acteurs et pôles de l'espace mondialisé

Problématique

La mondialisation s'impose de plus en plus comme un ensemble de phénomènes et de processus non seulement économiques et financiers, mais aussi humains, sociaux, politiques, environnementaux et culturels.

Elle est la résultante des stratégies, des décisions, des actions d'acteurs nombreux et différents. Qui sont-ils ? En quoi ces phénomènes multiples et parfois contradictoires sont-ils source d'interrogations, de débats, voire de contestation ?

Employés d'une *maquiladora* dans une zone franche au Nicaragua, une main-d'œuvre majoritairement féminine

New York, capitale du monde ?

LES CENT PREMIÈRES MULTINATIONALES

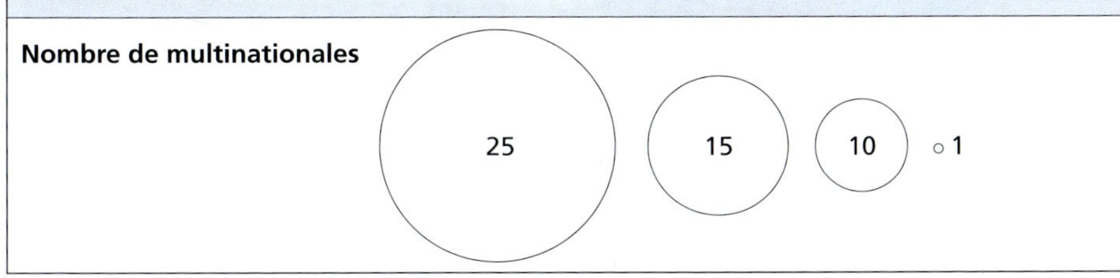

Source : Rapport sur l'investissement dans le monde 2002, CNUCED (ONU)
Parue dans l'*Atlas du Monde diplomatique*, janvier 2003.

La capitalisation boursière des 10 multinationales les plus importantes comparée au PIB global de certains États

Rang	Firme	Capitalisation boursière 2002 (en millions de dollars)	Pays	PIB global 2002 (en millions de dollars)
1	General Electric (É-U)	372 089	Pologne	365 290
2	Microsoft (É-U)	326 639	Philippines	301 061
3	Exxon Mobil (É-U)	299 820	Arabie saoudite	285 283
4	Wall Mart (É-U)	273 219	Pakistan	266 655
5	Citigroup (É-U)	255 299	Belgique	262 484
6	Pfizer (É-U)	249 020	Égypte	229 442
7	Intel (É-U)	203 828	Suisse	203 196
8	BP (É-U)	200 794	Algérie	187 922
9	Johnson and Johnson (É-U)	197 912	Grèce	184 708
10	Royal Dutch Shell (R-U et P-B)	189 913	Portugal	181 942

Source : *État du monde 2004* (La Découverte, Paris) et *Financial Times*, classement 2002 des 500 plus grandes firmes multinationales (site internet du Financial Times).

LES GRANDS CENTRES D'IMPULSION DE L'ÉCONOMIE MONDIALE

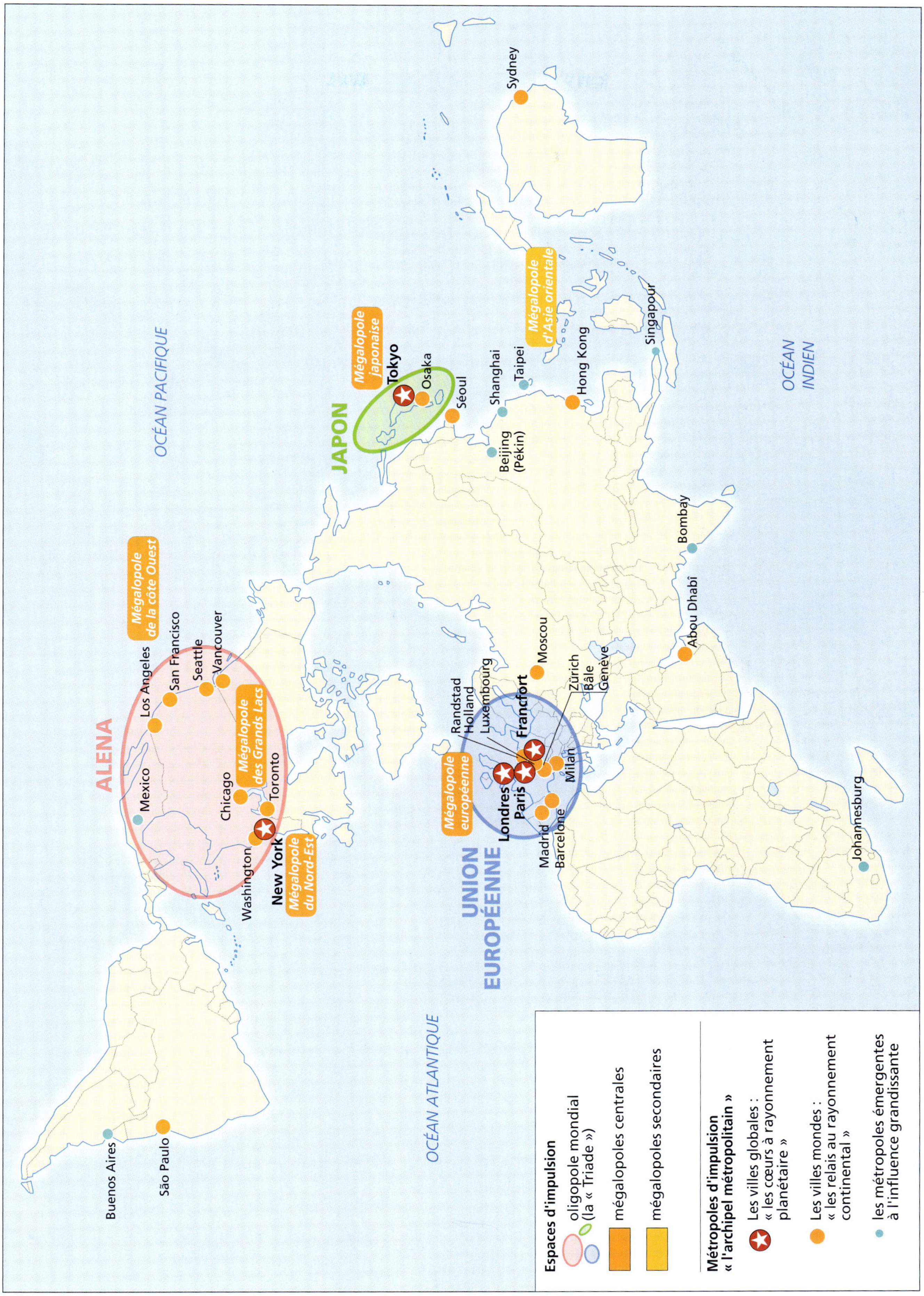

dossier 1

Les multinationales étendent leur emprise

La mondialisation a donné lieu au développement spectaculaire des firmes multinationales qui sont devenues les agents principaux de l'économie mondiale. Les plus grosses surpassent en importance la grande majorité des États, devenant des entités transnationales.

Comment sont-elles au cœur de la mondialisation de l'économie et des échanges ? En quoi leur rôle reste-t-il très controversé ?

1 Les investissements directs étrangers en % du PIB

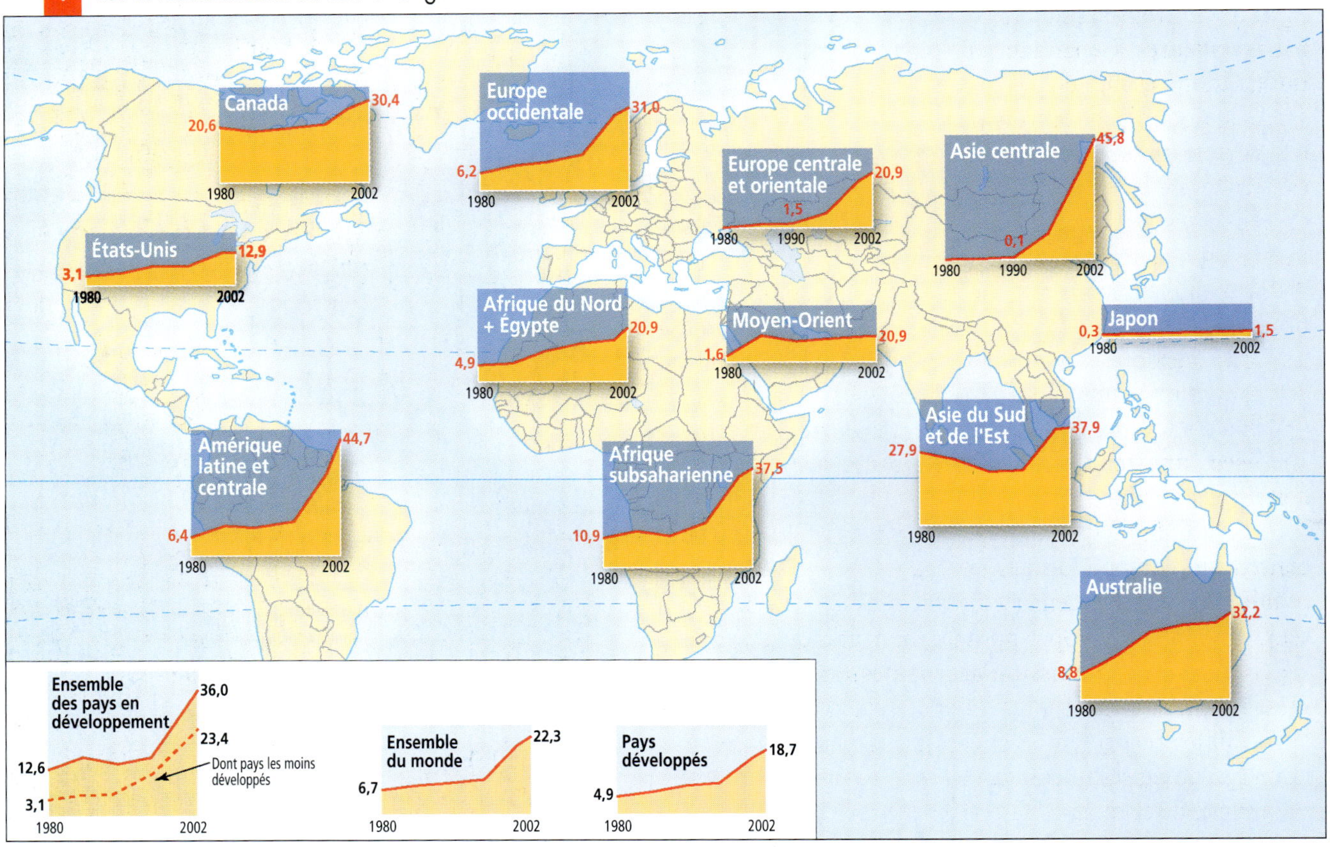

Source : *Alternatives économiques*, hors-série n° 58, « Les chiffres de l'économie 2004 », 4e trimestre 2003.

2 La poupée Barbie

Depuis un demi-siècle, la plupart des petites filles jouent avec la poupée Barbie. Ce symbole de l'Amérique n'y a pourtant jamais été fabriqué. La société Mattel décide de la conception depuis son siège d'El Segundo (Californie). La fabrication, initialement faite au Japon, a été plusieurs fois délocalisée à mesure que montaient les coûts : Taïwan, Hong Kong, Philippines et maintenant Chine (12 000 ouvrières) […] pour 0,4 dollar ; elle est vendue 10 dollars aux États-Unis (et dans 145 pays du monde). Barbie est à la fois un emblème de l'Amérique et un produit global.

Claude MANZAGOL, *La Mondialisation, données, mécanismes et enjeux*, A. Colin, 2003.

3 Le pouvoir grandissant des multinationales

Dans le cadre de la mondialisation, les États et les collectivités territoriales se livrent à des surenchères (sous forme de subventions et d'exemptions fiscales) pour attirer les multinationales. Entre ce que ces firmes apportent et ce qu'elles détruisent, le bilan est controversé si l'on considère l'emploi, les équilibres sociaux, les structures industrielles et agricoles, les balances commerciales. L'argument qui plaide le plus en leur faveur est le transfert technologique, c'est-à-dire l'introduction, dans les pays hôtes, de méthodes de production, d'organisation et de management plus performantes, ainsi que l'accroissement de la qualification du travail.

[...] Ce transfert dépend cependant des politiques locales et du rapport de forces entre les territoires et les multinationales. La Chine, qui leur offre un vaste marché, peut leur imposer plus de contraintes qu'un petit pays.

[...] Mis à part le cas des zones franches, les salaires dans les filiales des multinationales sont souvent supérieurs à ceux des entreprises locales et les conditions de travail y sont meilleures. Cependant, à l'échelle internationale, les multinationales mettent en concurrence les territoires et les salariés, notamment dans les secteurs où domine une production de masse standardisée. Ainsi, à la périphérie des trois pôles de la Triade États-Unis/Europe/Japon, elles ont constitué des bases productives où elles profitent d'un coût du travail plus faible et de conditions d'emploi de la main-d'œuvre qui leur sont plus favorables. C'est le cas pour les firmes japonaises en Asie orientale, pour les firmes américaines au Mexique et pour les firmes européennes en Europe centrale. Il en résulte, pour les salariés des pays développés, travaillant dans des secteurs où la production est standardisée, une tendance à l'alignement par le bas des conditions de rémunération et d'emploi.

La mondialisation a changé la nature et les acteurs de la contestation du pouvoir des multinationales. Les États ont réduit considérablement les contraintes qu'ils leur imposent, limitant leur propre pouvoir au profit de ces firmes.

[...] Face à la soumission accrue des États, émerge un mouvement associatif international exigeant que les multinationales respectent des normes en matière de droits humains, de législation du travail et d'environnement. L'hétérogénéité de ce mouvement reflète les contradictions sociales et nationales que la mondialisation exacerbe.

L'Atlas du Monde diplomatique, janvier 2003.

4 Les multinationales : des icônes ou des cibles

Campagne menée en Inde du Sud contre la compagnie Coca Cola.

Activité

Identifier et classer les différents éléments de la puissance des firmes multinationales en distinguant leurs influences positives mais aussi leurs impacts négatifs à l'échelle locale et mondiale.

dossier 2

L'archipel métropolitain mondial

L'archipel métropolitain mondial (AMM), formé d'un ensemble de villes en réseau qui contribuent à la direction du monde, s'est concrétisé au cours de la deuxième partie du XXe siècle. Il est devenu l'un des symboles les plus forts de la globalisation en favorisant une exceptionnelle concentration des activités d'innovation et de commandement.
Quelles villes composent l'AMM ? Quels critères les distinguent des autres villes du monde ?

1 New York

2 New York reste la capitale du monde

La mondialisation ne s'est pas seulement traduite par une tendance à la dispersion géographique des activités économiques, mais aussi par une tendance au regroupement de certaines d'entre elles dans les villes « globales ».

Aucun secteur ne témoigne davantage de la force d'attraction des villes globales que la finance. [...] Le marché des capitaux fournit l'un des meilleurs exemples du double mouvement de diffusion-concentration qui caractérise la mondialisation.

[...] Le rôle clé de Wall Street dans le marché mondial des capitaux risque d'autant moins d'être remis en cause qu'il repose en grande partie sur le poids de l'économie mondiale [...] et qu'il a façonné la mondialisation [...] l'internationalisme de New York tient au fait que les firmes américaines dominent le monde. [...] La concentration des postes de commandement de l'économie mondiale dans quelques villes pilotes, en particulier New York, est en outre renforcée par la tendance à la « dénationalisation » des élites.

[...] Les villes globales sont ainsi porteuses d'une culture spécifique qui renforce en retour leur rôle, en encourageant le passage d'une approche « nationale » à une approche « mondiale » d'une activité.

Saskia SASSEN,
« New York reste la capitale du monde »,
Alternatives internationales, n° 4, sept.-oct. 2002.

3 Un nouveau pôle culturel au centre de Londres sur la rive gauche de la Tamise (Southbank) : la reconstitution du théâtre de Shakespeare (The Globe) et le nouveau musée d'art moderne (Tate Modern Gallery).

4 Profil de la ville globale

J. Friedman qui a présenté l'hypothèse de la ville mondiale, et Saskia Sassen qui a conceptualisé la ville globale à partir de l'étude de New York, Londres et Tokyo en ont dégagé les traits majeurs :

[...]

– un centre de création de nouveaux produits, procédés et idées qui requiert une économie mondiale : invention de multiples produits financiers, génération d'informations et de produits culturels (New York avec les grandes chaînes de télévisions, CBS, NBC, ABC, les grands magazines comme *Times*, *Newsweek*, les publications spécialisées comme le *Wall Street Journal)* ;

[...]

– un énorme marché de produits et services haut de gamme ;

– un centre de communication doté de puissantes infrastructures (plates-formes intermodales, téléports) ;

[...]

– un centre cosmopolite, portail de l'immigration ;

[...]

Claude MANZAGOL, *La Mondialisation, données, mécanismes et enjeux*, A. Colin, 2003.

5 Aéroport de Roissy-Charles-de-Gaulle

Activité

Définir, à l'aide des éléments de ce dossier, la notion de « ville globale », puis montrer en quoi New York est la plus importante d'entre elles.

dossier 3

Un réseau d'ONG de plus en plus présent

Les ONG, apparues à la fin du XIXe siècle (la Croix-Rouge est fondée en 1864), se sont surtout développées à partir des années 60 dans le cadre de l'action humanitaire. Comment sont-elles devenues aujourd'hui des interlocuteurs incontournables notamment dans le combat pour une autre mondialisation que celle de l'argent ?

1 La montée en puissance des ONG

Dans le vocabulaire courant, le sigle ONG renvoie à deux grands types d'organisations :

– soit de puissants réseaux associatifs multinationaux, en général spécialisés dans l'humanitaire, du type Handicap International, Action contre la faim, Oxfam ou Médecins du monde, dans la défense des droits humains (comme Amnesty International) ou dans la protection de la nature comme Greenpeace ou le WWF. Ces structures peuvent compter plusieurs millions de membres (4,7 pour le WWF) qui sont essentiellement des souscripteurs, des collecteurs de fonds. Elles sont gérées de manière hautement professionnelle, peuvent disposer de centaines ou de milliers de salariés permanents, et elles agissent aussi bien sur le terrain que comme groupes de pression sur les gouvernements. Elles ont en général un grand savoir-faire médiatique et donc une très forte visibilité ;

– soit des mouvements de plus ou moins grande taille, plurinationaux engagés dans des campagnes en rupture avec les divers aspects de la mondialisation libérale, et qui se préoccupent moins de collecter des fonds que de participer à des mobilisations de rues (Seattle, Gênes, Porto Alegre...). L'association Attac née en France en 1998 et désormais présente dans plus de cinquante pays, en constitue le prototype.

[...] La montée en puissance des ONG porteuses, d'emblée d'une logique internationale, est aussi une conséquence de l'affaiblissement des pouvoirs politiques nationaux, qui ont activement favorisé les déréglementations et abandons de souveraineté en tout genre au profit de la seule logique de marchés désormais totalement mondialisés. Mais les organisations internationales (et les gouvernements) savent aussi utiliser, voire instrumentaliser les ONG qu'ils financent largement : elles peuvent faire leur travail de brancardiers planétaires ou nationaux à meilleur compte et avec plus d'efficacité. Les grandes entreprises ont également compris qu'elles avaient tout à gagner à des partenariats avec des ONG qui leur décernent des brevets « d'éthique ». [...] Ce sont les ONG du deuxième type (mouvements sociaux et citoyens) qui contribuent à la prise en main par les citoyens eux-mêmes des causes qu'ils entendent défendre.

Atlas du Monde diplomatique, janvier 2003.

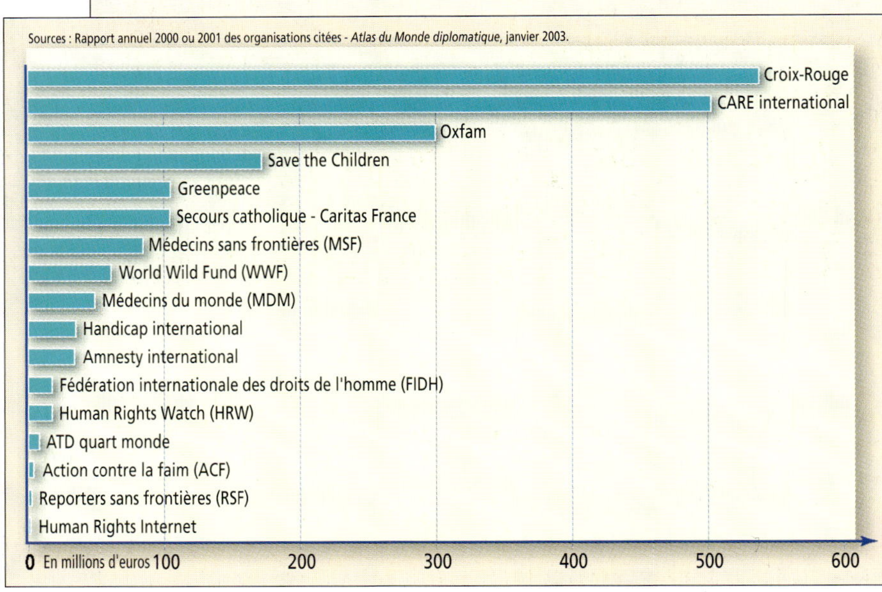

2 Budget de quelques ONG internationales

Source : *Atlas du Monde diplomatique*, janvier 2003.

3 Programme ATTAC 2004

POURSUIVRE LES CAMPAGNES ENGAGÉES

- Pour l'instauration de taxes globales afin de financer le développement.
- Contre les paradis fiscaux et la criminalité financière.
- Pour l'accès de tous à une eau de qualité, au Nord comme au Sud.
- Pour le développement et l'extension des services publics.
- Contre les OGM.
- Pour l'extension des "zones hors AGCS" en France.
- Contre la marchandisation de l'école.

DE NOUVELLES PRIORITÉS POUR 2004

- Exiger la prise en compte des 21 exigences d'Attac dans le futur traité constitutionnel européen, ainsi qu'un référendum pour le ratifier.
- Provoquer un débat public sur l'instauration du plein emploi.
- Défendre et étendre le droit à l'accès à la senté et aux soins pour tous.
- Proposer des alternatives au libre-échange dans les relations commerciales internationales.

Association pour une taxation des transactions financières pour l'aide aux citoyens

attac

Il s'agit tout simplement de se réapproprier ensemble l'avenir de notre monde

6, rue Pinel - 75013 Paris
Tél : 01-53-60-92-40
Fax : 01-53-60-40-72
Courriel : attacfr@attac.org
Site Internet : http://www.france.attac.org

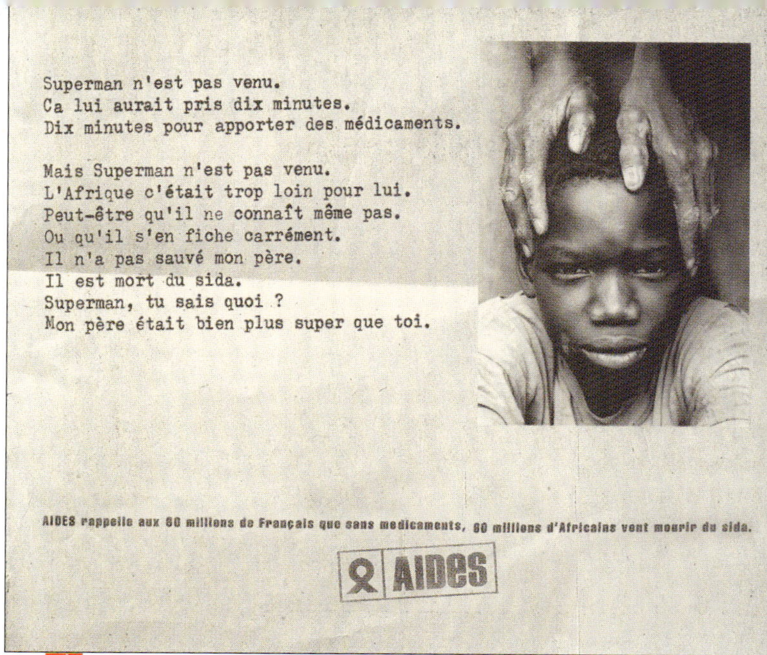

4 Campagne d'AIDES

5 Action de protestation de Greenpeace contre la déforestation

Activité

En vous servant des informations fournies par le dossier documentaire, préparer et organiser un débat.
Voici quelques pistes de réflexion possibles :
- Comment peut-on réagir devant l'action des différentes ONG ?
- Ont-elles vraiment le pouvoir de changer la marche du monde ?
- La prise en main grandissante des problèmes du monde par les citoyens eux-mêmes paraît-elle nécessaire ?

dossier 4

L'entrée de la Chine dans l'OMC

Le 11 décembre 2001, l'OMC avait admis la Chine dans ses rangs après quinze années de longues et âpres négociations, secteur par secteur. Quelles conséquences pour le rôle de la Chine aux échelles mondiale et régionale, puis pour l'économie chinoise et ses principaux partenaires ?

1 La montée en puissance de la Chine

Avec l'ouverture du pays à la fin des années soixante-dix, le poids de la Chine dans l'économie internationale s'est considérablement accru au cours des deux dernières décennies.

Depuis 1980, les échanges extérieurs chinois ont été multipliés par seize (en US $). Le rythme de croissance, près de 14 % en moyenne annuelle, est nettement plus rapide que celui du commerce mondial (5,5 %). De fait, la part de marché mondial de la Chine atteint près de 5 % en 2002, le marché chinois absorbant près de 4,5 % des importations mondiales. Ce développement rapide est dû en partie à l'insertion du territoire dans le processus de production asiatique. En atteste la progression des flux d'exportations et d'investissements directs étrangers (IDE) en provenance des pays développés d'Asie, notamment de Taïwan et de Corée. L'ouverture de l'économie a généré un afflux d'IDE : fin 2001, la Chine (hors Hong Kong) détenait près de 400 milliards de dollars d'IDE, au sixième rang mondial des pays d'accueil de l'investissement international, et de loin au premier rang des pays émergents. Après un ralentissement des entrées d'IDE au milieu de la décennie quatre-vingt-dix, la tendance s'est récemment inversée, à l'occasion de l'entrée de la Chine à l'OMC. De fait, la montée en puissance du pays dans l'économie mondiale, la normalisation de ses relations commerciales et la crise asiatique de 1997-1998 ont déplacé le centre de gravité de l'Asie vers la Chine.

Enquête de la DREE (Direction des études économiques du Ministère des Finances à Bercy), 2003.

2 Ouvriers chinois en formation dans une usine de GM (General Motors) à Yantai (province de Shandong, Chine)

3 Deux ans après son entrée à l'OMC, la Chine reste un élève difficile

Deux ans après son entrée à l'OMC, la Chine respecte à peu près ses engagements mais traîne les pieds et multiplie les obstacles non tarifaires, estiment les observateurs et les représentants d'entreprises étrangères en Chine. [...]

Suite à une enquête réalisée auprès de ses adhérents, la Chambre de commerce sino-américaine vient d'attribuer une mention « passable » à la Chine pour les progrès effectués depuis son adhésion. L'empressement des Chinois pour se mettre en conformité avec les règles du commerce mondial s'est quelque peu « volatilisé ».

Si certains engagements d'ouverture ont été tenus dans le temps, d'autres l'ont été avec du retard, mettant à l'épreuve la patience des entreprises étrangères. Ainsi, dans l'industrie automobile, les nouvelles règles autorisant les constructeurs étrangers à offrir des crédits pour financer les achats de véhicule n'ont été promulgués qu'en octobre, presque deux ans plus tard que prévu.

De son côté, la Chambre de commerce européenne souligne la multiplication des barrières non tarifaires qui freinent l'expansion du commerce et l'implantation des sociétés étrangères. Dans un livre blanc, la Chambre avait regretté l'absence de traitement national, le manque de transparence ou de respect de la propriété intellectuelle. Sans raison apparente, les cosmétiques importés doivent, par exemple, être enregistrés auprès de deux agences gouvernementales différentes.

La tendance des autorités à protéger leur marché et à ne pas faire de concessions qui aillent au-delà de leurs obligations n'est toutefois pas une spécificité chinoise. « Comme la plupart des pays à l'heure actuelle, la Chine forme un ensemble de groupes d'intérêts, dont certains sont très puissants et pas franchement ravis des conséquences de l'OMC » constate le directeur régional de Rolls-Royce, Richard Margolis.

Au sein de l'OMC, Pékin est resté plutôt discret, tout en faisant bloc avec les autres pays en développement lors des négociations de Cancun sur la poursuite du cycle de Doha de libéralisation des échanges mondiaux. Le secrétaire général de l'OMC, Supachai Panitchpakdi, souligne l'importance du pays. « Plus que jamais, nous avons besoin de la Chine pour remettre le cycle sur les rails et aller de l'avant ».

Agence France Presse, 8 décembre 2003.

4 TCL, premier fabricant mondial de téléviseurs

Née en 1981 à Huishou, la société TCL n'était qu'un fabricant local de cassettes audio. Aujourd'hui, TCL, qui produit aussi des téléphones portables, apparaît comme le futur numéro un mondial des téléviseurs grâce à l'accord conclu avec le groupe d'électronique grand public français Thomson. Cette nouvelle coentreprise, forte de 20 000 employés, baptisée TCL-Thomson, sera détenue, avant une future introduction en Bourse, à 33 % par le français et à 67 % par son partenaire chinois.

Le but est la fusion des activités dans le domaine des téléviseurs et des lecteurs DVD. En vue, une production de 18 millions de téléviseurs et de 4 millions de lecteurs DVD par an. En 2003, le groupe TCL, dirigé par Li Dongsheng, qui devrait réaliser un chiffres d'affaires de 1,5 milliard d'euros cette année, avait déjà racheté la société allemande en faillite Schneider Electronics.

Le Point, 7 novembre 2003.

Activité

À l'aide des documents disponibles dans ce dossier, formuler une réponse argumentée à la problématique proposée par le sujet.

dossier 5 Les paradis fiscaux

Face à la globalisation des flux financiers, les États éprouvent de grandes difficultés à coordonner leurs politiques en matière de capitaux et de fiscalité. À leur marge se sont ainsi développées des « zones grises », les « paradis fiscaux ». Quel rôle jouent ces « enclaves de tolérance » pour les pays riches mais aussi pour les micro-États pauvres ?

1 Portraits de havres financiers

Anguilla n'a pas 7000 habitants et se cache dans les Caraïbes. Le Liechtenstein en a 26000 et se trouve au bout des banques suisses [...] ce sont de commodes « paradis fiscaux ».

L'expression est un peu trompeuse : elle évoque surtout ces lieux de luxe où les vedettes affichent leur adresse à échapper au sort commun de leurs concitoyens. Il y a bien plus, et pour des sommes autrement considérables : ce sont les paradis pour firmes. Leur vertu ne réside pas seulement dans la modestie des taxes, mais aussi dans la discrétion des transactions, la bienveillance des règlements et l'attirail des dérogations.

Il vaudrait mieux les nommer des « paradis financiers ». Ce sont des havres, des refuges où l'on traite des affaires à l'abri, et de loin. En ce sens, ils appartiennent à la grande famille des lieux dits « francs » parce qu'ils sont hors de la loi commune. [...] Ils sont associés à des isolats : îles, micro-États et les deux souvent confondus. [...] Aussi les paradis des paradis sont-ils les grands isthmes du monde, ces espaces de transaction, ces grandes synapses qui relient continents et océans : les Caraïbes, le Moyen-Orient, l'Asie du Sud-Est. [...] Mais on en trouve également à la périphérie même des grandes puissances, soigneusement établis et préservés à leurs frontières : Liechtenstein, Luxembourg, Andorre, Monaco... les îles anglo-normandes, l'île de Man. [...] La Suisse tout entière joue ce rôle avec plus d'ampleur et une pyramide complexe de niveaux, puisqu'elle a elle-même, en outre, un système subtil de zones à dérogations et d'enclaves. Le phénomène s'est récemment accentué avec la multiplication des lieux de banque *offshore* [...]

On peut admettre que ces lieux ordinairement discrets font partie des maux nécessaires, des inévitables arrière-cuisines odorantes du système-monde. En ce sens, ils sont bien plus des purgatoires que des paradis. [...] Mais ils entretiennent aussi les désordres, car la drogue, les mafias, les guerres leur profitent. Par les spéculations qu'ils soutiennent, ils peuvent faire naître des catastrophes individuelles ou collectives.

Roger BRUNET,
« Les paradis fiscaux »,
Dossiers et documents du Monde, janvier 1991.

2 Sealand : une île digne de James Bond

Sealand, île au nom paradisiaque, est en fait une plate-forme métallique située à quelques brasses des côtes anglaises... Elle a été rachetée par un excentrique qui a eu l'idée de génie de créer son propre État, État dont la légalité a été confirmée par deux jugements. Outre les trafiquants, Sealand s'est trouvé un nouveau créneau : la principauté propose d'héberger tous les sites Internet et d'échapper ainsi aux juridictions nationales.

Ema NYMTON (www.paranos.com), juillet 2000.

Pays et territoires non coopératifs (PTNC) selon la liste publiée en octobre 2002 par le Groupe d'action financière sur le blanchiment des capitaux (GAFI)

Pays et territoires anciennement non coopératifs (PTNC), ayant pris des dispositions anti-blanchiment et de ce fait rayés de la liste

Pays et organisations internationales membres du Groupe d'action financières sur le blanchiment des capitaux (GAFI)

3 Paradis fiscaux, bancaires et judiciaires

Source : *Atlas du Monde diplomatique*, janvier 2003.

4 Extrait du rapport de juin 2003 du GAFI sur les PTNC

Pour réduire la vulnérabilité du système financier international, accroître l'efficacité des mesures anti-blanchiment à l'échelle mondiale, et reconnaître les progrès accomplis dans ces domaines, le GAFI (Groupe d'action financière sur le blanchiment de capitaux) a convenu des dispositions suivantes :

– Retraits de pays de la liste des pays non coopératifs (PTNC) en octobre 2002, février 2003 et juin 2003.

Le GAFI reconnaît que Saint-Vincent et les Grenadines, qui figuraient sur la liste des PTNC de juin 2000, ont suffisamment corrigé les défaillances mises en évidence en promulguant et en mettant en application les textes législatifs appropriés.

En octobre 2002, le GAFI a reconnu que la Russie, la Dominique, Niue et les Îles Marshall… avaient comblé les lacunes mises en évidence ; il a donc retiré ces pays de la liste des PTNC.

Et en février 2003, le GAFI a retiré la Grenade de la liste des PTNC suite à la promulgation et à la mise en application de textes législatifs corrigeant les lacunes identifiées.

Les Bahamas, retirées de la liste des PTNC en juin 2001, ont fait l'objet d'un suivi.

– Progrès accomplis depuis juin 2002.

Le GAFI se félicite des progrès accomplis par les Îles Cook, l'Égypte, le Guatemala, le Nigeria, les Philippines, l'Ukraine et Nauru […] et il appelle ces pays à poursuivre ce travail.

Le GAFI souhaiterait que Nauru prenne des mesures pour s'assurer que les banques *offshore* n'exercent plus d'activités bancaires et qu'elles n'existent plus. Lorsqu'il sera démontré que Nauru a coopéré pleinement avec la communauté internationale […] le GAFI pourra envisager la suppression des contre-mesures.

Concernant les pays retirés de liste de juin 2002, une procédure de suivi est appliquée à Saint-Christophe et Nièves et à la Hongrie dans le cadre du Conseil de l'Europe.

– En résumé, la liste des PTNC se compose des pays ou territoires suivants : Îles Cook, Égypte, Guatemala, Indonésie, Nauru, Philippines et Ukraine.

Le GAFI appelle ses membres à mettre à jour leurs directives à l'intention des institutions financières, afin que ces dernières prêtent une attention particulière aux relations d'affaires et aux opérations avec des personnes, y compris des sociétés et des institutions financières, de pays ou territoires considérés dans le présent rapport comme « non coopératifs ».

Rapport annuel 2003 du FATF-GAFI
(Financial Action Task Force on Money Laundering
Groupe d'action financière sur le blanchiment des capitaux),
Paris juin 2003.

Activité

À l'aide de l'ensemble des documents disponibles, établir le portrait d'un « paradis fiscal » sous la forme d'un organigramme. Par quels moyens la communauté internationale essaie-t-elle de lutter contre les circuits opaques de la finance internationale ? Avec quels résultats ?

Étude d'un ensemble documentaire

L'Union européenne : une aire de puissance de dimension planétaire ou régionale ?

1 L'Union européenne, une puissance commerciale majeure

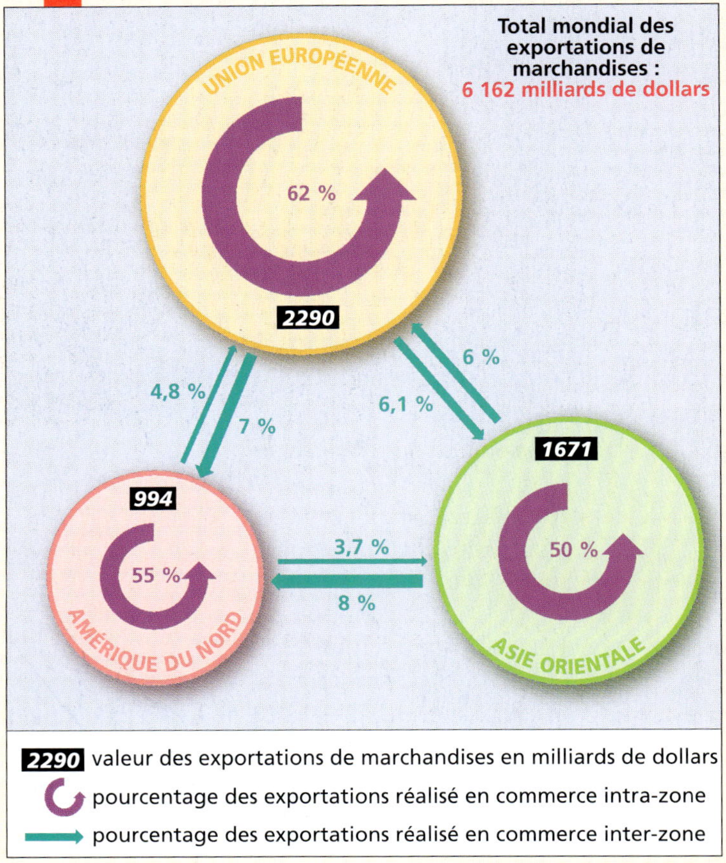

PREMIÈRE PARTIE

Analyser l'ensemble documentaire en répondant aux questions suivantes :

1. Lister, à l'aide des documents 1, 4 et 5, les arguments qui permettent d'affirmer que l'Union européenne est bien un centre d'impulsion majeur de l'économie mondiale.
2. Expliquer, à l'aide du document 4, en quoi l'Union européenne peut être qualifiée de « polycentrique ».
3. Expliquer, à l'aide du document 2, que l'intégration régionale réalisée par l'Union européenne dépasse largement le cadre d'un simple espace de libre-échange.
4. Pour exprimer sa puissance à l'échelle planétaire, l'Union européenne dispose d'atouts, mais souffre aussi de lacunes importantes. Retrouver des arguments pour expliquer cette affirmation (s'appuyer sur les documents 2 et 5).

DEUXIÈME PARTIE

À l'aide des réponses aux questions, des informations contenues dans les documents et de vos connaissances, vous rédigerez une réponse organisée au sujet : L'Union européenne, une aire de puissance de dimension planétaire ou régionale ?

2 L'Union européenne, quel projet à l'échelle mondiale ?

L'Europe a voulu être une union économique, ce qui a impliqué des politiques communes structurelles, une politique monétaire et fiscale. Des mutations institutionnelles ont semblé permettre à l'Europe de dépasser la logique du marché unique : Maastricht n'a pas débouché que sur des critères rigoureux de convergence (une justice commune, une politique de sécurité commune, une politique d'immigration portée par l'accord de Schengen ont été ébauchées).

En suivant ce chemin pragmatique mais peu médiatique, l'Europe est apparue comme un modèle construit sur la puissance statistique, de là elle espérait être porteuse à l'échelle mondiale d'une gouvernance des normes (pollution, droits de l'homme, aide publique au développement, libération des échanges). Elle aspirait au statut de puissance civile, puissance de compromis. Mais loin d'être achevée, sa quête de puissance ne fait aujourd'hui que commencer.

Confrontée aux crises récentes (guerre d'Irak) et aux stratégies de puissances adverses (hégémonisme unilatériste américain), l'Europe doit revisiter son projet. Une communauté européenne de défense donnerait à l'Europe les moyens de faire entendre sa voix dans l'ingérence humanitaire et la défense des droits de l'homme.

Alain NONJON,
L'Europe en mouvement,
ouvrage collectif sous la direction d'Étienne AUPHAN
et Bernard DÉZERT, Ellipses, 2003.

3 Le quartier d'affaires de Francfort-am-Main (Allemagne), siège de la Banque centrale européenne

4 L'Union européenne, une aire de puissance polycentrique

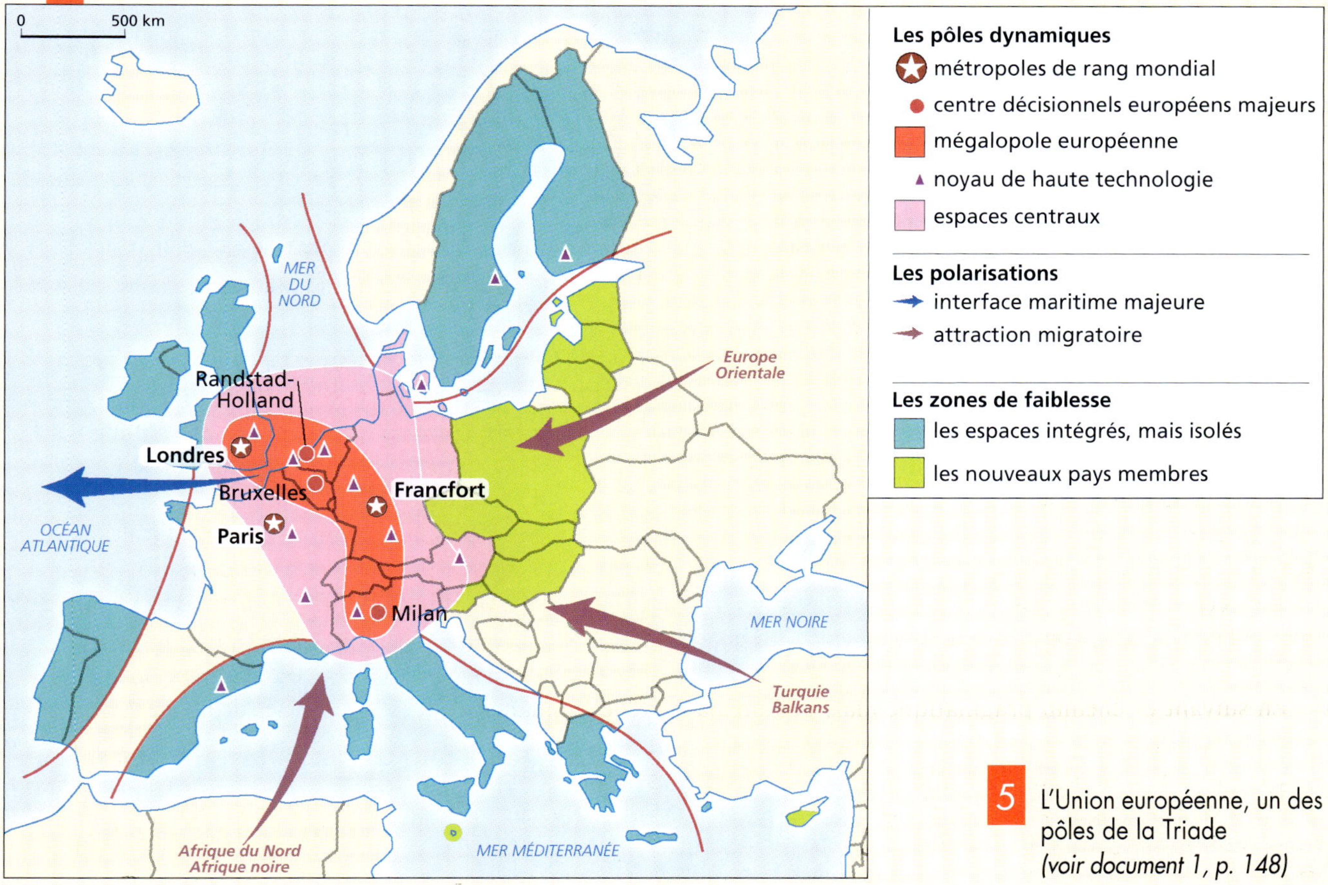

5 L'Union européenne, un des pôles de la Triade
(voir document 1, p. 148)

Composition La mondialisation : facteurs, acteurs et répercussions géographiques

A. Comprendre le sujet : quelques pistes pour rédiger l'introduction

Présenter le sujet – La mondialisation, phénomène ancien, s'est accélérée ces trente dernières années. Elle se caractérise par une interpénétration des systèmes de production qui se traduit par une concurrence accrue sur les marchés et une mobilité internationale grandissante des facteurs de production (capital et travail) impliquant de nouveaux acteurs.

Problématiser le sujet – Si le plan est ici clairement indiqué par le libellé du sujet, celui-ci n'est pas problématisé. Plusieurs choix sont possibles, mais le plus pertinent paraît être les rapports entre la mondialisation de l'économie et les inégalités de développement, entre les pays du « Nord » et ceux du « Sud ».

B. Plan détaillé

Pour vous aider à bâtir une argumentation appuyée sur des exemples précis, le plan détaillé vous propose des renvois aux dossiers des deux premiers chapitres du manuel.

1. Les nouvelles facettes de la mondialisation	
1. L'interdépendance des économies et la mondialisation des échanges	*Cartes, p. 12 et 15.*
2. Le rôle majeur des transports	*Carte, p. 14 et photographie, p. 13.*
3. La libre circulation des marchandises, des capitaux et des hommes	*Dossier 1, p. 18-19 ; dossier 3, p. 20-21 ; dossier 5, p. 52-53.*
2. Les nouveaux acteurs de la mondialisation	
1. Les États en concurrence pour l'appropriation des capitaux et des flux	*Dossier 2, p.18-19 ; dossier 3, p. 26-27 ; dossier 5, p. 52-53.*
2. Un rôle grandissant pour les organisations internationales et régionales	*Document 1, p. 44-45.*
3. La puissance des firmes transnationales	*Dossier 1, p. 44-45.*
4. Les ONG investissent de plus en plus le champ transnational	*Dossier 3, p. 48-49.*
3. Une nouvelle géographie due à la mondialisation	
1. La Triade : centre d'impulsion majeur de la mondialisation	*Carte, p. 43.*
2. Les « villes globales » au cœur du processus de la mondialisation	*Carte, pages 343 et dossier 2, p. 46-47.*
3. Les nouveaux espaces de la mondialisation dans certaines parties du « Sud »	*Document 1, p. 40 et dossier 4, p. 50-51.*
4. Les espaces en marge de la mondialisation : peu de bienfaits, beaucoup de contrecoups négatifs	*Carte, p. 43.*

C. Pour conclure

La conclusion doit absolument faire apparaître l'accélération du phénomène de la mondialisation, la généralisation du modèle capitaliste à l'échelle mondiale et le rôle joué par les nouveaux acteurs au détriment des États acteurs traditionnels.

La mondialisation n'a pas permis pour autant une unification économique et un développement profitable à tous. Certains pays du « Sud » profitent certes des relocalisations des FMN mais beaucoup d'autres espaces sont ignorés, les écarts entre ces pays et la Triade ayant même tendance à se creuser rapidement. Cet état de fait est dénoncé par les altermondialistes à la recherche d'une autre mondialisation plus humaine et plus équitable. Mais n'est-ce pas là une utopie ?

Croquis

Les États et la mondialisation

A. Comprendre le sujet

Le croquis se doit de mettre en évidence les principaux effets de la mondialisation pour les différents États. Deux logiques sont donc à prendre en considération : celle d'une typologie des États face à la mondialisation (positionnement mais aussi liens créés) et les éléments de la dynamique de cette mondialisation (grands flux de marchandises par exemple).

B. Activité

Organiser une légende ordonnée en proposant des titres de partie, faire coïncider les figurés avec les intitulés, puis compléter le croquis en plaçant les différents éléments de la légende et en proposant quelques localisations significatives.

C. Fond de carte

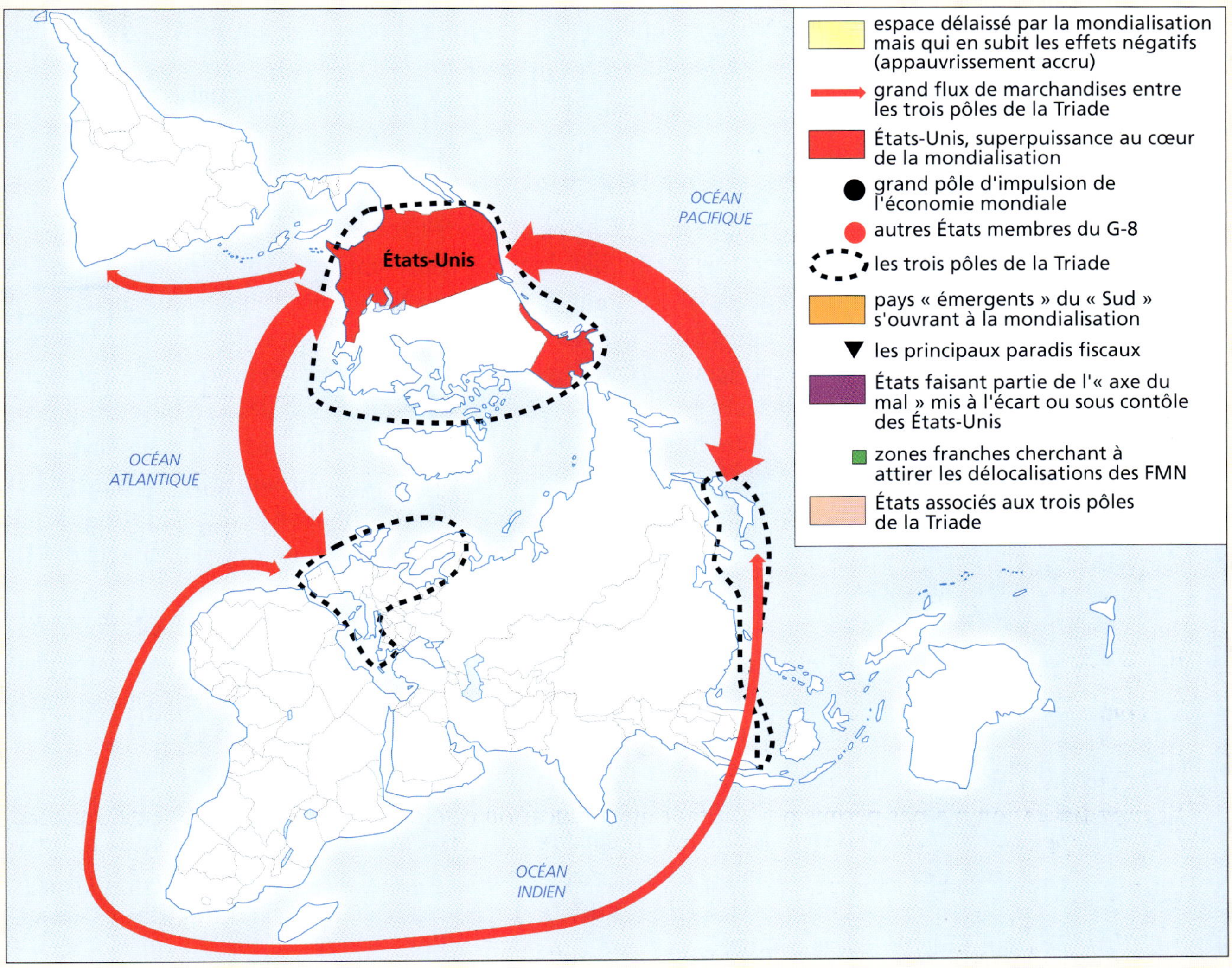

1. Les États-nations face à la mondialisation

La **mondialisation** ne se réduit pas aux **flux** et aux **réseaux**. Elle doit se comprendre comme l'interaction d'acteurs de plus en plus nombreux, aux intérêts parfois contradictoires, agissant à des échelles différentes.

Dans un espace de plus en plus mondialisé, où l'échelle nationale semble souvent dépassée, comment peut se redéfinir le rôle économique des États-nations qui constituent encore le maillage politique fondamental du monde actuel ?

Dossier 5, p. 52-53.

A. Des États fragilisés

Jusqu'alors les États géraient leurs affaires dans un cadre national aux frontières délimitées : ils intervenaient pour soutenir leurs économies (protectionnisme, nationalisations…) ou en définir les priorités à travers des politiques de planification plus ou moins incitatives, pour organiser une certaine redistribution des fruits de la croissance à travers les avantages sociaux de l'État-Providence.

Certes, avec l'approfondissement de la mondialisation, ils avaient pris l'habitude de participer à des instances supranationales à l'échelle mondiale (ONU, G-8), ou régionale (ALENA, Union européenne), mais leur capacité d'intervention s'est beaucoup amoindrie et leur rôle économique a dû s'adapter. Ils ont d'abord volontairement levé les obstacles au libre-échange au nom du credo libéral : ce fut l'objectif des « rounds » de négociations du GATT (Accord général sur les tarifs et les échanges) qui devaient aboutir à la naissance de l'OMC (Organisation mondiale du commerce) en 1992. Ils se sont ensuite souvent contentés d'exercer des fonctions d'encadrement et de régulation en lieu et place de leurs fonctions de décideurs souverains.

B. À la recherche d'une redéfinition de leurs rôles

Cette fragilisation apparente de l'échelon des États-nations dans la conduite de l'économie mondiale n'est cependant pas totale, elle s'accompagne d'une redéfinition de leurs rôles. Les États restent par exemple des acteurs importants en matière de négociations commerciales et économiques avec les autres États, mais aussi avec les organisations supranationales spécialisées (OMC, FMI, Banque mondiale…). Cependant, ils doivent compter avec la place nouvelle acquise par d'autres acteurs majeurs : les **firmes multinationales** (dont certaines disposent aujourd'hui de budgets plus importants que certains États), les ONG de plus en plus associées aux grands forums économiques mondiaux (Forum de Davos, Forum Social Mondial). Les États sont également contraints d'accepter une certaine redistribution de leurs fonctions, voire des transferts de souveraineté économique comme c'est déjà le cas actuellement au sein de l'Union européenne.

Dans ce cadre, l'État réhabilite, une forme d'interventionnisme à travers l'idée d'attractivité ; pour attirer investissements et emplois, les États se doivent de créer un environnement politique, économique, social, culturel favorable (les zones franches ou à l'extrême les paradis financiers). La concurrence entre les États, aussi bien du Nord que du Sud mais également à l'intérieur de chacun de ces deux ensembles, s'en trouve sérieusement exacerbée.

Enfin, face à tous ces pouvoirs supranationaux (les multinationales, le marché, les décideurs…), de plus en plus de citoyens réclament de l'État davantage de régulation, de transparence, de justice. La mondialisation suscite le besoin accru d'un État protecteur. Ce nouveau rôle de l'État reste encore largement à définir : la mise en place d'une vraie société civile internationale l'y aidera peut-être.

Notions clefs

- Mondialisation
- Flux
- Firmes multinationales
- Réseaux

Voir lexique, page 7

1 L'État « débordé »

Inégalement et différemment, un peu partout, l'État est « débordé », à la fois par le haut du fait de la transnationalisation financière, de l'information transmise par satellite, des pratiques des entreprises, et il est rongé de l'intérieur par la croissance de l'informel, sans compter les États contestés dans leurs limites et leur légitimité territoriale par des groupes séparatistes ou en proie à des attaques terroristes. [...] Se pose la question de la « fin des territoires » de l'État, c'est-à-dire d'un certain dépérissement du rôle territorial des États, concurrencé par d'autres acteurs et donc d'autres règles que celles fondées sur la territorialité, ce qui donne un sens différent aux lieux et aux espaces.

[...] L'État est aussi concurrencé dans un domaine où il régnait souverainement, celui des relations internationales, où d'autres acteurs interviennent dans des champs jusqu'alors réservés : des villes ou des régions ont leurs politiques internationales. Des ONG peuvent suppléer aux déficiences étatiques ou intervenir dans des domaines jusqu'à présent réservés aux États, comme les politiques des droits de l'homme. Il peut enfin déléguer certains de ses pouvoirs à des organismes « régionaux » comme le fait la France au sein de l'Union européenne.

Ces concurrences, débordements, érosions et attaques des pouvoirs étatiques interviennent aussi parce que, pour gouverner dans le monde et pour assurer son pouvoir, il vaut mieux contrôler des réseaux plutôt que des territoires. Le contrôle par le réseau est moins coûteux que celui par le territoire ; il est plus « ciblé » et ne s'encombre pas de la gestion des hommes et de la régulation de leurs rapports.

Olivier Dollfus, *La Mondialisation*, Presses de Sciences Po, 1997.

2 Des zones franches pour attirer les investissements étrangers

Source : www.gafi.gov.eg/docs/freezones.htm

3 L'État ne dépérit pas, au contraire !

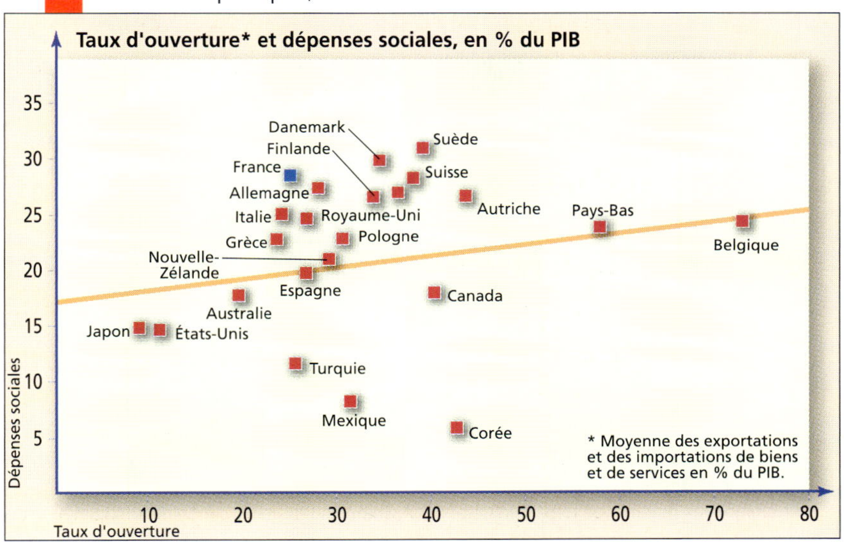

Source : Sandra Moatti (encart sur un article intitulé « Des États pas si dépassés ») *Alternatives économiques*, hors-série n° 59, 1er trimestre 2004.

4 Les forums économiques transnationaux : des impacts limités ?

2. De nouveaux acteurs dans l'espace mondialisé

A. Un rôle grandissant des organisations internationales et régionales

Dossier 3, pages 48-49.

Issues pour le plupart des lendemains de la Seconde Guerre mondiale (FMI, Banque mondiale, OMC, FAO, UNESCO...) ou d'autres formes moins institutionnalisées (G-8, World Economic Forum, mais aussi les associations alter-mondialistes), ces organisations voient leur rôle se renforcer dans le cadre de la **mondialisation**.

L'OMC, par exemple, regroupe cent quarante-huit États. Dotée d'une cour de justice, elle a pour mission essentielle de veiller au respect des accords passés entre ses membres, de poursuivre les négociations pour libéraliser encore davantage les échanges. Tous les secteurs sont concernés de l'industrie à l'agriculture, en passant par les services et les biens culturels. L'adhésion récente de la Chine ouvre des perspectives prometteuses pour le commerce international.

Les organisations régionales jouent également un rôle croissant dans le développement des échanges. Le commerce intrarégional renforce, en effet, le poids des blocs régionaux qui se sont constitués. Ainsi, plus de 70 % des échanges extérieurs de l'Union européenne se font entre ses membres. Des accords interrégionaux accélèrent, par ailleurs, les échanges mondiaux.

Les organisations non gouvernementales (ONG) comme Greenpeace, Médecins du monde, Amnesty International, Attac... sont plus de deux mille dans le monde. Leur création est souvent antérieure au processus de la mondialisation. Elles deviennent cependant de véritables contre-pouvoirs dans la mobilisation d'une « opinion mondiale » sur des grandes causes internationales (environnement, pollution, droits de l'homme...) et notamment pour s'élever contre la mondialisation ou pour réclamer qu'elle soit plus respectueuse des hommes. Toutefois, les ONG ne représentent que leurs adhérents, souvent originaires des pays développés du Nord; elles ne diffusent ainsi qu'une certaine vision du monde pas forcément partagée par tous.

Dossier 1, pages 44-45.

B. Le rôle fondamental des firmes multinationales

Elles sont plus de soixante mille dans le monde. Les cent plus importantes (Microsoft, General Electric, Exxon, Wal Mart, Pfizer–les cinq premières) emploient plus de six millions de personnes et ont en général leur siège social dans les trois pôles de la Triade: sur les cent premières firmes multinationales, cinquante-sept sont américaines, vingt-huit européennes et sept japonaises.

Le chiffre d'affaires de certaines, parmi les puissantes, est supérieur au PNB de certains États: Exxon Mobil produit ainsi plus de valeur ajoutée qu'un État comme le Pakistan et ses 138 millions d'habitants, Ford et Toyota pèsent plus lourd que le Maroc ou l'Ukraine...

Leur puissance économique est impressionnante: leurs échanges commerciaux internes sont aujourd'hui responsables du tiers des échanges internationaux et des trois-quarts de la production mondiale. De plus, ces entreprises transnationales adoptent des stratégies industrielles pour s'adapter à toutes les formes de marché. Elles sont aussi à l'origine d'une nouvelle division internationale du travail qui recherche les meilleures conditions de conception et d'élaboration de leurs productions. Elles contribuent enfin à renforcer la **métropolisation** et y concentrent leurs activités de recherche et de développement: elles jouent ainsi un rôle primordial dans la nouvelle géographie économique du monde et ses inégalités spatiales.

Notions clefs
- Métropolisation
- Mondialisation

Voir lexique, page 7

1 Caricature de Willem

2 Ouverture de la Conférence annuelle des gouverneurs de la Banque mondiale et du FMI, Dubaï, septembre 2003

3 Les Africains misent sur leurs réseaux

Alors que leurs États ont été réduits à minima par les errements de leurs dirigeants et par les rigueurs de l'ajustement structurel, de nombreux Africains, notamment les jeunes citadins, n'ont pas eu le choix. Ils ont été contraints de chercher, de plus en plus loin du continent, les moyens de vivre. Les simples citoyens, mais aussi les dirigeants politiques, ont donc appris à manipuler les outils, les méthodes de la mondialisation. Quitte à provoquer en retour dans les sociétés subsahariennes des effets imprévus.

[...] Outre la technologie, de nombreux Africains mobilisent aujourd'hui des réseaux transcontinentaux. L'émigré qui rentre au pays installe par exemple un commerce de pièces détachées de voitures grâce aux relations de travail qu'il a gardées en Italie. Commandées par téléphone, les marchandises arrivent assez vite. De telles relations d'affaires, fondées sur la parole, supposent des rapports de confiance entre acteurs économiques, codifiés et entretenus par des voyages réguliers. Elles sont au cœur des réseaux financiers informels qui convoient aujourd'hui des sommes considérables vers le continent et permettent par exemple à un Somalien, réfugié dans un camp du Kenya, de recevoir avec un minimum de frais une somme d'argent envoyée des États-Unis par un parent. Les ordres de paiement, donnés par fax, sont honorés parce que le payeur est identifié comme individu mais aussi comme membre d'une communauté qui jouera le cas échéant le rôle de caution.

Les Africains se sont aussi réappropriés les différents discours sur la mondialisation et les vertus du capitalisme le plus libéral.

[...] La frontière entre le licite et l'illicite est ainsi brouillée dans un contexte de compétition effrénée. Du coup, il rend légitime aux yeux d'une partie des Africains l'emploi de tous les moyens pour devenir les gagnants de la mondialisation. Quitte à habiller leur course au profit des couleurs de la justice collective. Ainsi, certains membres des gangs nigérians n'hésitent pas à présenter leurs activités criminelles comme une manière de redistribuer les richesses et de compenser le pillage de l'Afrique de l'Ouest par l'Occident. Une manière radicale de réguler une mondialisation brutale.

Sabine Cessou,
Dossier « La mondialisation vue d'Afrique »,
Alternatives internationales,
n° 11, novembre-décembre 2003.

3. Une nouvelle géographie des pôles moteurs dans l'économie mondiale

La **mondialisation** est un facteur de bouleversement de la géographie du monde : le processus engendre des inégalités certaines, renforce de façon cruciale les **pôles** de la Triade ainsi que les villes globales, crée de nouveaux espaces de prospérité dans le Sud mais marginalise aussi de nombreux espaces.

Dossier 1, pages 44-45.

A. Des centres moteurs variés

La Triade constitue, avec les États-Unis, l'Europe occidentale et le Japon, le **centre d'impulsion** de la mondialisation. Elle regroupe en son sein les pays les plus avancés sur le plan technologique, les plus riches, les pays aux sociétés post-industrielles. Ces pays cumulent encore d'autres atouts majeurs : lieu de naissance des principales firmes transnationales, lieu d'exercice des grandes bourses mondiales (Wall Street à New York, Kabuto-Cho à Tokyo), lieu d'implantation des organismes internationaux (ONU, OMC, Banque mondiale, G-8...). La Triade organise l'économie mondiale à son profit : ses membres sont les premiers exportateurs et importateurs ; ils réalisent à eux seuls plus de 70 % du commerce international.

Dossier 2, pages 46-47.

Les villes globales sont au cœur du processus de la mondialisation de par leurs multiples facettes. Capitales politiques, économiques et financières, elles sont des lieux de pouvoir et de décision, des lieux d'innovations (mode et tendances) et de progrès, d'échanges (ports et aéroports internationaux) et de **flux** (marchandises, hommes et informations), d'anticipation et de création.

New York, Londres, Paris, Tokyo sont les quatre villes globales au rayonnement planétaire ; leur action est relayée par des métropoles au rayonnement continental. Leur regroupement en trois grandes mégalopoles (Nord-Est des États-Unis, **mégalopole** européenne et mégalopole japonaise) en fait les moteurs premiers de la mondialisation.

Dossier 4, pages 50-51.

B. Des périphéries plus ou moins intégrées

De nouveaux espaces de la mondialisation se développent rapidement dans les « Sud » notamment là où les **firmes transnationales** relocalisent leurs activités au gré de la recherche de la rentabilité maximale. Zones souvent liées aux littoraux, l'Asie du Sud-Est en constitue le modèle depuis une vingtaine d'années (« les quatre Dragons » auxquels s'ajoutent maintenant la Chine littorale, l'Indonésie, la Thaïlande, le Vietnam). D'autres zones se situent aux portes de la Triade comme le Mexique (« maquiladoras »), l'Europe de l'Est, les zones franches en Europe de l'Ouest (Corse par exemple), le Brésil (région de São Paulo).

Beaucoup d'espaces restent cependant en marge de la mondialisation et concernent encore plus du tiers de la population mondiale et notamment les PMA (pays les moins avancés), les pays les plus pauvres de la planète. Ils sont pour la plupart (33 sur 49) situés en Afrique subsaharienne ; les autres sont en Amérique centrale et andine. Trop éloignés des pôles de la Triade, trop pauvres pour constituer un marché intéressant les FMN ou enclavés à l'intérieur des terres, ces pays sont dans le meilleur des cas vendeurs de matières premières dont les prix de vente ne cessent de baisser. Leurs ressortissants alimentent ainsi la plupart des flux migratoires internationaux.

Notions clefs

- Centre d'impulsion
- Firmes transnationales
- Flux
- Mégalopole
- Mondialisation
- Pôle

Voir lexique, page 7

1 Supermarché Carrefour à Pékin

Carrefour, comme toutes les firmes occidentales en Chine, sinise sa raison sociale. « Jia Le Fu » a une sonorité proche et, surtout signifie « La famille heureuse »... (D'après *Libération*, 29 décembre 2003).

2 Un village pas si global

Les chantres de la mondialisation et les altermondialistes se retrouvent sur un constat: dans la sphère économique, le monde se rétrécit, les frontières disparaissent et la distance physique ne compte plus.

[...] Cette vision du village global est devenue tellement évidente et consensuelle qu'elle est le socle commun du débat sur la globalisation.

Des travaux économiques récents ont cependant bouleversé ces clichés. Le commerce mondial a fortement augmenté dans les cinquante dernières années, mais la distance physique et les frontières nationales ne sont pas mortes et restent un obstacle majeur au commerce. [...]

Ainsi, quand la distance entre deux pays double (par exemple, France-Finlande par rapport à France-Portugal), le flux de commerce est à peu près divisé par deux. Plus étonnant encore, cet effet distance est plus élevé qu'au milieu des années 60, alors que les coûts de transport ont diminué. Le commerce a bien augmenté, mais il s'est plus développé entre les pays proches qu'entre les pays lointains. Ainsi sur les vingt dernières années, le commerce entre la France et l'Espagne a plus que doublé, alors que le commerce franco-américain n'a crû « que » de 50 %.

Cet exemple pointe une des raisons de l'augmentation de l'effet distance sur le commerce international: la régionalisation des échanges, dont l'intégration européenne est l'exemple le plus poussé. Les accords d'intégration qui libéralisent le commerce se font naturellement entre pays géographiquement proches. [...]

L'économie ne s'est pas encore débarrassée de la distance physique. C'est l'un des drames de l'Afrique, dont la part dans le commerce mondial n'a cessé de diminuer, tenue à l'écart des grands marchés non seulement par la régionalisation des échanges, le protectionisme agricole des Occidentaux, la ruine de ses infrastructures de transport, mais aussi par son éloignement géographique. L'Afrique est aussi le continent qui a le plus grand nombre de pays enclavés, pour lesquels on estime que les coûts de transport sont 50 % plus élevés que pour les pays côtiers. [...]

Philippe Martin, professeur à l'Université de Paris I, *Libération*, 12 janvier 2004.

chapitre

3 LES AUTRES LOGIQUES D'ORGANISATION DE L'ESPACE MONDIAL

Problématique

L'espace mondialisé est structuré autour de flux complexes et variés qui multiplient les interdépendances et font naître de nouvelles logiques d'organisation spatiale.
Cet espace mondialisé peut-il faire émerger une « gouvernance » planétaire apte à régler les grands problèmes du monde actuel (paix, développement, environnement) ? Ou bien ne se heurte-t-il pas à d'autres logiques d'organisation du monde (États, nations, aires culturelles, dynamiques régionales) qui réduiraient l'impact de cette mondialisation ?

La liberté de la presse dans le monde en 2002

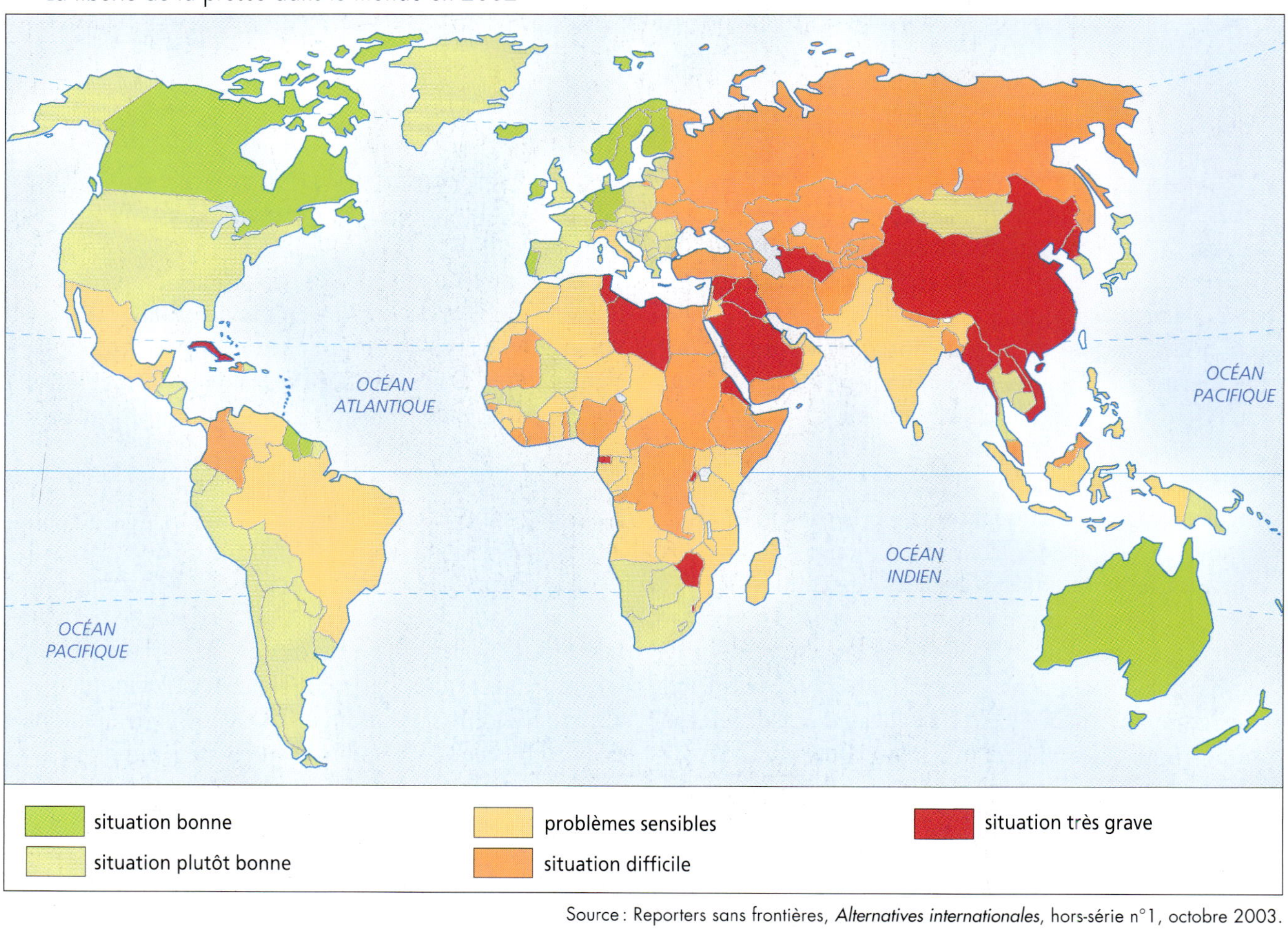

Source : Reporters sans frontières, *Alternatives internationales*, hors-série n° 1, octobre 2003.

Ouverture du Forum Social Mondial de Bombay, 21 janvier 2004

ONU : LES MISSIONS DE MAINTIEN DE LA PAIX EN COURS

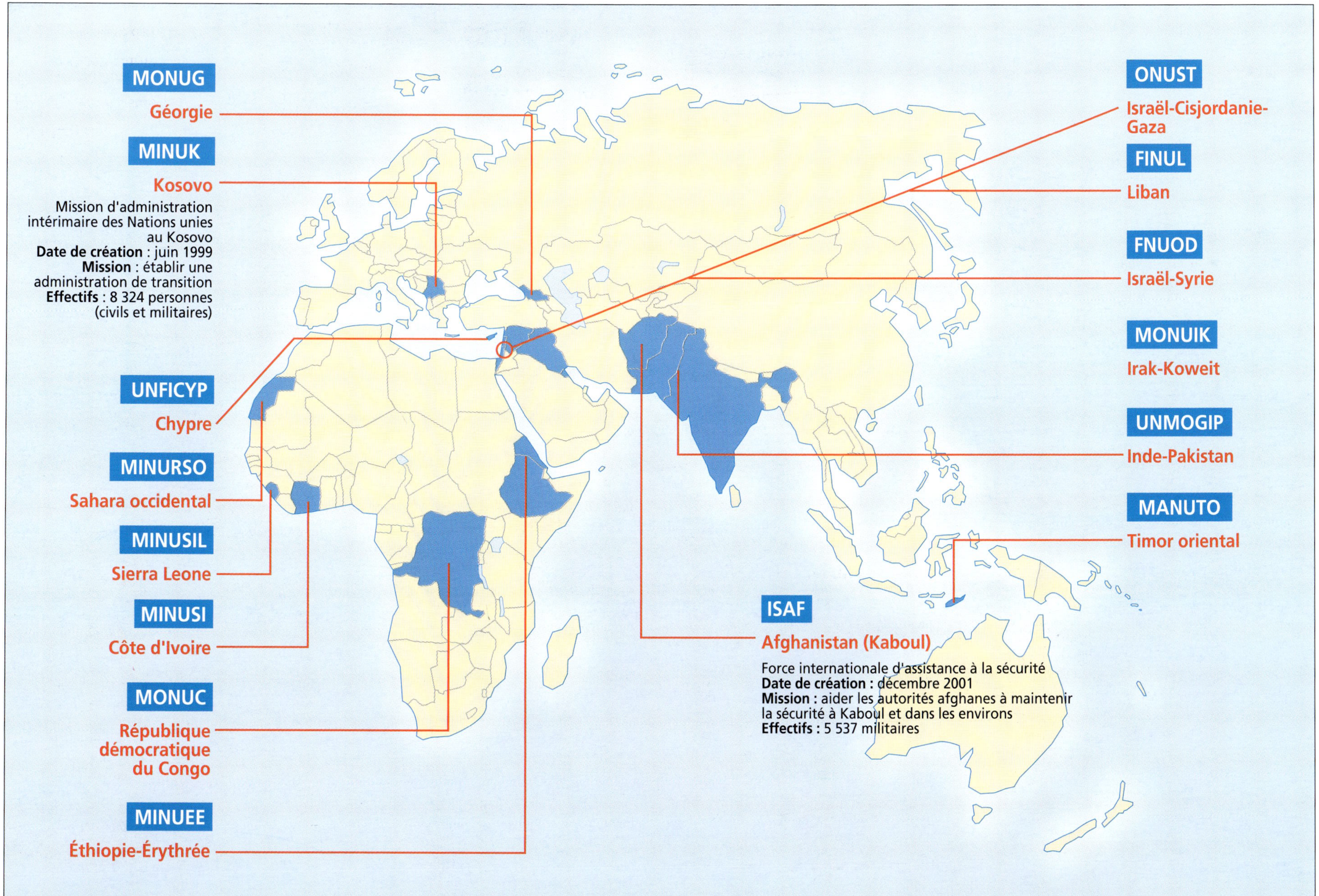

Le Kosovo et l'Afghanistan peuvent être qualifiés de « protectorats ». Ces missions sont toutes deux mandatées par l'ONU avec des militaires placés sous commandement de l'Otan.

Sources : *Libération*, ONU, octobre 2003.

LES AIRES RELIGIEUSES

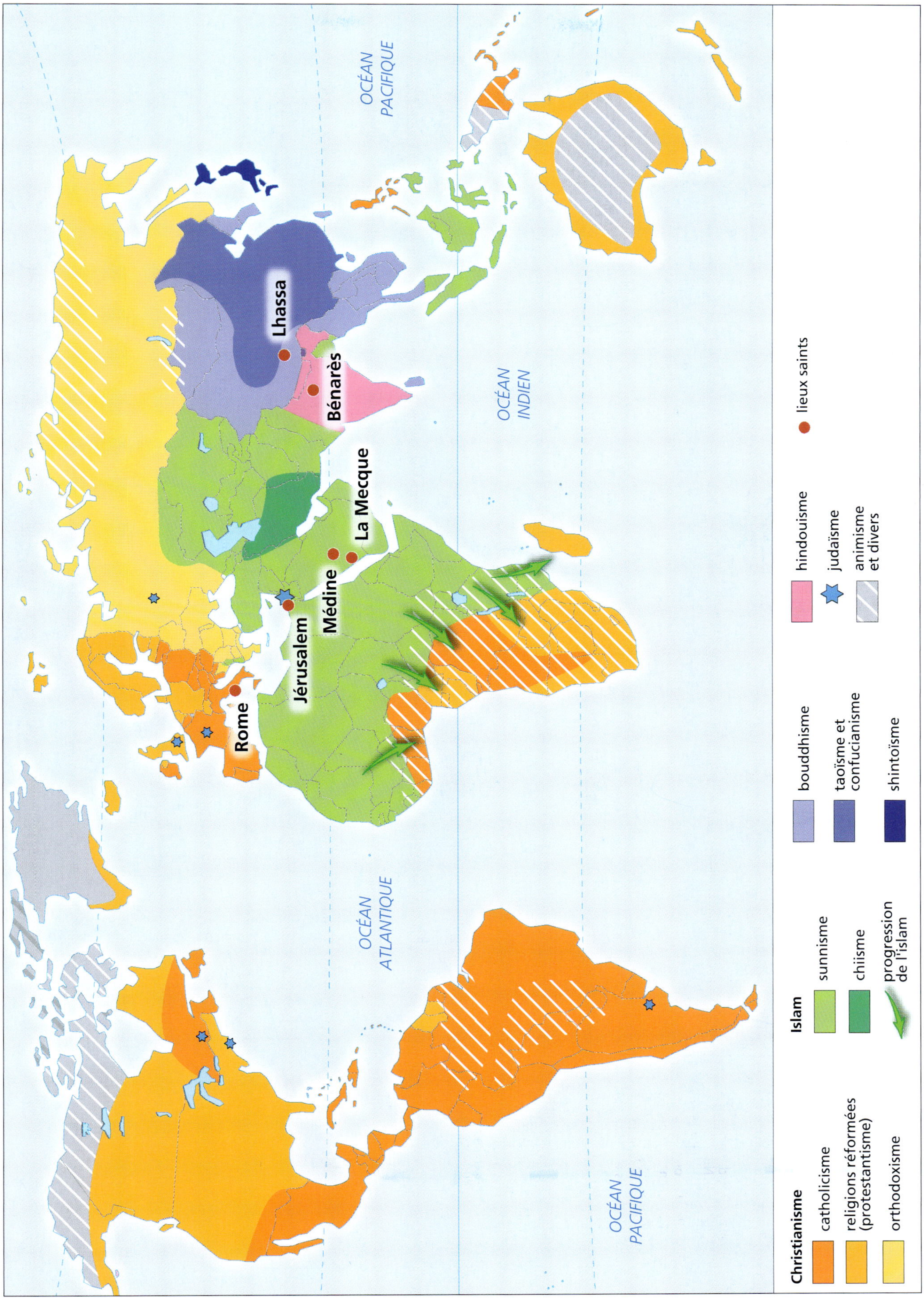

dossier 1

Le surarmement, une menace planétaire ?

Malgré les traités internationaux existants, la prolifération des armes de destruction massive constitue aujourd'hui une menace réelle. Quels en sont les acteurs et les risques ? Comment et par qui cette menace peut-elle être contenue ?

1 La prolifération des armes de destruction massive

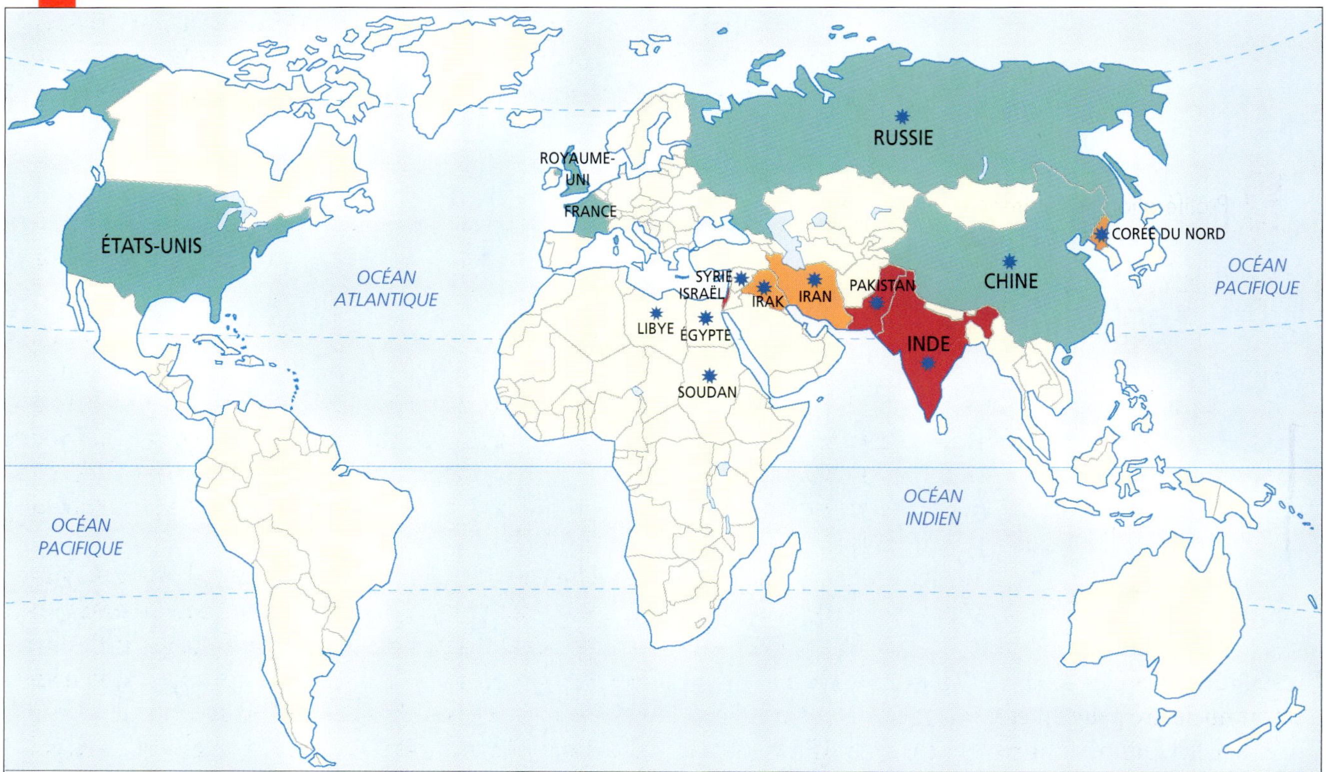

Prolifération nucléaire
- puissance nucléaire signataire du TNP (traité de non-prolifération)
- puissance nucléaire non signataire
- puissance soupçonnée de vouloir fabriquer l'arme nucléaire

Prolifération chimique
- ✱ pays suspecté de détenir ou de poursuivre des recherches sur des armes biologiques ou chimiques

Source : *Alternatives internationales*, hors-série n° 1, octobre 2003 (Carnegie endowment for peace).

2 Les grands traités internationaux

Nucléaire

1968	Traité de non-prolifération qui oblige les États ne possédant pas l'arme nucléaire à renoncer à sa production ou à son acquisition. Signé par 62 pays à son origine, il l'est aujourd'hui par 188 des 191 pays membres de l'ONU.
1995	Traité d'interdiction complète des essais (TICE), signé à ce jour par 165 États, mais ratifié par 92 pays (les États-Unis n'en faisant pas partie).

Armes chimiques

1972	Convention d'interdiction des armes biologiques ratifiée par 144 États.
1993	Convention d'interdiction des armes chimiques qui en interdit la construction et en impose la destruction, ratifiée par 145 États à ce jour.

Source : *Le Monde diplomatique*, juillet 2002.

3 Campagne de Greenpeace pour le désarmement nucléaire

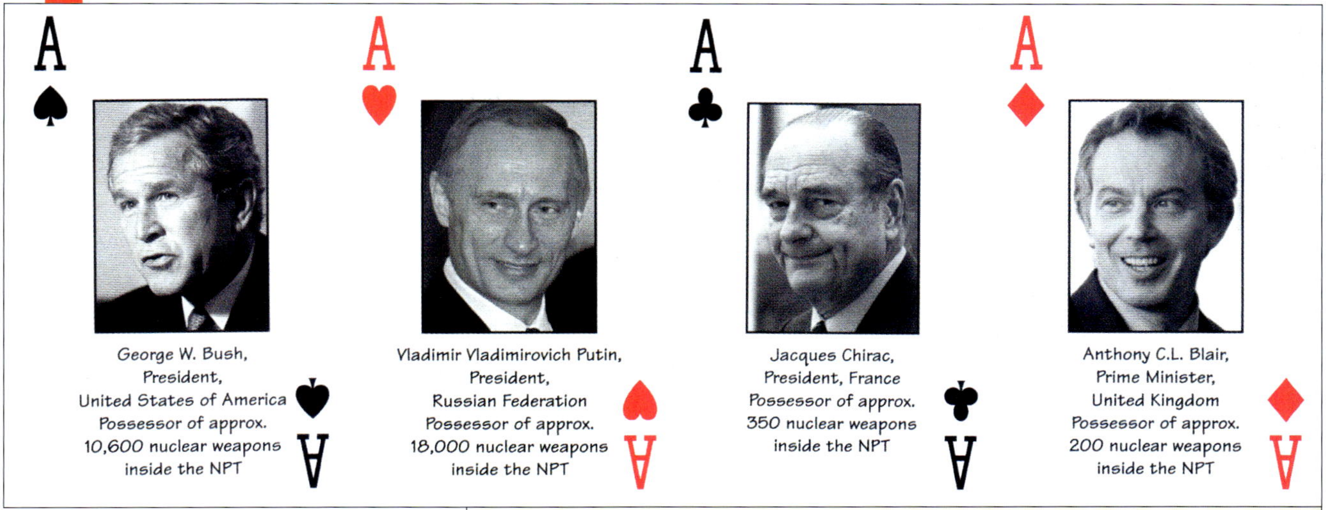

Note : L'organisation Greenpeace a diffusé en mai 2002 un jeu de cartes présentant les « proliférateurs nucléaires », à l'image du jeu diffusé par Washington sur les Irakiens les plus recherchés, distribué aux négociateurs du TNP à Genève.

4 Prolifération nucléaire : le déséquilibre de la terreur

En se retirant en janvier 2003 du traité de non-prolifération (TNP), et en menaçant de proclamer sa capacité de puissance nucléaire, la Corée du Nord a ébranlé le monde.

La situation n'incite pas à l'optimisme. Tous les éléments sont réunis pour qu'émerge, ces prochaines années, une nouvelle génération de puissances nucléaires. Le premier est l'accroissement de l'« offre », notamment depuis la chute de l'URSS. Le gigantesque réservoir nucléaire russe, mal contrôlé, est à la disposition des apprentis atomistes, non pas tant pour les armes proprement dites que pour le savoir-faire et la matière fissile de qualité militaire, véritables clés de la prolifération. Les aspirants au statut nucléaire peuvent également compter sur l'expertise de ceux qui ne font pas partie du TNP (Pakistan, Inde) : le Pakistan au confluent de l'Asie et du Moyen-Orient, apparaît de plus en plus au cœur du problème de la prolifération nucléaire (au cours des deux dernières décennies, des experts pakistanais ont proposé leurs services à l'Arabie Saoudite, l'Irak, l'Iran...). L'augmentation de la « demande » depuis le début des années 90 promet en tout cas un marché très lucratif : depuis la fin de la Guerre froide, les anciens protégés des deux Grands sont en quête de nouvelles garanties de sécurité [...].

L'Asie, riche d'ambitions territoriales, de rivalités de puissances, et dont les énormes besoins énergétiques vont l'inciter à développer ses infrastructures nucléaires civiles, est la région où les risques nucléaires seront les plus grands. [...]

L'Europe ne doit pas laisser le monopole du traitement de la prolifération à Washington. Elle peut adopter une stratégie complémentaire : en devenant une véritable force de proposition dans ce domaine, en portant systématiquement cette question au conseil de sécurité de l'ONU, et surtout en introduisant la « conditionnalité ». Le respect des normes internationales de non-prolifération doit devenir une condition de l'accès à l'aide et aux marchés européens.

Bruno Tertrais, *Alternatives internationales*, hors-série n° 1, octobre 2003.

Activité

À l'aide des documents disponibles sur cette double page, classer les informations dans les rubriques suivantes :
- les acteurs de la prolifération ;
- les zones à risques ;
- les acteurs et les moyens de la non-prolifération.

dossier 2

Développement durable : quel avenir pour le protocole de Kyoto ?

Depuis juin 1992 et le sommet de la terre de Rio, le développement durable est au cœur des réflexions de la communauté internationale. Parmi les nombreuses initiatives prises par l'ONU, le protocole de Kyoto (1997) vise à réduire les émissions des gaz à effet de serre pour limiter les changements climatiques (moins 5 % des émissions de 1990 à l'horizon 2010). Comment expliquer, à différentes échelles, les difficultés rencontrées par sa mise en application ?

1 Les émissions de dioxyde de carbone (CO^2)

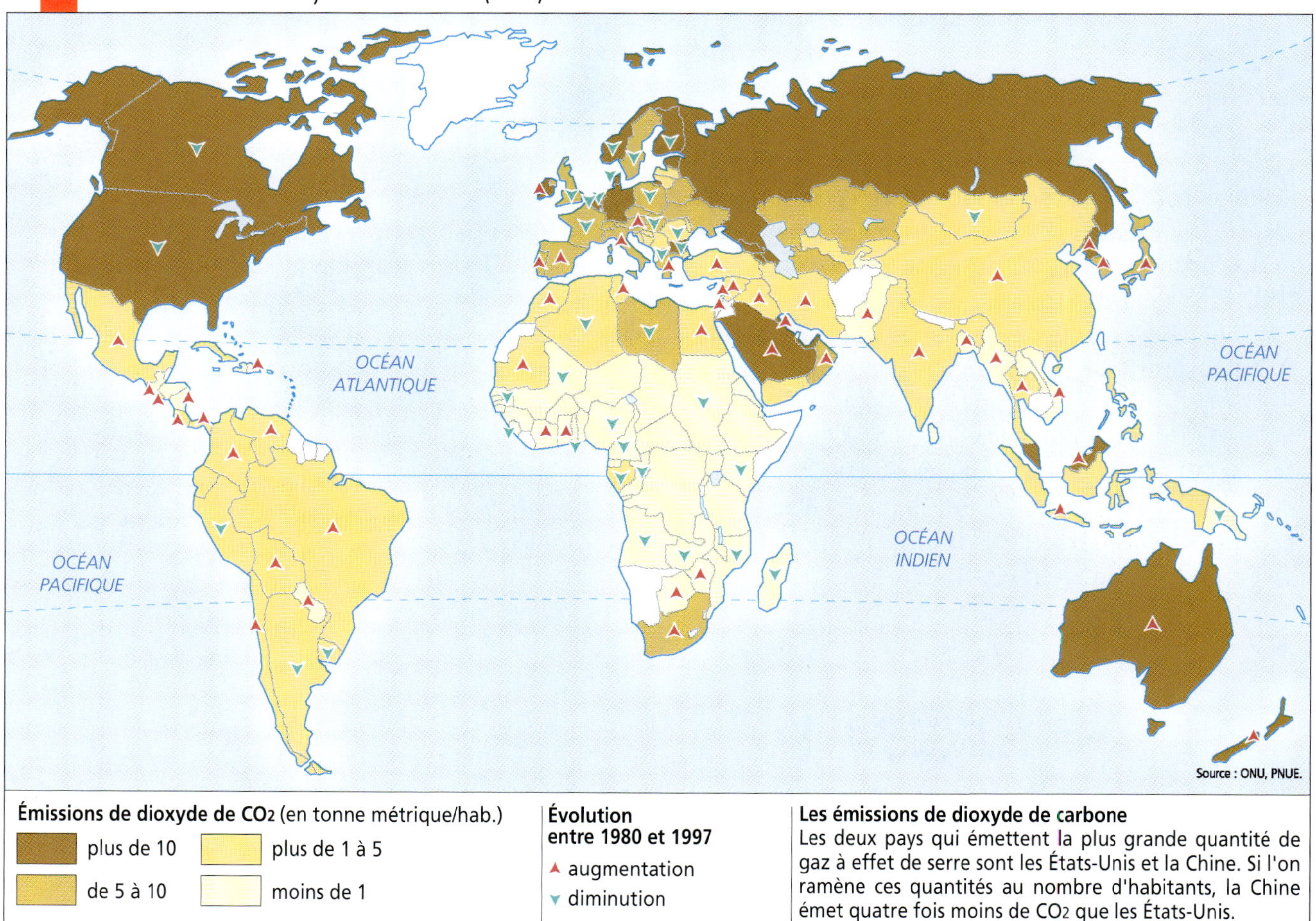

Les émissions de dioxyde de carbone
Les deux pays qui émettent la plus grande quantité de gaz à effet de serre sont les États-Unis et la Chine. Si l'on ramène ces quantités au nombre d'habitants, la Chine émet quatre fois moins de CO_2 que les États-Unis.

Sources : ONU-PNUE, *Atlas du développement durable*, Anne-Marie Sacquet, Éditions Autrement (2002).

2 Une demande toujours en forte croissance

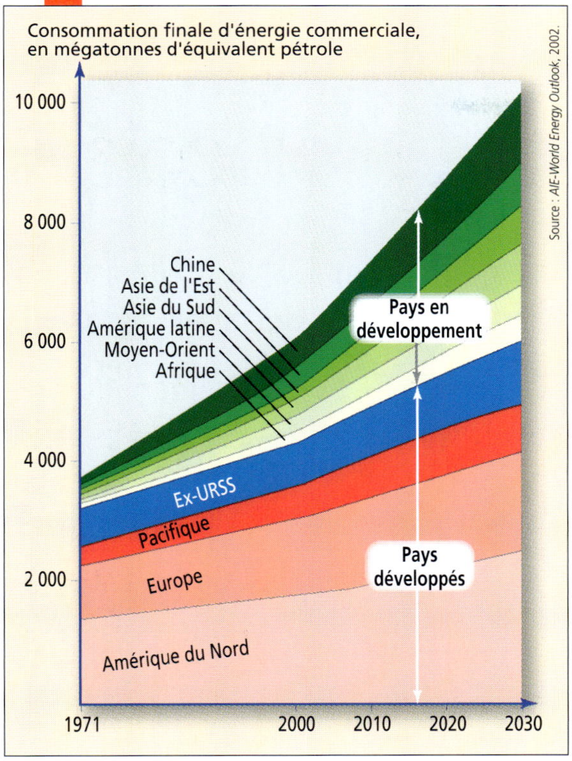

Source : *Alternatives économiques*, n° 215, juin 2003.

3 L'explosion des énergies fossiles se poursuit

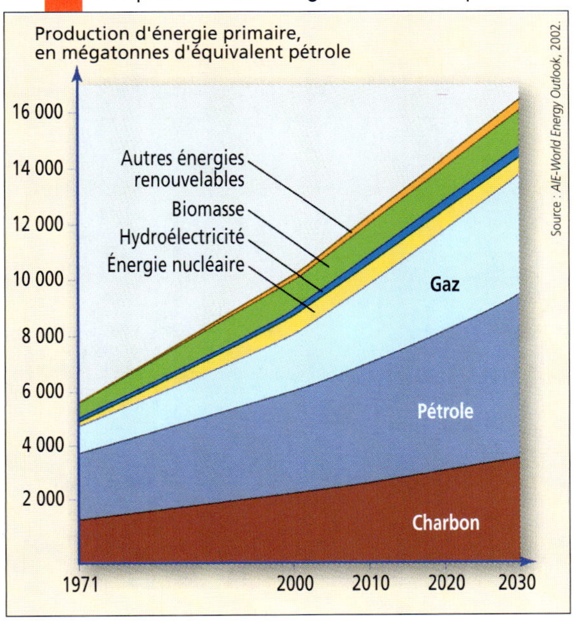

Source : *Alternatives économiques*, n° 215, juin 2003.

4 Feu le protocole de Kyoto ?

Le protocole de Kyoto sur le changement climatique est-il mort ? Et faut-il abandonner tout espoir de voir la communauté internationale trouver une réponse commune et concrète aux défis écologiques du XXIe siècle ? En donnant récemment un sévère coup de couteau dans ce traité, la Russie de M. Poutine conduit à poser la question, alors que le rejet du texte par les États-Unis de George W. Bush, au printemps 2001, l'avait déjà sévèrement blessé. […]

Ce faisant, M. Poutine envoie un signal diplomatique important en se rangeant sur ce point du côté de Washington contre l'Europe qui, elle, milite ardemment pour l'application du protocole. Mais, si ce choix politique est essentiel, il ne résume pas la décision russe, qui découle de trois considérations.

D'une part, la communauté scientifique russe n'a pas un avis unanime sur la question et envoie un message trouble aux décideurs du Kremlin : beaucoup de chercheurs russes sont d'avis que le réchauffement climatique pourrait avoir des effets bénéfiques pour le pays en permettant l'extension de l'agriculture dans le nord de la Russie et en Sibérie.

D'autre part, l'intérêt économique pour la Russie de ratifier le protocole a diminué du fait du retrait des États-Unis. En effet, le traité prévoit la possibilité d'échanger des quotas d'émissions de gaz entre les différentes parties prenantes de l'accord. Les États-Unis auraient été le principal acheteur et les revenus à tirer de ce marché d'émissions seraient, pour la Russie, beaucoup moins prometteurs. Par ailleurs, certains se disent à Moscou que, du fait de la reprise économique du pays, les émissions pourraient dépasser, après 2010, le niveau de 1990 : le protocole serait alors une vraie contrainte.

Enfin, et peut-être est-ce la principale raison, une donnée structurante de la politique économique et étrangère russe est la mise en œuvre de ses ressources immenses de pétrole et de gaz. Devenu un acteur majeur du grand jeu pétrolier avec l'Arabie saoudite, la Russie rejoint la position de son concurrent du Moyen-Orient. La lutte contre le changement climatique, pense-t-on à Riyad, entraînera une diminution de la consommation de pétrole, donc une baisse de ses revenus. La Russie, de manière plus discrète, est en train d'adopter ce raisonnement et cette attitude.

Hervé Kempf, *Le Monde*, 9 octobre 2003.

Activité

À l'aide des documents disponibles sur cette double page, démontrer que l'application du protocole de Kyoto est rendue difficile par :
- les évolutions de l'économie mondiale,
- les besoins de développement des pays du Sud,
- les décisions politiques de certains États.

dossier 3

L'altermondialisation

En marge des grandes réunions internationales (G8, OMC, forum de Davos), se développe depuis la fin des années 90 un mouvement de contestation de la mondialisation animé par un nombre grandissant d'ONG (Organisations non gouvernementales) et d'associations politiques. Sur quels thèmes se développe cette contestation de la mondialisation ? Quel est son impact et quelles en sont les limites ?

1 Peser sur les décisions

Manifestations contre les OGM ou la réouverture du tunnel du Mont-Blanc, mouvements altermondialistes contre l'OMC..., cette apparente démultiplication des mouvements sociaux n'a pas été sans questionner sur la capacité des institutions démocratiques à canaliser les conflits d'intérêts qui traversent la société. Et si l'intensification des mouvements sociaux manifestait au contraire l'approfondissement de la démocratie (dans le sens d'une démocratie plus participative ou délibérative) ou, pour le dire autrement, la volonté des individus d'être reconnus tels que la démocratie les conçoit a priori : des citoyens libres et égaux, à même par conséquent de prendre part au processus de décision sur des enjeux qui les concernent au premier chef ?

[...] C'est ce même approfondissement du projet démocratique qui expliquerait le comportement « zapping » observé par ailleurs, aux dépens d'un engagement durable au sein d'une organisation partisane ou syndicale. Un tel engagement paraît en effet contradictoire avec l'autonomie et la liberté d'expression revendiquées au nom de la citoyenneté.

Sylvain ALLEMAND, *Sciences Humaines*, n° 144, décembre 2003.

2

Dessin de PLANTU, *Le Monde*, 1er et 2 juin 2003.

3 L'altermondialisme, çà sert à quoi ?

Les altermondialistes sont-ils efficaces ? D'actions en apparence mineures (commerce équitable, épargne solidaire, médias alternatifs), aux débats planétaires (biodiversité, biens publics mondiaux), la mouvance pèse sur les enjeux et les débats de la gouvernance planétaire. Car certaines propositions des alters commencent à être entendues et parfois reprises par des gouvernements.

Le Canada est le premier pays à se doter d'une loi permettant la production et l'exportation de copies de médicaments antisida à destination des pays ravagés par l'épidémie : des copies autorisées à usage humanitaire, en amendant le droit des brevets. Résultat inconcevable, il y a deux ans. Arc-boutés sur les brevets couvrant leurs molécules, trente-neuf labos portaient plainte en avril 2001 contre l'Afrique du Sud, accusée de violer les accords internationaux sur la propriété intellectuelle en voulant importer ou produire des médicaments copiés à des prix raisonnables. Un groupe d'associations –dont Oxfam et Médecins sans frontières– transforme le procès de Prétoria en Vietnam moral des multinationales et en novembre 2001, à Doha, l'OMC affirme la prééminence du droit à la vie sur le droit des brevets. Un accord tombe en août 2003 : les pays riches pourront produire les molécules dont les pays pauvres ont besoin. En octobre, l'envoyé spécial des Nations unies pour le sida, Stephen Lewis, tient une conférence de presse commune avec MSF à Montréal pour encourager le Canada à ouvrir la voie. Un projet de loi a été déposé devant la Chambre des Communes, la semaine dernière, et devrait entrer en application ces prochains mois.

Vittorio de FILIPPIS, *Libération*, 11 novembre 2003.

4

Dessin de Christine LESUEUR, *Le Monde Initiatives*, octobre 2003.

5

Dessin de PESSIN, *Le Monde*, 2 décembre 1999.

Activité

À l'aide des informations extraites de ce dossier documentaire, préparer et organiser un débat sur le thème de l'altermondialisation qui peut s'articuler autour des questions suivantes :
- Quelles sont les questions centrales posées par les altermondialistes ?
- Quelles en sont les formes d'organisation et les modalités d'expression ?

dossier 4

Les intégrations régionales, accompagnement ou alternative à la mondialisation ?

Si l'espace mondialisé est bien traversé par des flux économiques, financiers et humains de plus en plus variés, l'organisation de ces flux s'opère souvent à une échelle continentale et se traduit par le développement de zones régionales de libre-échange. Comment mesurer les dynamiques de ces intégrations régionales, et quels en sont les enjeux et les limites ?

1 Les intégrations régionales du monde actuel

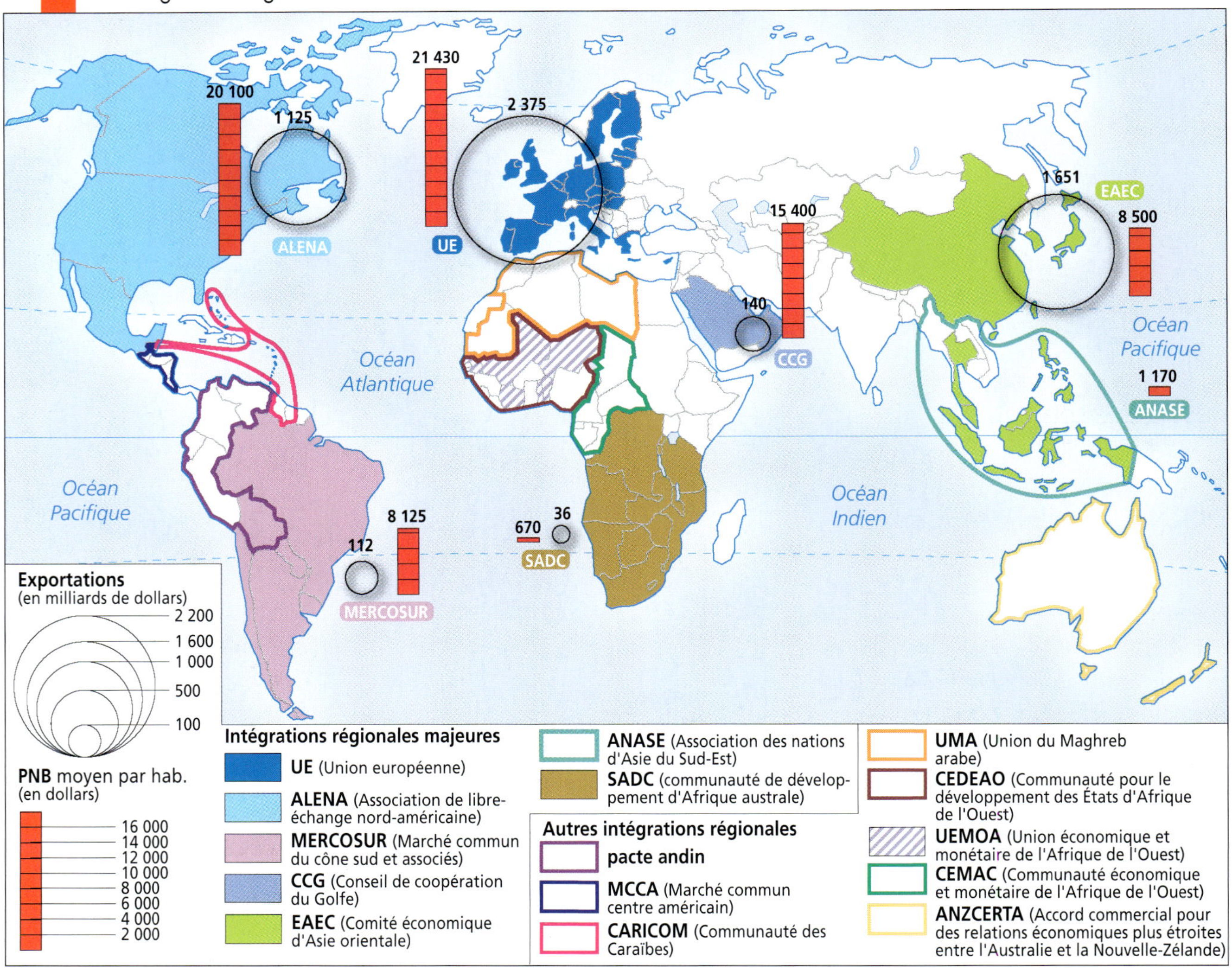

Source : *Atlas du Monde diplomatique*, hors-série « *Manière de voir* », janvier 2003.

2 Mondialisation et intégrations régionales

La mondialisation de l'économie n'est pas un phénomène nouveau. Ce qui l'est en revanche c'est son accélération, constatée ces vingt dernières années et rendue possible par la libre circulation des capitaux et les innovations technologiques. Il ne s'agit pas d'un phénomène naturel, mais d'un processus qui trouve son origine dans une combinaison de décisions publiques et privées. À cet égard, les intégrations régionales apparaissent comme un moyen d'accompagner, voire de hâter le mouvement, ou comme un moyen de l'encadrer [...].

Atteindre une masse critique pour peser sur la scène mondiale, y compris dans les négociations multilatérales, est un objectif pour chaque intégration régionale, mais sa réalisation est particulièrement difficile pour les plus petits pays : même une fois intégrées dans le Caricom, les pays des Caraïbes ne représentent pas 2 % du PIB du Mercosur.

À l'inverse, l'Union européenne est à ce jour la seule intégration régionale disposant, au nom de ses membres, d'une compétence exclusive de négociation commerciale.

Jacques TÉNIER, *Mondialisation et organisations régionales*, Les Cahiers français, mai-juin 2001, La Documentation française.

3 L'émergence d'une gouvernance régionale ?

Les organisations régionales, au-delà de la promesse d'une anticipation ou d'un accompagnement de la mondialisation de l'économie, annonceraient-elles aussi une organisation à caractère politique supranationale ?

[...] C'est de plus en plus vrai pour l'Union européenne dont l'aboutissement de la démarche serait de faire de la Charte des droits fondamentaux le préambule d'une Constitution. Mais c'est également le cas d'autres organisations régionales dont les références universelles portent en germe la possibilité d'une organisation politique [...]. Un projet aussi peu institutionnel que celui de la zone de libre-échange des Amériques, s'accompagne depuis le sommet de Québec (avril 2001) d'une référence explicite à la démocratie.

L'ASEAN offre jusqu'à ce jour un contre-exemple : le traité d'amitié et de coopération de 1976 se garde bien d'une référence aux droits de l'homme ou à la démocratie et met en avant l'indépendance, la souveraineté et l'identité des nations ainsi que le principe de non-ingérence.

[...] Aucune organisation régionale ne constitue à ce jour un espace d'action politique directe. La vie politique continue à se déployer largement dans le cadre national, y compris en Europe. Dans ces conditions, plus encore que des innovations institutionnelles, ce qu'il s'agit aujourd'hui de susciter, c'est une action associative, syndicale et politique transfrontalière.

L'avenir dira si la mondialisation de l'économie et le régionalisme strictement libre-échangiste emportent tout sur leur passage ou si la promesse d'une action politique supranationale est confirmée par les peuples.

Jacques TÉNIER, *Mondialisation et organisations régionales*, Les Cahiers français, mai-juin 2001, La Documentation française.

4 Les dynamiques commerciales intra et extra zones de l'Union européenne et de l'Alena

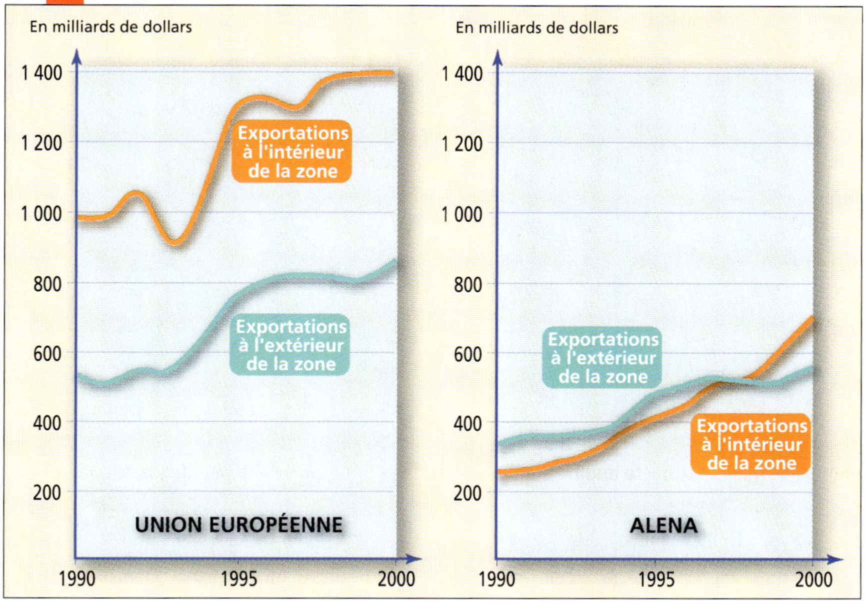

Source : *Atlas du monde diplomatique*, hors-série « *Manière de voir* », janvier 2003.

Activité

Les intégrations régionales : réalités, enjeux et limites.
À l'aide des documents de ce dossier, rédiger un paragraphe argumenté répondant aux trois aspects de cette problématique.

dossier 5

Mondialisation et aires de civilisation

Le concept de civilisation revient à la mode depuis la tragédie du 11 septembre 2001 et l'ouvrage à succès du politologue américain Sam Huntington (« Le choc des civilisations »). La mondialisation n'aboutit-elle pas à brouiller les frontières entre les aires de civilisation et à faire émerger une culture planétaire ?

1 Plage de Babolsar, Iran (mer Caspienne), juillet 2002

2 Jeunes Japonais à Tokyo, octobre 2002

3 Les grandes aires culturelles aujourd'hui

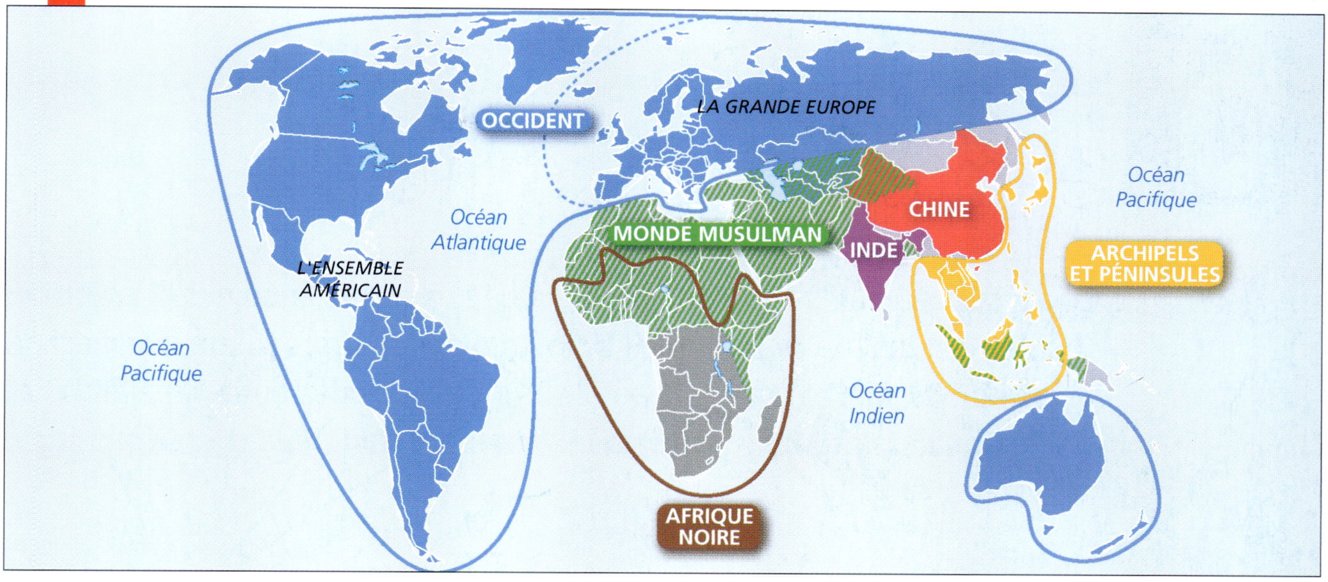

Source : D'après Yves Lacoste, *Le Monde*, 24 octobre 1997.

4 Les civilisations existent-elles toujours ?

Parler de civilisations musulmane, chrétienne ou confucéenne est hautement problématique, même si la religion semble être le seul principe englobant des populations politiquement et linguistiquement diverses.

Pour la grande tradition culturelle indienne, le critère religieux n'est pas pertinent. L'hindouisme n'est pas, au sens chrétien du terme, une religion, puisque cet ensemble de croyances, de principes moraux et de mythes est consubstantiel à une organisation politico-sociale fondée sur le système des castes. De plus, l'aire historique de civilisation indienne est autrement plus vaste que ne le laisserait voir la géographie de l'hindouisme. Le sous-continent indien, qui intègre le Pakistan et le Bangladesh, est peuplé de près de 400 millions de musulmans, dont les racines culturelles réfèrent aussi à la « civilisation » indienne [...]. Plus que de civilisation, on devrait en fait parler de système (culturel, économique, politique), de configurations multipolaires aux frontières mouvantes, intégrant autant de conflictualité que d'unité, comme le montre à l'envi les hostilités nippo-corénne ou pakistano-indienne, entre pays qui se situent dans la même civilisation.

[...] De l'avis général, on assiste depuis une trentaine d'années en même temps à des poussées identitaires et à la formation d'une culture mondiale. On ne peut dès lors penser le devenir culturel des sociétés que dans la tension entre ces deux tendances. C'est ce que rappelle le politologue Pierre Hassner : « Le phénomène le plus universel semble résider dans la dialectique de la globalisation et de la fragmentation, liée à la modernisation. Sous l'effet, avant tout, du progrès technique, l'individu se trouve arraché à ses points de repères familiaux, nationaux, culturels ou religieux et livré sans protection aux rigueurs de la compétitivité dans un monde trop complexe et changeant pour répondre à ses besoins de stabilité et de sens ».

Cette modernité, qui a débuté en Europe voici quelques siècles, se développe partout, non comme une pure importation des valeurs culturelles européennes, mais comme le passage de sociétés agraires, fondées sur de grands systèmes philosophico-religieux (garants d'un ordre cosmique et terrestre commun que les épidémies, les incursions ennemies et autres fléaux menacent en permanence) vers des sociétés urbaines et individualistes, dégagées des problèmes de survie.

Jean-Claude Ruano-Borbolan,
Sciences Humaines,
n° 143, novembre 2003.

Activité

Préparer une réponse nuancée à la problématique proposée par ce dossier. À l'aide des documents disponibles dans cette double page, mais aussi de la carte sur les aires religieuses (p. 67), classer les informations dans deux rubriques suivantes :
- les indices d'une uniformisation culturelle planétaire ;
- les signes d'une permanence des aires de civilisation.

dossier 6

Les violences entre hindous et musulmans en Inde

En février-mars 2002, de violentes émeutes anti-musulmanes éclatent au Gujarat –un État du Nord-Est de l'Union indienne– et provoquent la mort de près de 2 000 personnes. Comment interpréter aux différentes échelles (locales, régionales, internationales) ces flambées de violences interethniques ?

1 Inde et Pakistan, un foyer de tension majeure en Asie du Sud

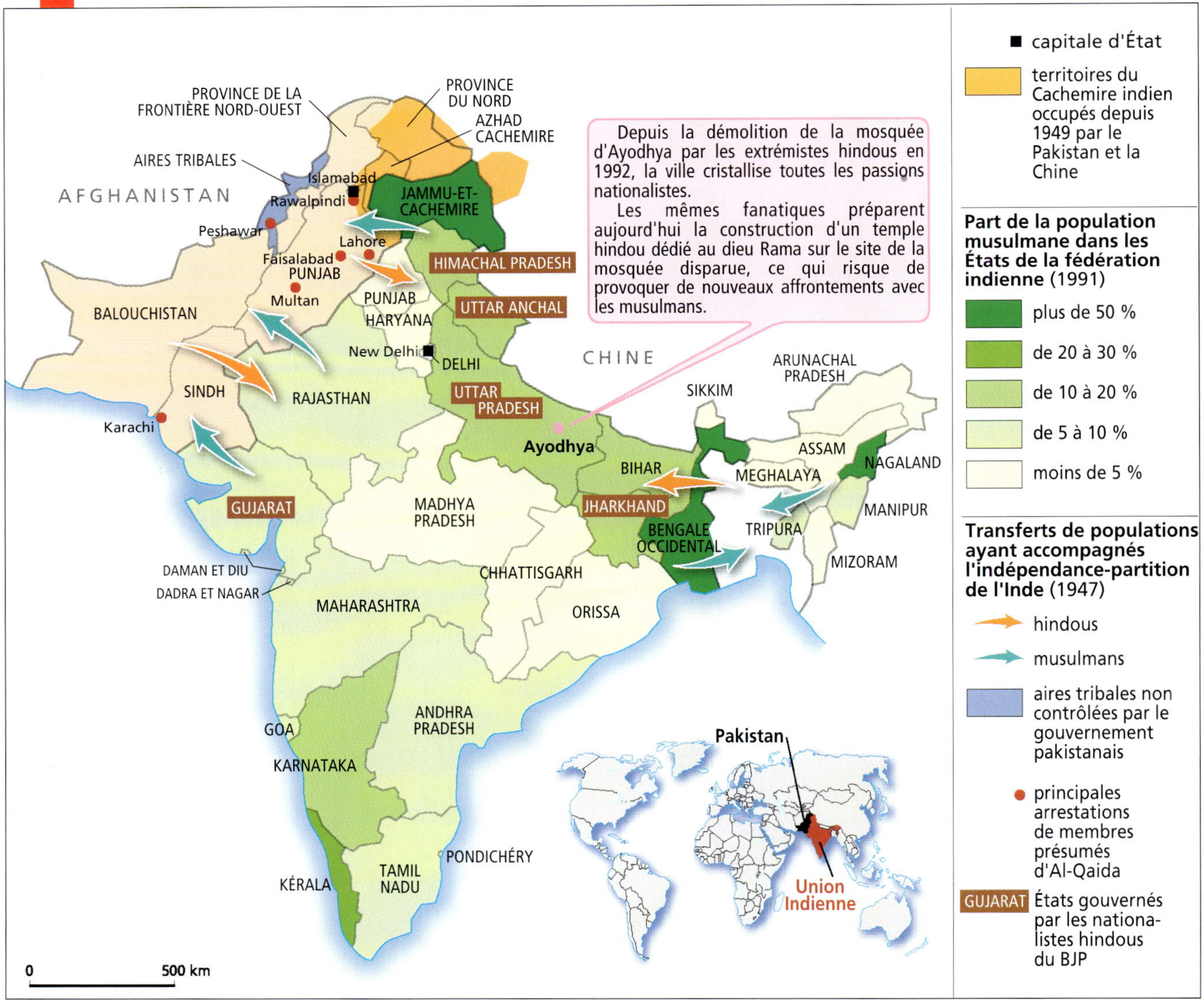

Sources : *Alternatives internationales* (octobre 2003), *Courrier International* (janvier-février 2002), *Questions Internationales* (juillet-août 2003).

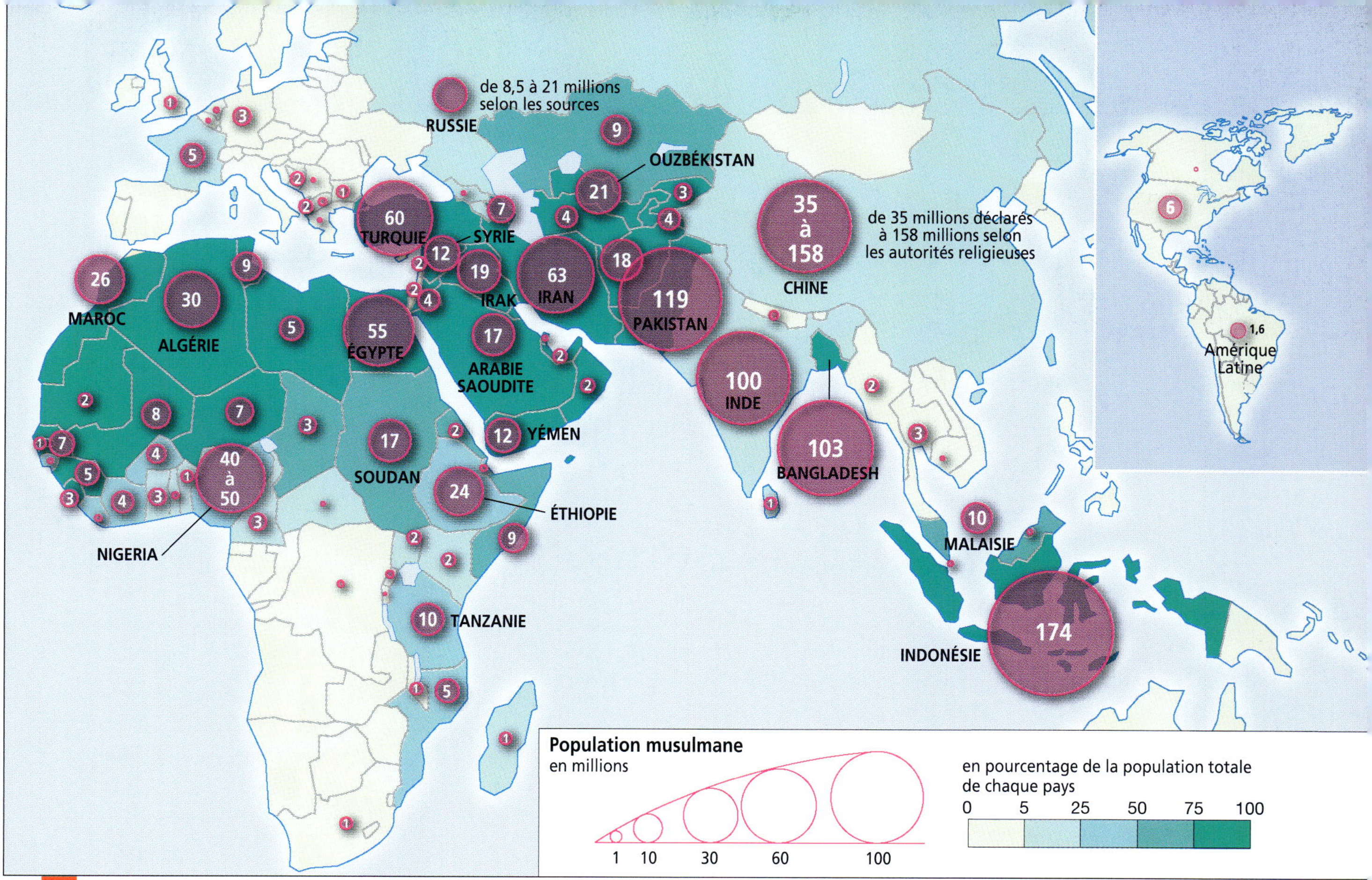

Source : *Le Monde* (octobre 2001).

2 Les musulmans dans le monde aujourd'hui

3 Les violences entre hindous et musulmans au Gujarat

Les violences entre hindous et musulmans sont une donnée structurelle de la société indienne : les historiens qui se sont intéressés à la question ont systématiquement souligné la dimension économique de ces rivalités (compétition pour la terre, conflits commerciaux et financiers). Cependant, la dernière vague d'émeutes valorise le rôle du politique sous deux aspects complémentaires : l'idéologie ethno-religieuse (l'Hindutva) et l'instrumentalisation d'enjeux communautaires par certains partis politiques [...].

Ce modèle explicatif des émeutes entre hindous et musulmans s'est à nouveau vérifié à l'occasion des violences du Gujarat en 2002. Le parti nationaliste hindou (BJP) a pesé plus lourdement encore sur le cours des événements dans un État où il détient le pouvoir politique, et l'ampleur du phénomène a aussi démontré que les violences ont trouvé des relais dans la société, ce qui nous renvoie au versant idéologique de notre modèle : la diffusion toujours plus profonde de l'Hindutva en réaction à la peur du Jihad [...].

Tout s'est déroulé selon un plan quasiment militaire. Des escouades arrivaient en général par camions entiers dans les quartiers musulmans. Le caractère prémédité des assauts est attesté par les listes que tenaient les meneurs : ces listes –des sorties informatiques– avaient été établies sur la base des registres électoraux et des données des services fiscaux. Que l'ensemble du dispositif ait bénéficié d'une organisation rigoureuse se déduit également de l'usage du téléphone portable par les assaillants. Le scénario standard de ces violences consistait à piller, puis à faire sauter les habitations et les magasins musulmans au moyen de bombes artisanales très puissantes (des bombonnes de gaz).

Christophe JAFFRELOT, Revue *Tiers monde* (Institut d'étude du développement économique et social), Paris, tome XLIV, avril-juin 2003.

Activité

À l'aide des documents proposés, analyser à différentes échelles (locales, régionales, internationales), les tensions persistant entre hindous et musulmans en Inde.

Étude d'un ensemble documentaire

En quoi les stratégies des firmes de haute technologie font-elles émerger une nouvelle division internationale du travail ?

PREMIÈRE PARTIE

Analyser l'ensemble documentaire en répondant aux questions suivantes :

1. Montrer, à l'aide du document 1, en quoi l'organisation de la filière haute technologie reproduit les inégalités de développement du monde actuel dans toute leur complexité.
2. Identifier, à l'aide du document 2, les logiques spatiales des délocalisations des activités de haute technologie.
3. Expliquer, à l'aide des documents 3 et 4, les facteurs explicatifs de ces délocalisations.
4. Montrer, à l'aide de l'ensemble du corpus documentaire, que cette nouvelle organisation spatiale traduit une mise en réseau de l'économie mondialisée.

DEUXIÈME PARTIE

À l'aide des réponses aux questions, des informations contenues dans les documents et de vos connaissances, vous rédigerez une réponse organisée au sujet : En quoi les stratégies des firmes de haute technologie font-elles émerger une nouvelle division internationale du travail ?

1 Pôles de hautes technologies et autoroutes de l'information

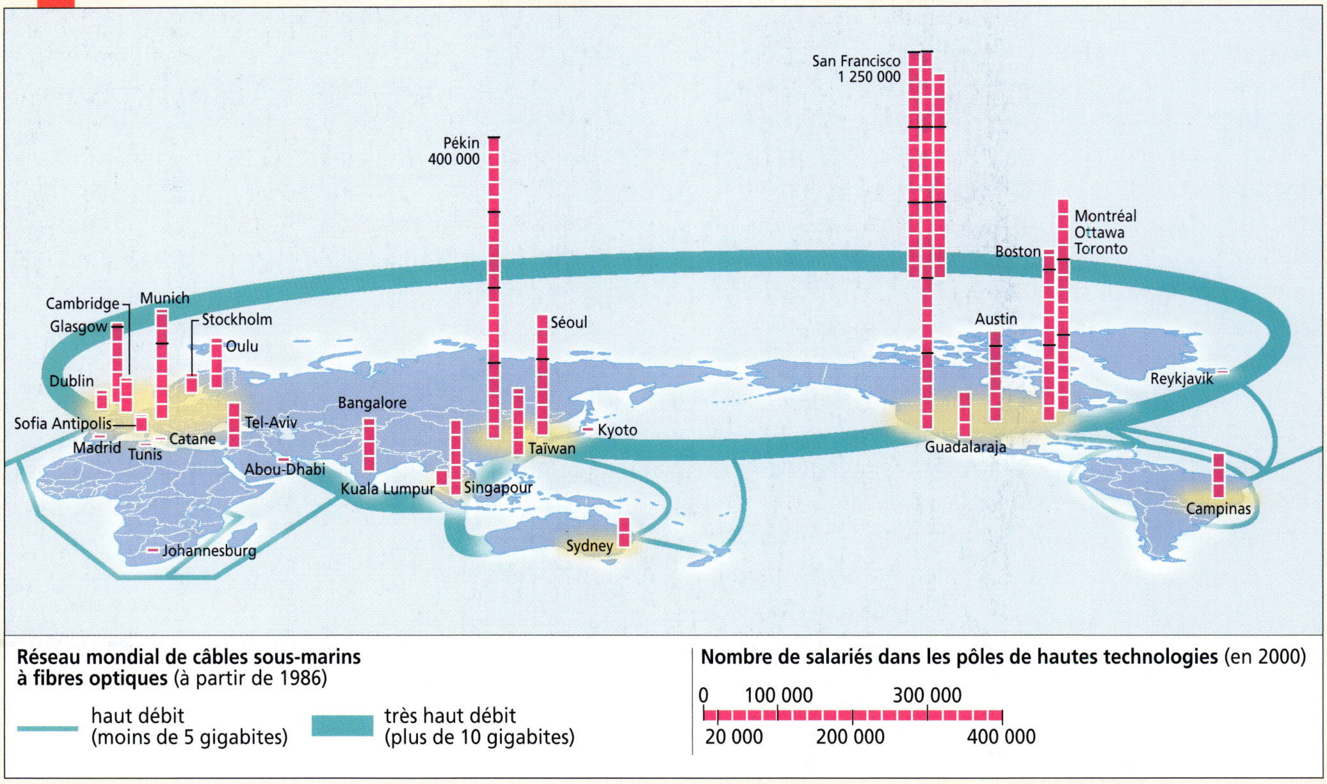

Source : *Atlas du Monde diplomatique*, hors-série « *Manière de voir* », janvier 2003.

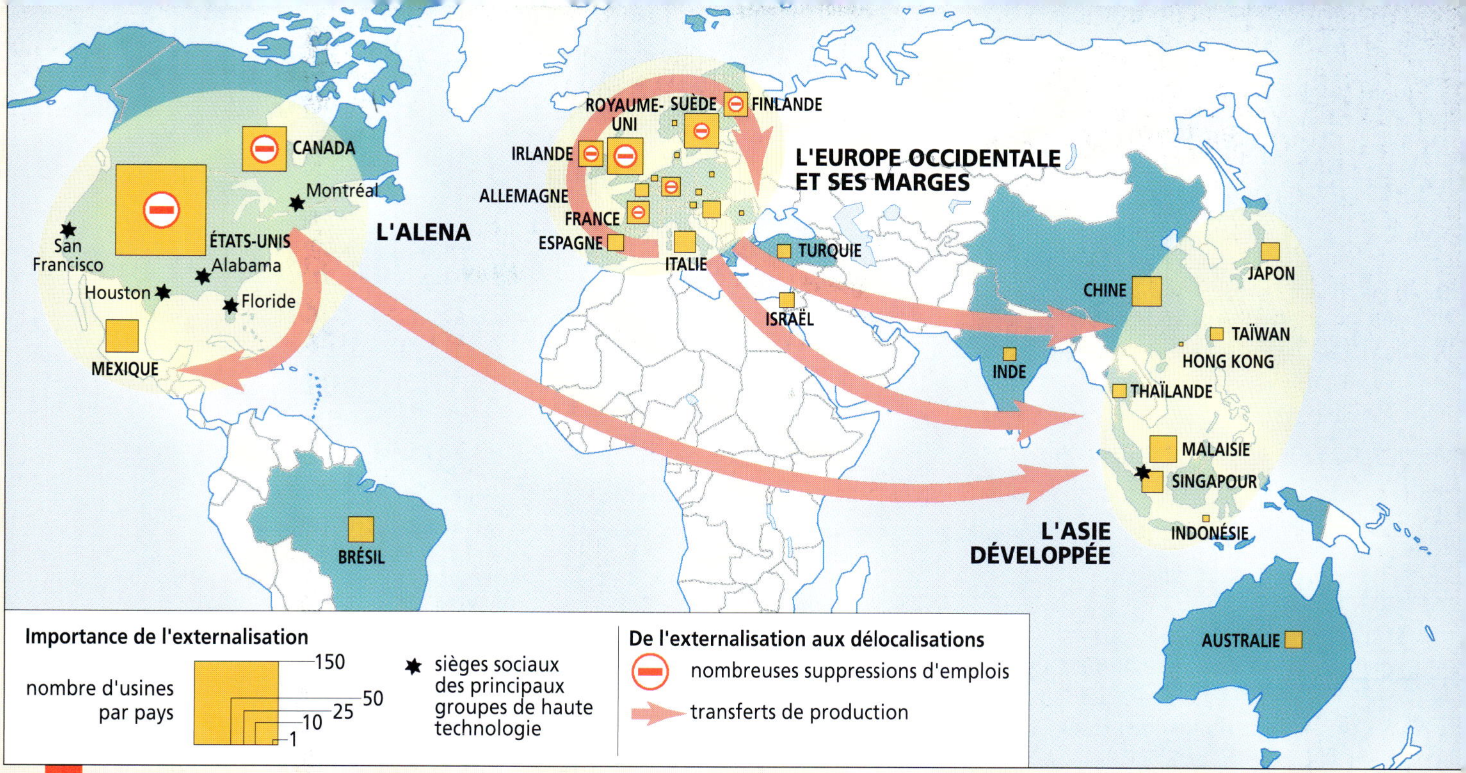

2 L'importance de l'externalisation dans les industries de hautes technologies

Source : *Alternatives économiques*, n° 198, décembre 2001.

3 Le recyclage des déchets électroniques en Chine

Tom Moran, un employé de bureau américain, serait sans doute surpris s'il découvrait où aboutit son ancien ordinateur, toujours étiqueté à son nom : dans une pile de déchets électroniques de Guiyu, un district du sud de la Chine. Il y attend d'être décortiqué et recyclé, au milieu de tonnes et de tonnes d'autres « e-déchets » venus des États-Unis, du Japon, de Corée du Sud ou de Chine et acheminés dans ce qui est incontestablement devenue la capitale mondiale du recyclage artisanal [...].

Les modestes collectivités agricoles sont devenues, en moins d'une décennie, une gigantesque zone industrielle s'étendant sur des kilomètres, alimentée non-stop par une noria de camions faisant la navette avec les ports de Canton et de Nanhai où sont débarqués les e-déchets des pays industrialisés. Cent mille personnes sont employées dans cette filière, selon le rapport d'une ONG internationale (Basel Action Network) publié en février dernier, qui dénonce ce commerce face cachée d'une mondialisation qui inclut désormais la Chine [...]. Le rapport de cette ONG souligne l'aspect nocif de ce travail, en particulier la manipulation sans aucune précaution des composants hautement toxiques que l'on retrouve dans le matériel électronique –chrome, mercure, plomb ou cadmium. Une activité à la fois nuisible pour la santé des ouvriers qui ne sont pas formés pour ces manipulations et ne sont absolument pas protégés, et mauvaise pour l'environnement, car elle pollue l'air, l'eau et la terre alentour.

Les vraies victimes, consentantes, de l'enfer de Guiyu, ce sont ces milliers de travailleurs migrants, attirés par un travail dont l'écho est arrivé dans les provinces les plus lointaines. Ils triment dix heures pour dix yuans (1,5 euro) par jour. Les artisans recycleurs de Guiyu ne sont que le bout d'une chaîne bien plus juteuse qui inclut les importateurs (pour beaucoup des Taïwanais) et tous ceux qui se font graisser la patte pour fermer les yeux. Car, officiellement, l'importation de ces e-déchets est interdite en Chine. À Guiyu, personne n'a jamais entendu parler de cette interdiction...

Pierre Haski, *Libération*, 11 juillet 2002.

4 Locaux de Dash e-Services sous-traitant les services clientèle de Sprint, numéro 1 américain de téléphonie mobile, New Delhi (Inde)

Source : *Alternatives économiques*, n° 198, décembre 2001.

Étude d'un ensemble documentaire

En quoi les mégapoles sont-elles un des enjeux majeurs du développement durable ?

Première partie

Analyser l'ensemble documentaire en répondant aux questions suivantes :

1. Définir avec précision la notion de « développement durable ».
2. Analyser, à l'aide du document 1, les logiques et les dynamiques spatiales de l'urbanisation et de la métropolisation du monde actuel.
3. Identifier et décrire, en vous appuyant sur les documents 2 et 3, les différents effets de la métropolisation dans les pays en voie de développement.
4. Montrer, à l'aide des documents 3 et 5, en quoi les Agendas 21 locaux tentent d'apporter des réponses aux problèmes des mégapoles pour assurer un développement durable.
5. La prise en compte des défis du développement durable est-elle toujours liée au niveau de développement économique des grands ensembles régionaux du monde actuel ? Justifier sa réponse à l'aide du document 4.

Deuxième partie

À l'aide des réponses aux questions, des informations contenues dans les documents et de vos connaissances, vous rédigerez une réponse organisée au sujet : En quoi les mégalopoles sont-elles un des enjeux majeurs du développement durable ?

1 Urbanisation et mégapoles

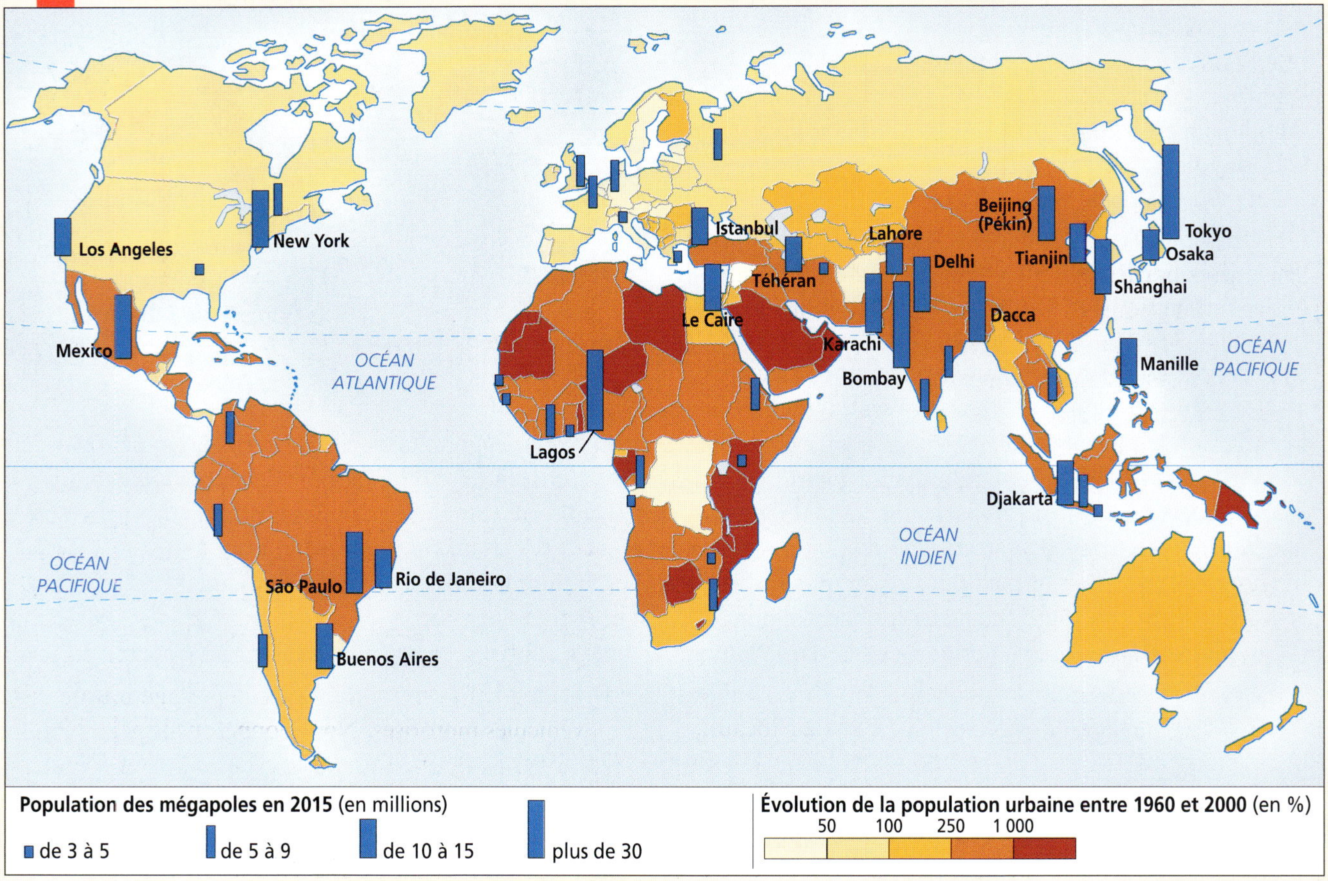

Source : ONU, OMS, *Atlas du développement durable*, A.-M. Sacquet, Éditions Autrement, 2002.

2 Pudong, zone économique spéciale à la périphérie de Shanghai. La mégapole chinoise (13 millions d'habitants) est fréquemment inondée d'un brouillard (« smog ») provoqué par les pollutions industrielles et urbaines.

3 L'environnement urbain

Certes, les villes sont des creusets du développement économique, des échanges et du métissage, du rayonnement culturel. Le revenu des pays en développement est déjà produit majoritairement dans les villes : le produit brut de Séoul est supérieur à celui de toute l'Indonésie et les populations urbaines ont, globalement, plus facilement accès à la santé et à l'éducation. Mais les villes sont aussi génératrices d'exclusion, d'inégalités, de ruptures de solidarités. [...] En 1995, le sommet des Nations unies pour l'habitat, à Istanbul, a estimé à un milliard le nombre de personnes ne disposant pas d'un logement convenable, et à plus de 100 millions le nombre de sans-abri.

La communauté internationale commence à prendre conscience des risques humains, sociaux et politiques engendrés par les concentrations urbaines auxquelles ni les populations, ni les municipalités ne sont préparées. Dans de nombreux pays en développement, les maigres moyens, tant politiques que financiers, des autorités locales ne permettent pas d'assurer les besoins élémentaires : eau potable, assainissement, énergie... En Asie, la part des ressources publiques gérées par les collectivités locales est seulement de 3 % (contre 40 % en moyenne dans les pays industrialisés).

L'accès des populations démunies aux biens essentiels, la lutte contre la pauvreté, l'intégration sociale doivent s'appuyer sur le renforcement des pouvoirs locaux et sur des stratégies de développement durable. Certaines collectivités mettent en place des Agendas 21 locaux, programmes d'actions pour le XXIe siècle, élaborés et mis en œuvre en concertation avec les habitants.

A.-M. Sacquet, *Atlas du développement durable*, Éditions Autrement, Paris 2002.

4 Les Agendas 21 mis en œuvre, par zones géographiques

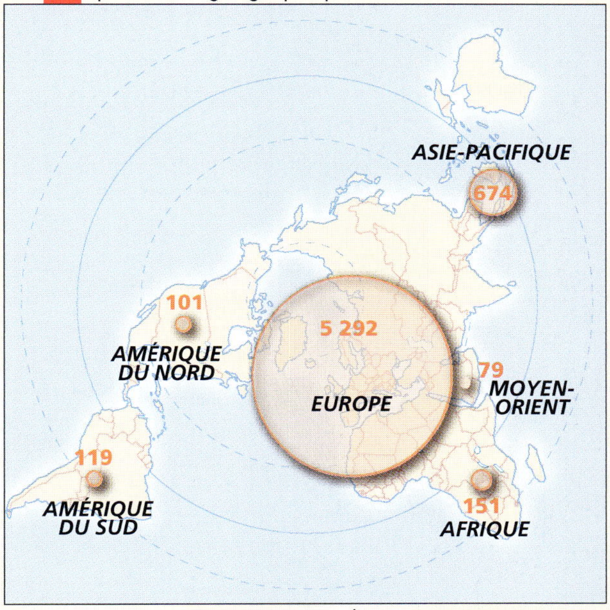

Source : *Atlas du développement durable*, Éditions Autrement, Paris 2002.

5 Extrait de la Charte européenne d'Alborg (1994) sur les Agendas 21 locaux

Art. 1.9 – Une mobilité urbaine durable

Nous, villes, nous efforcerons d'améliorer notre accessibilité et de maintenir le bien-être social et les modes de vie urbains tout en diminuant le besoin de mobilité. Nous pensons qu'il est indispensable de réduire la mobilité forcée et l'usage inutile des véhicules motorisés. Nous donnerons la priorité aux moyens de transport respectueux de l'environnement (marche, vélo, transports publics). Les véhicules à moteur circulant en ville doivent avoir progressivement un rôle subsidiaire.

1. Vers l'émergence d'une « gouvernance » planétaire ?

Si la **mondialisation** multiplie les interdépendances, elle ne crée pas spontanément un nouvel ordre mondial. Construire des instruments d'encadrement et de régulation de cet espace mondialisé est probablement le défi majeur posé aux sociétés humaines du monde actuel.

A. Des outils existants...

Si l'ONU (Organisation des Nations unies) a longtemps souffert d'une paralysie liée aux affrontements de la Guerre froide, elle tend aujourd'hui à retrouver une certaine légitimité comme en témoigne son activité retrouvée en termes de maintien de la paix (carte, p. 66). L'ONU a su, par ailleurs, affirmer des grands principes qui sont de nature à encadrer la mondialisation : respect des droits de l'homme (Déclaration Universelle des droits de l'homme dès 1948), sentiment de l'existence d'un patrimoine commun à l'humanité (statut de l'Antarctique dès 1949). À travers de nombreuses organisations spécialisées, l'ONU multiplie les conventions et traités internationaux (carte, p. 85), oriente la réflexion autour des questions du **développement**.

D'autre part, sur le plan économique, d'autres structures de dialogue international existent. Si le G-8 (groupe des huit pays industrialisés) peut apparaître comme un club de pays riches et industrialisés peu représentatif, l'OMC (Organisation mondiale du commerce) avec ses cent quarante-huit États membres ou la Banque mondiale, constituent des instruments susceptibles d'encadrer ou de réguler l'économie-monde.

B. ...pour des enjeux planétaires...

Dossier 1, p. 68-69. →

La fin de la Guerre froide a fait prendre conscience à la communauté internationale que l'ère de la dissuasion nucléaire était révolue et que la prolifération des armes de destruction massive (armements nucléaires, chimiques et bactériologiques) pouvait devenir un risque planétaire majeur : accès facilité aux technologies et aux compétences dans le cadre d'une circulation accrue des hommes et des biens à l'échelle planétaire.

Dossier 2, p. 70-71. →

C'est en juin 1992, à Rio de Janeiro, lors du premier « Sommet de la Terre » organisé par les Nations unies, qu'émerge le concept de **développement durable**. Fondé sur l'analyse critique des modalités de la croissance économique mondiale, ce concept tente de promouvoir un développement plus maîtrisé, capable à la fois de répondre aux besoins actuels des sociétés humaines, tout en préservant sur le long terme les ressources dont disposeront les générations futures. En définissant l'Agenda 21 (catalogue des objectifs pour un développement durable), l'ONU propose ainsi un nouveau mode de gouvernance qui intègre des enjeux transnationaux : **environnement**, droits de l'homme et développement humain.

Notions clefs

- Acteurs spatiaux
- Développement
- Développement durable
- Environnement
- Mondialisation

Voir lexique, page 7

C. ...mais d'une efficacité encore limitée

Les difficultés des organisations internationales à gérer les grands dossiers planétaires du désarmement ou de l'environnement démontrent cependant les limites des instruments actuels de régulation du système-monde.

L'explication est simple : les grandes organisations internationales actuelles n'existent que par la volonté des États qui en sont membres. Si cette volonté ne s'exprime pas, les négociations échouent. Les États restent aujourd'hui des **acteurs spatiaux** et politiques essentiels qui peuvent mettre en échec ou paralyser toute recherche d'un consensus planétaire.

1 Le sommet de Johannesburg sur le développement durable, 2002

2 Les conventions internationales sur l'environnement

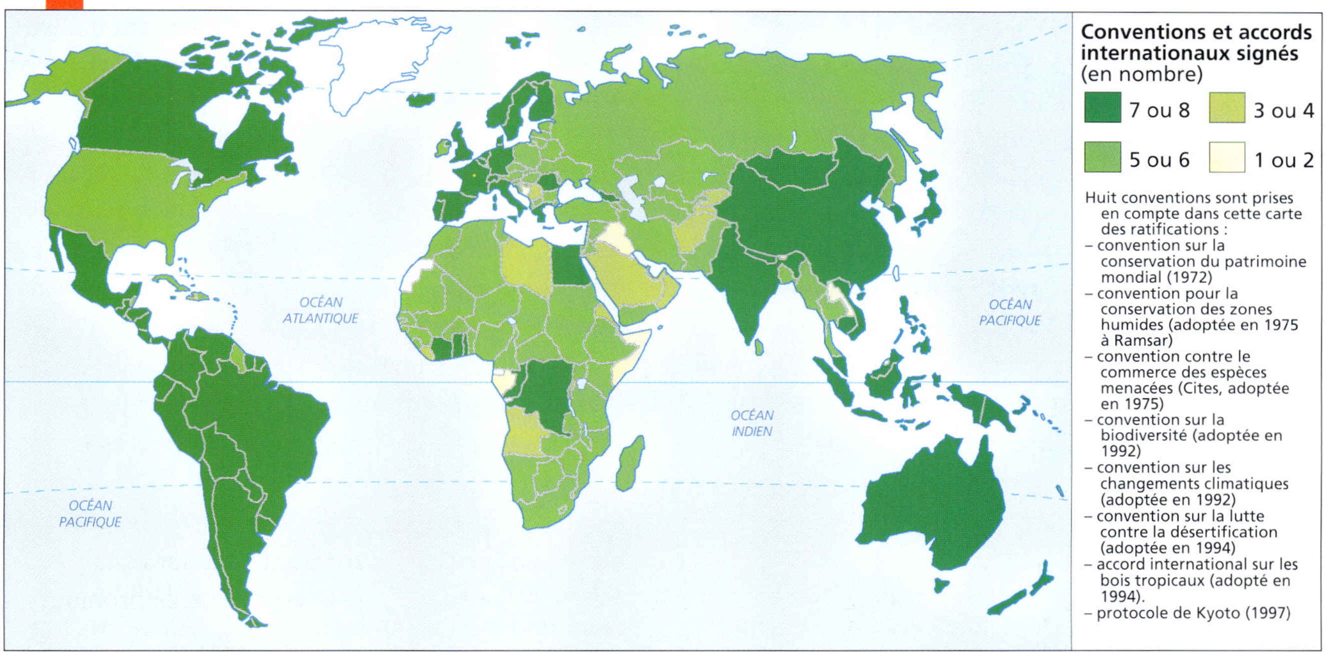

Source : A.-M. Sacquet, *Atlas du développement durable*, Éditions Autrement, Paris, 2002.

3 Vers une société civile internationale ?

Pour la plupart des analystes et commentateurs de la scène internationale, il ne fait aucun doute que les années 90 ont constitué le moment d'émergence d'une véritable force de contestation et de proposition sociale à l'échelle mondiale. On compte aujourd'hui plus de quinze mille ONG internationales (Organisations non gouvernementales), dont deux mille accréditées auprès de l'ONU. À ces organisations transnationales, mais souvent basées dans les pays occidentaux dont le mouvement est issu, s'ajoutent plus de sept mille ONG nationales et locales, qui vont de la communauté paysanne de base aux associations confessionnelles ou entrepreneuriales diverses. Les ONG, notamment les plus grandes, sont organisées en réseaux. Leurs activités vont de la défense de la paix ou de la démocratie, aux interventions pour le développement local ou à la mise en place de micro-crédits et de commerces équitables ou encore à la protestation contre la déforestation ou pour la sauvegarde de la biosphère.

Jean-Claude Ruano-Borbalan,
Sciences Humaines, numéro spécial n° 2,
mai-juin 2003.

2. Des alternatives à la mondialisation ?

L'accélération de la **mondialisation** économique et les difficultés des grandes organisations internationales à l'encadrer et à la réguler ont contribué à l'émergence de logiques alternatives aux objectifs cependant divers et variés.

Dossier 3, p. 72-73.

A. De la naissance d'une société civile internationale à la contestation altermondialiste

L'émergence d'une société civile internationale est un phénomène récent qui s'exprime par le développement des ONG (Organisations non gouvernementales). Ces ONG, dont les champs d'action sont très variés (santé, éducation, **développement**, **environnement**), sont devenues des **acteurs spatiaux** actifs et contribuent largement à l'élaboration du programme économique et social de l'ONU. C'est cette montée en puissance sur la scène internationale qui va connaître un coup d'arrêt pendant les années 90. L'action des États constitués –et particulièrement des États-Unis– est alors décisive : ils n'hésitent plus à s'opposer aux ONG dont ils contestent la légitimité et la représentativité.

C'est en grande partie en raison de ce conflit que s'explique alors l'émergence des réseaux de contestation de la mondialisation réunissant des ONG et des associations qui développent une critique frontale (anti-mondialistes) ou d'autres conceptions de la mondialisation (altermondialistes). La structuration de ces courants doit d'ailleurs beaucoup à la mondialisation elle-même : essor des moyens de communication, existence de « cibles » de plus en plus nombreuses avec la multiplication des instances de régulation internationales (OMC, G-8, Forum de Davos...). Leur expression passe par l'organisation de contre-sommets mondiaux ou régionaux, qui débouchent souvent, sur un diagnostic commun : l'idée que la mondialisation libérale déboucherait nécessairement sur des inégalités sociales accrues, des écarts Nord-Sud grandissants et des atteintes graves à l'environnement planétaire.

Dossier 4, p. 74-75.

B. La tentation du repli sur les blocs régionaux

Dans un registre totalement différent, une autre approche alternative à la mondialisation semble se dessiner avec l'émergence ou la consolidation des intégrations régionales. À l'image de l'Union européenne et de l'Alena (Association de libre-échange nord-américaine), ces intégrations régionales, qui furent au départ essentiellement des espaces de libre-échange, tendent à se multiplier, à s'élargir et à s'approfondir en instaurant des expériences de coopération et, parfois, d'intégration politiques.

Le renforcement des intégrations régionales peut s'interpréter de différentes manières. Il peut d'abord constituer un simple accompagnement de la mondialisation libérale. Les mécanismes libre-échangistes sont parfois plus faciles à organiser à l'échelon régional qu'à l'échelon mondial. L'organisation de ces intégrations régionales peut aussi apparaître comme un moyen, pour certaines régions, de peser dans les grandes négociations planétaires ou multilatérales (OMC, ONU...).

Mais elles peuvent aussi s'interpréter comme une alternative à la mondialisation. Ces intégrations régionales dessinent alors des **aires de puissance** pour les acteurs majeurs du système monde (les grandes puissances) qui y consolident ainsi leurs assises économiques, politiques et diplomatiques.

Notions clefs

- Acteurs spatiaux
- Aires de puissance
- Développement
- Environnement
- Mondialisation

Voir lexique, page 7

1 Un exemple de la mondialisation libérale : les délocalisations de l'industrie textile
Les principaux exportateurs de vêtements dans le monde en 2001 (en milliards de dollars)

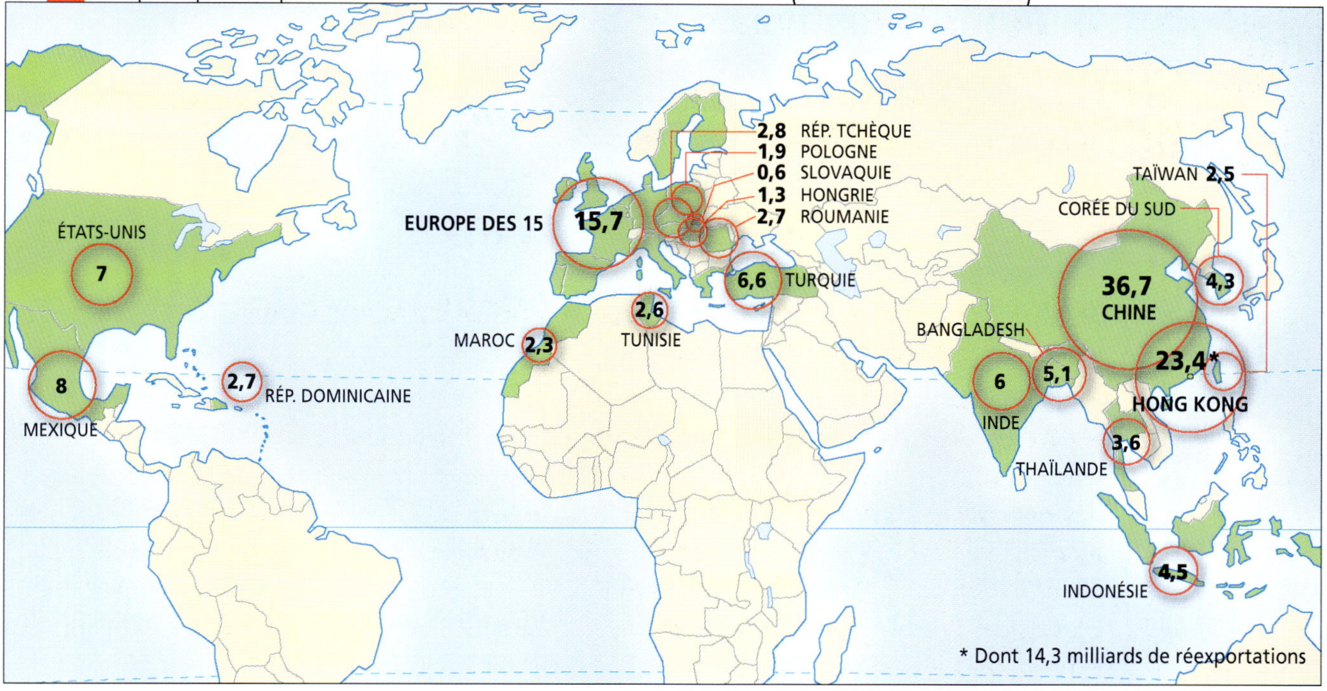

Sources : OMC 2001, *Le Monde*, octobre 2003.

2 L'altermondialisation

Reste pour le mouvement altermondialiste à résister à ses démons. Le premier est la fuite en avant dans la radicalité. Il est vrai qu'Attac, en France, est devenu le lieu où sont synthétisées, sur de nombreux dossiers, les analyses de la gauche. Or, le mouvement altermondialiste ne peut être légitime que s'il sait s'ouvrir à toutes les organisations sociales […]

Le deuxième est de faire du libéralisme une sorte de péril extérieur qu'il suffirait d'extirper pour redonner vie et santé à nos sociétés. Ou d'en faire le principe unique qui, comme le poumon du Malade imaginaire, serait à l'origine de tous nos maux. Le problème des retraites dépend aussi de l'allongement de la durée de la vie ; si l'assurance maladie est en crise, c'est aussi que la population, dans son ensemble, attend une meilleure qualité des soins […].

On en vient au troisième démon auquel l'altermondialisme doit résister : la tentation d'enterrer la démocratie représentative, au motif qu'elle n'existe pas aujourd'hui au niveau pertinent, l'international. Dans un monde où l'État-nation demeure le lieu principal du vivre-ensemble, la démocratie représentative est un acquis à défendre. Certes, elle fonctionne mal, mais le mouvement altermondialiste dit se donner pour objectif de l'enrichir, en la forçant à remettre en haut de son agenda les défis lancés par la mondialisation. Afin d'éviter que l'alternative à la mondialisation libérale soit un repli sur l'espace national et l'émergence de nouveaux empires rivaux.

P. Frémeaux, *Alternatives internationales*, nov./déc. 2003.

3 Larzac, 2003 : l'altermondialisation en débats

3. Mondialisation et aires de civilisation

Si l'espace mondialisé est traversé par des flux d'information, de marchandises et d'hommes, on peut légitimement se demander quelles vont être les conséquences de la **mondialisation** sur les **aires de civilisation** traditionnelles.

A. L'émergence d'une culture planétaire

La mondialisation n'est pas seulement un phénomène économique et commercial. Elle s'accompagne, en effet, de transformations profondes qui affectent à la fois le cadre de vie des populations du monde (métropolisation) et ses pratiques culturelles (brassage des cultures favorisé par l'essor des moyens de communication et l'importance des flux humains).

L'accès à la modernité favorise ainsi l'émergence d'un brassage des influences culturelles à l'échelle internationale qui naît du contact des différentes cultures mondiales dans un univers métropolitain et d'une attitude plus tolérante de la diversité culturelle. La création artistique, la mode, la musique contribuent largement à faire naître un syncrétisme culturel qui peut s'interpréter comme l'émergence d'une nouvelle culture planétaire.

B. La permanence des aires de civilisation

Dossier 5, p. 76-77. →

Toute la pensée sociologique du XXe siècle avait mis en avant l'idée d'une « sécularisation » du monde, c'est-à-dire d'un long processus de déclin de l'emprise du religieux qui s'expliquerait par le passage à la modernité et le lent déclin des sociétés traditionnelles et agraires. Or, de nombreux indices témoignent aujourd'hui de la permanence et de la vitalité des pratiques et des représentations religieuses.

Dossier 6, p. 78-79. →

La montée des intégrismes en est, de nos jours, le signe le plus évident : elle contribue à créer de nouveaux foyers de tension qui naissent souvent de l'incapacité à penser la différence autrement que par un nationalisme d'exclusion (hindouistes et musulmans en Inde, chrétiens et musulmans en Indonésie, catholiques et protestants en Irlande du Nord...). Faut-il pour autant en conclure à la permanence des aires de civilisation, voire au « choc des civilisations » comme moteur d'un monde multipolaire où les peuples définiraient leurs identités en termes culturels (et avant tout religieux).

C. Mondialisation et aires de civilisation : un lien fort

La résurgence de réactions communautaires et religieuses parfois violentes peut aussi être interprétée comme la conséquence directe de l'émergence d'une culture mondiale unifiante. Un peu comme si la mondialisation conduisait à un réenracinement culturel comme réaction au brouillage des identités. L'exemple indien est ici révélateur de batailles politiques où la religion devient une idéologie de combat.

Par ailleurs, ce retour en force du religieux s'opère aujourd'hui par le biais des diasporas, des immigrations, des réseaux (voir texte page 89) qui bousculent les logiques territoriales des aires de civilisation (percée des églises protestantes en Amérique latine et en Afrique, développement du néohindouisme en Occident, structuration des réseaux islamistes radicaux...). Pour s'enraciner, ces nouvelles pratiques religieuses utilisent aussi les logiques de la mondialisation.

Notions clefs
- Aires de civilisation
- Mondialisation

Voir lexique, page 7

1 Les religions, du « ghetto » au « réseau »

En quelques décennies, la géographie des religions est ainsi passée de la logique du « ghetto » à celle du « réseau ». Ce constat, établi par Bernard Hourcade, directeur de recherche au CNRS, ouvre un champ nouveau à l'exploration des géographes, à celle aussi des géopoliticiens, des historiens, des sociologues. Le « ghetto » est un mode de regroupement spatial qu'ont imposé des raisons de sécurité, de convivialité et des obligations formelles de respecter des rites communautaires. Mais devant le délitement des frontières, l'urbanisation massive et anarchique des métropoles, les facilités toujours plus grandes de circulation des capitaux et des idées, c'est bien de « réseaux » qu'il faut désormais parler comme clé de compréhension de l'actuelle effervescence religieuse du monde [...].

Pour un géographe comme Bernard Hourcade, cette dynamique des réseaux est le tribut payé au développement des phénomènes de migration, de diaspora et d'urbanisation. « Le déplacement en ville de communautés religieuses, les densités des populations, l'impossibilité de créer des villes fermées et des ghettos posent de nouveaux problèmes de géographie. Les identités ne sont plus territoriales comme jadis. Or, la religion prend une place toujours plus grande dans l'identité des individus ou des petits groupes ». Toutes les tensions découlent de là : la coexistence avec les autres religions, avec l'incroyance, les conditions d'un nouveau « vivre ensemble » à l'école, dans les quartiers, les hôpitaux, l'État, les couples.

Henri Tincq, *Le Monde*, 15 octobre 2002.

2 La clôture entre Israël et la Cisjordanie

3 Le monde selon Wiaz

Source : *Le Nouvel Observateur*, 24-30 avril 2003.

PARTIE 2 Trois grandes aires

Chapitre 4

Chapitre 5

Chapitre 6

de puissance dans le monde

chapitre

4 Les États-Unis : la superpuissance

Problématique

Une grande puissance, c'est un État dans le monde qui se distingue par son poids économique et démographique exceptionnel mais aussi par le rôle qu'il exerce dans et sur l'espace mondial. Depuis la fin de la Guerre froide et l'éclatement de l'URSS (la puissance rivale), les États-Unis sont devenus la seule superpuissance mondiale.

Quels sont les attributs de la puissance des États-Unis ? Comment cette puissance se traduit-elle dans l'espace et à quelles échelles ?

Les échanges commerciaux des États-Unis en 2002

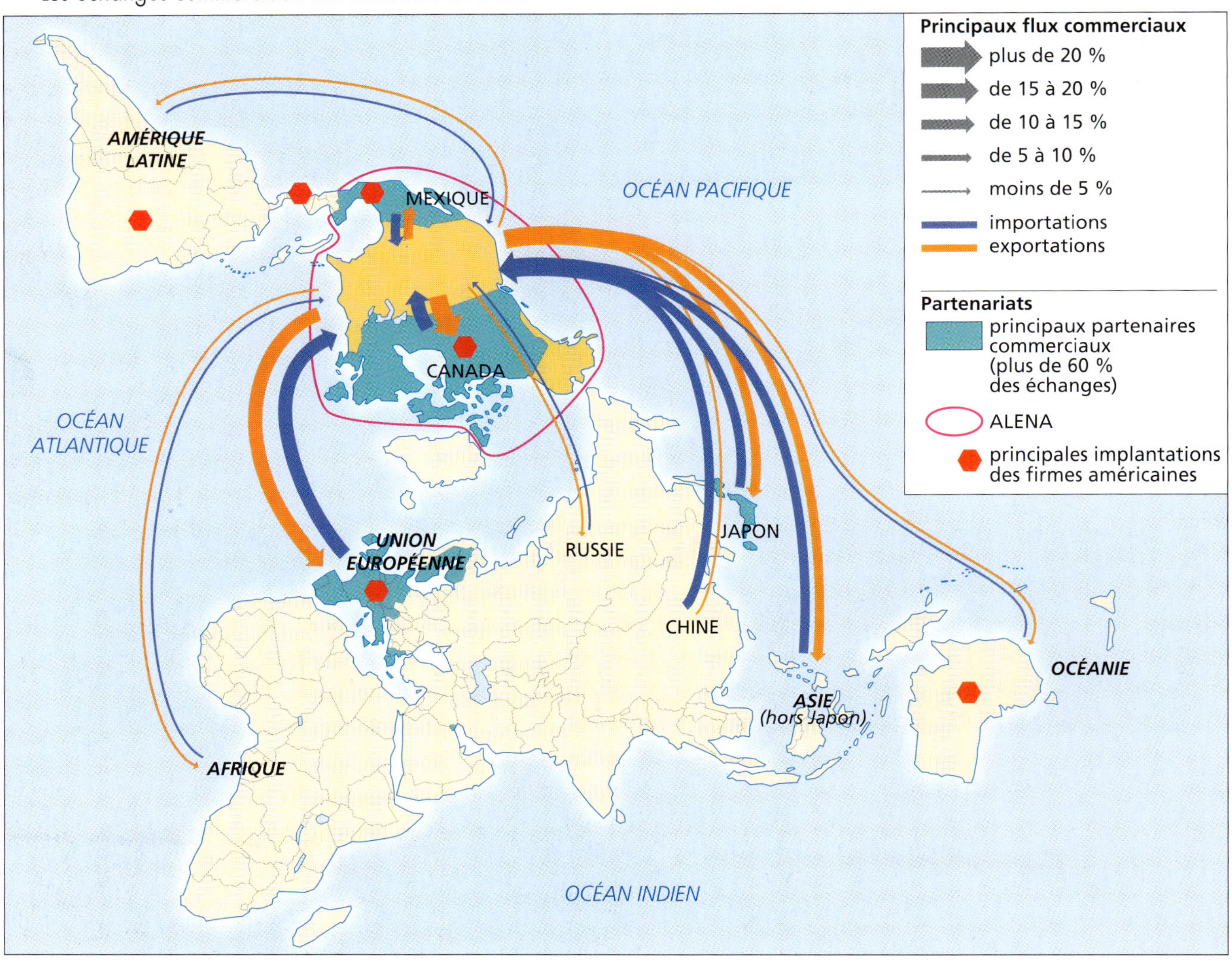

Source : D'après www.wto.org

La Bourse de New York (New York Stock Exchange) : un des pôles moteur de l'économie mondialisée

LES GRANDES AGGLOMÉRATIONS ET LEUR ÉVOLUTION

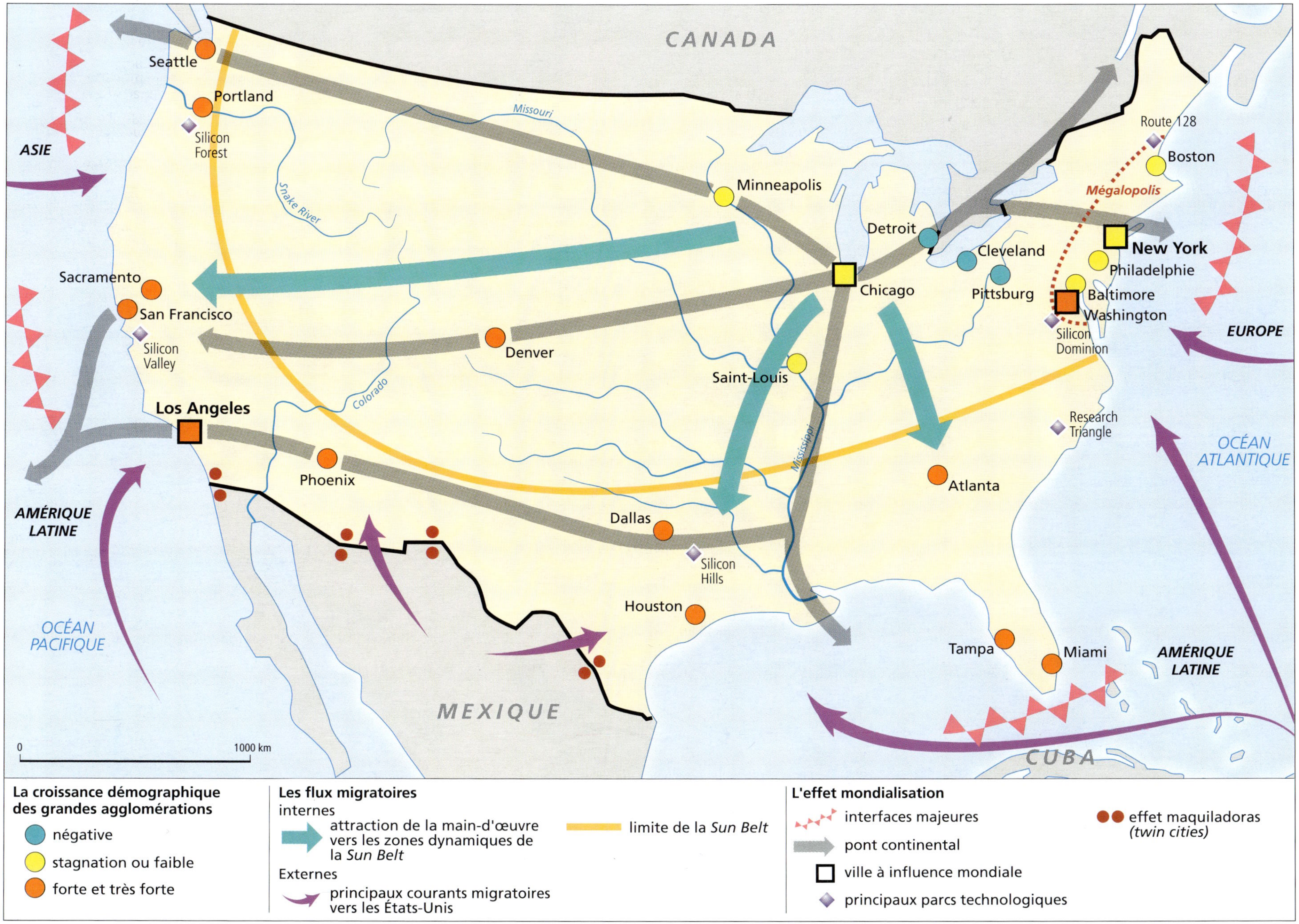

LA PRÉSENCE MILITAIRE DES ÉTATS-UNIS DANS LE MONDE

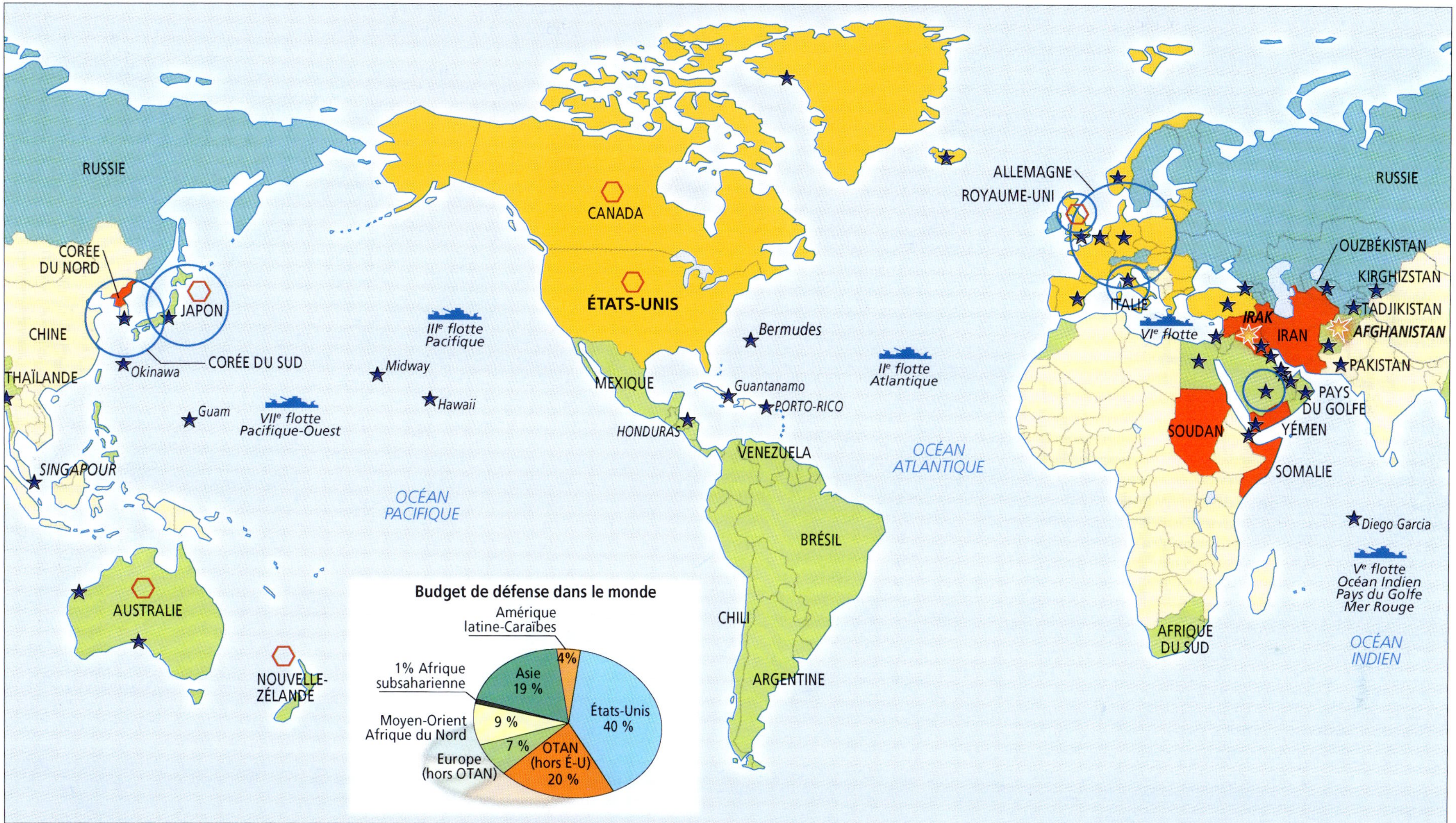

- pays membres de l'OTAN en 2004
- pays membres du Partenariat pour la paix (PPP)
- autres pays alliés des États-Unis, liés par un accord bilatéral ou soutenus militairement
- ennemis ou cibles potentiels des États-Unis
- intervention militaire dans les conflits en cours
- pays participant au système de surveillance mondial « Echelon »
- bases ou facilités militaires américaines

Personnels militaires américains (effectifs supérieurs à 10 000 hommes)

70 000
40 000
11 000

Sources : *Atlas du Monde diplomatique* et *Sciences humaines* numéro spécial n° 2, mai-juin 2003.

dossier 1

Les manifestations de l'hyperpuissance américaine

Avec la disparition de l'URSS, les États-Unis restent la seule superpuissance. Ils entreprennent de consolider et de développer leur hégémonie. Quels sont les instruments de cette puissance ? Quelles pourraient en être les faiblesses ?

1 La prédominance des firmes multinationales américaines dans le monde

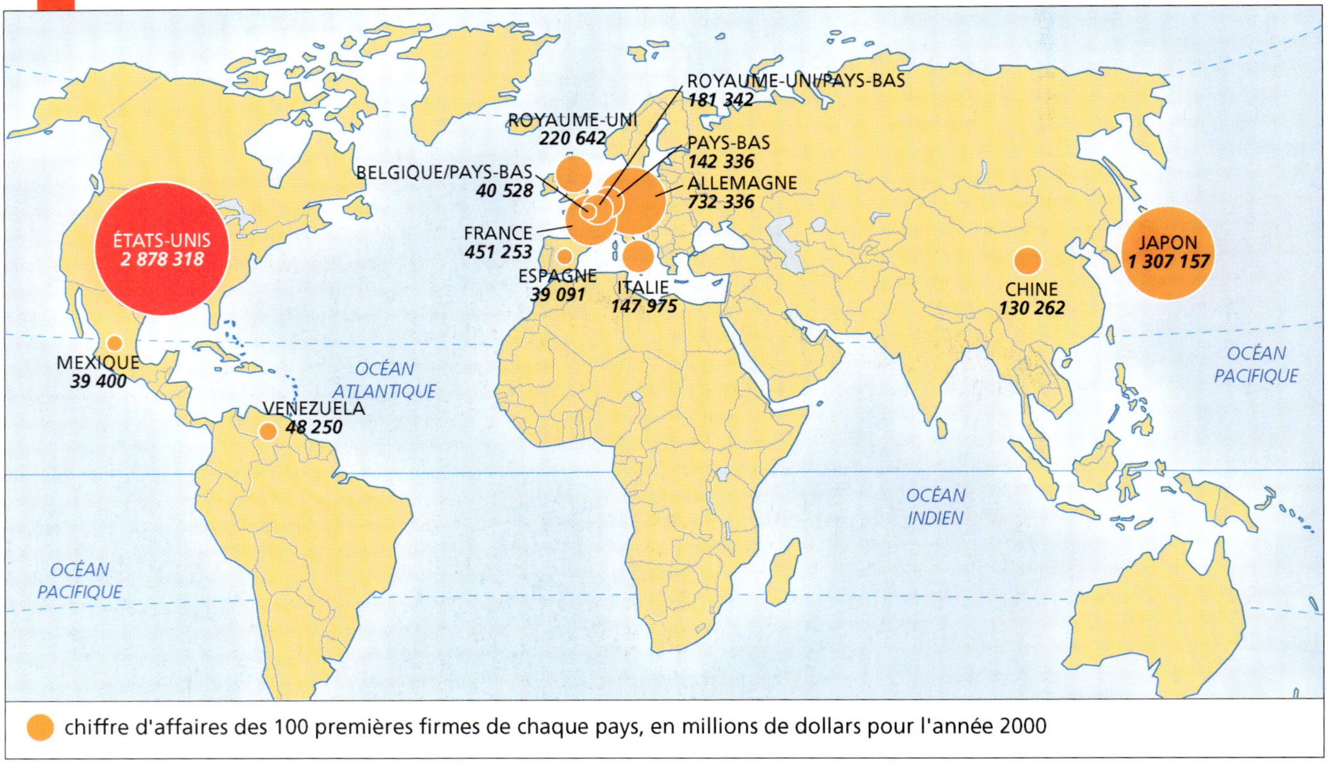

Source : *Questions internationales*, n° 3, septembre-octobre 2003, La Documentation française.

2 Les instruments de la puissance américaine

Il s'agit d'identifier les critères de la puissance. Le *hard power* recouvre des facteurs objectifs comme le territoire, la population, les capacités militaires et la vitalité économique. Le *soft power* repose sur des éléments plus diffus comme la culture, les valeurs, l'idéologie, les institutions. Le *soft power* se présente également comme une méthode d'exercice de la puissance : contrairement à la force militaire qui s'appuie sur la contrainte, le *soft power* repose sur la capacité à définir l'agenda politique d'une manière qui oriente la préférence des autres. Le *soft power* va au-delà de la persuasion ou du pouvoir de conviction grâce à l'échange d'arguments. C'est la capacité à séduire et à attirer. Et l'attraction mène souvent à l'acceptation et à l'imitation.

La distinction entre ces deux faces de la puissance permet non seulement d'évaluer le poids économique, militaire et culturel de l'Amérique, mais également de mettre en perspective les débats actuels sur le maniement, par les États-Unis, de ces outils à l'échelle internationale.

Les attributs du *soft power*, bien que plus difficiles à quantifier, représentent une partie essentielle et souvent mésestimée de la puissance américaine.

Amaya BLOCH-LAINÉ,
Questions internationales n° 3, septembre 2003.

3 Une guerre mondiale des devises

C'est une véritable guerre des monnaies à laquelle on a assisté en 2003.

L'euro s'est apprécié de près de 20 % face au billet vert, malgré un décalage de croissance très important de part et d'autre de l'Atlantique.

Pour les uns, la baisse du dollar a reflété la domination des États-Unis sur la scène internationale. Elle doit être considérée comme un signe d'hyperpuissance et non de faiblesse.

Selon ce schéma, le billet vert reculerait parce que Washington en aurait décidé ainsi. Un dollar faible est favorable aux exportations, à la croissance, à l'emploi.

À l'opposé, d'autres experts ont expliqué que la baisse du dollar reflétait la perte de crédibilité de l'administration américaine auprès de la communauté financière internationale, et ce malgré le retour d'une forte croissance. Les difficultés en Irak, le creusement du déficit budgétaire joueraient de façon très négative contre le billet vert, privé peu à peu de son statut de valeur refuge.

Cette désaffection semble confirmée par le tarissement des entrées de capitaux aux États-Unis. La dépréciation du dollar apparaîtrait comme la seule façon de résorber le formidable déficit américain.

Pierre Antoine DELHOMMAIS,
Bilan du Monde 2004, *Le Monde*.

4 La puissance commerciale et financière

Le commerce extérieur américain

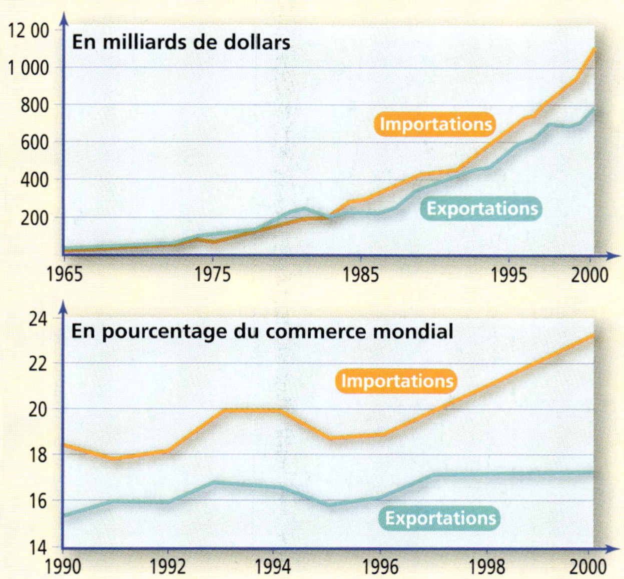

Source : *Atlas du Monde diplomatique*, janvier 2003.

Part des différentes devises

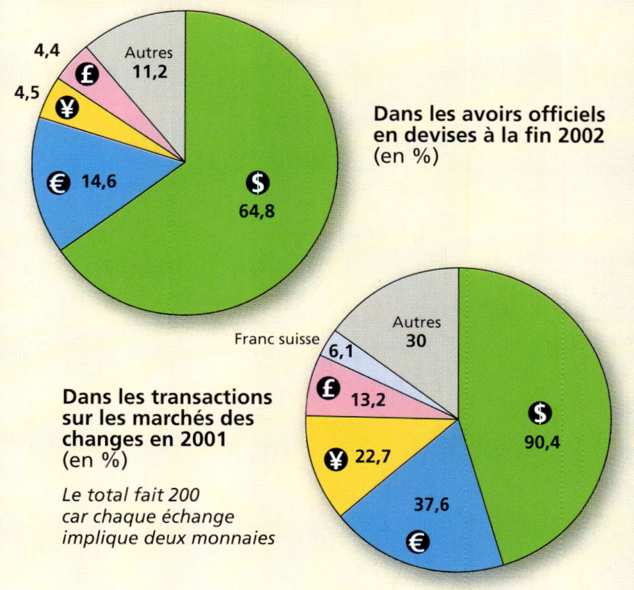

Source : *Alternatives économiques*, hors-série n° 58, 2003.

5 La puissance militaire américaine

Activité

À l'aide des documents disponibles dans ce dossier, relever les éléments qui soulignent l'hyperpuissance américaine et ceux qui portent également en germe les limites de cette puissance.

dossier 2 L'organisation du territoire américain

Comment l'organisation du territoire américain traduit-elle les effets de la mondialisation de l'économie et constitue-t-elle un des atouts majeurs de la superpuissance américaine ?

1 Les transports : une maîtrise cohérente de l'espace national

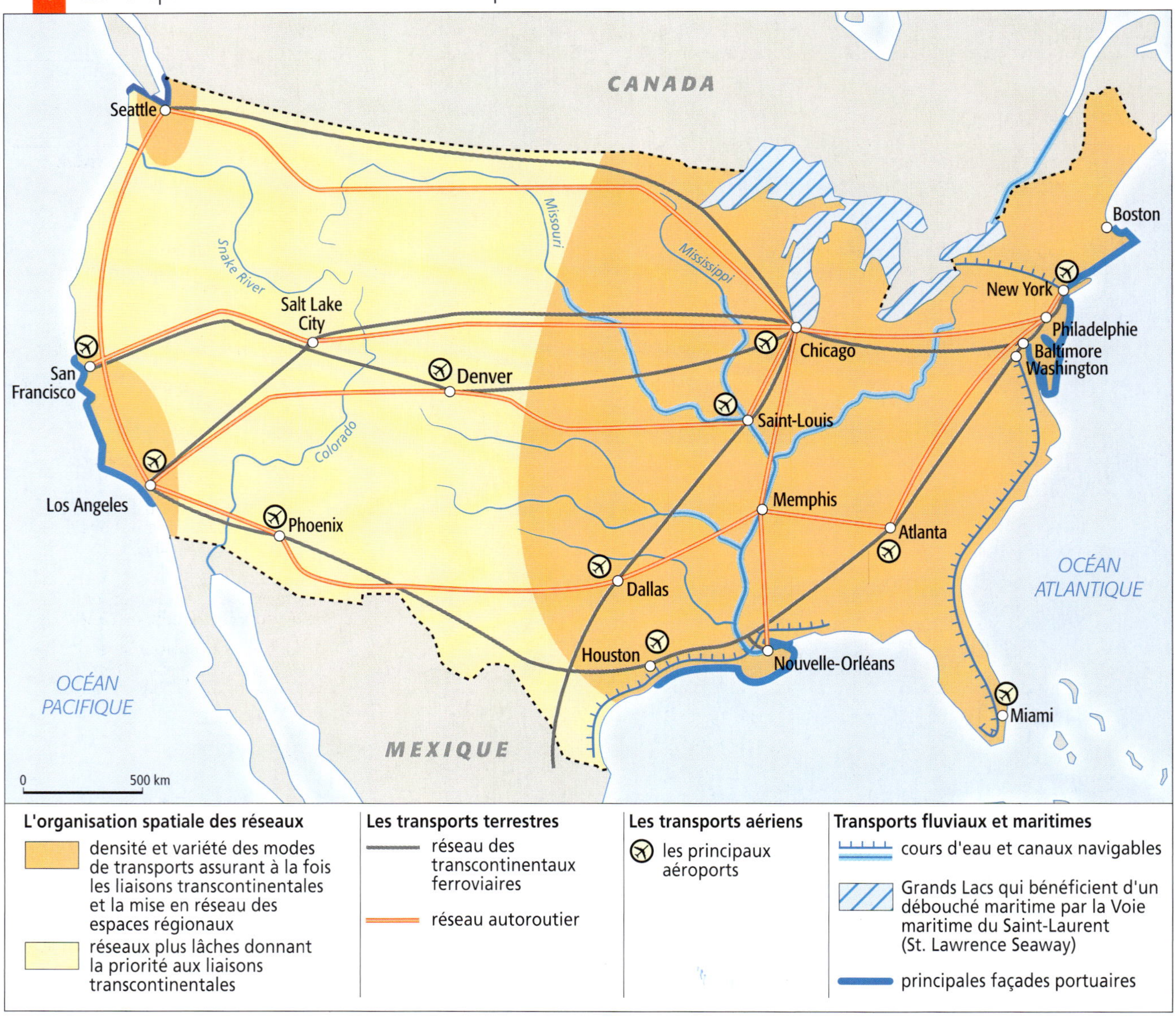

2 Une économie ouverte sur le monde

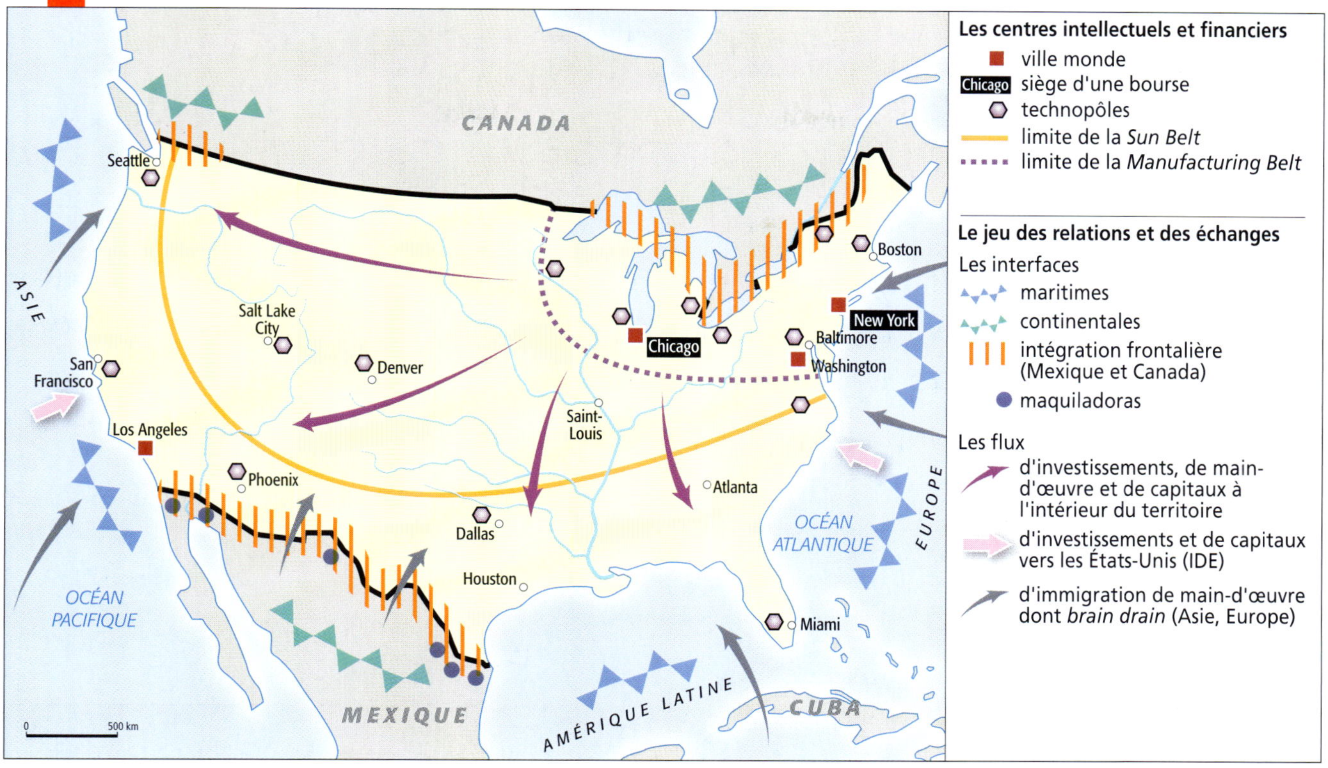

3 Mondialisation et territoires

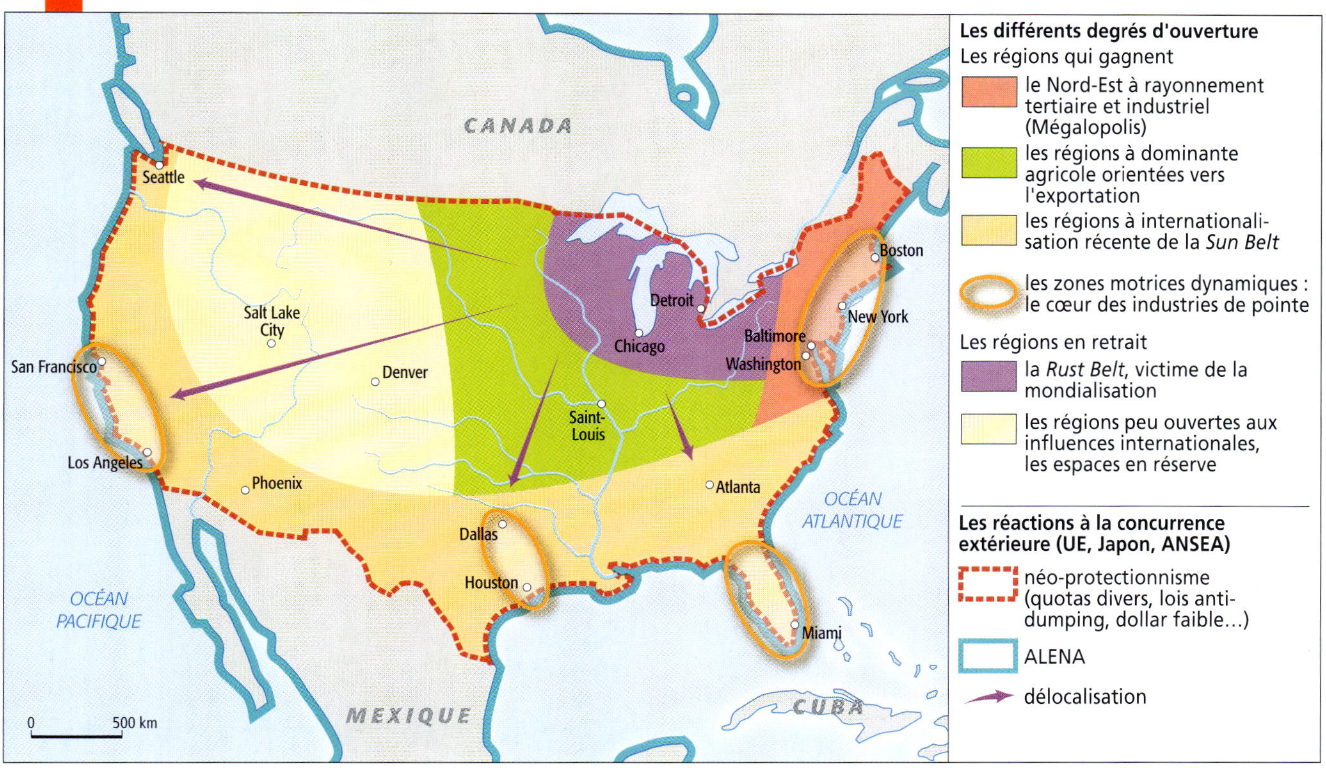

Activité

À l'aide des documents disponibles sur cette double page, réaliser un croquis de synthèse sur le thème suivant : l'organisation du territoire d'une superpuissance mondiale.

dossier 3

L'agriculture américaine, une arme stratégique

Les États-Unis disposent d'abondants surplus agricoles qui en font le premier exportateur mondial. Comment expliquer cette puissance ? Pourquoi peut-on parler d'arme stratégique ?

1 L'agriculture américaine, une arme stratégique

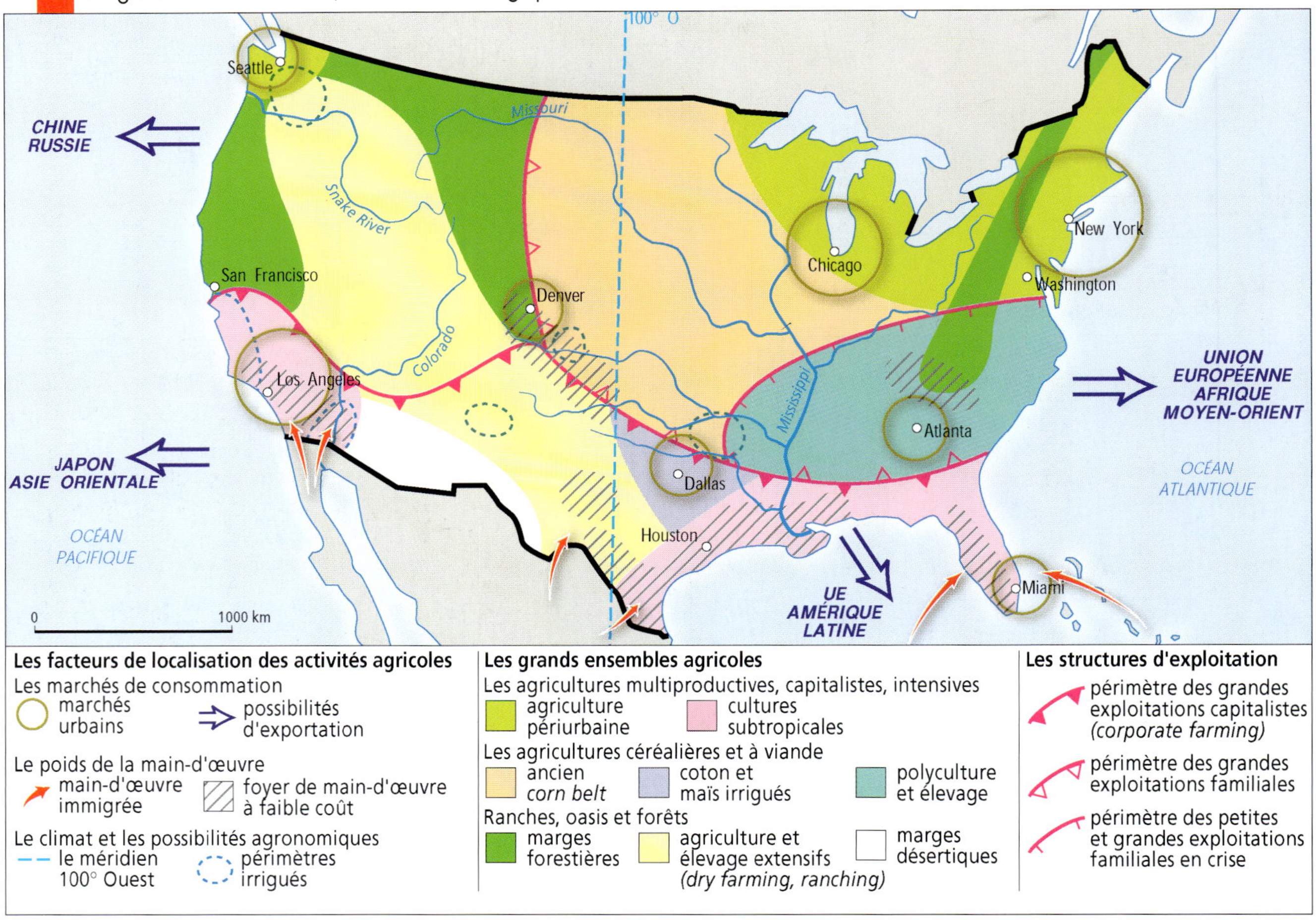

2 L'importance de la production agricole en 2002-2003

	Céréales	Blé	Maïs	Soja	Coton
Production (millions de tonnes)	298,7	44	228,8	63,8	3,96
% de la production mondiale	14	7,7	38	48,4	20,4
Rang mondial	2e	4e	1er	1er	1er
Exportations (rang mondial)	1er	1er	1er	1er	1er

L'état du monde 2004, La Découverte.

3 Une agriculture aidée

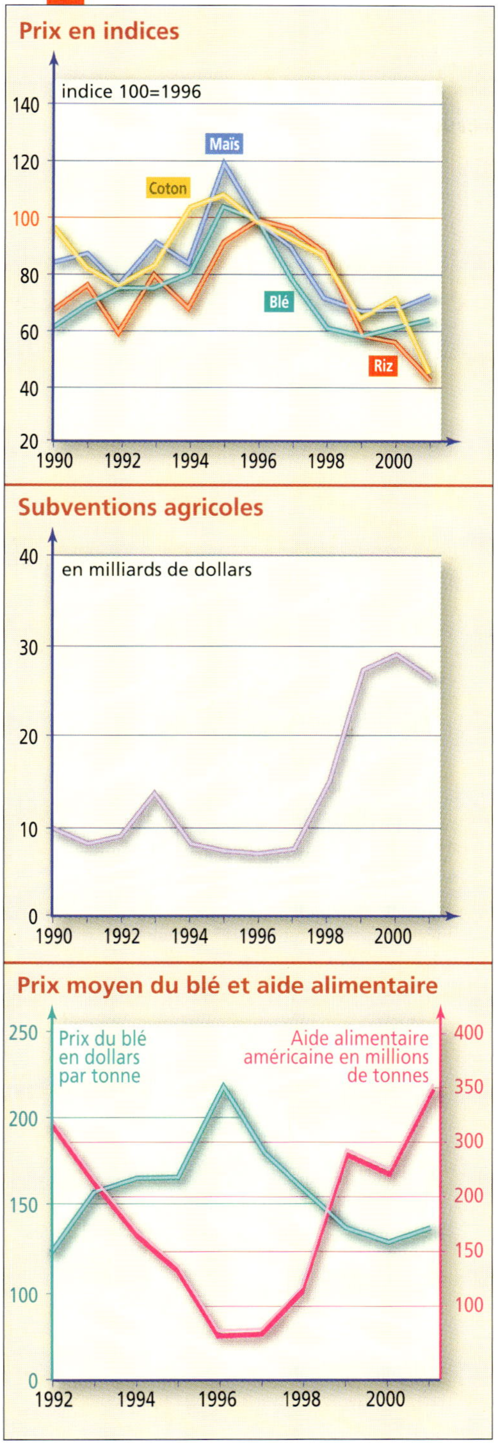

Source : *Alternatives internationales*, octobre 2003.

4 Le complexe agro-industriel américain

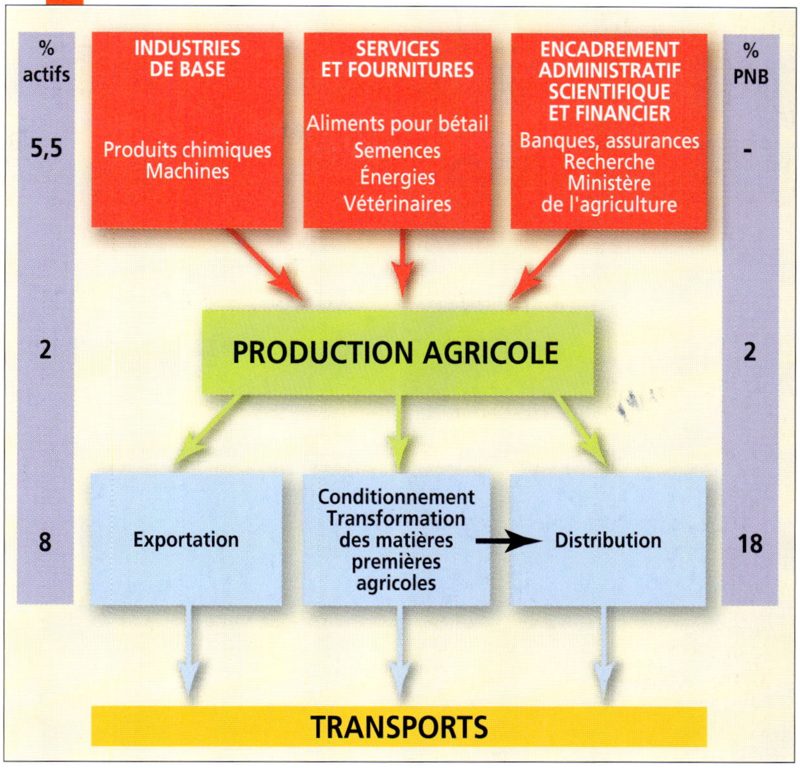

5 Les dollars de l'arme alimentaire

Les États-Unis veulent rester le plus gros exportateur de produits agricoles dans le monde et, si besoin était, faire jouer l'arme alimentaire au cas où ils le jugeraient nécessaire. Alors que les fermiers américains ont bénéficié de 20 milliards de dollars de subventions en 2001, la nouvelle loi agricole leur promet plus de 100 milliards de dollars supplémentaires pour les six prochaines années. Critiqué par Washington au moment de la réforme de la politique agricole commune, le modèle européen est aujourd'hui imité concernant les mesures agri-environnementales.

Les paysans du monde entier, et plus particulièrement ceux des pays du Sud, demeurent confrontés à une guerre des prix orientés à la baisse tandis que trois grands pôles de production (les États-Unis, le groupe de CAIRNS et l'Union européenne) se disputent les principaux marchés mondiaux solvables. Les agricultures des différents pays du monde sont soumises à des coûts et à des conditions de production et de productivité bien trop disparates pour pouvoir s'intégrer dans un marché mondialisé. Surtout quand la mondialisation est à ce point biaisée par le comportement dominateur des pays riches, États-Unis en tête.

Gérard Le Puill, *L'Humanité*, 13 mai 2002.

Activité

À l'aide des documents proposés, retrouver des arguments pour expliciter ces trois affirmations relatives à l'agriculture américaine :
- un secteur économique moderne, productif et intégré ;
- un secteur économique fragile et assisté ;
- un des éléments constitutifs de la puissance américaine.

dossier **4**

La façade Pacifique, une région dynamique

Stimulée par l'économie transpacifique en plein essor, la côte Ouest des États-Unis apparaît comme la région la plus dynamique de l'Union. Quels sont les différents facteurs explicatifs de la croissance de cette région des États-Unis ?

1 L'organisation de l'Ouest américain

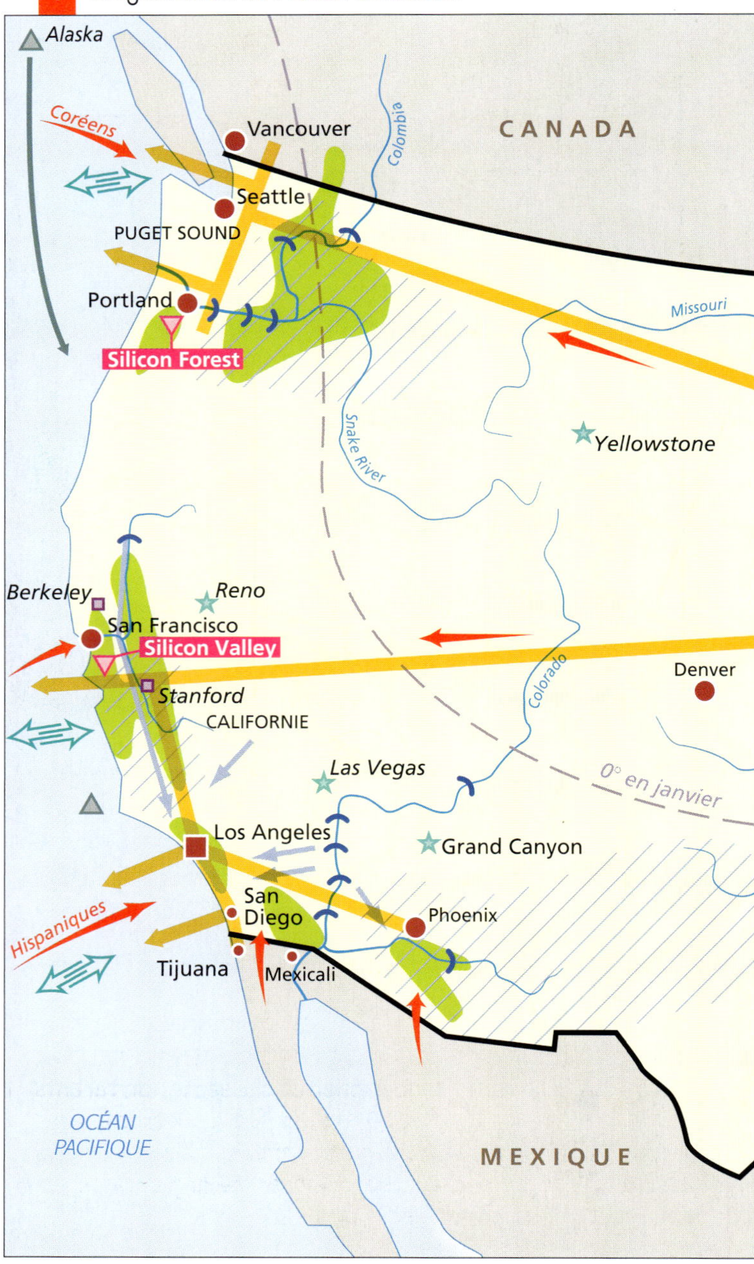

2 La composition ethnique de Los Angeles

	1980	1990	2000
Asiatiques	6 %	11 %	13 %
Noirs	12 %	10 %	9 %
Anglo (population blanche non hispanique)	53 %	41 %	32 %
Hispaniques	28 %	38 %	46 %
Population totale (en millions)	7,447	8,863	9,884

Source : Rapport Sprawl Hits the Wall, Atlas of Southern California, The Southern California Studies Center, 2001 in *Villes et société urbaine aux États-Unis*, Cynthia GHORRA-GOBIN, Armand Colin.

3 Grand Teton National Park, Wyoming

4 La Silicon Valley : localisations et dynamiques

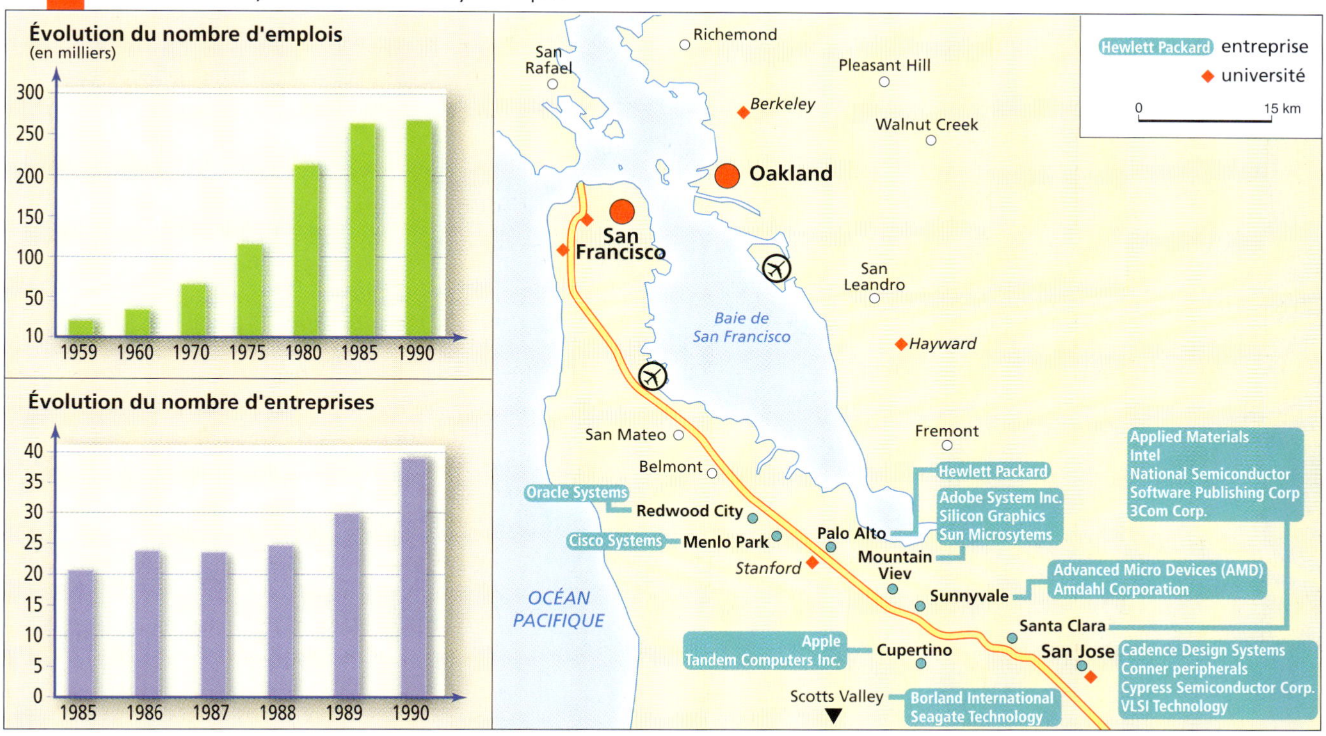

Source : *Sciences Humaines*, numéro spécial n° 2, mai-juin 2003.

Source : D'après A. Gauthier et G. Raffaelli, *L'espace nord-américain*, Bréal.

5 La composition de la population de Californie

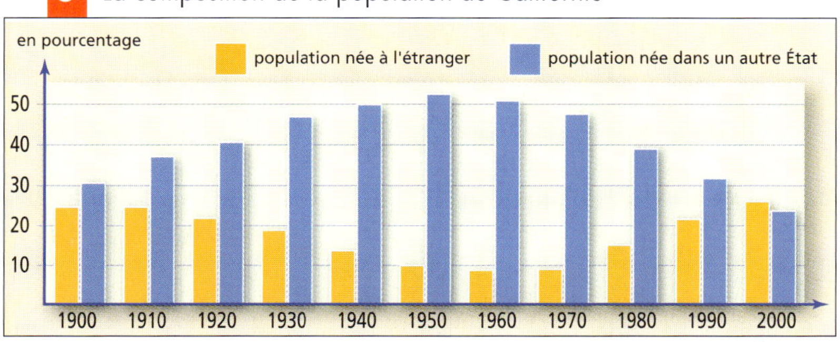

Source : William Frey, analysis of US Census sources in *Villes et société urbaine aux États-Unis*, Cynthia GHORRA-GOBIN, Armand Colin.

Activité

À l'aide des documents proposés, identifier et classer les différents atouts de la façade Pacifique dans les catégories suivantes : atouts géographiques, démographiques et économiques.

dossier **5**

La frontière États-Unis–Canada, dynamismes et tensions

Membre fondateur de l'Alena avec les États-Unis, le Canada entretient des rapports ambivalents avec son voisin du sud.
En quoi l'effacement de la frontière a-t-il déclenché des dynamiques transfrontalières, sans pour autant effacer toute forme de tension entre les deux pays ?

1 Le Canada et le Nord des États-Unis

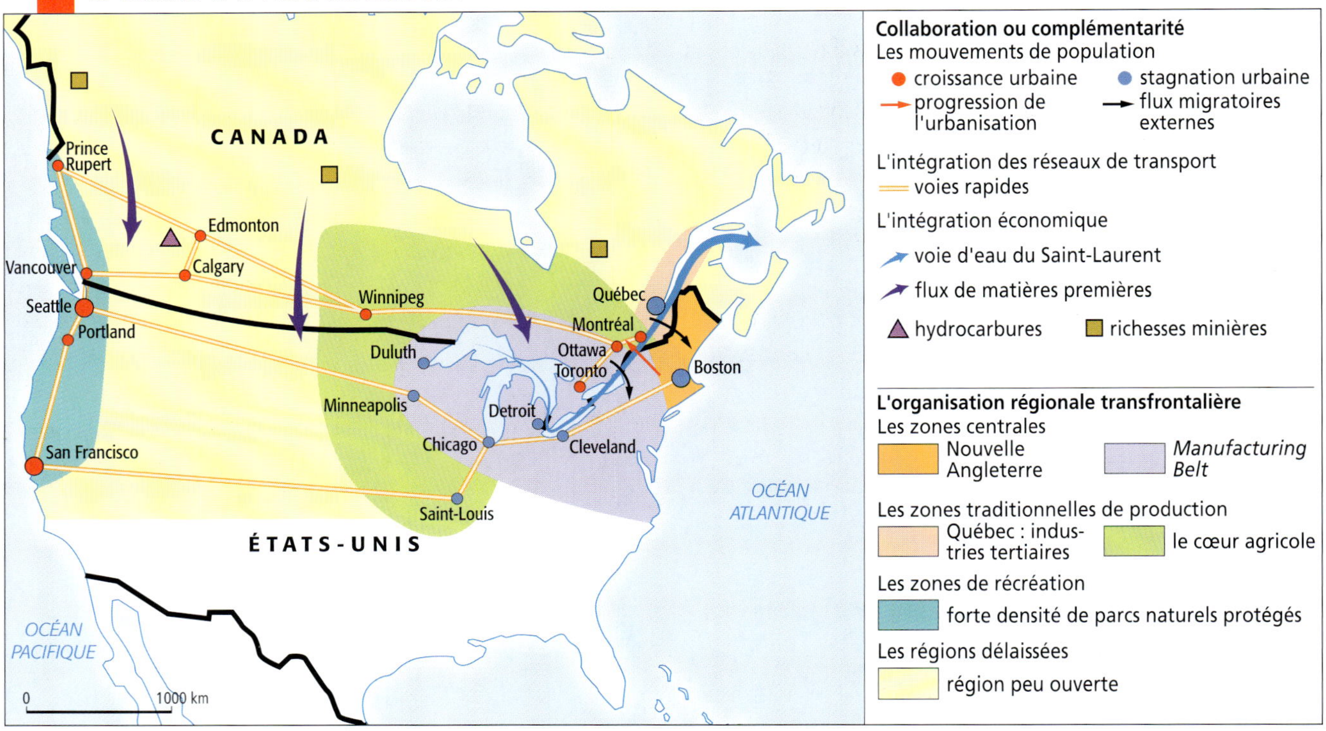

Source : D'après Emmanuel Lézy et Alain Nonjon, *Cartes en mains*, Ellipses.

2 Ottawa fait barrage à la vente de son eau

Après le pétrole et le gaz naturel, c'est désormais l'or bleu du Canada que les Américains convoitent et leur appétit semble insatiable. Certes leurs visées sur la manne hydrographique n'étaient pas méconnues. Mais pour la première fois, ils ont fait part de leur intention d'importer, en la payant, l'eau douce du Canada pour pallier la pénurie sans précédent qui touche de nombreux États américains, notamment du Sud-Ouest.

Au Canada, les groupes environnementalistes ont dénoncé le risque écologique et officiellement, Ottawa est hostile à toute exportation massive d'eau douce. Mais pour plusieurs observateurs, l'eau sous toutes ses formes, y compris la glace et la neige, apparaît sur la liste des matières premières, au même titre que le pétrole.

Le Canada possède 9 % des réserves d'eau douce renouvelable de la planète et 20 % des ressources mondiales en eau douce. Pour le pays, c'est un potentiel phénoménal facile à faire fructifier ; pour les États-Unis, c'est une manne inestimable.

Carole Duffrechou, *Libération*, 30 juillet 2001.

3 Le Saint-Laurent, une artère vitale (en hiver, des brise-glaces y maintiennent constamment un axe de circulation ouvert)

4 Les échanges commerciaux entre les États-Unis et le Canada

Le Canada est le plus gros partenaire commercial des États-Unis. Les échanges de marchandises entre les deux pays ont totalisé 411 milliards de dollars US en 2000, les marchandises importées au Canada en provenance des États-Unis représentant 179 milliards de dollars US.

Les États-Unis représentent aujourd'hui 76 % des échanges commerciaux du Canada contre 70 % en 1991.

Sur la même période, les exportations sont passées de 75 à 87 %, les importations, de 63 à 68 %.

La moitié des exportations du Canada provient de l'Ontario (243 milliards de dollars US). Les échanges commerciaux entre États-Unis et Ontario sont plus importants que ceux entre les États-Unis et les autres pays, à l'exception du Mexique et du Japon.

Les exportations de l'Ontario et du Québec vers le Michigan ont totalisé 45,5 milliards de dollars, du Michigan vers le Canada central, 19,1 milliards de dollars.

Les exportations depuis les provinces maritimes vers la côte Est des États-Unis se sont élevées à 6,4 milliards de dollars. Des Prairies canadiennes vers l'État de Washington à 5,8 milliards, de la Colombie britannique, 4,3 milliards.

Source : Agence du revenu du Canada.

5 Le Canada, un réservoir de matières premières pour les États-Unis

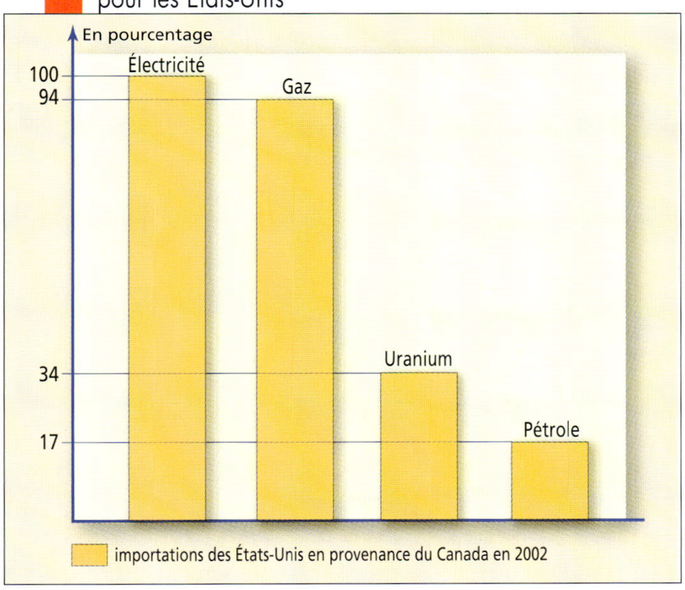

Source : Transports Canada.

Activité

À l'aide des documents proposés et du modèle joint à reproduire et à agrandir, élaborer un schéma modélisant les dynamiques frontalières Canada/États-Unis.

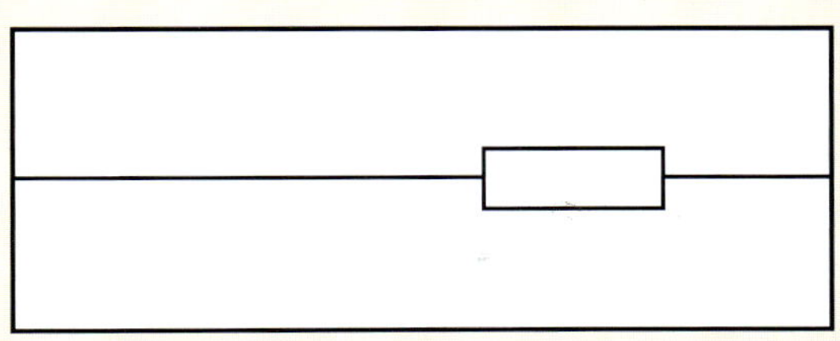

dossier 6

La frontière États-Unis–Mexique : un espace transfrontalier en voie de recomposition

L'intégration du Mexique à l'Alena a provoqué le développement d'une forte dynamique transfrontalière à travers le développement des « maquiladoras ». Quels sont les enjeux économiques, humains et culturels de cet espace, comment s'organise-t-il et quelles en sont les évolutions actuelles ?

1 Implantation des maquiladoras

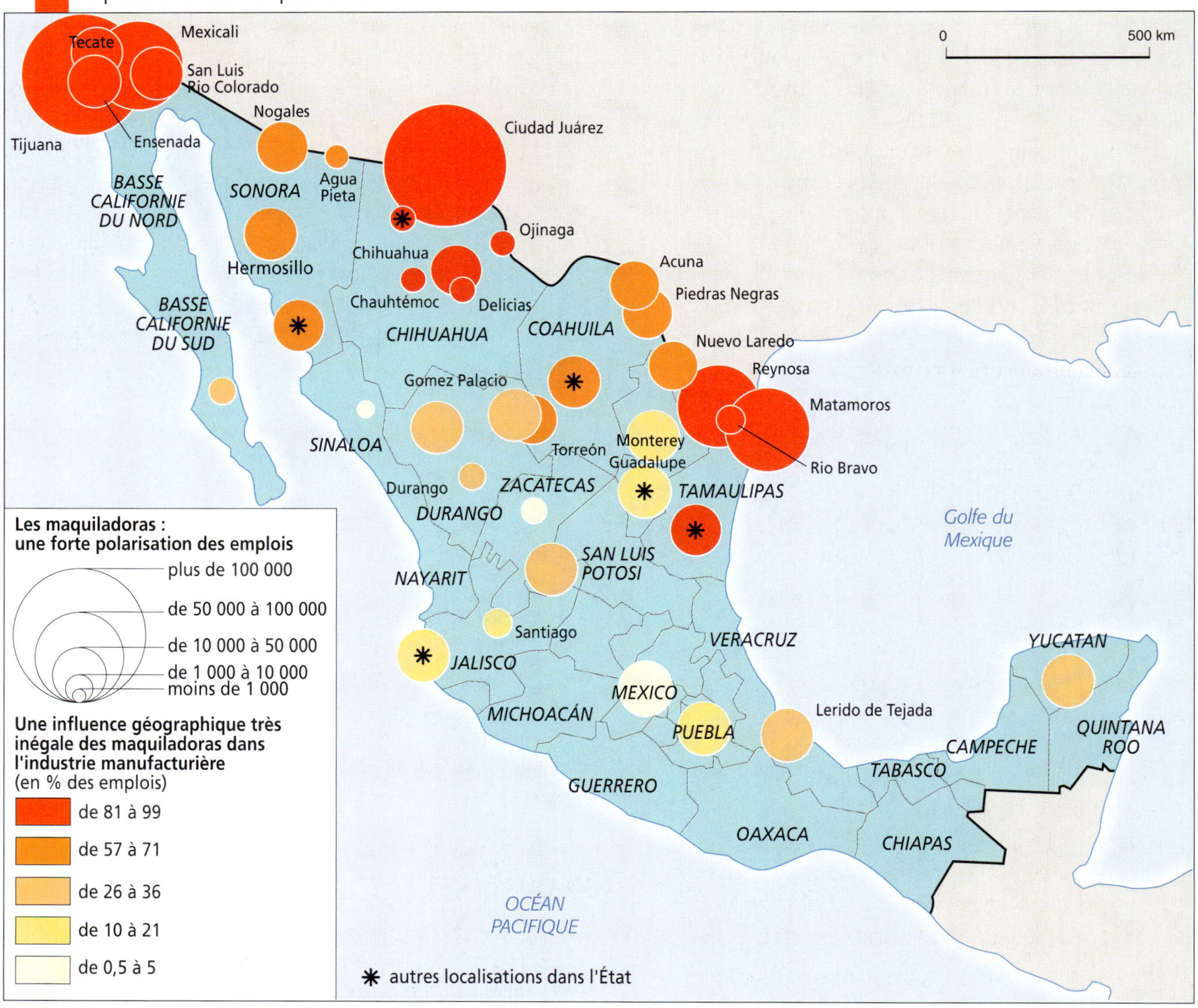

Source : *Alternatives économiques* n° 191, avril 2001.

2 La frontière entre les États-Unis et le Mexique

3 Les *maquiladoras* : logiques d'implantation

L'adhésion du Mexique au Gatt en 1986, puis la mise en place de l'Accord de libre-échange nord-américain en 1994, ont contribué à transformer une part croissante de l'économie mexicaine en annexe productive du marché des États-Unis.

Les *maquiladoras* s'appuient sur trois facteurs exceptionnels : des facteurs géographiques, géo-économiques et géopolitiques.

Les *maquiladoras* répondent également à quatre objectifs : territoriaux (rééquilibrer vers le nord le potentiel productif), sociaux (créer des emplois), technologiques (capter des segments productifs modernes et des transferts de technologies) et financiers (attirer les capitaux et les investissements).

D'une très forte polarisation initiale sur les États du Nord, le développement des *maquiladoras* s'est diffusé progressivement ces dernières années en direction des États du Centre du pays, ceci s'expliquant par la saturation des principaux pôles de la zone frontalière.

Le modèle de développement fondé sur les *maquiladoras* est aujourd'hui menacé. Selon les règles de l'Alena, les marchés devraient être totalement ouverts et les droits de douane entièrement supprimés à compter de 2004. Parallèlement, la diffusion du modèle des *maquiladoras* à une grande partie de l'Amérique centrale dans les pays où les salaires sont parfois encore plus faibles, affaiblit les avantages compétitifs du Mexique.

Laurent Carroué,
Alternatives économiques n° 191, avril 2001.

4 La frontière américano-mexicaine une interface dynamique

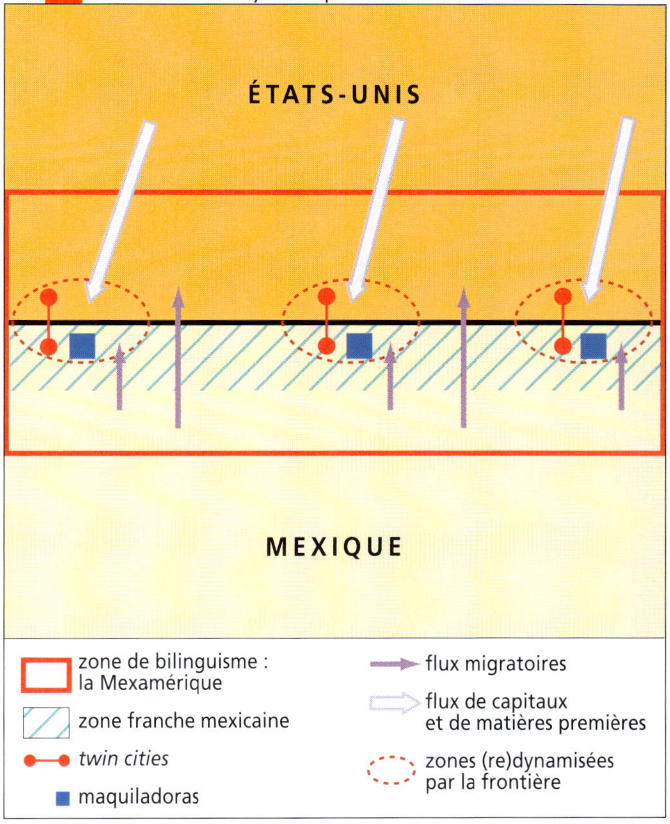

Activité

À l'aide des documents fournis dans ce dossier et du document 3 p. 119, rédiger une réponse argumentée à la problématique proposée dans ce dossier.

dossier 7

Puissance, recherche et développement

Les États-Unis sont au cœur des processus d'innovation. Quels sont les éléments, dans le domaine de la recherche, qui témoignent de cet aspect essentiel de la puissance américaine. Dans quelle mesure traduisent-ils la réorganisation de l'espace productif mondial ?

1 États-Unis et haute technologie

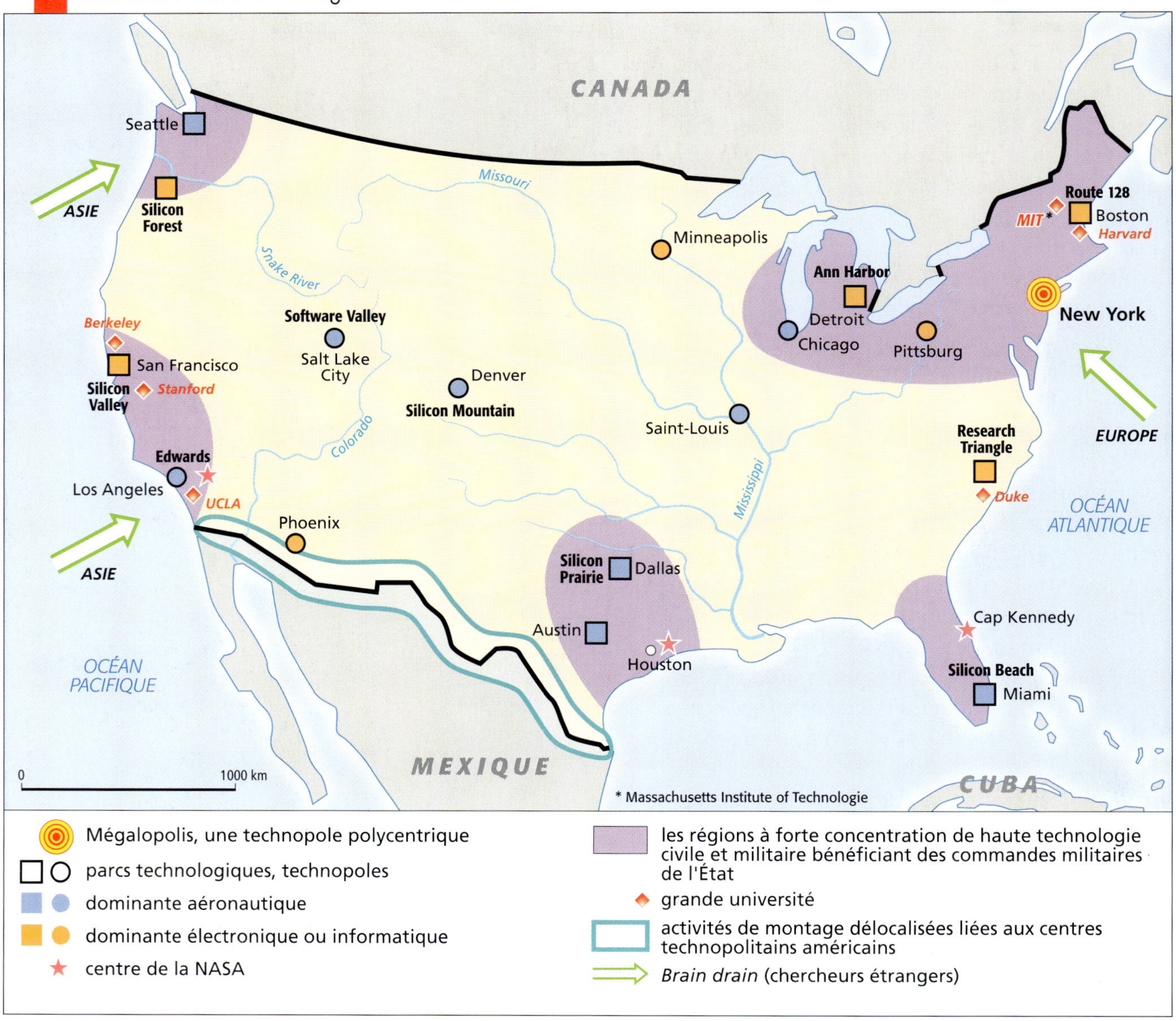

2 La Silicon Valley

La Silicon Valley repose sur un système industriel régional en réseaux qui valorise l'apprentissage et l'ajustement mutuel entre producteurs spécialisés dans un ensemble de technologies connexes. La densité des rapports sociaux et le caractère ouvert du marché du travail de la région encourage l'esprit d'entreprise et d'expérimentation. Les firmes se font une concurrence intense tout en apprenant les unes des autres sur les technologies et les marchés changeants, grâce à des systèmes de communication informels et des pratiques collaboratrices.

La performance de la Silicon Valley ne peut être attribuée aux écarts salariaux, au coût de l'immobilier ou encore aux taux d'impôts. Le système industriel se révèle adapté aux conditions d'incertitude technologique et marchande et les producteurs approfondissent leurs capacités par la spécialisation. Les relations de réseaux favorisent un processus d'innovation réciproque et les firmes alimentent des marchés mondiaux. Les entreprises technologiques sont hautement internationalisées.

Sciences Humaines, numéro spécial, mai-juin 2003.

3 La recherche, enjeu majeur…

Dépenses intérieures de la recherche et développement des entreprises (DIRDE) en milliards de dollars PPA[1], en 2001.

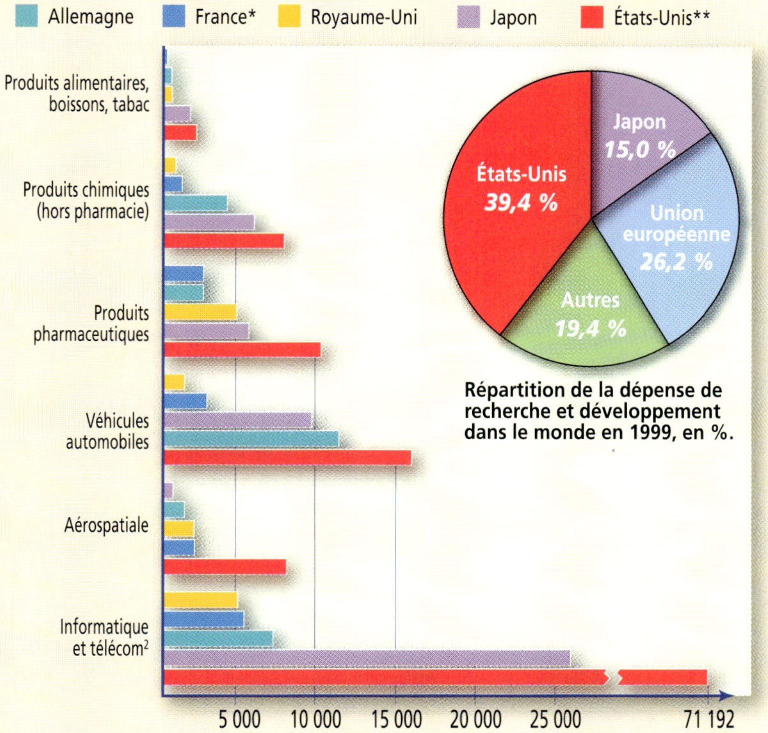

Répartition de la dépense de recherche et développement dans le monde en 1999, en %.

* Chiffres 2000, *** Chiffres 1999.
** Non compris la part financée par l'État pour les véhicules automobiles en 2001.
1. PPA : parité du pouvoir d'achat (taux de change qui égalise à peu près les niveaux de prix entre pays).
2. Estimation.

Source : Bilan du monde 2004, *Le Monde*.

Activité

Classer et confronter les informations dans ce dossier en les regroupant sous deux thèmes :
- les éléments explicatifs de la supériorité américaine ;
- les nouvelles logiques de l'espace productif qui font des États-Unis un espace technopolitain.

4 … Pour rester compétitif

Gains de productivité par salarié, évolution annuelle moyenne 1990-2002 en %

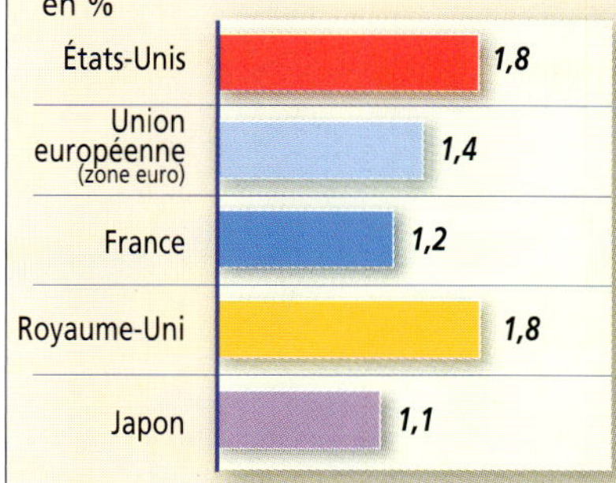

Coûts unitaires de production, évolution annuelle moyenne 1990-2002 en %

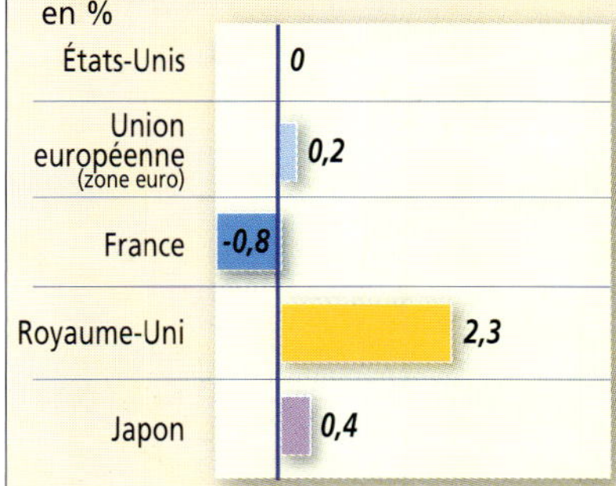

Exportations de biens en volume, évolution annuelle moyenne 1990-2002 en %

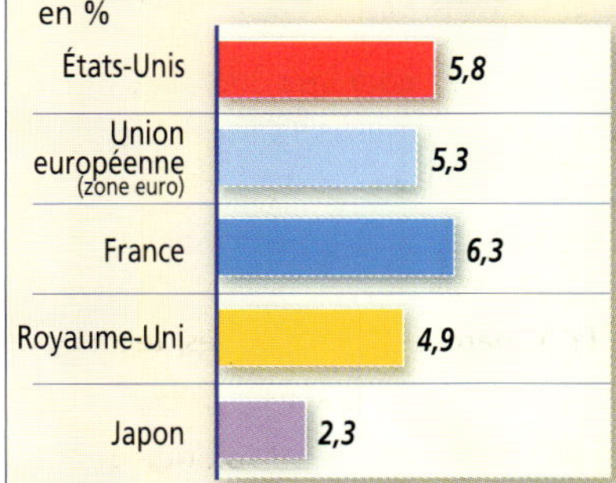

Source : *Alternatives économiques*, hors-série n° 58, 2003.

Étude d'un ensemble documentaire

La ville américaine, image de la mondialisation ?

1 Les grandes agglomérations et leur évolution
(Voir carte page 94)

2 L'évolution de l'espace urbain

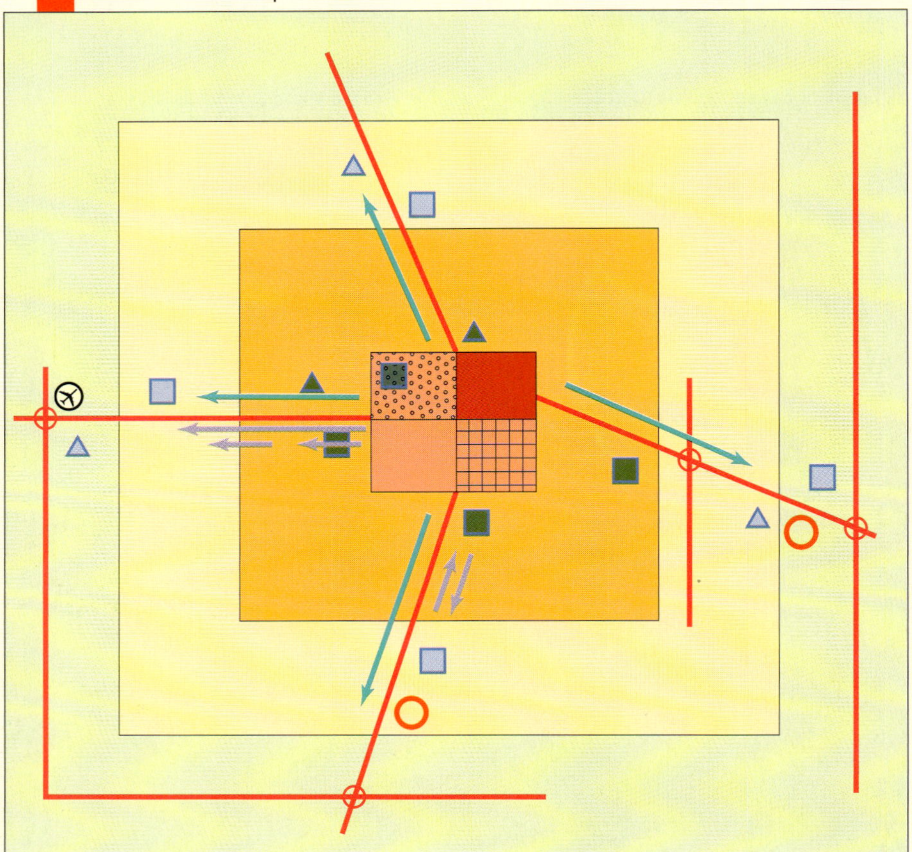

Les espaces urbains

- le centre : *innercity, downtown*
  - CBD
  - quartiers dégradés (ghettos)
  - rénovation urbaine : *gentryfication*
- la banlieue : *outer inner ring*
  - zones industrielles anciennes
  - centres commerciaux anciens
- la zone périurbaine
  - zones industrielles récentes (haute technologie)
  - centres commerciaux récents

Les dynamiques

Les infrastructures :

- aéroport
- axes routiers, échangeurs

Les flux :

- extension urbaine et migrations résidentielles
- mouvements quotidiens de travail

Vers le modèle polynucléaire de la métropole post-industrielle

- les *Edge Cities*

Première partie

Analyser l'ensemble documentaire en répondant aux questions suivantes :

1. Identifier clairement les échelles des documents cartographiques et iconographiques de l'ensemble documentaire.
2. À l'aide du document 1, montrer comment, au niveau de la localisation et de son évolution, le phénomène urbain aux États-Unis est influencé par la mondialisation de l'économie.
3. À l'aide des documents 2 à 4, montrer comment la mondialisation s'inscrit dans l'espace urbain à travers ses pôles, ses flux et ses discontinuités.
4. Montrer, à l'aide du document 3, que les populations défavorisées des quartiers centraux sont doublement pénalisées par les évolutions spatiales et sociales des villes américaines.

Deuxième partie

À l'aide des réponses aux questions, des informations contenues dans les documents et de vos connaissances, vous rédigerez une réponse organisée au sujet : La ville américaine, image de la mondialisation ?

3 La métropolisation, un phénomène indissociable de la mondialisation

Les chercheurs américains associent généralement la mondialisation de l'économie à la métropolisation, caractérisée par l'étalement urbain (*urban sprawl*) et par l'émergence d'*edge cities* (territoires comprenant des bureaux, des commerces de détail et qui attireraient au cours de la journée une population supérieure à la population résidentielle). Ils estiment que les entreprises américaines soumises à la compétition internationale ont été obligées de réduire leurs coûts de fonctionnement en quittant la ville pour les banlieues (« restructuration industrielle ») et les périphéries où le coût du foncier est nettement inférieur à celui du centre ville, ou plus simplement en s'implantant dans une autre métropole où les coûts de la main-d'œuvre sont relativement bas en raison de la présence d'immigrés peu qualifiés, grâce aussi à la diffusion des technologies de communication et d'information, et à la baisse des coûts de transport... Ce déplacement des entreprises en direction des périphéries représente un véritable coût économique pour la ville centre qui perd des emplois et voit son assiette fiscale diminuer. Il a également un coût social pour les habitants des quartiers *inner-cities* qui n'ont pas accès au marché du logement en banlieue ou en périphérie, et qui, parce qu'elles ne sont pas motorisées, n'ont pas accès au marché de l'emploi. Les chercheurs qualifient cette situation de *spatial mismatch*, décalage entre l'offre et la demande de travail. Seules les entreprises qui offrent des services aux firmes globales (services financiers et comptables) continuent d'être localisées dans les villes.

Cynthia GORRA-GOBIN,
Villes et société urbaine aux États-Unis,
Armand Colin, 2003.

4 La ville : espace de ségrégation

San Francisco, Nobb Hill

Quartier Pilsen à Chicago

Composition Mutations et organisation de l'espace industriel des États-Unis

A. Comprendre le sujet

Présenter le sujet

Le sujet renvoie à la notion d'espace industriel. Les États-Unis apparaissent comme la première puissance industrielle mondiale. Cette économie doit cependant tenir compte de l'environnement mondial auquel elle doit s'adapter.

Problématique

Le sujet invite à faire le lien entre mutations de l'industrie et organisation de l'espace. Dans quelle mesure, l'organisation de l'espace industriel n'est-elle pas la traduction des mutations que connaît l'industrie américaine aujourd'hui ?

Le plan

Un plan possible s'articulerait donc autour de l'évolution des facteurs de localisation industrielle, ce qui devrait permettre de déboucher sur une typologie des espaces.

B. Construire un plan détaillé

1. L'évolution des facteurs de localisations industrielles

- Les difficultés des industries traditionnelles localisées essentiellement dans le Nord-Est *(dossier 2)*
  Transition : la crise des années 70 et les chocs pétroliers ont conduit à une réorientation des activités en privilégiant les activités à forte valeur ajoutée
- L'expansion et la localisation de ces industries : rôle des activités liées à l'innovation et attractivité de la *sun belt (dossier 4)*
  Transition : Un espace industriel déséquilibré et contrasté qui oppose schématiquement un Nord-Est en perte de vitesse à un croissant périphérique dynamique

2. L'organisation de l'espace

- Le déclin relatif de la *Manufacturing Belt* qui concentre population, sièges sociaux et fonction de commandement *(dossiers 7 et 5)*
  Transition : Au Nord-Est qui montre sa capacité d'adaptation, on peut opposer d'autres espaces plus ou moins attractifs
- La croissance des régions périphériques qui attirent population et industries de haute technologie *(dossiers 2 et 6)*
- Une zone intermédiaire, la diagonale intérieure qui apparaît comme une périphérie au centre du pays *(dossier 2)*
- L'externalisation des activités industrielles : externalisation proche vers les zones transfrontalières mexicaines et canadiennes, externalisation plus lointaine en Asie du Sud-Est voire en Europe *(dossiers 5 et 6)*

C. Quelques pistes pour la conclusion

Rappeler que l'espace industriel et ses dynamiques traduisent le redéploiement de l'économie américaine dans le cadre d'une économie monde.

En ouverture, extrapoler dans le cadre de cette mondialisation en évoquant le passage des États-Unis vers une économie post-industrielle basée de plus en plus sur la recherche et sur la conception, et de moins en moins sur la fabrication *(dossier 7)*.

Croquis

La puissance américaine à l'échelle mondiale

A. Comprendre le sujet

En ce début de XXIe siècle, les États-Unis apparaissent comme une superpuissance mondiale, sans rivale depuis la chute de l'URSS et avant un éventuel avènement de la Chine.

Le sujet invite donc à montrer essentiellement d'une part les espaces de la domination, dans lesquels on pourra distinguer la composante régionale de la composante planétaire, d'autre part les instruments de cette domination, les résistances à cette puissance relevant avant tout du *soft power*, donc difficilement cartographiables.

B. Activité

En vous appuyant sur les documents cartographiques du chapitre, compléter les figurés de la légende fournie puis réaliser le croquis en plaçant les différents éléments de la légende, en n'omettant pas quelques localisations significatives.

Les espaces de la domination

a - la volonté d'intégration régionale
- territoire étasunien, base de la puissance
- les partenaires de l'Alena
- le processus de Miami (vers la ZLEA, zone de libre-échange des Amériques)

b - les nouveaux enjeux géostratégiques

1 - l'ouverture vers l'Asie orientale et le Pacifique
- les NPI asiatiques
- la Chine : des relations à privilégier

2 - le Moyen-Orient
- le contrôle du pétrole

3 - les concurrents
- l'Union européenne
- le Japon

Les instruments de la domination

a - la puissance militaire
- bases ou facilités militaires
- flotte américaine

b - le contrôle économique du monde
- principales implantations de firmes américaines
- principaux échanges commerciaux

Les manifestations de la domination et les résistances
- interventions militaires récentes
- flux migratoires
- Cuba
- la Russie en reconstruction

chapitre 4

1. Les manifestations de l'hyperpuissance américaine

Au-delà du **territoire** ou de la population, avec la disparition de l'URSS, la suprématie américaine est impressionnante. Autrefois régionale, leur **aire de puissance** s'affirme aujourd'hui à l'échelle planétaire.

Dossier 1, p. 96-97.

A. Les instruments de domination d'une puissance complète...

Le poids des États-Unis dans l'économie mondiale est visible à travers son PIB (30 % du PIB mondial) et sa part dans les importations (18 %) qui expliquent la grande sensibilité de la conjoncture mondiale à leur niveau d'activité mais aussi avec le rôle des **multinationales** dans les **flux** de marchandises.

Le dollar reste une monnaie de référence tant dans les avoirs en devises des banques centrales que dans les règlements des transactions internationales. Valeur refuge, il devient un élément essentiel de la politique économique du pays.

Malgré la fin de la Guerre froide, les dépenses militaires restent considérables et jouent un rôle déterminant dans l'économie nationale. La puissance militaire permet aux États-Unis d'exercer un pouvoir de décision planétaire : c'est la *Pax America*.

La domination culturelle est également essentielle. Elle participe du *soft power* et de la possibilité d'imposer aux autres pays une vision personnelle du monde.

Dossier 2, p. 98-99.

B. ...rendue possible par la maîtrise de l'espace...

Les États-Unis restent la seule puissance mondiale à avoir maîtrisé un aussi vaste espace national, riche en **ressources** naturelles, et mis en valeur un énorme potentiel.

En un peu plus d'un siècle, la « frontière » a été repoussée de la côte Atlantique à la côte Pacifique. Ces deux façades sont aujourd'hui reliées par des ponts continentaux multimodaux, déplaçant ainsi le centre de gravité du pays vers l'ouest.

Cette maîtrise du territoire a été rendue possible par le **réseau** de transport et de communication le plus dense du monde, alliant des modes de transport variés, reliant les façades maritimes et les métropoles bien connectées à l'espace mondial.

Aujourd'hui, l'**aménagement** du territoire et la constitution d'ensembles régionaux, à l'origine d'importantes **dynamiques spatiales** révèlent la capacité du pays à s'adapter aux nouvelles conditions de fonctionnement de l'espace mondial et à trouver, en jouant sur la complémentarité des régions, les réponses efficaces aux défis de la **mondialisation**.

C. ...mais une Amérique dépendante

Dans le domaine économique, si les États-Unis sont puissants, ils ne sont pas tout-puissants. Ils ont besoin du monde pour leurs prélèvements financiers. Le colossal déficit de la balance commerciale, financé par le reste du monde, est rendu possible par la domination du dollar. Même si les hydrocarbures ne comptent que pour une faible part dans leur commerce extérieur, l'énergie est le seul domaine stratégique où les États-Unis sont en situation de dépendance.

Cependant, si des résistances ou des concurrences se manifestent de la part d'autres États ou d'ensembles régionaux, les États-Unis semblent s'affranchir de ces contraintes.

Notions clefs

- Aménagement
- Aire de puissance
- Dynamiques spatiales
- Flux
- Mondialisation
- Multinationale
- Réseau
- Ressources
- Territoire

Voir lexique, page 7

1 Train de marchandises dans le Sud-Ouest des États-Unis (intermodalité et pont continental)

2 Le retour des guerres du dollar

Aujourd'hui, le dollar américain est de nouveau menacé par deux devises ayant acquis récemment du poids : le yuan chinois et l'euro. Tout comme dans les années 1970 et 1980, la montée de la devise asiatique est perçue comme une menace plus forte puisque c'est en Chine que le déficit commercial est le plus important pour les Américains. Les États-Unis disposent encore d'une arme puissante – qui peut s'avérer une faiblesse dans le fait qu'une grande partie de leurs ressources monétaires sont détenues à l'étranger. La marge de manœuvre américaine tient au fait que l'enjeu massif de l'économie internationale est lié au dollar. Mais la communauté internationale peut également menacer de se désengager du billet vert.

Harold JAMES, *Le Monde*, 4 novembre 2003.

3 La dépendance énergétique

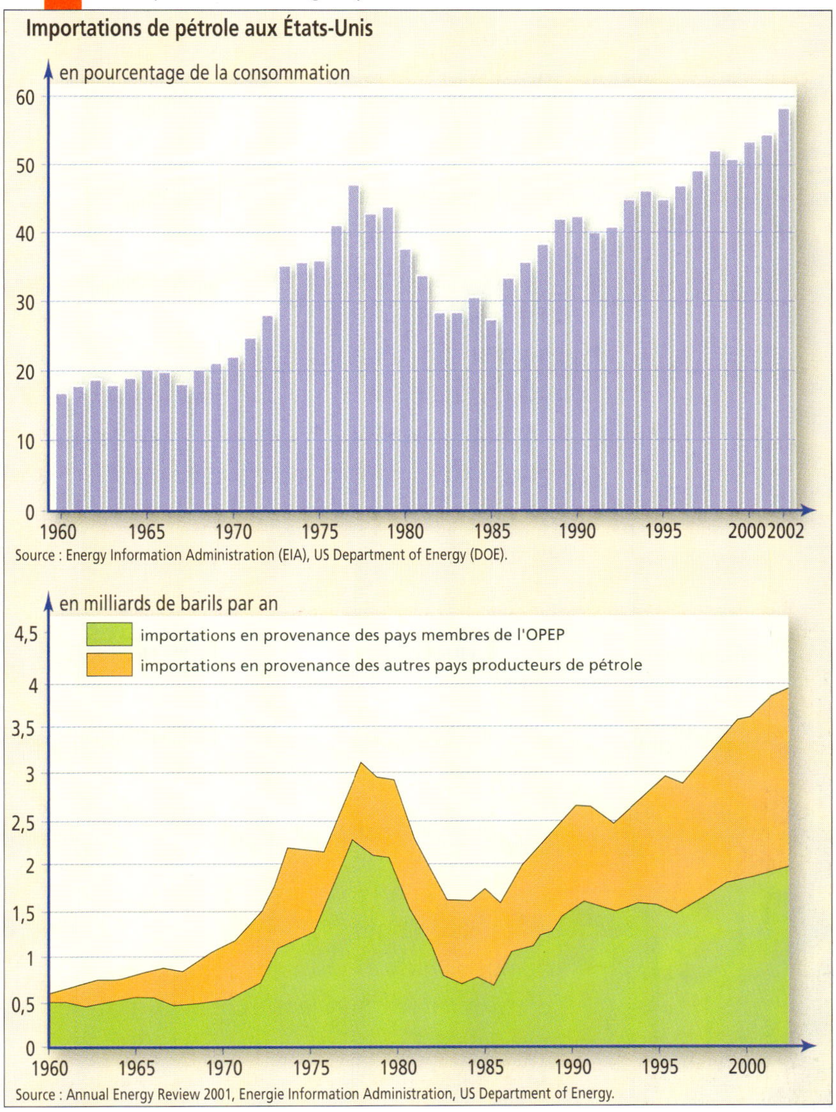

L'Atlas du Monde diplomatique, janvier 2003.

2. Localisation des activités et organisation de l'espace

Dans le cadre d'une **mondialisation** croissante de l'économie, la localisation des activités industrielles, agricoles et tertiaires a connu de profonds changements contribuant ainsi à réorganiser l'espace productif américain.

Dossier 3, p.100-101.

A. Une agriculture efficace mais dépendante

Véritable grenier de la planète, les États-Unis disposent d'abondants surplus agricoles qui en font le premier exportateur mondial, une donnée essentielle des relations internationales. Cette formidable capacité de production repose sur la mécanisation, l'utilisation massive d'engrais, les périmètres irrigués et sur un impressionnant système agro-industriel dominé par de puissantes **firmes multinationales**.

Paradoxalement, cette force est un signe de faiblesse. L'agriculture américaine confrontée aux problèmes de surproduction est dépendante de ses exportations. Cette position dominante sur le marché leur est contestée par l'Europe agricole et le groupe de Cairns et explique les négociations difficiles entreprises au sein du GATT puis de l'OMC au sujet des mécanismes de soutien étatique à l'agriculture.

Enfin l'arme verte, le *food power*, apparaît davantage comme une réponse à une conjoncture plus ou moins favorable, les efforts des grands pays du tiers monde pour réduire leur dépendance et les excédents structurels de l'Union européenne ayant sérieusement limité son importance.

Dossier 7, p.108-109.

B. Un espace technopolitain

La puissance américaine dans le domaine de la haute technologie repose sur le dynamisme et la multiplication des parcs qui associent recherche fondamentale dans les universités et recherche appliquée dans les entreprises, modifiant ainsi le **paysage** industriel. Ils créent des **réseaux** de lieux privilégiés, associant flux de matière grise issus des ressources intellectuelles locales ou du *brain drain*, capitaux et techniques.

Les États-Unis occupent le premier rang des pays industrialisés en matière de compétitivité grâce à l'innovation et à des méthodes de gestion efficaces. Ils assurent un tiers des dépenses mondiales de Recherche et Développement.

Dossier 4, p. 102-103.

C. La façade Pacifique, nouvel eldorado

Longtemps séparée du reste du pays par les Grandes Plaines et les Rocheuses, la façade Pacifique est aujourd'hui la région la plus dynamique de l'Union. Ainsi, la Californie, forte de plus de 30 millions d'habitants, première région industrielle, spécialisée dans les industries de haute technologie, occuperait avec son produit régional brut, le sixième rang mondial et le *Puget Sound* s'affirme comme une nouvelle fenêtre sur l'Asie.

L'agriculture, riche et intensive doit cependant résoudre deux problèmes essentiels: la main-d'œuvre (clandestine) et l'approvisionnement en eau d'irrigation en concurrence avec les usages urbains et industriels.

Le littoral Pacifique, naturellement tourné vers l'Asie, est devenu une façade portuaire, commerciale et financière active: en relation avec les pays émergents d'Asie, mais aussi l'ensemble du territoire américain et l'**interface** Atlantique grâce au pont continental (rendu possible par les **flux** conteneurisés et l'intermodalité).

Notions clefs
- Flux
- Interface
- Mondialisation
- Multinationale
- Paysage
- Réseau

Voir lexique, page 7

1 Springlake, Texas (irrigation et transformation des paysages)

2 La technopolisation : une panacée ?

Les retombées économiques d'un parc scientifique sur la ville sont indéniables d'après l'expert Georges Benko. Ils sont pour la plupart des créations urbaines, des initiatives locales avec pour but d'attirer des entreprises.

Mais à l'heure d'Internet, la proximité est-elle encore nécessaire ? Peut-être pas nécessaire mais toujours souhaitable, car la créativité scientifique demeure stimulée par les faces à faces en chair et en os.

Le parc devient incidemment une spécificité territoriale et peut très bien positionner la ville sur la scène internationale. IBM et HP ont choisi Grenoble pour établir leur centre de recherche européen malgré les coûts élevés, le fabricant de balayeuse Hoover, lui, a facilement quitté Dijon pour l'Écosse, car tout en restant dans le marché européen, il profitait d'une diminution des coûts de 30 %.

On observe ainsi une spécialisation avec une concentration des activités vers les grandes métropoles, ces villes où l'on trouve tout, et aussi un réseautage en conséquence. La naissance « d'une économie de mosaïque ».

Source : www.commercemonde.com

3 Los Angeles

3. Les États-Unis en Amérique du Nord

Les États-Unis ont transformé le continent en une vaste zone d'influence, destination première de leurs investissements directs. Ils y exercent un impérialisme politique, économique, militaire et financier. Mexique et Canada dépendent directement des États-Unis qui représentent pour eux plus de 75 % des exportations et des importations. Ils sont des annexes minières, énergétiques, touristiques et industrielles, à des degrés divers, de la première économie mondiale.

Dossier 6, p. 106-107.

A. Au sud, les enjeux de la frontière américano-mexicaine

L'espace transfrontalier qui réunit les deux pays, où résident 8 millions d'habitants, symbolise le grand marché du monde en pleine expansion, celui des villes jumelles, les *twin cities*, incarnation de la **mondialisation**.

Côté mexicain, c'est d'abord un enjeu de production avec l'exploitation des travailleurs dans des usines de sous-traitance, les *maquiladoras*. Elles représentent les 2/5 des exportations du Mexique mais importent, essentiellement des États-Unis, plus de 95 % de leurs inputs. Des masses d'immigrés de l'intérieur, sinon de l'Amérique latine toute entière, y débarquent. Devant la précarité de leurs conditions de vie, ils deviennent candidats à l'émigration aux États-Unis qui, pour enrayer le mouvement, renforcent d'une part leur présence à la frontière et d'autre part cherchent de nouvelles solutions. La délocalisation progressive des *maquiladoras* dans le sud du pays, voire au-delà, le Plan Puebla Panama signé en 2001, tentent de maîtriser la **mobilité** des populations. Ce qui n'est pas sans conséquence pour l'emploi dans la zone frontalière mais permet aussi d'envisager pour 2005 la création de la ZLEA, (Zone de libre-échange des Amériques), concrétisation du processus de Miami.

Aux États-Unis, la présence massive des populations hispaniques a des conséquences multiples. La naissance d'un **territoire** mêlant les deux cultures, la Mexamérique, dotée d'une langue propre, le *spanglish*, déplace la **discontinuité économique** vers le sud. Majoritaires dans certaines villes et bientôt dans les États du Sud, devenus la minorité la plus représentée dans le pays, les Hispaniques pèsent de plus en plus dans les échéances électorales.

Dossier 5, p. 104-105.

B. Au nord, le Canada

Outre l'Accord de libre-échange (ALE) entre les deux pays en 1989 et l'Alena en 1994, divers autres facteurs ont contribué à la remarquable expansion du commerce bilatéral entre le Canada et les États-Unis et ont amplifié le commerce intrazone : la proximité géographique, la similarité linguistique, des liens culturels et historiques, un marché semblable qui a vu se multiplier par trois les échanges de 1990 à 2002.

Le sud de l'Ontario et du Québec sont arrimés au Nord-Est par des relations transfrontalières, des implantations américaines dans le secteur de l'automobile, des rapprochements entre les grandes métropoles (Chicago, Detroit, Ottawa, Montréal) et par la Seaway, voie navigable qui emprunte le Saint-Laurent et donne à la région des Grands Lacs un débouché maritime direct. Enfin, la croissance de ces deux provinces canadiennes (Québec et Ontario) est en partie liée à la saturation des espaces urbains du Nord-Est des États-Unis.

À l'Ouest, Vancouver, Portland et Seattle constituent un second pôle métropolitain transfrontalier, le *Puget Sound*, dynamisé par le développement des industries de pointe et favorisé par la présence d'un environnement attractif.

Notions clefs

- Discontinuité économique
- Mobilité
- Mondialisation
- Territoire

Voir lexique, page 7

1 Vancouver

2 Population hispanique (en pourcentage)

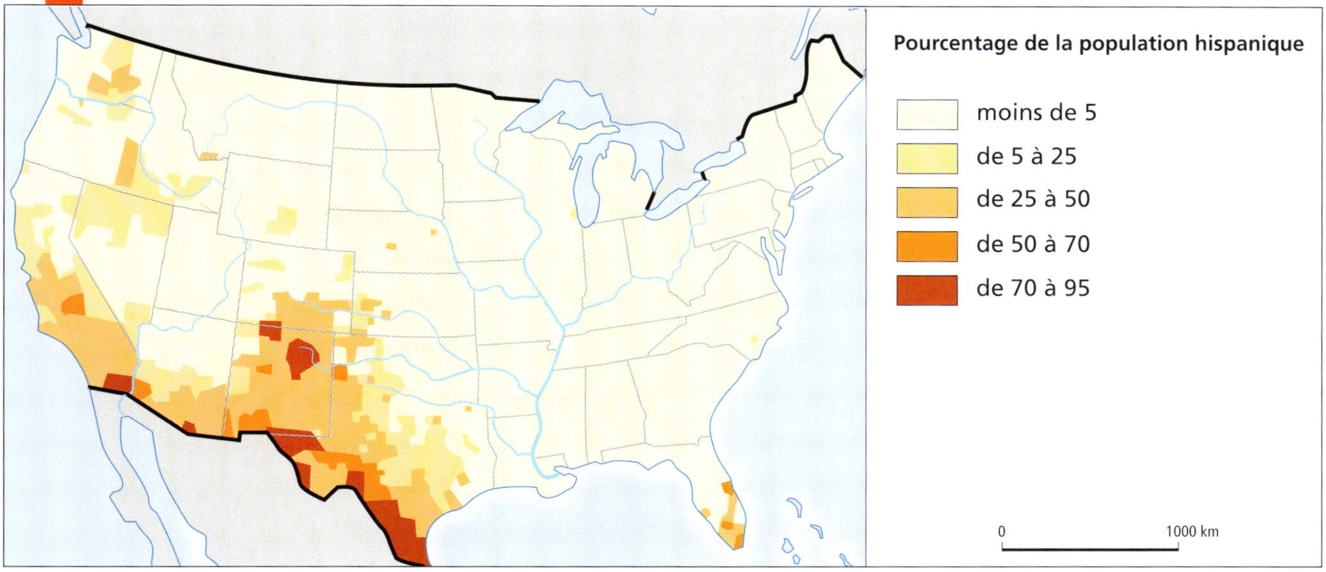

Source : *Atlas du Monde diplomatique*, janvier 2003.

3 Le plan Puebla-Panama

Le plan Puebla-Panama s'articule autour de la construction d'axes autoroutiers. Il est financé par la Banque interaméricaine de Développement (BID) et il vise à renforcer l'intégration des économies centre-américaines et mexicaines. Plantations agro-exportatrices, biotechnologies et tourisme figurent en bonne place à côté des *maquiladoras*. La zone de libre-échange des Amériques pointe à l'horizon.

Source : *Courrier International* n° 672, 18-24 septembre 2003.

L - ES - S

chapitre 5 La façade atlantique de l'Amérique du Nord

Problématique

Comment est organisé l'espace de la façade atlantique de l'Amérique du Nord, du Saint-Laurent au golfe du Mexique ? Quels sont les différents aspects de sa puissance dans le cadre de l'économie mondialisée ?

Les atouts de la façade atlantique de l'Amérique du Nord

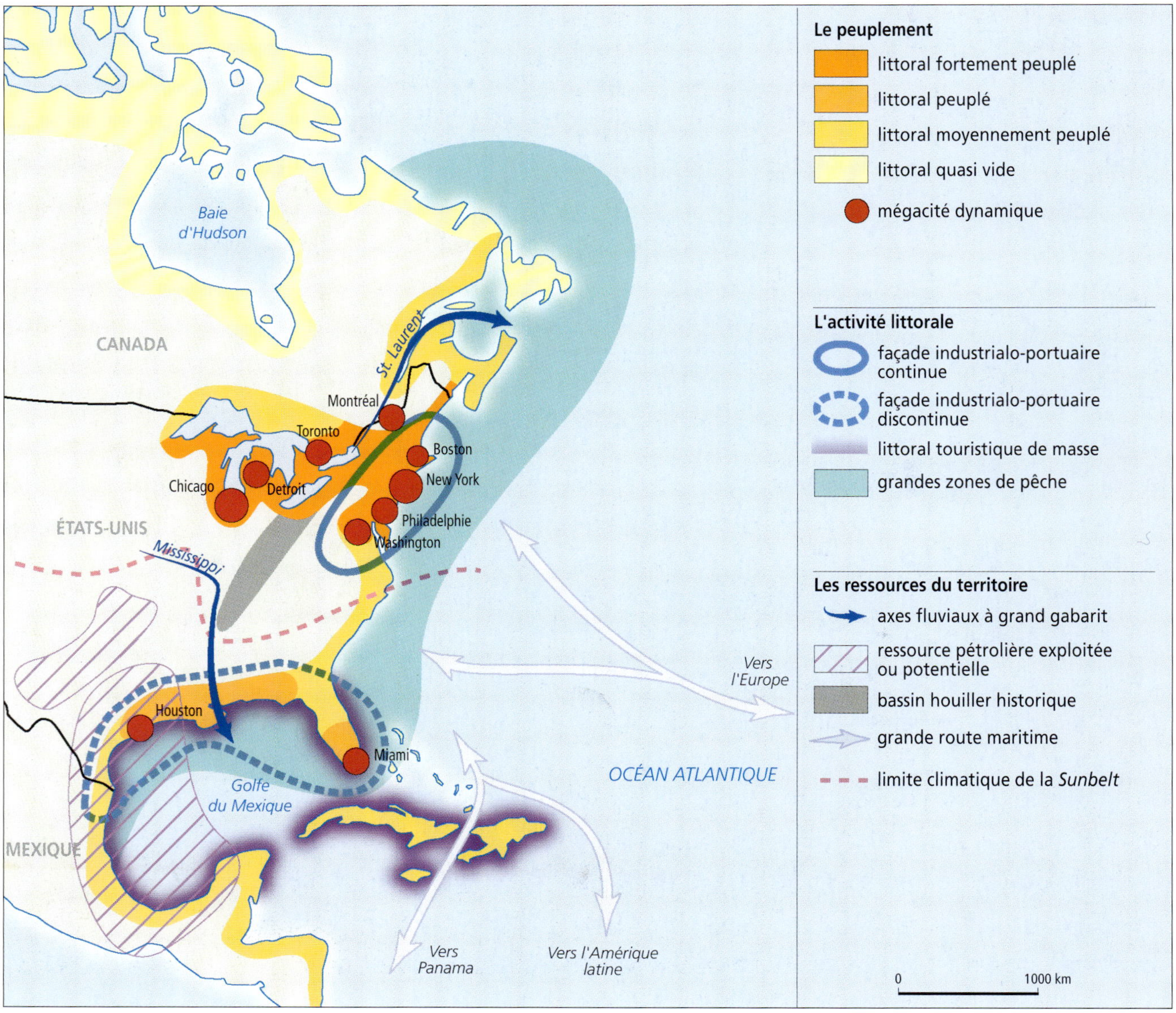

Le centre économique de Montréal, à proximité du Saint-Laurent

L'EST DES ÉTATS-UNIS, UN ESPACE MÉTROPOLISÉ

Les hiérarchies urbaines

- Mégalopolis
- une ville globale : New York
- deux villes monde
- les autres mégapoles

Les dynamiques urbaines

- villes ayant connu une croissance peu importante ou négative entre 1980 et 2000
- villes ayant connu une croissance de plus de 40 % entre 1980 et 2000

Taux d'urbanisation dans les CMSA* et les MSA**

50 % 80 %

*CMSA (Consolidated Metropolitan Statistical Areas) : regroupement de plusieurs MSA
**MSA (Metropolitan Statistical Areas) : groupe de comtés autour d'une ville centre de plus de 50 000 habitants

LES VOIES D'EAU DANS L'EST DES ÉTATS-UNIS

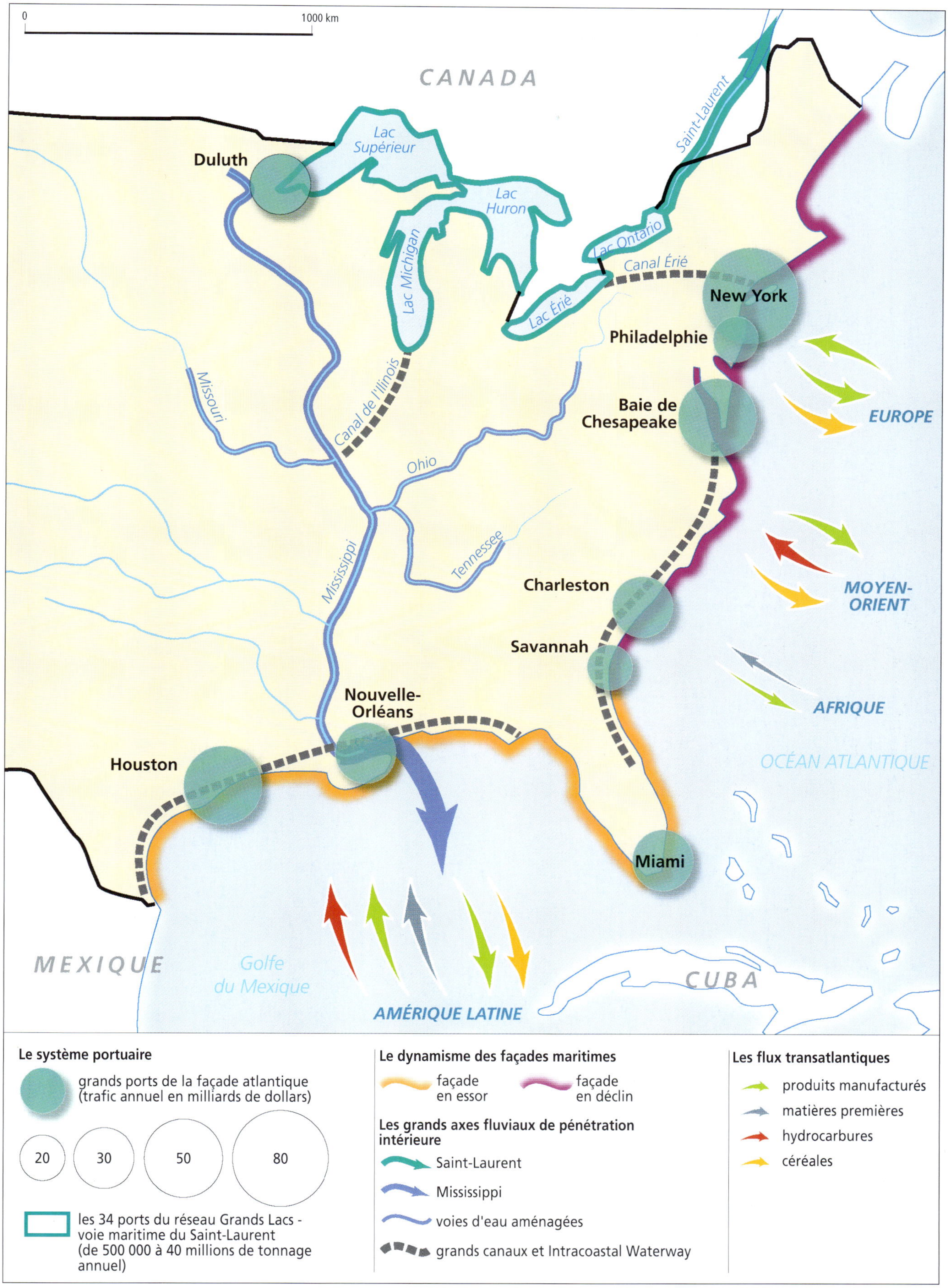

dossier 1

New York, une ville globale au cœur de la façade atlantique

Dans le cadre de la mondialisation de l'économie, New York est à la tête de la hiérarchie des « villes globales ». Comment cette réalité s'inscrit-elle dans l'espace urbain new-yorkais ?

1 L'organisation spatiale du territoire new-yorkais

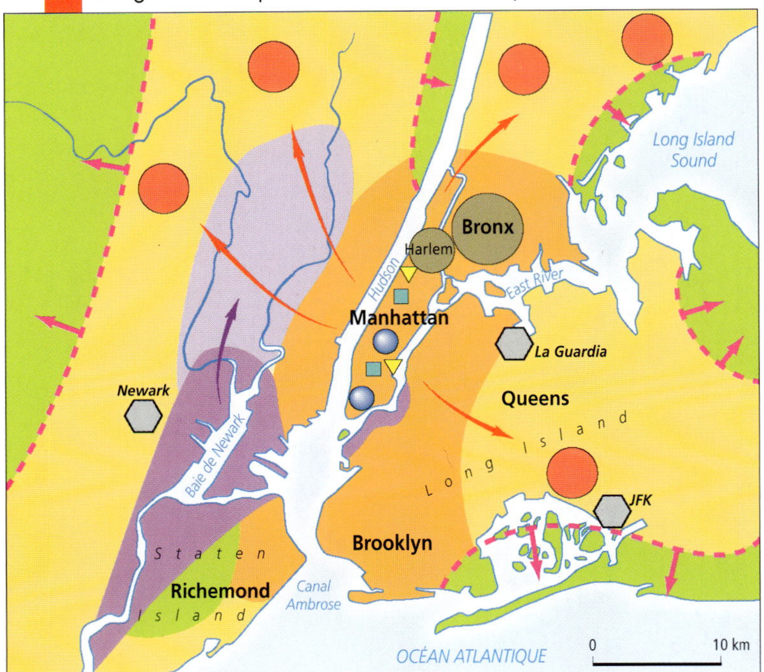

Manhattan : un hypercentre
- CBD (Central Business District)
- universités importantes (NYU, Colombia)
- gentryfication (rénovation des centres au profit des classes aisées)

Les *suburbs* : des périphéries en extension, aux fonctions différenciées
- 1re couronne historique de banlieue (zone résidentielle des classes laborieuses de la 1re révolution industrielle)
- zones résidentielles suburbaines en extension permanente (classes moyennes et +/– aisées)
- quartiers dégradés (ghettos ethniques et sociaux)
- axe des zones industrialo-portuaires anciennes
- zones industrielles récentes (*high tech*)
- espaces verts, forêts, espaces ruraux
- front de périurbanisation

Les dynamiques spatiales liées à la mondialisation : vers le polycentrisme
- extension des espaces tertiaires
- extension des espaces industriels
- *edges cities* (nouveaux centres)
- *hubs* (plates-formes multimodales de transports autour d'un grand aéroport)

2 Les aspects de la puissance new-yorkaise

New York est une des capitales intellectuelles du monde : elle est le siège d'universités prestigieuses, de grandes fondations philanthropiques et des grands médias. Elle a vu naître le modèle idéologique américain reposant sur la domination des classes moyennes et la reconnaissance de la diversité liée à son cosmopolitisme. Les 7 400 000 habitants de la ville ont généré un PIB de 390 milliards de dollars en 2000 et leur salaire moyen est de 75 % supérieur à la moyenne nationale.

La ville concentre les sièges sociaux de 500 FMN, la première Bourse des valeurs et un important marché à terme (Nymex), ce qui a fait d'elle la cible du terrorisme international du fait de sa forte valeur symbolique. Si les nouvelles technologies de l'information et de la communication favorisent la dispersion des activités de production, elles impliquent le regroupement des services haut de gamme (publicité, comptabilité, assistance juridique, conseil, ingénierie financière) à proximité immédiate des centres de décision des grandes entreprises. Ces services représentent un tiers des emplois de la ville, qui rassemble les segments les plus rentables de ces activités. New York représente ainsi 15 000 milliards de dollars de capitalisation boursière, soit 46 % du total mondial.

D'après C. Jeannot et J.-P. Regad-Pellagru, *Les États-Unis*, Bréal, 2003.

3 Le 11 septembre sonne-t-il le glas de New York-ville globale ?

- Bureaux détruits .... 1,3 million de m²
- Bureaux endommagés .... 1,5 million de m²
- Emplois perdus 100 000
- Espaces commerciaux détruits .... 45 000 m²
- Nombre de boutiques disparues 700
- Déficit public de la ville associé aux attentats .... 5 milliards de dollars
- Coût financier global .... 90 milliards de dollars

Les attentats du 11 septembre ont jeté un doute sur les avantages que comporte la concentration des postes de direction des grandes firmes dans le réseau des villes mondiales. Mais la proximité physique des centres de décision des firmes avec des services de très haut niveau reste essentielle à leur performance économique. Si l'attaque va accélérer le transfert d'entreprises dans les États voisins comme le New Jersey ou le Connecticut, les secteurs économiques les plus innovants, spéculatifs et mondialisés continueront de s'épanouir dans un milieu tel que celui offert par le quartier de Wall Street.

D'après Saskia SASSEN,
« New York reste la capitale du Monde »,
Alternatives internationales, septembre-octobre 2002.

4 Qu'est-ce qu'une ville globale ?

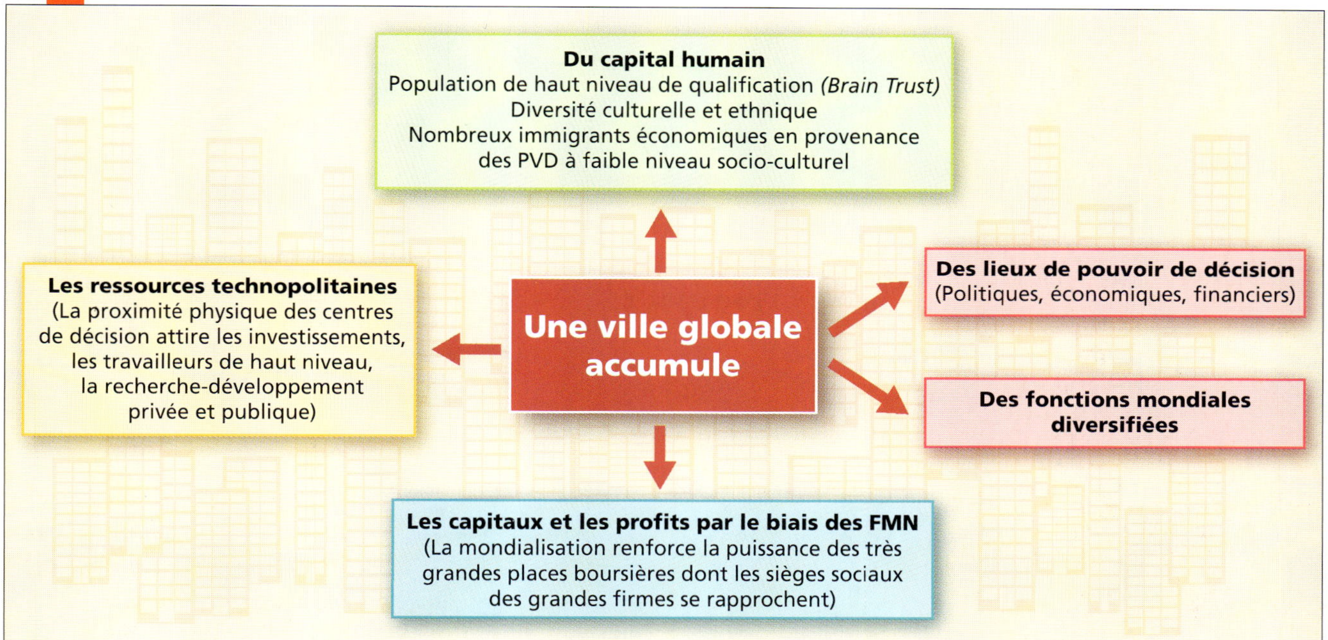

5 Le centre des affaires à Manhattan

Activité

Recenser les éléments qui font de New York une ville globale et analyser les risques liés à ce statut.

dossier 2

La Mégalopolis, un des trois centres de la Triade

La conurbation quasi-continue de la côte orientale des États-Unis regroupe plusieurs dizaines de millions d'habitants sur un millier de kilomètres. En quoi cet ensemble géographique marque-t-il une exceptionnelle concentration de puissance et de pouvoir ?

1 La Mégalopolis dans son contexte géographique

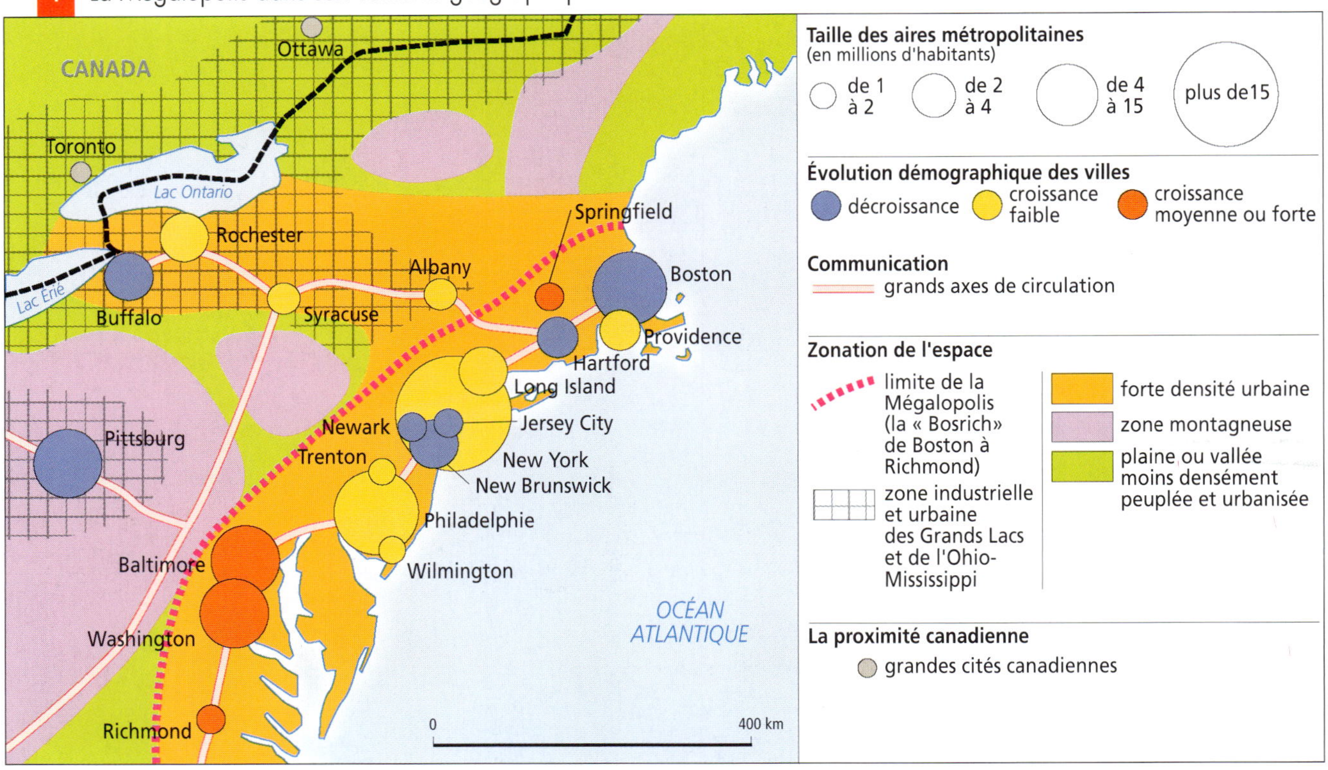

2 Un axe structurant à la puissance planétaire

Cette « grande rue » qui s'étire de Boston à Richmond est une double interface (façade maritime atlantique à l'Est, Grands Lacs à l'Ouest), constituée par une suite de villes, la plupart des métropoles, qui forment un axe pratiquement continu depuis Providence-Boston jusqu'à Baltimore–Washington.

Dans une première phase, ce sont les villes du Nord-Est atlantique qui se sont développées. La révolution industrielle (1850), entraîna ensuite un développement des villes de l'intérieur, vers les fronts d'eau des lacs, vers Buffalo, Cleveland, Detroit ou Pittsburgh. La place de New York a vu alors sa position renforcée.

Après 1870, l'opposition entre un centre (le rectangle Boston, Washington, Saint-Louis, Chicago) et une périphérie s'est accentuée. La plupart des villes de premier ordre se sont développées à l'intérieur de cette zone.

Après 1950, les crises de reconversion vont toucher la Mégalopole et le Nord-Est (vieillissement de l'industrie et concurrence de la *Sunbelt*). Depuis lors, la Mégalopole atlantique est entrée dans une nouvelle étape post-industrielle liée à la mondialisation et à la tertiarisation.

Aujourd'hui, la façade orientale demeure, quoi qu'il en soit, la région vitale du pays. Washington, capitale politique, est le siège du FMI, de la Banque mondiale, de la BID (Banque interaméricaine de développement) ou de l'OAN (Organisation des États américains). Au total, en additionnant uniquement la population des cinq villes les plus importantes de la Mégalopole, on atteint plus de 40 millions d'habitants. Et on y trouve une forte concentration d'activités de haute technologie (universités comme le MIT, Harvard, Yale, parcs technologiques comme la Route 128 ou la Route 495, centres aéronautiques comme New York et Hartford).

D'après J.-P. Paulet, *Géographie urbaine*, Armand Colin, 2001.

3 Des aires urbaines aux structures récurrentes, supports de la mondialisation

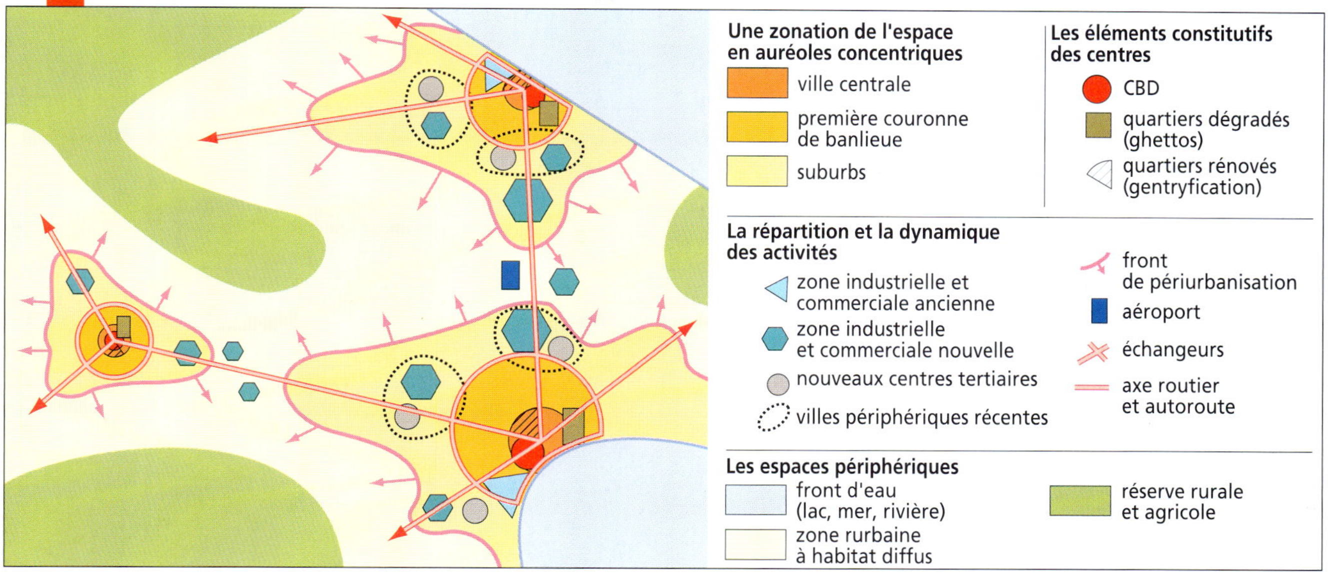

Activité

- Identifier sur le schéma ci-contre, les éléments de légende suivants :

  Axes d'échange entre l'intérieur et l'extérieur, Cœurs décisionnels, Mégalopolis, Axe principal de circulation, Espaces agricoles des Appalaches en attente, Littoral dynamique, Zones industrielles en reconversion, Chapelet des principales métropoles, Zone industrielle des Grands Lacs, Front d'eau intérieur, Interface frontalière, Interface atlantique.

- Organiser ces éléments en trois rubriques :

  « Un axe structurant ouvert sur la façade atlantique »,
  « Des espaces en réserve »,
  « Des interfaces ».

- Donner un titre au schéma.

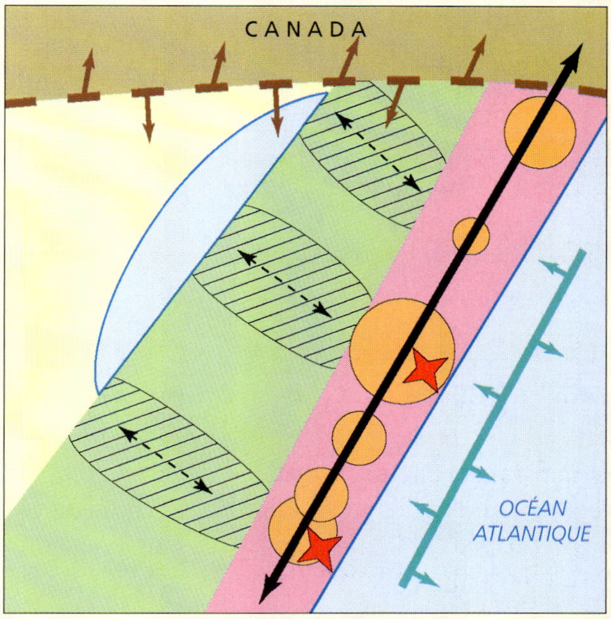

dossier 3

La région des Grands Lacs

En quoi la situation géographique exceptionnelle de la région des Grands Lacs constitue-t-elle un facteur de puissance pour le Nord-Est de l'Amérique ?

1 Le Réseau Grands Lacs – Voie maritime du Saint-Laurent

Essentiel au réseau de transport nord-américain, le Réseau Grands Lacs – Voie maritime du Saint-Laurent, d'une longueur de 2 300 miles, traite annuellement plus de 200 millions de tonnes de fret, injecte plus de 6 milliards de dollars dans l'économie des deux pays et emploie plus de 65 000 personnes au Canada et aux États-Unis. Le Réseau dessert une région où habitent près de 100 millions de personnes, soit près du tiers de la population du Canada et des États-Unis.

Site Transports – Canada (http://www.tc.gc.ca)

2 Un système régional transfrontalier organisé autour de la voie d'eau

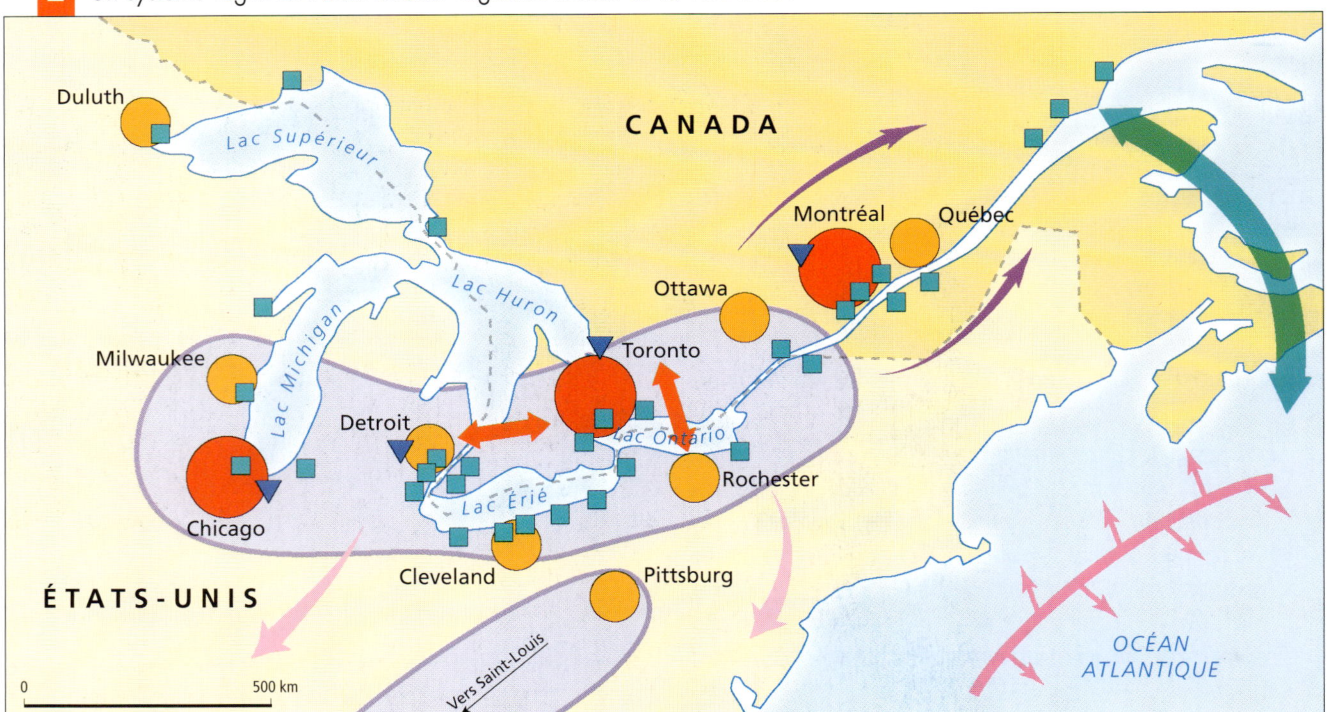

Un couloir de navigation de tout premier ordre
- port du réseau Grands Lacs–voie maritime du Saint-Laurent
- grand axe de circulation maritime
- interface atlantique

Un centre industriel et décisionnel d'envergure mondiale
- métropoles de rayonnement mondial
- axes industrialo-urbains mécaniques et chimiques, en reconversion
- grandes agglomérations jouant un rôle régional de première importance
- accumulation d'activités technopolitaines

Des dynamiques régionales fortes
- couloirs d'intégration transfrontalière marquée
- sens de progression de l'axe industrialo-urbain
- délocalisation des activités de fabrication à la recherche de main-d'œuvre bon marché

3 Un milieu menacé

Le Fonds pour la protection des Grands Lacs a été formé en 1989 par les Gouverneurs des États et Provinces riveraines du front d'eau (Québec, Ontario, Minnesota, Wisconsin, Michigan, Illinois, Ohio, Pennsylvanie, New York). Son objectif est de coordonner des actions transfrontalières de sauvegarde de l'écosystème constitué par les lacs et menacé par les intenses activités portuaires et industrielles.

4 Toronto, métropole du Canada

Première région urbaine du Canada, la Région métropolitaine du Grand Toronto compte 4,7 millions d'habitants au début des années 2000, soit près de 15 % de la population totale du pays et 40 % de celle de l'Ontario. L'intensification des relations économiques avec les États-Unis, l'investissement massif de leurs capitaux en Ontario, notamment dans le secteur automobile, l'ont fait dépasser Montréal depuis les années 1960. Aujourd'hui, la métropole torontoise est une grande place financière, situation renforcée par sa position de capitale économique du pays et politique de l'Ontario. À cela s'ajoute la proximité politique et culturelle d'Ottawa, capitale fédérale du Canada installée dans la Province. Si le secteur automobile reste essentiel à la prospérité économique de la région, Toronto est aussi la troisième région urbaine la plus importante en Amérique du Nord pour l'espace commercial, la région urbaine de la province agricole la plus riche du Canada, une zone de concentration de grandes universités, de laboratoires de recherche et d'équipements sportifs et culturels à la hauteur de son importance.

D'après N. Lemarchand, *Les Très Grandes Villes dans le monde* (sous la direction de G. Wackermann), Ellipses, 2000.

Activité

À l'aide de l'ensemble des documents proposés, montrer en quoi la situation géographique de la région des Grands Lacs est exceptionnelle, puis lister les éléments de force -mais aussi les limites- du développement de cette région.

dossier 4

Les dynamiques des régions de la façade atlantique

Quelles dynamiques contribuent aujourd'hui à recomposer l'organisation de la façade atlantique de l'Amérique du Nord ? Quels sont les liens de la façade avec les autres territoires riverains de l'océan Atlantique ?

1 Les dynamiques transatlantiques

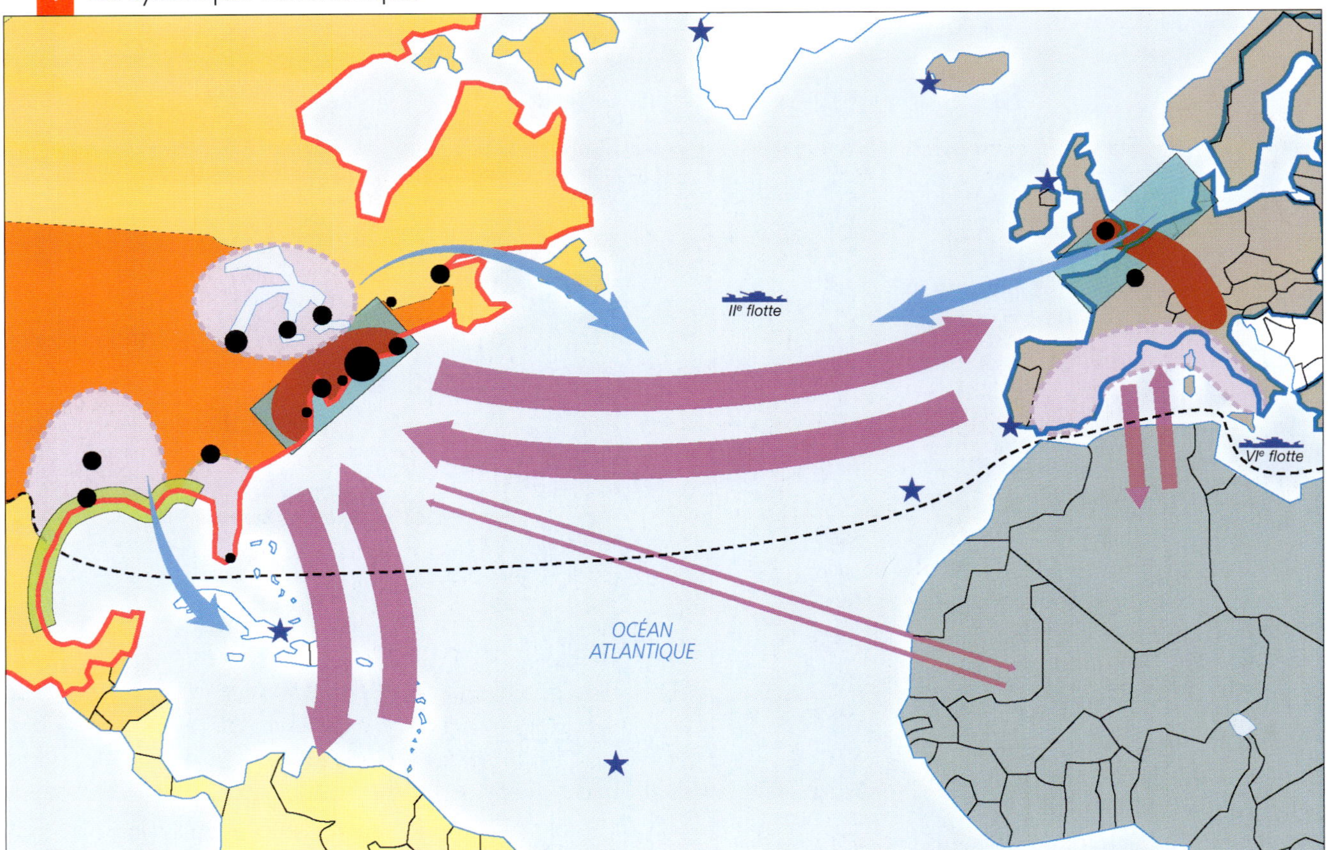

Des pôles à la fois partenaires et concurrents
- mégalopoles
- grande ville de rang international
- ALENA
- UE
- régions dynamiques exerçant un poids international grandissant

Une interface atlantique dynamique
- principales façades maritimes
- façade secondaire en devenir
- grand axe de navigation

Flux commerciaux (en moyenne par an)
- moins de 20 milliards de dollars
- de 50 à 100 milliards de dollars
- plus de 100 milliards de dollars

Un espace pacifié mais empreint de rapports de force
- superpuissance économique, géopolitique et culturelle
- espace intégré à la superpuissance américaine
- espace polarisé par les États-Unis
- membres européens de l'OTAN, partenaires mais critiques
- limite Nord/Sud
- Afrique marginalisée
- IIe flotte : présence de la flotte américaine
- bases navales et aériennes américaines à l'étranger

2 L'intégration économique entre la Caroline du Nord et le Canada

En 2002, le quart des exportations de la Caroline du Nord a été acheminé vers le Canada, principal partenaire de l'État. La valeur de ces exportations (3,4 milliards de dollars) dépassait celle des exportations de l'État vers ses trois autres grands partenaires étrangers réunis. Le Canada et la Caroline du Nord ont échangé entre eux pour plus de 5,6 milliards de dollars de marchandises, l'État affichant un excédent de plus de 1 milliard de dollars.

La valeur des exportations de l'industrie des transports de l'État vers le Canada s'est établie à 560 millions de dollars, ce qui représente 17 % des exportations totales de la Caroline du Nord. L'exportation du principal produit, les pièces de véhicules automobiles, a rapporté à l'économie de l'État 350 millions de dollars. Les autres produits vendus étaient des camions (14 millions de dollars) et des aéronefs (4 millions de dollars).

Pour sa part, le Canada a vendu à la Caroline du Nord pour 207 millions de dollars d'équipement de transport, dont des wagons (13 millions de dollars) et des bateaux et pièces de bateaux (9 millions de dollars).

La Caroline du Nord a vendu au Canada pour 475 millions de dollars de produits textiles. Elle a aussi exporté au Canada pour 295 millions de dollars d'articles ménagers, dont des meubles et des articles d'ameublement (67 millions de dollars).

Au nombre des principaux produits exportés au Canada par la Caroline du Nord figuraient les médicaments en doses (193 millions de dollars). Les exportations d'ordinateurs ont contribué pour 145 millions de dollars et celles de fournitures médicales, ophtalmiques et orthopédiques, pour 67 millions de dollars.

Source : Ambassade du Canada à Washington.

3 L'Est des États-Unis, entre redéploiement et reconversion des activités économiques

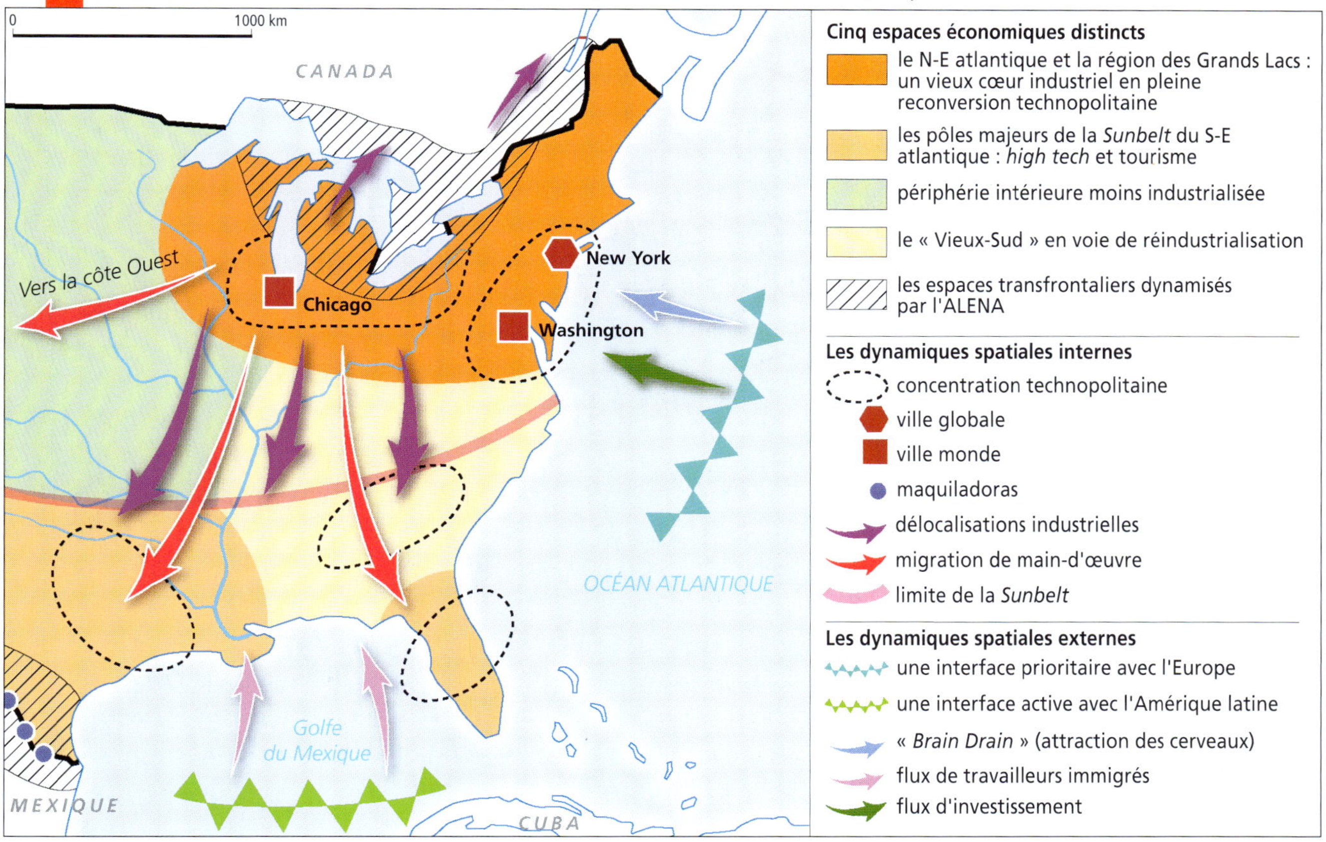

Activité

Distinguer dans les documents les dynamiques internes des dynamiques externes de la façade atlantique de l'Amérique du Nord.

dossier 5

Les « Sud » de la façade atlantique

Comment les régions de la *Sunbelt* polarisent-elles le territoire du Sud-Est de la façade atlantique de l'Amérique du Nord ?

1 La *Sunbelt*, au Sud des États-Unis et au Nord de la Méditerranée américaine

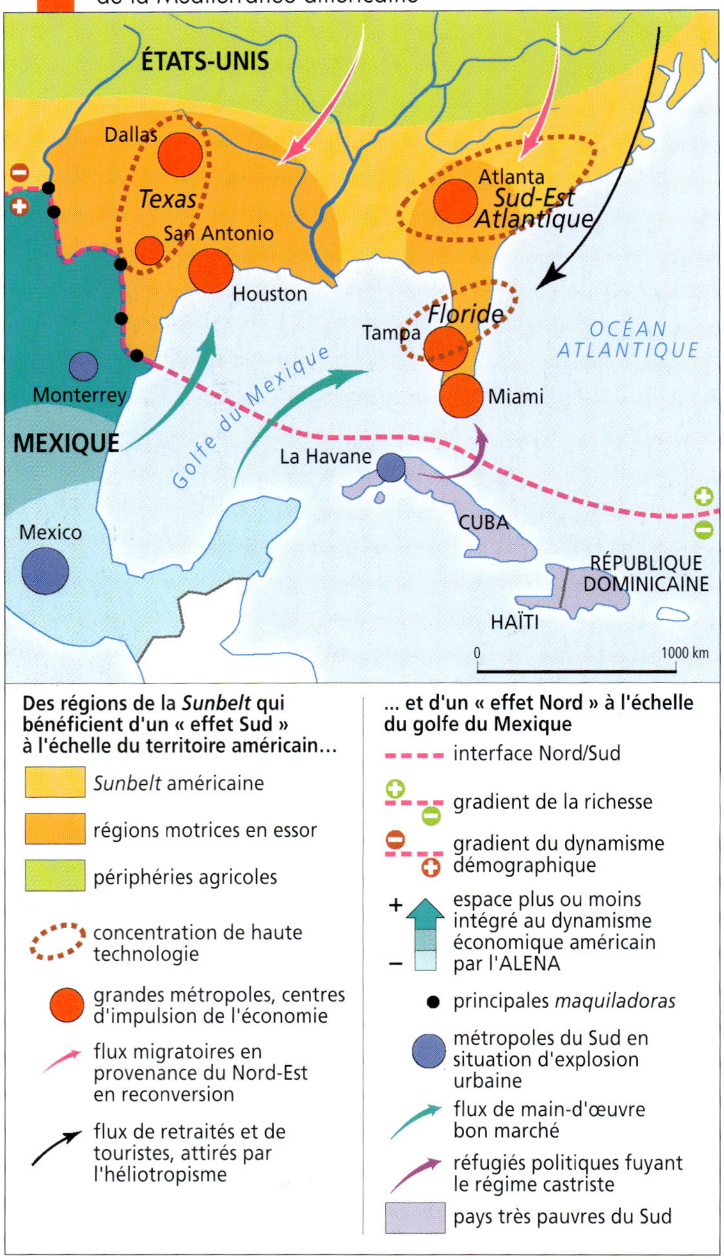

2 Les atouts du Sud-Est des États-Unis

Le Sud-Est (Georgie, Caroline du Nord, Caroline du Sud, Tennessee, Alabama et Mississippi), avec une superficie égale à une fois et demie celle de la France et une population de 30 millions d'habitants, est la région dont la croissance économique est la plus soutenue sur l'ensemble des États-Unis (hausse du PIB supérieure à celle du niveau national et faible taux de chômage).

Les atouts dont le Sud-Est est doté lui assurent une dynamique et un potentiel de croissance très fort. En effet, il bénéficie d'une situation géographique favorable puisqu'il se trouve à moins de deux heures d'avion de 80 % de la population américaine et par là-même des débouchés industriels. Il est bien desservi en matière de transports aériens (l'aéroport d'Atlanta est le deuxième aéroport américain et le cinquième mondial), maritime (le port de Charleston est le second port « containérisé » de la côte Est) et autoroutier (Atlanta est le point de convergence de trois autoroutes intercontinentales). Le couloir formé par la I-85 a favorisé le développement de nombreuses industries américaines et les implantations étrangères (Alcatel, Michelin, Merial, BMW, Hoechst, Wellcome, etc.), attirées par une main-d'œuvre bon marché et peu « syndicalisée », une faible fiscalité, une sécurité des capitaux et un environnement favorable aux affaires.

Source : Consulat de France d'Atlanta. (http://www.consulfrance-atlanta.org)

3 Un exemple de « Nouveau-Sud » : la Floride

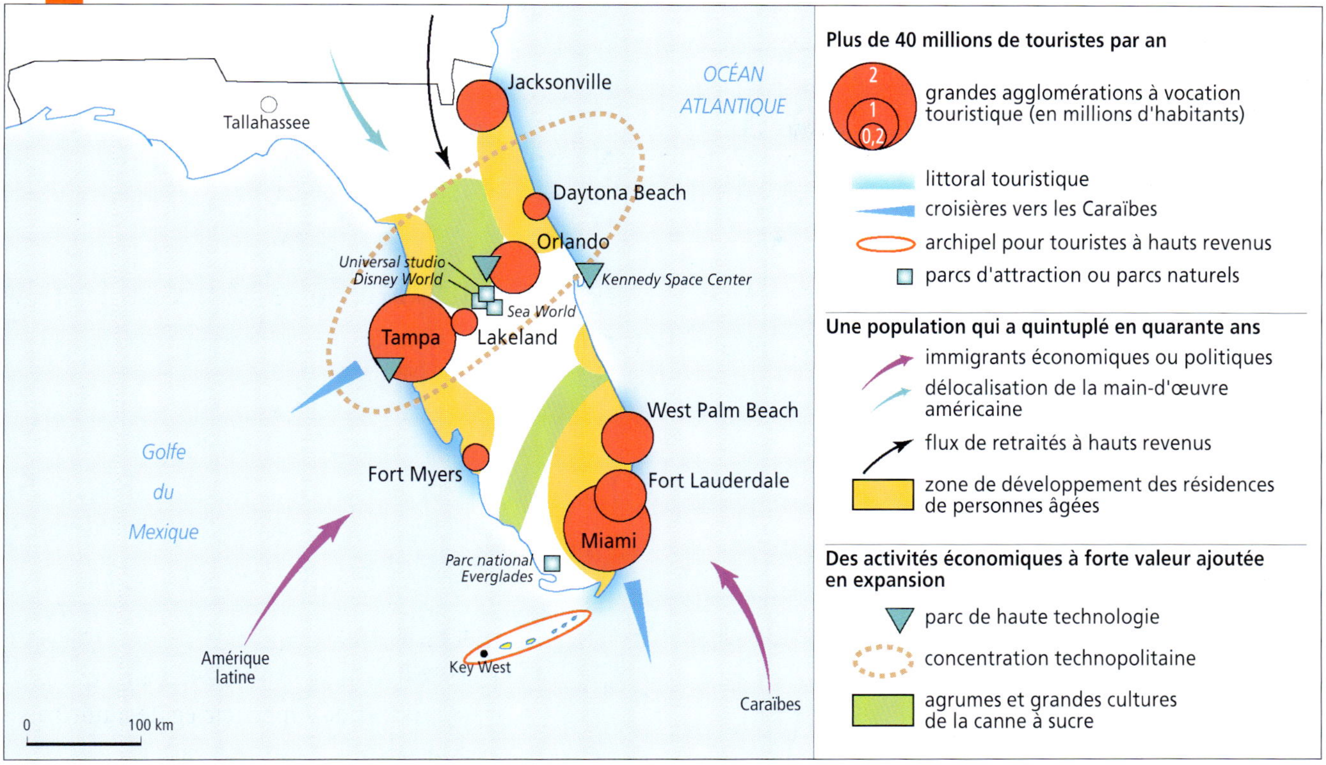

4 Miami

Activité

À l'aide de l'ensemble des documents proposés, rédiger un paragraphe recensant les marques de puissance des régions orientales de la *Sunbelt* américaine.

Étude d'un ensemble documentaire

À qui profite l'ALENA ?

1 L'ALENA en chiffres

Pays	Canada	États-Unis	Mexique
Population en millions d'habitants	31,2	291	101,9
Croissance annuelle de la population 1995-2000 (%)	0,8	1,0	1,5
Mortalité infantile (pour mille)	5,3	6,7	28,2
IDH	0,937	0,937	0,800
PIB / hab. (dollars, en PPA)	27 130	34 320	8 430
Inflation (%)	2,0	1,6	5,0
Scolarisation (3e degré) en %	Plus de 90	Plus de 80	Moins de 20
Part des importations en provenance de l'UE (%)	10,3	18,1	8,5
Part des exportations vers l'UE (%)	4,6	21,1	3,4

Sources : *L'état du monde*, La Découverte, 2004.

Première partie

Analyser l'ensemble documentaire en répondant aux questions suivantes :

1. Présenter la diversité de la nature et des échelles des documents proposés.
2. En quoi les trois États qui composent l'ALENA présentent-ils des niveaux de développement différents (documents 1 et 2) ?
3. Quels sont les avantages tirés de l'ALENA par les trois États qui la composent (documents 3 et 4) ? Quels en sont les échecs (documents 1, 2 et 3) ?
4. Montrer qu'à l'intérieur de l'ALENA l'espace s'organise selon une logique « centre/périphéries », en particulier au profit de l'Est des États-Unis (documents 1, 3 et 4).

Deuxième partie

À l'aide des réponses aux questions, des informations contenues dans les documents et de vos connaissances, vous rédigerez une réponse organisée au sujet : À qui profite l'ALENA ?

2 Matamoros (Mexique)

La productivité du travail a progressé en moyenne de 10 % dans les maquiladoras, mais pas les salaires.

3 Les effets nuancés de l'ALENA

On observe un arrimage croissant du Canada et du Mexique à l'économie américaine. En permettant aux firmes transnationales de réorganiser librement leurs activités au sein de l'espace nord-américain, l'ALENA a permis la mise en place, ou le développement, d'un système productif régional. Le cas de l'automobile est exemplaire. Assembler les véhicules au Canada permet de réduire les coûts de production, dans la mesure où, dans ce secteur, la forte productivité du travail compense avantageusement un niveau de rémunération plus élevé qu'aux États-Unis. Côté mexicain, les salaires sont cinq à sept fois inférieurs à ceux des ouvriers au nord du Rio Grande, alors que la main-d'œuvre est suffisamment qualifiée pour utiliser les technologies les plus avancées.

L'entrée en vigueur de l'ALENA n'a pas résolu le problème de l'emploi du Mexique, dont l'économie ne parvient toujours pas à engendrer un nombre d'emplois formels suffisants pour absorber la croissance de sa population active.

Entre 1988 et 1996, sur les 10 millions de personnes arrivées sur le marché du travail, 6 millions n'ont pu trouver un emploi ouvrant droit à la sécurité sociale ou ont dû se replier sur le secteur informel ou sur l'émigration vers les États-Unis.

Xavier DE LA VEGA,
« À qui profite l'ALENA ? », *Alternatives économiques*,
n° 209, décembre 2002.

4 L'intégration de l'espace liée à l'ALENA

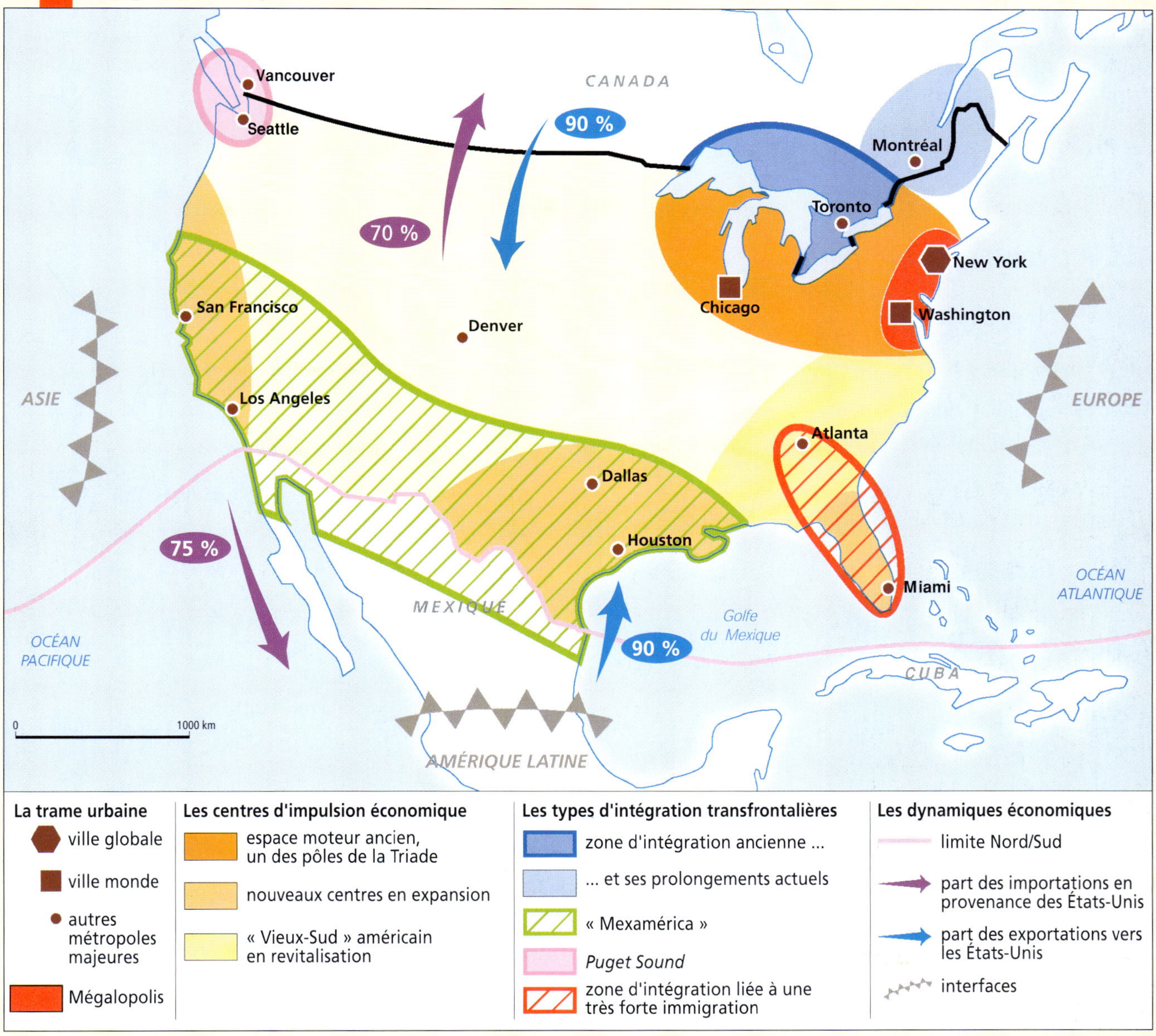

Composition La façade atlantique de l'Amérique du Nord, un centre de puissance ouvert sur le monde

A. Comprendre le sujet : pistes pour la rédaction de l'introduction

Présenter le sujet – Le sujet envisage l'ensemble de la façade atlantique de l'Amérique du Nord. Même si le centre régional de la puissance se localise essentiellement aux États-Unis (Mégalopolis et région des Grands Lacs) et si les dynamiques actuelles de sa diffusion concernent avant tout les « Nouveaux-Sud » du pays (Floride, Texas), il convient aussi d'étudier l'ensemble des connexions territoriales qui fondent la puissance mondiale de la façade en prenant en compte tous les territoires orientaux de l'ALENA, du Saint-Laurent au golfe du Mexique.
Deux concepts clefs fondent le sujet : la centralité et l'ouverture. Le développement doit montrer d'une part en quoi la façade atlantique accumule, aux différentes échelles de l'espace, des éléments de puissance économique, financière, politique et culturelle de rang mondial, et d'autre part, en quoi elle constitue une interface exceptionnelle qui contribue activement à renforcer sa puissance.

Problématiser le sujet – Quelles sont les inscriptions territoriales de la puissance mondiale de la façade atlantique de l'Amérique du Nord ?

B. Construire un plan détaillé

1. Le Nord-Est des États-Unis, le cœur de la puissance mondiale	
New York, métropole mondiale	*Dossier 1, pages 124-125.*
La Mégalopolis, une exceptionnelle concentration d'attributs de puissance	*Dossier 2, pages 126-127.*
La région des Grands Lacs, un centre industriel et urbain ouvert sur le monde	*Dossier 3, pages 128-129.*
2. L'extension territoriale de la puissance à l'ensemble de la façade atlantique	
Le déploiement des éléments de puissance vers le Sud	*Dossier 4, pages 130-131 et dossier 5, pages 132-133.*
L'intégration américano-canadienne croissante	*Dossier 3, pages 128-129.*
L'ALENA, reliée au monde par l'interface atlantique	*Étude d'un ensemble documentaire, pages 134-135.*

C. Quelques pistes pour la conclusion

Le bilan de la composition doit insister sur l'organisation territoriale de la façade, produite par son histoire et son ouverture à l'économie mondialisée. Il convient par ailleurs d'en déduire les limites du discours sur la puissance de la façade atlantique. En effet, les attributs de puissance sont très inégalement répartis le long de la façade. Si le Nord-Est et les « Nouveaux-Sud » des États-Unis accumulent les éléments d'ouverture et de centralité, il convient de souligner la marginalité des autres espaces riverains de l'Atlantique (moitié Sud du Mexique mal développée et Nord canadien vide d'hommes).

Croquis

L'Est des États-Unis, au cœur de l'aire de puissance nord-américaine

A. Comment organiser le sujet ?

Il s'agit de montrer comment les différents espaces de la façade atlantique se hiérarchisent en centres et périphéries autour du littoral américain. On insistera pour ce croquis sur l'emboîtement des centres à différentes échelles qui caractérise l'organisation de la façade, ainsi que sur les dynamiques transfrontalières liées à l'ALENA, qui intègrent de plus en plus le Canada et le Mexique à l'espace américain.

B. Activité

Classer, organiser et hiérarchiser les éléments de légende proposés.

C. Fond de carte

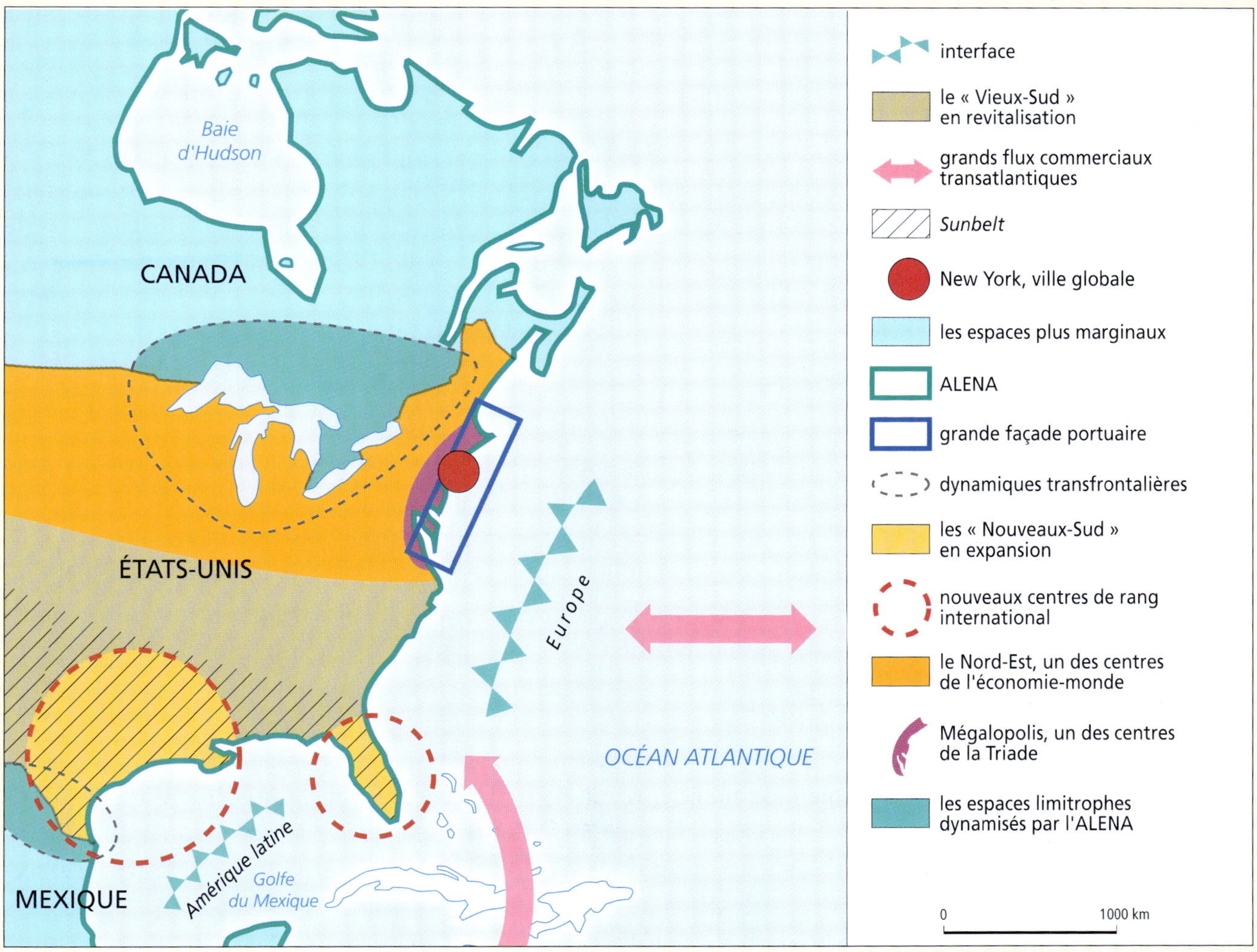

chapitre 5

1. Un centre au cœur de la puissance mondiale

Le Nord-Est des États-Unis est l'un des trois pôles qui organisent l'espace mondial. La mégalopole américaine et son centre principal, New York, en constituent le cœur.

Dossier 1, p. 124-125.

A. New York, ville globale

La cité new-yorkaise cumule tous les attributs de la puissance métropolitaine. Aire urbaine cosmopolite forte de ses presque vingt millions d'habitants, accueillant à la fois des techniciens de haut niveau de qualification, des artistes de renommée internationale ou des immigrants économiques de faible niveau socio-culturel, elle présente une grande diversité ethnique et culturelle qui s'inscrit dans le découpage socio-spatial du **territoire** urbain, des ghettos centraux aux banlieues suburbaines des classes aisées proches des centres technopolitains, en passant par les quartiers rénovés de la ville centrale.

Les lieux de pouvoir de rang mondial, particulièrement concentrés dans les deux CBD de Manhattan, y sont exceptionnellement nombreux et diversifiés. La ville cumule des centres de décision économico-financiers (Bourse de Wall Street, NASDAQ, sièges sociaux des cinq cents **firmes multinationales** parmi les plus importantes du pays), culturels (foyers de diffusion du modèle américain par l'intermédiaire des grands médias) ou diplomatiques (siège de l'ONU).

Si la **mondialisation** s'est traduite par une dispersion croissante des activités, la tendance à la concentration des centres de décision dans une métropole comme New York s'est paradoxalement renforcée. Les activités de commandement ont tendance cependant à s'éparpiller dans les zones suburbaines au sein de nouveaux centres périphériques (*edge cities*). La ville s'organise ainsi selon une logique polycentrique de plus en plus marquée, au service de sa puissance planétaire.

Les attentats du 11 septembre 2001 et l'anéantissement des deux tours du World Trade Center ont montré la valeur que prend la ville de New York comme symbole de la puissance américaine. Si le département d'État estime que la cité présente encore de hauts **risques** d'être de nouveau visée par de telles opérations meurtrières, la ville a conservé néanmoins intacte son attractivité pour les activités décisionnelles.

Dossier 2, p. 126-127.

B. La Mégalopolis

Au cœur de la façade littorale, la « Bosrich » de Boston à Richmond est constituée d'un chapelet de villes moyennes et de mégacités essentiellement côtières, localisées de façon privilégiée dans des sites de fonds d'estuaire à l'interface de la vie portuaire et des relations avec l'intérieur (Boston, New York, Philadelphie, Baltimore, Washington).

Zone d'urbanisation presque continue sur près d'un millier de kilomètres, desservie par un des **réseaux** routiers, autoroutiers, ferroviaires et aériens les plus denses du monde, la conurbation rassemble 20 % de la population des États-Unis sur 2 % du territoire. Sa situation littorale et sa proximité avec la région des Grands Lacs la dotent d'un double front d'eau, intérieur et extérieur, ce qui contribue à renforcer son ouverture mondiale.

Point de départ de la colonisation européenne, siège de la capitale fédérale (Washington), elle reste à tous points de vue le cœur des États-Unis et constitue l'un des trois centres de la Triade, à la tête de la hiérarchie des **centres d'impulsion** de la puissance mondiale. Génératrice de 40 % du PNB américain, elle concentre les centres de production industrielle et tertiaire, ainsi que les activités de haute technologie dans des technopôles comme la Route 128 et la Route 495 de Boston, ou dans les grands centres universitaires du MIT ou de Harvard.

Notions clefs

- Centres d'impulsion
- Firmes multinationales
- Mondialisation
- Réseaux
- Risques
- Territoire

Voir lexique, page 7

1 Les catégories élémentaires du polycentrisme urbain nord-américain

• **Le Central Business District (CBD)** demeure évidemment le plus symbolique de la grande ville en Amérique du Nord. En fait, il représente presque toujours lui-même un ensemble de districts aux activités spécialisées : district civique réunissant les différentes administrations des différents paliers de gouvernement, district financier et de gestion d'entreprises, district culturel, entre lesquels sont venues prendre place d'importantes fonctions d'accueil (hôtellerie, centres de conventions), de commerce et de récréation souvent associés. Dans les cœurs des plus grandes villes, l'encombrement du CBD, et les surcoûts financiers, ont fréquemment contribué à faire émerger au moins une réplique du CBD « midtown », voire « uptown » (Midtown Manhattan à New York, Prudential Center à Boston, North Michigan Avenue à Chicago).

• **Les parcs industriels, technologiques et districts spécialisés** continuent d'être des lieux privilégiés dans des économies qui produisent de grandes quantités de biens diversifiés, même si la part de la main-d'œuvre appelée à les produire a réellement diminué. Les districts spécialisés désignent des grappes d'entreprises relativement proches entretenant des liens étroits de sous-traitance et de services par les orientations données à leur production.

• **Les « malls »** sont de vastes complexes commerciaux associant à la fois des magasins à rayons multiples des grandes chaînes nationales de distribution et un grand nombre de boutiques indépendantes souvent franchisées. Beaucoup contribuent à agglomérer des ensembles de bureaux et des services récréatifs, voire de véritables complexes de loisirs. Dans la dynamique de la multipolarisation, ces « malls » jouent un rôle pionnier dans la formation de nouveaux pôles d'activité périphériques.

Jacques CHEVALIER, *Grandes et très grandes villes en Amérique du Nord*, coll. « Carrefours de géographie », Ellipses, 2000.

2 Le projet retenu pour reconstruire la partie détruite du CBD après le 11 septembre

L'architecte Daniel Libeskind propose une réalisation architecturale ambitieuse qui s'élèvera au-dessus de Ground Zero après la destruction du World Trade Center par les attentats terroristes. En plus de sa fonction commémorative, par son élévation verticale et sa modernité résolue, le projet entend réaffirmer la puissance mondiale de Manhattan.

2. Des systèmes régionaux transfrontaliers dynamiques

A. La région des Grands Lacs

Dossier 3, p. 128-129.

Ancienne région industrielle au cœur de la *Manufacturing Belt*, spécialisée dans les secteurs mécaniques et chimiques, en particulier dans l'automobile, les rives des Grands Lacs ont subi de plein fouet, depuis la crise des années 1970-1980, les conséquences de la délocalisation d'une partie de leurs unités de production vers le Sud ou vers l'étranger (1 300 000 emplois détruits en une vingtaine d'années).

On assiste cependant, depuis les années 1980, à un spectaculaire redressement des industries de la région, qui ont su se transformer, se restructurer et s'adapter à la **mondialisation**. Des secteurs nouveaux et concurrentiels se sont développés dans le domaine de la *high tech* ou les métiers du luxe. Certaines anciennes branches comme l'automobile ont réussi leur reconversion en s'appuyant habilement sur l'investissement étranger. L'ouverture atlantique de la région des Grands Lacs a été décisive dans cette reconversion, car son dynamisme économique dépend largement du niveau de l'activité de l'Europe, en particulier des potentialités des nouveaux marchés de l'Est ouverts aux produits américains depuis la chute du communisme.

La région profite, par ailleurs, des retombées des dynamiques transfrontalières engendrées par l'intégration progressive des économies canadienne et américaine. Dès 1989, un accord de libre-échange entre le Canada et les États-Unis a pris effet, prévoyant l'élimination progressive des obstacles au commerce. Étendant encore plus les avantages du libre-échange, l'Accord de libre-échange nord-américain, signé en 1994 (ALENA), a renforcé le fonctionnement des **axes** frontaliers entre les deux rives des Grands Lacs, formidable **interface** entre les deux pays. En 2002, la valeur des échanges de biens et services entre le Canada et les États-Unis ont atteint 440 milliards de dollars.

Dossier 5, p. 132-133.

B. Les régions motrices du Sud-Est

Alors que le Nord-Est perdait des emplois, les États américains de la *Sunbelt* connaissaient une croissance démographique et économique sans précédent. Ouverts sur l'Atlantique, le Texas et la Floride furent parmi les premiers bénéficiaires de cette dynamique liée à « l'effet Sud » et reposant sur les secteurs pétroliers (Texas), touristiques (Floride), les activités de haute technologie (Atlanta, Dallas, Houston, Miami) ou les industries d'armement, ainsi que sur des avantages comparatifs structurels comme une fiscalité moins lourde et une main-d'œuvre moins coûteuse.

Alors que la Floride profite pour son essor démographique de **flux** massifs d'immigrés originaires d'Amérique latine ou de réfugiés cubains, la proximité du Texas avec le Mexique a généré un système de sous-traitance transfrontalier original reposant sur la création des maquiladoras et la croissance des échanges permise par l'ouverture des marchés depuis la signature de l'ALENA, censé garantir le progrès économique du Mexique tout en abaissant les coûts de production des entreprises américaines.

Force est cependant de constater que si le Mexique exporte davantage et séduit les marchés financiers à l'issue de dix années, faute d'investissements dans les infrastructures, l'innovation et l'éducation, il continue de présenter des **disparités spatiales** fortes avec ses voisins du nord.

Notions clefs

- Axes
- Disparités spatiales
- Flux
- Interface
- Mondialisation

Voir lexique, page 7

1 L'Accord de libre-échange nord-américain (ALENA)

L'Accord de libre-échange nord-américain (ALENA), conclu entre le Canada, les États-Unis et le Mexique en janvier 1994, a donné lieu à la création d'une vaste zone de libre-échange.

Ce traité comporte un ensemble de règles qui régissent la conduite du commerce entre les trois pays signataires en vue d'accroître les échanges commerciaux et les investissements. Ces règles ont trait à l'investissement, aux services, à la propriété intellectuelle, à la concurrence et à l'admission temporaire des gens d'affaires.

Quelque dix années plus tard, les échanges commerciaux entre le Canada, les États-Unis et le Mexique se portent plutôt bien. Ainsi, les échanges de biens et de services entre le Canada et les États-Unis avoisinent les deux milliards de dollars par jour. De même, les exportations de produits canadiens à destination du Mexique ont doublé tandis que les importations de produits mexicains au Canada ont triplé. La capitalisation sur cet axe régional de développement s'est révélée tout particulièrement bénéfique pour le Canada, dont l'économie n'a cessé de croître au taux annuel moyen de 3,8 % depuis l'entrée en vigueur de l'ALENA.

L'ALENA a contribué, à coup sûr, à rehausser la qualité de vie des Canadiens. Il a également créé des débouchés pour les entreprises canadiennes aux États-Unis et au Mexique. Au surplus, l'ALENA a fait ses preuves en tant que moyen de stimuler le commerce, l'investissement et la concurrence. Nous avons maintenant l'occasion de répéter le succès de cet accord, cette fois à l'échelle du continent, grâce à la Zone de libre-échange des Amériques (ZLEA).

Source : Ministère des Affaires étrangères et du Commerce international du Canada. (http://www.dfait-maeci.gc.ca/tna-nac/stories-64-fr.asp)

2 Chicago, la principale mégacité des Grands Lacs, au cœur du centre moteur historique des États-Unis

3 Bourbon Street (La Nouvelle-Orléans)

Le charme des particularités méridionales de l'urbanisme historique de la Louisiane, vieille région de tradition européenne, contribue à l'attractivité de l'État, dans lequel les touristes américains aiment à venir se dépayser.

3. L'ouverture mondiale de la façade atlantique

Dossiers 2, 3 et 4, p. 126 à 131 et carte, p. 123.

A. La voie d'eau : une interface fondamentale

Du Saint-Laurent au golfe du Mexique, le littoral atlantique présente un système de transport fluvial et maritime parmi les plus importants du monde.

Les grandes voies intérieures du Mississippi (près de 3 000 km) et du **réseau** Grands Lacs – Saint-Laurent ont connu un développement ancien et leur trafic est en constante expansion depuis le XIXe siècle.

Les façades maritimes de l'Est du continent nord-américain assurent plus de 1 300 millions de tonnes de trafic international par an.

Les métropoles dynamiques de la Mégalopolis ou de la région des Grands Lacs se caractérisent par leur localisation sur un front d'eau maritime ou fluvial, qui les relie à l'espace atlantique et participe à leur insertion dans la **mondialisation**.

Dossier 3, p. 128-129.
Dossier 4, p. 130-131.

B. Des flux économiques transatlantiques anciens et massifs

L'Europe est depuis la fin de la Deuxième Guerre mondiale une zone d'expansion pour les États-Unis (20 % du commerce extérieur de la zone ALENA). Les pays de la communauté élargie ainsi que les autres pays du continent européen représentent un terrain d'implantation privilégié des **firmes multinationales** américaines du fait de la forte crédibilité de leurs marchés intérieurs et de la haute qualification de leur main-d'œuvre.

Si le solde commercial des États-Unis avec l'Europe est fortement déficitaire depuis les années 1980, l'économie européenne vit au rythme de celle du continent américain, et apparaît à de nombreux points de vue comme l'une de ses périphéries.

Les relations entre ces deux **pôles** de l'économie mondiale sont néanmoins empreintes de fortes rivalités. Aux traditionnels conflits opposant les politiques agricoles, fortement subventionnées par l'État fédéral d'un côté et par la Politique Agricole Commune de l'autre, se sont ajoutés de nouveaux sujets de guerre économique comme la sidérurgie, l'aérospatiale, les télécommunications ou les produits culturels.

Dossier 4, p. 130-131.

C. Un espace atlantique pacifié mais animé de nombreux rapports de force

Fortes de liens historiques hérités de la colonisation, les relations entre les deux façades de l'océan Atlantique sont profondément marquées par une amitié affermie par les interventions successives de l'armée américaine dans les premier et second conflits mondiaux puis par l'Alliance atlantique élaborée au temps de la Guerre froide.

Unique superpuissance mondiale, les États-Unis voient cependant leur leadership contesté par certains grands pays européens. Un axe Paris–Berlin–Moscou se montre très critique envers la politique étrangère américaine depuis l'intervention en Irak de 2003, critiquant en particulier l'unilatéralisme dont ont tendance à faire preuve les États-Unis, tandis que des pays comme l'Angleterre, l'Espagne ou l'Italie restent fidèles à des positions atlantistes plus traditionnelles.

En même temps qu'un affaiblissement de la crédibilité européenne, il s'ensuit une montée inédite des tensions entre les deux rives de l'océan Atlantique, qui tend à devenir une des grandes caractéristiques du nouvel ordre international de l'après-11 septembre 2001.

Notions clefs

- Firmes multinationales
- Flux
- Mondialisation
- Pôles
- Réseaux

Voir lexique, page 7

1 Philadelphie

2 Un épisode de la « guerre de l'acier » entre l'Union européenne et les États-Unis

Le président américain, George W. Bush, a annoncé jeudi la suppression des surtaxes sur les importations d'acier en provenance de quinze pays de l'Union européenne et de sept autres pays (Japon, Chine, Brésil, Nouvelle-Zélande, Norvège, Corée du Sud, Suisse).

Connues dans le langage des relations commerciales sous le nom de « tarifs », ces surtaxes avaient initialement été imposées en mars 2002 pour une durée de trois ans. Elles avaient été condamnées définitivement, le 10 novembre dernier, par l'Organisation mondiale du commerce (OMC) qui les jugeait illégales.

Aux États-Unis, les importateurs d'acier ainsi que la très cruciale industrie automobile (grande consommatrice de ces alliages) les avaient également largement critiquées. De son côté, l'Union européenne, très combative sur ce dossier, avait brandi la menace de représailles commerciales sur des produits américains, pour un montant de 2,2 milliards de dollars, si elles n'étaient pas supprimées d'ici le 10 décembre. La mise en place de surtaxes a déjà permis à la sidérurgie américaine de se consolider face à une concurrence internationale féroce.

Le représentant américain au Commerce, Robert Zoellick, a d'ailleurs affirmé jeudi que le secteur était revenu aux bénéfices après des pertes de cinq milliards de dollars en 2000-2001. Imposées pour trois ans en mars 2002, ces droits de douanes entre 8 % et 30 % ont fait reculer les importations de 6,4 % en valeur et de 32,9 % en volume, selon des chiffres officiels. L'indice des prix à la production a grimpé de 7,6 % et les salaires horaires ont progressé de 6 %.

Christine SAINT-PIERRE, Radio-Canada,
5 décembre 2003. (http://radio-canada.ca).

3 Les rivalités franco-américaines face à la guerre d'Irak de 2003

Traduction : Nous estimons que ce missile serait dirigé sur Washington.

chapitre 6 La puissance économique de l'Union européenne

Problématique

À mi-chemin entre l'aire de puissance nord-américaine, clairement centrée sur les États-Unis, et l'aire de puissance multipolaire de l'Asie orientale, l'aire de puissance européenne se présente comme une aire polycentrique.

L'Europe est aujourd'hui à la croisée des chemins : elle poursuit un projet ambitieux d'intégration économique et politique, tout en affrontant les défis nouveaux posés par son élargissement à l'Est. Comment cette puissance se manifeste-t-elle, quels défis doit-elle relever pour s'affirmer davantage dans la compétition qui l'oppose aux autres grandes aires de puissance dans le monde ?

Un accès contrôlé à l'espace de Schengen

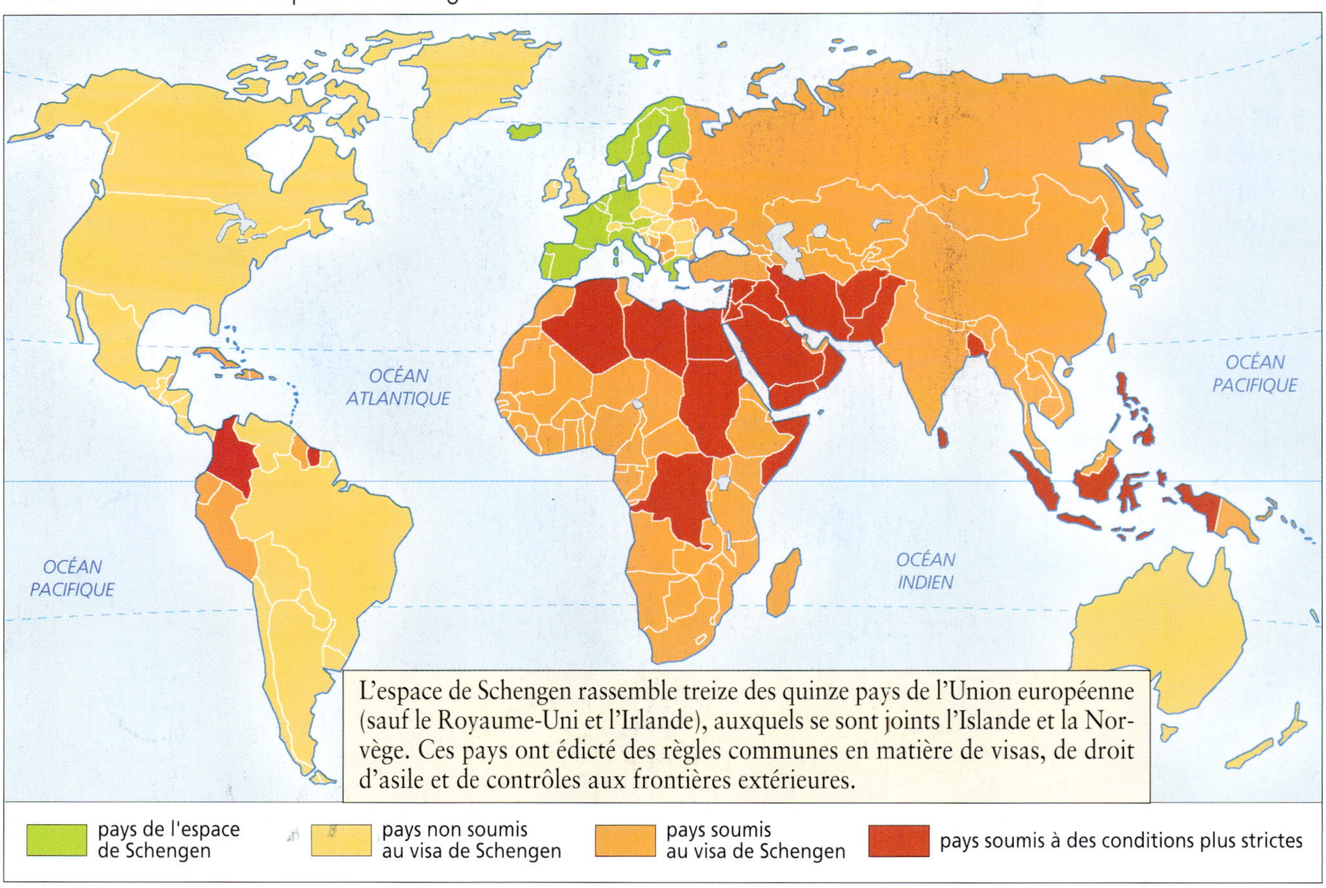

Source : Cultures et conflits, *Alternatives internationales*, septembre-octobre 2003.

Le pont du Péloponnèse (Grèce), d'une longueur de 2,8 km
(le plus haut pont à aubans du monde)

UNE EUROPE EN VOIE D'ÉLARGISSEMENT

- l'Union européenne jusqu'en 2003
- pays associés à l'Union européenne dans le cadre de l'espace économique européen (EEE)
- pays ayant adhéré en 2004
- pays candidats dont l'entrée dans l'Union européenne est programmée pour 2007
- pays candidats dont l'entrée dans l'Union européenne n'est pas encore programmée
- ● capitale d'État

Siège des principales institutions européennes

- Bruxelles : siège des institutions européennes majeures
- Londres : organes et agences européens

L'EUROPE, UN ESPACE ATTRACTIF

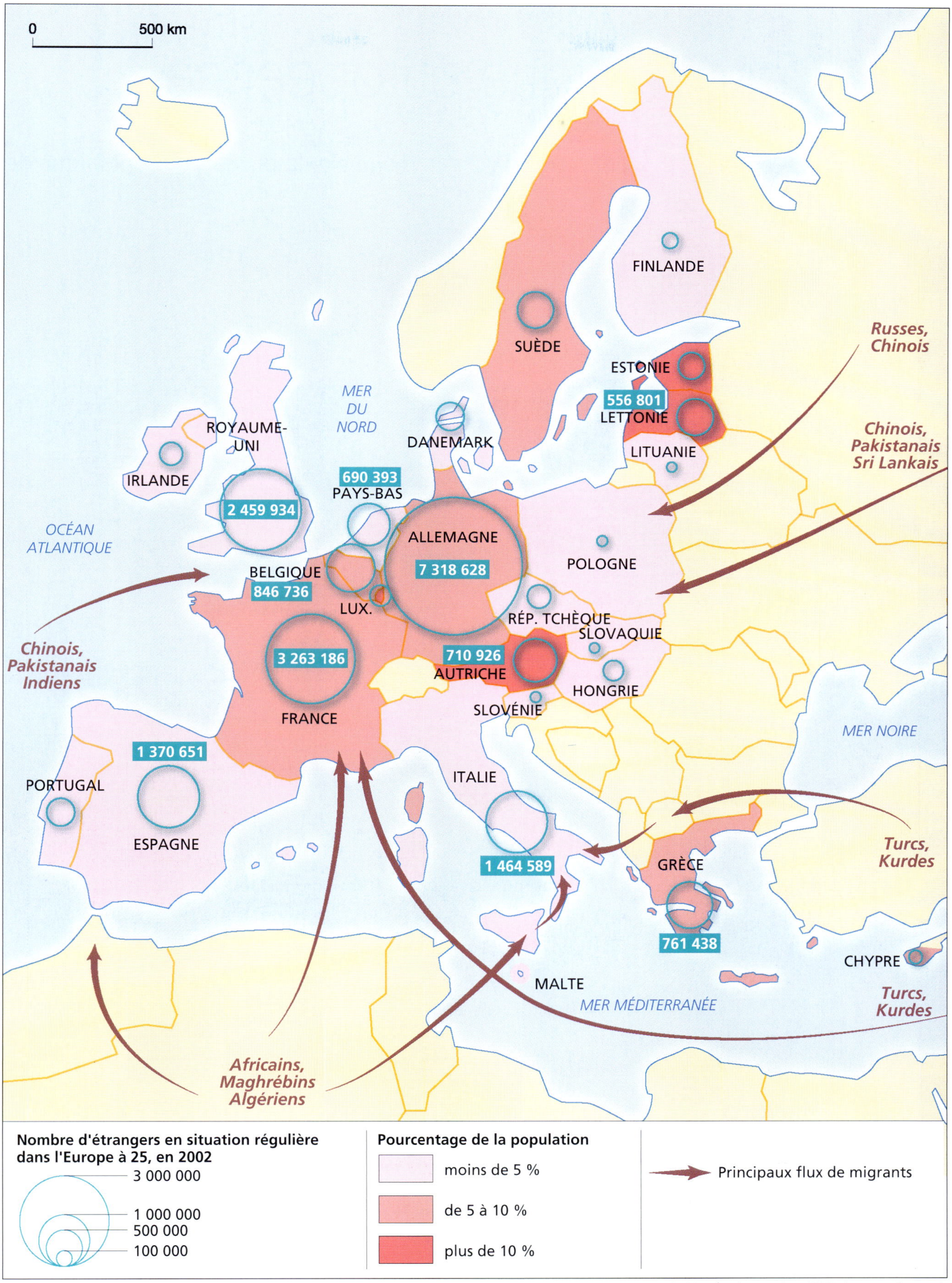

Le Monde, 4 novembre 2003 (source : Eurostat).

dossier 1

Les composantes de la puissance économique européenne

Comment se manifeste, à l'échelle mondiale, la puissance économique de l'Union européenne ?
Quels en sont les points forts et les points faibles ?

1 L'Union européenne et les autres pôles de la Triade : quelques indicateurs de référence

	Population (en millions d'habitants)	PIB total (en milliards de dollars)	PIB par habitant (en dollars)	Recherche et Développement (en % du PIB)
Union européenne (15)	377	8 901	23 610	1,99
Union européenne (25)	452	9 687	21 431	nd
États-Unis	286	9 944	34 769	2,80
Japon	127	3 394	26 724	2,98

Sources : Eurostat 2003, *L'état du monde*, La Découverte, Paris.

2 Les dix premières places boursières dans le monde en 2002

Rang	Localisations	Capitalisation (en milliards de dollars)
1	New York Stock Exchange	9 015
2	Tokyo	2 069
3	Nasdaq (New York)	1 994
4	Londres	1 800
5	Euronext*	1 538
6	Deutsche Börse	686
7	Toronto Stock Exchange	570
8	Swiss Exchange	547
9	Italian Exchange	477
10	Hong Kong	463

* Euronext est né en septembre 2000 du regroupement des Bourses de Bruxelles, Amsterdam et Paris (en 2002, la Bourse de Lisbonne s'y est associée).

Source : *World Federation of Exchanges.*

3 Le poids des grands ensembles régionaux dans le commerce mondial des marchandises

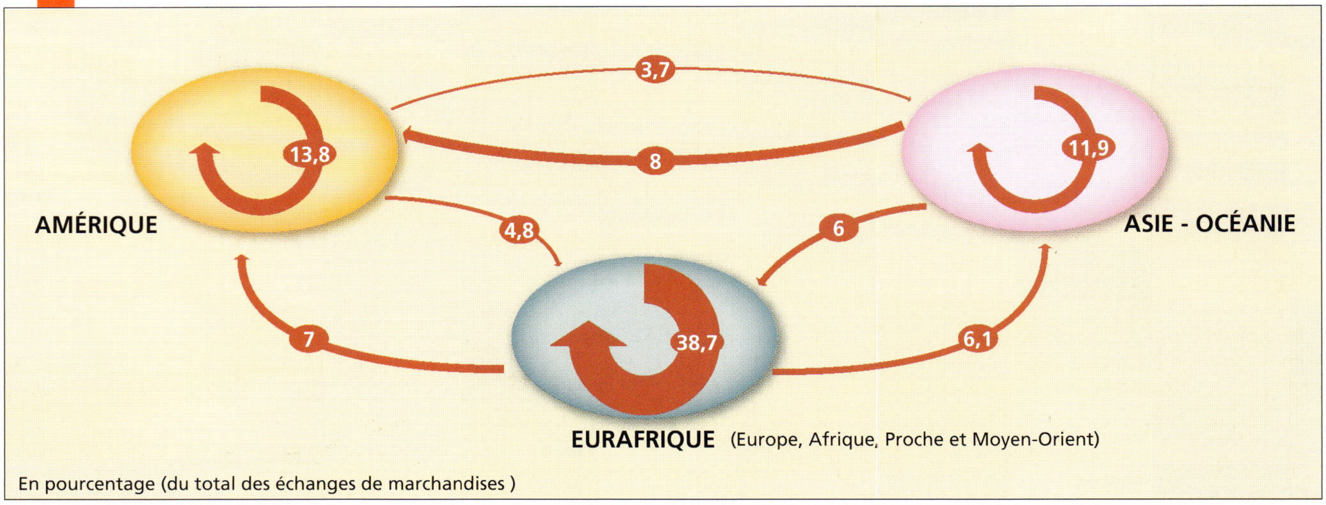

Source : Cepii, base de données Chelem-commerce international.

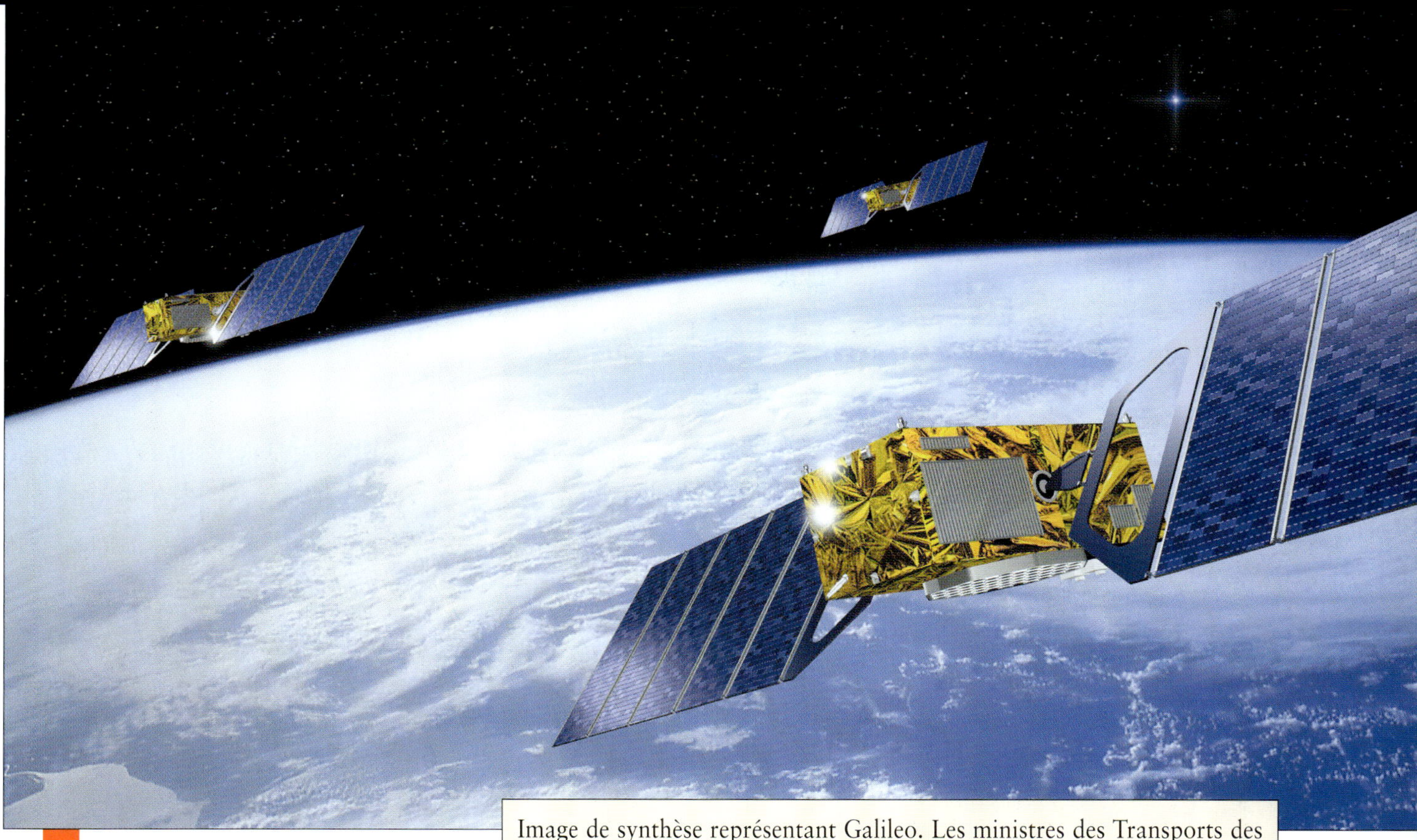

Image de synthèse représentant Galileo. Les ministres des Transports des Quinze ont décidé, le 26 mars 2002 à Bruxelles, de lancer ce système de navigation par satellite pour mettre fin au monopole du système américain (GPS).

Questions internationales, n° 4 (novembre-décembre 2003).

4 Le projet Galileo

5 La force de frappe des multinationales

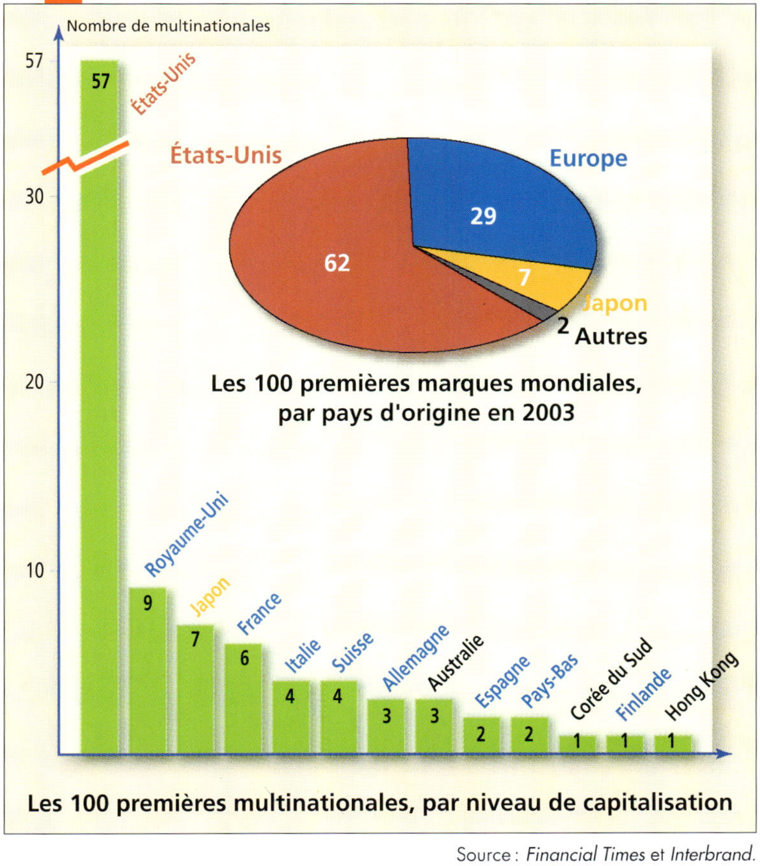

Source : *Financial Times* et *Interbrand*.

6 La part des différentes devises dans les prêts bancaires internationaux en 2002

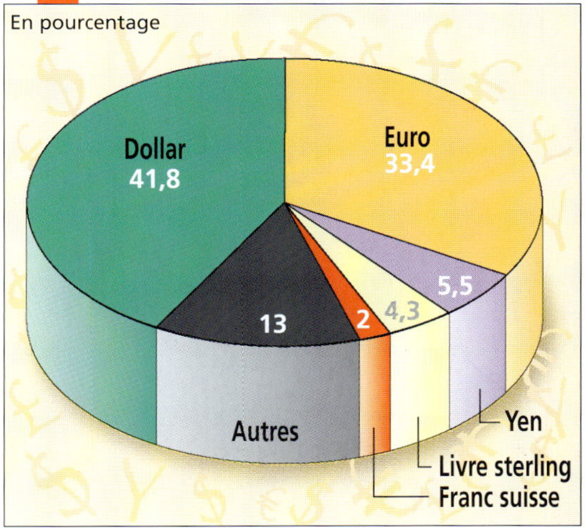

Source : BRI.

Activité

Identifier et classer les différentes composantes de la puissance économique européenne en en faisant une analyse nuancée (les points forts, les faiblesses relatives).

dossier 2

Les villes européennes et la métropolisation

La métropolisation, c'est-à-dire avant tout la concentration dans certaines grandes villes des fonctions économiques stratégiques, est largement alimentée par la mondialisation qui contribue ainsi à structurer un « archipel » métropolitain. Comment les réseaux urbains européens s'adaptent-ils à cette métropolisation ? Quels sont les risques d'une telle évolution ?

1 Le classement des villes européennes

Les quinze indicateurs retenus sont : population, croissance 1950/1990, trafics portuaire et aéroportuaire, accessibilité des villes, sièges sociaux, banques, nuitées touristiques, foires et salons, congrès, musées, sites et grandes manifestations culturelles, étudiants, revues scientifiques, centres de recherche.

Nombre de points obtenus* selon les 15 indicateurs précédents

Points	Classes
Plus de 76	1
57 à 62	2
51 à 55	3
42 à 50	4
31 à 40	5
25 à 30	6
16 à 24	7

* Le nombre de points dépend des rangs obtenus pour chacun des 15 indicateurs. Les villes classées dans la première classe obtiennent 6 points, celles de la seconde classe 5 points, et ainsi de suite. Le maximum théorique est de 90.

Source : *Les Villes européennes, analyse comparative*, Céline Rozenblatt et Patricia Cicille, Datar / La Documentation française, Paris 2003.

2 Les grandes fractures de l'Europe des villes

L'Europe des villes n'existe pour l'instant qu'en filigrane dans un continent encore marqué par les logiques étatiques, les différences culturelles et les écarts de développement. On peut y distinguer deux principales lignes de fracture.

La première concerne la taille des villes. Les plus grandes d'entre elles sont entrées dans l'ère de la mondialisation et de la métropolisation en tant qu'intervenantes autonomes ; elles se connectent directement aux réseaux internationaux, sans passer par l'intermédiaire de l'échelon régional ou national [...]. On a toutefois l'impression que ce seuil tend à s'abaisser : les « métropoles régionales » (au sens français du terme) d'Europe occidentale participent quasiment toutes aujourd'hui aux réseaux internationaux, de même qu'un certain nombre de « centres régionaux ».

Le second clivage tient à l'appartenance des villes à des cultures propres à telle ou telle partie du continent. Le contraste entre le modèle anglo-saxon/germanique et le modèle latin n'a pas disparu, mais il tend à s'estomper : on assiste en effet à une homogénéisation des niveaux et des modes de vie à l'échelle de l'Europe occidentale. La fracture principale isole plutôt l'Est du continent, à la fois sur des bases culturelles héritées (absence de tradition démocratique, héritage orthodoxe et surtout legs du communisme) et en fonction des relations actuelles avec l'Europe occidentale. Certes, celle-ci y diffuse son modèle de ville, mais dans une société bouleversée qui a besoin de temps pour l'assimiler.

J.-C. Boyer, *Les Villes européennes*, coll. « Carré Géographie », Hachette supérieur, 2003.

3 Les sièges sociaux des grands groupes européens

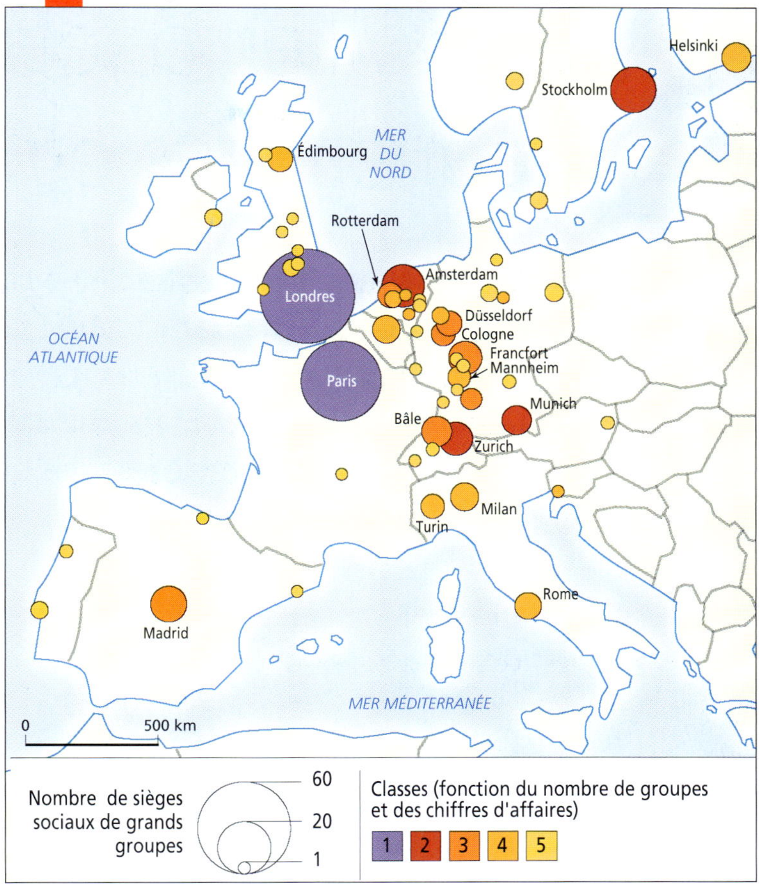

Céline Rozenblatt et Patricia Cicille, *Les Villes européennes, analyse comparative*, Datar / La Documentation française, Paris 2003.

4 Vers une « ville globale européenne » ?

L'accessibilité est un facteur majeur du développement de l'intégration dans le système des villes. Les périphéries ne se situent pas forcément aux marges du territoire européen, et en son cœur même existent des villes encore mal reliées avec l'ensemble. L'accessibilité oppose les très grandes métropoles européennes, très bien reliées entre elles, et un réseau d'autres villes moins bien connectées à cette armature centrale.

Si l'on n'y prend pas garde en effet, la dynamique spontanée du système urbain européen peut s'orienter vers une « ville globale » européenne n'intégrant qu'un nombre limité de villes et où seules des classes de population privilégiées participeraient aux activités du réseau dominant. Ce serait comme si la « ville globale » autour de New York, Tokyo et Londres décrite par S. Sassen (1996) se reproduisait à l'échelle de l'Europe. Les villes petites et moyennes sont menacées par cette concentration croissante des fonctions internationales.

Céline Rozenblatt et Patricia Cicille, *Les Villes européennes, analyse comparative*, Datar/La Documentation française, Paris 2003.

Activité

À l'aide des documents disponibles dans ce dossier, proposer une réponse argumentée à la problématique formulée en introduction.

dossier 3

Union européenne et États-Unis, partenaires ou frères ennemis ?

La puissance économique acquise par l'Union européenne la place en situation de concurrence directe avec les autres pôles de puissance du monde actuel, et tout particulièrement avec les États-Unis.
Union européenne et États-Unis sont-ils avant tout des partenaires ou des « frères ennemis » entre lesquels une guerre économique et commerciale serait devenue inévitable ?

1 Une mondialisation d'abord transatlantique

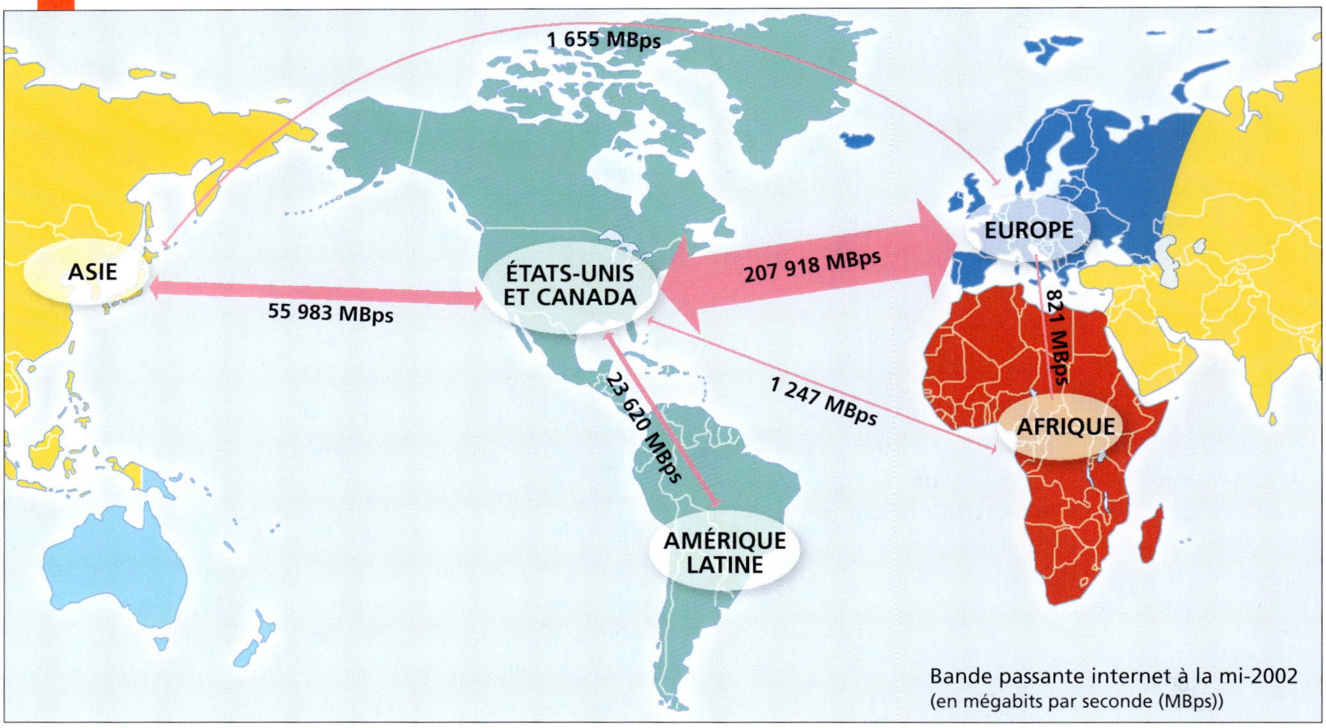

Source : *Alternatives économiques*, n° 215, juin 2003.

2 Les différends transatlantiques portés devant l'OMC

	Nombre total d'affaires portées devant l'OMC[1]	Nombre de rapports de groupes spéciaux[2]	Nombre de rapports de l'organe d'appel[3]
États-Unis contre UE	16	3	3
UE contre États-Unis	24	10	7

1. Affaires pour lesquelles une partie a demandé que des négociations soient engagées dans le cadre de l'OMC.
2. Affaires pour lesquelles les négociations ont échoué et un rapport de groupe commandé.
3. Affaires portées en appel.

Revue *Questions internationales*, n° 1, mai-juin 2003, La Documentation française.

3 Des liens économiques étroits

Malgré la montée en puissance spectaculaire de l'Asie dans le commerce mondial, les États-Unis restent de très loin le premier partenaire de l'Union européenne. En 2002, le commerce des Quinze avec les États-Unis a été 3,8 fois plus important qu'avec le Japon et 3,6 fois plus qu'avec la Chine. La situation n'est guère différente pour l'instant aux États-Unis, le commerce américain avec l'Union est deux fois plus important que celui avec le Japon et trois fois plus qu'avec la Chine.

Le commerce n'est toutefois plus l'indicateur le plus pertinent de l'interdépendance entre régions. Les flux d'investissements directs ont pris une importance croissante avec le déploiement des multinationales : la géographie des multinationales dessine une imbrication euro-américaine beaucoup plus forte encore que le commerce [...].

Sur le plan des marchés et des flux financiers, les ordres de grandeur sont les mêmes : année après année, l'Europe représente la moitié des investissements de portefeuille américains et la moitié des entreprises du CAC 40 sont cotées sur les marchés d'actions américains. Les investisseurs institutionnels américains sont très présents sur les marchés européens, mais leurs homologues européens, comme l'assureur Axa, sont, eux aussi, très présents aux États-Unis.

Il en résulte un appareil productif et financier étroitement imbriqué entre les deux rives de l'Atlantique : les liens économiques sont devenus si inextricables qu'un divorce paraît inenvisageable.

Guillaume DUVAL, *Alternatives économiques*, n° 215, juin 2003.

4 Des conflits commerciaux de plus en plus fréquents

Aucun accord commercial régional ne réunit les États-Unis et l'Europe. Tout conflit entre les deux superpuissances est donc nécessairement multilatéralisé (c'est-à-dire porté devant l'OMC), alors que les différends entre États-Unis et Canada peuvent être réglés dans le cadre de l'Alena [...].

Dans l'affaire du bœuf aux hormones, les Communautés européennes ont été condamnées pour le maintien d'un embargo sur les importations de viande de bœuf américaine et ont fait l'objet de sanctions (à hauteur de 100 millions de dollars par an depuis 1999), qui prévalent encore aujourd'hui.

La pratique actuelle consiste à établir une liste des produits les plus sensibles politiquement pour l'autre partie, indépendamment du secteur dont ils relèvent. Ainsi, les États-Unis ont pris des sanctions, dans le cadre des affaires des bananes et du bœuf aux hormones, contre les fromages français ou italiens, les pulls écossais, le vin, l'eau minérale, la maroquinerie [...]. Autant de produits phares et symboles de chacun des pays européens. De même, l'Union européenne a inscrit sur sa liste les agrumes de Floride [...]. Pourquoi les producteurs de roquefort devraient-ils payer pour la protection de l'élevage bovin en Europe ? Cette perversion du système a généré de nombreuses critiques à l'égard de l'OMC, émanant des populations américaines ou européennes.

Olivier CATTANEO, *Questions internationales*, n° 1, mai-juin 2003, La Documentation française.

5 Des liens économiques étroits

Caricature de Plantu, *Le Monde*, 11 mars 2003.

Activité

À l'aide des documents disponibles dans ce dossier, classer les informations en deux rubriques : des partenaires, des frères ennemis. Puis, rédiger une réponse nuancée à la problématique proposée.

dossier

4 L'Europe agricole et les défis de la mondialisation

Après plus de quarante ans de politique agricole commune (PAC), l'Union européenne est devenue une puissance agricole majeure. La mondialisation a cependant contribué à faire émerger des concurrences fortes. Quels sont les acteurs des grands marchés agricoles mondiaux et en quoi peuvent-ils aujourd'hui fragiliser les positions acquises par l'Europe ?

1 L'agriculture, grand enjeu du sommet de Cancun

70 % de la population des pays en voie de développement tirent leur subsistance de l'agriculture. En face, les pays industrialisés consacrent 300 milliards de dollars par an de subventions à leurs agriculteurs, ce qui maintient les prix mondiaux artificiellement bas et ruine, de facto, les paysans du Sud.

À Doha, en décembre 2001, les pays en développement avaient accepté de se lancer dans un nouveau cycle de négociations multilatérales à condition que les deux plus gros pourvoyeurs mondiaux de subventions agricoles –les États-Unis et l'Europe– réduisent substantiellement le soutien financier à leurs agriculteurs [...].

Mais de nombreux pays du Sud s'interrogent sur la volonté des grandes puissances à faire de Doha un succès. L'accord pour lancer ce cycle est intervenu deux mois après les attentats du 11 septembre, alors que les Américains et la communauté internationale souhaitaient afficher une volonté politique commune forte. Depuis, Washington semble délaisser le multilatéralisme. Quant à l'Europe, la réussite de son élargissement à vingt-cinq occupe une grande partie de son énergie, indique un négociateur du Sud.

Babette STERN,
Le Monde, 8 août 2003.

2 Russie et Ukraine, de nouveaux concurrents pour l'Union européenne

L'Union européenne et les États-Unis avaient pris l'habitude d'arroser le marché mondial de céréales à bas prix, grâce aux abondantes subventions versées à leurs producteurs. À ce jeu dangereux, ils risquent cependant de trouver leur maître, avec le retour en force de la Russie et de l'Ukraine sur ce marché [...].

Au final, la Russie aurait exporté en 2002 quelque 10 millions de tonnes de céréales, et l'Ukraine entre 10 et 12 millions de tonnes. Le retour des pays de l'ex-URSS sur le marché du blé est d'autant plus déstabilisant qu'il s'agit en fait d'un marché relativement étroit. Les échanges mondiaux –hors échanges intraeuropéens – ne dépassent guère les 100 millions de tonnes. Les blés russes, ukrainiens et même kazakhs arrivent à des prix imbattables : la tonne se négocie à 90 dollars à Odessa, le grand port de la mer Noire, contre 110 à 120 dollars pour le blé français ordinaire.

Ce blé en provenance de l'ex-URSS pénètre d'autant plus facilement le marché européen que les mécanismes douaniers censés le protéger sont inadaptés. Les droits de douane sont en effet calculés en prenant pour référence la tonne de blé sur le marché de Chicago, longtemps considérée comme le baromètre des cours mondiaux : en raison de mauvaises conditions météorologiques, le blé américain se négocie cette année à 185 dollars la tonne à Chicago. Cela fait donc deux ans que le blé de la mer Noire entre en fait sur le marché européen sans acquitter le moindre droit de douane.

Jean JACQUES, *Alternatives économiques*,
n° 211, février 2003.

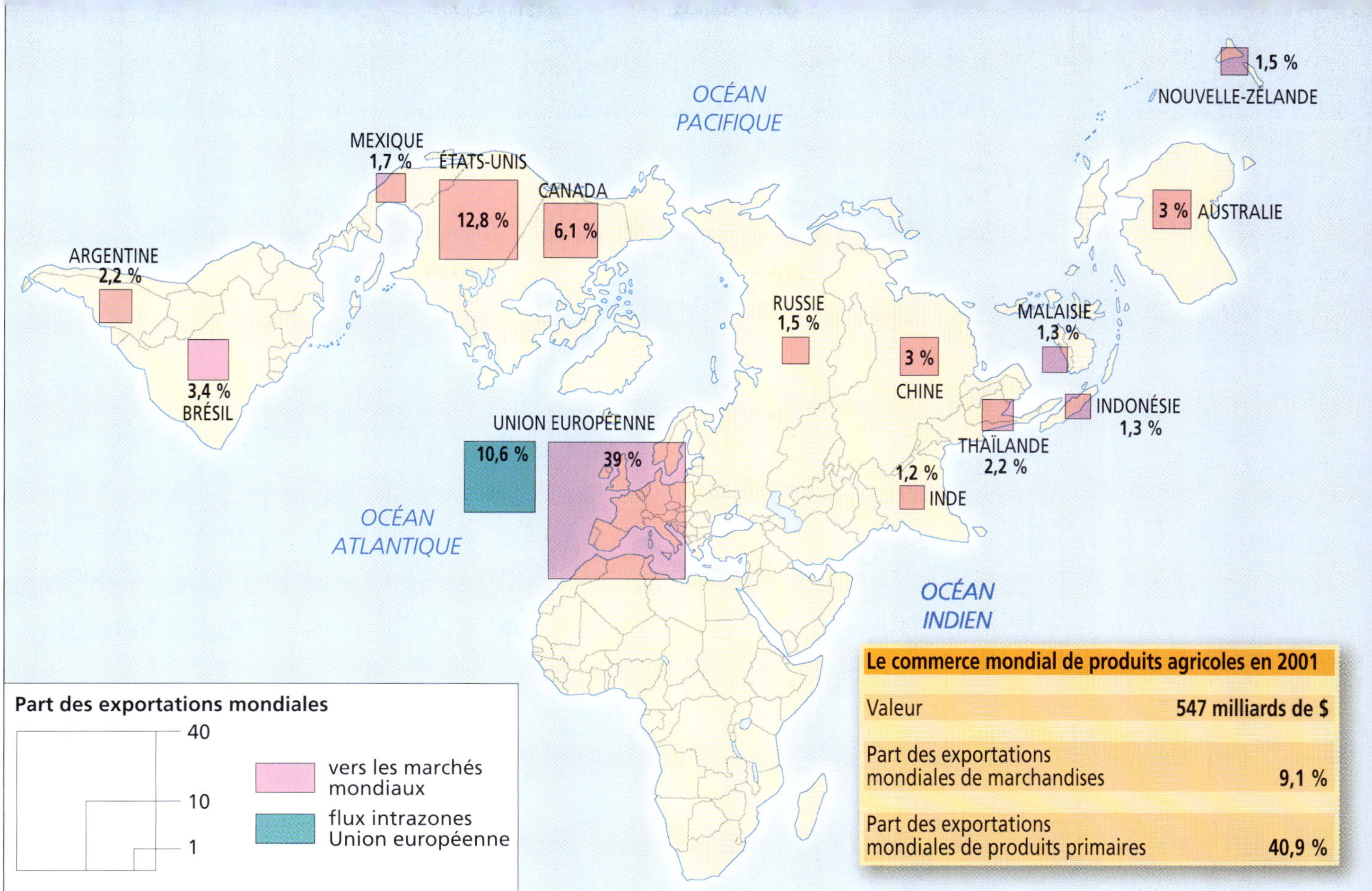

Le commerce mondial de produits agricoles en 2001	
Valeur	547 milliards de $
Part des exportations mondiales de marchandises	9,1 %
Part des exportations mondiales de produits primaires	40,9 %

3 Les principaux exportateurs de produits agricoles en 2001

Source : Organisation mondiale du commerce (OMC).

4 Arrivée de soja brésilien au terminal agroalimentaire de Montoire, France (Loire-Atlantique)

Activité

À l'aide des documents disponibles dans ce dossier, construire un organigramme pour en synthétiser les informations essentielles. (Penser à donner du sens aux cadres et aux flèches de cet organigramme.)

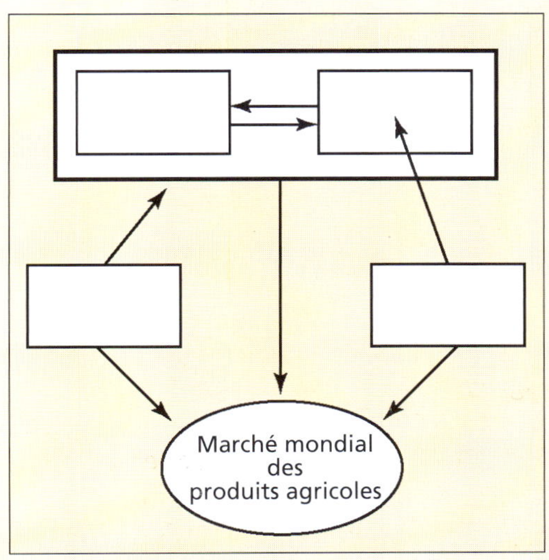

dossier 5

L'Europe élargie : zones dynamiques et zones de faiblesse

L'organisation de l'espace européen se caractérise par son polycentrisme : dans quelle mesure les élargissements programmés de l'Union européenne vont-ils faire évoluer ce polycentrisme ? Où situer les zones dynamiques et les zones de faiblesse de la nouvelle Europe ?

1 La mesure de la richesse dans l'Europe élargie

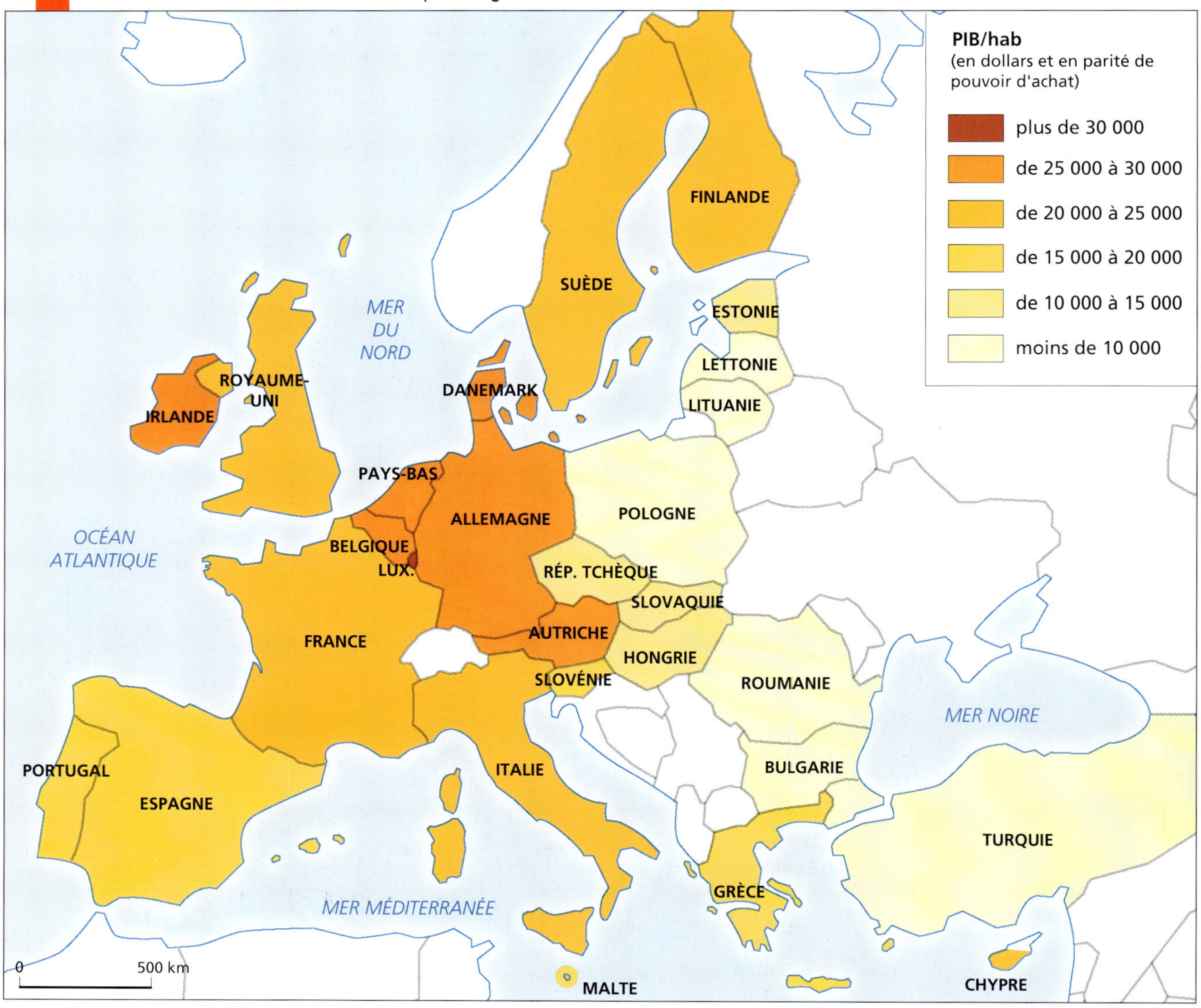

2 La densité des réseaux terrestres européens

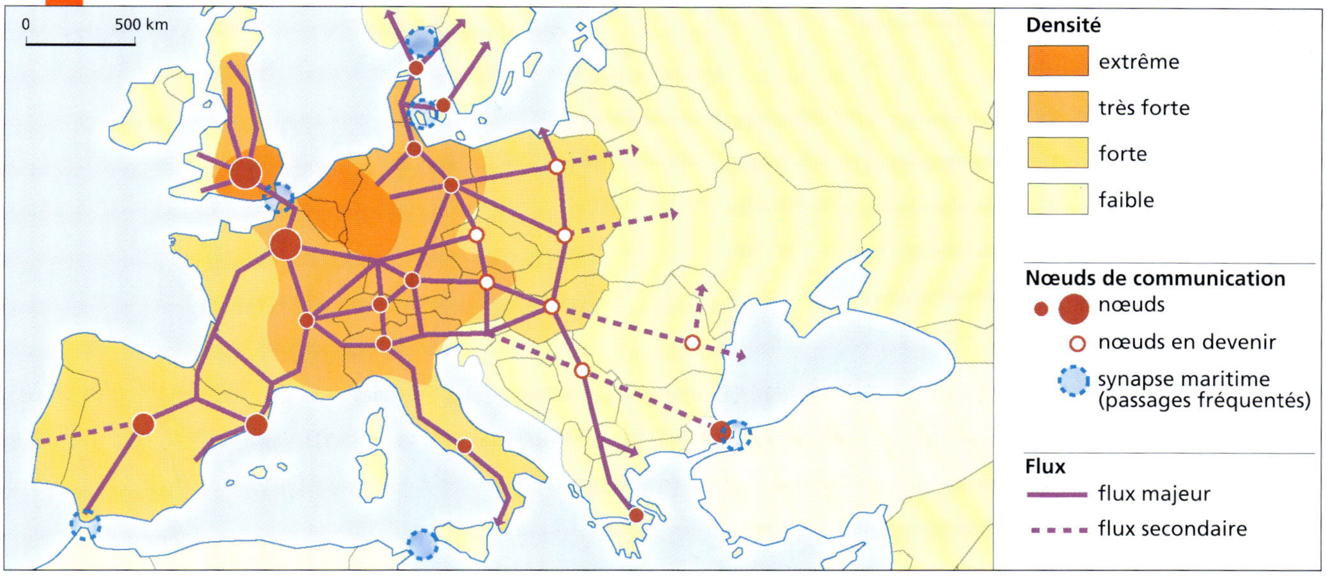

Source : © G. Roques, cartographie C. Carrié in « *Europe, Europes : espaces en recomposition* », G. Roques, B. Elissalde, J. Barrot, Vuibert, avril 2002.

3 Les échanges en Europe

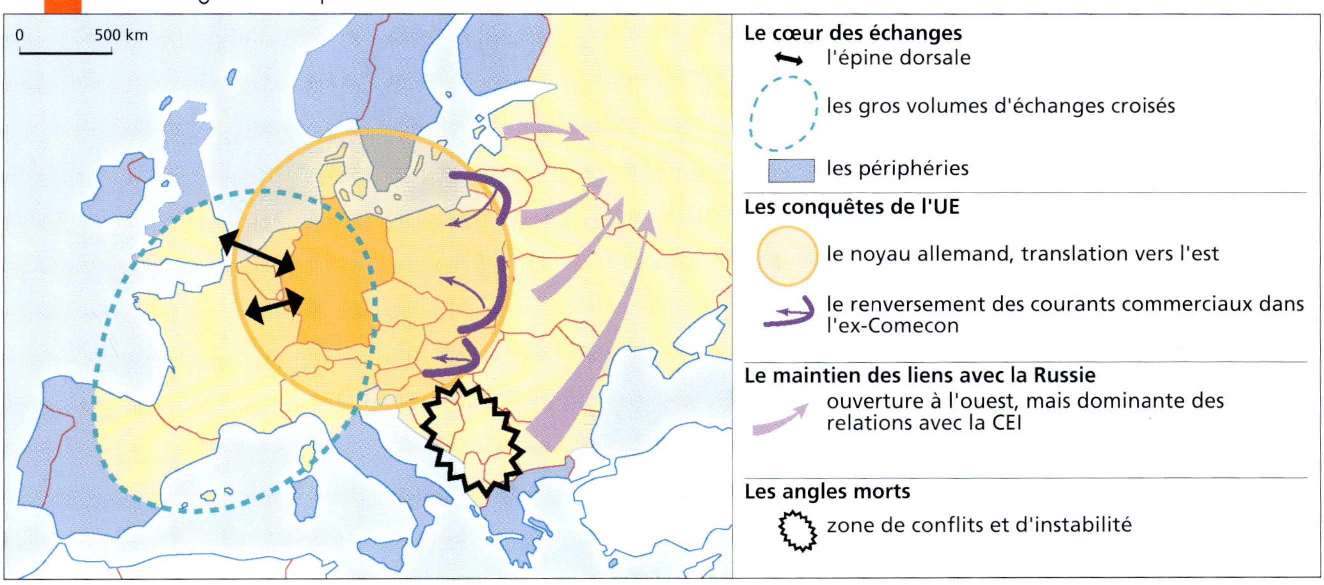

Source : © G. Roques, cartographie C. Carrié in « *Europe, Europes : espaces en recomposition* », G. Roques, B. Elissalde, J. Barrot, Vuibert, avril 2002.

Activité

À l'aide des documents présentés dans ce dossier, mais aussi des cartes pages 150-151 (les villes européennes, les sièges sociaux des grands groupes européens), proposer un schéma de synthèse sur l'organisation de l'espace européen qui pourrait s'appuyer sur la légende suivante :

Zones dynamiques		Zones de faiblesse	
	Les pôles dynamiques majeurs		Les périphéries intégrées économiquement, mais isolées géographiquement
	Le cœur européen		Les espaces périphériques en voie d'intégration
	Les espaces centraux reliés au cœur européen		Les marges

dossier 6

L'Europe : un géant économique, mais un nain politique ?

Puissance économique de premier plan, l'Union européenne est-elle vraiment un « nain politique » ? En quoi sa puissance est-elle encore incomplète ? De quels atouts dispose-t-elle néanmoins pour s'affirmer sur la scène internationale ?

1 Ouverture du sommet Europe-Afrique au Caire, Égypte (avril 2000)

2 L'Europe reste un nain politique

La domination américaine est en partie le fruit du pouvoir politique du gouvernement américain. Il a l'avantage, par rapport à l'Europe, de parler d'une seule voix. Ses représentants peuvent aussi s'appuyer sur la puissance de leur économie pour jouer un rôle essentiel dans les institutions économiques internationales. Au FMI, par exemple, où toutes les décisions importantes réclament une majorité de 85 % des voix, les États-Unis, avec leurs 17 % des voix, disposent à eux seuls d'un droit de veto face à des Européens divisés car représentés au niveau des États [...].

Lente progression du rôle international de l'euro, d'un côté, faible taille et manque d'innovation des multinationales européennes, de l'autre, le poids politique du territoire européen ne paraît guère destiné à s'accroître dans les années qui viennent, malgré l'élargissement de l'Union européenne.

Du fait de cette faiblesse politique, l'Europe cherche à construire un ordre international où priment la coopération entre les États et le droit international, un monde où tous les gouvernements ont les mêmes droits et les mêmes devoirs. L'objectif est louable, mais demeure lointain.

Christian CHAVAGNEUX, *Alternatives économiques*, hors-série n° 56, 2e trimestre 2003.

3 Des désaccords croissants au sein de l'Union européenne

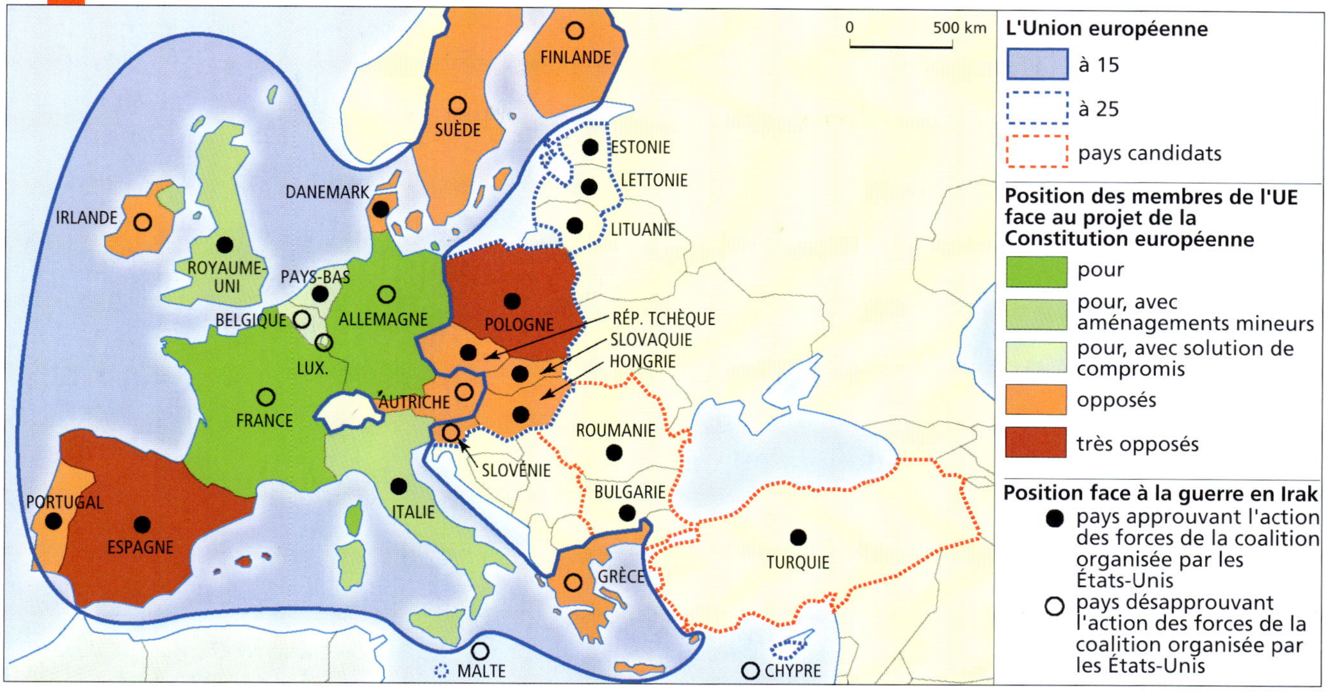

Source : *Le Monde*, 4 octobre 2003.

4 Les perspectives de la défense européenne

Le Conseil européen d'Helsinki (1999) a assigné à l'Union un « objectif global » : cet objectif consiste à pouvoir déployer des forces allant jusqu'à un corps d'armée (60 000 hommes), dans un délai de 60 jours et pour une durée de mission d'au moins un an, avec la logistique et les moyens appropriés de soutien aérien (400 avions de combat) et naval (100 bâtiments), et des capacités propres de commandement, de contrôle et de renseignements. Cette force militaire a été déclarée opérationnelle en 2003 [...]. L'Union a pu ainsi lancer ses premières missions : la relève de la mission de police de l'ONU en Bosnie, la relève de l'opération de l'OTAN en Macédoine et, en juin 2003, l'opération « Artemis », sous mandat de l'ONU, en République démocratique du Congo. L'Union se transforme ainsi progressivement en organisation de maintien de la paix, ce qui ne veut pas dire qu'elle s'affirme comme un acteur stratégique.

[...] Les Européens ont également fait progresser, ces dernières années, l'Europe de l'armement. Des restructurations ont eu lieu dans l'industrie de défense, aboutissant, par exemple, à la constitution d'un pôle aéronautique civil et militaire franco-germano-espagnol (EADS, European Aeronautic Defense and Space Company) ou à un pôle électronique militaire franco-britannique (Thalès). Mais le problème est aussi d'accroître les budgets : alors que les États-Unis affectent environ 4 % de leur PIB à la défense nationale, Français et Britanniques y consacrent quelque 2,5 %, et les Allemands moins de 1,5 %.

En matière de recherche-développement militaire, l'écart est même de 1 à 5, et de 1 à 25 pour le budget spatial militaire. Les États-Unis profitent d'économies d'échelle considérables avec lesquelles les Européens ne peuvent rivaliser qu'en mettant en commun leurs moyens.

Maxime Lefebvre, *Ramsès 2004, Les grandes tendances du monde*, IFRI-Dunod, 2003.

Activité

À l'aide des informations disponibles dans ce dossier, repérer et classer les points faibles de la puissance européenne (puissance économique, militaire, diplomatique et politique), puis identifier les lignes de force de son action sur la scène internationale.

dossier 7

Une Union à vingt-cinq, atout ou handicap pour la puissance européenne ?

En quoi l'élargissement de l'Union peut-il à la fois représenter des atouts et des handicaps pour la puissance européenne ?

1 L'Union européenne pourra-t-elle fonctionner à vingt-cinq ?

Le passage d'une Europe de 15 à 25 États membres aura d'importantes répercussions sur le fonctionnement de l'Union. Celle-ci va passer de 375 à 450 millions d'habitants. Cet accroissement de 20 % est moins important, en termes relatifs, que lors de l'élargissement de 1973 (Royaume-Uni, Irlande et Danemark), et comparable à l'élargissement des années 1980 aux pays méditerranéens (Grèce, Espagne et Portugal). En revanche, c'est le plus important en nombre de pays.

L'accroissement du nombre d'États et la rupture d'équilibre entre petits et grands États constituent du reste les principales difficultés du prochain élargissement. L'Europe à six comptait trois « grands » et trois « petits » États, celle à vingt-cinq comptera six « grands » (en incluant Espagne et Pologne) et dix-neuf « petits ». Le Conseil européen de Nice (2000) a accru le poids relatif des grands États au Conseil et au Parlement européens, en revanche, les grands États ont dû renoncer à leur second commissaire sans avoir pu obliger les petits États à renoncer au principe d'un commissaire par pays [...].

Plus préoccupant est l'alourdissement du processus de négociation et de décision dû à l'accroissement du nombre des délégations (vingt-cinq au lieu de quinze) et des langues officielles (vingt au lieu de onze).

Maxime LEFEBVRE, *Ramsès 2004, Les grandes tendances du monde*, IFRI-Dunod, 2003.

2 De bonnes performances pour les nouveaux membres de l'Union européenne

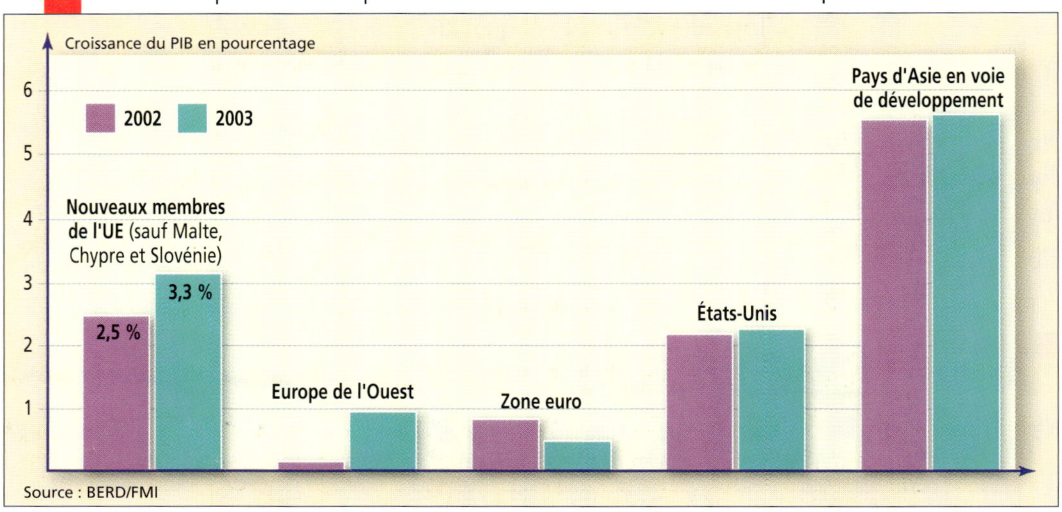

Source : *Le Monde*, 25 novembre 2003.

3 Les délocalisations les plus récentes des firmes françaises vers l'Europe centrale

Entreprises en France et localisation	Emplois supprimés	Délocalisation vers	Secteurs d'activité
GEMPLUS Gemenos, Bouches-du-Rhône	400	Pologne	Cartes à puces
PHILIPS Dreux, Orne	295	Hongrie	Téléviseurs
DURA Cauvigny, Oise	200	République tchèque	Équipementier automobile
SOLECTRON Canéjan, Gironde	200	Roumanie	Sous-traitance électronique
MERLONI Manom, Moselle	163	Pologne	Electroménager
ROULEAU GUICHARD Toulouse, Haute-Garonne	130	Roumanie	Sous-vêtements
EPCOS Lormont, Gironde	115	République tchèque	Composants électroniques

Source : *Capital*, n° 148, janvier 2004.

4 De nouveaux marchés à conquérir (stand de L'Oréal dans une grande surface polonaise)

5 L'Europe est un état d'esprit

L'identité de l'Europe est fondée sur l'histoire, sur des traditions dont nous avons hérité et sur l'adhésion à un ensemble de valeurs fondamentales. À mon sens, la première valeur fondamentale que nous a transmise l'histoire européenne est la dignité de la personne humaine. Ensuite, je citerai la liberté, qui concerne aussi bien le statut de l'homme sur la place publique que son autonomie dans le domaine économique et social. La tradition démocratique s'est également forgée sur le sol européen et elle est devenue une part de son héritage. Enfin, je crois que la solidarité est une part essentielle de notre héritage. Elle ne doit pas être comprise seulement comme le lien qui unit quelques États ayant un intérêt politique convergent, mais comme la valeur qui définit des politiques sociales communes. C'est grâce à sa tradition sociale que l'Europe peut demeurer puissante, notamment en apportant sa vision d'une mondialisation régulée […].

Aujourd'hui, nous sommes confrontés à des défis importants où la bonne compréhension des valeurs européennes est décisive pour l'avenir du monde. La « communauté internationale » dont on parle bien souvent n'est qu'une expression rhétorique, une communauté virtuelle qui n'a pas de références intellectuelles, spirituelles. Elle ne pourrait être formée qu'autour d'un ensemble d'idées (État de droit, droits de l'homme) qui sont au cœur de l'héritage spirituel européen […]. Par ailleurs, les pays d'Europe centrale apportent à l'Union leur expérience du totalitarisme. La lutte pour la liberté dans ces pays était aussi une lutte pour l'Europe. Leur intégration rafraîchit l'idée européenne, elle permet de dépasser la mentalité comptable qui est souvent celle de l'Union aujourd'hui pour retrouver l'esprit de cette construction, l'esprit européen.

Bronislaw GEREMEK,
historien polonais et ancien ministre
des Affaires étrangères de la Pologne (1997-2000),
extraits d'un entretien accordé à la revue
Alternatives internationales, mars-avril 2003.

Activité

À l'aide des informations disponibles dans ce dossier, rédiger un paragraphe argumenté qui se propose de répondre à la problématique définie en introduction.

Étude d'un ensemble documentaire

L'Union européenne et l'aide aux pays en voie de développement, quelles évolutions et quels impacts ?

PREMIÈRE PARTIE

Analyser l'ensemble documentaire en répondant aux questions suivantes :

1. Différencier clairement les échelles des documents 1-2-3 et 4.
2. Identifier, à l'aide des documents 1 et 2, la nature des liens qui unissent l'Union européenne et les pays de la zone ACP.
3. Retracer, à l'aide du document 2, les temps forts de l'évolution de la politique d'aide au développement de l'Union européenne.
4. Souligner, à l'aide des documents 3 et 4, l'importance de cette aide pour les pays qui en bénéficient.
5. Mettre en évidence, à l'aide des documents 2 et 5, les nouveautés introduites par les accords de Cotonou, les facteurs expliquant ces évolutions et les critiques formulées à l'égard de ces nouvelles orientations de la politique d'aide au développement de l'Union européenne.

DEUXIÈME PARTIE

À l'aide des réponses aux questions, des informations contenues dans les documents et de vos connaissances, vous rédigerez une réponse organisée au sujet : L'Union européenne et l'aide aux pays en voie de développement, quelles évolutions et quels impacts ?

1 Les pays ACP (Afrique-Caraïbes-Pacifique) signataires de l'Accord de Cotonou (juin 2000)

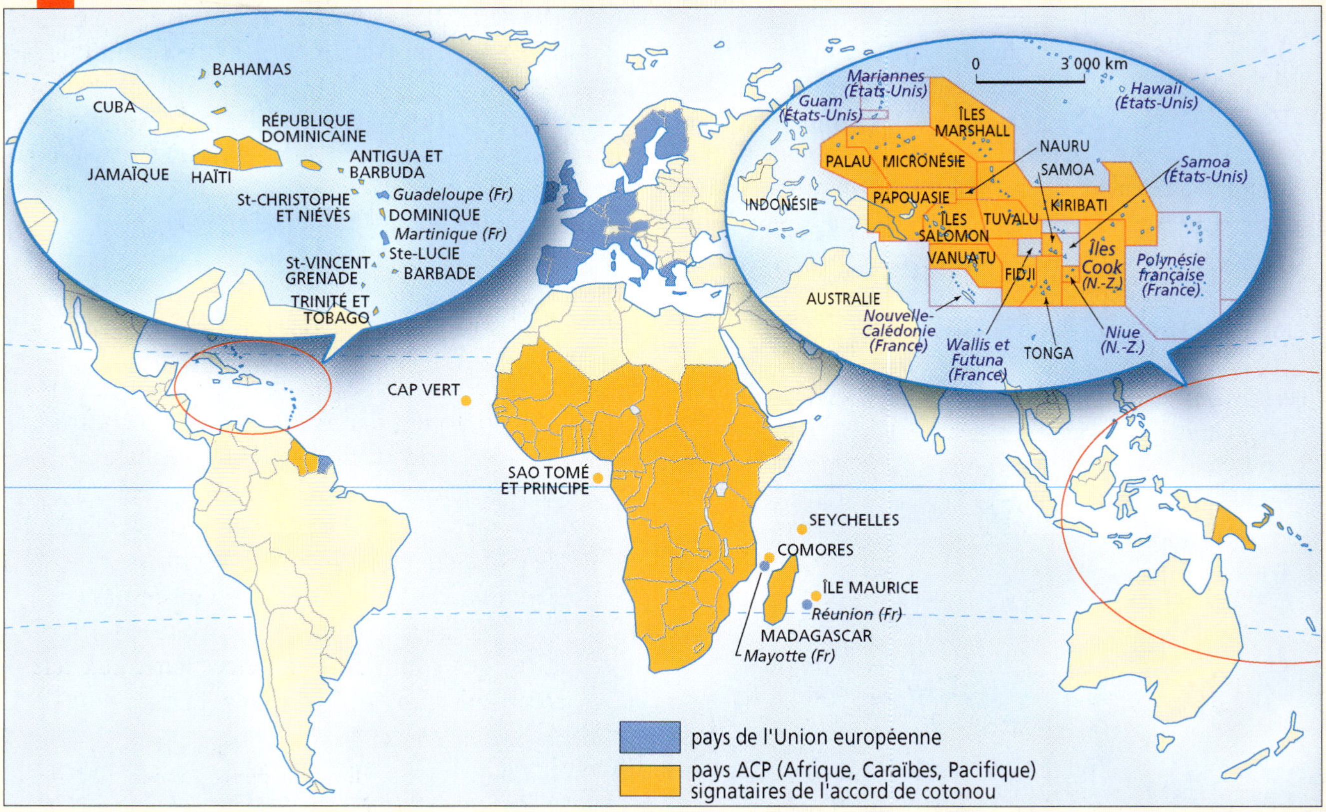

Source : *Les dossiers de la Documentation française*, juin 2003.

2 L'Union européenne et l'aide au développement

La politique d'aide européenne aux pays en voie de développement se concentrait, jusqu'à la fin des années 60, sur les pays liés à l'Europe par la colonisation. Par la suite, la politique communautaire de coopération, longtemps présentée comme un modèle de partenariat entre le Nord et le Sud, mise en place par les Conventions de Yaoundé (1963) et de Lomé (1975, 1979, 1984 et 1989), a créé un cadre institutionnel permanent et paritaire avec les pays de la zone ACP.

Alors que la Convention de Yaoundé (1963) prévoyait une aide financière et commerciale aux anciennes colonies africaines, les Conventions de Lomé I (1975) et II (1979) donnaient la priorité au développement industriel et rural, celle de Lomé III (1984) mettait l'accent sur la sécurité alimentaire et l'environnement, enfin celle de Lomé IV (1989, révisée en 1995) introduisait pour la première fois un lien explicite entre développement et promotion des droits de l'homme.

Se fondant sur les acquis des vingt-cinq dernières années de coopération entre l'Europe et les pays du Sud, marqué par la nouvelle donne internationale (aggravation de la situation économique, mondialisation des échanges, perte de crédibilité de l'aide publique au développement), l'Accord de Cotonou constitue un tournant dans les relations de coopération entre l'Union européenne et les pays ACP. Parallèlement à la lutte contre la pauvreté, placée au cœur de sa stratégie, l'accord associe étroitement dialogue politique et aide au développement. Son objectif est d'instaurer des zones de libre-échange entre l'Union européenne et les pays ACP en raison des nouvelles règles du commerce international de l'OMC qui interdisent toute discrimination entre pays en développement. Les pays signataires ont entamé, en septembre 2002, un cycle de négociations en vue de conclure de nouveaux accords de partenariat économique (APE) avec l'Union européenne.

D'après *Les dossiers de la Documentation française*, juin 2003.

3 Le barrage franco-italien de Katse au Lesotho (Afrique australe)

4 L'aide européenne au Mali dans le cadre des Accords de Cotonou

Enveloppe globale de l'aide pour la période 2003/2007 : 375 millions d'euros
PNB annuel du Mali (8 600 millions d'euros)

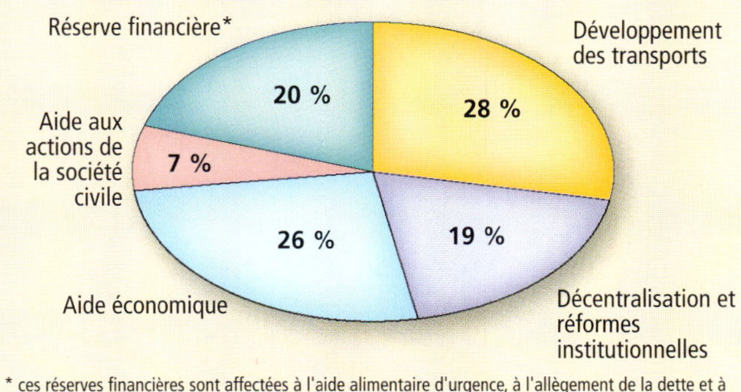

* ces réserves financières sont affectées à l'aide alimentaire d'urgence, à l'allègement de la dette et à la couverture de l'instabilité des recettes d'exportation.

Source : *L'état du monde 2003*, site internet malipages.com.

5 L'Union européenne sous le feu de la critique

Ne demande-t-on pas aux Africains l'impossible ? Pourquoi, par exemple, ne pas concentrer les moyens sur les infrastructures de base, régionales ou intercontinentales, dont dépend la réduction de la pauvreté ? [...] Comment vouloir engager l'Afrique dans un processus de croissance et de compétitivité internationale, si l'on est incapable de l'aider à remplir les trois conditions élémentaires que sont l'accès à l'électricité, aux télécommunications et à la télématique ?

Raphaël Tshimbulu,
directeur de recherche au CNRS,
Le Monde Diplomatique, juin 2002.

Composition L'Union européenne, une puissance incomplète ?

A. Comprendre le sujet : quelques pistes pour rédiger l'introduction

***Présenter le sujet* –** Le sujet renvoie clairement à la notion de puissance qui ne se limite pas seulement à des critères économiques et commerciaux. Les influences politique, militaire, diplomatique ou culturelle occupent aujourd'hui une place déterminante pour évaluer la capacité d'un État ou d'un groupe d'États (comme ici dans le cas de l'Union européenne) à jouer un rôle important dans l'organisation géographique du monde.

***Problématiser le sujet* –** La formulation du sujet invite donc à évaluer les forces et les faiblesses des différentes composantes de la puissance européenne pour pouvoir répondre, en conclusion, de façon détaillée et nuancée à la problématique proposée.

B. Construire un plan détaillé

Pour vous aider à bâtir une argumentation appuyée sur des exemples précis, un plan détaillé vous est fourni avec des renvois aux dossiers ou à des documents précis du chapitre que vous venez d'étudier.

1. Les points forts de la puissance européenne	
Une puissance économique et commerciale de premier plan	*Dossier 1 (documents 1-3-6), dossier 3 (document 1). Dossier 4 (document 3), dossier 5 (document 1). Document 2, p. 167.*
Une puissance financière émergente	*Dossier 1 (document 5).*
Une armature urbaine dense et diversifiée, bien reliée à l'archipel métropolitain mondial	*Dossier 2. Document 1, p. 169.*
Un espace attractif pour les flux migratoires	*Carte, p. 147.*
Un système de valeurs qui propose une vision régulée de la mondialisation différente de l'option libérale dominante	*Dossier 6 (document 2). Dossier 7 (document 5).*
2. Les points faibles de la puissance européenne	
Des atouts économiques qui restent à consolider	*Dossier 1 (documents 2 et 4). Document 1, p. 167 et document 1, p. 171.*
Les retards de l'unification politique de l'Union européenne	*Dossier 6 (documents 2 et 3).*
Une puissance militaire encore peu opérationnelle	*Dossier 6 (document 4).*
Les défis de l'élargissement à surmonter	*Dossier 7 (document 1) et document 3, p. 171.*

C. Pour conclure

La conclusion doit faire apparaître l'Union européenne comme une puissance en devenir dont les attributs de la puissance sont parfois solides (la puissance économique et commerciale, l'ancrage à l'archipel métropolitain, la polarisation des flux migratoires), ou en voie d'affirmation (puissance financière), mais qui accusent aussi certains retards (la puissance politique et militaire) qui l'empêchent encore d'être une puissance mondiale de plein exercice. On peut donc bien dire qu'actuellement, l'Union européenne reste une puissance incomplète.

Croquis

L'Union européenne, une aire de puissance polycentrique

A. Comprendre le sujet

Le croquis doit s'efforcer de mettre en valeur l'originalité de l'organisation de l'espace européen : son polycentrisme.

Deux logiques seront alors à privilégier :

- celle des lieux ou pôles de cette puissance européenne qui s'exprime par les dynamiques métropolitaines propres au continent européen,
- celle des aires de la puissance qui conduit à différencier des zones dynamiques et des zones de faiblesse.

B. Activité

Organiser une légende ordonnée, puis compléter le croquis en plaçant les différents éléments de la légende et en proposant quelques localisations significatives.

C. Fond de carte

● les centres décisionnels politiques de l'Union européenne

○ la capitale financière de l'Euroland

les métropoles de rang mondial

les métropoles européennes

Le cœur : zone de forte concentration d'hommes, d'activités et de flux

Les zones dynamiques bien reliées au cœur

Les axes de circulation majeurs reliant les lieux centraux

Les périphéries isolées géographiquement

Les périphéries isolées géographiquement et en retard économique

chapitre 6

1. Une puissance en voie de consolidation

Parmi toutes les coopérations régionales existant aujourd'hui, l'Union européenne s'affirme comme la plus dynamique et la plus intégrée. En renforçant leurs liens économiques, commerciaux, financiers et politiques, les pays européens se sont imposés comme un des **centres d'impulsion** majeurs du monde actuel aux côtés de l'Amérique du Nord et de l'Asie orientale.

Dossier 1, p. 148-149.

A. Une puissance économique de premier plan

Sur le plan agricole comme sur le plan industriel, l'Europe dispose d'abord d'une base productive solide qui en fait un des **pôles** majeurs de la création de richesses à l'échelle planétaire. Par le grand mouvement des fusions-acquisitions qui a marqué les années 90, les **firmes multinationales** européennes commencent à combler leurs retards sur leurs homologues américaines et asiatiques et sont aujourd'hui devenues des acteurs importants des investissements directs à l'étranger (IDE).

Sur le plan financier, l'Europe s'est dotée, avec l'euro, d'un instrument de puissance qui commence à s'affirmer, et les Bourses européennes, malgré un retard encore important sur les États-Unis, deviennent des centres financiers actifs (Londres, Paris, Francfort).

Un seul point noir au tableau, la faiblesse relative de l'Europe en termes d'innovation et de recherche-développement (5,1 chercheurs pour 1 000 actifs) par rapport à la concurrence américaine (7,4 / 1 000) et japonaise (8,9 / 1 000). Un retard qui n'empêche pourtant pas les Européens d'être parfois très présents dans certaines industries de pointe (aéronautique, aérospatiale, biotechnologies), là où souvent les coopérations inter-européennes sont particulièrement actives.

Dossier 3, p. 152-153 et dossier 4, p. 154-155.

B. Une puissance commerciale solide

Les atouts productifs dont disposent les pays européens et la précocité de l'élaboration de leur zone de libre-échange ont contribué à faire de l'Union européenne une puissance commerciale dominante. Certes, les **flux** les plus actifs sont ceux du commerce intrazone (entre les pays de l'Union), mais les Européens sont aussi présents sur les grands marchés mondiaux.

Cette puissance commerciale doit cependant être consolidée par une ouverture plus large sur l'économie monde. À l'heure actuelle, la **mondialisation** des économies européennes s'est d'abord traduite par un renforcement sensible du lien transatlantique et leurs positions restent encore modestes sur les marchés en développement de l'Asie orientale. Mais l'Europe est devenue un acteur majeur de l'économie mondialisée et les conflits, qui se multiplient ces dernières années au sein de l'OMC (Organisation mondiale du commerce) avec les États-Unis ou les pays émergents, témoignent aussi de cette montée en puissance.

L'Union européenne dispose également de liens privilégiés avec les pays en voie de développement. En organisant une coopération économique intégrée avec les pays de la zone ACP (Afrique-Caraïbes-Pacifique), elle a su tout à la fois y conquérir des marchés et s'y forger l'image d'une puissance attentive à l'aide au **développement** du tiers monde.

À l'avenir, le principal défi pour l'Europe sera de mener de front son élargissement au continent européen et le nécessaire renforcement de son rôle de centre d'impulsion de l'économie mondiale, tout en continuant à développer ses coopérations avec les pays du Sud. C'est de cette capacité à gérer ces trois défis que dépendra la consolidation de sa puissance.

Notions clefs

- Centre d'impulsion
- Développement
- Firme multinationale
- Flux
- Mondialisation
- Pôle

Voir lexique, page 7

1 Puissance et fragilités de l'Europe comme centre

Considérons maintenant le continent européen, non plus comme une aire mais comme un lieu du monde. L'Europe représente entre 35 et 40 % de la production marchande mondiale, un peu plus que l'Amérique du Nord et beaucoup plus que le Japon. En tant que site productif, elle occupe des positions favorables dans l'agriculture, l'automobile, les industries ferroviaires, la machine-outil, l'aéronautique, les téléviseurs, la téléphonie, la presse et le tourisme, malgré une concurrence sévère qui lui a fait délaisser ou même abandonner des secteurs entiers : les appareils photographiques ou les motos au Japon, le cinéma et les pellicules aux États-Unis, la sidérurgie et les chantiers navals à l'Asie orientale dans son ensemble, l'essentiel de l'informatique aux États-Unis, au Japon et aux nouveaux pays industriels d'Asie [...].

On retrouve une position forte dans le commerce extérieur où l'Europe pèse environ la moitié du total mondial. En fait, ces comparaisons entre grandes zones sont rendues difficiles par leur différence de structure. Dans le cas de l'Amérique du Nord et du Japon, on a affaire à deux ou à un seul État, tandis que la zone Europe en comprend, selon le découpage choisi, entre quarante et cinquante. Cela génère donc un commerce international intrazone. Si l'on considère l'Europe comme un seul pays, sa situation apparaît moins brillante, et sa part stagne en raison du recentrage des économies européennes sur le continent et de la montée en puissance de l'Asie orientale. Cependant, même si l'on exclut le trafic interne au continent, qui représente plus de 60 % de la contribution européenne, les relations de l'Europe prise comme un tout avec le reste du monde constituent plus du quart des échanges mondiaux ainsi redéfinis.

Jacques Levy,
Europe, une géographie,
Hachette supérieur, 1997.

2 Le siège de la Lloyd's de Londres, première Bourse mondiale de l'assurance maritime

3 Des rythmes de rattrapage différents

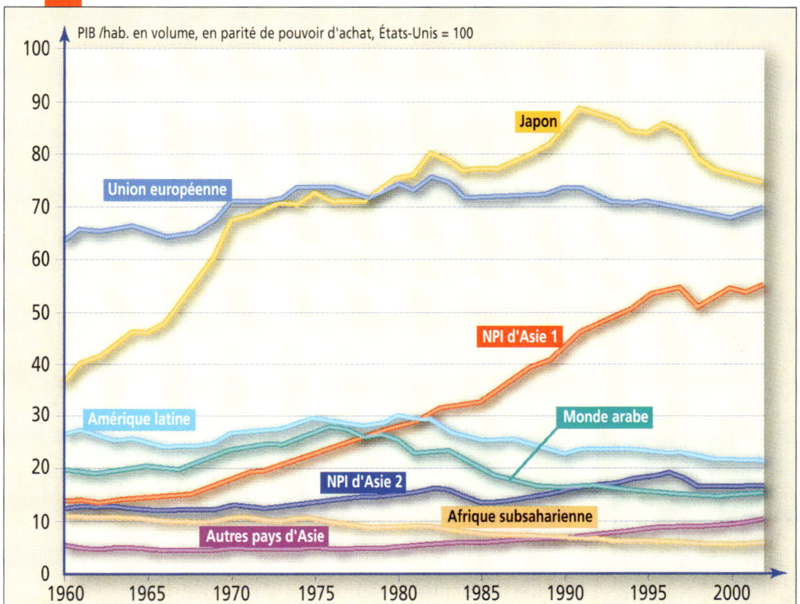

NPI 1 : Corée du Sud, Taiwan, Singapour, Hong Kong
NPI 2 : Malaisie, Philippines, Thaïlande

Monde arabe : Afrique du Nord et Moyen-Orient
Autres pays d'Asie : y compris Chine et Inde

Source : *Alternatives économiques*, hors-série n° 59, 1er trimestre 2004.

2. Une aire de puissance polycentrique

Alors que l'**aire de puissance** nord-américaine se présente comme une aire centralisée autour des États-Unis et que l'aire de puissance asiatique est multipolaire (avec encore un fort gradient de développement entre ses différentes composantes), l'aire de puissance européenne s'organise de façon très originale comme une aire de puissance polycentrique.

Dossier 5, p. 156-157.

A. Pôles de puissance et zones de faiblesse de l'aire européenne

Si l'on envisage l'Europe comme une addition d'États, on peut observer le rôle important qu'y joue l'Allemagne. Par sa puissance démographique et économique, elle organise une réelle polarisation de l'espace européen qui s'exprime à la fois par des **flux** économiques, financiers et humains. Cependant, la puissance régionale de l'Allemagne est loin d'être aussi évidente que celle des États-Unis en Amérique du Nord ou du Japon en Asie orientale.

En effet, si l'on considère l'Union européenne comme un tout qui tend à s'affranchir des divisions étatiques, l'**organisation de l'espace** européen se structure davantage autour d'un **axe** majeur (l'axe rhénan) que l'on peut prolonger vers Londres et l'Italie du Nord (la **mégalopole** européenne), voire Paris ou Bruxelles. Ce « centre » se présente alors comme un espace polycentrique où les fonctions décisionnelles économiques, politiques et financières sont partagées. La vitalité de cet espace européen repose sur une politique volontariste d'**aménagement** qui se traduit d'abord par l'existence d'un réseau dense de transports continentaux (routiers, fluviaux et ferroviaires).

Cette structure polycentrique n'efface cependant pas les **disparités spatiales**. Aux marges de ce « centre », existent des périphéries qui sont parfois pénalisées par leur isolement géographique (pays scandinaves, pays d'Europe du Sud : Espagne, Portugal et Grèce), ou leurs retards économiques (pays d'Europe centrale en voie d'intégration à l'Union européenne). Mieux relier ces périphéries au centre est donc un des défis futurs de l'Europe pour consolider et élargir son polycentrisme.

Dossier 2, p. 150-151.

B. Les dynamiques métropolitaines

L'Europe se présente également comme un espace fortement urbanisé et marqué par une grande variété des **réseaux** urbains (réseaux polarisés autour d'une capitale concentrant les fonctions décisionnelles comme en France ou au Royaume-Uni, réseaux bipolaires comme en Italie ou en Espagne et multipolaires comme en Allemagne ou aux Pays-Bas). De ce point de vue également, l'armature urbaine européenne apparaît bien comme polycentrique.

À l'heure où la **mondialisation** privilégie la **métropolisation** et les dynamiques métropolitaines (l'archipel métropolitain), l'Europe dispose donc, là aussi, d'atouts majeurs : deux métropoles de rang mondial (Paris et Londres), et une série de métropoles européennes très bien reliées aux grands réseaux de communication internationaux.

Un des défis de l'élargissement de l'Union européenne consistera à redynamiser les métropoles des nouveaux pays membres en rénovant les infrastructures de transport et de communication pour mieux les relier au cœur du continent.

Le renforcement de ce polycentrisme urbain est d'ailleurs clairement perçu aujourd'hui par les politiques communautaires qui cherchent à consolider cette **métropolisation** de l'espace européen. Héritage d'un continent politiquement divisé, ce polycentrisme urbain peut aussi devenir un atout pour l'avenir de l'aire de puissance européenne.

Notions clefs

- Aire de puissance
- Aménagement
- Axe
- Disparités spatiales
- Flux
- Mégalopole
- Métropolisation
- Mondialisation
- Organisation de l'espace
- Réseau

Voir lexique, page 7

1 L'Europe, un modèle polycentrique

Le modèle centre-périphéries ne fonctionne pas en Europe simultanément à toutes les échelles et l'on n'y trouve pas le lieu des centralités cumulées. C'est-à-dire « le » centre décisionnel dirigeant, la métropole contrôlant la région à la tête de l'État dominant la dorsale européenne et donc l'Europe. D'ailleurs, le pouvoir décisionnel de l'Union est lui-même éclaté entre Bruxelles, La Haye et Strasbourg. Son pouvoir économique est diffusé sur la Randstad, la Ruhr, le Sud-Est anglais, sur Paris et d'autres pôles secondaires. Le modèle d'urbanisation rhénan qui structure la dorsale européenne est initialement un modèle polycentrique présentant différentes centralités. L'Europe n'est pas les États-Unis où un pôle, celui de Manhattan, cumule le contrôle de différentes centralités : de la « big apple » à la « megalopolis » qui dirige les États-Unis et le monde.

De façon très différente, la dorsale européenne est en elle-même une structure avec différents pôles. La Ruhr, complexe industriel le plus puissant d'Europe, centre névralgique des activités, ne peut être comprise sans référence aux centres financiers voisins de Francfort, Londres, Zurich ou Paris. D'autres éléments favorisent la polycentralité européenne. La Randstad, la plaine padane avec Milan et Turin, les extensions anglaises jusqu'à Manchester sont d'autres éléments créant des complémentarités. La centralité de la dorsale est en elle-même *polycentrique*. En raison des traditions historiques et de l'hétérogénéité des constructions politiques ou économiques, on ne voit jamais en Europe de centralité cumulée.

Jean Ollivro, *L'Europe d'aujourd'hui : centre(s) et périphéries* in « Le polycentrisme en Europe », Guy Baudelle et Bernard Castagnède, Éditions de l'Aube (Datar), Paris 2002.

2 L'Allemagne, centre de gravité de l'Europe

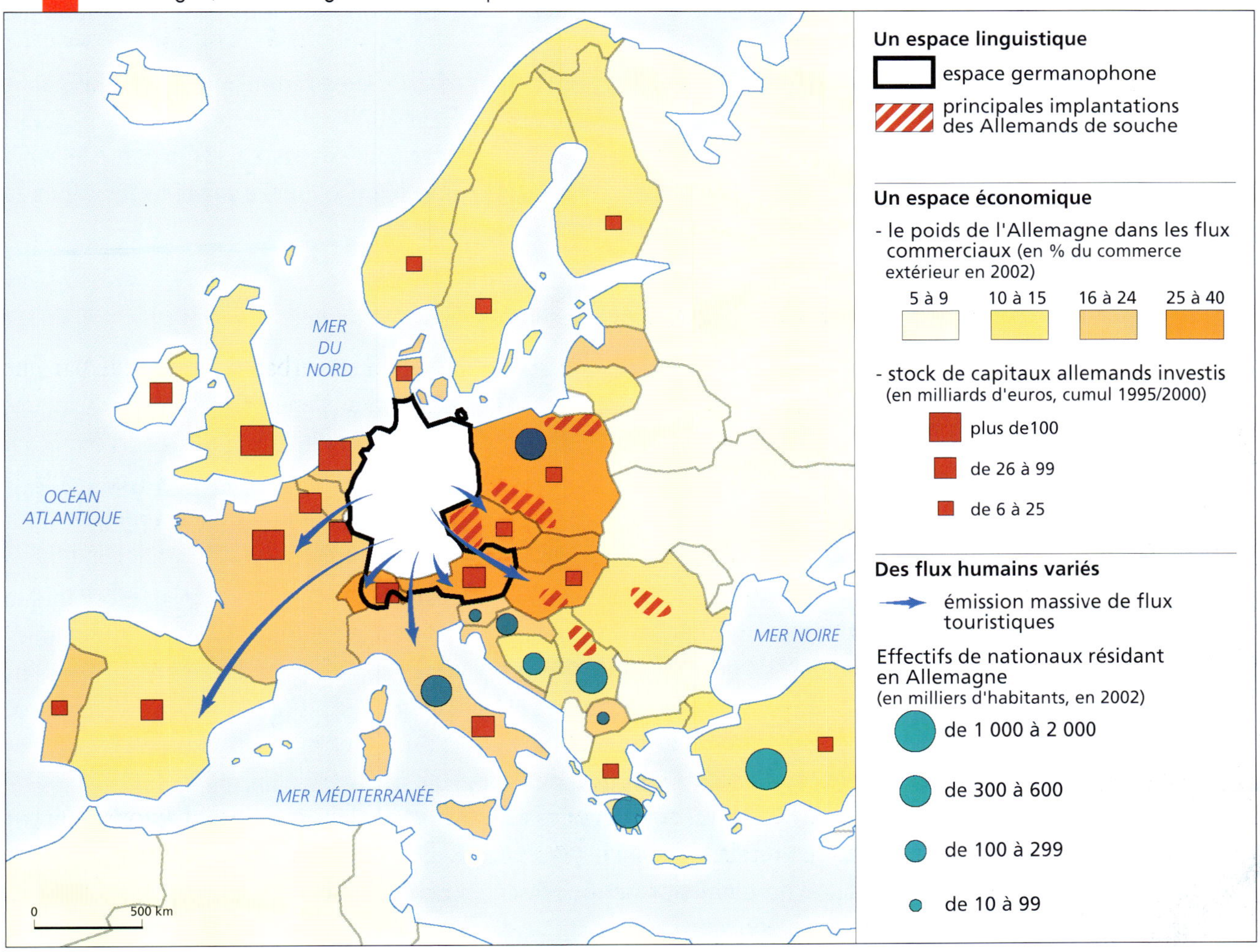

3. Des défis qui restent à surmonter

L'Europe semble peu à peu prendre conscience de ses atouts et mesurer à quel point, dans le monde unipolaire né de la fin de la Guerre froide, son statut d'**aire de puissance** n'en fait pas pour autant une Europe-puissance. L'Europe peut-elle réellement s'affirmer sur la scène internationale en équilibrant l'hégémonie américaine, a-t-elle les moyens de ses ambitions ?

Dossier 6, p. 158-159.

A. Une intégration politique encore très incomplète

Addition d'États aux identités nationales souvent fortement marquées, l'Europe s'est construite en donnant la priorité à une démarche fondée sur la coopération, la négociation et la recherche du consensus. S'il existe bien une « gouvernance » européenne, l'Union manque d'abord et surtout d'intégration politique. Et c'est bien ce qui constitue son principal point faible, en terme de puissance, si on la compare aux États-Unis.

De ce déficit politique découle une série de failles qui affaiblissent les attributs de la puissance européenne. Tout d'abord, l'Union ne dispose pas encore d'une puissance militaire réellement autonome et opérationnelle. Par ailleurs, la diplomatie européenne est encore inexistante : sur la scène internationale, l'Europe s'exprime souvent à quinze voix (la seule instance où l'Union européenne est représentée en tant que telle est actuellement l'OMC, Organisation mondiale du commerce). Enfin, sa gouvernance économique et financière reste fragile, comme le démontre actuellement la crise que traverse le pacte de stabilité, fondement de la monnaie européenne.

C'est tout l'enjeu des débats actuels autour de la future Constitution européenne qui, dans tous les cas de figure, ne devrait pas être applicable avant 2009 à l'ensemble de l'Union. L'Europe a besoin d'exister politiquement pour exercer pleinement son statut de puissance et avoir la capacité de proposer sa vision d'une **mondialisation** régulée fondée sur la négociation, le droit international, la coopération et l'aide au développement.

Dossier 7, p. 160-161.

B. Un élargissement à réussir

Un autre défi se présente aujourd'hui pour l'Union européenne, celui de son élargissement. L'effondrement des équilibres géopolitiques de la Guerre froide donne l'occasion à l'Europe d'élargir son **territoire**. Ce faisant, elle va devoir gérer d'importantes **discontinuités** économiques, sociales, spatiales et fournir un effort important de solidarité pour ancrer à l'Union les nouveaux pays membres.

En terme de puissance, si cet élargissement peut apparaître modeste sur le plan économique ou démographique, il ouvre pourtant des perspectives non négligeables pour les économies européennes : des marchés nouveaux, **des aménagements** à réaliser, des opportunités d'investissements. Par ailleurs, cet élargissement peut aussi être l'occasion d'une réflexion approfondie sur les valeurs de l'Union européenne (solidarité, droits de l'homme), propre à consolider l'image politique et idéologique de l'Europe sur la scène internationale.

La réussite de cet élargissement évitera aussi à l'Union européenne la tentation du repli sur le continent. L'affirmation de l'Europe dépendra aussi de sa capacité à rester compétitive face aux aires de puissance mondiales (Amérique du Nord et Asie orientale) et à s'impliquer davantage dans l'aide au développement des pays du Sud.

Notions clefs

- Aire de puissance
- Aménagement
- Discontinuités
- Mondialisation
- Territoire

Voir lexique, page 7

1 Les défis de la reconversion économique

Les hauts fourneaux de Cockerill en Belgique menacés de fermeture.

2 Des grands travaux pour rebâtir l'Europe

Dans l'Union européenne, marchandises et citoyens ont le droit de circuler librement dans tous les pays membres. Pour faciliter l'utilisation de cet espace commun, la Commission européenne a sélectionné 18 projets d'infrastructures prioritaires, à construire entre 2010 et 2020 : le pont de Messine entre la Sicile et le reste de l'Italie; les routes reliant l'Europe de l'Ouest à l'Europe de l'Est ; les TGV pyrénéens et hispano-portugais ; ou encore l'aménagement de couloirs maritimes tout autour de l'Europe.

Source : « *Les dossiers de l'actualité* », co-édition *La Croix* et *Phosphore*, septembre 2003.

L - ES

chapitre 7

L'Europe rhénane

Problématique

Au cœur de la mégalopole européenne, le monde rhénan est l'un des espaces les plus développés et les plus dynamiques d'Europe. Comment s'est construite cette aire de puissance aux limites « floues » ? Quels sont ses atouts et comment essaie-t-elle de surmonter ses faiblesses ?

Le bassin versant du Rhin

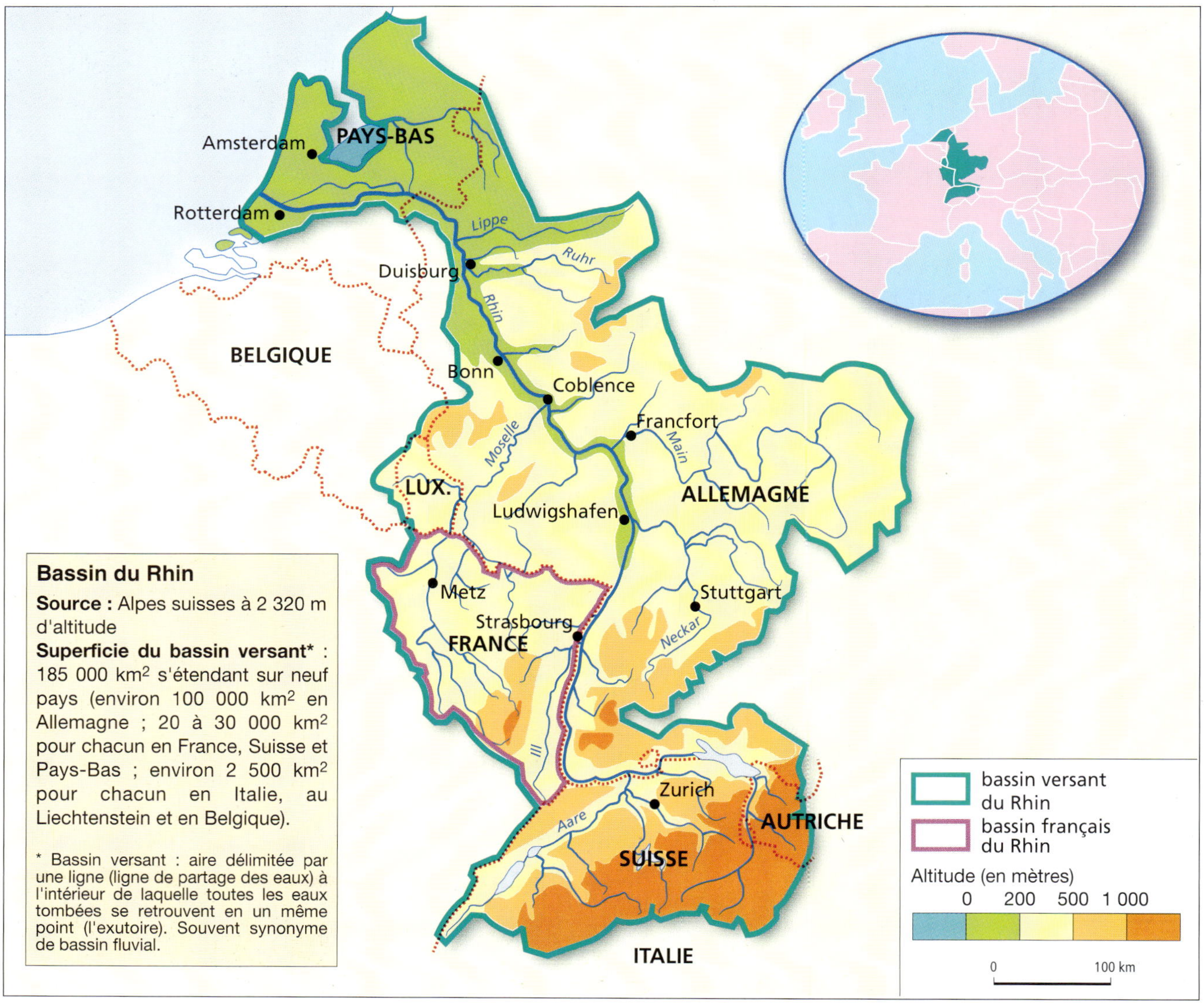

Source : Agence de l'eau Rhin-Meuse (www.eau-rhin-meuse.fr).

La vallée du Rhin (château de Stahleck, Allemagne)

L'axe rhénan à Ludwigshafen (Allemagne)

LES VILLES RHÉNANES DANS LE SYSTÈME URBAIN EUROPÉEN

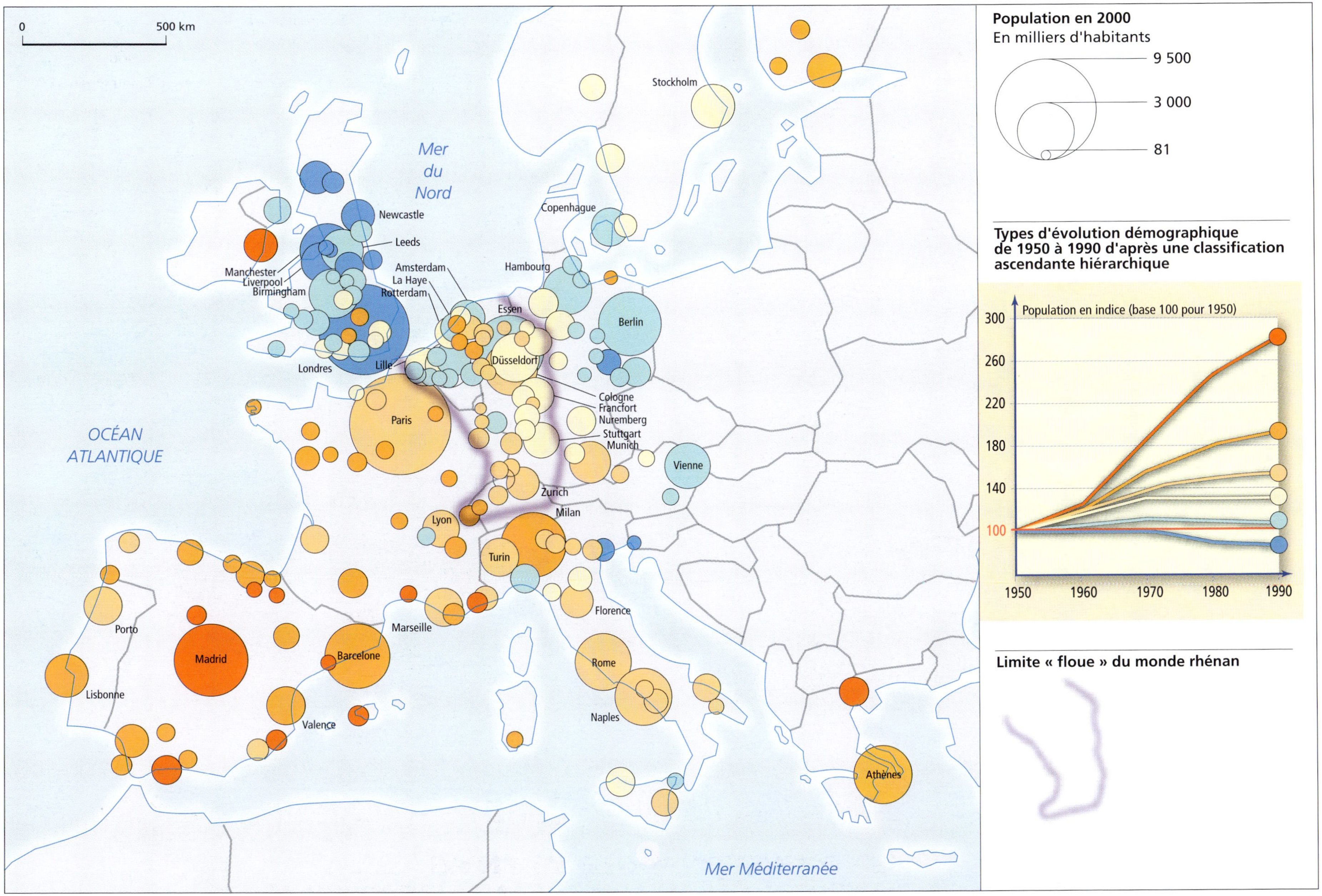

Source : D'après les cartes de C. Rozenblat et P. Cicille, *Les villes européennes. Analyse comparative*, Datar–La Documentation française, 2003.

LES AMÉNAGEMENTS DU RHIN AU NORD DE DUISBOURG DANS LA RUHR (ALLEMAGNE)

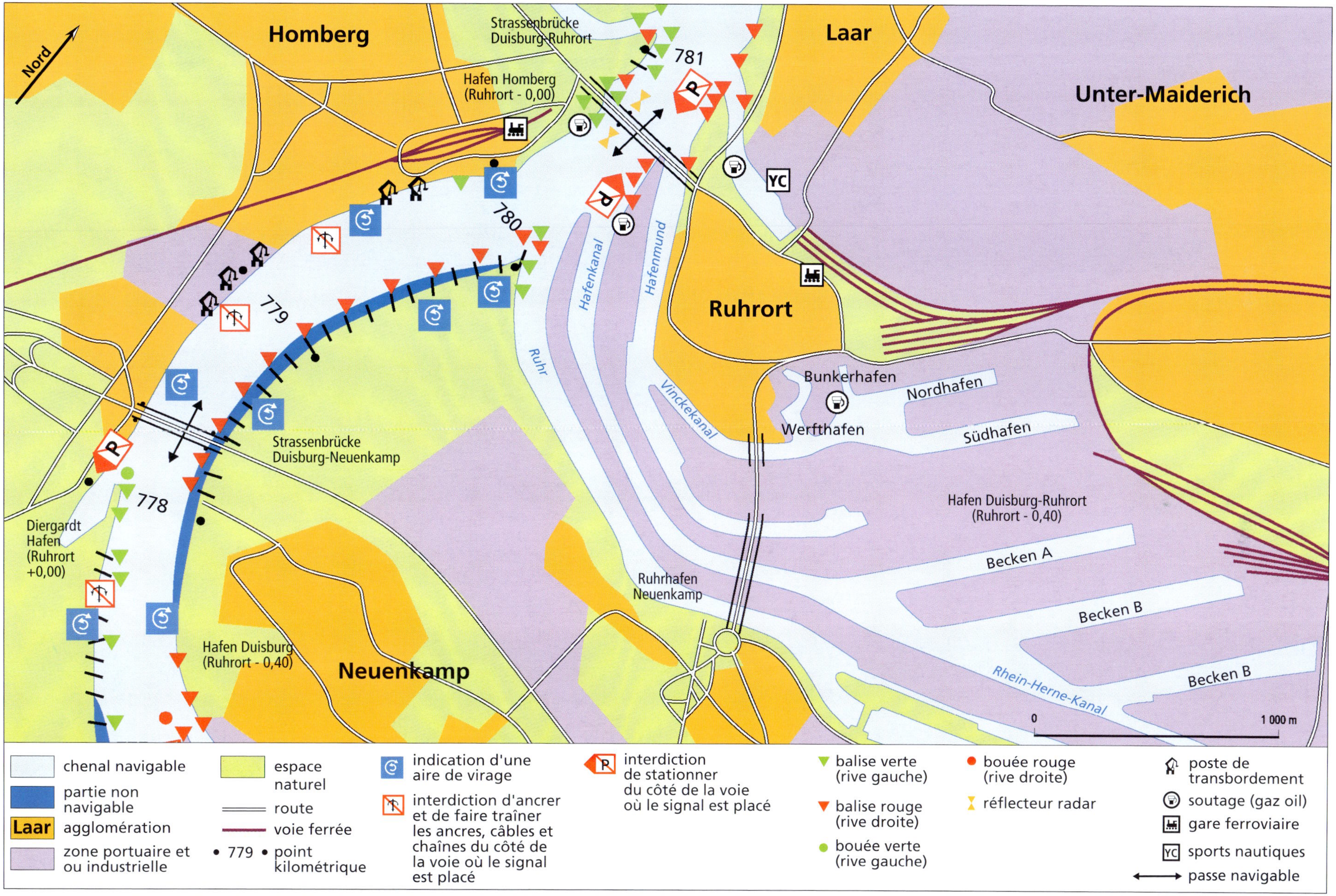

Source : D'après l'*Atlas du Rhin et de la Moselle*, Éditions de la navigation du Rhin, Strasbourg.

dossier 1

Le Rhin : l'axe et les carrefours

Au cœur de l'Europe du nord-ouest, des sommets alpins aux polders des Pays-Bas, le Rhin traverse neuf pays. Dans quelle mesure le fleuve, jalonné de carrefours, peut-il être considéré comme un axe majeur structurant l'isthme européen ?

1 Extrait de la carte IGN Huningue-Bâle au 1/25 000e (mise à jour 1995, réduite à 80 % : 1 cm = 312,5 m)

2 Les axes de communication dans le Rhin supérieur

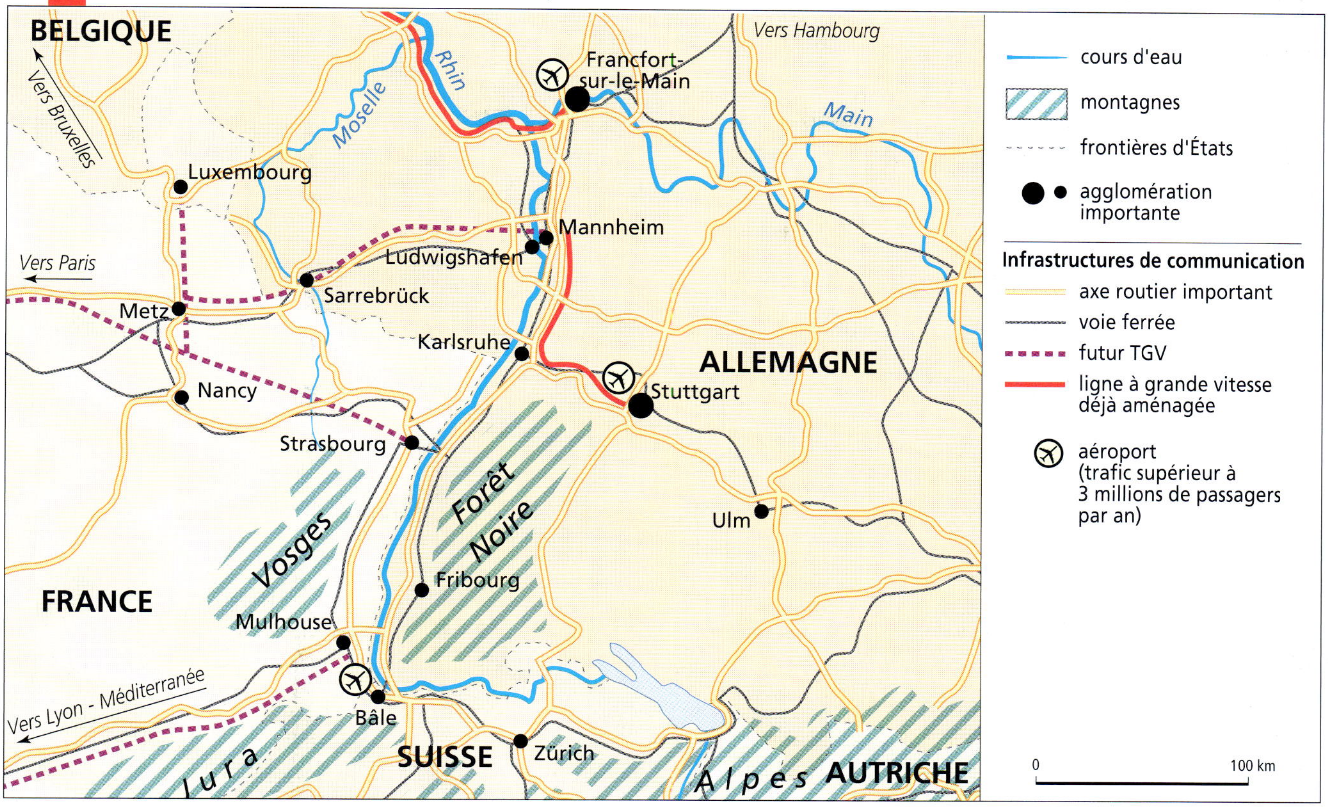

3 Schéma à compléter

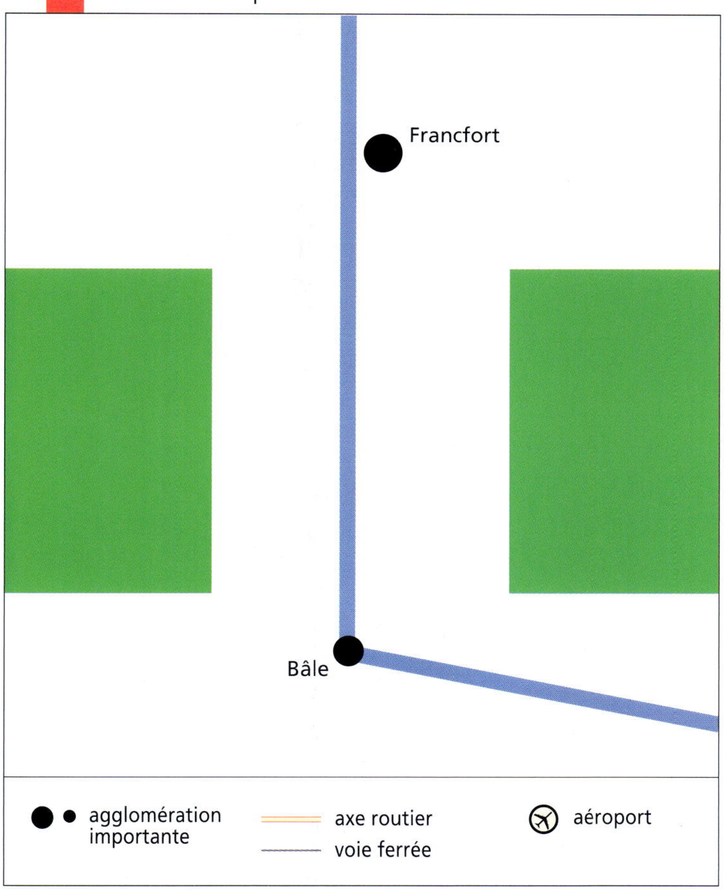

Activité

Établir par étapes un croquis en complétant le document 3 :

- relever, d'abord, sur un calque et à partir du document 1 : le Rhin et les canaux (en bleu), les axes autoroutiers (en rouge) et ferroviaires (en noir), l'emprise des ports de Huningue et de Bâle et celle de l'Euroairport (cerclages) ;
- compléter, ensuite, le document 3 à partir du travail réalisé sur calque et de l'observation du document 2 ;
- enfin, confronter le croquis réalisé avec le document 2 et le document 1 p. 191 pour rédiger une courte réponse à la problématique proposée.

dossier 2

Rotterdam, porte maritime de l'Europe rhénane

Pourquoi peut-on dire que le port de Rotterdam s'est construit sur le Rhin et son arrière-pays et, qu'aujourd'hui, il est un atout pour l'Europe rhénane dans le contexte de mondialisation des échanges ?

1 Rotterdam et le Rhin

Dans la période 1870-1914, [...] l'ascension de Rotterdam est liée à l'ouverture de l'arrière-pays rhénan : travaux de régulation et liberté de navigation sur le fleuve, industrialisation de la Ruhr, qui va susciter un énorme trafic de pondéreux (charbon, fer...), et à la construction d'un accès maritime sans écluse. La domination portuaire de Rotterdam s'affirme, non seulement comme outil du commerce maritime mais aussi dans une certaine mesure comme centre de « commandement » des flux.

D'après Jean-Claude BOYER, « Une métropole polynucléaire est-elle viable ? Le cas de la Randstad Holland », dans Rémy ALLAIN et al. (dir.), *Le polycentrisme, un projet pour l'Europe*, P.U.R., 2003.

Rotterdam est la seconde métropole des Pays-Bas (1,2 million d'habitants dans l'agglomération) et le premier port du monde. [...]

Son site d'estuaire large et profond (qui pénètre à 45 km à l'intérieur des terres et qui est sans cesse approfondi et élargi) connaît de faibles marées, ce qui évite la mise en place d'écluses et permet une immobilisation brève des navires.

Connecté à un bras du Rhin, qui est navigable jusqu'à Bâle, et au Danube grâce à l'achèvement en 1992 du canal Main/Danube, il dessert un hinterland de 180 millions d'habitants et une des plus importantes régions industrielles et urbaines du monde. Desservi par un réseau de communications dense et multimodal, il occupe une place essentielle dans le dispositif logistique européen. [...]

D'après Laurent CARROUÉ, *L'Union européenne. De l'Union européenne à l'Europe occidentale*, A. Colin, 2001 (2e édition).

2 Densité du trafic sur le Rhin entre les Pays-Bas et Bâle (2002)

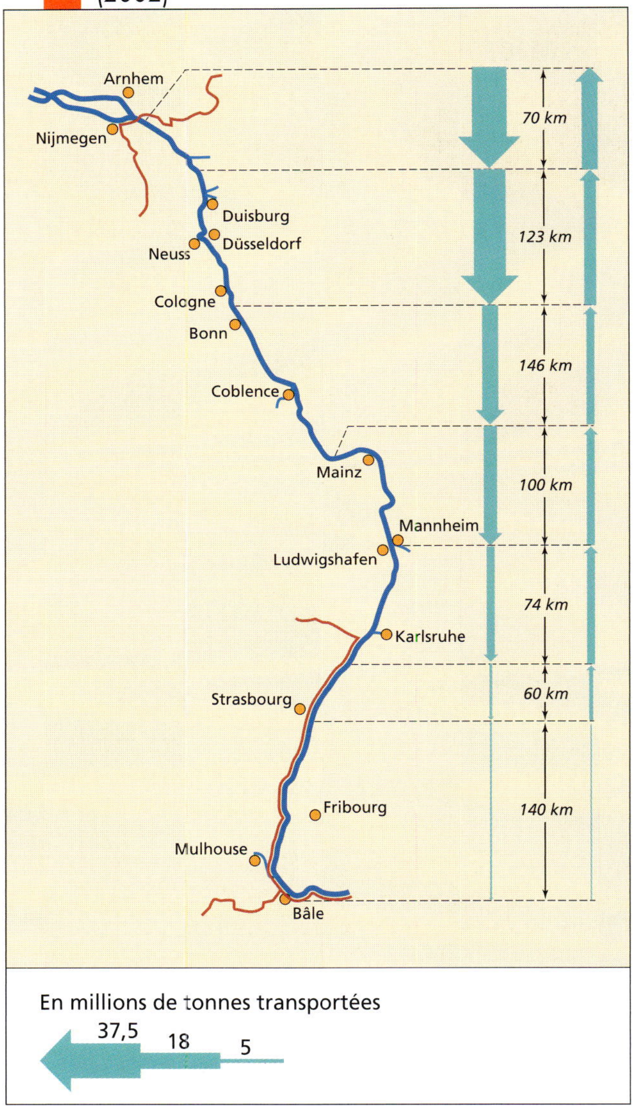

D'après un document de la Commision Centrale de navigation du Rhin.

3 Le port de Rotterdam

4 L'arrière-pays et le monde

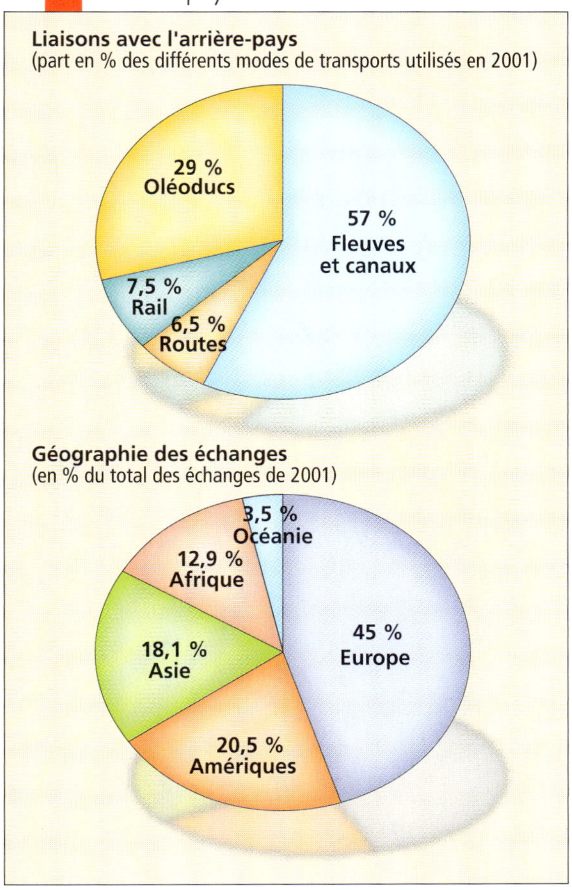

Sources : Statistiques du port de Rotterdam (www.portmanagement.com).

5 Rotterdam, premier port mondial

Ports	Trafic 1999 (millions de tonnes)	Trafic 2001 (millions de tonnes)	Trafic 2002 (millions de tonnes)
Rotterdam*	303,6	314,7	322,1 Entrées : 77,2 % Sorties : 22,8 %
Singapour	251,4	242	258,1
Shanghai	187	220	230
Hong Kong	168,8	178,2	192,5
Nagoya	115,7	132,4	134,1
Anvers*	115,7	130	131,6 Entrées : 55,2 % Sorties : 44,8 %

* Port du delta du Rhin.

Sources : Statistiques du port de Rotterdam.

Activité

À l'aide des documents de ce dossier et du document 1, de la page 184, rédiger un paragraphe argumenté pour répondre aux deux éléments de la problématique.

dossier 3

L'espace rhénan, cœur de la mégalopole européenne ?

Axe central de la mégalopole, le Rhin irrigue un territoire à haute densité de population et d'activités.
L'Europe rhénane peut-elle être considérée comme l'espace moteur de la dorsale européenne ?

1 La mégalopole européenne

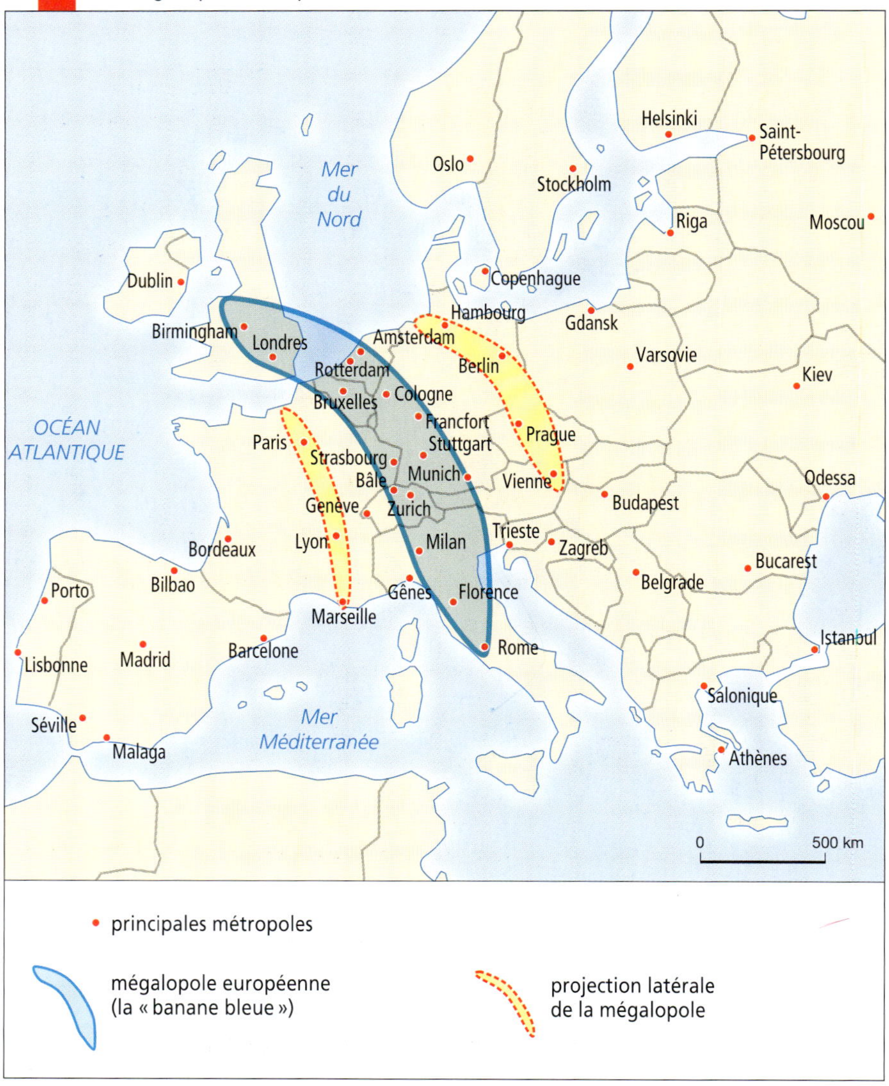

Source : D'après Roger BRUNET, « *Lignes de force de l'espace européen* », Mappemonde, n° 66, 2/2002.

2 « Les malheurs de la Banane bleue »

Sur la carte des densités européennes, on ne reconnaît pas vraiment cette forme. On serait plutôt tenté de parler d'un immense delta du Rhin, une sorte de vallée du Nil coudée à 90° à hauteur de Mayence. On peut partir du grand delta et du cours du Rhin, qui y aboutit, pour reconstruire la population européenne.

On trouve d'abord avec les Pays-Bas, les Flandres, la Ruhr, la Rhénanie, et le nord de la Suisse, des densités de l'ordre de 500 habitants par km^2, c'est-à-dire une urbanisation dominante, comme si les villes avaient précipité et coagulé les campagnes en une structure urbaine diffuse et omniprésente. L'espace rhénan englobe les Flandres, les Pays-Bas, le nord de l'Autriche et de la Suisse, mais ne couvre pas toute l'Allemagne. Au sud, les Alpes dessinent nettement une zone de faible densité occupant une bonne partie de la Suisse.

Hervé LE BRAS,
Le peuplement de l'Europe,
DATAR/La Documentation française, 1996.

3 Le « Ring » des métropoles européennes

Il existe au nord-ouest de l'Europe une concentration de moyens et de richesses ; elle recoupe en partie la dorsale [...]. Elle est jalonnée par une série de grandes concentrations urbaines : Londres, la Randstad Holland, la Westphalie, Francfort, Stuttgart, Zurich et Bâle et bien entendu Paris. Parce qu'il est doré, et fondamentalement rhénan, j'ai proposé de nommer cet anneau le Ring, au sens allemand de l'anneau, qui rappelle à la fois l'or du Rhin et ses riches légendes [...]. Ce Ring est intéressant par ses configurations à la fois internes et externes.

Externes, parce qu'il a longtemps fonctionné comme centre (voir figure ci-contre), entouré de périphéries plus ou moins profondes. Les progrès rapides et massifs de ces périphéries sont en train de changer la donne : la fonction « centrale » s'affaiblit et le centre de gravité de la richesse européenne a migré vers le sud. Internes, car il est curieux de constater que Bruxelles et Strasbourg sont sensiblement aux deux foyers de l'ellipse du Ring et Luxembourg au milieu, ce qui tendrait à prouver que les institutions européennes ont bien choisi leurs sites au sein même du trésor européen.

Roger Brunet, « *Lignes de force de l'espace européen* », Mappemonde, n° 66, 2/2002.

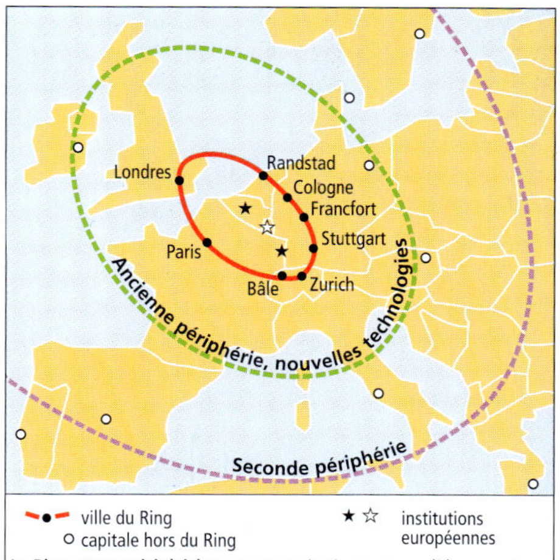

Le Ring et ses périphéries : une organisation encore solide au centre, mais de plus en plus contestée par des périphéries en transformation.

4 Les grandes régions économiques européennes

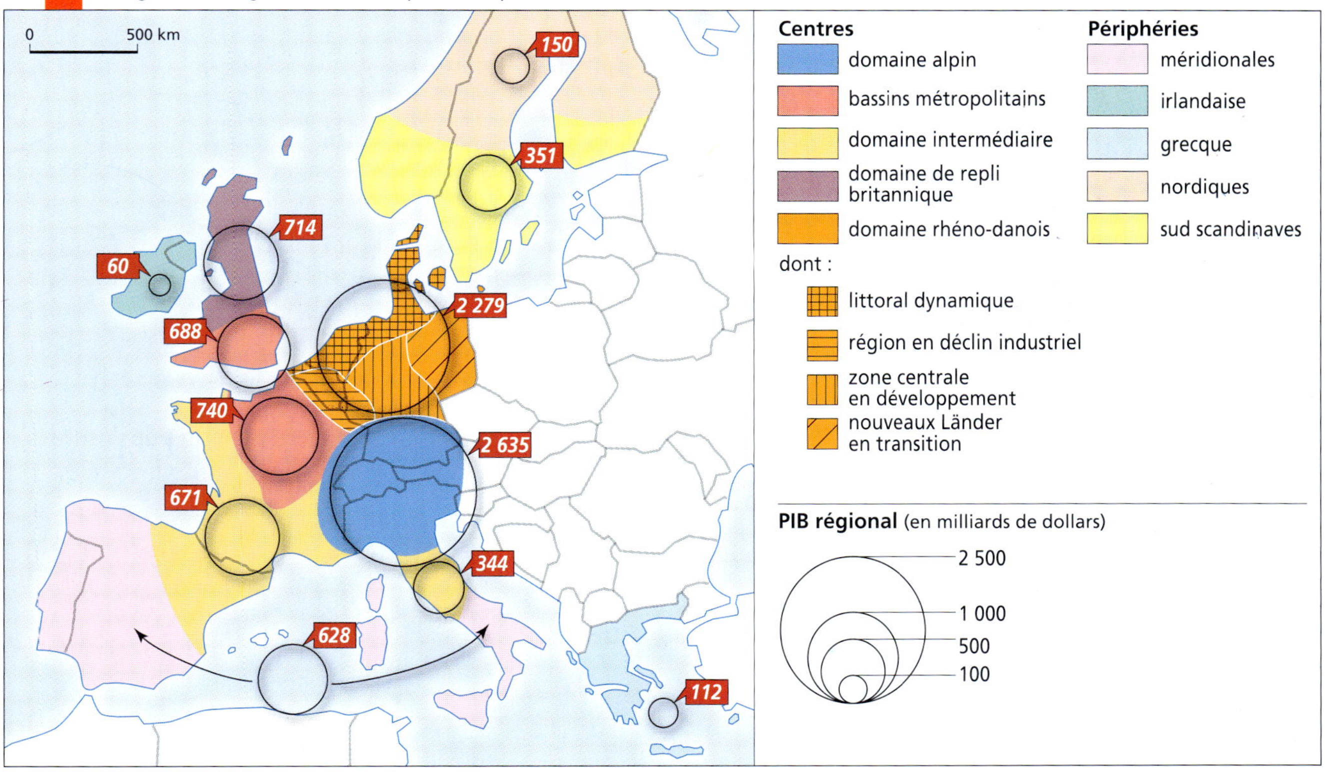

Source : D'après Laurent Carroué, *L'Union européenne. De l'Union européenne à l'Europe occidentale*, A. Colin, 2001 (2e édition).

Activité

À l'aide des documents fournis, répondre à la problématique en classant les informations selon les thèmes suivants :
- les éléments faisant de l'espace rhénan un des cœurs de la mégalopole ;
- les éléments allant à l'encontre de cette idée, notamment par une remise en cause de l'existence même de la « mégalopole européenne ».

dossier 4

La reconversion du patrimoine industriel : l'exemple de la Ruhr

La Ruhr fut l'un des foyers les plus actifs de la révolution industrielle et reste encore aujourd'hui le plus grand bassin houiller d'Europe occidentale. Dans quelle mesure la reconversion et la requalification paysagère de son patrimoine industriel et urbain peuvent-elles représenter un atout de développement ?

1 La halle de Bochum

« Cathédrale » industrielle construite en 1902, l'ancienne aciérie est désormais théâtre ou scène multimédia.

2 Enjeux, outils et acteurs de la reconversion

Dans une région qui fut le plus grand bassin industriel du monde, le développement a permis de façonner un bassin au poids économique et humain considérable. La désarticulation du tissu urbain induite par une industrialisation massive et brutale a eu des répercussions fortes en matière de cadre de vie : environnement altéré, conditions élémentaires de loisirs (de nature et de plein air notamment) non satisfaites, image régionale dégradée... La crise survenue dans les charbonnages et l'industrie lourde à partir des années 1950, ses répercussions économiques et sociales et son cortège de friches industrielles, ont contribué à hisser le cadre de vie et les loisirs au rang des éléments moteurs de développement. Un souci qui existait dès le tournant XIXe-XXe siècle : aménageurs, grands industriels et municipalités ont fait preuve de clairvoyance à une époque où la Ruhr était en pleine croissance. En 1920, est constitué le premier syndicat intercommunal d'Allemagne : l'Association du district minier de la Ruhr. Est alors mis en place un arsenal législatif favorable à la préservation et à l'accroissement des espaces verts. [...] Les grandes firmes deviennent aussi les « promoteurs verts » du bassin, relayées dans leur tâche par les municipalités qui développent des « coupures vertes ». Ce schéma est complété, à partir de la fin des années 1960, par la création d'équipements de loisirs qui forment un quadrillage récréatif de bases de loisirs très fréquentées.

La dernière grande opération en date est lancée en 1989 avec le programme de renouveau urbain dans la zone de la rivière Emscher qui s'étend sur 800 km^2 et concentre deux millions d'habitants. Les cent vingt opérations réalisées dans le cadre de l'Emscher Park ont permis de mettre en valeur l'architecture industrielle (les visites étant souvent organisées par d'anciens salariés des nombreux sites concernés) et d'installer dans une « toile verte » de nouveaux parcs d'entreprises, industriels et tertiaires.

Cadre de vie, loisirs, culture et « image » se sont donc imposés comme un des fondements de l'aménagement du territoire et comme une condition *sine qua non* du « nouveau » développement escompté.

D'après Nicolas Joly, « Loisirs, cadre de vie et développement : un siècle de planification dans la Ruhr (1900-2000) », *L'information géographique*, n° 4, 2002.

3 Espaces naturels protégés de la ceinture verte à la périphérie d'Essen

4 La planification des loisirs et des espaces verts dans la Ruhr (1966-1999)

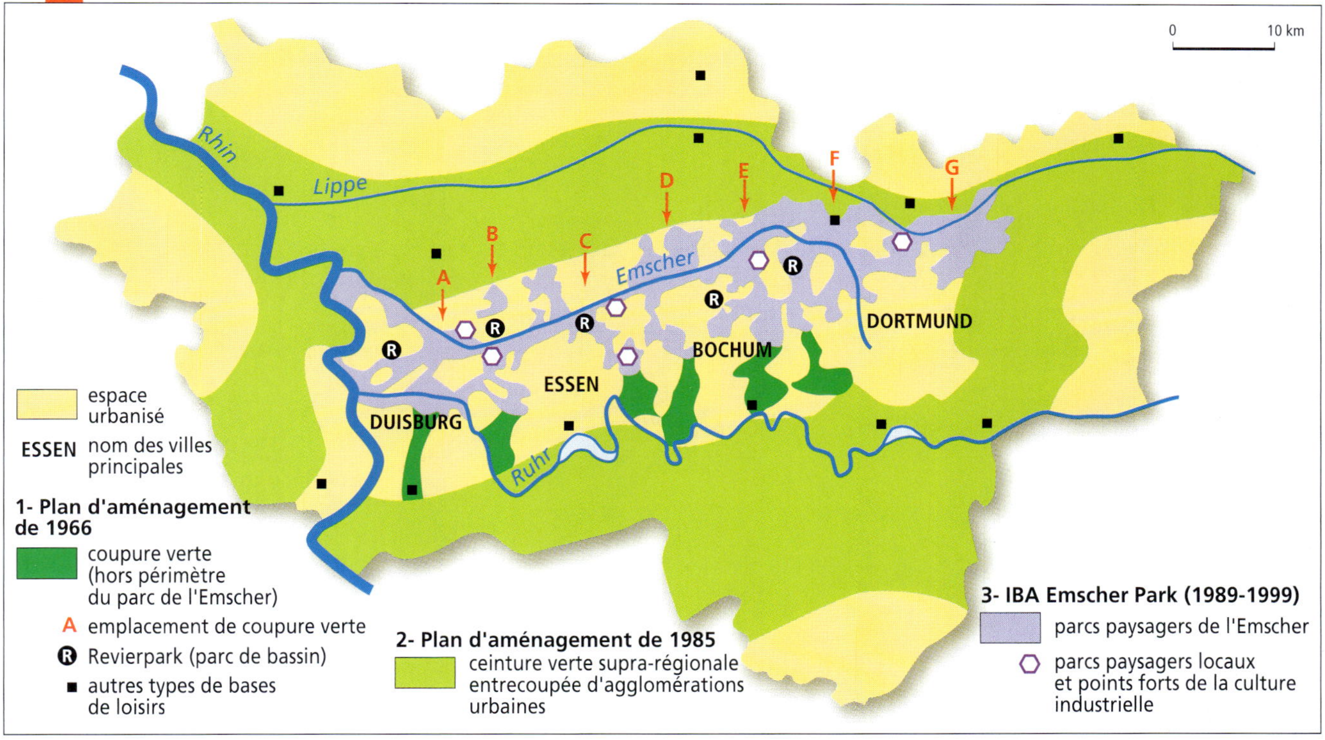

Source : D'après Nicolas Joly, « Loisirs, cadre de vie et développement : un siècle de planification dans la Ruhr (1900-2000) », *L'information géographique*, n°4, 2002.

5 L'évolution de la population active dans la Ruhr depuis 1970

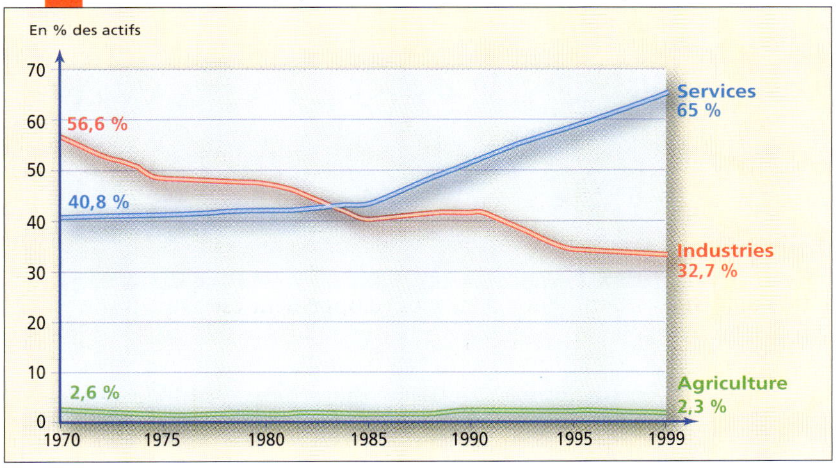

Activité

Classer et confronter les informations disponibles dans ce dossier en les regroupant en trois thèmes :
- les effets négatifs de l'industrialisation triomphante puis ceux de la crise ;
- les enjeux et les acteurs de l'aménagement du bassin de la Ruhr ;
- les résultats de la politique de reconversion.

Étude d'un ensemble documentaire

Dans quelle mesure, la façade maritime la plus active du monde, le Northen Range, peut-elle représenter un atout ou être un handicap pour le développement du monde rhénan ?

PREMIÈRE PARTIE

Analyser l'ensemble documentaire en répondant aux questions suivantes :

1. En confrontant le document 1 et la carte de la page 174, proposer une délimitation approximative du « monde rhénan ».
2. Expliquer pourquoi le document 3 est d'une nature différente des autres documents de cet ensemble documentaire. Quelles ambitions affiche le port du Havre ? En confrontant cette affiche et les documents 1 et 2, en quoi peut-on dire qu'il représente une concurrence pour le monde rhénan ?
3. En confrontant les documents 1 et 2, lister et classer les éléments de force et de faiblesse de l'axe rhénan (ports du delta et arrière-pays direct) et ceux des ports concurrents et de leur arrière-pays respectif.
4. À l'aide du document 4, identifier les nouvelles dynamiques spatiales européennes et souligner les impacts qu'elles ont pour l'axe rhénan et les ports de son delta.

DEUXIÈME PARTIE

À l'aide des réponses aux questions, des informations contenues dans les documents et de vos connaissances, vous rédigerez une réponse organisée au sujet : Dans quelle mesure la façade maritime la plus active du monde, le Northen Range, peut-elle représenter un atout ou être un handicap pour le développement du monde rhénan ?

1 Les ports du Northen Range et l'arrière-pays européen

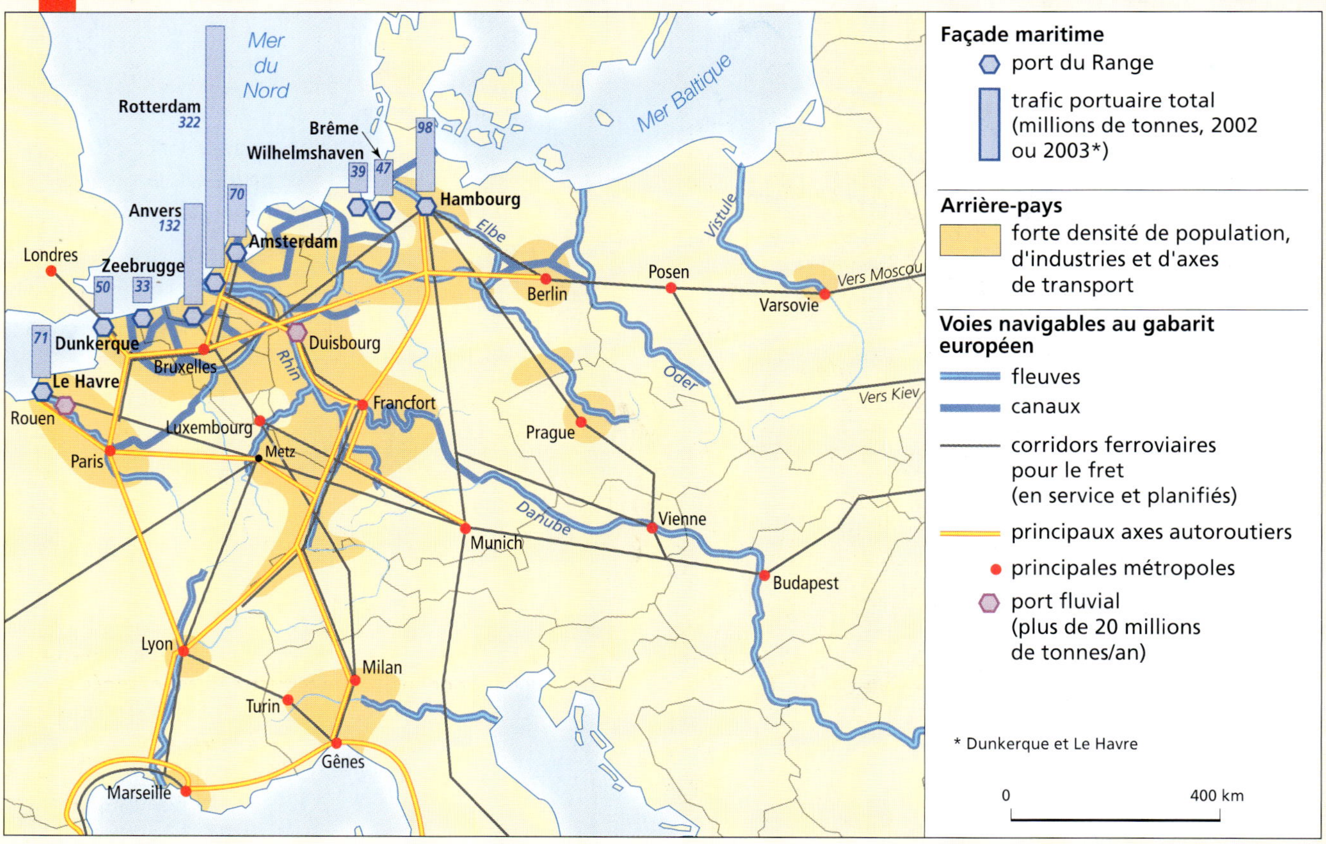

2 Le trafic des conteneurs dans le Range

Le trafic des conteneurs est l'activité la plus rentable pour un port : contrairement aux vracs (cargaisons solides sans emballage) et aux « liquides », elle nécessite de nombreuses opérations qui confèrent à ce service une forte valeur ajoutée pour le port.

Ports	Trafic en millions d'EVP**				Évolution 1999-2002 (%)
	1999	2000	2001	2002	
Rotterdam*	6,343	6,274	6,096	6,515	+ 2,7
Hambourg	3,738	4,248	4,689	5,374	+ 43,8
Anvers*	3,614	4,082	4,218	4,777	+ 32,2
Brême	2,201	2,737	2,915	2,999	+ 36,2
Le Havre	1,378	1,464	1,525	1,720	+ 24,8
Zeebrugge*	0,850	0,965	0,876	0,959	+ 12,8

Sources : Ports de Rotterdam et de Hambourg.

* Les ports rhénans. ** EVP : Conteneur Equivalent Vingt Pieds

3 Les ambitions du port du Havre

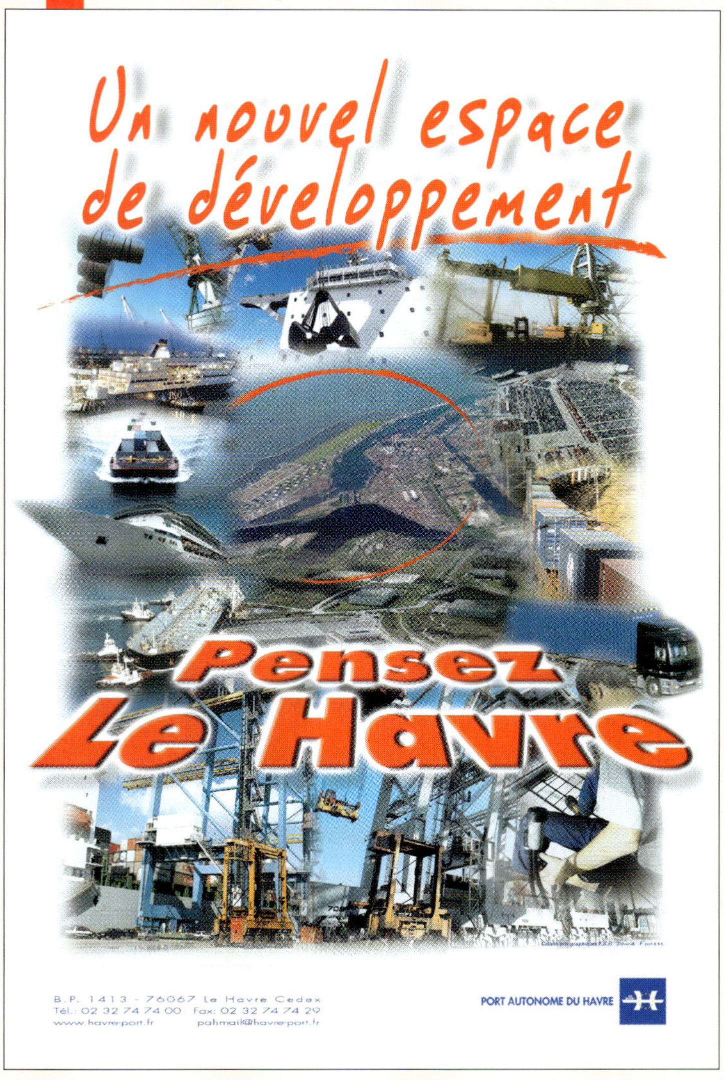

4 Axe rhénan et dorsale européenne de développement en « mouvement »

La « banane bleue » focalisait assez bien sur l'axe rhénan, complété du Mittelland suisse et de la plaine du Pô, nombre de grandes métropoles, une économie industrialo-tertiaire dynamique, les lieux de décision ouest-européens (hors Paris), les plus forts PIB par habitant, etc. Or les « donnes » changent : réunification allemande (1989) ; élargissement de l'Union européenne à la Suède, la Finlande, l'Autriche (+ 22 millions d'habitants) ; accroissement des échanges avec les pays de l'Europe centrale et orientale ; l'élargissement de l'Union européenne entre 2004 et 2007 aux pays d'Europe orientale (+ 97 millions d'habitants).

La composante rhénane va subir la concurrence de nouveaux axes méridiens entre Baltique et Adriatique, entre Hambourg-Hanovre-Munich et Milan, même si les développements espagnols et italiens valorisent en même temps l'axe rhéno-rhodanien. Le tunnel sous la Manche, les foyers franciliens et lyonnais consolident un faisceau « LPLM » bien équipé et relié à l'eurorégion de la mer du Nord avec Thalys et le TGV Méditerranée [...].

Des dispositifs à composantes Ouest-Est sont également promus avec l'aide de l'Union européenne (ferroutage de la Betuwe entre Rotterdam et Ruhr, pont-tunnel rail-route entre Danemark et Suède...). L'Allemagne a lancé ses « chantiers de l'unification », ferroviaires, routiers et fluviaux. L'élargissement vers l'est de la dorsale de développement est en cours. L'axe rhénan, au sens strict, n'a plus dès lors la même prééminence.

[...] L'Alsace redoute un contournement du segment « Rhin supérieur » de l'axe rhénan. Les infrastructures existantes et leurs connexions ont encore des lacunes (et par endroits des surcharges).

Henri Nonn,
« L'Alsace dans la dynamique actuelle des systèmes de transport et de logistique terrestre ouest-européens »,
dans É. Auphan et B. Dézert (direction),
L'Europe en mouvement. Population Transports-Aménagement-Tourisme,
Ellipses, 2003.

Composition

L'Europe rhénane : du fleuve au monde, la construction d'une aire de puissance

Activité : Analyser le sujet et relever les informations du chapitre qui s'y rapportent pour construire un plan détaillé.

A. Comprendre le sujet : pistes pour la rédaction de l'introduction

Présenter le sujet – Le sujet invite à présenter le processus pluriséculaire qui a donné naissance à une aire de puissance autour du Rhin. Il s'agit donc aussi de faire appel à des éléments historiques.

Le sujet est libellé de manière à vous guider : il faut emboîter les échelles d'analyse en partant du fleuve pour aboutir à la présentation de l'insertion du monde rhénan dans l'espace mondial.

Problématiser le sujet – (1re **Partie**) Il s'agit de montrer que si la base de la puissance est ancienne, l'Europe rhénane a su faire face aux défis de la mondialisation pour rester encore aujourd'hui, un des éléments moteur du développement européen. Comment le fleuve est-il devenu un axe de développement à l'échelle de l'Europe occidentale ? (2e **Partie**) Comment le monde rhénan s'est-il intégré au processus de globalisation ? (3e **Partie**) L'ensemble de cet espace a-t-il profité de cette mutation ?

B. Construire un plan détaillé

L'ensemble du chapitre offre des éléments de réponse à ce sujet : il faut donc faire un tri de ces informations pour bâtir une argumentation s'appuyant sur des exemples précis.

Le tableau ci-dessous reprend l'entrée du chapitre et les quatre dossiers en indiquant les articulations possibles avec le sujet : les cases grisées sont à remplir.

Il s'agit, ensuite, de construire un plan détaillé en organisant, de manière logique, toutes ces informations. Il est possible d'intégrer à votre réflexion des éléments figurant en documents d'appoint dans les pages de synthèse : pages 189, 191 et 193.

Parties du chapitre	Résumé du contenu	Apport pour le sujet	Échelle
Double page d'entrée	Carte du bassin versant (p. 172).	Éléments de repères	Régionale (monde rhénan).
	Documents iconographiques sur l'aménagement du fleuve (p. 173).	Exemples d'aménagements pour « exploiter » les potentialités du fleuve.	Locale (les aménagements) et mondiale (leur utilisation).
Dossier 1	Extrait de carte IGN à grande échelle (doc. 1).	Exemples d'aménagements pour « exploiter » les potentialités du fleuve.	Locale, régionale et mondiale.
	Carte des axes de communication dans le Rhin supérieur (doc. 2).		Locale et régionale.
Dossier 2	Textes sur l'aménagement du Rhin au service du port de Rotterdam, avec mise en perspective historique (doc. 1).		
	Tableau et diagrammes sur le poids du port et son insertion européenne et mondiale (docs. 4 et 5).		
Dossier 3	Carte et texte sur la mégalopole européenne (docs. 1 et 2).		
	Texte et figure sur les métropoles européennes (doc. 3).		
	Carte sur les grandes régions économiques européennes (doc. 4).		
Dossier 4	Texte sur la reconversion de la Ruhr (doc. 2).	Puissance humaine et industrielle.	Régionale.
	Carte sur la réorganisation des loisirs et des espaces verts (doc. 4).		
	Graphique sur l'évolution de la population active (doc. 5).		

Croquis

L'Europe rhénane, une aire de puissance ?

A. Comprendre le sujet

Le sujet invite à une réflexion dialectique : le croquis doit montrer que l'Europe rhénane est une aire de puissance sans oublier les éléments de faiblesse en son sein et les pôles concurrents dans le reste de l'Europe occidentale.

B. Activité

On peut organiser une légende en deux parties en suivant le tableau : relever les informations dans le chapitre en vous appuyant notamment sur le tableau réalisé pour l'exercice de composition. Il est conseillé de consulter le chapitre 6 sur la puissance économique de l'Union européenne.

Après avoir déterminé les figurés, compléter le croquis en plaçant les éléments de la légende et en précisant les localisations les plus importantes. Proposer une légende organisée (les thèmes de chacune des deux parties de la légende ne sont pas présentés de manière ordonnée).

	Intitulés	Figurés
Les fondements de la puissance	Les grandes aires urbaines	
	Les grands axes de communication	
	Concentration des activités et des populations	
	Des ports de taille mondiale......................	
	Des aéroports de taille mondiale	
	L'axe rhénan et ses prolongements................	
	Axe majeur du commerce maritime mondial	Figuré linéaire bleu
	Principales voies d'eau et canaux navigables	Figuré linéaire bleu
	Les espaces du monde rhénan en « réserve » : moins d'hommes et d'activités..................	Figuré de surface : couleur verte
Faiblesses et concurrences	Les métropoles mondiales de Paris et Londres	
	L'Italie du Nord	
	Des ports concurrents	
	Les espaces industriels en reconversion	
	L'intégration des pays de l'Europe orientale à l'UE ...	
	Axes méridiens en développement	

C. Fond de carte

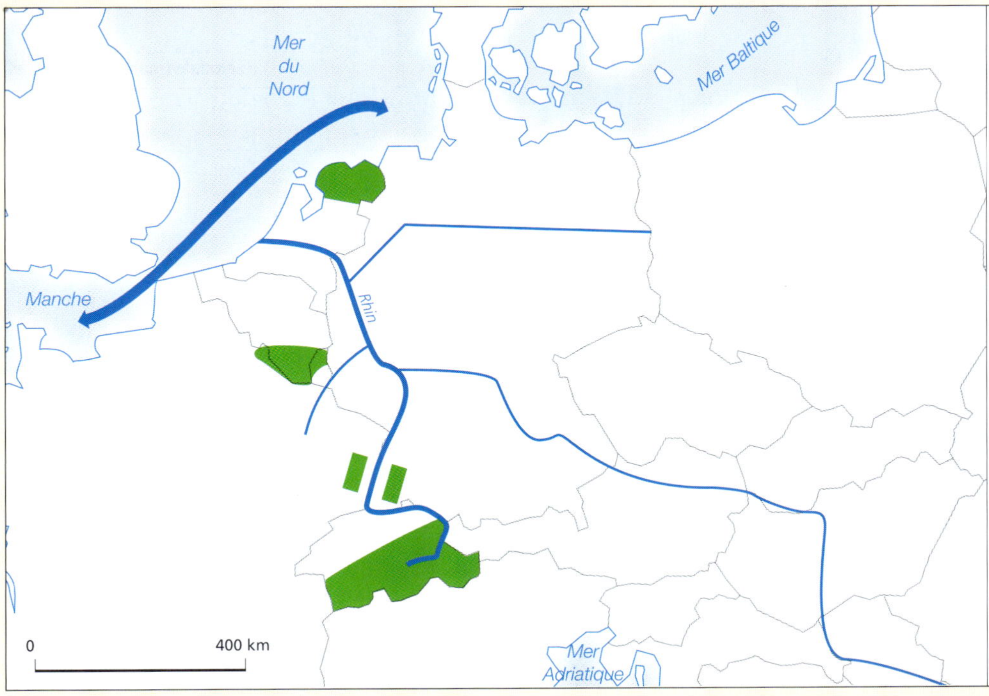

....

....

chapitre 7

1. L'unité du monde rhénan

Comment expliquer l'unité du monde rhénan au-delà des limites d'un bassin versant (185 000 km^2) qui s'étend sur neuf pays et dans lequel vivent plus de 50 millions d'habitants ? Plus que les paysages très variés, ce sont l'histoire et la circulation des hommes qui ont construit un **territoire** original, aux contours « flous », articulant son développement autour d'un fleuve.

A. Une aire de puissance ancienne...

Dès l'Antiquité romaine, à l'abri du *limes* allant du Danube au Rhin inférieur, les routes et croisées commerciales les plus importantes fixent les grandes cités. Les premiers cols alpestres sont déjà utilisés ainsi que les **axes** mosellan et rhénan jusqu'à Cologne. C'est avec la « renaissance carolingienne » que ces faisceaux se développent pour atteindre le delta du Rhin et de la Meuse vers les Flandres.

Le monde rhénan en gestation profite du regain commercial qui caractérise la fin du Moyen Âge : les villes de foires rhénanes sont alors, à côté des villes champenoises et des cités financières de Zurich, Amsterdam et Francfort, les **pôles** les plus dynamiques. Les activités maritimes assurent quant à elles le développement des grands ports de Bruges ou Anvers et celui des villes hanséatiques. Le dispositif multipolaire qui se met alors en place favorise les contacts intellectuels, religieux et artistiques, ferments d'une organisation sociale, économique et politique originale : le « modèle rhénan ».

Les révolutions industrielles des XIXe et XXe siècles permettent à ce modèle de s'affirmer avec la constitution de nouvelles organisations spatiales centrées sur l'extraction charbonnière et la sidérurgie (Ruhr et Sarre en Allemagne, Lorraine et Nord–Pas-de-Calais en France et Hainaut et Limbourg en Belgique), l'affirmation des façades maritimes avec leurs zones industrialo-portuaires (Rotterdam et Anvers) et la mise en valeur des couloirs de communication dont l'axe rhénan représente l'archétype. Ainsi émerge une **aire de puissance** originale et transnationale.

Dossier 1, p. 176-177 et carte, p.175.

B. ... et un fleuve aménagé

Dès les origines de l'affirmation économique du monde rhénan, le fleuve de 1 320 kilomètres de long constitue l'épine dorsale du **développement**. Voie fluviale la plus fréquentée d'Europe, le Rhin est en effet navigable sur près de 900 kilomètres de son embouchure au pied des Alpes, dans la région bâloise. En 1868, l'acte de Mannheim institue une Commission centrale du Rhin, chargée de veiller à la libre circulation sur cette voie d'eau internationale. Dès cette période, le fleuve est aménagé pour des bateaux jaugeant jusqu'à 3 000 tonnes, grâce à la construction de digues sur les affluents ou le dragage des marécages.

Cependant, d'importantes interventions sur l'hydrographie du Rhin sont entreprises sans accords internationaux : c'est notamment le cas de la canalisation visant à corriger le débit du fleuve. C'est ainsi qu'à partir de 1920, la France décide de construire le grand canal d'Alsace pour édifier des centrales hydroélectriques et une dizaine de barrages entre Bâle et Strasbourg. Toutes ces modifications du milieu ont eu d'importantes conséquences sur les **paysages** et l'**environnement** (notamment pour la nappe phréatique du Rhin supérieur). Mais cette anthropisation du fleuve a permis au monde rhénan de profiter au lendemain de la Seconde Guerre mondiale, et pendant près d'un demi-siècle, de l'accroissement des importations de pétrole et de matières premières. Aujourd'hui, le trafic de marchandises oscille autour de 300 millions de tonnes par an.

Notions clefs

- Aire de puissance
- Axe
- Développement
- Environnement
- Paysage
- Pôle
- Territoire

Voir lexique, page 7

1 Le Rhin au nord de Strasbourg et de Kehl

Le Rhin est un fleuve qui divise en deux les territoires qu'il traverse.
Les géographes, les militaires, les propriétaires appellent cela une frontière naturelle ;
Et pourtant, les habitants des deux rives se construisent des ponts, font circuler des bacs...
Ils font du commerce, s'insultent et se racontent des blagues dans une langue qui est la leur.

Tomi UNGERER, *L'Alsace à tort et à travers, 1988.*

2 L'unité du monde rhénan

Un grand espace ? 750 kilomètres, à vol d'oiseau, de la crête des Alpes à la mer du Nord, 400 kilomètres de Nancy à Nuremberg, c'est beaucoup moins que la région des Grands Lacs américains dont l'unité ne fait pas de doute. Pourquoi l'Europe occidentale n'aurait-elle pas, elle aussi [...] ses grands ensembles économiques à l'échelle du continent ? Cet espace est l'un des plus densément occupés, des plus urbanisés et des plus actifs du monde. Au contact de deux aires linguistiques et de deux ensembles politiques longtemps antagonistes, il allie sa fonction de lien à sa fonction de route pour jouer dans l'Europe qui se fait un rôle qu'il est le seul à pouvoir tenir. À mesure qu'on s'éloigne de l'axe, ces caractères s'atténuent, et la question des limites du monde rhénan est un faux problème. Quoi qu'indiquent les lignes de partage des eaux, seront considérés comme « rhénans » les territoires, les villes, les bassins industriels qui sont pleinement engagés dans le même cycle de haut développement, en liaison avec la circulation rhénane. [...] Cet espace accuse une incontestable originalité. Celle-ci trouve son explication dans certains traits physiques, mais plus encore dans l'Histoire. Une route, et quelle route ! puisqu'elle relie l'Italie à la Flandre et à la Hollande ; des villes, et quelles villes ! – Amsterdam, Cologne, Mayence, Francfort, Strasbourg, tant d'autres... – que fallait-il de plus pour faire éclore cette communauté économique et spirituelle d'où naissent les civilisations ?

Étienne JUILLARD, *L'Europe rhénane. Géographie d'un grand espace*, A. Colin, 1968.

2. La plus grande concentration de population, d'activités et d'axes de communication européenne

Épine dorsale de la **mégalopole**, l'axe rhénan présente de manière exacerbée toutes les caractéristiques de cet arc de **développement**. Comment la présence de fortes concentrations humaines a-t-elle permis la mise en place d'un **réseau** dense d'infrastructures de communication au service d'un système productif jouant de la complémentarité entre industries et services ?

Carte, p. 174.
Dossier 3, p. 180-181.

A. L'Europe rhénane à haute densité : un espace structuré par une urbanisation équilibrée

L'axe rhénan est une parfaite illustration de l'Europe à « haute densité » : on peut noter « la formidable attraction démographique de la vallée du Rhin » qui, comme le Nil ou le Yang-Tseu-Kiang, a drainé des populations très importantes. On observe aussi des ramifications le long des affluents ou vers des villes très actives, comme Stuttgart et le même gonflement autour de nœuds de communication importants, Karlsruhe, Mannheim, Francfort et surtout la Ruhr.

L'atout de cet **axe** de haute densité, c'est l'effet de recouvrement partiel, de « tuilage » : chaque ville se trouve dans la proximité immédiate de plusieurs autres et, même s'il y a plusieurs centaines de kilomètres d'un bout à l'autre de l'axe, une grande partie des liaisons concernent de courtes distances qui peuvent être facilement établies.

Cette originalité a permis à Étienne Juillard de définir un réseau urbain de type « rhénan » lorsque de nombreuses villes, de tailles voisines et bien reliées entre elles, affichent la capacité à empêcher l'émergence d'un **pôle** dominant. Cette **métropolisation** polycentrique entraîne un développement relativement harmonieux de l'espace rhénan : les niveaux de fonction urbaine sont peu différenciés et les fonctions les plus rares et spécialisées sont souvent présentes dans toutes les grandes villes du réseau qui possèdent des aires d'influence réduites et de taille comparable. Ces métropoles, parfois actrices de la **mondialisation**, fonctionnent aussi comme des « points de commutation » avec les territoires ou réseaux du monde rhénan de niveau inférieur.

Dossier 1, p. 176-177.
Dossier 2, p. 178-179.

B. Un espace structuré par des réseaux de communication au service de systèmes productifs efficaces

Si le fait urbain est historiquement né de l'échange, c'est aujourd'hui le réseau urbain qui impose dans une large mesure les tracés des grandes voies de communication et la hiérarchie des villes qui commande le fonctionnement des nouvelles infrastructures. La carte du futur réseau à grande vitesse en est une belle illustration puisqu'elle privilégie les grandes métropoles de l'Europe du Nord-Ouest. L'espace rhénan sera incontestablement favorisé puisqu'il profitera de cette « irrigation » de la grande vitesse dans un faisceau de lignes entrecroisées et interconnectées. Cette trame, faiblement hiérarchisée, montre que la densité des transports reflète assez largement les densités du semis urbain.

Les aménagements du XIXe siècle pour franchir les Alpes et l'ouverture du tunnel sous la Manche en 1992, offrent à l'axe rhénan d'importants débouchés au nord et au sud : il peut être considéré comme l'épine dorsale de la mégalopole européenne sur laquelle se greffe, de la sortie des Alpes à son embouchure, un important système de canaux à grand gabarit. Ainsi, la vallée du Rhin relie l'ensemble industriel, portuaire et urbain hollandais (Randstad) au nord industriel de l'Italie en passant par le Benelux, l'Allemagne, le nord et l'est de la France et la Suisse. Par cet axe, le centre industriel de l'Europe s'ouvre sur la Méditerranée et sur la mer du Nord, c'est-à-dire le monde.

Notions clefs
- Axe
- Développement
- Mégalopole
- Métropolisation
- Pôle
- Réseau

Voir lexique, page 7

1 Le fleuve et la cohérence de l'espace rhénan

L'espace rhénan rassemble les États et les régions les plus riches d'Europe, quatre ou cinq places bancaires de niveau planétaire, la concentration humaine la plus importante d'Europe, confortée par une floraison urbaine sans équivalent à l'échelle mondiale. Le ressort d'une telle puissance ? Des routes et des villes [...]. Et le rôle du fleuve ? Ni la navigation ni un potentiel énergétique modeste ne sont en cause.

Restent le cadre, le temps et les hommes. Le cadre : un couloir aménagé en vue d'assurer une liaison efficace entre la mer du Nord et la Méditerranée, via les cols alpins ou la vallée du Rhône, des espaces de liaison nombreux mais dont aucun ne pouvait imposer sa prépondérance, des carrefours qui se prêtaient aux échanges. Le temps : la Rhénanie en tant qu'espace culturel émerge dès l'époque du *limes* romain. [...] Le dernier moteur en date étant, après le dynamisme industriel, la puissance financière partagée entre Zurich, Bâle, Francfort et Amsterdam. Là encore, aucune place dominante mais des capacités et des échanges. Les hommes : ni Berlin ni Paris mais une revendication constante d'autonomie dont le plus bel exemple serait Bâle qui revendique l'émergence d'une Regio basiliensis partagée entre trois pays, mais qui déploie une activité qui transgresse frontières et rivages.

C'est sans doute cette absence de centralisation, cette aptitude à stimuler les compétences et les initiatives locales ou régionales, cet incessant brassage d'hommes, d'idées et de capitaux, qui ont fait la Rhénanie. [...] Et le fleuve ? Un simple cadre sans doute, un miroir peut-être, mais tout est là ».

D'après Jacques Béthemont, *Les Grands Fleuves*, A. Colin, 2002.

2 Une structure urbaine polycentrique caractéristique du monde rhénan : les Pays-Bas

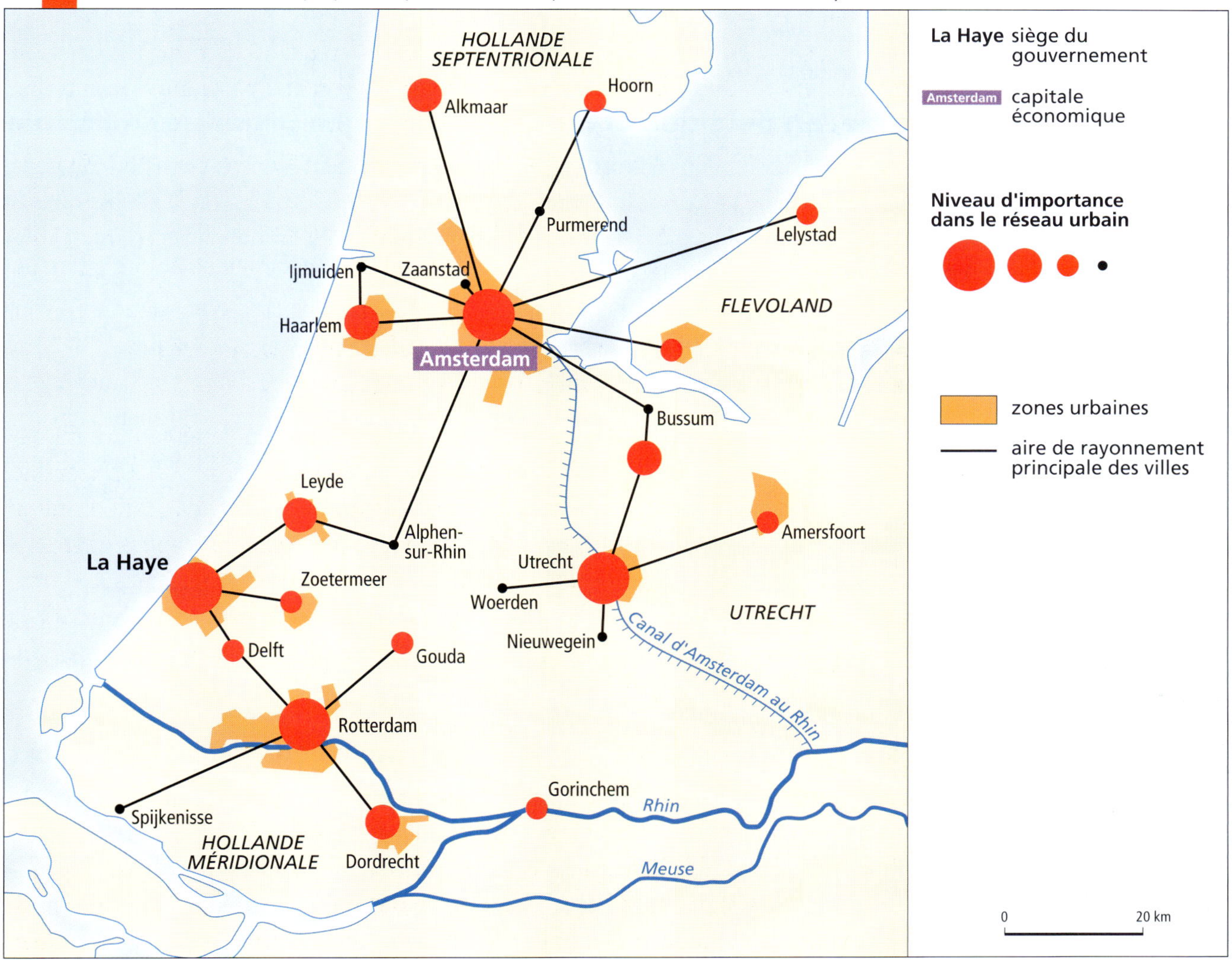

Source : Jean-Claude Boyer, *Les Capitales européennes*, Documentation photographique 8020, avril 2001.

3. Les sous-ensembles de l'espace rhénan

L'Europe du Nord-Ouest fonctionne comme le cœur directionnel du continent et l'**axe** rhénan comme un dispositif territorial polynucléaire, hiérarchisé autour de métropoles internationales. Les héritages et les **dynamiques spatiales** qui y sont à l'œuvre permettent de repérer des **discontinuités** au cœur même du monde rhénan. Quels sous-ensembles peut-on ainsi distinguer ?

A. L'axe rhénan, cœur de la puissance allemande

Dossier 3, p. 180-181.
Dossier 4, p. 182-183.

Dans le nord, la région Rhin-Ruhr, première région industrielle du monde et vaste conurbation de 11 millions d'habitants, est en mutation. La taille des villes, une main-d'œuvre abondante et qualifiée, le rôle des banques et des gouvernements locaux ont facilité la réussite de la reconversion avec le développement des industries mécaniques et électroniques et de la pharmacie. La requalification paysagère des friches industrielles a permis à ce « pays noir » d'améliorer son image et de développer dans les grandes agglomérations les activités de service jusqu'alors sous-représentées.

Le sud s'articule autour de la conurbation Rhin-Neckar. Le Land de Bade-Wurtemberg est l'un des plus dynamiques d'Allemagne. Stuttgart (1,1 million d'habitants) symbolise cette réussite avec la présence de Mercedes. C'est aussi un pôle tertiaire notable qui accueille des activités financières, culturelles et universitaires. Le nord de la Bavière, arrosé par le Main et animé par la ville de Nuremberg, obéit aux mêmes logiques.

Entre ces **pôles**, la conurbation Rhin-Main est animée par Francfort. Capitale financière du pays, elle accueille la deuxième bourse d'Europe et possède d'importantes activités bancaires [banque fédérale et Banque centrale européenne (BCE)] et d'assurances. C'est également un carrefour majeur de l'axe rhénan, avec l'un des plus grands aéroports d'Europe.

B. En Suisse, en Belgique et aux Pays-Bas, une organisation duale

Dossier 2, p. 178-179.

En Belgique, la Flandre, dans le nord, se modernise rapidement (constructions mécaniques, électronique, pétrochimie grâce à la présence du port d'Anvers), alors que la Wallonie dans le sud, plus vaste mais moins peuplée, dont les industries anciennes (charbon, acier, verre, textile) sont en crise, essaie de réussir sa reconversion.

Le territoire des Pays-Bas est le plus densément peuplé d'Europe et la conurbation polynucléaire de la Randstad anime cet espace. Ses évolutions sont orientées par le dynamisme de l'axe rhénan alors que les provinces « excentrées » du nord-est, plus rurales, sont moins animées.

C'est en Suisse, maillon clé de la dorsale européenne, que la dualité est la plus nette : la carte des densités fait apparaître une discontinuité majeure entre le Mittelland peuplé dans le nord et autour du Léman et la Suisse « alpine », dans le sud, nettement moins peuplée et urbanisée.

Notions clefs
- Axe
- Développement
- Discontinuités
- Dynamiques spatiales
- Pôle

Voir lexique, page 7

C. Luxembourg : le micro-territoire de la réussite

Le Luxembourg, plus petit pays de l'Union européenne, a assis son **développement** sur ses succès dans le secteur financier (banques et assurances) et sur la présence de nombreuses institutions européennes. Cette réussite se lit dans l'un des niveaux de vie les plus élevés du monde et un faible taux de chômage.

D. La France « rhénane » : Alsace, Lorraine et Nord-Pas-de-Calais

Dossier 1, p. 176-177.

La France « rhénane », c'est d'abord la partie du territoire qui appartient au bassin versant du Rhin : l'Alsace et la Lorraine. C'est aussi la région Nord–Pas-de-Calais qui, comme la France du nord-est, appartient à la dorsale européenne. Un ensemble régional dont la « marginalité » au sein du territoire national a été largement compensée par une situation « centrale » en Europe occidentale. Un atout exploité pour attirer les investissements étrangers et ainsi surmonter la crise liée à la reconversion de ses industries lourdes.

1 Les sous-ensembles de l'Europe rhénane

L'Europe rhénane*	Superficie (km²)	Population		Richesse
		Totale (millions d'habitants)	Densité (hab/km² moyenne UE = 117)	PIB/hab (euros) moyenne UE = indice 100
L'Allemagne « rhénane »				
Rhénanie du Nord-Westphalie	34 071	18,1	531	25 320 (110)
Rhénanie-Palatinat	19 846	4	202	22 947 (99)
Hesse	21 114	6,1	289	30 398 (132)
Sarre	2 570	1,1	428	22 309 (97)
Bade-Wurtemberg	36 751	10,5	286	28 813 (125)
Bavière	70 554	12,2	173	29 289 (127)
Suisse	41 284	7,3	177	28 000 (121)
Belgique	30 519	10,3	339	24 700 (106)
Pays-Bas	41 526	16,2	390	26 000 (112)
Luxembourg	2 586	0,45	173	45 500 (196)
La France « rhénane »				
Alsace	8 332	1,8	216	24 391 (106)
Lorraine	23 669	2,3	98	19 871 (86)
Nord - Pas-de-Calais	12 451	4,0	321	19 278 (84)

* Les aires géographiques indiquées ici ne sont pas « rhénanes » en totalité. Par commodité statistique, les données concernent cependant la totalité de ces territoires.

Sources : André GAMBLIN (direction), *Images économiques du monde 2004*, A. Colin, 2003 ; Statistisches Bundesamt Wiesbaden, 2001.

2 Affiche conçue par Tomi Ungerer pour la région Alsace

3 Le Rhin « sauvage » : rafting dans les Grisons, Suisse

L - ES - S

chapitre

8 L'ASIE ORIENTALE, UNE AIRE DE PUISSANCE EN EXPANSION

Problématique

L'Asie orientale, puissance démographique, est également une aire de forte croissance économique qui organise les grands réseaux d'échange à l'échelle mondiale. Les pays d'Asie orientale (Japon, Corée du Sud, Taïwan, Chine et Singapour) entretiennent entre eux des relations étroites mais parfois conflictuelles.

Comment se manifeste le dynamisme asiatique aux échelles mondiale et régionale ? Quelles sont les fragilités de cet espace multipolaire ?

Les grands foyers de peuplement dans le monde

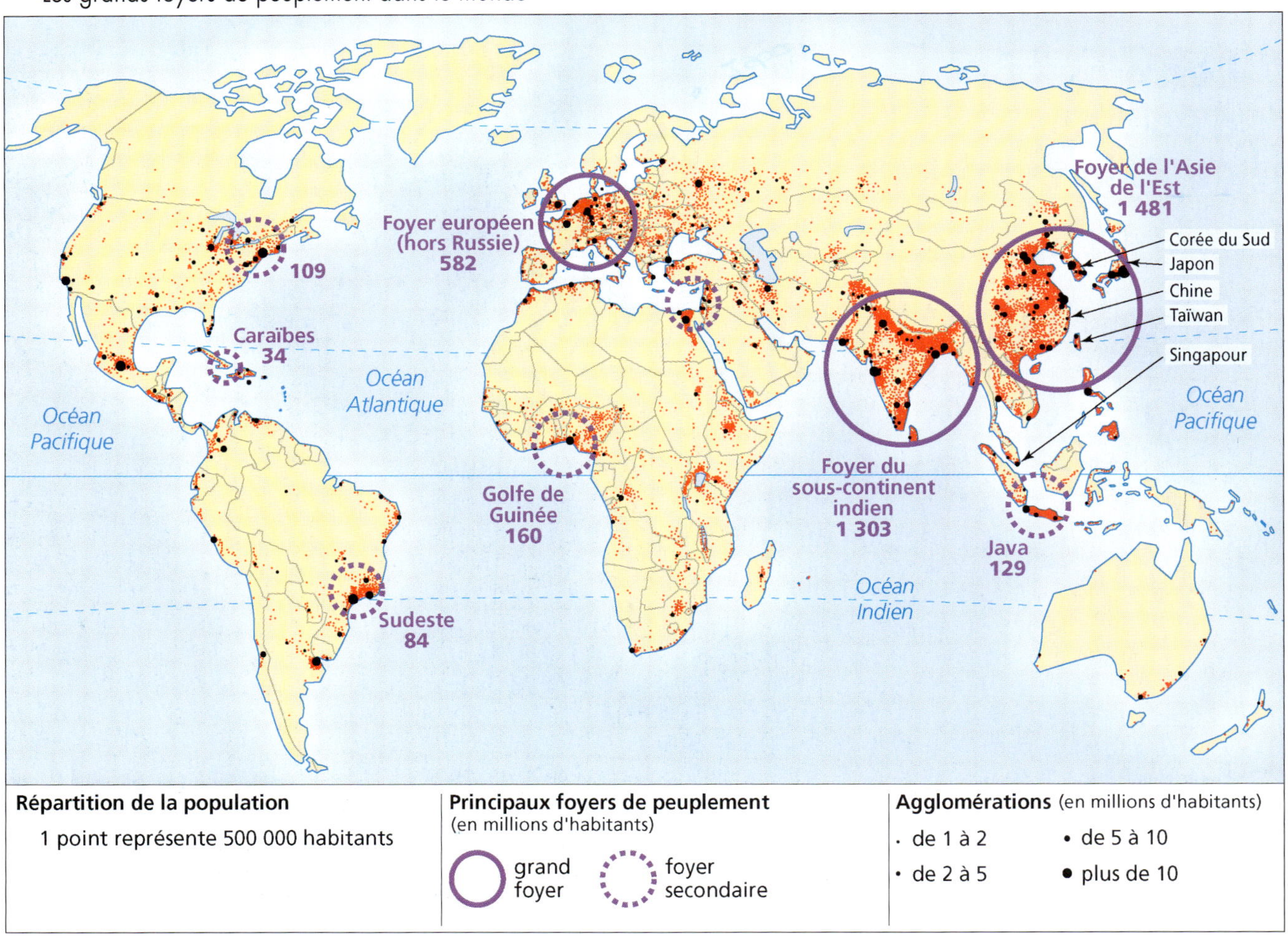

Singapour, porte d'entrée de l'Asie orientale

Barrage des Trois Gorges (Chine)

RÉPARTITION DE LA POPULATION EN ASIE ORIENTALE

L'ASIE ORIENTALE DANS L'AIRE PACIFIQUE

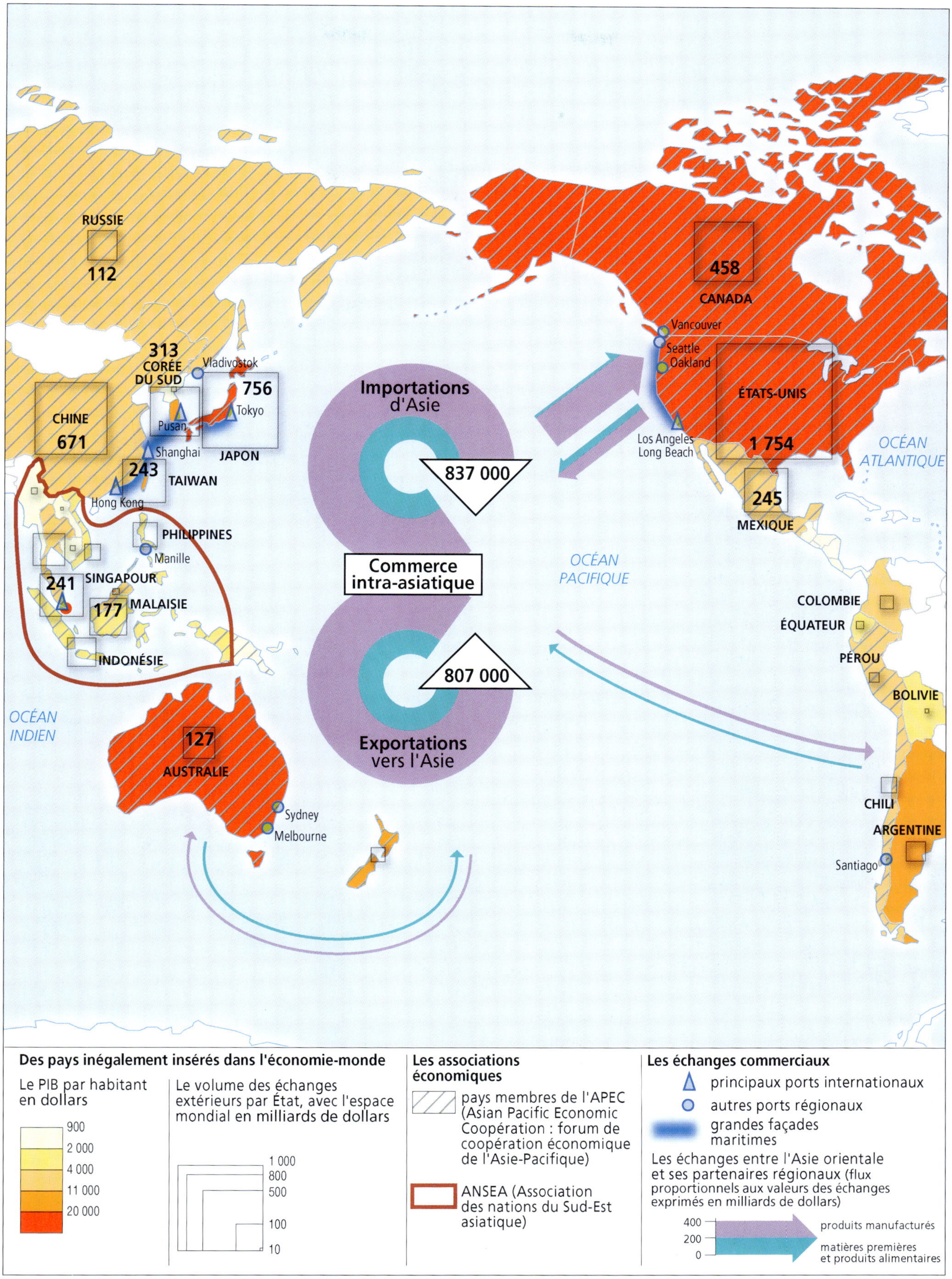

dossier 1

L'Asie orientale, une aire de puissance dynamique

L'Asie orientale constitue l'un des trois pôles de la Triade avec les États-Unis et l'Europe. Largement ouverte sur le Pacifique, cette puissance récente et dynamique est en relation avec l'espace mondial.
Quelles sont les manifestations de la puissance asiatique à l'échelle mondiale et comment expliquer le dynamisme de cette région ?

1 L'Asie orientale : un carrefour de communications

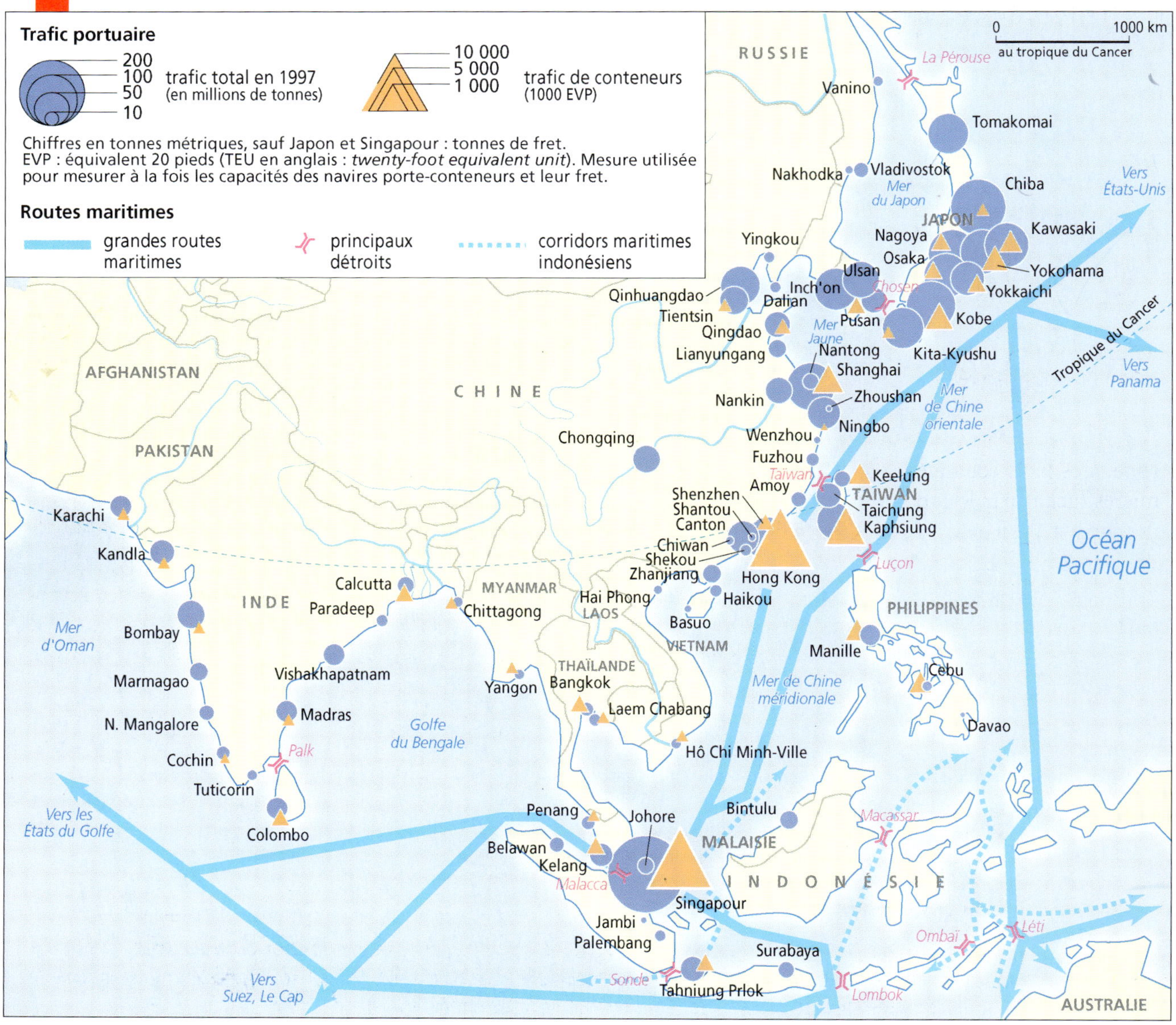

Source : M. FOUCHER, *Asies nouvelles*, Belin 2002.

2 La part de l'Asie orientale dans les échanges mondiaux

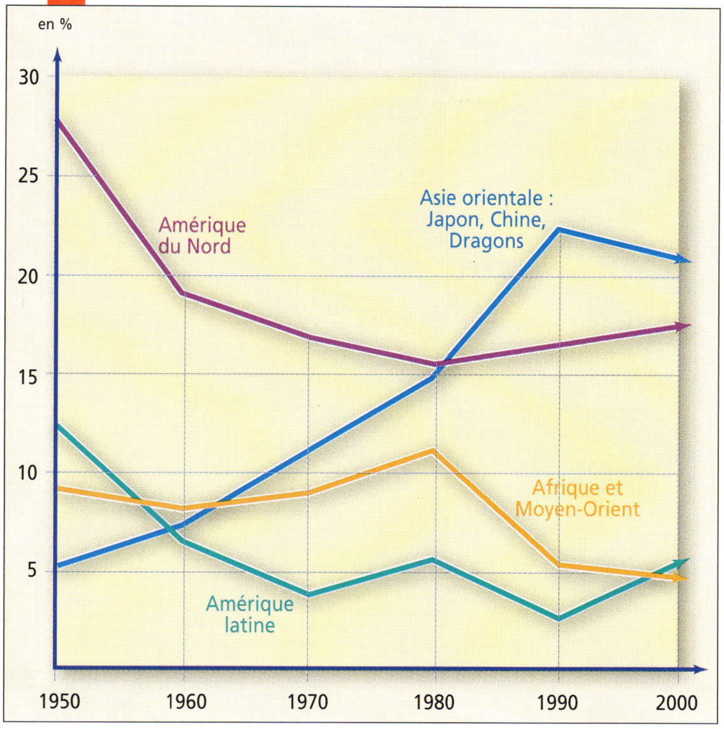

Source : OMC, 2000.

3 Les investissements en Asie

L'Asie est désormais un marché émergent qui attire les investisseurs institutionnels et les grandes firmes. Plusieurs hypothèses tentent de prévoir l'avenir et la place de l'Asie au XXIe siècle. Dans le scénario le plus prudent, le domaine asiatique sera aussi développé que l'Amérique du Nord ; dans l'hypothèse la plus favorable, le monde euro-américain sera largement dépassé par les NPI. L'afflux des capitaux se justifie : vers 2025, la Chine, la Corée et le Japon formeront un marché de plus de 1,8 milliard d'habitants. Ainsi, les firmes multinationales britanniques s'intéressent à la Chine : près de 65 % de ces sociétés comptent s'y installer. Ces groupes anglais qui redoutent comme tous les organismes commerciaux le désordre et l'instabilité politique considèrent l'Asie comme une zone relativement calme dans laquelle il faut investir. La Chine apparaît déjà comme un « leader économique » du XXIe siècle (Conférence Board) et les industriels américains ne peuvent négliger cet énorme marché potentiel.

J.-P. Paulet et I. Mor, *L'Asie et la croissance*, coll. « Histégé », Ellipses, 1996.

4 Une aire d'échanges et une puissance mondiale

Aujourd'hui, la moitié du total des exportations des pays asiatiques se réalise à l'intérieur de l'Asie orientale. L'Asie orientale bénéficie d'un degré élevé d'intégration commerciale, mais qui reste différent de celui de l'Europe. Ces pays échangent entre eux des matières premières (achat par le Japon des bois d'Asie du Sud-Est, des hydrocarbures d'Indonésie raffinés à Singapour...) et des demi-produits (composants, produits pétrochimiques intermédiaires...) plus que des produits finis ; ces derniers ont comme clients finaux les pays industrialisés. Le circuit intégré régional est donc un élément de l'insertion compétitive de l'Asie dans l'économie globale.

[...] Au recentrage commercial s'ajoutent les capacités industrielles et financières de la zone. Il n'y a pas de technologies qui ne fassent défaut à l'Asie. Dans des secteurs clefs comme l'aéronautique, l'électronique et le nucléaire, l'Asie, avec la Chine et le Japon, a des capacités de pointe. En termes de ressources humaines, l'Asie la plus avancée produit chaque année des techniciens et des ingénieurs en proportion supérieure à l'Europe. Enfin, dans certains domaines de l'électronique commerciale, l'Asie est en avance sur le reste du monde en terme de commerce et d'innovation. Au plan financier, et en dépit de la crise de 1997, l'Asie possède l'épargne et les stocks de réserves officielles les plus élevées du monde, estimées à 912 milliards de dollars en 1999.

M. Foucbher, *Asies nouvelles*, Belin, 2002.

Activité

À l'aide des informations contenues dans les documents de ce dossier ainsi que des cartes par anamorphose des pages 248-249 (Population et Richesse économique), rédiger une synthèse argumentée pour répondre à la problématique posée en introduction.

dossier 2

L'Asie orientale : un espace multipolaire inégal et conflictuel

L'Asie orientale qui apparaît comme un pôle économique majeur à l'échelle mondiale n'est pourtant pas unie.
À l'échelle régionale, pourquoi peut-on parler d'un espace multipolaire et quelles en sont les conséquences ?

1 Croissance et développement en Asie orientale

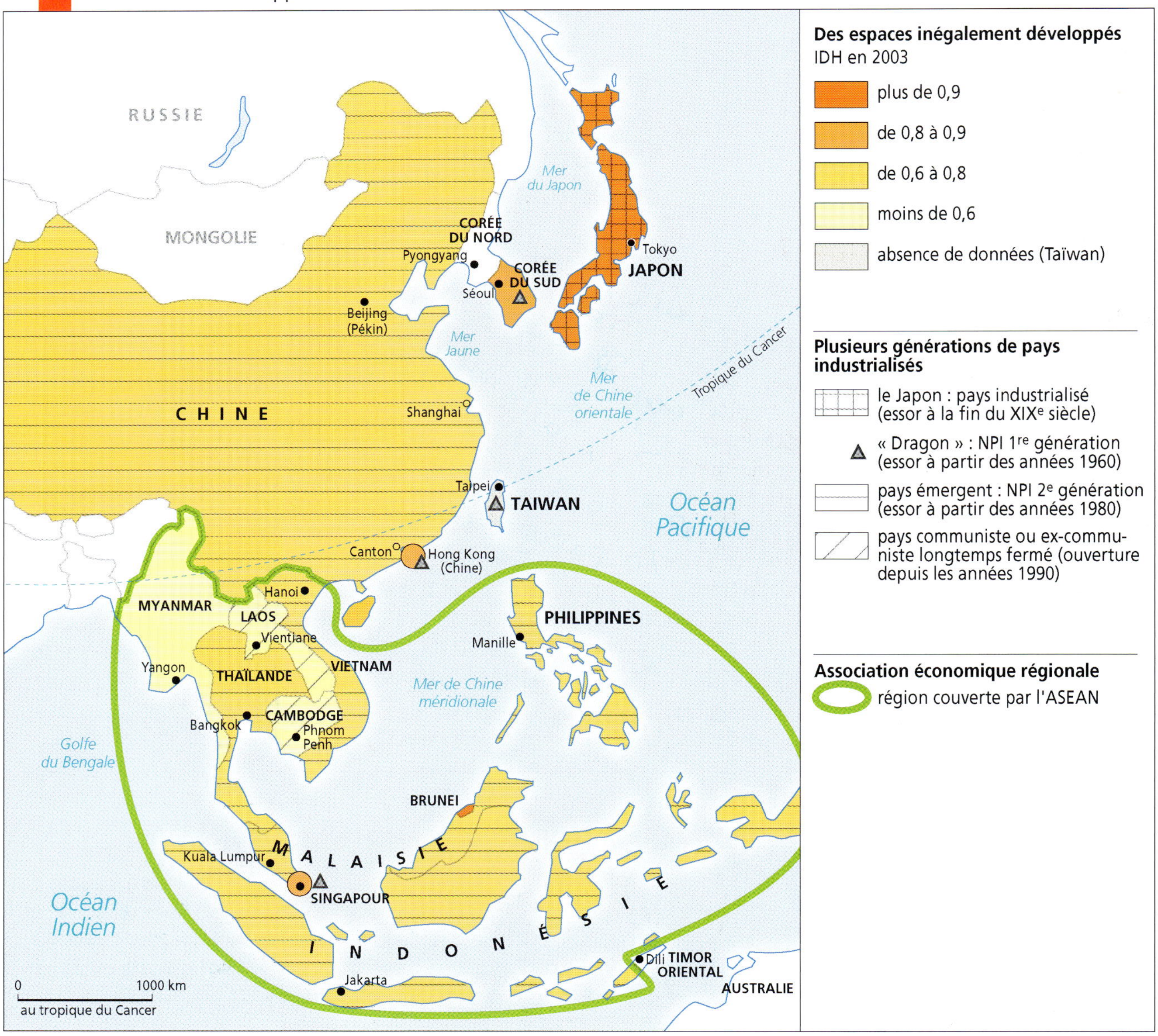

2 Des tensions toujours d'actualité

La croissance économique de la plupart des pays d'Asie, le nouveau contexte politique poussent les États, la Chine notamment, à revendiquer des territoires et à rechercher des zones d'influence. Des tensions nouvelles sont nées avec des conséquences inévitables : la course aux armements. Les dépenses militaires de l'Asie orientale dépassaient les 150 milliards de dollars en 1995. Les crédits militaires progressent : la croissance économique permet de consacrer à l'armée une proportion en apparence faible ou stable mais qui augmente en valeur absolue. Cette évolution est générale dans toute l'Asie de l'Est : la Thaïlande, la Malaisie et la Birmanie achètent du matériel militaire. Inversement, la Chine vend ses missiles et opèrent des essais nucléaires tout en signant le traité de non-prolifération en 1992.

La Chine a des revendications territoriales maritimes qui correspondent à une ancienne stratégie de conquête vers la mer de Chine. Cette poussée vers le Sud s'accompagne du désir d'annexion de l'archipel des Paracels, des îles Spratly et de Taïwan. La Chine occupe aujourd'hui partiellement les Spratly*. Taïwan est également présent dans les Spratly. La Chine s'appuie, pour revendiquer ces îles, sur une très ancienne présence historique mais le Vietnam, longtemps colonisé par les Chinois, a aussi occupé ces îles. La présence des grandes compagnies pétrolières dans ces eaux n'est pas étrangère à cette politique, de même que l'importante route maritime qui passe à proximité. Mais la Chine a des objectifs plus subtils : ces revendications ne sont peut-être qu'un moyen de s'affirmer ; ces prétentions correspondent à une logique de politique extérieure. En effet, c'est un moyen de conforter sa présence en Asie du Sud-Est et de prouver son existence.

En bref, la Chine essaie de s'imposer de diverses manières vis-à-vis d'États qui lui paraissent dangereux ou influençables. Son principal rival est le Japon.

D'après J.-P. Paulet et I. Mor, *L'Asie et la croissance*, coll. « Histégé », Ellipses, 1996.

* En 2003, l'archipel des Spratly est occupé par le Vietnam, la Chine, les Philippines, la Malaisie et Taïwan qui essaient tous d'y étendre leur influence.

3 Géopolitique de l'Asie orientale

Les situations politiques
- pays liés aux États-Unis depuis la Guerre froide
- pays communiste ou ayant connu une période de domination communiste jusqu'aux années 1990
- autres pays
- concessions européennes rétrocédées à la Chine

Un potentiel militaire important
- puissances nucléaires
- pays soupçonnés de vouloir se doter de l'arme nucléaire
- 9 dépenses militaires en milliards de dollars
- base américaine

Des tensions permanentes
- à l'intérieur de l'espace maritime revendiqué par la Chine
- entre les deux Corée
- entre Russie et Japon
- routes commerciales peu sécurisées

Activité

Après avoir confronté les trois documents de cette double page, localiser et caractériser les pôles régionaux de puissance puis montrer les conséquences géopolitiques de la croissance économique de la Chine.

dossier 3

Le Japon, puissance régionale ?

Troisième puissance mondiale, le Japon apparaît comme un pôle organisateur de l'Asie orientale où il exerce une influence majeure.
Cependant, les relations japonaises avec les pays d'Asie orientale sont parfois conflictuelles, marquées par le poids d'un passé impérialiste, et la concurrence est importante.
Quelles sont les manifestations et les limites de la puissance japonaise en Asie ?

1 Le Japon, une puissance mondiale

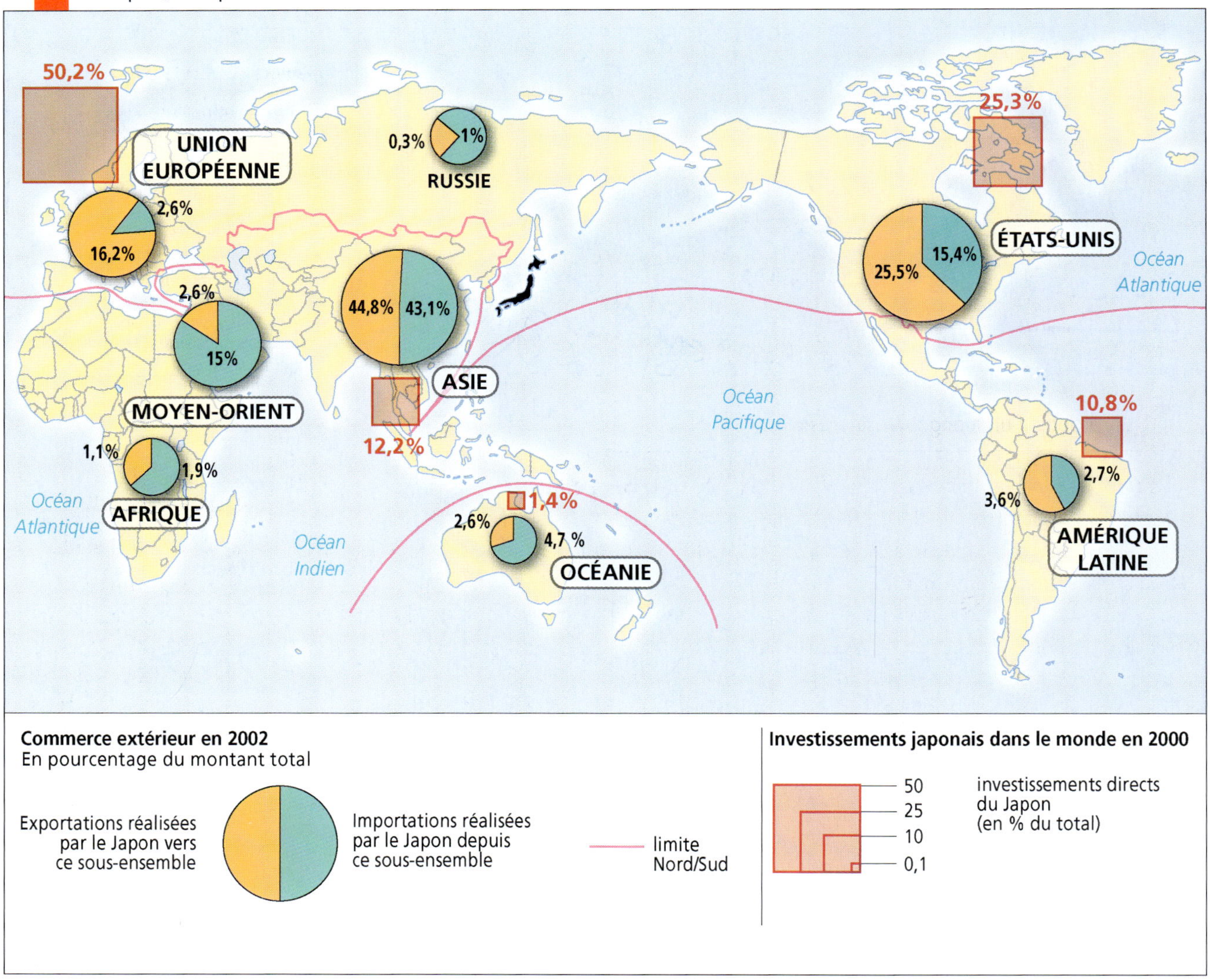

Source : P. Boniface, *Atlas des relations internationales*, Hatier, 2003.

2 Le commerce des pays asiatiques : destinations des exportations en 2001

	États-Unis	Japon	Chine
Corée du Sud	21,8 %	10,6 %	9,6 %
Taïwan	25,4 %	9,6 %	21,3 %
Chine	26,9 %	14,5 %	
Singapour	19,2 %	7,4 %	3,4 %
Philippines	35,5 %	14,2 %	n.c.
Thaïlande	23,7 %	13,7 %	3,2 %

Source : Asia developement Bank, Asiaweek research, 2001.

3 La puissance japonaise en Asie orientale

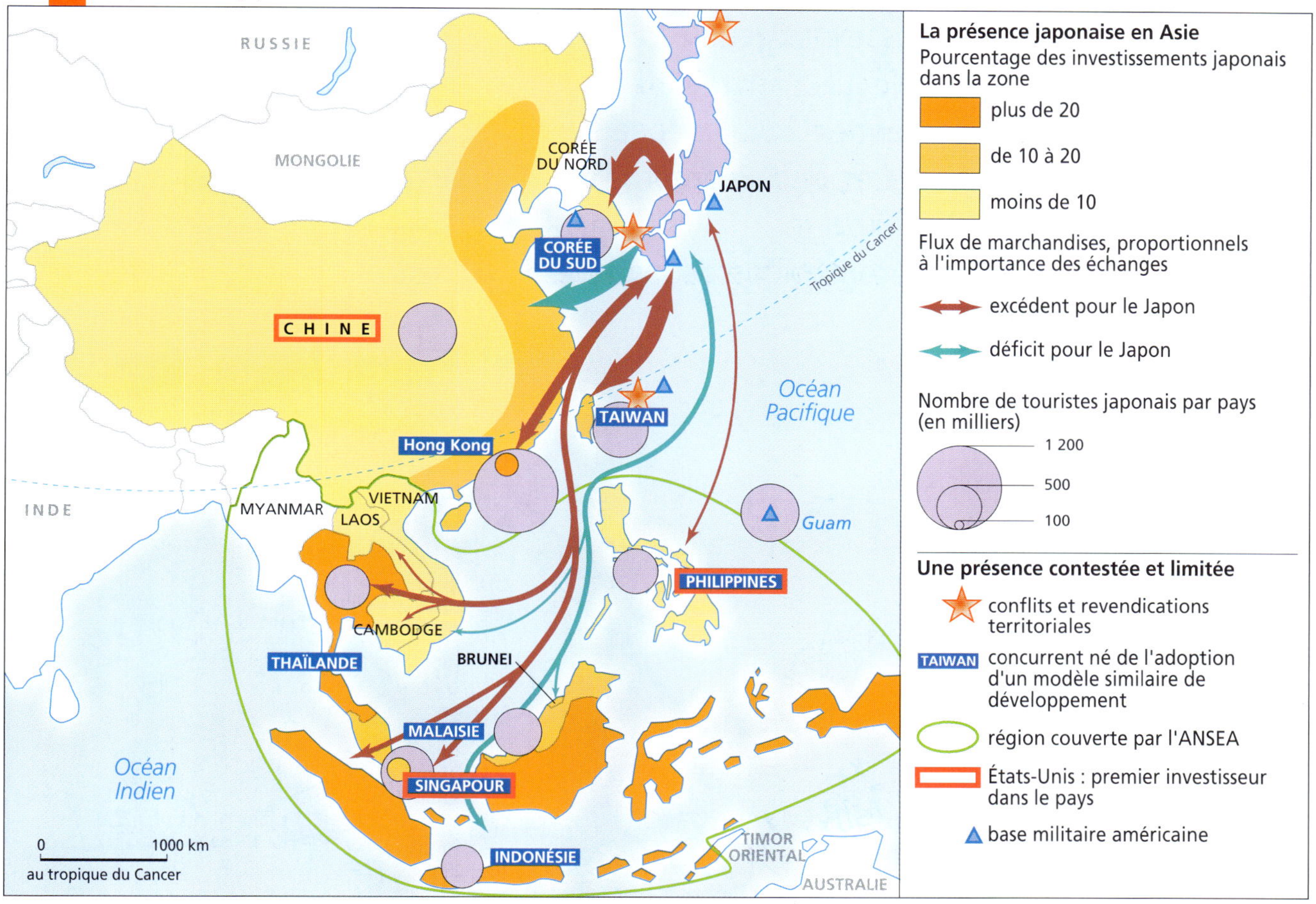

4 À propos d'un manga révisionniste

Le dernier manga de Yoshirinori Kobayashi, *Shin gomanizumu sengen – Special sensoron* (manifeste du nouvel « orgueillisme » – spécial guerre) connaît un grand succès. Les jeunes y voient, semble-t-il, un « texte » intéressant à lire, il est vrai que certains passages invitent à la réflexion.

[…] Il écrit : « *En Asie orientale, le Japon ne s'est pas battu contre les Asiatiques, mais contre les Occidentaux, ces peuples racistes qui avaient colonisé l'Asie* » […] Et à la fameuse question : « *Peut-on en tirer orgueil ?* », il répond : « *Nous pouvons être fiers de nos grands-pères, qui ont lutté contre le racisme blanc* » !

Qu'en est-il des Chinois, contre lesquels le Japon s'est battu ? Et des Coréens, dont il a colonisé la péninsule ? Quant aux autres peuples d'Asie, l'auteur n'en fait pratiquement pas mention. Mais la tendance à vouloir ignorer l'agression japonaise en Asie n'est pas nouvelle. […] Après la Guerre froide, des voix se sont élevées dans différents pays pour demander au Japon des excuses et des réparations. Pour la première fois, notre pays s'est vu confronté à son passé. Les plaintes déposées par les « femmes de réconfort » sud-coréennes et philippines ont joué ici un rôle particulièrement important.

Article de l'Asahi SHIMBUN traduit dans *Courrier International*, n° 428, 14-20 janvier 1999.

Activité

Sélectionner et classer les informations tirées de l'ensemble des documents sous les deux thèmes suivants :

- L'Asie orientale, aire d'influence du Japon.
- Le Japon, puissance contestée en Asie orientale.

dossier 4

La Chine, une puissance en devenir

La Chine, pays le plus peuplé du monde avec 1,3 milliard d'habitants a vécu en autarcie depuis l'arrivée au pouvoir des communistes en 1949. Cependant, des réformes libérales engagées depuis 1978 ont augmenté la richesse et la puissance de ce pays désormais inséré dans la mondialisation (*adhésion à l'OMC en 2001*).
L'ouverture économique de la Chine entraîne-t-elle un véritable développement ?

1 La façade maritime chinoise

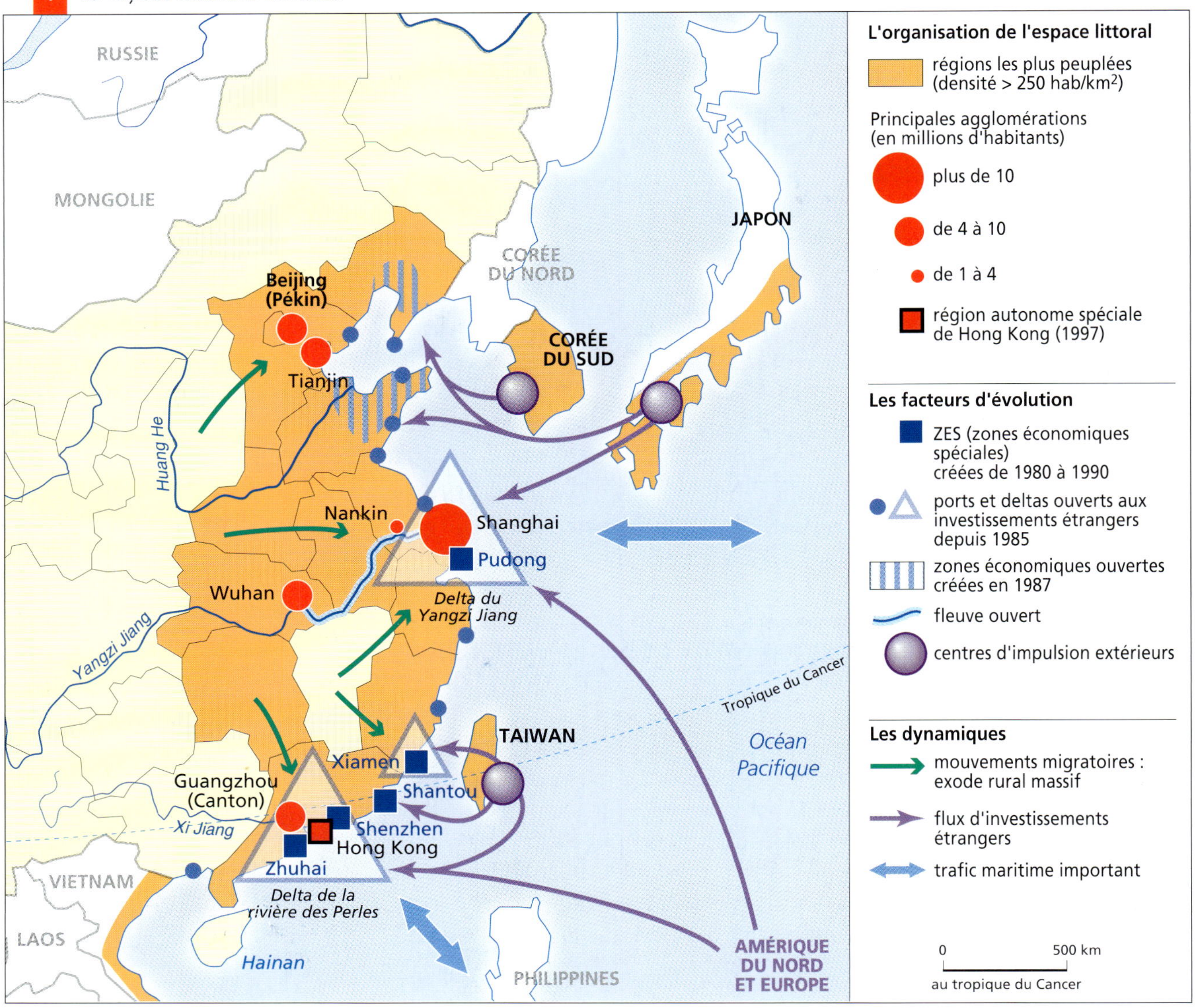

2 Le port de Shanghai

Au fond, on distingue les immeubles de la Z.E.S. de Pudong créée en 1990.

3 L'impact croissant des investissements étrangers et leurs conséquences

En accueillant un des plus énormes stocks mondiaux d'investissements étrangers issus de la diaspora chinoise, des Dragons asiatiques et des pays occidentaux, la Chine est devenue un des principaux ateliers du monde et la neuvième puissance commerciale. Avec plus de 20 millions de salariés, les transnationales réalisent un quart de la production industrielle et 45 % des exportations. Attirées par ce potentiel et ces bas coûts salariaux, les grandes entreprises occidentales s'intéressent prioritairement à l'équipement du marché intérieur alors que d'autres firmes, en particulier asiatiques, y investissent pour réexporter (habillement, jouets, électronique grand public...).

Mais cette dynamique est territorialement déséquilibrée. 80 % des investissements et 75 % du commerce extérieur sont polarisés par huit provinces sur trente-deux. Depuis 1979, on assiste à la fois à leur concentration croissante sur le littoral à l'échelle nationale et à leur diffusion progressive à l'ensemble de la façade maritime, à partir des sites initiaux bénéficiant des privilèges accordés par le gouvernement de Pékin (Zones économiques spéciales). Les transnationales jouent un rôle croissant dans les flux d'échanges internationaux alors que les provinces de l'intérieur en réalisent une fraction minime du fait de leur faible degré d'ouverture. Trois Chine se dessinent. À la prospérité des zones côtières s'opposent les régions intérieures densément peuplées où s'accumulent les blocages socio-économiques et démographiques (chômage de masse dû à l'amélioration de la productivité agricole, problème d'accès aux soins et à l'éducation), et tout l'Ouest qui, bien que marginalisé, garde cependant un intérêt stratégique majeur pour le pouvoir central.

D'après L. Carroué, *Géographie de la mondialisation*, Armand Colin, 2002.

4 Hong Kong, pôle financier et commercial

	Hong Kong	Singapour	France
Capitalisation boursière (milliards de dollars)	609	260	1 447
Capitalisation boursière (% du PIB)	384	227	109
Activité financière (% du PIB)	25	11,2	9,2
Exportations (milliards de dollars)	195	119	343
Valeur des exportations par rapport au PIB (%)	212	152	29,7

Sources : Banque de France, mars 2001 et OMC, 2000.

Activité

À l'aide des informations relevées dans les différents documents de cette double page, réaliser un schéma de synthèse faisant apparaître les espaces et les pôles de la puissance chinoise, le gradient de développement du territoire et les flux qui lui sont liés.

dossier 5

La Corée : un modèle de développement en crise ?

Les « Dragons » correspondent à quatre petits pays et cités-États qui sont passés depuis les années 60 du sous-développement au statut de puissances industrialisées. En quoi l'exemple de la Corée du Sud illustre-t-il la fragilité de ces puissances économiques récentes et extraverties ?

1 Les chaebols : les difficultés de firmes à vocation mondiale

La mise en œuvre hâtive par les grands chaebols d'une stratégie de mondialisation de leurs activités – symbolisée par le slogan *go to global* – a poursuivi un double objectif : conquérir des parts significatives des marchés occidentaux (principalement de biens de grande consommation) et acquérir des positions technologiques dominantes dans certains secteurs de pointe (micro-électronique, constructions automobile, navale, ferroviaire et aéronautique, systèmes énergétiques...). Mais la croissance de l'industrie coréenne a été longtemps stimulée par l'accumulation de capital (essentiellement en provenance du Japon et des États-Unis) et de travail. Seule l'intensité de ses investissements humains et financiers lui a en effet permis de franchir les seuils de capacités productives et logistiques nécessaires à la conquête des marchés mondiaux. L'affaiblissement de leurs *avantages comparatifs* (faible coût de main-d'œuvre) face aux *tigres asiatiques* et surtout à la Chine populaire, a contraint les chaebols à rechercher de nouvelles sources de différenciation fondées sur l'innovation de leurs produits, de leurs procédés et de leurs organisations. [...] Les faillites d'Hanbo et de Kia ont directement contribué à l'effondrement du système bancaire coréen et à remettre en cause le « complexe État-chaebols ». Hanbo Iron Steel fut déclaré en faillite en janvier 1997. Quatorzième chaebol, le groupe sidérurgique avait engagé en 1992 un vaste programme d'investissements, notamment dans le complexe de Tianjin en Chine pour un coût de 6,9 milliards de dollars. Face à la chute des cours de l'acier, Hanbo ne put faire face au remboursement de sa dette, d'un montant égal à douze fois son capital. Le président du groupe, Chung Tae-Soo, intervint directement auprès du ministre de l'Intérieur, d'un des fils du président de la République Kim Young-Sam, et des présidents de la Korea First Bank et de la Cho-hung Bank. Mais le gouvernement se résolut à abandonner le groupe et à engager des poursuites pour corruption qui alertèrent les opinions nationale et internationale sur la situation réelle de certains chaebols. Kia, huitième conglomérat et troisième constructeur automobile coréen sollicita, en juillet 1997, un soutien bancaire exceptionnel de près de 400 millions de dollars après avoir surinvesti dans des projets internationaux risqués, notamment à Taïwan, en Thaïlande et en Indonésie. Le groupe avait notamment porté sa production de 1 à 1,7 million de véhicules entre 1995 et 1996 malgré la saturation du marché intérieur ; il avait contracté des alliances stratégiques avec Ford (actionnaire à 16,9 % de Kia motors), Bosch, Karmann et Lotus. Son président lança des plans successifs de cessions d'actifs, d'économies budgétaires et de suppressions d'emplois mais le surendettement du groupe l'accula à la cessation de paiement en novembre 1997 et à la liquidation de biens au début de 1998.

J.-J. PLUCHART, *La Crise coréenne, grandeur et décadence d'un modèle de performance*, L'Harmattan, 1999.

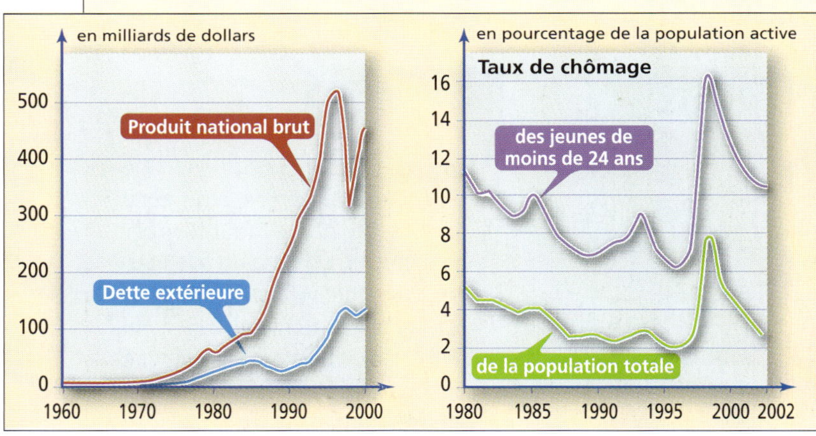

2 La Corée du Sud dans la tourmente de la crise asiatique

Sources : *Banque mondiale*, 2002 ; statistiques nationales.

3 La crise asiatique de 1997 vue de la Corée

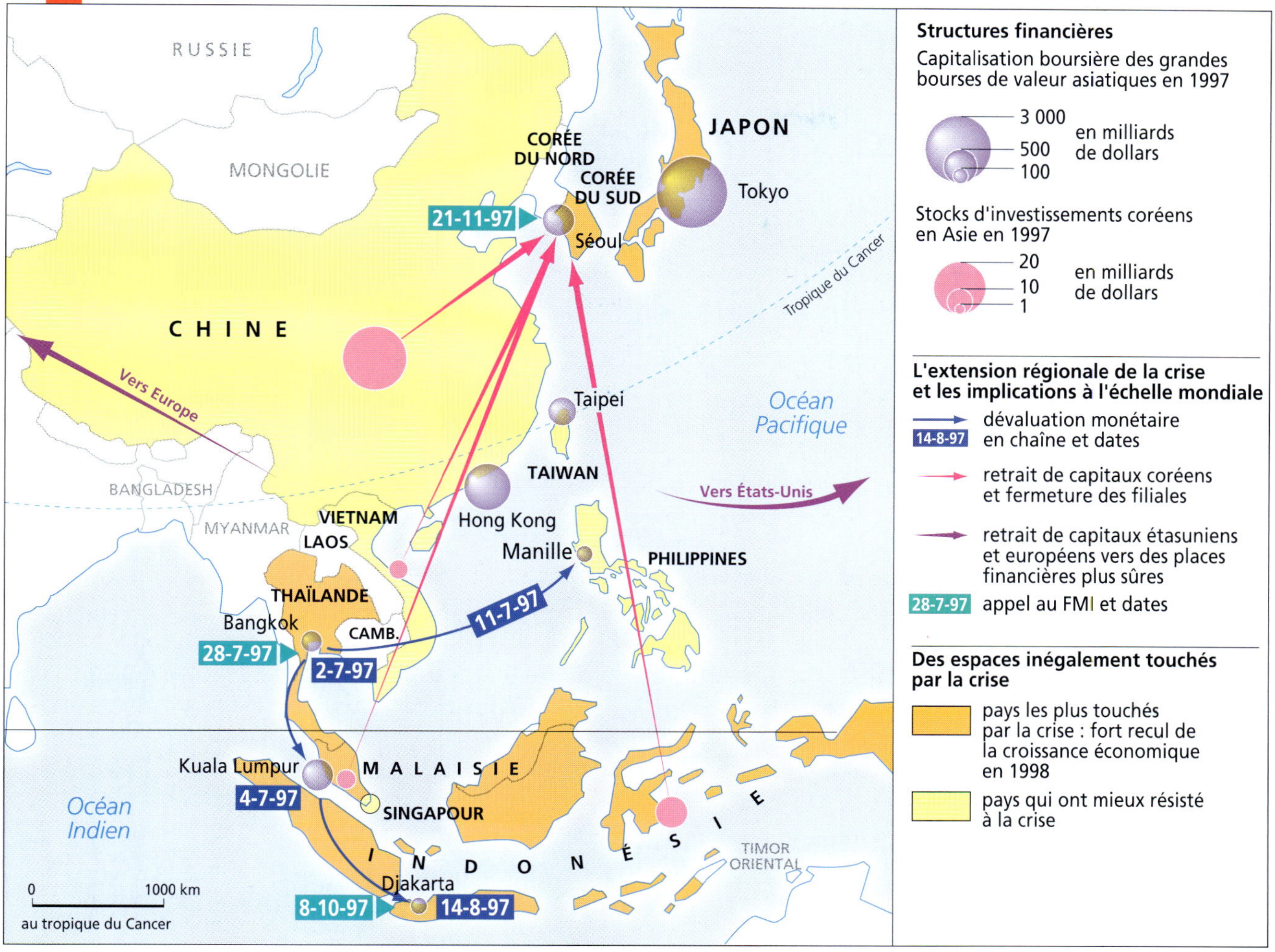

4 Un modèle de croissance économique calqué sur le Japon

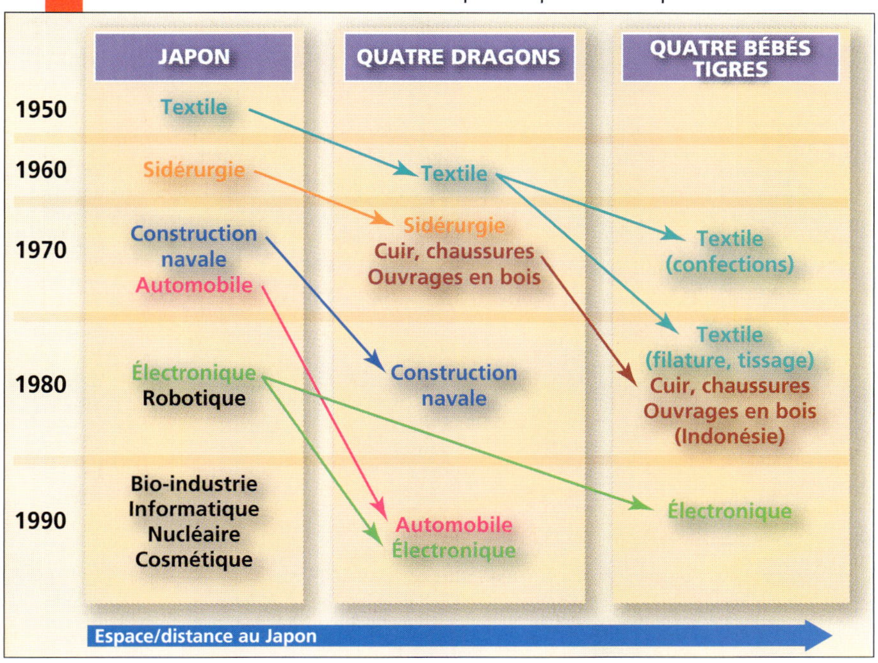

Source : D'après F. Teulon, *La Nouvelle Économie mondiale*, PUF.

Activité

À l'aide du dossier documentaire, mettre en évidence les acteurs du miracle économique coréen, puis identifier les différentes composantes de la crise coréenne.

dossier 6

Les pays émergents d'Asie orientale

Les pays émergents d'Asie du Sud-Est ou « Bébés-Tigres », ont connu une croissance rapide et forte depuis les années 80, freinée brutalement par la crise économique de 1997. Aujourd'hui, comment ces pays sont-ils intégrés à l'aire de puissance asiatique ?

1 L'industrie automobile japonaise en Asie orientale

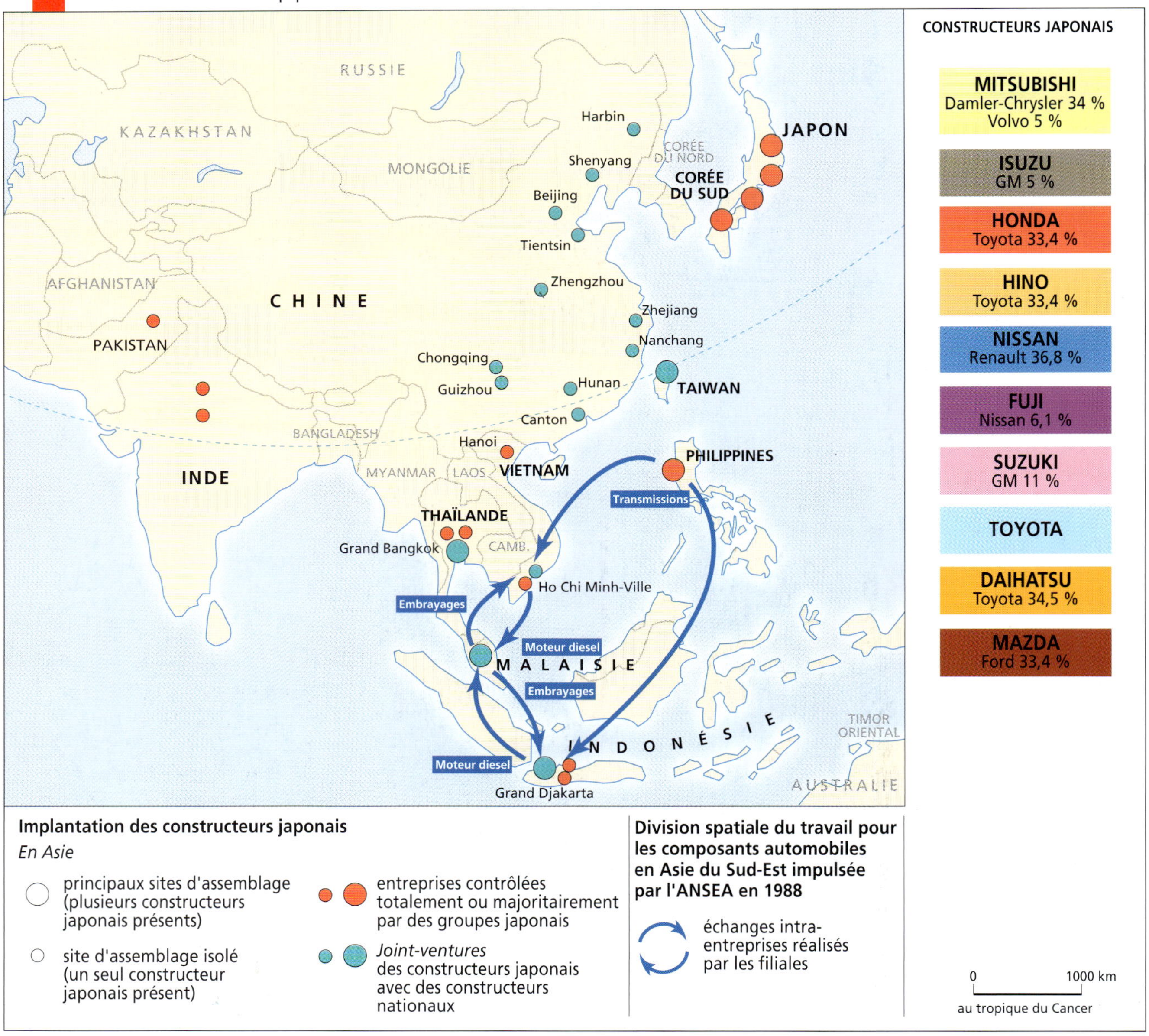

Source : D'après La Documentation photographique, n° 8029, octobre 2002.

2 Le triangle de croissance Indonésie-Malaisie-Singapour

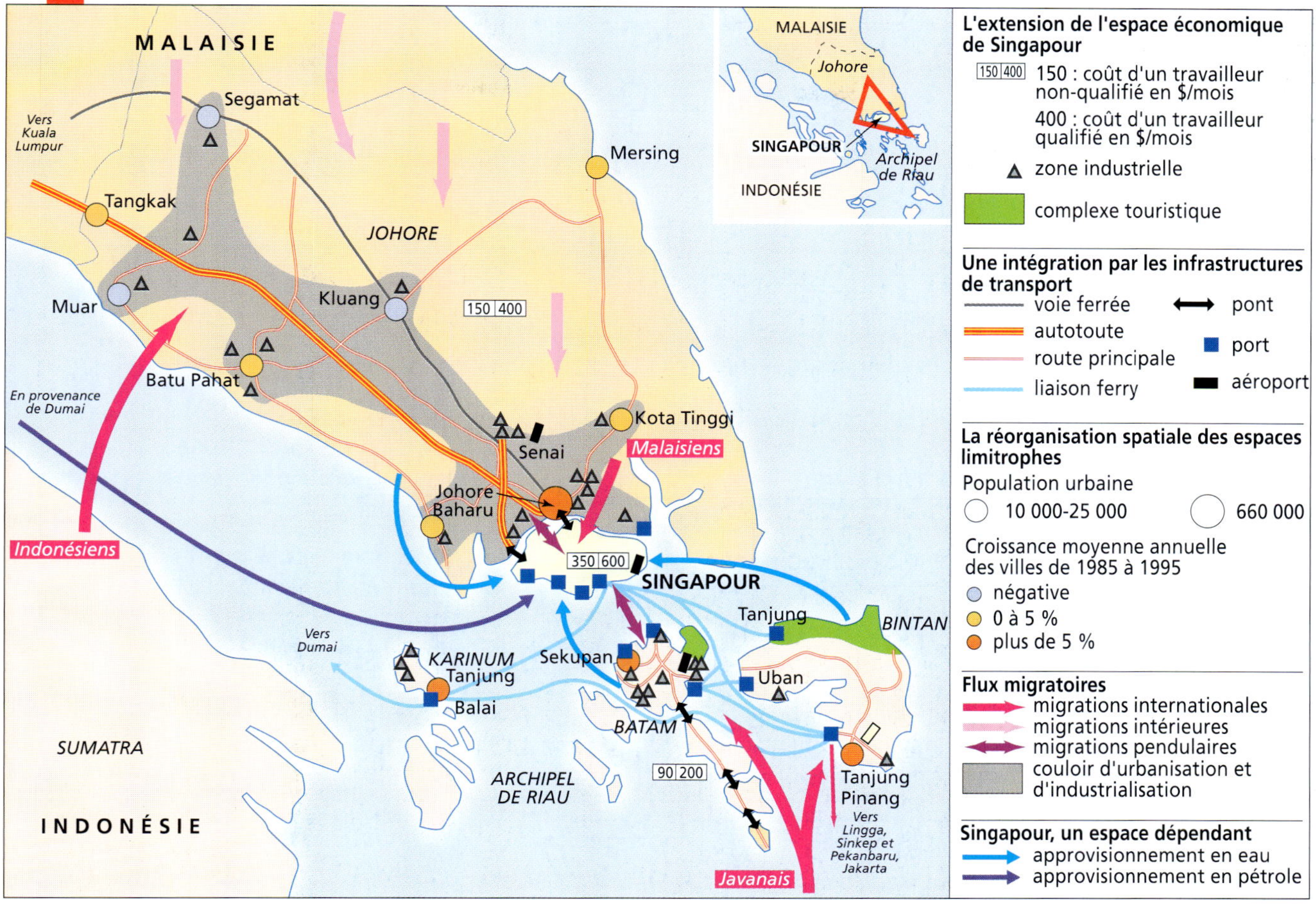

Source : M. Foucher, *Asies nouvelles*, Belin, 2002.

3 Publicité présentant les objectifs de l'ANSEA

L'Indonésie, la Thaïlande, la Malaisie, Singapour et les Philippines se sont dotés dès 1967 d'un organisme de coopération régionale, l'ANSEA, mais ce forum se concevait comme une association de défense face à l'expansion communiste. La fin de la Guerre froide a changé la donne : l'ANSEA grandit (adhésion de Brunei en 1984, du Vietnam en 1995, du Laos et du Myanmar en 1997 suivis du Cambodge en 1999) et se transforme en zone de libre-échange.

Ses trois objectifs principaux sont : promouvoir le développement économique, social et culturel de la région au moyen de programmes de coopération ; maintenir la stabilité politique et économique et servir de tribune pour résoudre les différends entre les membres. L'ANSEA émerge comme un véritable partenaire dans le nouvel ordre régional qui se met en place de part et d'autre du Pacifique. Les pays de l'association ont connu un fort développement et Singapour est devenu le centre de la zone dans les domaines des finances, de la haute technologie et des services. La crise financière de 1997 a accéléré le processus de rapprochement entre les membres, qui s'organisent pour recouvrer les faveurs des investisseurs internationaux. La zone de libre-échange de l'ANSEA mise en place en 1993 vise à éliminer les barrières douanières entre les pays d'origine d'ici 2010. Les nouveaux adhérents atteindront cet objectif d'ici 2015. Le but est autant d'augmenter le commerce régional que d'inciter les investisseurs extérieurs à produire dans l'ANSEA pour échapper aux droits de douanes et accéder à un marché de 500 millions de consommateurs.

Interfrance Media, paru dans *Le Monde* du 21 novembre 2002.

Activité

Les pays émergents d'Asie du Sud-Est sont des espaces périphériques dominés qui essaient de s'organiser pour accroître leur influence dans l'espace régional.
À l'aide des informations fournies, identifier et argumenter les deux éléments clefs de cette affirmation.

Étude d'un ensemble documentaire

En quoi l'exemple de Toyota illustre-t-il les stratégies spatiales d'une multinationale ?

Première partie

Analyser l'ensemble documentaire en répondant aux questions suivantes :

1. À l'aide du document 1, identifier les espaces privilégiés des délocalisations de Toyota ainsi que les marchés convoités.

2. Quels éléments d'explication les documents 2 et 3 apportent-ils pour comprendre la carte ?

3. L'Europe a longtemps été réticente vis-à-vis des produits japonais. Quelles stratégies sont développées par Toyota pour vaincre ces résistances ? (Documents 1 et 4.)

4. À l'aide des informations fournies par cet ensemble documentaire, montrer que Toyota s'appuie sur une mise en réseau de l'espace mondial.

Deuxième partie

À l'aide des réponses aux questions, des informations contenues dans les documents et de vos connaissances, vous rédigerez une réponse organisée au sujet : En quoi l'exemple de Toyota illustre-t-il les stratégies spatiales d'une multinationale ?

1 Toyota dans le monde : un système de gestion régionalisé

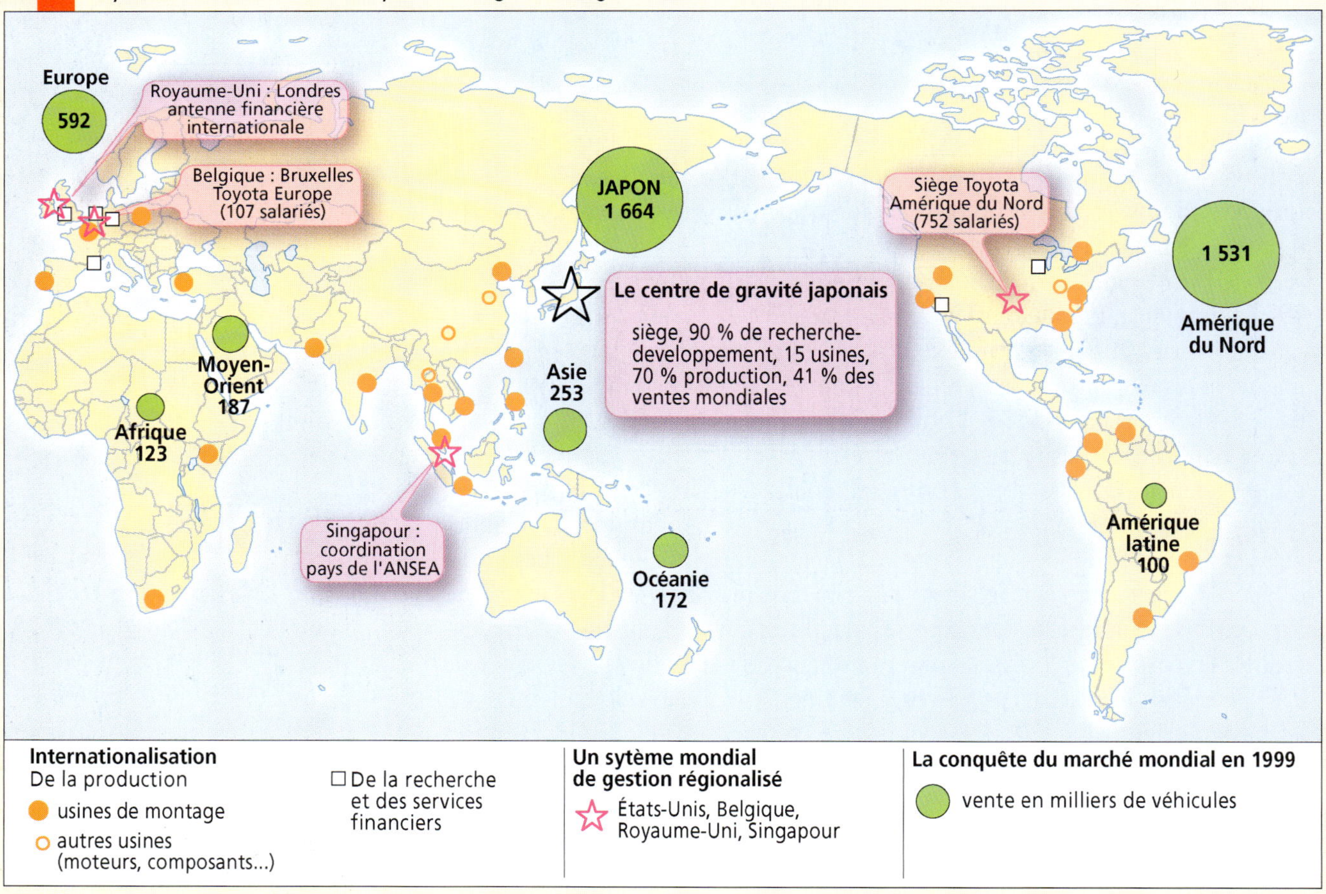

Source : D'après L. Carroué, *Géographie de la mondialisation*, Armand Collin, 2002.

2 Un ancrage asiatique renouvelé

À partir des années 1960, l'Asie – l'ANSEA surtout – est devenue une terre d'élection des groupes automobiles japonais qui, en 2000, y détiennent 80 % du marché. Ils se moulent dans les législations nationales *via* des implantations directes ou des *joint-ventures* avec des constructeurs locaux qui bénéficient de transferts de technologies. Mais la crise asiatique, avec l'effondrement de 70 % du marché entre 1997 et 1999, oblige les firmes à réorganiser leurs systèmes productifs. Ces États deviennent des bases d'exportation vers les marchés en croissance d'Europe, d'Océanie et d'Amérique latine. Toyota y développe une intégration régionale en jouant les synergies de son dispositif. On assiste à l'émergence d'un véritable réseau (*Industrial Complementation Network*) d'échanges de composants et de pièces détachées entre la Malaisie, la Thaïlande, l'Indonésie et les Philippines. Enfin, Toyota y transfère l'assemblage de certains modèles réalisés jusqu'ici au Japon (modèles de sport pour l'Europe et l'Australie...). La valeur ajoutée y est augmentée afin de baisser les coûts de production et d'éviter la faillite des sous-traitants et équipementiers locaux dont le tissu est encore fragile à l'exception de la Thaïlande (600 firmes, 300 000 emplois). Enfin, depuis 1991, la Chine devient prioritaire avec six usines (Pékin, Mandchourie, Sichouan) afin de desservir un marché encore très parcellisé entre provinces.

L. Carroué, *Géographie de la mondialisation*, Armand Colin, 2002.

3 Évolution des ventes domestiques, des exportations et de la production outre-mer de la construction automobile japonaise, en millions d'unités

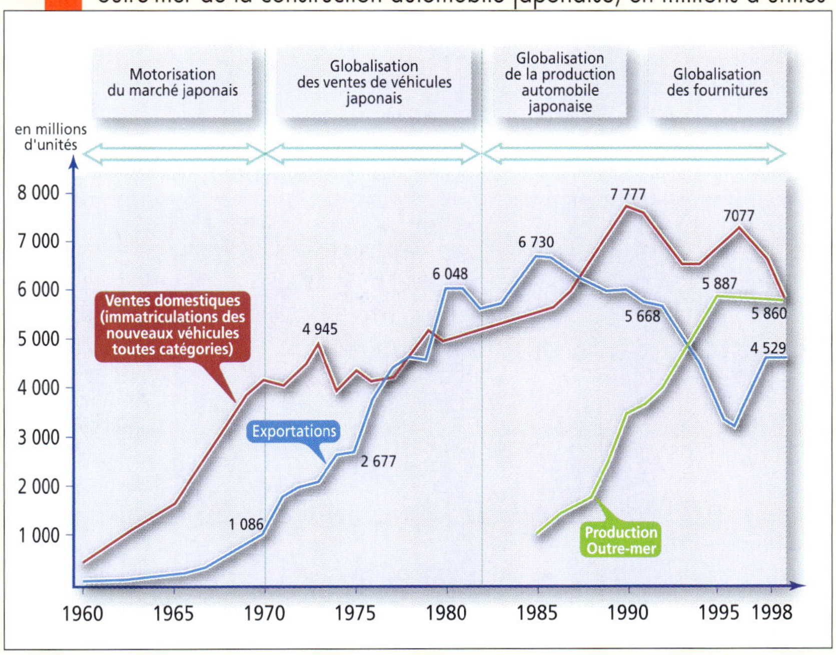

Source : M. Foucher, *Asies nouvelles*, Belin, 2002.

4 Toyota à Valenciennes
Chaîne de montage de la Yaris

Composition La puissance de l'Asie orientale dans le monde

La composition n'est pas un exercice insurmontable, à condition de respecter quelques règles simples : apprendre à gérer au mieux son temps (environ 2 h 30 mm pour réaliser cette épreuve), mobiliser les connaissances essentielles et les organiser correctement dans un plan cohérent qui répond à la problématique.

A. Comprendre le sujet : retrouver les notions de base du programme et poser une problématique

Première étape : environ 45 minutes

Le sujet invite tout d'abord à définir la notion de puissance, c'est-à-dire la capacité d'un État ou d'une aire régionale à exercer une influence dans un espace plus vaste, ici dans le monde. Il faut ensuite délimiter correctement l'objet spatial de l'étude, en l'occurrence l'Asie orientale. Cette aire de puissance comprend le Japon, la Corée du Sud, Taïwan, la Chine et Singapour.

Dès lors, on peut commencer à interroger le sujet. Comment s'exerce la puissance de l'Asie orientale dans le monde ? Pourquoi cette aire régionale est-elle influente ? N'existe-t-il pas des limites à cette puissance ? Les réponses à ces questions permettent de mobiliser de nombreuses notions du programme : une puissance s'inscrit dans un vaste espace qu'elle organise (pays partenaires, concurrents...), elle se manifeste par des flux, elle mobilise des acteurs spatiaux, elle s'appuie sur des aménagements.

Activité :

Répondre aux trois questions posées pour mobiliser les connaissances sur le sujet en s'appuyant sur les dossiers n°s 1 et 2 du chapitre puis formuler une problématique générale.

B. Réaliser le plan détaillé et rédiger l'introduction et la conclusion

Deuxième étape : environ 30 minutes

Activité :

Classer dans la proposition de plan suivante les informations tirées des dossiers documentaires, en distinguant les idées, les arguments et les exemples.

1. LES MANIFESTATIONS DE LA PUISSANCE DE L'ASIE ORIENTALE DANS LE MONDE
2. LES FACTEURS EXPLICATIFS DE CETTE PUISSANCE
3. LES LIMITES DE LA PUISSANCE DE L'ASIE ORIENTALE

C. Rédiger la composition

Quatrième étape : environ 1 heure 15 minutes

La cohérence du raisonnement doit apparaître correctement grâce aux connecteurs logiques (petits mots de liaison qui marquent une opposition, une conséquence, introduisent un argument... : *cependant*, *mais*, *donc*, *en effet*...). La relecture du devoir est indispensable (cinq à dix minutes).

Croquis

La puissance de l'Asie orientale dans le monde

A. Comment organiser la légende ?

– La première étape consiste, comme pour une composition, à analyser correctement le sujet afin de mobiliser toutes les connaissances nécessaires. Il s'agit ensuite de faire un choix, parmi les connaissances, en ne sélectionnant que les informations les plus pertinentes et facilement cartographiables afin de ne pas surcharger le croquis.

– Une légende correspond à un raisonnement. Tout d'abord, les informations doivent être hiérarchisées. Le mieux est de faire apparaître les structures de l'espace puis les dynamiques. Ensuite, les titres de la légende doivent être correctement formulés pour répondre au sujet : il ne faut pas se contenter de termes vagues mais utiliser un vocabulaire géographique précis.

B. Activité

Classer les informations suivantes dans une légende organisée avec des titres explicites et trouver pour chacune d'elle le figuré approprié (deux figurés sont déjà placés sur la carte) :

L'intégration à l'APEC ; importation de produits alimentaires et de matières premières ; investissements japonais dans le monde ; l'aire régionale : une interface avec le monde ; principaux partenaires commerciaux et financiers ; le Japon : pôle de la Triade ; la Chine littorale ; l'influence des États-Unis dans la région ; ANSEA ; principaux fournisseurs de matières premières ; investissements étrangers en Asie ; exportations de produits industriels ; les Dragons.

C. Fond de carte

1. Une puissance démographique attractive

La population nombreuse contribue à la puissance et au dynamisme de l'Asie orientale dans le monde mais peut aussi être un frein au **développement**, notamment en Chine.

Cartes, p. 194 et 196.

A. De fortes concentrations humaines...

L'Asie orientale est un grand foyer historique de peuplement à l'échelle mondiale, caractérisé par des densités élevées, souvent supérieures à 500 habitants/km^2 sur les littoraux bordant le Pacifique. Le Japon, la Corée du Sud, la Chine, Taïwan et Singapour totalisent actuellement plus d'1,5 milliard d'habitants, soit plus de 25 % de la population mondiale. Mais le poids démographique des pays est divers. La Chine est le pays le plus peuplé du monde avec 1,289 milliard d'habitants tandis que la petite cité-État de Singapour ne compte que 4,1 millions d'habitants.

Ces pays abritent la plus forte concentration de villes millionnaires, comme Tokyo, l'agglomération la plus peuplée du monde. Ces métropoles dynamiques sont le plus souvent en situation littorale.

La population est dans l'ensemble fortement urbanisée, notamment dans les cités-États de Singapour et de Hong Kong. En Chine, la population urbaine ne représente actuellement que 31 % de la population totale mais la croissance urbaine y est particulièrement soutenue, entraînant des dépenses d'aménagement urbain importantes (construction de logements, d'infrastructures.).

Dossier 4, p. 204-205.

B. ...qui attirent les investissements

Cette population très nombreuse constitue à la fois un vaste marché de consommation mais également un réservoir de main-d'œuvre pour les **multinationales** européennes, américaines ou japonaises qui y délocalisent leurs unités de production. Dès les années 1960, les Dragons attirent les investisseurs étrangers qui trouvent dans ces pays encore peu développés une main-d'œuvre disciplinée et peu coûteuse. Suite au développement des « Dragons » et à l'augmentation des salaires, c'est aujourd'hui vers la Chine que se tournent les investissements.

La Chine est devenue l'atelier du monde. Ce géant asiatique s'est imposé, en l'espace d'une vingtaine d'années, comme l'un des acteurs majeurs de la **mondialisation**. En 2002, le pays se plaçait en deuxième position pour l'accueil des investissements étrangers. Les produits fabriqués sont très diversifiés (du textile à l'électronique de pointe) et alimentent autant le marché intérieur que les flux commerciaux régionaux et internationaux. Les investissements participent donc au dynamisme économique du pays, qui a la croissance la plus élevée du monde (plus de 8 % par an depuis 1990).

Document 3, p. 215.

C. Le rôle de la diaspora chinoise

La puissance démographique et le rayonnement de l'Asie orientale sont également illustrés par la présence d'une importante communauté chinoise dynamique implantée à l'étranger. On compte aujourd'hui entre 25 et 30 millions de Chinois dans le monde, principalement en Asie orientale, mais également en Europe et en Amérique du Nord.

Ce peuplement outre-mer joue un rôle économique exceptionnel car de vastes liens sont tissés entre l'espace national ou régional émetteur et entre les différents pôles d'accueil. Entre ces multiples pôles circulent, de façon incessante, des **flux** de marchandises, d'informations, de personnes. Les rayons d'un supermarché chinois à Paris renseignent sur la multiplicité des liens et le fonctionnement des réseaux à l'échelle mondiale : on y trouve des produits chinois de Chine mais aussi de Singapour, de Californie, etc.

Notions clefs
- Développement
- Flux
- Mondialisation
- Multinationale

Voir lexique, page 7

1 Fortes densités urbaines et modernité : la rue de Nankin à Shanghai

2 Paysage rural de Chine du Sud (province de Guangxi)

3 La diaspora chinoise

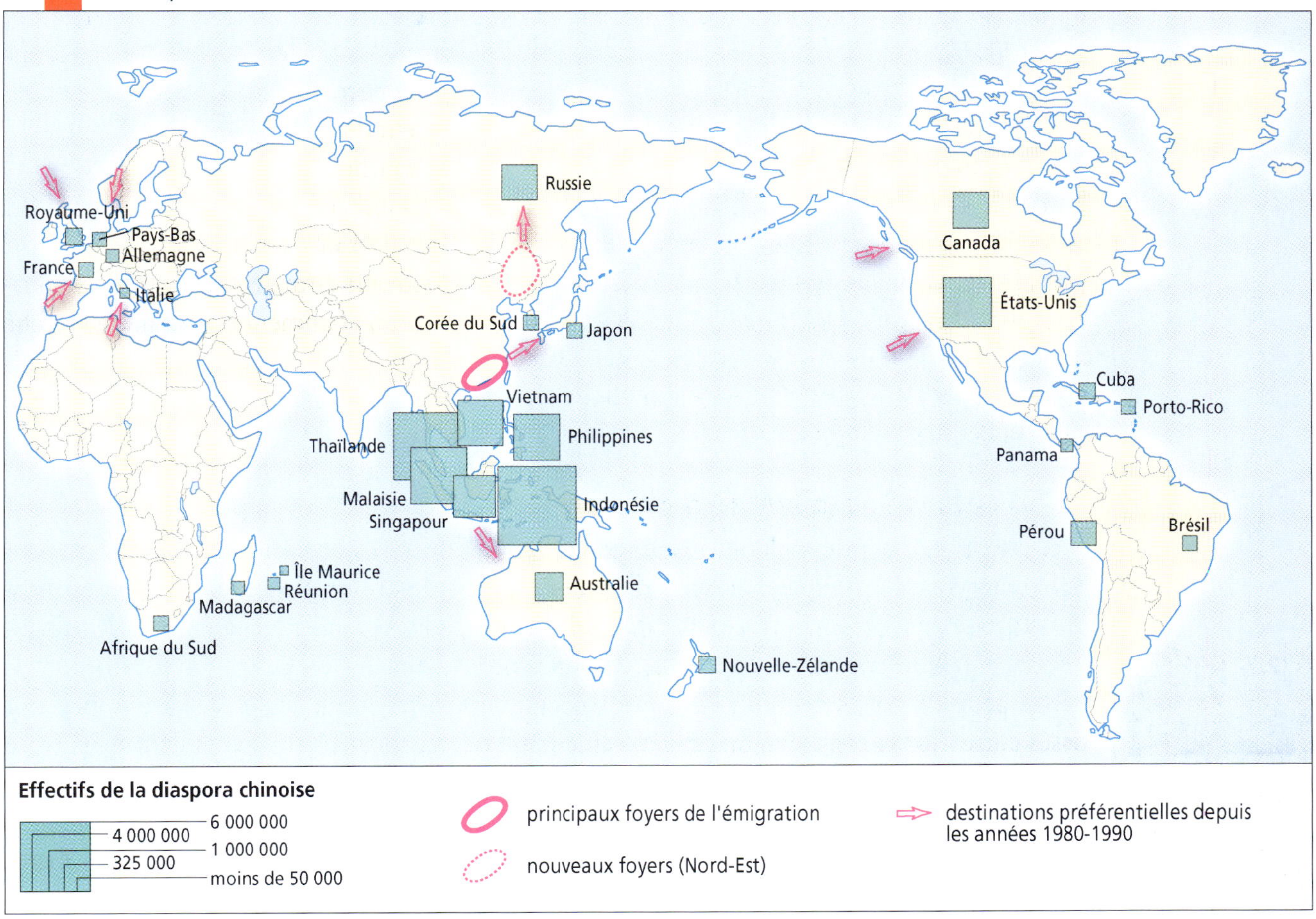

chapitre 8

2. Une grande puissance maritime

Les pays d'Asie orientale ont un modèle de développement fondé sur l'ouverture mondiale qui s'accompagne d'une maritimisation de leur économie. L'**aménagement** de vastes façades maritimes favorise l'essor des flux qui contribuent à la vivre croissance économique de la région.

Dossiers 3 et 4, p. 198-199 et p. 204-205.

A. Une façade littorale dynamique

L'Asie orientale s'ouvre sur le Pacifique et constitue un véritable carrefour mondial. Les ports asiatiques, modernes, équipés pour accueillir les navires porte-conteneurs sont les premiers mondiaux et accroissent leur trafic. Ces ports constituent de vastes plates-formes multimodales qui assurent les liaisons internationales mais aussi régionales et nationales, vers les arrière-pays.

On trouve également dans ces ports des zones franches qui attirent les investisseurs et favorisent l'aménagement d'immenses zones industrielles. C'est le cas par exemple des ZES du littoral chinois qui ont contribué au décollage économique de la Chine. Singapour, petite cité-État sans ressources naturelles qui dispose de peu d'espace, a fondé sa croissance économique sur l'aménagement de zones franches littorales qui attirent les sièges sociaux de multinationales européennes, américaines ou japonaises grâce aux privilèges fiscaux accordés. Le port de Singapour joue le rôle de carrefour de redistribution pour tout le Sud-Est asiatique, en réexportant des produits fabriqués par ses voisins malaisiens ou indonésiens. Hong Kong joue également ce rôle de transit pour la Chine. Les activités de services relaient et complètent aujourd'hui la croissance industrielle : les grandes bourses asiatiques sont toutes en situation littorale (Tokyo, Hong Kong, Singapour, Séoul).

Concentrant les hommes, la richesse et le pouvoir, ces grandes métropoles commerçantes se renforcent au détriment des régions de l'intérieur. Elles constituent des **interfaces** actives qui intègrent l'Asie orientale à la **mondialisation**.

Carte p. 197 et dossiers, p. 208-209.

B. Des flux en plein essor

Les **flux** de natures diverses et à différentes échelles s'intensifient. Dans la seconde moitié du XXe siècle, la part de l'Asie (Japon, Corée du Sud, Taïwan, Chine et Singapour) dans les échanges mondiaux a fortement progressé, passant de 5 % des échanges en 1950 à plus de 20 % aujourd'hui. Si l'on y ajoute le commerce des Bébés-Tigres, l'Asie de l'Est réalise à l'heure actuelle un tiers du commerce international.

Cette explosion des échanges commerciaux est due à l'importation croissante de produits énergétiques (pétrole...) mais aussi manufacturés par des pays qui se développent à grande vitesse et à l'exportation de produits industriels. On assiste également, depuis les années 1990, à l'essor des flux intra-régionaux. Les multinationales japonaises ou originaires des NPI, comme les chaebols, investissent dans les pays émergents d'Asie à faible coût de main-d'œuvre, générant des échanges de capitaux, mais aussi de pièces détachées et de produits finis dans la région. Les échanges commerciaux régionaux sont également en plein essor et l'ANSEA est un acteur régional de plus en plus important. Enfin, les flux humains s'intensifient : à l'émigration traditionnelle (diaspora chinoise) et aux flux migratoires intra-régionaux s'ajoutent aujourd'hui les flux touristiques.

Notions clefs

- Aménagement
- Flux
- Interface
- Mondialisation

Voir lexique, page 7

1 Séoul, capitale de la Corée du Sud, entre tradition et modernité

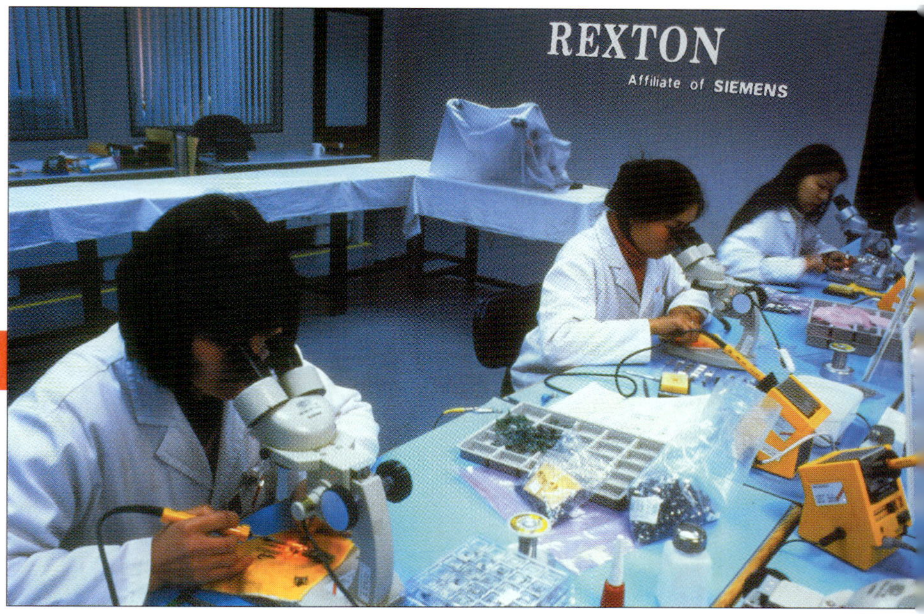

Usine ouverte en 1995 à Suzhou (province littorale de Jiangsu en Chine) 2

3 Trafic portuaire mondial en 2000 : les vingt premiers ports conteneurs mondiaux

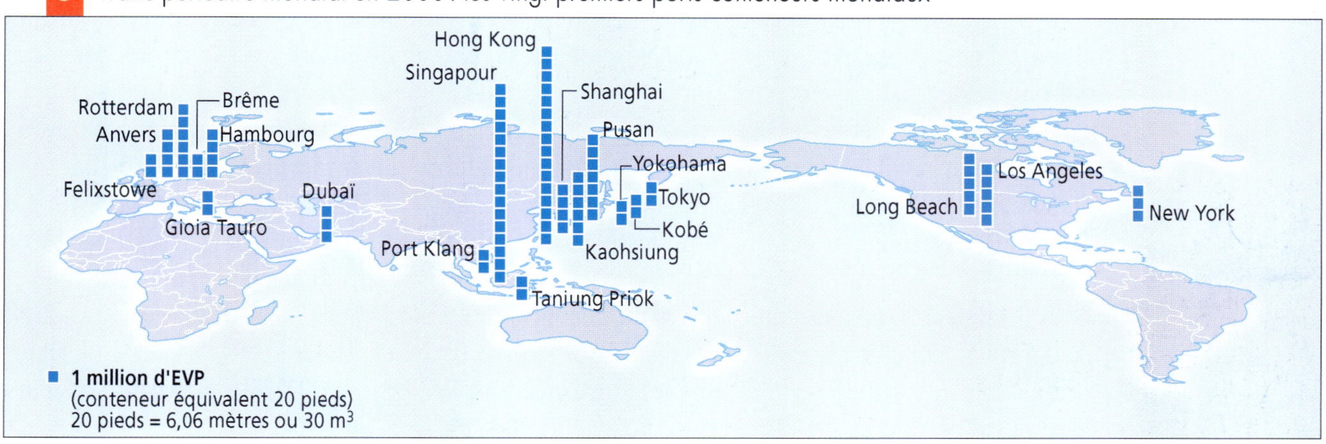

3. Les fragilités de la puissance asiatique

L'Asie orientale est un espace multipolaire dominé par le Japon et les États-Unis, mais où la Chine, nouvelle puissance émergente, chercher à s'imposer. De plus, la croissance économique des pays asiatiques demeure fragile.

Dossier 3, p. 202-203.

A. Diversité politique et inégalités économiques

Les héritages de la Guerre froide marquent encore l'espace asiatique où l'on trouve les derniers grands pays communistes du monde, comme la Corée du Nord ou la Chine. Si l'engagement américain a diminué, les États-Unis sont toujours un **pôle** de puissance régional important, concurrençant le Japon qui est le pôle organisateur de l'espace régional. Troisième puissance économique mondiale, le Japon est un partenaire commercial important pour les pays asiatiques et réalise la moitié des investissements étrangers dans la région.

Les pays asiatiques ont connu, depuis la seconde moitié du XXe siècle une croissance économique sans précédent, à tel point que l'on a pu parler de « miracle économique » et multiplier les qualificatifs agressifs pour désigner ces nouvelles économies émergentes (« dragons », « tigres ») dont l'essor est fondé sur leur dynamisme commercial. Cependant, le décollage économique des différents pays ne s'est pas fait simultanément et il en résulte des inégalités importantes de développement entre les pays. Les inégalités spatiales de **développement** se creusent aussi à l'échelle nationale comme en Chine.

Dossier 2, p. 200-201.

B. Un espace de tensions

La fin de la Guerre froide et surtout l'entrée en scène de nouveaux acteurs dont le poids politique est assis sur une croissance économique forte et continue, rendent incertaines, voire conflictuelles les relations entre les pays asiatiques. Ainsi, la course aux armements s'est accélérée. Le Japon, grande puissance économique à rayonnement mondial et la Chine, seul pays d'Asie orientale à disposer de l'arme nucléaire rivalisent pour devenir les puissances régionales et ont augmenté leurs dépenses militaires dans les années 1990. La Corée du Sud et surtout Taïwan sont aujourd'hui parmi les premiers importateurs mondiaux d'armes.

Les tensions et les occasions de conflits sont nombreuses, même si elles concernent des espaces localisés. Les frontières maritimes, parfois mal délimitées, donnent lieu à des affrontements comme en mer de Chine du Sud à propos des îles Spratly. Le contrôle des grandes routes maritimes et la maîtrise de vastes étendues maritimes liées aux ZEE, riches en ressources naturelles, sont les enjeux principaux de ces conflits.

L'ANSEA tente aujourd'hui de gérer ces tensions en mettant en place des forums régionaux de concertation.

Dossier 6, p. 208-209.

C. La fragilité économique

Les pays d'Asie orientale sont fortement dépendants du marché mondial. Tout d'abord, la plupart d'entre eux, excepté la Chine, sont de petits pays ne disposant que de faibles **ressources** naturelles : ils doivent donc importer des produits alimentaires mais également les matières premières et l'énergie nécessaire à leur croissance économique. D'autre part, leur dynamisme économique est fondé sur l'exportation de biens manufacturés qui inondent la planète. Enfin, la Chine, comme les autres « Bébés-Tigres » d'Asie du Sud-Est, est dépendante des capitaux étrangers : ce sont les investissements qui créent actuellement la croissance de ce pays, même si on voit apparaître depuis peu des entreprises nationales performantes.

À l'échelle régionale, l'interdépendance économique croissante des pays asiatiques les rend vulnérables aux chocs extérieurs. Ainsi, la crise qui a éclaté en juillet 1997 est partie de Thaïlande mais a profondément ébranlé les autres pays de la région et a révélé la fragilité de leurs économies nationales, notamment en Corée du Sud.

Notions clefs

- Développement
- Pôle
- Ressource

Voir lexique, page 7

1 Diversité économique et sociale de l'Asie orientale

Pays	Superficie (km²)	Population (en milliers)	Mortalité infantile (%)	Population urbaine (%)	IDH	PIB/hab (en $)	Croissance annuelle 1990-2000 (%)
Japon	377 750	127 335	3,5	78,7	0,933	26 750	2,1
Corée du Sud	99 484	47 069	7,9	81,2	0,882	17 380	5,6
Chine	9 571 300	1 289 272	41	31,5	0,706	3 976	9,4
Hong Kong	1 092	6 961	4,2	100	0,888	25 153	3,7
Taïwan	35 980	22 370	5,9	75	n.c.	17 394	6,4
Singapour	618	4 108	4,9	100	0,885	23 356	8

Source : *L'état du monde* (2003), Éditions La Découverte.

2 Le cycle de l'industrialisation des NPIA

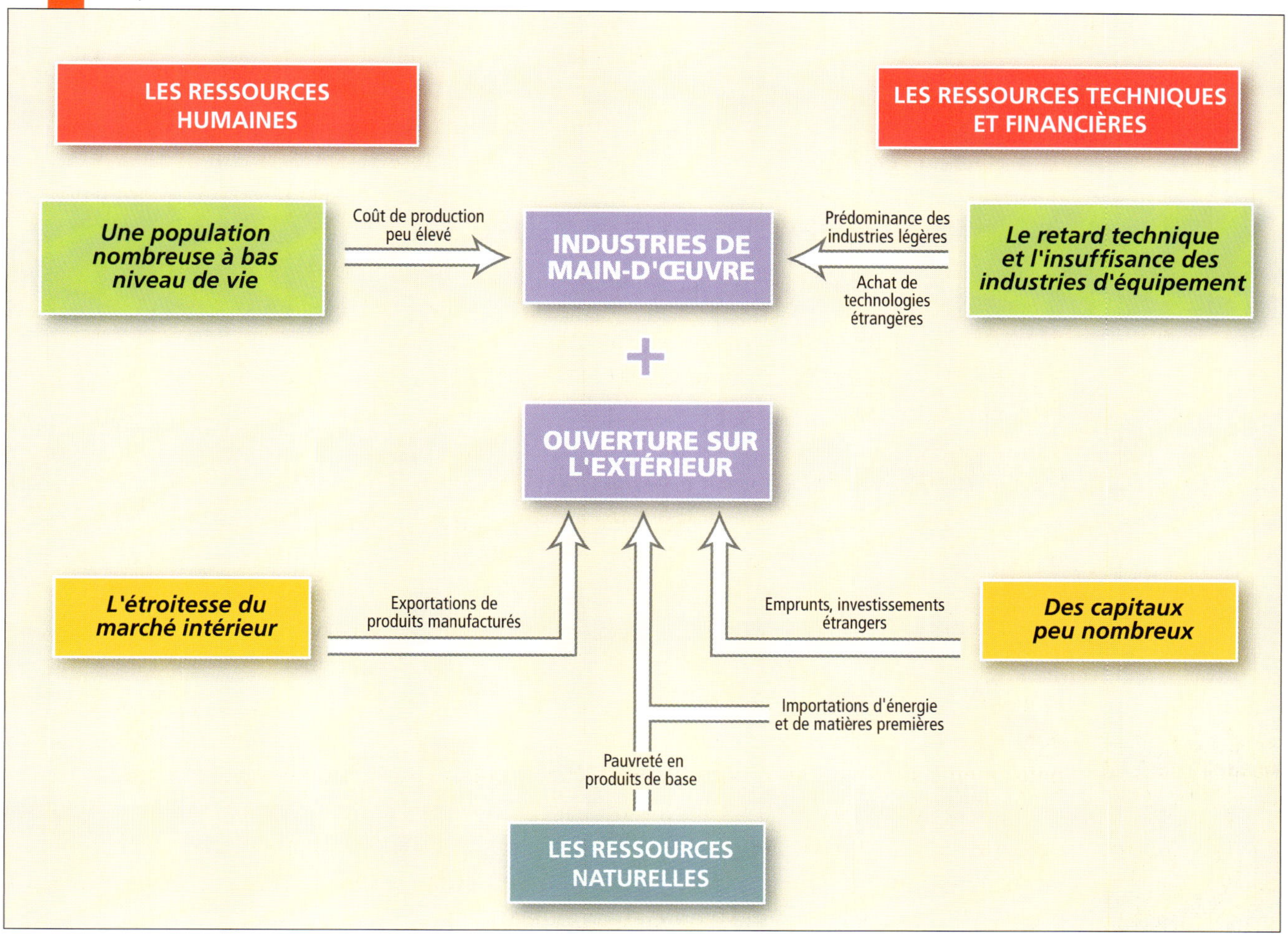

L - ES - S

chapitre

9 La mégalopole japonaise

Problématique

La mégalopole japonaise, vaste ensemble urbain littoral qui s'étend de Tokyo à Fukuoka, concentre l'essentiel des hommes, des richesses et du pouvoir au Japon. Pourquoi cet espace peut-il être considéré comme le centre d'impulsion de la deuxième puissance économique mondiale ? En quoi constitue-t-il une interface à différentes échelles ? Quels sont les risques et les problèmes de gestion posés par une telle concentration d'hommes et d'activités ?

La répartition de la population japonaise

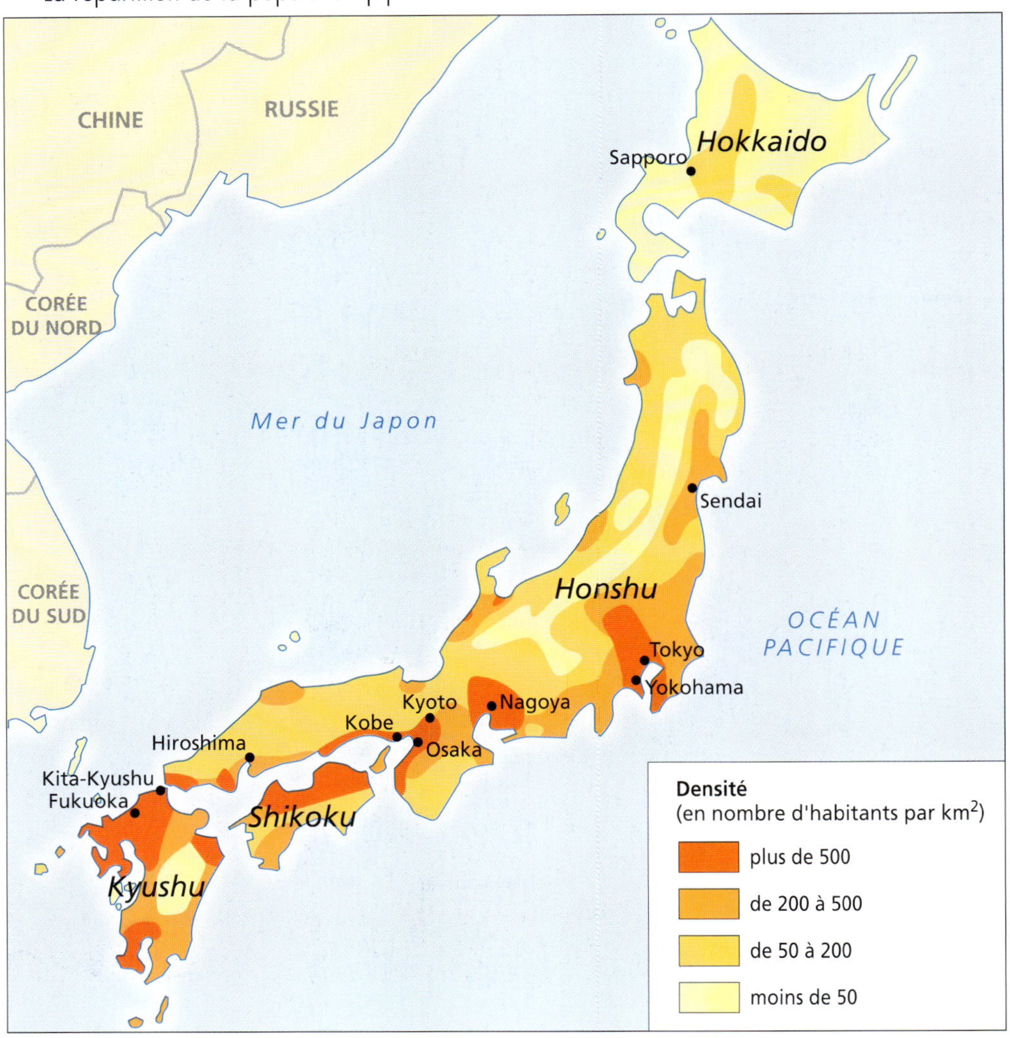

La baie de Tokyo (image satellitale)

LE DOMAINE MARITIME DU JAPON

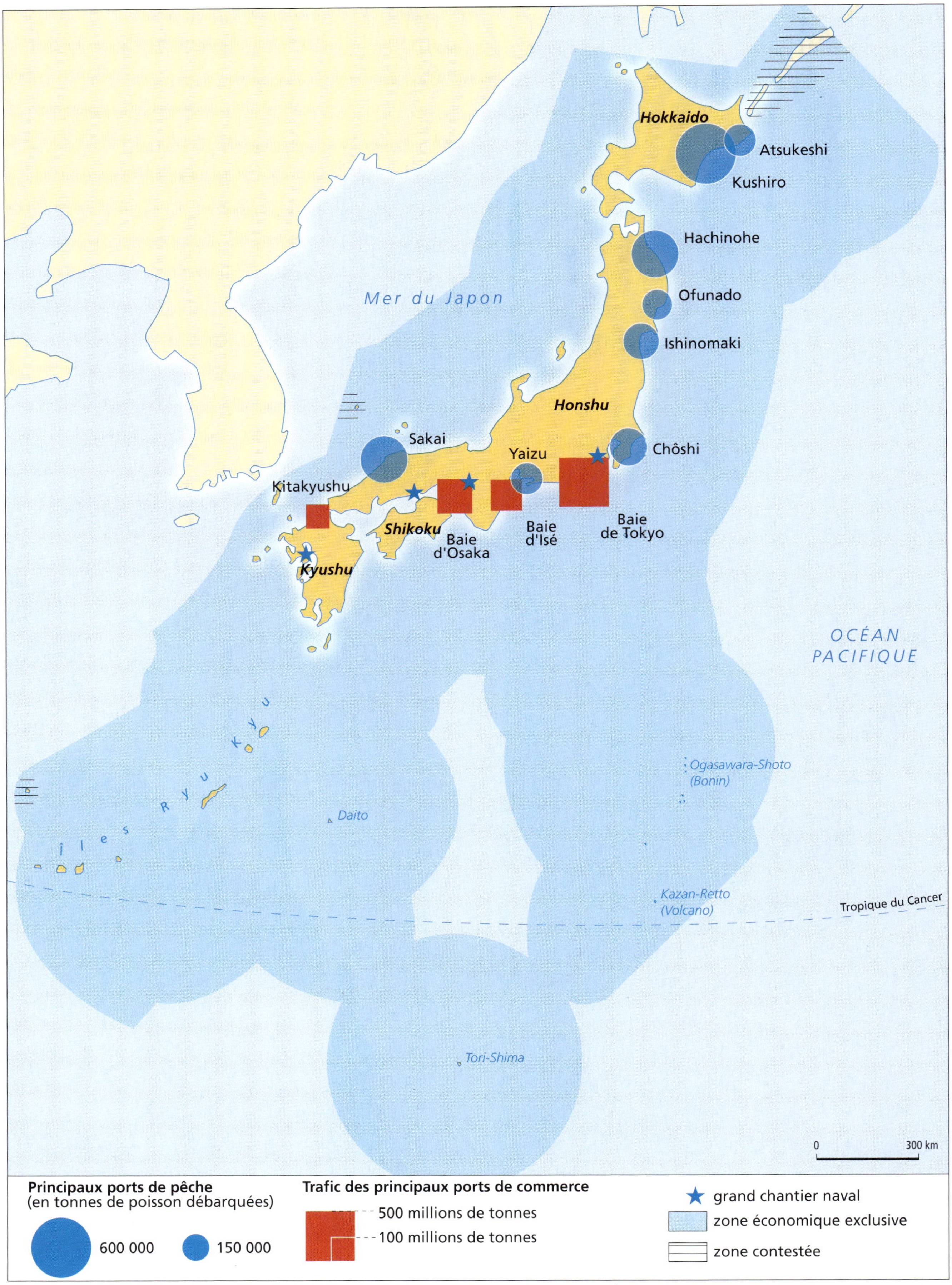

Source : G. DOREL, *La Puissance des États*, La Documentation photographique, décembre 1998.

POUR COMPRENDRE

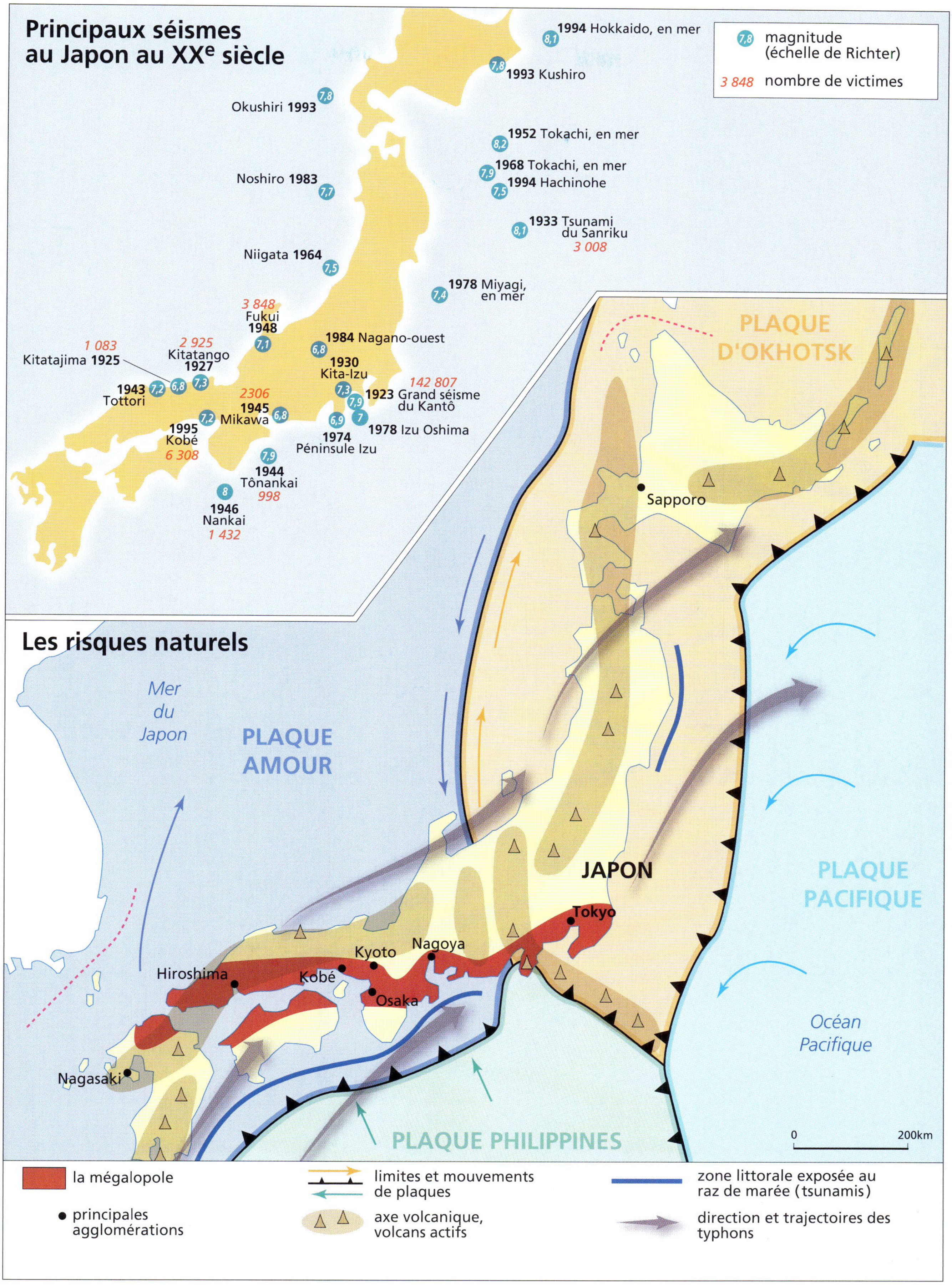

Source de la carte « Les principaux séismes » : Ph. Pelletier, *Le Japon, une puissance en question*, La Documentation photographique n° 8029, octobre 2002.

dossier 1

Tokyo, ville mondiale

Capitale du Japon et agglomération la plus peuplée du monde avec 30,2 millions d'habitants, Tokyo a un rayonnement qui dépasse l'échelle nationale. Pourquoi cette agglomération peut-elle être considérée comme un centre d'impulsion mondial ?

1 Shinjuku, un des centres d'affaires de Tokyo

2 Tokyo, métropole cosmopolite

Tokyo, cœur du Japon mégalopolitain, est le phare de la modernité japonaise. Tokyo lance les modes à un rythme effréné. L'écran télévisuel géant du Studio Alta, le nouveau prototype de l'actant urbain de Shinjuku, le vice-centre de la capitale, est repris un peu partout. Les danseurs et musiciens *take no do*, défouloir organisé le dimanche dans les avenues de Yogogi donnent le « la » d'une mode vestimentaire et musicale pour les fashion victims adolescentes et post-adolescentes. Le quartier d'Hakihabara est La Mecque des nouveaux produits informatiques. Jusque-là spécialisé dans l'électroménager et l'électronique grand public, il se transforme en « cyber-quartier ». Après un siècle de développement démographique et économique continu, la fin de la haute croissance avait laissé envisager, au début des années 1970, un rééquilibrage dans l'occupation de l'archipel japonais et donc un amoindrissement de l'agglomération tokyote. Mais la relance de la croissance économique s'est accompagnée d'un nouvel agrandissement de la mégapole (près de trente millions d'habitants), et d'un renforcement de sa puissance industrielle, tertiaire, culturelle et politique. Les nouveaux arrivants se dirigent en priorité vers la mégapole de Tokyo, où ils résident dans la ville basse : 62 % de l'immigration chinoise, 46 % de l'immigration philippine. Une nouvelle urbanité, beaucoup plus cosmopolite, est en train de se dessiner à Tokyo, à l'image du film *Tokyo Skin* de Hanawa Yukinari.

D'après Ph. PELLETIER, *Le Japon, une puissance en question,* La Documentation photographique, n° 8029, octobre 2002.

3 Les vingt-trois arrondissements centraux de l'agglomération de Tokyo

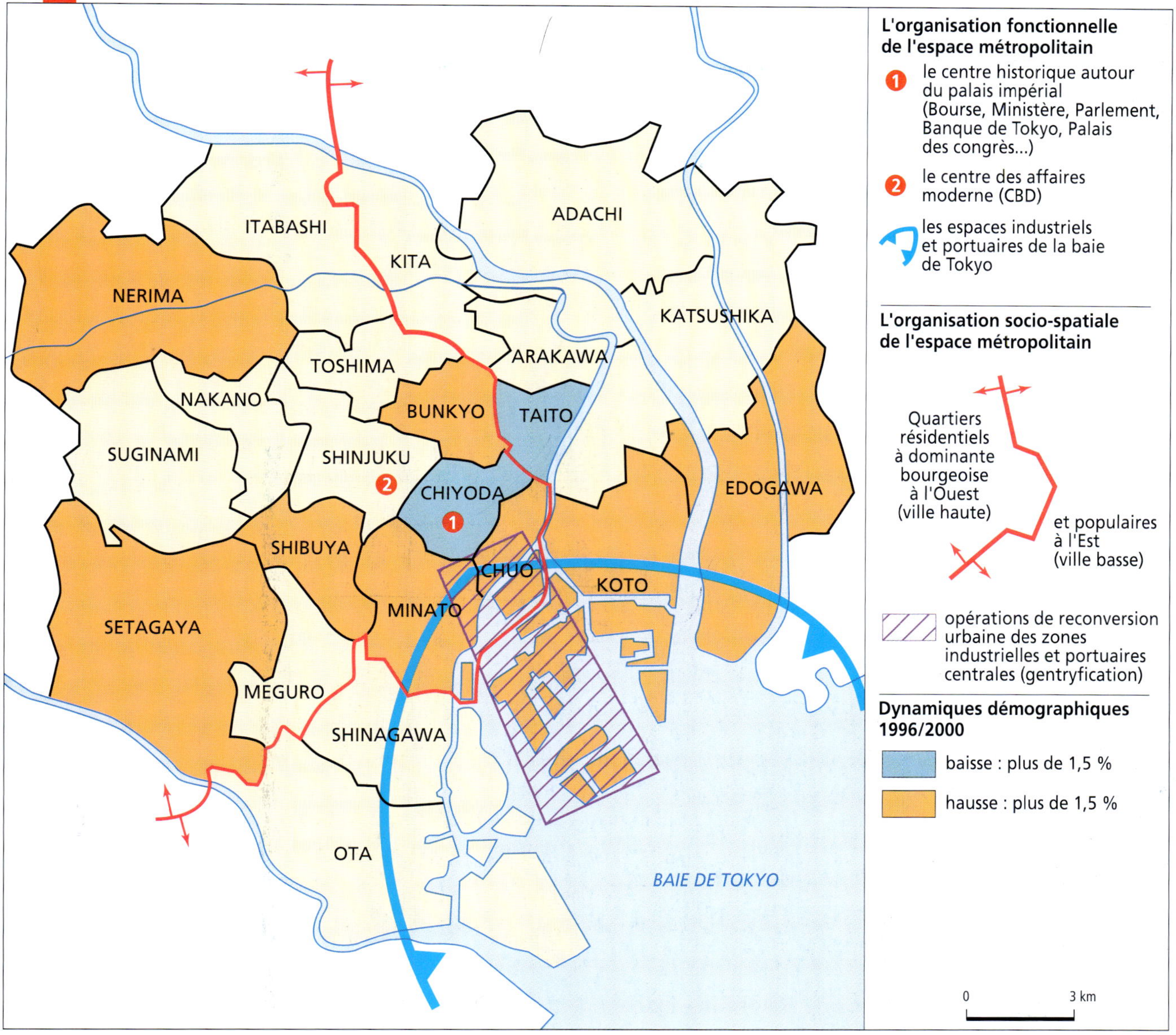

4 Les PIB des grandes agglomérations mondiales, comparés à certains pays en 2001 (en milliards de dollars)

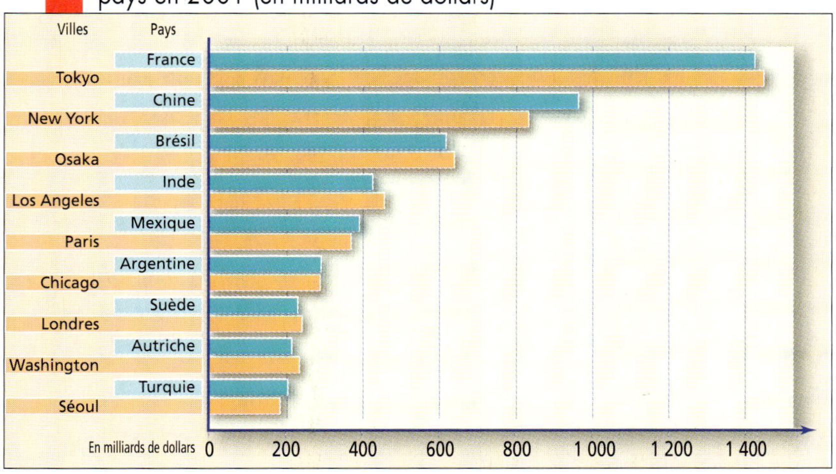

Source : *L'Atlas du Monde diplomatique*, janvier 2003.

Activité

Relever et classer par thèmes les informations tirées de l'ensemble documentaire afin de définir la notion de centre d'impulsion.

Les thèmes retenus sont les suivants :

1. un pôle de richesse et d'innovation ;
2. un pôle de commandement à différentes échelles ;
3. les aménagements à l'échelle urbaine.

dossier 2

Les activités portuaires de la baie de Tokyo : maintien ou reconversion ?

Puissance extravertie, le Japon a fondé sa croissance économique sur l'importation de matières premières et l'exportation de produits à haute valeur ajoutée. Aujourd'hui, face aux délocalisations et aux problèmes de pollution des littoraux, assiste-t-on à une reconversion des terre-pleins industrialo-portuaires ?

1 Les grands travaux contemporains dans la baie de Tokyo

Le front de mer est redécouvert. On assiste à une exurbanisation des activités portualo-industrielles traditionnelles et à la construction de nouveaux terre-pleins plus en avant dans la baie, pouvant accueillir des logements, des bureaux et des espaces de récréation.

Sur la baie ou en front de mer (Waterfront), une douzaine d'opérations réalisées ou en projets :

- Kasai-oki à Tokyo (1972-1988) : 380 ha de terre-plein, 3 500 logements, opération publique achevée ;
- Rinkai-Fukutoshin à Tokyo : aménagement en cours du terre-plein n° 13 (486 ha), avec Tokyo Téléport ; 42 000 habitants prévus ;
- Minato Mirai 21 à Yokohama : 186 ha, sur le site d'une ancienne gare de triage ; ville de Yokohama et Immobilière Mitsubishi ;
- Makuhara Messe à Chiba : terre-plein de 437,7 ha (ville de Chiba et Nippon Steel), avec des logements, des bureaux (116,8 ha), trois établissements universitaires et six écoles spécialisées, un stade de base-ball (Lotte), des centres de recherche de grandes sociétés japonaises (Canon, Hitachi) et de deux keiretsus (Mitsui et Sumitomo), un centre d'exposition et de congrès ; prévision : 26 000 habitants ;
- île portuaire de Kawasaki : 443 ha.

D'après Ph. Pelletier, *Le Japon*, A. Colin, 1997 et R. Scoccimarro, *« Miraitoshi », le phénomène des villes côtières nouvelles au Japon*, 2002.

2 Yokohama, échangeur routier sur un terre-plein (baie de Tokyo)

Ce nouveau quartier est construit sur l'ancien site d'un chantier naval.
A : logements.
B : école.
C : jardin public.

3 Le nouveau quartier d'Okawabata River City 21 à Tokyo

4 La baie de Tokyo

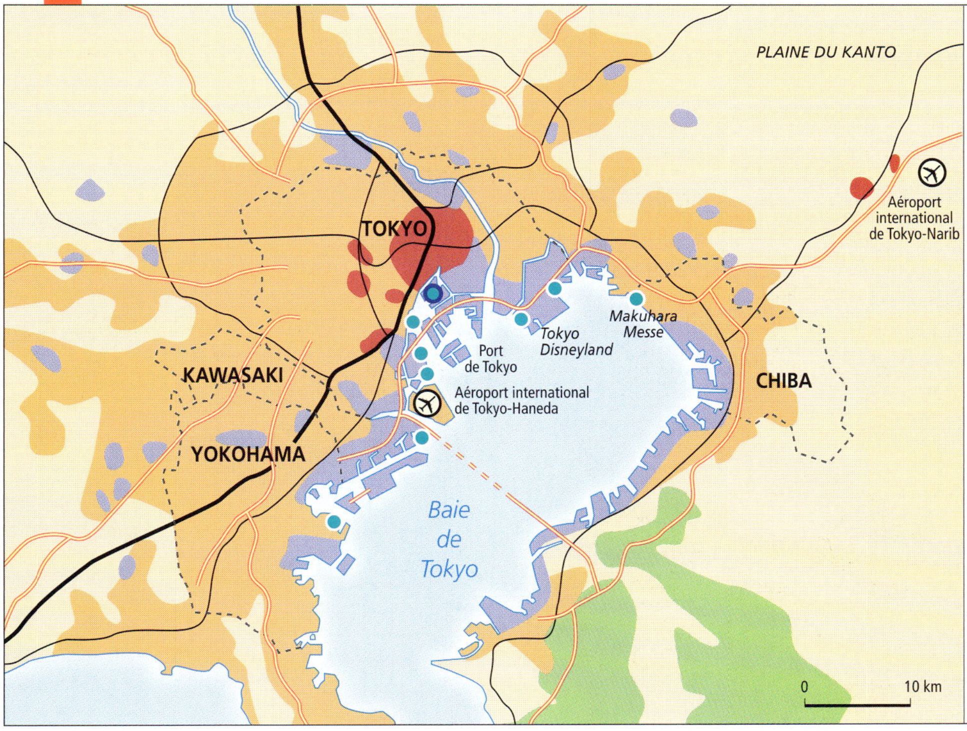

Activité

Rédiger un paragraphe argumenté à l'aide des informations tirées des documents pour répondre à la problématique posée en introduction.

dossier 3 L'organisation spatiale de la mégalopole japonaise

Comment l'espace mégalopolitain japonais est-il structuré ?
Les dynamiques récentes renforcent-elles la puissance de ce centre d'impulsion ?

2 Les activités portuaires et industrielles au Japon

1 Les mégapoles japonaises

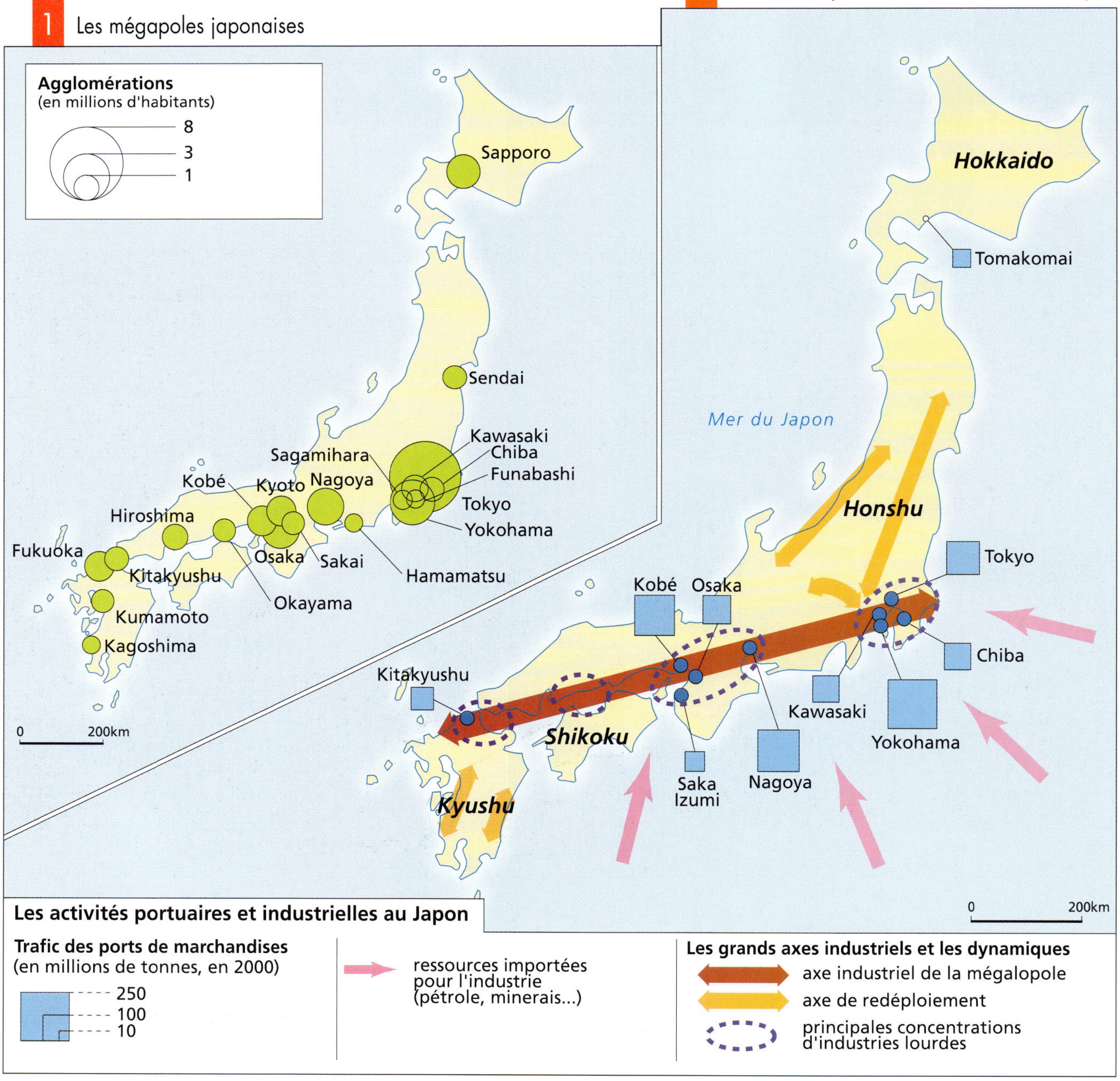

3 Le redéploiement des industries et des services

Les industries légères de machines électriques, de mécanique et d'instruments de précision ont essaimé dans l'archipel. Il s'agit d'« industries mobiles d'assemblage » à haute intensité de main-d'œuvre, pompant les derniers foyers provinciaux de force de travail féminine au salaire encore bas [...]. Les grandes entreprises de semi-conducteurs, secteur caractéristique des nouvelles productions économiques, tout en investissant à l'étranger, s'orientent également vers la province japonaise [...].

Mais inversement à cet essaimage et parallèlement à la concentration des capitaux, s'effectue une concentration dans deux secteurs d'activité qui touche principalement les espaces urbains de la mégalopole, les mégapoles et singulièrement Tokyo : l'industrie lourde et semi-lourde d'une part, les services de pointe d'autre part (R&D, finances, direction, grand commerce). La forte restructuration interne de l'industrie lourde et semi-lourde a pour conséquence de rassembler la production dans quelques sites centraux, les plus performants et les plus modernes. La sidérurgie est désormais concentrée sur le littoral de la baie de Tokyo. L'industrie automobile est pionnière dans cette réorganisation *in situ*.

À quelques exceptions près, elle reste localisée dans les banlieues arrière de la mégalopole, comme Nissan, au nord de Tokyo. Même la fabrication des ordinateurs et des composants, secteurs dynamiques de l'industrie légère, est concentrée à Tokyo et dans le Kanto. La demande en bureaux générée par le développement des services profite aux métropoles les mieux à même d'y répondre. C'est à une nouvelle concentration urbaine que l'on assiste. En effet, par commodité, par nécessité de synergie, pour qu'acteurs et décideurs se rencontrent, pour multiplier les échanges dans le travail et mais aussi dans les loisirs, avec des activités qui évoluent dans un milieu urbain plus ludique, les entreprises de service ont besoin les unes des autres, elles veulent être à proximité.

D'après Ph. Pelletier,
Le Japon, une puissance en question,
La Documentation photographique n° 8029,
octobre 2002.

4 Le train Shinkansen

Cette ligne de train à grande vitesse est un axe structurant de la mégalopole reliant les principales métropoles.

Activité

À l'aide des documents, rédiger un paragraphe argumenté qui localise la mégalopole japonaise, en présente les structures spatiales et les dynamiques, et montrer qu'il s'agit d'un centre d'impulsion à différentes échelles.

dossier 4

Les solutions japonaises aux risques naturels

La concentration de la population et des activités dans la mégalopole aggrave les risques. Comment les différents acteurs spatiaux tentent-ils de maîtriser les risques sismiques auxquels les populations sont exposées ?

1 Kobé, après le séisme de janvier 1995

2 Séance de prévention des risques dans les écoles organisée par l'État

3 La politique de gestion des risques et la réalité

Depuis plusieurs années, il existe au Japon un dispositif de suivi des secteurs sismiques du Tokai (rivage Pacifique de la région centrale de Honshu) afin de mieux connaître le fonctionnement des failles : des équipements sont implantés à plusieurs milliers de mètres de profondeur dans la grande fosse, au large de Honshu, pour enregistrer les dynamiques de ces secteurs et mieux en connaître l'activité. La région de Kobé, longtemps considérée comme moins active, ne bénéficiait pas de cette surveillance. Revu au début des années 1980, le Code de la construction japonais intègre les risques sismiques. Tous les immeubles construits avant 1981 à Kobé, et pas seulement les bâtiments anciens faits en bois, ont subi beaucoup de dégâts, tandis que ceux construits après, en application des règlements en vigueur, ont globalement mieux résisté. Mais certains bâtiments modernes ont été touchés. Il est probable que les solutions à moindre coût ont été recherchées, parfois au détriment de la sécurité. Certains architectes nippons n'ont pas hésité à mettre en cause des entreprises de construction pour non-respect des normes.

D'après *Aléas et enjeux*, TDC n° 857, 2003.

4 Prévention : projet d'urbanisme à Kobé

Un plan d'urbanisme a été élaboré visant à réduire les effets induits des séismes, en particulier des incendies.

Aérer le centre trop dense et faciliter l'accès des secours en cas de danger apparaît indispensable. Pourtant, l'importance de la pression foncière explique le remplissage des espaces demeurés libres et, par ce fait, la difficile mise en place des projets envisagés.

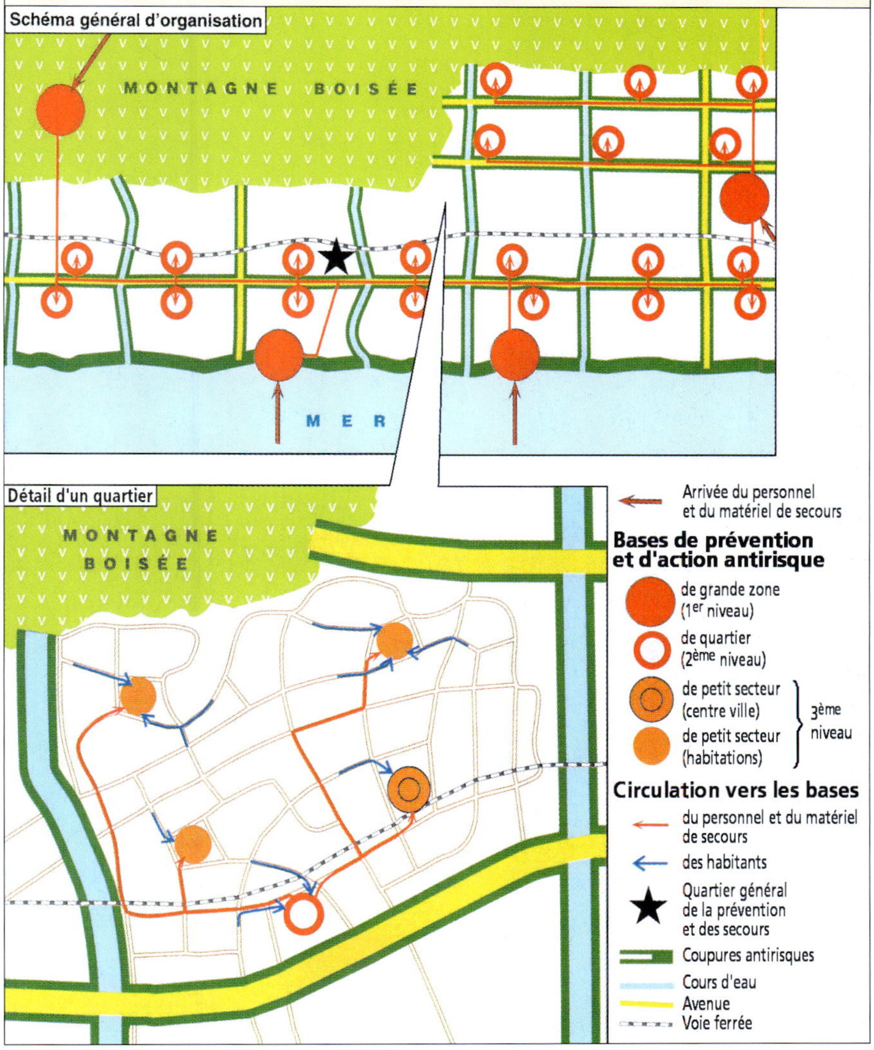

Source : Y. Veyret, *Géographie des risques naturels*, La Documentation photographique, octobre 2001.

Activité

- Localiser la principale zone à risque du Japon (carte 2, p. 223).
- Décrire les catastrophes d'origine sismique (carte 1, p. 223 et document 1, p. 230).
- Relever et classer les informations tirées des documents dans le tableau suivant afin de présenter la politique de gestion du risque :

	Prévision d'un séisme	Prévention du risque afin de réduire la vulnérabilité de la société	Protection des populations et des biens à l'aide d'aménagements
Les acteurs			
Les mesures prises			
Les limites des mesures			

dossier 5

Ville et cadre de vie

La mégalopole japonaise, de Tokyo à Fukuoka, concentre 80 % de la population japonaise. Comment les citadins vivent-ils au quotidien dans la plus grande concentration urbaine du monde ?

1 Parc aquatique de Miyazaki (Kyushu)

2 Shinjuku Gyoen Park à Tokyo (au fond, le centre des affaires)

3 Mode de vie mégalopolitain et nuisances urbaines

Les nuisances en milieu urbain sont plus diffuses et insidieuses : pollution atmosphérique, dégradation des conditions de vie liées à l'environnement, bruit (trafic routier, passage du Shinkansen), boues, produits toxiques. La quantité considérable d'ordures ménagères pose d'énormes difficultés de gestion, provisoirement résolues dans la capitale par la construction de vastes îles artificielles dans la baie : les 4/5 des 6 millions de tonnes d'ordures rejetées chaque année par Tokyo servent ainsi de remblais.

La pollution atmosphérique, après un recul, empire à cause du développement de la circulation automobile. Malgré l'essor de l'automobile, les transports en commun restent les moyens de locomotion privilégiés. Le temps pris par ces déplacements est si important qu'il s'est matérialisé sous la forme du « troisième espace », endroit mouvant entre l'habitat et le travail capté par des activités dérivatives : lecture de journaux et de livres, déferlement publicitaire… Les distances des migrations pendulaires se sont considérablement allongées et il n'est pas rare que les salariés masculins prennent un pied-à-terre sommaire dans la métropole et ne rentrent chez eux que le week-end, où ils ne font généralement que se reposer. Enfin, la question de l'eau est particulièrement cruciale : c'est la pollution de l'eau qui arrive en tête dans les préoccupations environnementales. La qualité des eaux courantes s'est stabilisée, sinon améliorée depuis les années 70. La pollution a surtout gagné les nappes phréatiques, contaminées par les engrais utilisés dans l'agriculture ou pour l'entretien des terrains de golf qui occupent de surcroît une place précieuse dans les zones métropolitaines (2012 golfs en 1995, 400 en construction et 700 en projet ; une surface de 100 ha et trois tonnes d'engrais en moyenne pour chacun).

D'après Ph. Pelletier,
Le Japon, Armand Colin, 1997.

4 Le cadre de vie : atteintes et protection

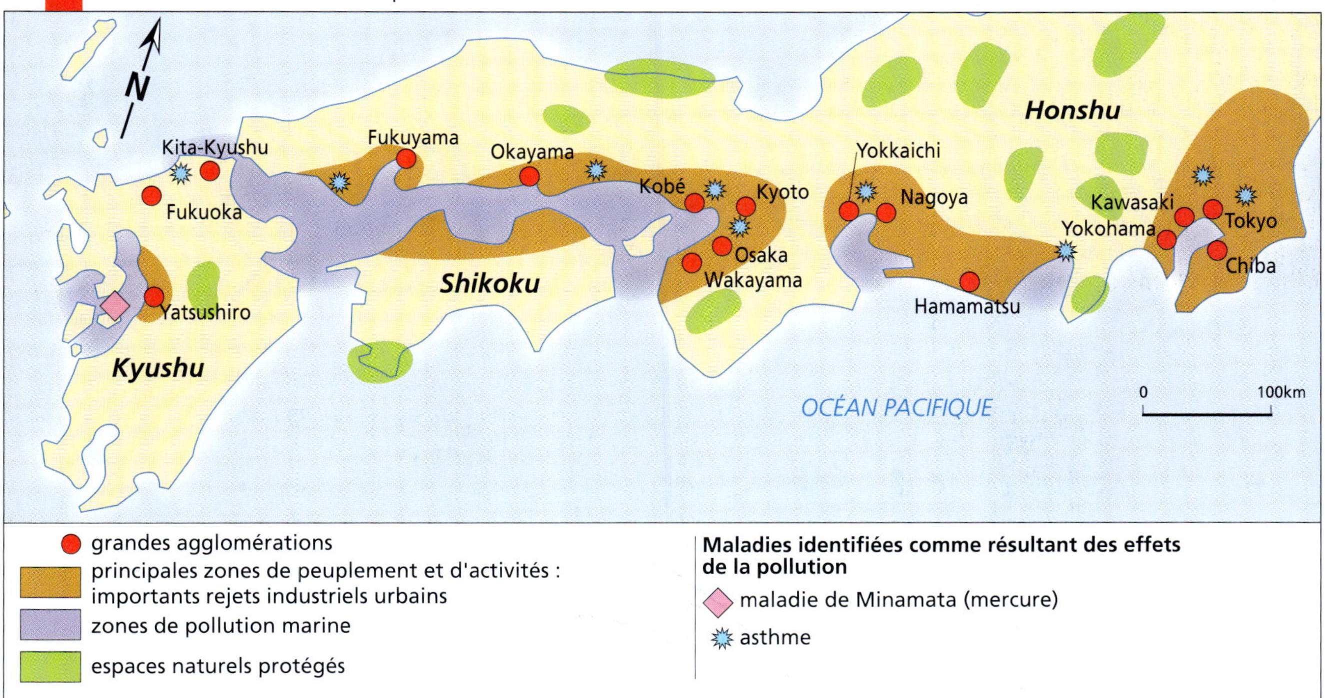

Activité

La mégalopole permet un accès à la société de consommation et de loisirs mais engendre un certain nombre de nuisances urbaines.
À l'aide des documents proposés, retrouver les arguments à l'appui des deux facettes de cette affirmation.

Étude d'un ensemble documentaire

Pourquoi la façade maritime japonaise est-elle une interface majeure dans l'espace mondial ?

1 Structure des importations et des exportations du Japon en 2000

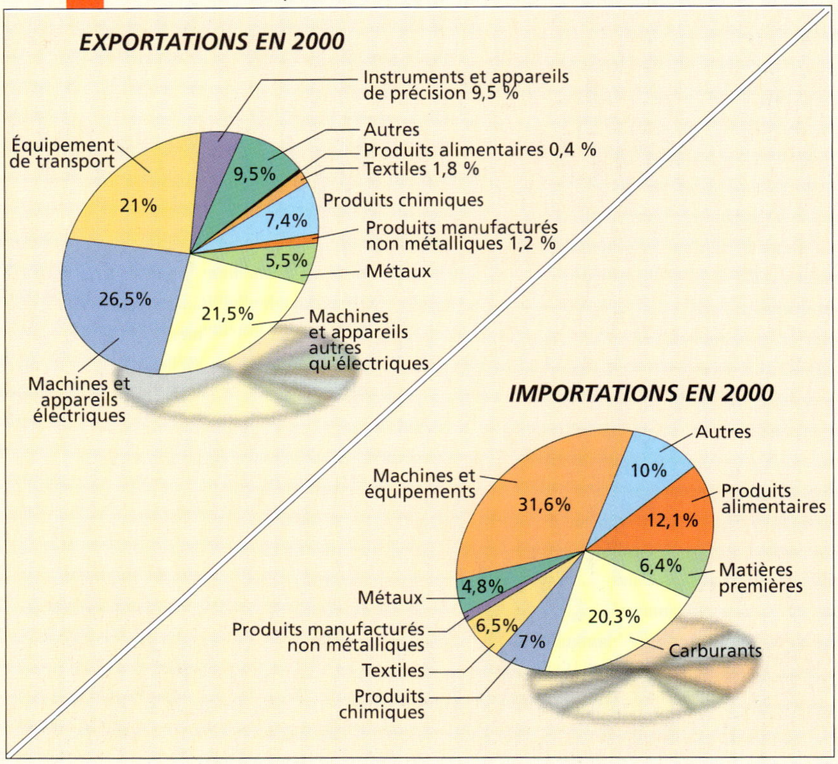

Source : Ministère des Affaires étrangères du Japon.

PREMIÈRE PARTIE

Analyser l'ensemble documentaire en répondant aux questions suivantes :

1. Présenter la photographie (document 4) en replaçant Osaka dans son contexte géographique régional et mondial (documents 3 et 5).
2. Quels sont les différents aménagements visibles sur la photographie (document 4) et à quelles activités peut-on les associer ?
3. Cette façade maritime est au service d'un arrière-pays puissant. Caractériser cet espace à l'aide des documents 2 et 3.
4. Relever et décrire les relations entre la mégalopole et l'espace mondial permises par cette interface maritime (documents 1, 2 et 5).

DEUXIÈME PARTIE

À l'aide des réponses aux questions, des informations contenues dans les documents et de vos connaissances, vous rédigerez une réponse organisée au sujet : Pourquoi la façade maritime japonaise est-elle une interface majeure dans l'espace mondial ?

2 La préfecture d'Osaka, un espace ouvert sur le monde

Au cœur du Kansai, sur l'île principale du Japon, la préfecture d'Osaka regroupe quarante-quatre municipalités dont la ville d'Osaka (2,6 millions d'habitants), et compte 8,8 millions d'habitants. Cette région est un pôle commercial, industriel et technique de rayonnement mondial. Son produit national brut représente 8 % du PNB japonais et atteint presque celui des Pays-Bas.

Un avantage que les autorités ont constamment entretenu et développé. Son port, l'un des premiers du Japon a transbordé, en 2000, 93 millions de tonnes dont 36 % au long cours et 64 % en cabotage. C'est avant tout un port d'importation de produits industriels. L'aéroport international du Kansai (KIX), à trente minutes seulement de la ville, est le plus actif du pays après celui de Tokyo. Seul aéroport ouvert 24 heures/24, il relie soixante-douze villes dans le monde avec quatre-vingt-quinze vols internationaux quotidiens et dessert vingt-deux villes japonaises. L'accueil des entreprises étrangères est également privilégié par l'existence de grands complexes internationaux tels que l'Osaka World Trade Center ou l'Osaka Business and Investment Center (OBIC), mettant à disposition des outils d'information, de communication et de conférences.

D'après le Consulat général de France à Osaka, Missions économiques, septembre 2002.

3 La mégalopole japonaise

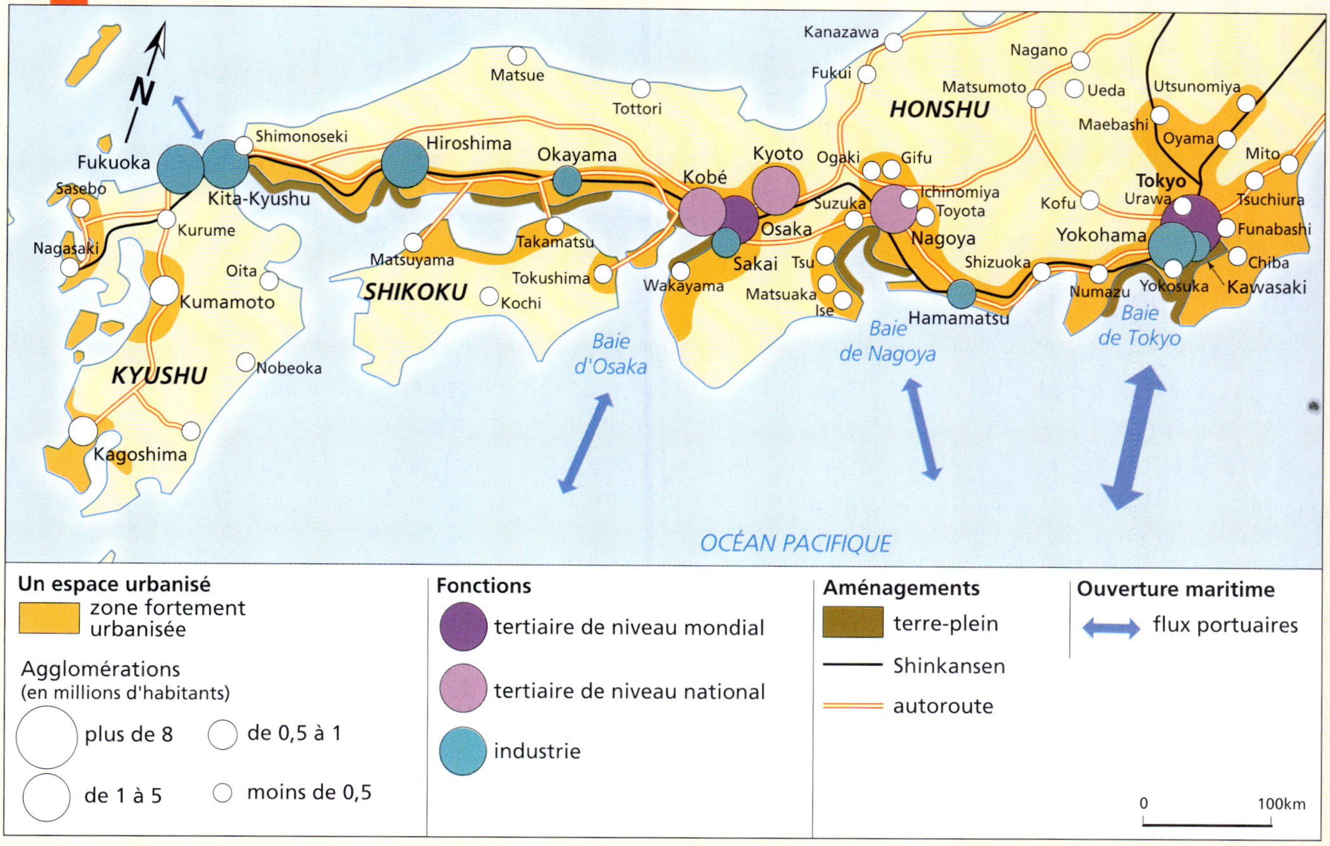

4 Le port d'Osaka

5 Les principaux ports de marchandises mondiaux

(voir carte, p 14)

Composition Tokyo, capitale japonaise et métropole mondiale

A. Comprendre le sujet

Présenter le sujet – Le raisonnement géographique demandé nécessite tout d'abord une maîtrise de la notion de métropole : il s'agit de décrire les structures de la métropole (population, richesse, activités, aménagements) et ses dynamiques. Ensuite, il est nécessaire d'adopter une démarche à différentes échelles. Il faut montrer le rayonnement et l'attraction de cette métropole à l'échelle mondiale puis présenter les bases de cette puissance à l'échelle nationale (centre principal de la mégalopole japonaise) et à l'échelle intra-urbaine (dynamiques urbaines).

Problématiser le sujet – En quoi les activités de Tokyo permettent-elles à cette agglomération d'être une métropole d'influence mondiale ?

Vocabulaire et notions à maîtriser : *terre-plein, CBD, nœud de communication, exurbanisation des activités, façade maritime, mégalopole, métropole, métropolisation.*

B. Construire un plan détaillé

1. Une métropole au cœur de la mégalopole japonaise

a. Le site de la région urbaine de Tokyo
b. La situation au cœur de la mégalopole
c. Un nœud de communication à différentes échelles

2. Une concentration de fonctions métropolitaines d'échelle mondiale

a. Fonctions de commandement et d'innovation
b. Attraction de la ville
c. La métropolisation renforce le poids de Tokyo

3. Des risques à gérer

a. Les risques naturels
b. Une dégradation de l'environnement et une saturation de l'espace

C. Trouver des arguments

Trouver des arguments à développer dans la composition et les classer dans les différentes parties du plan, en complétant ce tableau (un document peut servir pour différentes parties).

Documents	Arguments utiles	Pour la partie n° ..., paragraphe ...
Document 4, p. 227		
Document 3, p. 235		
Document 3, p. 225		
Document 2, p. 224		
Document 1, p. 224		
Document 2, p. 226		
Document 2, p. 228		
Document 1, p. 226		
Carte 2, p. 223		
Document 3, p. 229		
Dossier 5, p. 232-233		

Croquis

La mégalopole japonaise dans le monde

A. Comprendre le sujet

Le croquis doit traduire le rayonnement de la mégalopole dans le monde afin de montrer qu'il s'agit d'un centre d'impulsion économique majeur mais il doit également montrer qu'elle ne contrôle pas totalement l'aire de puissance asiatique : elle doit tenir compte de la présence des États-Unis.

B. Activité

À l'aide de vos connaissances acquises aux chapitres 8 et 9 de ce manuel, compléter la légende fournie puis réaliser le croquis en plaçant les différents éléments de la légende et en indiquant la nomenclature.

C. Fond de carte

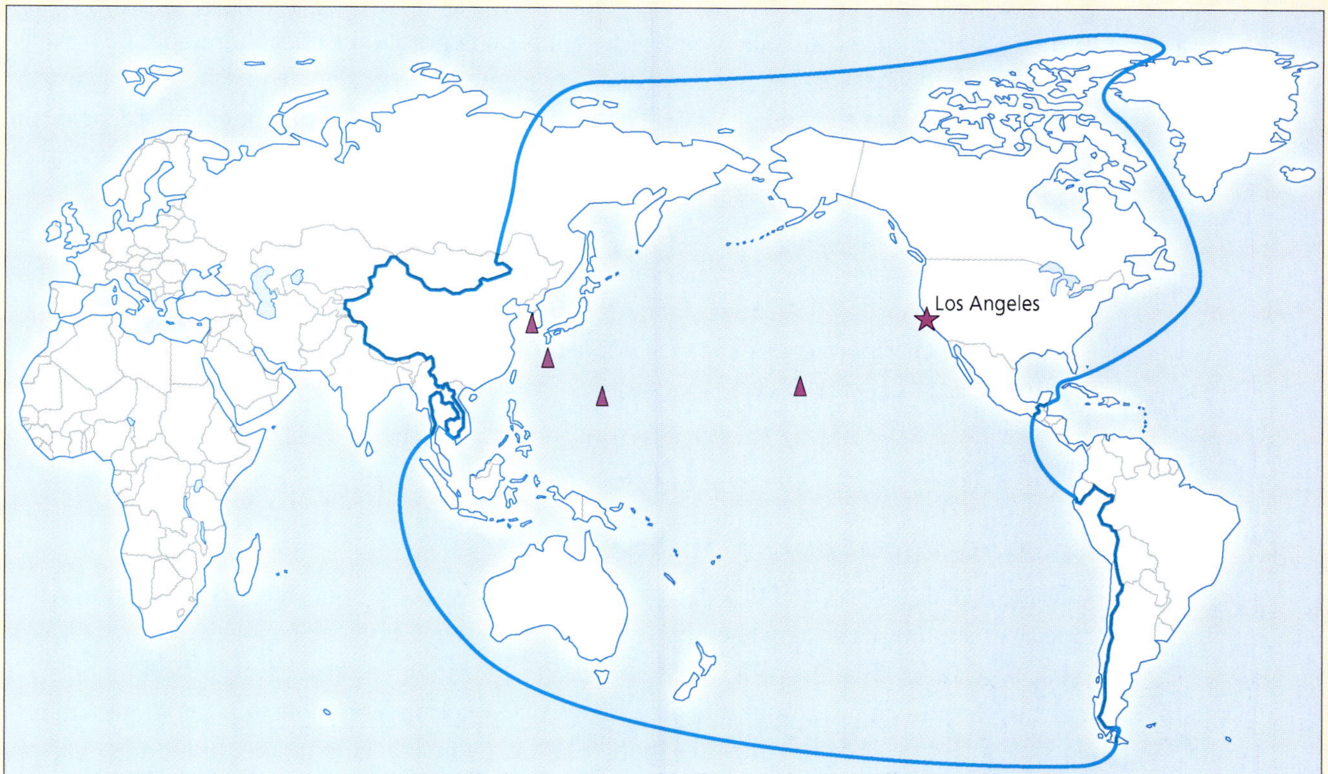

Un centre d'impulsion de l'économie mondiale

- le territoire japonais, base de la puissance
- un pôle de la Triade

Les partenaires commerciaux du Japon

- les autres pôles de la Triade : des partenaires - concurrents
- l'Asie orientale : zone d'influence privilégiée de la puissance du Japon
- pays du Golfe : rôle de fournisseur de pétrole
- pays membres de l'APEC (Coopération économique en Asie-Pacifique)

La mégalopole organise des flux

- principaux flux de marchandises et d'investissements
- flux secondaires de marchandises
- flux de matières premières et sources d'énergie

Limites de la puissance

- bases militaires des États-Unis dans le Pacifique
- centre mondial de l'industrie culturelle des États-Unis

chapitre 9

1. La mégalopole : cœur de la puissance japonaise

La **mégalopole** japonaise qui s'étale sur 1 200 km le long du littoral Pacifique du Japon est l'une des trois mégalopoles qui organisent l'espace mondial : il s'agit de comprendre son organisation spatiale.

Carte, p. 239.

A. Une littoralisation des hommes et des activités

Le **territoire** japonais est un archipel montagneux et volcanique constitué de près de quatre mille îles dont quatre principales (Honshu, Hokkaido, Kyushu et Shikoku). Les montagnes occupent les deux tiers du territoire et les plaines littorales sont de dimension réduite.

Un processus de littoralisation des hommes et des activités sur le littoral Pacifique (« le Japon de l'endroit ») s'est opéré correspondant à un choix de société et à un modèle économique tourné vers l'extérieur. En conséquence, 80 % de la population (soit 100 millions sur les 127 millions de Japonais) sont concentrés sur ce littoral dans de grandes agglomérations ainsi que l'essentiel des activités économiques.

Dossier 3, p. 228-229.

B. L'organisation de la mégalopole

Il s'agit d'un espace urbain multipolaire qui s'étend de Tokyo à Fukuoka et structuré à partir de trois pôles qui se distinguent par leur poids démographique et économique. Le premier est celui de la baie de Tokyo, qui constitue le plus important ensemble urbain et portuaire du pays. Le second est celui de la baie de Nagoya, un pôle industriel dynamique. Le troisième est celui de la baie d'Osaka (Osaka – Kobé – Kyoto), un centre d'industrie lourde aujourd'hui en reconversion.

La liaison entre ces pôles urbains est assurée par un réseau de transport dense à grande vitesse : le Shinkansen –train à grande vitesse circulant à plus de 270 km/heure– est doublé par un réseau d'autoroutes et de lignes aériennes intérieures.

Les espaces périphériques de la mégalopole sont plus ou moins intégrés en fonction de leur proximité, de la desserte des transports et des services offerts. Ainsi, certaines périphéries sont des espaces de desserrement de la mégalopole et d'autres des espaces récréatifs pour les citadins stressés.

Dossier 1, p. 224-225.

C. Tokyo, métropole mondiale

Cette mégalopole est dominée par la capitale japonaise qui est également la métropole la plus peuplée du monde. Cette agglomération tentaculaire qui englobe les villes associées comme Yokohama, Kawasaki et Chiba, comporte toutes les fonctions d'un **centre d'impulsion** mondial.

Dans le centre initial autour du Palais impérial sont localisées les fonctions politiques (ministères) et financières : la banque du Japon et la deuxième place boursière du monde (Kabuto Cho). Mais, dans une agglomération qui abrite les sièges sociaux de quatre-vingt-neuf des cinq cents premières firmes mondiales, le vieux centre, saturé et congestionné, ne peut plus satisfaire tous les besoins. Ainsi, de nouveaux quartiers d'affaires périphériques, comme celui de Shinjuku édifié à partir de 1970, sont construits à proximité des gares, le long des voies ferrées qui ceinturent le centre historique.

La présence de la cité scientifique de Tsukuba, l'un des grands technopôles japonais, au nord de l'agglomération, est également révélatrice de la concentration du savoir et des capacités d'innovation de Tokyo qui accueille la moitié des étudiants du pays.

Enfin, la région de Tokyo est la première région industrielle et le premier ensemble portuaire du pays et du monde.

Notions clefs
- Centre d'impulsion
- Mégalopole
- Territoire

Voir lexique, page 7

1 L'organisation régionale du Japon

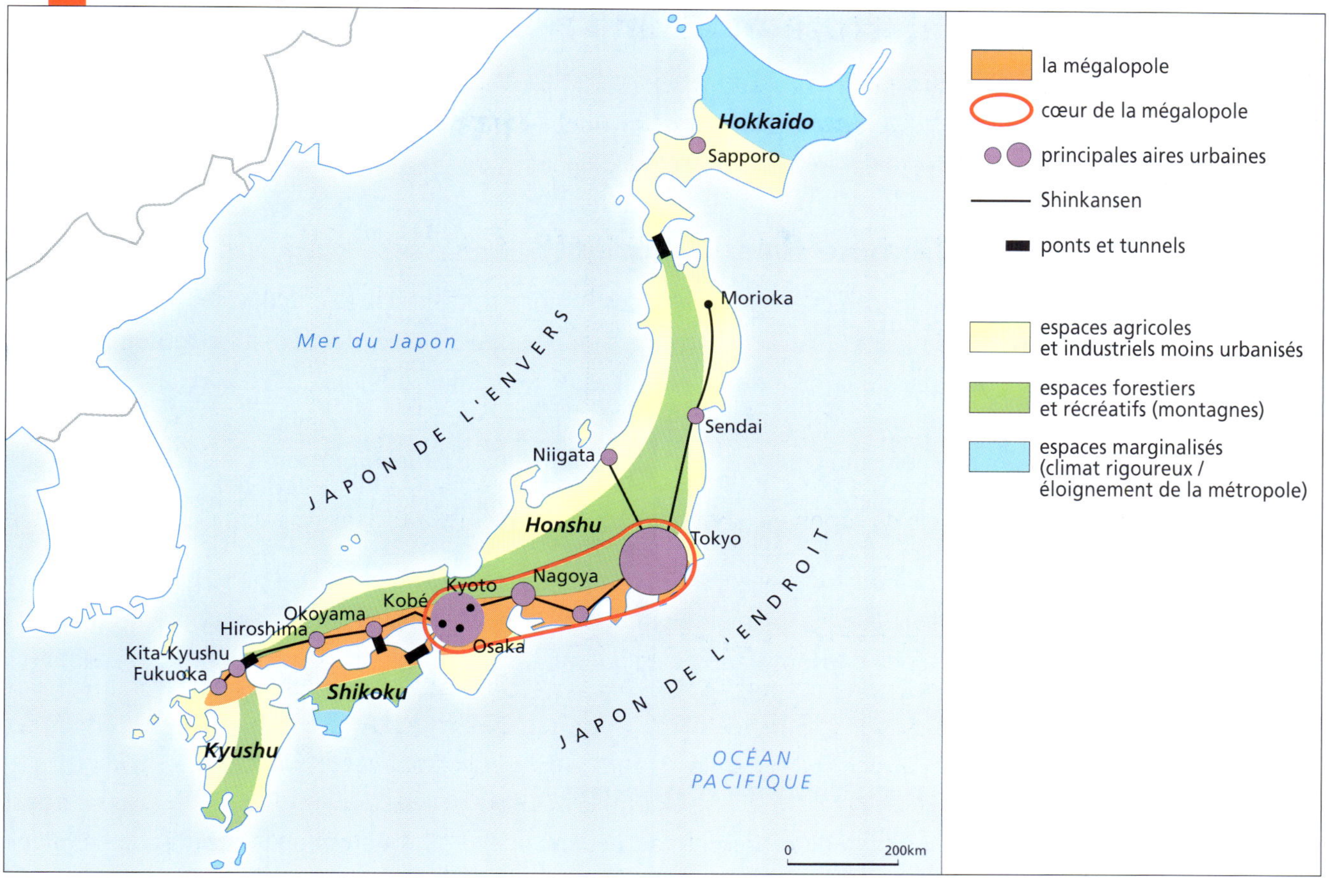

2 Un nouveau réseau industriel

Plus la qualification du travail est basse, plus la localisation en province est éloignée. On peut distinguer en gros deux auréoles d'essaimage à partir de la mégalopole : dans des départements adjacents, souvent dans les districts industriels ; dans les périphéries reculées, campagnes ou bourgades rurales.

Tout en investissant à l'étranger, la plupart des grandes entreprises de semi-conducteurs s'orientent également vers la province japonaise. Même à Kyûshû, où la plupart d'entre elles se retrouvent (réserve de main-d'œuvre féminine moins chère, proximité de la mégalopole, bonnes dessertes, politiques locales et régionales, entraînement du plan technopolis, effet *sun belt*), elles se répartissent dans chacun des départements. Kyûshû est devenu la Silicon Island du Japon mais, à l'inverse de la Silicon Valley californienne, il ne s'agit pas d'un lieu de R & D. Les cinq plus grandes entreprises de logiciels concentrent leurs activités dans les trois mégapoles, et dans les quatre métropoles, à proximité du marché et pour disposer d'une main-d'œuvre qualifiée.

D'après Ph. PELLETIER, *Le Japon*, A. Colin, 1997.

3 La Bourse de Tokyo

2. Une interface maritime de dimension mondiale

La façade maritime de la mégalopole est un lieu privilégié de la **mondialisation** des échanges qui permet au Japon d'être en relation avec l'Asie orientale et le monde.

Dossier 2, p. 226-227.

A. Une puissante façade maritime

La dynamique des exportations et des importations a favorisé le développement de très puissants ensembles industrialo-portuaires localisés pour l'essentiel dans la **mégalopole**. L'ensemble portuaire de la baie de Tokyo est ainsi le premier mondial, avec un trafic de près de 500 millions de tonnes par an contre 307 à Rotterdam.

Ce développement économique s'est accompagné d'**aménagements** spécifiques, la construction de terre-pleins : des remblais de plusieurs milliers d'hectares qui frangent le littoral afin de gagner de l'espace sur la mer. Sur ces terres artificielles, sont installés les équipements portuaires et les industries lourdes, des combinats transformant une ou plusieurs matières premières importées. De vastes régions industrielles sont ainsi formées, les industries de biens d'équipement et de consommation s'installant à proximité, tant pour bénéficier des matières premières transformées que des facilités d'exportation.

Documents 1, 2 et 3, p. 241 et documents, p. 234-235.

B. Le Japon à l'échelle mondiale

Ce **pôle** de la Triade représente actuellement 9,5 % du commerce mondial et se place ainsi en troisième position derrière les États-Unis et l'Allemagne, réalisant depuis 1985 le premier excédent commercial mondial. L'insertion et la puissance du Japon dans le commerce mondial s'expliquent par la nécessité, pour le Japon dont le **territoire** est pauvre en **ressources**, d'importer l'essentiel de l'énergie et des matières premières. Ainsi, 80 % de l'énergie sont importés, la quasi-totalité des matières premières et 42 % des ressources halieutiques.

Les exportations sont composées à 97 % de produits industriels à haute valeur ajoutée ainsi que de services.

En outre, le Japon est un grand investisseur : les entreprises nippones sont présentes dans de nombreux pays pour conquérir des marchés ou utiliser une main-d'œuvre à bon marché.

Documents 1, 2 et 3, p. 241 et documents, p. 234-235.

C. Le Japon en Asie orientale

La mégalopole japonaise organise cet espace à l'aide de nombreux **flux**. Le Japon exporte des produits manufacturés vers ces économies asiatiques émergentes et importe un certain nombre de sources d'énergie et de matières premières (pétrole, charbon, minerais, bois tropical).

De plus, il investit de plus en plus dans cette région en délocalisant une partie de ses activités industrielles : des activités polluantes ou des activités qui recherchent des faibles coûts de production. Cela a pour conséquence une hausse des importations de produits manufacturés, notamment des pièces détachées.

Ainsi, le Japon cherche à s'affirmer comme puissance régionale : la part de l'Asie dans le commerce extérieur ne cesse d'augmenter et représente actuellement 45 % des échanges du pays. Se présentant comme co-leader de l'APEC avec les États-Unis, il tente de resserrer les liens avec l'ANSEA.

Notions clefs

- Aménagements
- Mégalopole
- Mondialisation
- Flux
- Ressources
- Pôle
- Territoire

Voir lexique, page 7

1 Les échanges commerciaux du Japon (2001)

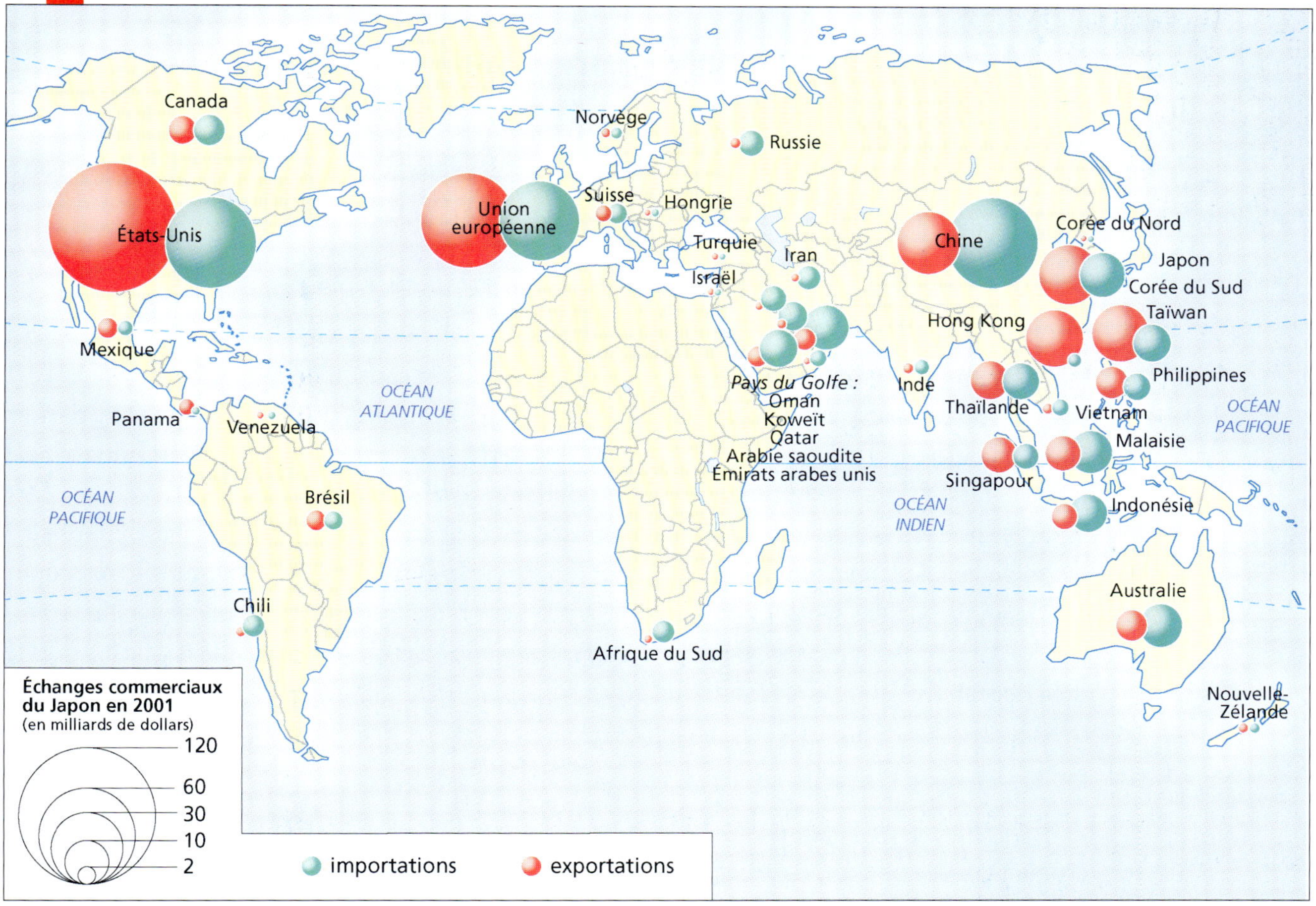

Source : *L'Atlas du Monde diplomatique*, janvier 2003.

2 Évolution des IDE au Japon

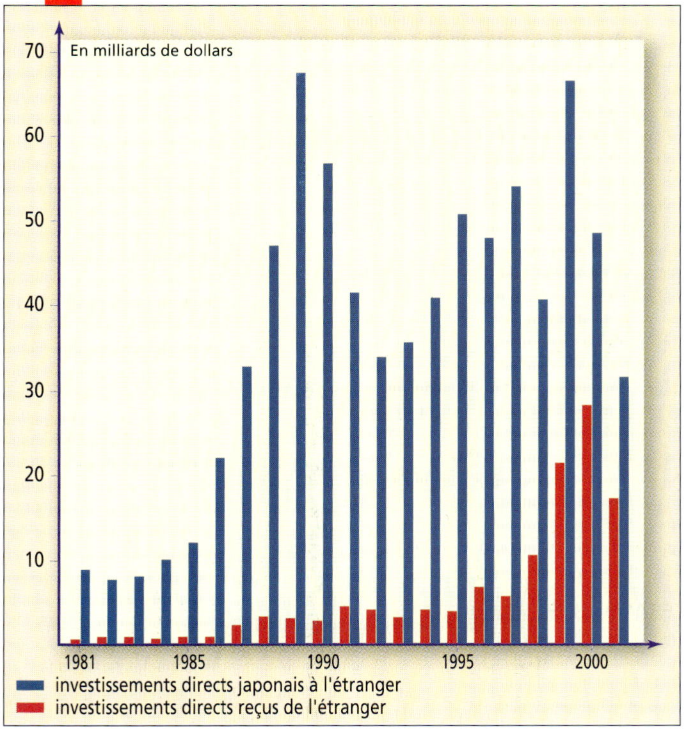

Source : L'*Atlas du Monde diplomatique*, janvier 2003.

3 Embarquement de voitures (port de Yokohama)

3. Mégalopole et environnement

La forte concentration des hommes et des activités sur le littoral Pacifique confère aux questions d'**environnement** une importance particulière qui doit être prise en compte par la société à travers une politique globale de gestion des **risques**.

Dossier 4, p. 230-231.

A. La gestion des risques naturels

Situé au contact de plaques lithosphériques, sur la « ceinture de feu » du Pacifique, l'archipel japonais est confronté à des aléas volcaniques et sismiques ; ces derniers sont parfois accompagnés de raz-de-marée, les *tsunamis*. En outre, le **territoire** est situé dans une zone de passage des cyclones tropicaux (typhons) qui peuvent être dévastateurs.

Si les nouvelles technologies permettent de prévoir l'arrivée des typhons, il est impossible de prévenir à l'avance les séismes. Les seuls moyens de gestion restent l'éducation des populations ainsi que des mesures permettant la protection des personnes et des biens. Par exemple, les constructions parasismiques sont imposées par les règlements. Cependant, la catastrophe de Kobé en 1995 révèle les limites de ces mesures.

Dossier 5, p. 232-233.

B. La dégradation et la saturation du littoral

La pollution de l'eau, de l'air et des sols entraîne des risques sanitaires graves. La Haute croissance, période de prospérité économique (1950–1975) a été marquée par des cas de pollution dramatiques qui provoquèrent la mort ou des handicaps graves.

D'autres problèmes écologiques, plus diffus et moins spectaculaires, sont toujours d'actualité : pollutions urbaines dues à la circulation automobile dans des mégapoles millionnaires où les trajets quotidiens s'allongent, pollutions des nappes phréatiques et difficultés d'alimentation en eau potable des villes. Les eaux des baies du littoral Pacifique restent particulièrement insalubres, détruisant la faune aquatique et limitant les capacités de pêche.

Enfin, la population urbaine souffre du stress de la vie citadine (mouvements pendulaires, cherté de l'immobilier). Les pouvoirs publics encouragent alors l'**aménagement** d'espaces verts, créant ainsi dans les agglomérations saturées des îlots récréatifs de verdure.

C. Reconversion et desserrement des activités

Tout autant pour lutter contre les problèmes de pollutions et d'engorgement que pour diversifier les activités des métropoles de la **mégalopole**, les pouvoirs publics encouragent la reconversion des terre-pleins industriels.

Les terre-pleins ont pendant longtemps représenté la meilleure solution pour les industriels : le terrain y est vaste, extensible et peu coûteux. Mais face aux abus et aux risques de pollution, une loi de 1973 pose de nouvelles conditions quant à la création de ces aménagements et on note une réorientation de leur usage vers des fonctions urbaines et récréatives.

On assiste ainsi à une nouvelle dynamique des localisations industrielles. Le poids de la mégalopole se renforce par un processus de **métropolisation** caractérisé par un renforcement des activités de commandement et de recherche, les industries lourdes et polluantes ayant tendance à être délocalisées dans les pays d'Asie tandis que les industries légères essaiment dans les régions rurales afin de bénéficier d'une main-d'œuvre féminine moins coûteuse.

Notions clefs
- Aménagement
- Environnement
- Mégalopole
- Métropolisation
- Risque
- Territoire

Voir lexique, page 7

1 La maladie de Minamata

Ce 29 juillet 1997, le gouverneur de la préfecture de Kumamoto a déclaré que les niveaux de mercure trouvés dans le poisson et les crustacés de la baie de Minamata étaient sans danger pour la consommation. La déclaration du gouverneur marqua l'enlèvement définitif du filet, qui pendant vingt-trois ans avait empêché les poissons de la baie, pollués par le mercure, de pénétrer dans la mer.

Le mercure organique fut relâché dans la baie de Minamata par l'usine Chisso Minamata pendant plus de trente ans jusqu'en 1966, contaminant les animaux et les hommes. Les principaux symptômes de la maladie de Minamata (empoisonnement au mercure organique) sont des tremblements, des troubles sensoriels des membres.

En dehors de la maladie de Minamata, une série d'autres maux liés à la pollution sont apparus : la maladie itai–itai, des troubles respiratoires dans les zones industrielles de Tokyo–Yokohama, Nagoya et Osaka–Kobé. Ces formes de pollution furent la conséquence de la priorité donnée à une croissance économique rapide et à la minimisation des normes destinées à protéger la santé et la sécurité des habitants. Elles conduisirent le Japon à adopter des mesures strictes de protection de l'environnement dès les années soixante.

Source : Ministère des Affaires étrangères du Japon.

2 Bains chauds (région du Tokai polarisée par Nagoya)

Les onsen (sources d'eau chaude) sont des stations thermales appréciées des citadins.

3 Cultures en terrasses (département de Wakayama, près d'Osaka)

La mégalopole n'est pas un espace urbanisé en continu, il comprend des espaces agricoles.

PARTIE 3 Des mondes en

Chapitre 10

Chapitre 11

quête de développement

Chapitre 12

Dossiers

Objectif Bac

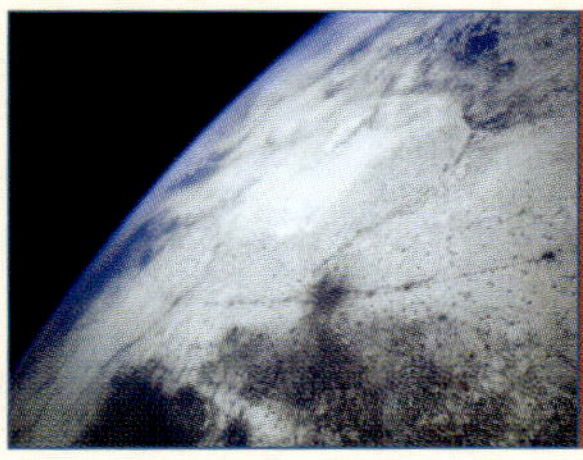

Chapitre 13

Dossiers

Objectif Bac

chapitre 10 — Unité et diversité des Sud

Problématique

Depuis quatre décennies, les pays du Sud ont connu des évolutions variées à l'image des stratégies de développement mises en œuvre : il est aujourd'hui possible d'en établir un bilan pour mieux comprendre la complexité du monde actuel. Existe-t-il encore un Sud ? Sinon, sur quelles bases repose cette diversité nouvelle des Sud ? Quels peuvent alors être les enjeux et les acteurs des politiques de développement ?

Près de 1,2 milliard d'êtres humains vivent avec moins d'un dollar par jour

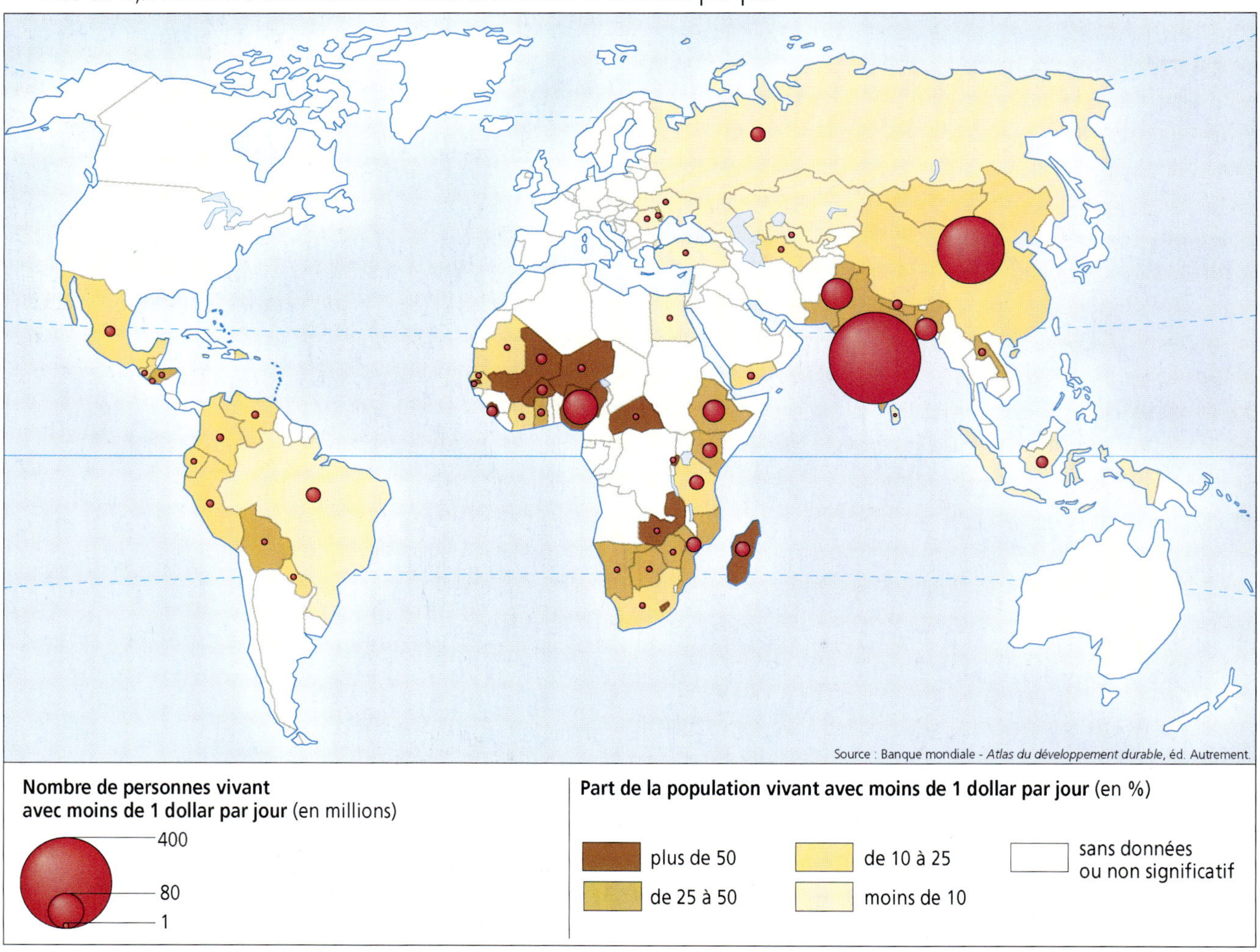

Source : *Dossiers et documents du monde*, n° 323, septembre 2003.

▲ Puits d'eau à Natwarghad, Inde du Nord (État du Gujarat)

◀ Cybercafé à Dakar (Sénégal)

LE POIDS DÉMOGRAPHIQUE DES ÉTATS

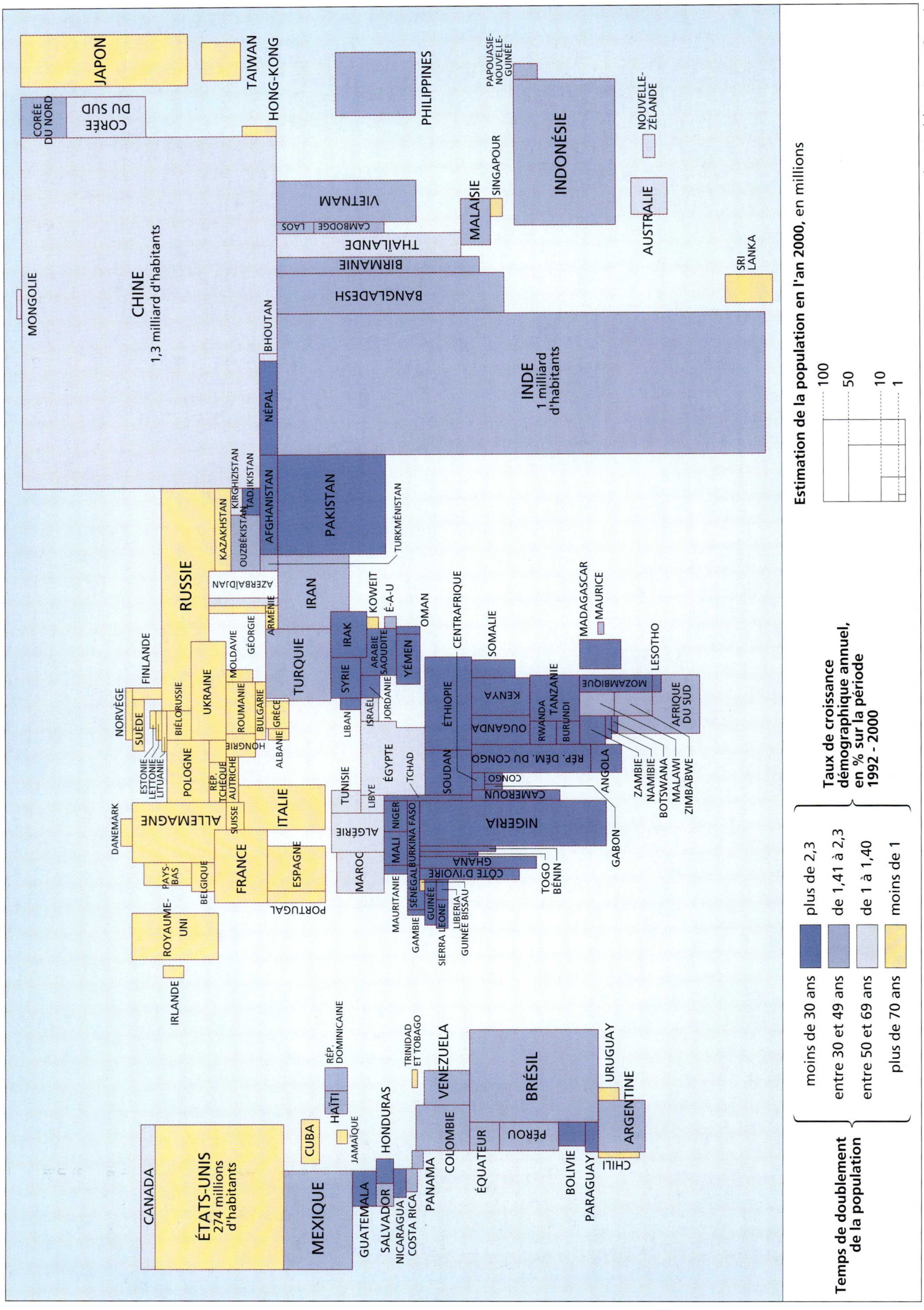

Source : Thierry de Montbrial et Philippe Moreau Defarges, Ramsès 2004, IFRI-Dunod, 2003 (cartographe : Madeleine Benoit-Guyod).

LA RÉPARTITION DES RICHESSES MONDIALES

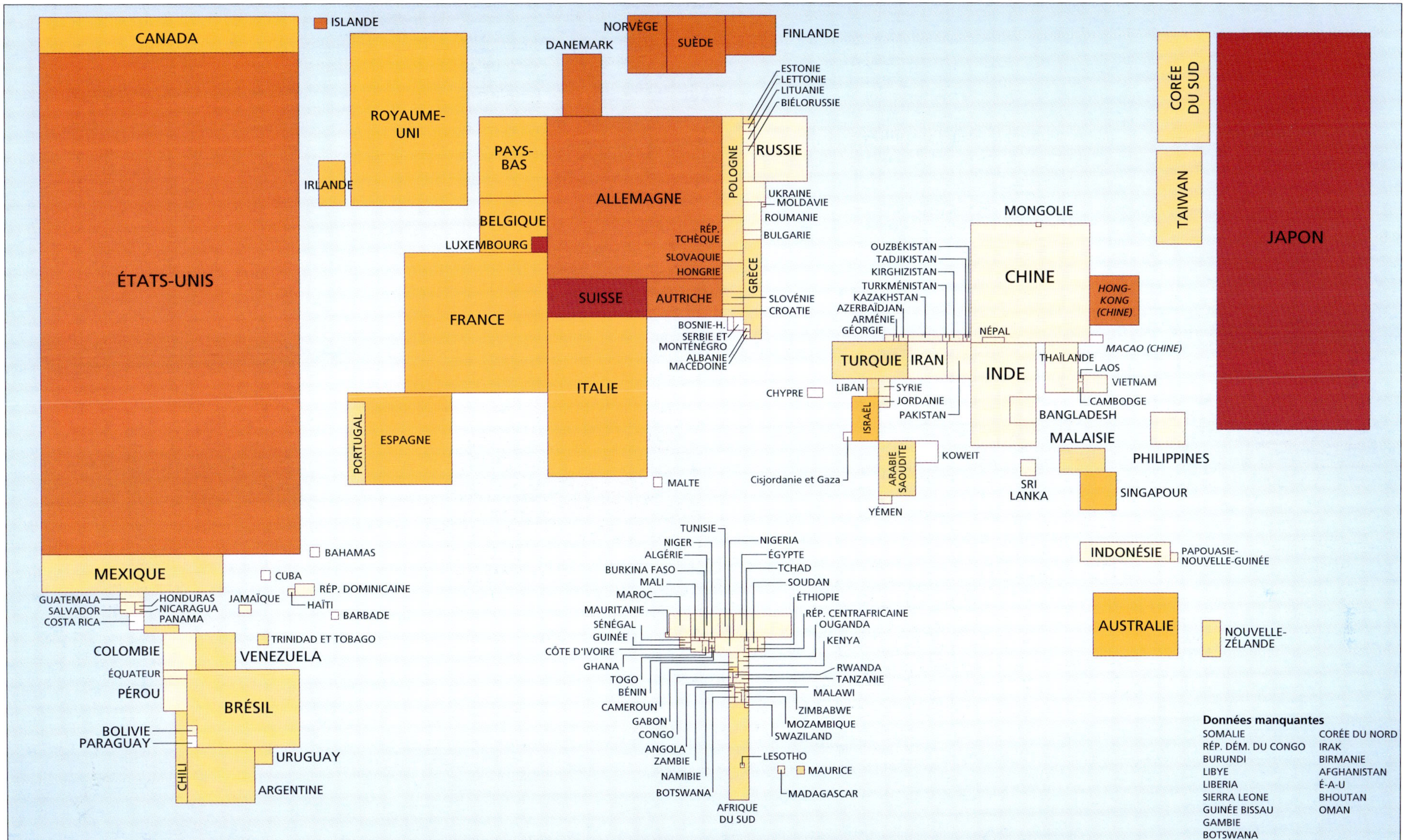

Revenu national brut en milliards de dollars courants en 2000

RNB = PNB + Flux nets de revenus primaires de non-résidents.

1 000
500
100
10

Revenu national brut par habitant en dollars de PPA* en 2000

- plus de 35 000
- de 25 000 à 35 000
- de 15 000 à 25 000
- de 3 000 à 15 000
- de 0 à 3 000
- absence de données

* Le taux de change de parité de pouvoir d'achat par rapport au dollar est le nombre d'unités de monnaie nationale qui permet d'acquérir, dans le pays considéré, le même panier de biens et services qu'un dollar aux États-Unis.

Source : *Images économiques du monde*, SEDES, 2003.

dossier 1 Vers une maîtrise des équilibres démographiques ?

Dans quelle mesure peut-on parler d'une relative convergence démographique mondiale ? Quelles en sont les conséquences pour l'évolution des populations des pays du Sud ? N'y a-t-il pas encore, néanmoins, des contrastes et des inégalités qui persistent ?

1 La transition démographique dans le monde

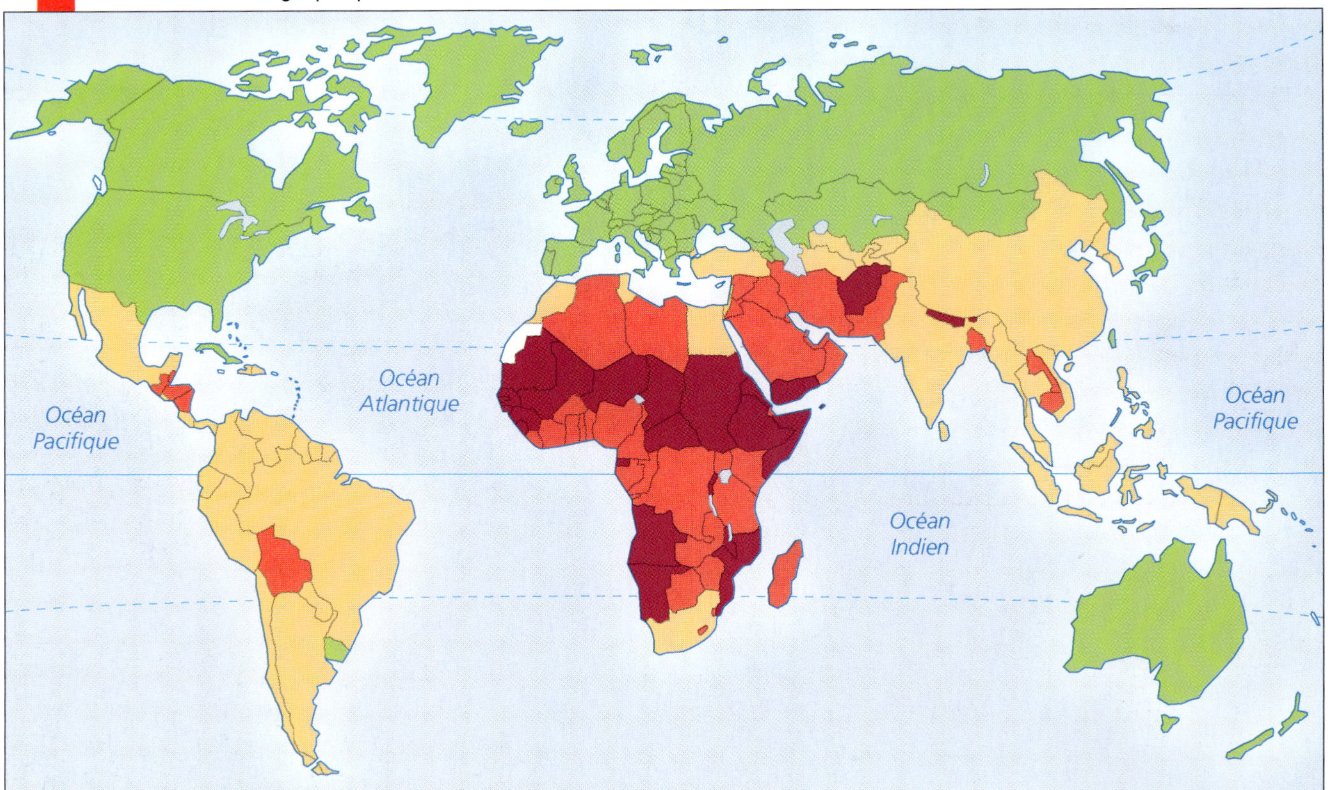

Cette typologie est établie à partir des indicateurs suivants :

- taux de mortalité
- taux de natalité
- taux de mortalité infantile
- nombre d'enfants par femme
- taux d'accroissement de la population pour 1995-2000

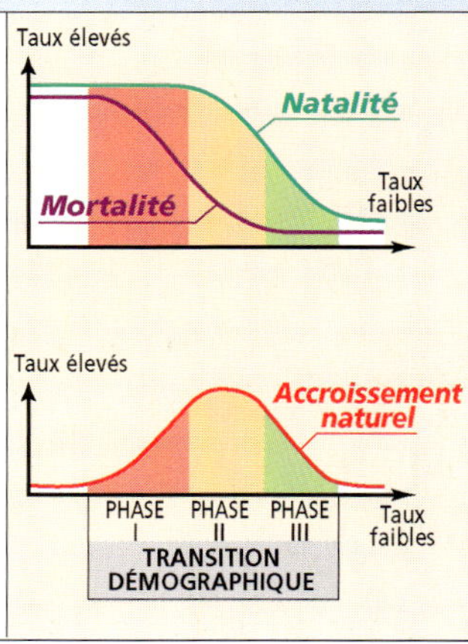

Première phase
Le maintien d'une forte fécondité et le recul progressif de la mortalité conduisent à des taux d'accroissement élevés et croissants
- première phase avec un taux de mortalité infantile très élevé
- première phase avec un taux de mortalité infantile plus faible

Deuxième phase
- la stabilisation progressive de la mortalité et le fléchissement de la fécondité conduisent à une stagnation des taux d'accroissement

Troisième phase
- alors que la mortalité est pratiquement stabilisée, la chute de la fécondité provoque une réduction considérable du taux d'accroissement. C'est la phase d'achèvement de la transition démographique

Source : *Atlas du Monde diplomatique*, 2003.

2 La mortalité infantile

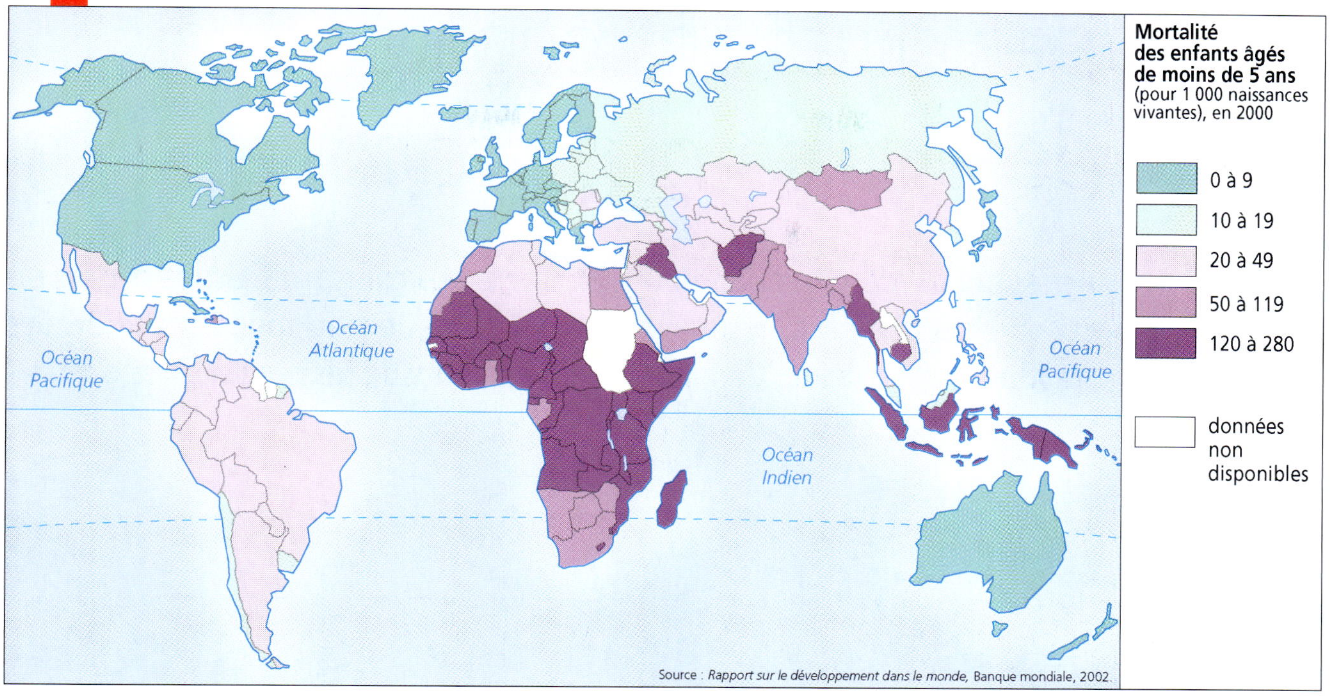

Source : *Atlas du Monde diplomatique*, hors-série, « Manière de voir » janvier 2003.

3 Les femmes du Maghreb ont de moins en moins d'enfants

Sur le plan démographique, le Maghreb n'a mis que vingt-cinq ans pour parcourir le même chemin que la France en deux siècles, soulignent les chercheurs de l'INED (Institut national d'études démographiques). En Tunisie, la fécondité a atteint 2,2 en 1998, au Maroc et en Algérie 3,1 en 1996 et 1997 respectivement, contre plus de 7 en 1960.

Comment cette chute s'explique-t-elle ? L'élévation de l'âge au mariage est un paramètre essentiel dans une société où la procréation est inconcevable en dehors du mariage. L'âge nuptial moyen est par exemple passé de 20 ans en 1966 à 27 ans en 1995 en Tunisie. La scolarisation des filles a joué un rôle majeur dans ce recul. Un autre facteur est l'emploi croissant de la contraception.

Mais âge du mariage et contraception ne sont que des moyens qui reflètent l'évolution sociale au Maghreb : dans une société de plus en plus urbaine et une économie de plus en plus complexe, on observe un nouveau rôle de la femme, une plus grande autonomie des individus et un nouveau regard porté sur l'enfant.

Hervé KEMPF,
Le Monde, 12 août 2000.

4 Un vieillissement généralisé

Projection du taux des personnes âgées de plus de 60 ans (valeur médiane)

	2000	2050	2100
Moyenne mondiale	10 %	22 %	34 %
Afrique subsaharienne	5 %	27 %	20 %
Amérique du Sud	8 %	22 %	33 %
Chine et Asie orientale	10 %	30 %	39 %

Source : *Libération*, 3 août 2001.

5 De 8 à 11 milliards d'humains

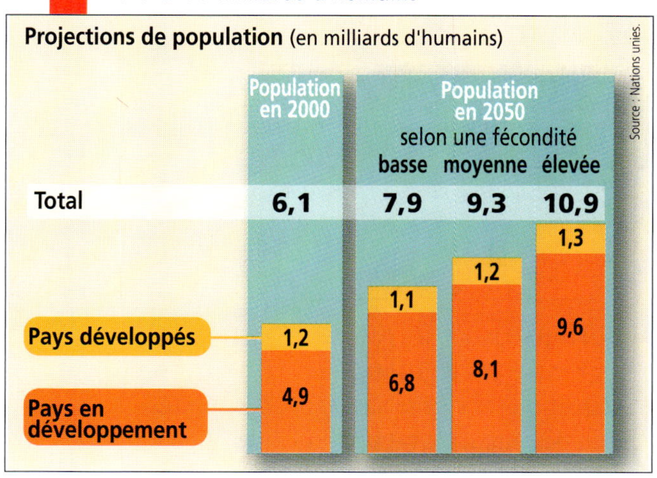

Source : *Alternatives économiques*, hors-série n° 54, 4e trimestre 2002.

Activité

À l'aide de l'ensemble des documents fournis, rédiger une réponse argumentée à la problématique proposée.

dossier 2

Des situations économiques de plus en plus contrastées

Après quatre décennies de développement, les contrastes entre les pays du Sud se sont accentués jusqu'à brouiller l'unité du tiers monde et le clivage traditionnel Nord-Sud. Comment rendre compte de ces nouvelles inégalités ?

1 L'IDH dans le monde

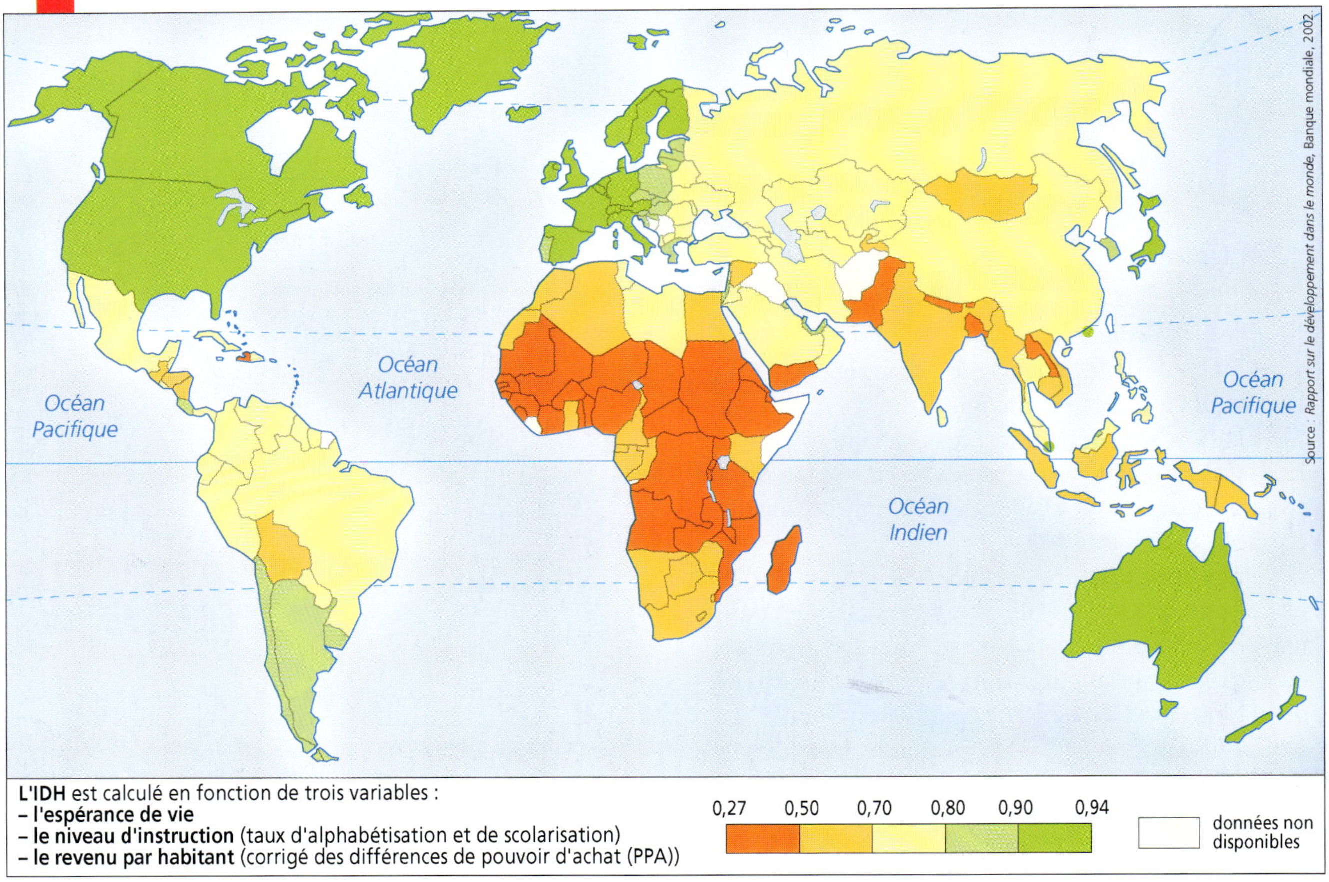

Source : *Atlas du Monde diplomatique*, hors-série, « Manière de voir », janvier 2003.

2 Des disparités internes de plus en plus fréquentes

« Trop souvent, les pauvres n'ont pas accès, en termes de quantité et de qualité, aux services de base que sont l'éducation et la santé », diagnostique Shanti Devarajan, principal auteur du rapport 2004 de la Banque mondiale sur le développement. En outre, de fortes disparités sont observées au sein même des pays en développement : ainsi, en Guinée, 48 % des dépenses publiques de santé sont consommées par les riches, contre 8 % par les pauvres ; en Bolivie, en raison d'une répartition inégale des installations sanitaires, la mortalité infantile des 5 % les plus pauvres s'établit à 125 décès pour 1 000 habitants, contre 20 pour 1 000 pour les 5 % les plus fortunés ; au Niger, seuls 6 % des enfants pauvres achèvent leur cursus primaire, pour un taux de 55 % chez les plus riches.

Quentin DOMART,
Le Monde, 23 septembre 2003.

3 Évolution du PNB dans les pays du Sud

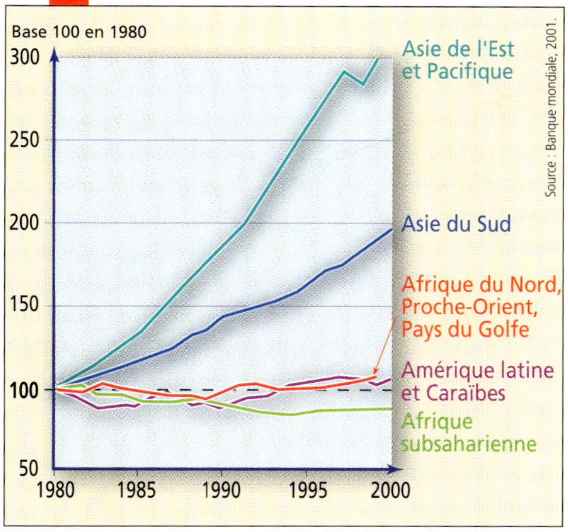

Source : *Atlas du Monde diplomatique*, hors-série, « Manière de voir », janvier 2003.

4 PIB et espérance de vie dans les pays du Sud

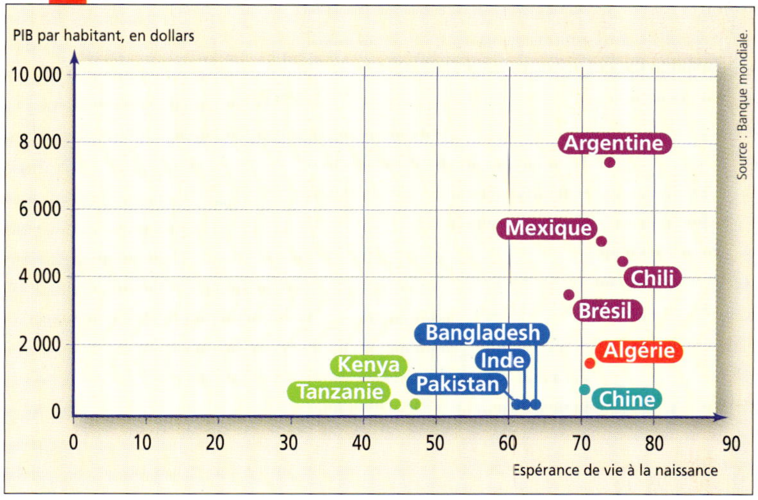

Source : *Alternatives économiques*, hors-série n° 56, 2e trimestre 2003.

5 Volume de la dette

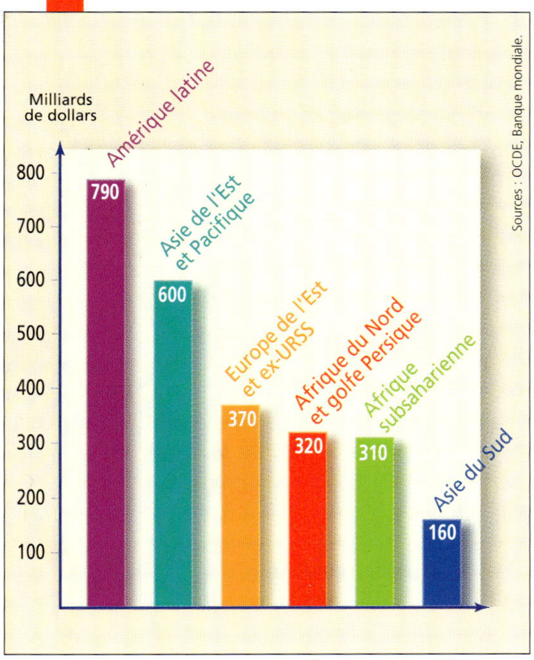

Source : *Atlas du Monde diplomatique*, hors-série, « Manière de voir », janvier 2003.

6 La pauvreté, des évolutions contrastées

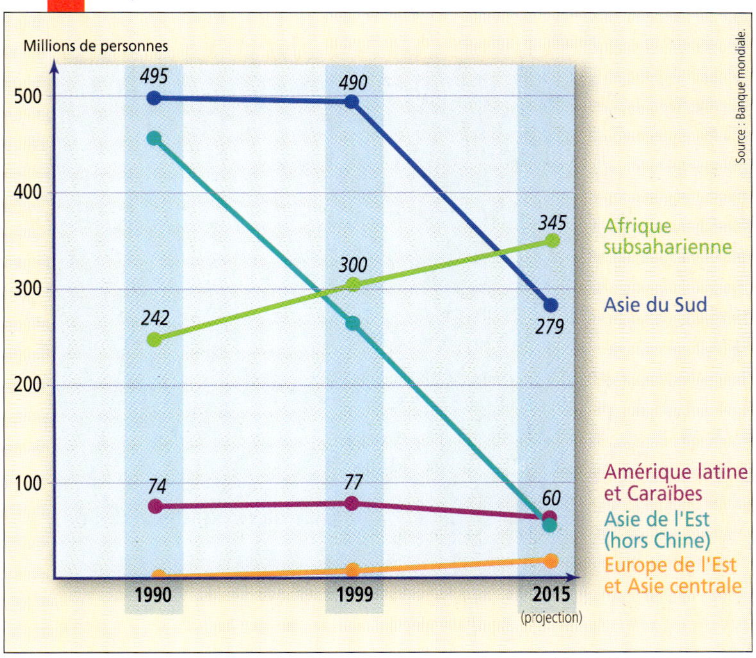

Source : *Alternatives économiques*, hors-série n° 54, 4e trimestre 2002.

Activité

À l'aide de l'ensemble des documents statistiques fournis, proposer une schématisation simplifiée des contrastes de développement existant actuellement entre les pays du Sud.
La légende tentera d'en proposer une typologie claire et précise.
Le document 2 permet de nuancer cette schématisation : en quel sens ?

dossier 3 Les pétromonarchies du golfe Persique

Comment comprendre et évaluer les performances économiques des pétromonarchies du golfe Persique ?

1 Le golfe Persique : pétrole et prospérité économique

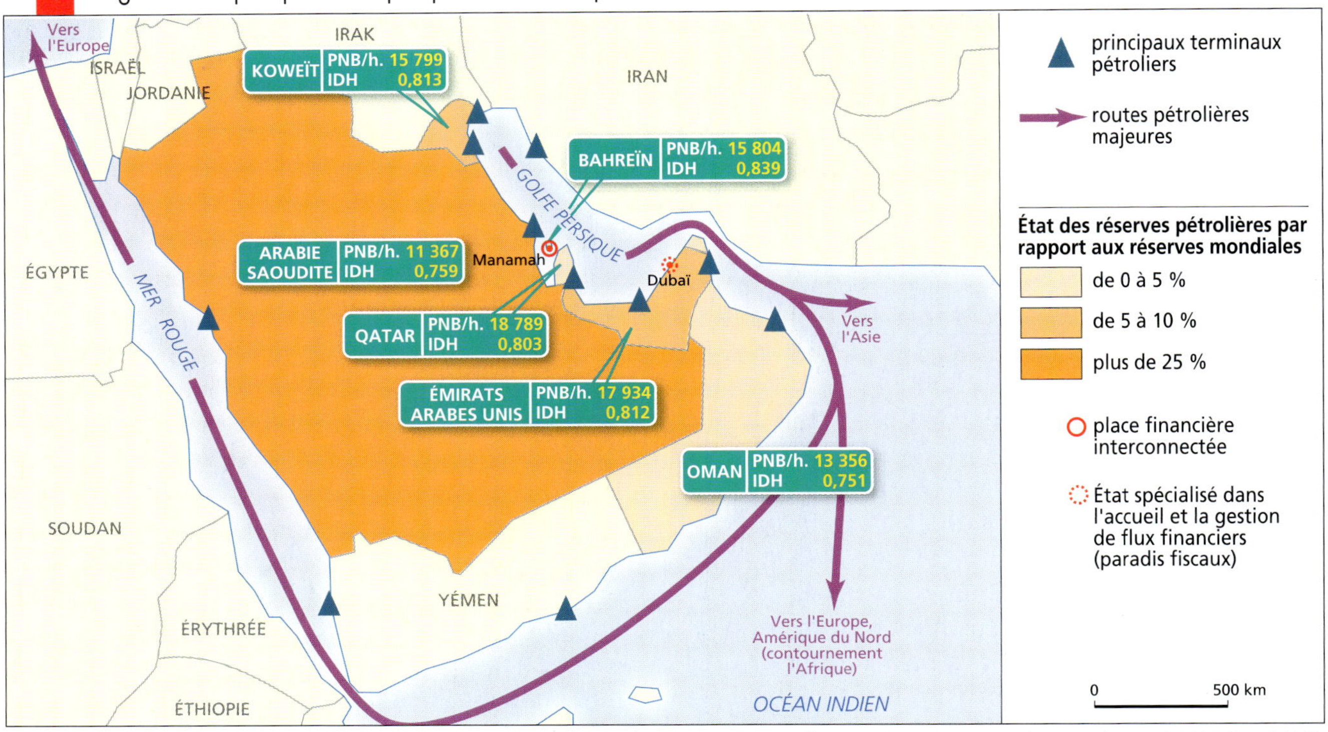

Source : *L'état du monde 2003* / *BP Statistical Review* / Documentation photographique n° 8027 (juin 2002).

2 Le poids de l'immigration dans les États du golfe Persique

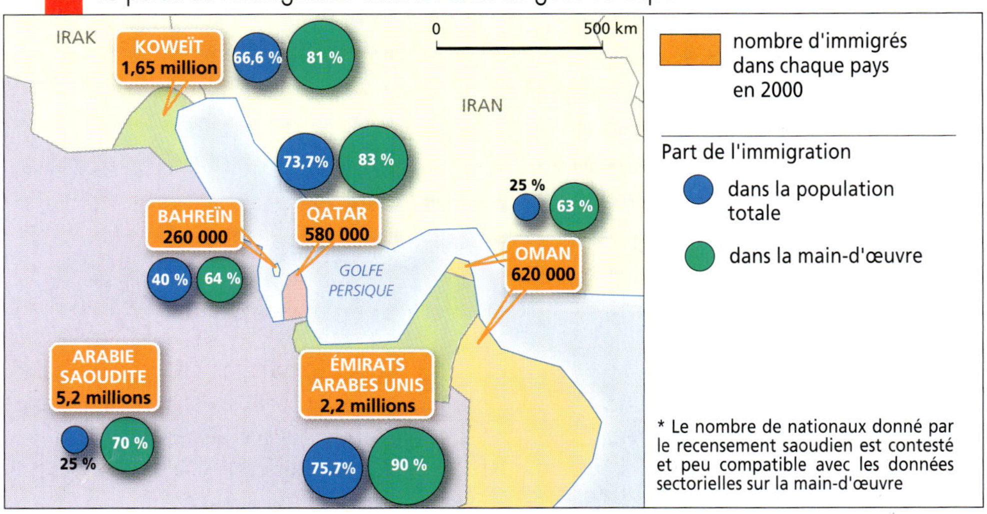

Source : *Le Monde Initiatives*, janvier 2003.

3 Le centre d'affaires de Dubaï

4 Dubaï, une ville monde

En 1998, les deux ports de Dubaï, Port Rachid et Djebel Ali, ont transbordé pour la première fois plus de conteneurs que le port de Tokyo : Dubaï est le seul site du Moyen-Orient qui est classé dans les dix premiers ports mondiaux. Les Émirats arabes unis représentent, en effet, le troisième centre de réexportation au monde après Hong Kong et Singapour [...]. Autre infrastructure essentielle, l'aéroport de Dubaï est le deuxième aéroport mondial pour le nombre de ses passagers en transit (15,5 millions de voyageurs attendus en 2003) et un nouveau terminal destiné spécialement aux vols en provenance d'Iran, de la CEI et de l'Asie centrale a ouvert en mai 1998.

À ces infrastructures stratégiques, s'ajoute la création de zones franches : Dubaï Cargo Village, créé en 1998, devrait permettre le développement des activités à haute valeur ajoutée comme l'informatique et les nouvelles technologies de l'information. Mais de très loin la plus remarquable est la zone franche de Djebel Ali, avec un stock d'investissements de plus de deux milliards de dollars, qui peut se targuer d'être le plus grand port artificiel au monde et d'offrir les plus grandes facilités fiscales et commerciales (l'exemption d'impôts est de quinze ans reconductible et les profits peuvent être rapatriés sans limitation). Cette zone franche constitue un centre idéal pour la distribution et le commerce de gros avec un accès aux marchés asiatiques : s'y sont installées des sociétés comme Aïwa, Philips, Sony, Sharp, IBM, Toshiba, Estée Lauder, Rhône Poulenc.

Roland MARCHAL, *Dubaï cité globale*, coll. « Espaces et Milieux », CNRS Éditions, Paris 2001.

5 Les Émirats arabes unis : population et émigration

Durant la période 1990-1998, la population a augmenté de 5,6 % en moyenne annuelle pour atteindre 2 724 000 en 1998. La permanence d'une distribution très inégale des sexes (près de 70 % d'hommes) indique l'ampleur de l'émigration qui représentait jusque 80 % de la population à la fin des années 90. Surtout, plus vite que dans d'autres États du Golfe, s'affirmait le choix de l'Asie comme bassin de recrutement aux dépens du monde arabe, un choix fondé sur des raisons économiques mais aussi par des considérations plus politiques : les travailleurs asiatiques ne veulent pas s'installer et ne revendiquent aucun droit politique. Ils ont souvent des capacités techniques que les pays arabes ne peuvent fournir et leurs salaires sont plus bas. La répartition actuelle des différentes communautés étrangères dans les Émirats est la suivante : Indiens (450 000), Pakistanais (350 000), Bangladais (150 000), Srilankais (100 000), Philippins (90 000), Occidentaux (30 000).

Roland MARCHAL, *Dubaï cité globale*, coll. « Espaces et Milieux », CNRS Éditions, Paris 2001.

Activité

À l'aide des documents disponibles sur cette double page et du texte « le pétrole, une économie de rente » (page 271), montrer en quoi la prospérité des États du golfe Persique est liée à leur insertion multiforme à l'économie mondiale, mais que leur « modèle de développement » n'est pas facilement transférable.

dossier 4

Le boom de l'informatique en Inde

L'essor des activités informatiques en Inde est-il en mesure d'enclencher une spirale positive de développement à l'échelle du pays ? Quels sont, pour l'Inde, les acquis, les facteurs explicatifs et les limites du développement de cette filière industrielle ?

1 Les principaux technopôles informatiques indiens (STPI : Sofware Technology Parks of India)

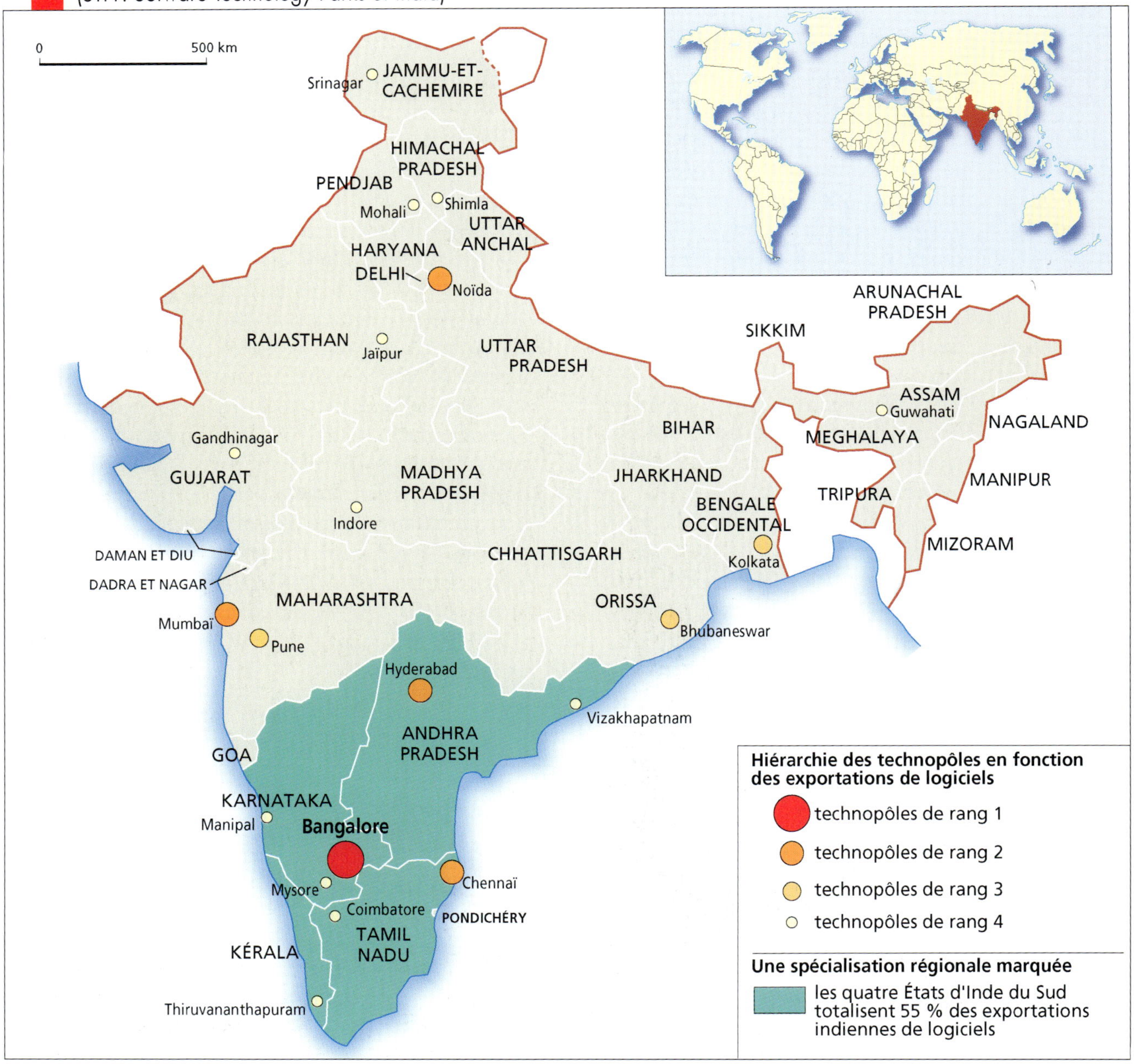

Source : E. Leclerc (Université de Rouen) – Nasscom, 2001.

2 L'Indian Silicon Valley

L'Indian Institute of Science (IIS) de Bangalore ou le Center for Cellular and Molecular Biology (CCMB) d'Hyderabad, comme tous les grands centres de recherche indiens, ressemblent trait pour trait aux instituts de recherche américains ou européens : compétences équivalentes, architecture comparable, mêmes équipements de pointe... À un détail près, chaque centre dispose de sa propre centrale électrique et de sa source d'eau autonome, car les réseaux collectifs ne garantissent pas l'accès continu à ces ressources de base [...].

La réussite de l'industrie indienne des logiciels est l'exemple même de l'efficacité indienne : un niveau d'excellence mondial récompensé par des exportations atteignant 15 milliards de dollars en 1999. Après une tentative peu fructueuse de construction d'ordinateurs, le pays a recentré son effort sur la création de logiciels où il a rapidement excellé. Ces technologies font depuis plusieurs années l'objet d'une politique nationale spécifique : baisse des tarifs douaniers sur les logiciels et le matériel en 1985, informatisation de l'immense secteur public, création d'un département d'État spécialisé. Cette volonté est illustrée par une firme comme Infosys, la grande entreprise de logiciels de Bangalore, symbole de la capacité indienne dans ce domaine, qui réalise près de 90 % de son chiffre d'affaires avec des clients étrangers (70 % aux États-Unis et 20 % en Europe).

Mais ce rayonnement international dans les technologies de pointe ne doit pas masquer le fossé qui sépare aujourd'hui les succès de la science indienne des besoins fondamentaux de la société où elle s'inscrit. La population a atteint le milliard d'individus et continue de croître, l'augmentation régulière de la production agricole due à la « révolution verte » des années 60 a cessé, après avoir provoqué d'énormes dégâts écologiques. L'environnement souffre, en outre, des effets d'une urbanisation anarchique.

http://europa.eu.int (site internet officiel de l'Union européenne mis en ligne le 2 avril 2002).

3 L'insertion de l'industrie informatique indienne dans l'économie-monde

Microsoft a annoncé son intention de doper ses effectifs de développement et de support en Inde, alors qu'il réfléchit à une réduction de ses équipes aux États-Unis. Près de huit cents salariés basés dans les centres de support américains de Microsoft pourraient voir leurs emplois disparaître au profit des centres de Bangalore et d'Hyderabad en Inde. Le nombre des développeurs basés en Inde pourrait passer de deux cents à cinq cents personnes.

Le Monde informatique, 11 juillet 2003.

L'industrie informatique indienne craint un nouveau *bug* venu des États-Unis. Malgré une croissance vertigineuse des exportations de logiciels sur l'exercice 2002-2003 (+ 26,3 %). Motif : une résistance de plus en plus forte aux États-Unis face au phénomène de la sous-traitance vers les pays en voie de développement. Cherchant à protéger les emplois de leurs ressortissants, une demi-douzaine d'États américains tentent de faire passer des lois interdisant la sous-traitance à l'étranger, s'agissant du moins des contrats par le secteur public. Cette croisade inquiète d'autant plus que le marché américain compte pour plus des deux tiers des exportations informatiques indiennes. La crainte est accentuée par la décision américaine de réduire le nombre des visas octroyés chaque année aux professionnels du secteur.

Pierre Prakash, *Libération*, 15 juin 2003.

4 Le poids de la diaspora indienne

Nombre de personnes	20 millions de personnes
Revenu annuel	160 milliards de dollars
Revenu de la diaspora rapporté au PIB indien	35 %
Revenu annuel moyen par personne de la diaspora	8 000 dollars (soit 18 fois le revenu national moyen)
Investissements directs (1991/2001)	2,6 milliards de dollars

NB : 1,7 million d'Indiens vivent aux États-Unis, dont 38 % sont en possession d'un master ou d'un doctorat (en Inde, seuls 9 % de la population accèdent aux études supérieures).

Source : Report of the high level committee on Indian Diaspora, 2001 (revue *Alternatives économiques*, juillet-août 2003).

Activité

À l'aide des documents disponibles sur cette double page, réaliser un organigramme mettant en valeur les facteurs explicatifs et les limites du développement de l'informatique en Inde.

dossier 5 Argentine, la géographie d'une crise économique

Comment apprécier et nuancer les effets de la crise économique argentine aux différentes échelles (nationale, régionale et mondiale) où celle-ci est perceptible ?

1 Effondrement du peso argentin et chute de la croissance

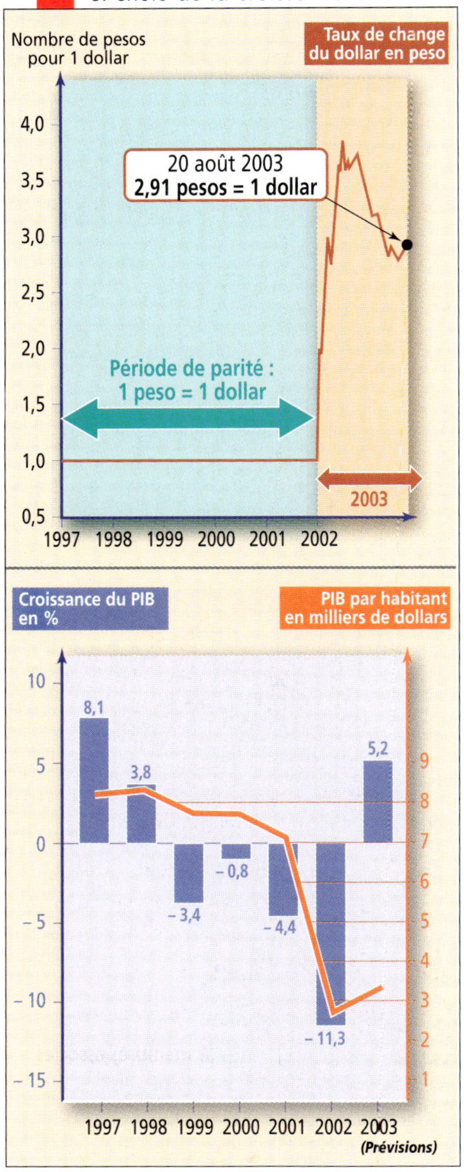

Source : Supplément du journal *Le Monde*, L'autre Amérique, 12 septembre 2003.

2 Argentine, géographie d'une crise

L'Amérique latine est urbaine, et l'Argentine l'est tout particulièrement : le recensement de 1991 (dernier en date) montrait un taux d'urbanisation de 80 %. Cette urbanisation a deux causes : d'une part le développement industriel de certaines agglomérations (Buenos Aires, Mendoza, Cordoba, Bahia Blanca, Rosario) et d'autre part la croissance de l'emploi public des administrations provinciales. Or la parité peso-dollar a liquidé ces industries ou les a conduites à des réductions drastiques de coûts et des licenciements (60 % de la population argentine vit aujourd'hui sous le seuil de pauvreté et un adulte sur trois est au chômage). Malgré cela, les villes ont continué ces dernières années à attirer des populations qui pensaient y trouver, non plus un emploi, mais un service médical minimal et une école où les enfants recevraient un repas quotidien ; les exclus ne sont plus cantonnés aux périphéries éloignées, ils sont au centre des villes [...].

Ce déclin a une traduction démographique : les Argentins quittent leur pays. Fils ou petit-fils d'immigrants, ils cherchent à retrouver la nationalité de leurs ascendants pour venir s'établir en Europe. Sinon, bien formés par ce qui reste d'un système universitaire de qualité, ils tentent leur chance au Canada ou aux États-Unis, privant l'Argentine de ses spécialistes qualifiés.

L'un des traits du caractère des Argentins, c'est de s'interroger avec anxiété sur ce que le monde pense d'eux. Or, force est de constater qu'il n'en pense pas grand-chose : la crise actuelle inquiète peu, car elle ne met en péril ni le système financier, ni les grands marchés mondiaux. Les exportations de matières premières de l'Argentine (pétrole, minerais, céréales) ne devraient pas s'en trouver affectées, car les entreprises qui les alimentent se sont organisées pour ne pas dépendre des circuits économiques ou sociaux nationaux. Bref, l'Argentine ne compte pas. Elle est, sur la scène mondiale, un pays sympathique, peut-être, mais insignifiant.

Sébastien VELUT,
Revue *Espace géographique*, n° 2/2002,
Éditions Belin-Reclus.

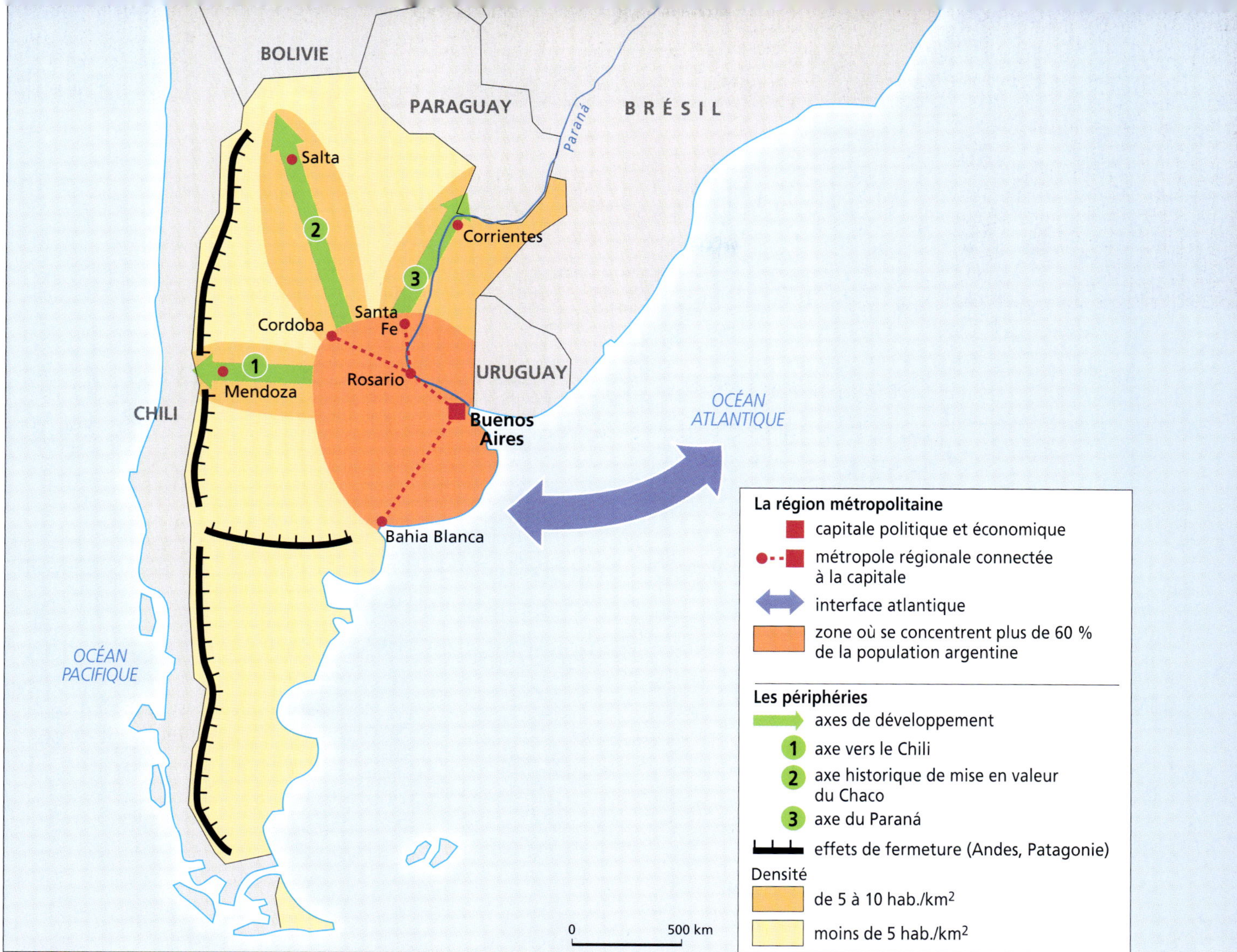

3 L'organisation de l'espace national argentin

4 Le Mercosur, les États-Unis et l'Europe

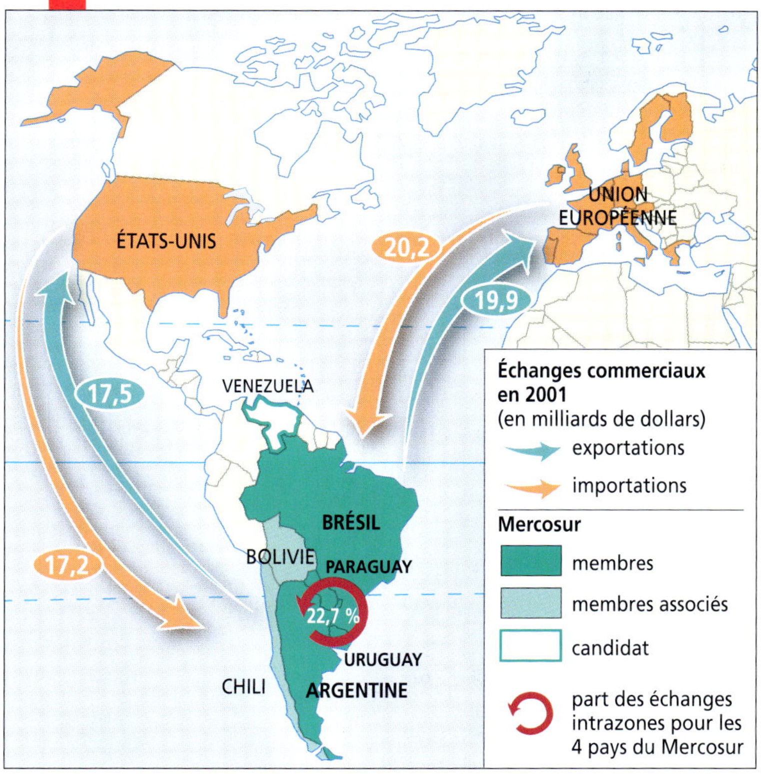

Activité

Classer et confronter les informations disponibles dans ce dossier en les regroupant en construisant un tableau à double entrée :

	Échelle nationale	Échelle régionale	Échelle mondiale
Les effets de la crise économique			
Les solutions possibles à cette crise			

dossier 6

Les grands marchés de matières premières, vecteurs du développement ? L'exemple du coton au Mali

Quels sont les enjeux pour les pays du Sud d'un meilleur accès aux marchés mondiaux ? Quel impact cela peut-il avoir en terme de développement ? Quels obstacles peuvent-ils rencontrer pour s'insérer dans les grands courants d'échange ?

1 Coton qui rit, coton qui pleure

Le coton est censé être roi autour du fleuve Niger, mais ceux qui le cultivent vivent comme des indigents. Mory Gangaré a attelé deux bœufs maigres à sa charrue à un soc : pieds nus, ce paysan de vingt-deux ans va passer les quatorze prochains jours à labourer et planter ses six hectares de coton. Après sa dernière récolte, une fois les frais payés, la famille s'est retrouvée avec moins de 2 000 euros pour faire vivre une vingtaine de personnes pendant un an. Les producteurs maliens ont reçu 28 cents d'euro par kilo l'an dernier et devraient en toucher environ 25 cette année. Dans le même temps, le prix de l'engrais est passé à 4 cents le kilo. Chaque cent compte au Mali car le coton paie tout : l'école, la nourriture, les cachets contre le paludisme et les dots pour les familles et les futures épouses.

Les États-Unis sont les premiers exportateurs de coton, l'Afrique de l'Ouest (dont le Mali) les troisièmes, et tous les deux sont à la merci des forces du marché qui ont fait baisser les cours de 66 % depuis 1995. Dotés de quelque 3,4 milliards de dollars de subventions, les planteurs américains ont réalisé une récolte record de 4,38 milliards de kilos aggravant ainsi la saturation du marché. Quel contraste avec le Mali qui est l'un des dix États les plus pauvres du monde (240 euros de revenu moyen par an et par habitant), dont l'État manque de tout et n'a pas les moyens d'accorder de telles subventions !

Roger THUROW et Scott KILMAN, *Wall Street Journal*, publié par *Courrier International*, n° 619, 12-18 septembre 2002.

2 Les régions cotonnières du Mali

limite sud du désert
limite entre savane sèche (Nord) et savane arborée (Sud)
régions cotonnières

3 Le Mali et le marché mondial du coton

Quelques données statistiques sur le Mali

- Population .... 11,6 millions d'habitants
- Production coton .... 242 000 tonnes
- Croissance annuelle de la population .... 2,7 %
- Part de la population vivant du coton.............................. 20 %
- PIB/habitant................................. 797 $
- Part du coton dans les recettes d'exportations .... 60 %

Le marché mondial du coton

Production (campagne 2001/2002) en Mt		Exportations (campagne 2001/2002) en Mt	
Chine	5,32	États-Unis	2,4
États-Unis	4,42	Ouzbékistan	0,81
Inde	2,69	Afrique de l'Ouest	0,74
Pakistan	1,85	Australie	0,70
Total monde	21,4	Total monde	6,4

Source : *L'état du monde* 2003 (Éd. La Découverte), Observatoire africain sur la justice économique et sociale, ouestafriqueeconomie.com

4 Marché de coton dans la région de Sikasso

5 Le spectre de la privatisation

Nouveau sujet d'angoisse pour les producteurs maliens : sous la pression de la Banque mondiale, le gouvernement s'est engagé à privatiser totalement, d'ici 2005, la Compagnie malienne des textiles (CMDT), contrôlée à 60 % par l'État. Certes, la CMDT, qui a le monopole de la filière coton, est un mastodonte archaïque qui s'occupe de tout : la distribution des intrants, l'égrenage, la commercialisation... Les paysans l'ont combattue à plusieurs reprises, notamment après la découverte, en 2000, de malversations de certains cadres. Mais elle leur offre quelques avantages : elle fournit les engrais à crédit, elle a l'obligation d'acheter le coton au prix annoncé en début de saison et elle assure des missions de service public en construisant des écoles, des routes, en installant l'électricité. Qui le fera demain ?

Stéphane Arteta,
Le Nouvel Observateur, 3-9 avril 2003.

Activité

Classer et confronter les informations disponibles dans ce dossier en les regroupant en trois thèmes :

- le fonctionnement de la filière coton au Mali ;
- les enjeux pour le développement de ce pays ;
- les obstacles à un meilleur accès aux marchés mondiaux.

dossier 7

Le sida, accélérateur de pauvreté en Afrique

Dans quelle mesure le sida est-il aujourd'hui un accélérateur de pauvreté en Afrique ? Pourquoi la lutte contre l'épidémie y est-elle particulièrement difficile ? Quels en sont les acteurs et les enjeux ?

1 La pandémie de sida

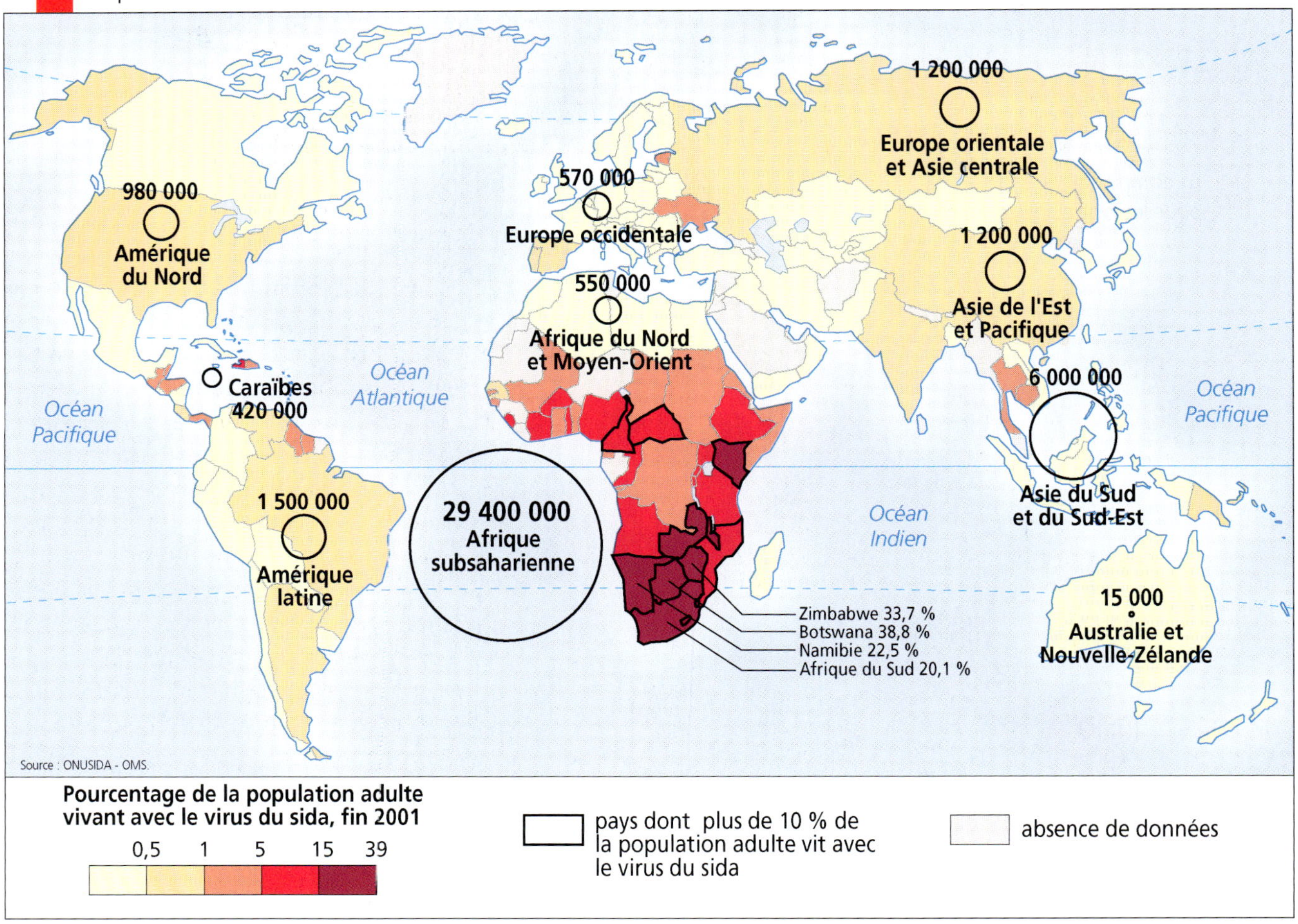

Source : ONUSIDA-OMS.

2 La visite de Blaise Campaoré au Brésil

C'est la première visite officielle d'un chef d'État du Burkina Faso au Brésil. Dans le cadre d'un projet pilote, le Brésil prévoit de traiter environ cent personnes vivant avec le VIH et le sida au Burkina Faso avec des antirétroviraux génériques fabriqués au Brésil. La signature du protocole d'intention a été qualifiée d'historique de part et d'autre. Pour le président brésilien, les raisons de cette signature sont d'ordre historique et culturel, car l'Afrique a beaucoup de choses à partager avec des pays comme le Brésil. Et dans le concert des nations, les pays du Sud ont l'obligation, selon le chef d'État brésilien, de s'unir pour vaincre les maux qui minent leur développement, car les réalités mondiales le commandent.

Étienne Nassa, *Sidwaya* (quotidien burkinabé), 9 septembre 2003.

3 La campagne de la FAO sur les ravages du sida pour les agricultures africaines

4 Le coût des thérapies anti-sida

Coût de la lutte contre le sida : le grand écart

Aux prix actuels du marché, le coût d'un traitement des malades du sida par antirétroviraux dépasserait le budget de la santé de beaucoup de pays en voie de développement. Dans certains cas, comme en Ouganda et au Zimbabwe, l'économie nationale toute entière serait même loin d'y suffire.

	SUISSE	CÔTE D'IVOIRE	OUGANDA	ZIMBABWE
Population (en millions d'habitants)	7	14	21	12
Personnes infectées par le VIH (en % de la population)	0,17 %	5 %	4,4 %	12,5 %
Personnes infectées par le VIH (en nombre d'habitants)	12 000	700 000	930 000	1,5 million
Coût potentiel du traitement des malades* (en milliards de $ par an)	144	8,4	11,2	18
Coût potentiel de ce traitement* (en % du PNB)	0,06	84	172	265
Moyenne des dépenses publiques de santé sur la période 96/98 (en % du PNB)	7,1 %	1,4 %	1,8 %	3,1 %

* Dans l'hypothèse d'une trithérapie à 12 000 $ (85 500 FF).

Source : Bernard HIRSHAL, OMS « *The Washington Post* ».

5 Le droit des brevets contre le droit à la santé

Au cœur de ce conflit, une question : doit-on appliquer les règles du commerce international pour défendre à tout prix les brevets sur les médicaments et les droits de commercialisation exclusifs des grands laboratoires ? Ou bien, au contraire, les gouvernements doivent-ils privilégier la fourniture de traitements bon marché plutôt que les bénéfices des grandes entreprises ?

Il y a quatre ans, le Brésil a décidé de passer outre les brevets sur les médicaments contre le VIH et le sida en autorisant des laboratoires nationaux à fabriquer des équivalents meilleur marché. Aujourd'hui, la quasi-totalité des Brésiliens qui en ont besoin bénéficient gratuitement de la trithérapie. Le taux de mortalité des personnes séropositives ou malades du sida a été divisé par deux, tandis que les dépenses de santé de l'État étaient allégées de quelque 400 millions de dollars.

Kevin WATKINS, *International Herald Tribune*, publié par *Courrier International* n° 538, février 2001.

Activité

Rédiger une réponse argumentée à la problématique proposée en s'appuyant sur l'ensemble des informations fournies par ce dossier.

Étude d'un ensemble documentaire

L'aide au développement du continent africain : quelles priorités, quels acteurs et quels impacts ?

1 Distribution de nourriture en Angola, en 2001, par le PAM (Programme d'aide alimentaire mondial, organisme dépendant de l'ONU)

2 L'aide publique au développement (APD) : donataires et bénéficiaires

Initiée dans les années 70 à l'initiative de l'ONU (CNUCED) pour favoriser le développement économique des pays du Sud, l'APD traverse aujourd'hui une crise majeure : les objectifs ont été revus à la baisse (1 %, puis 0,7 % du PNB des pays riches) et sont bien loin d'être atteints.

De plus, les récentes initiatives du sommet du G-8 (Canada, juillet 2002) tendent à redéfinir les modalités de cette aide pour lutter contre la corruption et leur mauvaise gestion sur le terrain…

Les principaux donataires			Les principaux bénéficiaires	
Pays	en milliards $	en % PIB	Régions	en $ par hab./an
États-Unis	12,9	0,12	Océanie	188
Japon	9,2	0,23	Europe	35
Allemagne	5,4	0,27	Afrique	20
France	5,2	0,36	Amérique latine	12
Royaume-Uni	4,7	0,30	Asie	5
Total ACDE	57	0,23	Moyenne mondiale	11

Sources : OCDE – *Alternatives économiques* n° 215 (juin 2003), www.oecd.org

Première partie

Analyser l'ensemble documentaire en répondant aux questions suivantes :

1. À partir du document 5, montrer pourquoi l'aide au développement du continent africain peut sembler prioritaire à l'échelle planétaire.
2. Identifier, à l'aide du document 2, les objectifs et les limites de l'aide publique au développement définie par l'ONU dans les années 70.
3. Lister et hiérarchiser, à l'aide des documents 1, 2, 3 et 4, les différents acteurs de cette aide au développement pour le continent africain.
4. Monter en quoi le concept d'aide au développement pour le continent africain présenté dans le document 4 est original par rapport aux autres formes d'aides évoquées dans les autres documents.
5. Identifier les acteurs importants de l'aide au développement qui n'apparaissent pas dans ce corpus documentaire.

Deuxième partie

À l'aide des réponses aux questions, des informations contenues dans les documents et de vos connaissances, vous rédigerez une réponse organisée au sujet : L'aide au développement du continent africain : quelles proriétés, quels acteurs et quels impacts ?

3 Les IDE (investissements directs à l'étranger) dans le monde

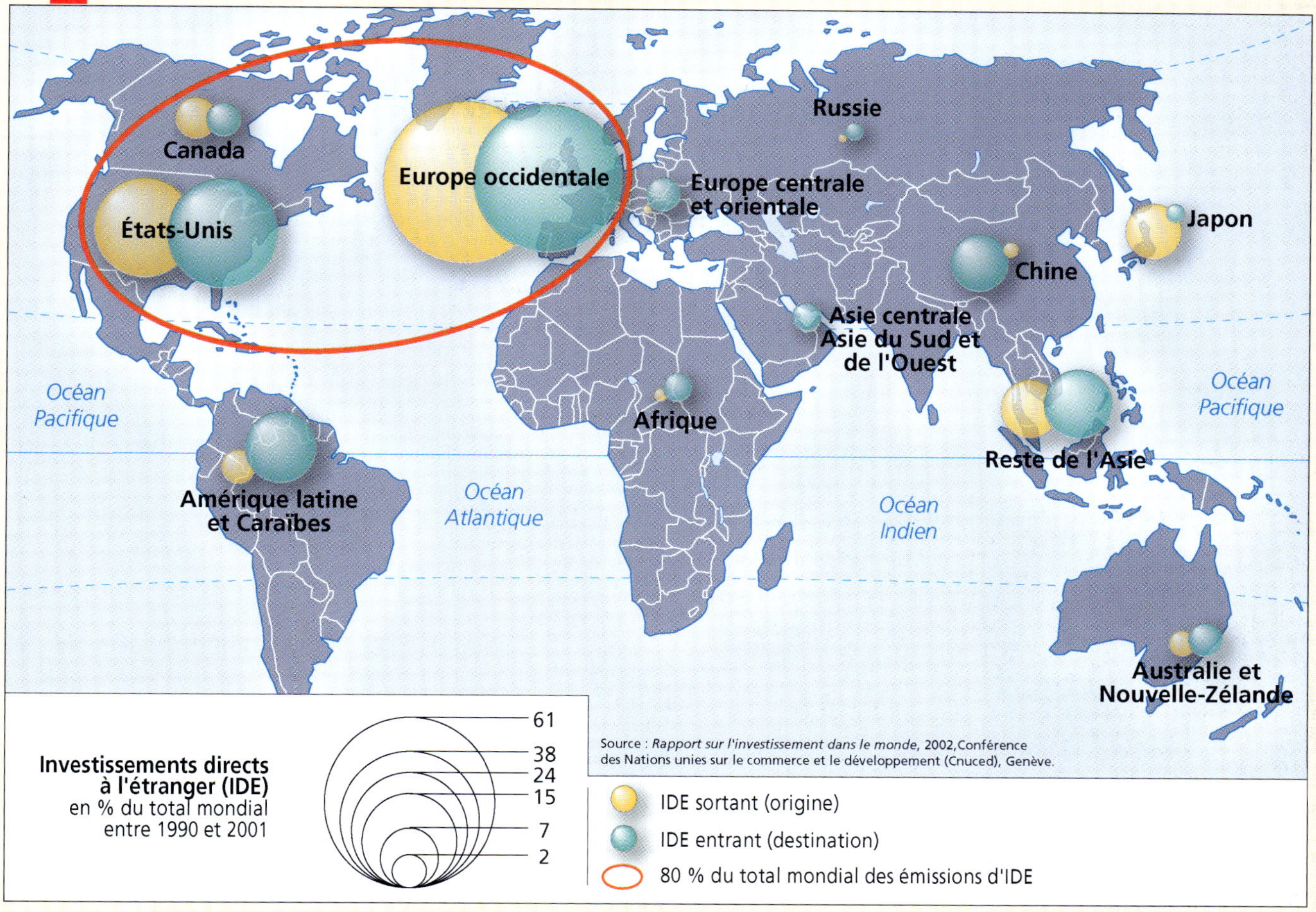

Source : *Atlas du Monde diplomatique*, hors-série, « Manière de voir », janvier 2003.

4 Vers un nouveau concept d'aide au développement

Le programme de coopération Sud-Sud, lancé en 1997 par la FAO (Organisation des Nations unies pour l'agriculture et l'alimentation) est une vraie réussite. De quoi s'agit-il ? D'envoyer dans des pays pauvres, manquant de techniciens agricoles, des experts provenant d'autres pays du Sud et aidant à mettre en œuvre des méthodes simples et peu coûteuses. Quand un besoin concret est identifié d'un côté, une compétence de l'autre, pays hôte et pays coopérant passent un accord sous l'égide de la FAO, et les spécialistes vont s'installer pour une période allant jusque trois ans, dans les villages où ils vont transmettre leurs savoirs. En plus du salaire que leur patrie continue de leur assurer, ils reçoivent 700 dollars par mois de la FAO et 300 dollars du pays hôte, qui fournit aussi un logement dans le village et un moyen de transport, plutôt une mobylette que les habituels 4 × 4 des Ong et autres organisations internationales…

Le programme tire son succès de plusieurs facteurs. Les villageois apprécient que les experts restent sur place et partagent leurs conditions d'existence. Ensuite, ces coopérants coûtent moins cher que les intervenants occidentaux qui requièrent près de dix fois plus d'argent. Enfin, les projets sont précisément définis par les pays impliqués, et pas parachutés de l'extérieur. Cela correspond à une volonté nouvelle des pays pauvres, exprimée par exemple en juin par le Premier ministre du Niger, Hama Amadou, lors du sommet mondial de l'alimentation, de rompre avec « la politique des projets destinés tout d'abord à financer des études et des consultants sans réelle utilité, la plupart du temps, pour le monde rural ». Depuis le lancement du programme de coopération Sud-Sud, le Vietnam, la Chine, l'Inde, le Maroc, l'Égypte, Cuba, le Pakistan ont envoyé près de 2 600 agronomes vers le Sénégal, l'Éthiopie, le Niger…

La coopération entre pays du Sud manifeste que, dans la crise de l'aide au développement, des tendances nouvelles et revigorantes se font jour.

Hervé Kempf, *Le Monde*, septembre 2002.

5 La répartition des richesses mondiales

(Voir carte, page 249)

Composition Un Sud, des Sud ?

A. Comprendre le sujet : quelques pistes pour rédiger l'introduction

Présenter le sujet – La notion de Sud renvoie à une division binaire du monde (Nord-Sud) qui opposerait un bloc de pays riches et industrialisés (Nord), à un bloc de pays pauvres et sous-développés (Sud ou tiers monde). Cette vision du monde est apparue au tournant des années 50-60, quand les indépendances acquises par les peuples colonisés ont fait émerger la question le développement (notion à définir).

Problématiser le sujet – La formulation du sujet invite donc à faire le bilan de quatre décennies de développement : le Sud est-il resté homogène dans sa marche vers le développement, ou – au contraire – les écarts ne se sont-ils pas creusés entre les différents pays en voie de développement ? Un Sud ou des Sud ?

B. Plan détaillé

Pour vous aider à bâtir une argumentation appuyée sur des exemples précis, un plan détaillé vous est fourni avec des renvois aux dossiers ou à des documents précis du chapitre que vous venez d'étudier.

1. Des éléments d'unité apparents...	
1. Des dynamiques démographiques convergentes	*Documents 1 à 4, pages 250-251.*
2. Une tendance générale à l'amélioration des indicateurs économiques et sociaux	*Documents 3 à 6, pages 252-253.*
2. ...mais des évolutions qui creusent les écarts entre les pays du Sud...	
1. Des situations démographiques encore variées	*Documents 1 à 5, pages 250-251.*
2. Des indicateurs économiques et sociaux de plus en plus contrastés	*Documents 1 à 6, pages 252-253.*
3. Des capacités très variables d'insertion aux marchés mondiaux, clef des politiques de développement	*Dossier sur l'Inde, pages 256-257 et le Mali, pages 260-261. Document 3 page 265, et document 3, page 271.*
3. ...pour aboutir à une grande hétérogénéité des Sud	
1. Les pays émergents	*Dossier sur les pétromonarchies du golfe Persique (pages 254-255) et l'Argentine (pages 258-259). Texte de synthèse, page 272.*
2. Les pays en voie de développement	*Document 3, page 271. Texte de synthèse, page 272.*
3. Les pays en panne de développement	*Dossier sur le sida en Afrique (pages 262-263). Documents 2, page 271 et page 273. Texte de synthèse, page 272.*

C. En guise de conclusion

Insister sur la grande diversité des Sud qui remet même en question le vieux clivage Nord-Sud qui perd de sa pertinence, mais aussi les problématiques du développement : la question centrale, aujourd'hui, étant davantage la recherche de solutions pour amorcer le développement là où il est encore inexistant (PMA). On peut alors, en ouverture, évoquer la question de l'aide au développement (voir « étude d'un ensemble documentaire », pages 264-265).

Croquis
La diversité des Sud

A. Comprendre le sujet

En posant d'emblée le postulat de l'hétérogénéité des Sud, le sujet propose de réaliser un croquis qui soit à la fois le bilan de quatre décennies de développement et l'exposé de quelques éléments d'explication de cette diversité des Sud (à ce titre, on peut ici réintégrer une partie des acquis du chapitre 1 – « un monde de flux » – en particulier, les dossiers consacrés aux migrations internationales).

B. Activité

Organiser une légende ordonnée répondant au sujet proposé puis compléter le croquis, en plaçant les différents éléments de la légende fournie et en proposant quelques localisations significatives.

C. Fond de carte

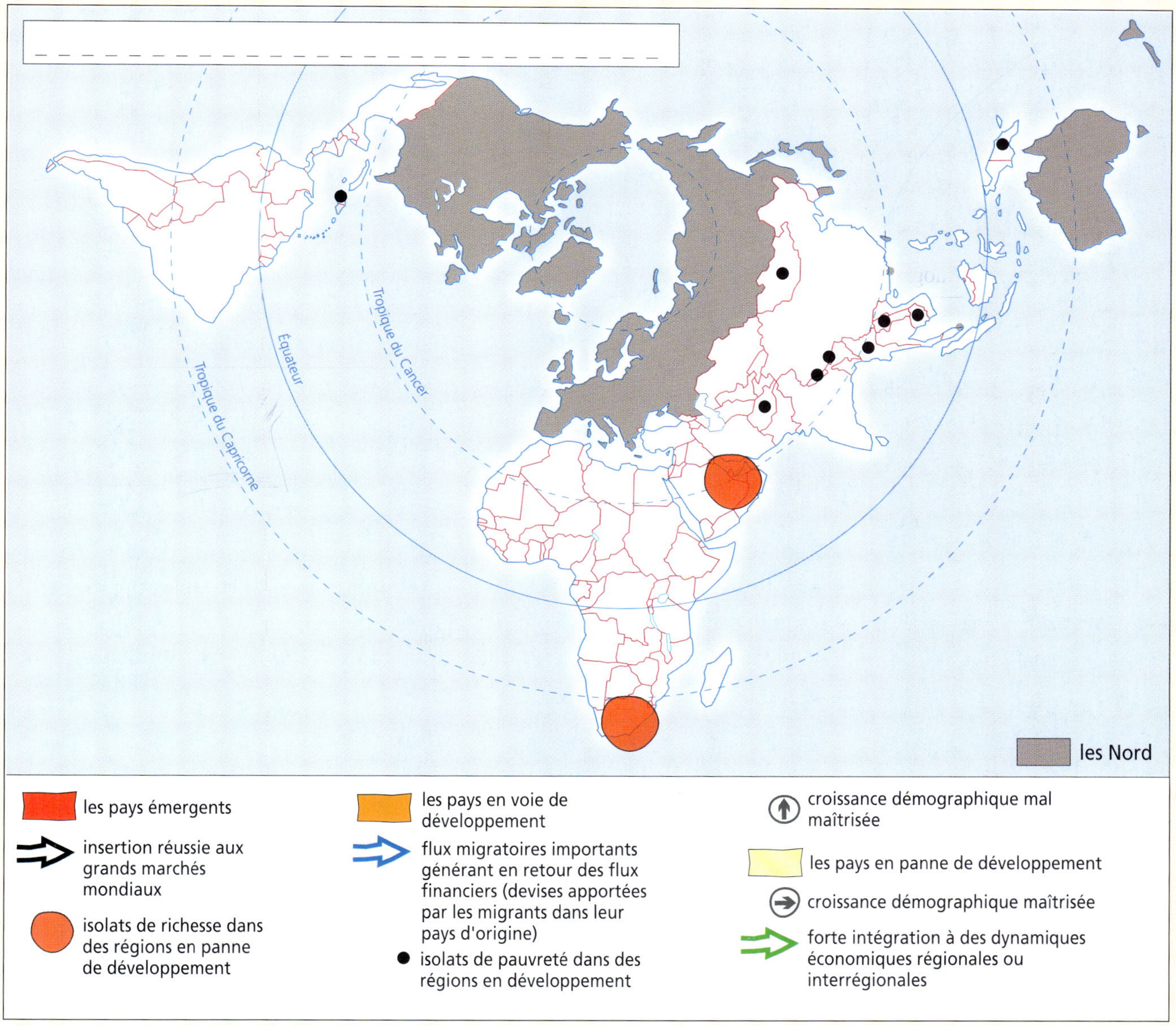

chapitre 10

1. Le sous-développement : traits communs et éléments de différenciation

Démographie galopante, surmortalité, misère, sous-alimentation ont souvent été, par le passé, les symboles du mal développement du tiers monde. Comment évoluent ces différents paramètres ? Le Sud présente-t-il aujourd'hui encore des caractères communs ? Peut-on encore parler d'un Sud ou bien le tiers monde a-t-il définitivement disparu ?

Dossier 1, p. 250-251.

A. Des évolutions démographiques convergentes...

Si l'on raisonne à l'échelle planétaire et dans une perspective dynamique et prospective, il y a bien convergence des démographies dans les pays du Sud. L'évolution commune s'opère par une baisse partout sensible et observable de la fécondité. Cette baisse résulte à la fois des mutations économiques (une modernisation plus ou moins avancée), spatiales (l'urbanisation) et sociales (l'évolution des mentalités et du statut des femmes en particulier), mais aussi des actions volontaristes des gouvernements. En effet, si les politiques de contrôle des naissances varient beaucoup d'un État à l'autre, un consensus s'est opéré sur la nécessité de scolariser les jeunes (et en particulier les filles) pour consolider les perspectives de **développement**. Or, c'est bien la scolarisation des filles qui fait d'abord reculer la fécondité, en différant l'âge du mariage et de la procréation. Ainsi, partout au Sud, la transition démographique est en route et la décrue est amorcée : les populations vieillissent, même au Sud.

Dossier 7, p. 262-263.

B. ...mais des situations encore contrastées

Pourtant, des **discontinuités** subsistent : certaines régions comme le monde musulman ou l'Afrique noire accusent encore un retard sensible (la mortalité infantile, encore élevée, y constitue un élément de différenciation fort).

Localement, la faiblesse des structures sanitaires et médicales, le manque de moyens financiers peuvent mettre en danger ou menacer la survie de populations entières : c'est le cas aujourd'hui en Afrique noire avec la pandémie de sida ou avec la résistance de maladies tropicales comme le paludisme.

Carte p. 246, carte et graphiques, p. 269.

C. La persistance des éléments du sous-développement

De nombreux indicateurs permettent encore de repérer des signes communs de sous-développement à l'échelle de l'ensemble des pays du Sud. L'existence de fractions significatives de populations vivant en dessous des seuils de pauvreté, la permanence d'un analphabétisme massif, l'accès encore difficile à l'eau et à l'électricité, ou l'importance de populations souffrant encore de sous-alimentation chronique sont des signes évidents d'un mal développement persistant qui pèse encore sur les perspectives d'une amélioration durable et rapide des économies du Sud.

Néanmoins, là encore, les discontinuités sont importantes entre les différentes régions qui composent le Sud. Si l'Asie semble mieux gérer ces différentes **contraintes** qui sont autant d'obstacles au développement, les évolutions sont ailleurs plus contrastées (Amérique latine et Moyen-Orient), voire très lentes (Afrique noire).

Par ailleurs, des **disparités spatiales** sont également repérables, à l'échelle locale, entre milieux urbains et milieux ruraux : c'est d'ailleurs l'un des moteurs de l'urbanisation galopante des pays du Sud. Les villes y sont perçues comme des « refuges », synonymes d'un accès possible à des biens de consommation ou à des équipements collectifs souvent absents dans les campagnes.

Notions clefs

- Contraintes
- Développement
- Discontinuités
- Disparités spatiales

Voir lexique, page 7

1 Évolution de l'analphabétisme dans le monde 1990-2000

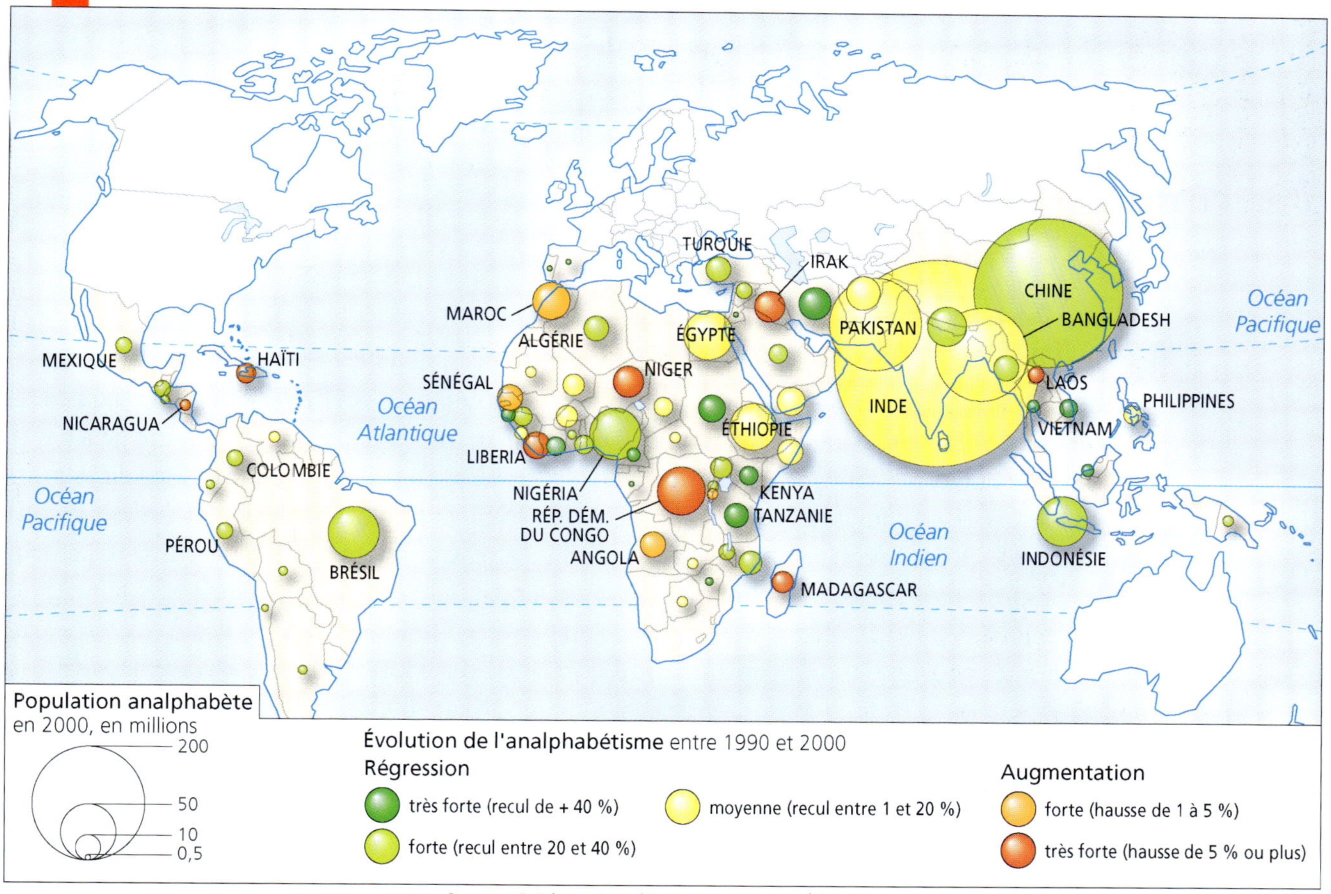

Source : OIT/UNESCO/UNICEF in *Sciences humaines*, numéro spécial *Comprendre le monde* mai-juin 2003.

2 L'accès à l'électricité et à l'eau

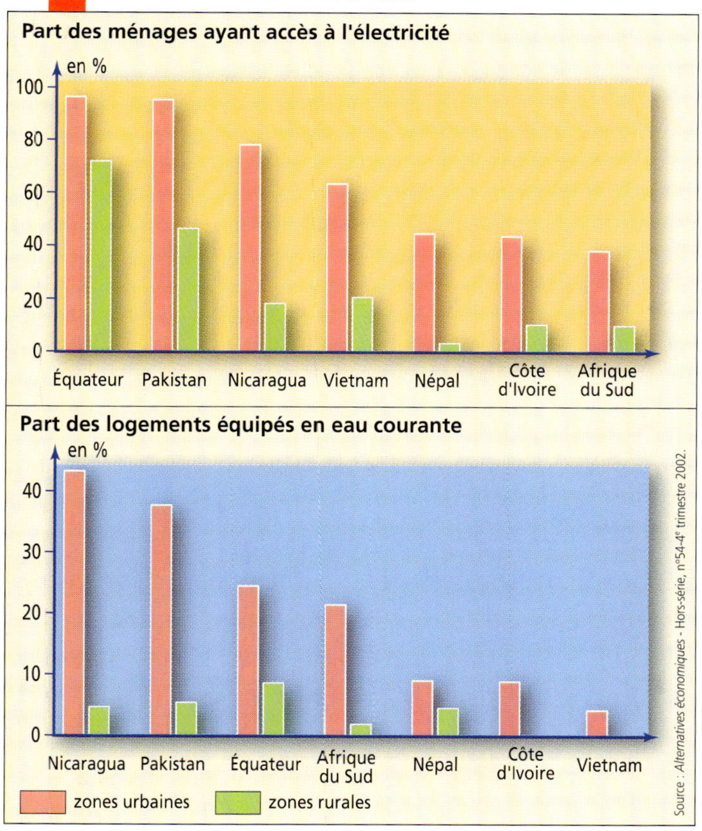

Source : *Alternatives économiques*, hors-série n° 54, 4e trimestre 2002.

3 Faim : l'Afrique stagne

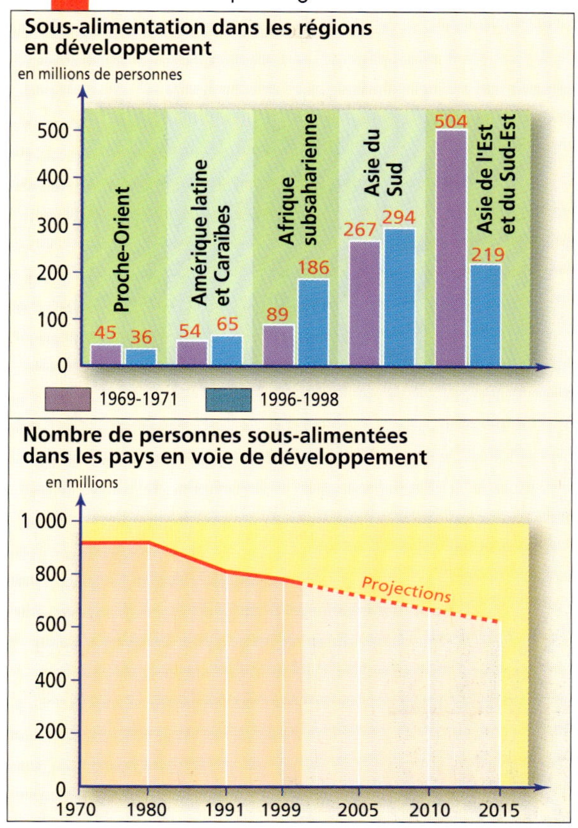

Source : FAO, in *Dossiers et documents du Monde*, n° 323, septembre 2003.

2. Quarante ans de développement : quel bilan établir ?

C'est en 1961, alors que le processus d'accès à l'indépendance des jeunes nations du tiers monde s'achève, que l'ONU lance la « décennie du développement ». Quel bilan peut-on en tirer aujourd'hui ? Quelles furent les stratégies suivies ? Le Sud y a-t-il gagné en cohésion ou n'a-t-il pas implosé ?

Dossier 2, p. 252-253.
Dossier 4, p. 256-257.

A. Des stratégies variées, un bilan contrasté

Les politiques de **développement** ont été marquées depuis les années 60 par des approches variées privilégiant tantôt des stratégies « autocentrées » où l'action volontariste de l'État était privilégiée (l'Inde en offre un bon exemple), puis des approches « extraverties » et plus libérales où le rôle régulateur des marchés et l'ouverture sur le monde étaient jugés prioritaires. Aujourd'hui, si le marché est toujours le stimulant du développement (comme le soulignent les expériences asiatiques), on réévalue le rôle régulateur de l'État (infrastructures techniques et financières, politique sociale) et surtout l'implication des acteurs économiques, partenaires du développement.

Force est cependant de constater que le bilan de ces décennies de développement est des plus contrastés. Si la tendance générale est plutôt à l'amélioration (comme le confirment les indicateurs du PNB et de l'IDH – indice de développement humain), les inégalités se creusent entre les pays du Sud. Le développement est bel et bien une réalité en Asie orientale et en Amérique latine (la frontière entre Nord et Sud s'en trouve d'ailleurs brouillée), mais ailleurs les résultats restent partiels, voire faibles (Afrique noire).

Dossier 3, p. 254-255.
Dossier 5, p. 258-259.
Dossier 6, p. 260-261.

B. Une insertion parfois difficile à l'économie-monde

Pour réussir leur percée sur les grands marchés mondiaux, clef essentielle du développement, les pays du Sud doivent d'abord compter sur des **ressources** plus ou moins stratégiques, donc répondant à une demande mondiale. L'exemple du pétrole est symbolique. Produit vedette sur les marchés planétaires, il offre bien des opportunités aux pays producteurs, mais avec des limites : la manne pétrolière est très inégalement répartie et son importance est d'abord fonction du poids démographique des pays exportateurs. Ces ressources ne sont pas seulement naturelles, elles peuvent aussi être « humaines » (abondance de la main-d'œuvre en Asie orientale, qualifications scientifiques en Inde…).

Cependant, l'organisation des grands marchés mondiaux échappe aux pays du Sud, souvent victimes d'une concurrence inégale face aux producteurs du Nord ou de mécanismes de contrôle et de fixation des prix aux mains des pays développés. Enfin, l'extraversion des économies aboutit également à de fortes **disparités spatiales** qui se traduisent par de forts gradients internes de développement économique.

Étude de document, p. 264-265.

C. Une aide qui reste vitale pour les Sud

Les difficultés rencontrées par de nombreux pays pour gérer leur développement rendent de plus en plus nécessaire une politique cohérente d'aide au développement pour réduire les inégalités mondiales. Cette politique d'aide est aujourd'hui en pleine redéfinition : aux côtés de l'APD (aide publique au développement) définie dans les années 70 par l'ONU et la CNUCED (Conférence des Nations unies pour le commerce et le développement créée en 1964), on voit émerger de nouvelles formes d'aides prônées par des acteurs économiques (les IDE ou investissements directs à l'étranger des entreprises) ou humanitaires (les ONG ou organisations non gouvernementales), voire des formes originales de coopération entre pays du Sud.

Notions clefs
- Développement
- Disparités spatiales
- Ressources

Voir lexique, page 7

1 Dubaï, nouvelle destination touristique mondiale (le complexe de Palm Jumeirah, au large de Dubaï, image de synthèse)

2 Les PMA

Note : Le nombre des PMA (pays les moins avancés) est estimé par l'ONU à quarante-neuf États. Les critères sont les suivants : un PIB par habitant inférieur à 900 dollars, un faible niveau d'IDH (développement humain), une forte vulnérabilité économique (instabilité de la production et des exportations agricoles, manque de diversification économique) et un nombre d'habitants inférieur à 75 millions.

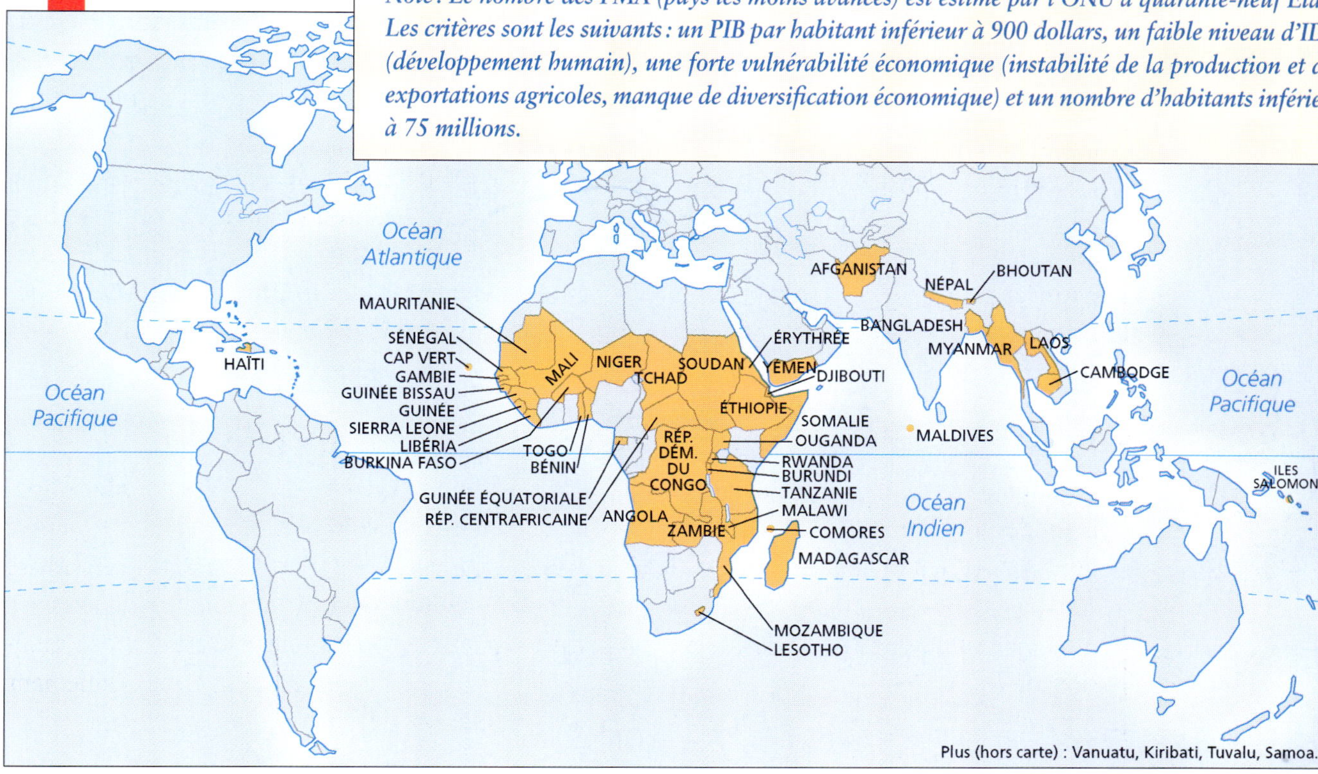

Source : *CNUCED 2002* (www.unctad.org).

3 Le pétrole, une économie de rente

La profonde dépendance envers les revenus tirés de l'extraction et des exportations des ressources pétrolières favorise la constitution d'un État rentier, c'est-à-dire d'un État attaché à la captation de ces revenus dont sa survie dépend. L'exploitation pétrolière est d'autant plus aisée à manier par les gouvernements qu'elle leur permet, d'une part, de s'affranchir de toute dépendance fiscale vis-à-vis de la population, et d'autre part, de s'assurer des rentrées budgétaires, même en l'absence de toute valeur ajoutée par l'économie nationale. Il n'y a plus de motivations pour développer une activité économique diversifiée parce que le pétrole rapporte d'immenses revenus de manière quasiment automatique [...].

Certes, dans certains pays comme le Koweït, le Qatar ou les Émirats arabes unis, les recettes pétrolières furent largement redistribuées (éducation, santé, fonction publique) ou utilisées pour la construction d'infrastructures. Mais ces exemples ne concernent que des pays possédant de larges réserves pétrolières et des populations réduites. Dans la majorité des cas, Arabie saoudite comprise, la chute des recettes pétrolières à la fin des années 80 engendra un effondrement parfois dramatique du revenu par habitant (en dehors des élites au pouvoir), alimentant aussi les frustrations des plus défavorisés.

Philippe Copinschi, « Rente pétrolière : géopolitique et conflits », *Questions Internationales*, n° 2, juillet-août 2003, La Documentation française.

3. Les Sud : des trajectoires différentes, des hiérarchies nouvelles

Tous les indicateurs de développement soulignent l'existence d'écarts grandissants entre les différents pays du Sud. Comment rendre compte de cette diversité ? Est-il possible d'en établir une typologie claire ? Quelle est la part des dynamiques régionales dans ces inégalités de développement ?

Dossier 3, p. 254-255.
Dossier 5, p. 258-259.
Chapitres 8 et 11.

A. Les pays émergents

Globalement, les pays d'Asie orientale et d'Amérique latine se sont engagés dans une dynamique positive fondée à la fois sur la création d'une base industrielle nationale, l'ouverture aux marchés mondiaux et le développement d'un secteur tertiaire (services). La progression spectaculaire de leurs indicateurs sociaux (éducation, revenus, espérance de vie) les rapproche du niveau des pays développés et justifie l'appellation actuelle de « pays émergents ». On peut également ranger dans cette catégorie les pétromonarchies du golfe Persique dont la manne pétrolière fonctionne avec efficacité en raison de leur faible poids démographique.

Certes, ces pays connaissent les contrecoups de leurs succès : perte de compétitivité, poids de la dette, crises financières à répétition (depuis les années 90) mais ces dysfonctionnements peuvent être interprétés comme des crises de croissance pour des économies qui ont su trouver la voie du **développement**.

Ces succès peuvent aussi s'expliquer par des dynamiques régionales actives. L'Asie orientale a bénéficié d'une aire de co-prospérité bâtie autour du Japon, mais aussi des diasporas chinoises (Taïwan, Hong Kong). En Amérique latine, deux dynamiques coexistent : celle d'une intégration régionale (le Mercosur), relayée par l'attraction qu'exerce la perspective d'un élargissement de l'Alena à l'ensemble du continent.

Dossier 4, p. 256-257.

B. Les pays en voie de développement

Le Moyen-Orient (et plus généralement l'ensemble du monde arabo-musulman), mais aussi la plupart des États d'Asie du Sud affichent quant à eux des performances plus modestes.

L'explication tient à la fois à des dynamiques démographiques encore mal maîtrisées (le poids du nombre), mais aussi à leur relatif isolement par rapport aux pôles de croissance du monde actuel. Cet isolement peut être géographique (Asie du Sud) ou géopolitique (monde arabo-musulman). Il est encore renforcé par la difficulté de ces régions à faire émerger des coopérations régionales efficaces (éclatement du monde arabe lié aux divergences d'intérêts économiques entre les pays pétroliers et les autres, rivalités Inde-Pakistan).

Dossier 6, p. 260-261.
Dossier 7, p. 262-263.
Carte, p. 271.

C. Une Afrique noire en panne

Face à des Sud plus ou moins développés, l'Afrique noire (à l'exception de l'Afrique du Sud) accuse des retards importants : la croissance économique et le niveau de vie des populations stagnent durablement et la part du continent dans les échanges mondiaux reste marginale. L'énorme prépondérance des États africains parmi les quarante-neuf États les plus pauvres de la planète, les PMA ou « pays les moins avancés », en est le signe évident. Si on a longtemps invoqué les causes externes pour tenter d'expliquer cette situation (pillage colonial, déséquilibre des termes de l'échange), les économistes réévaluent aujourd'hui le rôle des carences internes : guerres civiles à répétition, incapacité des États africains à gérer leur développement (corruption généralisée, détournement de l'aide), absence d'organisations régionales structurantes et efficaces.

Notion clef
• Développement
Voir lexique, page 7

1 Éducation, un défi pour le développement : part des enfants non scolarisés (par sexe et par grandes régions)

En Ouganda, l'école primaire est désormais gratuite.

Régions	Garçons	Filles
Moyen-Orient et Afrique du Nord	15 %	23 %
Amérique latine et Caraïbes	13 %	13 %
Afrique subsaharienne	41 %	49 %
Asie de l'Est et Pacifique	1 %	1 %
Asie du Sud	35 %	50 %

Source : *UNICEF*, (courrier de l'Unesco), mars 2002.

2 Une Afrique noire en panne

PLANTU, *L'Express*, 27 avril 2000.

3 Des améliorations saisissantes

En juste un demi-siècle, l'immense majorité de la population mondiale a bénéficié d'améliorations saisissantes de ses conditions de vie. Dans les mondes en développement, l'espérance de vie s'est accrue de plus de vingt années, de 41 à 64 ans. La part des populations qui n'ont pas accès à l'eau potable s'est considérablement réduite, de 65 % à 20 %. La production et la consommation alimentaires ont progressé plus rapidement que la démographie. La mortalité infantile a été réduite de plus de moitié. En trente ans, l'analphabétisme a, lui aussi, été réduit de moitié dans les pays en développement, de 52 % à 26 %. Depuis 1965, le revenu mondial par habitant a augmenté de 250 % à l'extérieur des pays riches. Bien évidemment, la situation varie aussi fortement entre zones, mais la Chine est loin d'être le seul contributeur à ses résultats historiquement exceptionnels.

Jean-Michel SEVERINO,
directeur général de l'Agence française de développement (AFD),
Le Monde, 9 et 10 novembre 2003.

chapitre 11 Le Brésil

Problématique

Avec plus de 176 millions d'habitants et un territoire immense, le Brésil est la première puissance économique d'Amérique du Sud et la dixième mondiale. L'élection de Luiz Inacio da Silva, dit « Lula », à la tête de l'État en octobre 2002 a entraîné l'affirmation de l'ancienne colonie portugaise sur la scène régionale et mondiale. Un nouveau rôle qui masque mal l'ampleur des inégalités sociales et territoriales. Comment cette puissance émergente peut-elle relever le défi de la lutte contre la pauvreté et réduire ses disparités spatiales ?

Les disparités spatiales au Brésil : le produit intérieur brut des régions et États

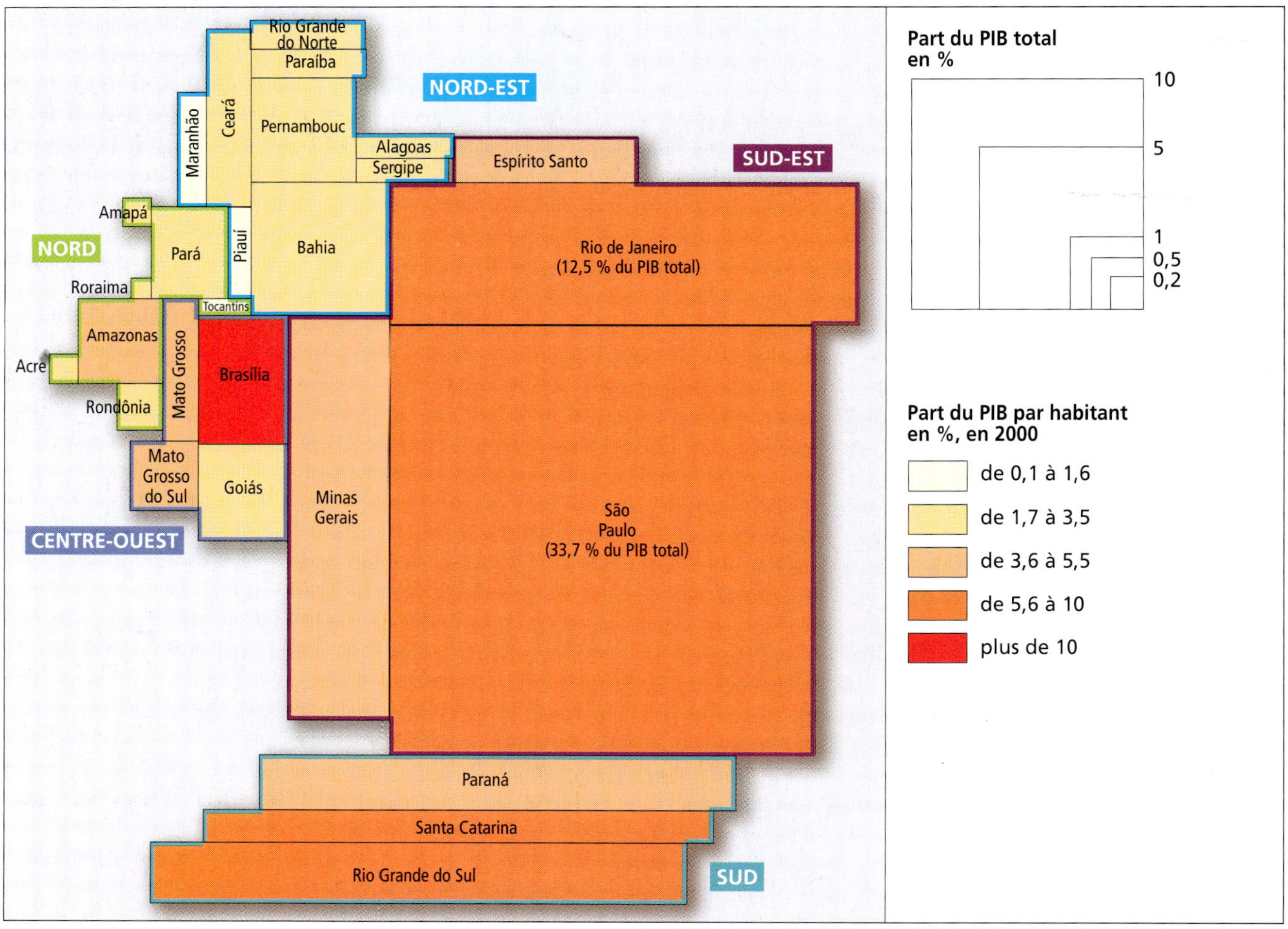

Source : IBGE (Institut brésilien de géographie et de statistique).

Le Brésil en réserve : la forêt amazonienne près de Téfé (État d'Amazonas)

São Paulo, ville verticale et métropole mondiale

LE BRÉSIL ET LE MONDE

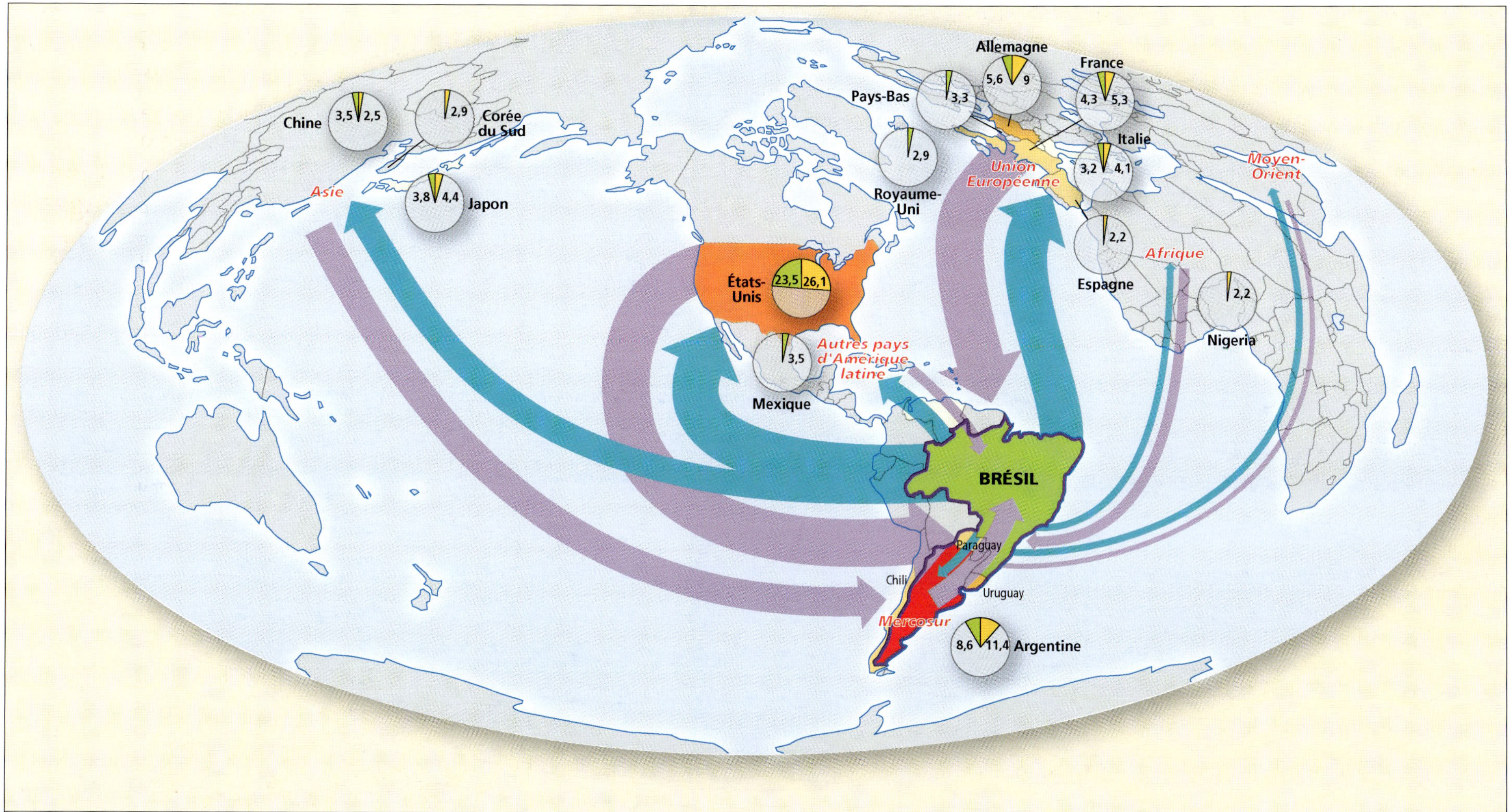

Les 10 premiers clients et fournisseurs du Brésil en 2001

- Part des exportations du Brésil en %
- Part des importations du Brésil en %

Distribution géographique des échanges du Brésil en 2002

Exportations du Brésil en % : 25 % – 10 % – 3 %

Importations du Brésil en % : 25 % – 10 % – 3 %

Mercosur

Le tourisme au Brésil
Provenance des touristes en 1996

- plus de 20 %
- de 9,1 à 20 %
- de 5,1 à 9 %
- de 2,6 à 5 %
- de 1 à 2,5 %

Source : IBGE, Ministère du développement, de l'industrie et du commerce extérieur, 2004.

LE BRÉSIL EN AMÉRIQUE

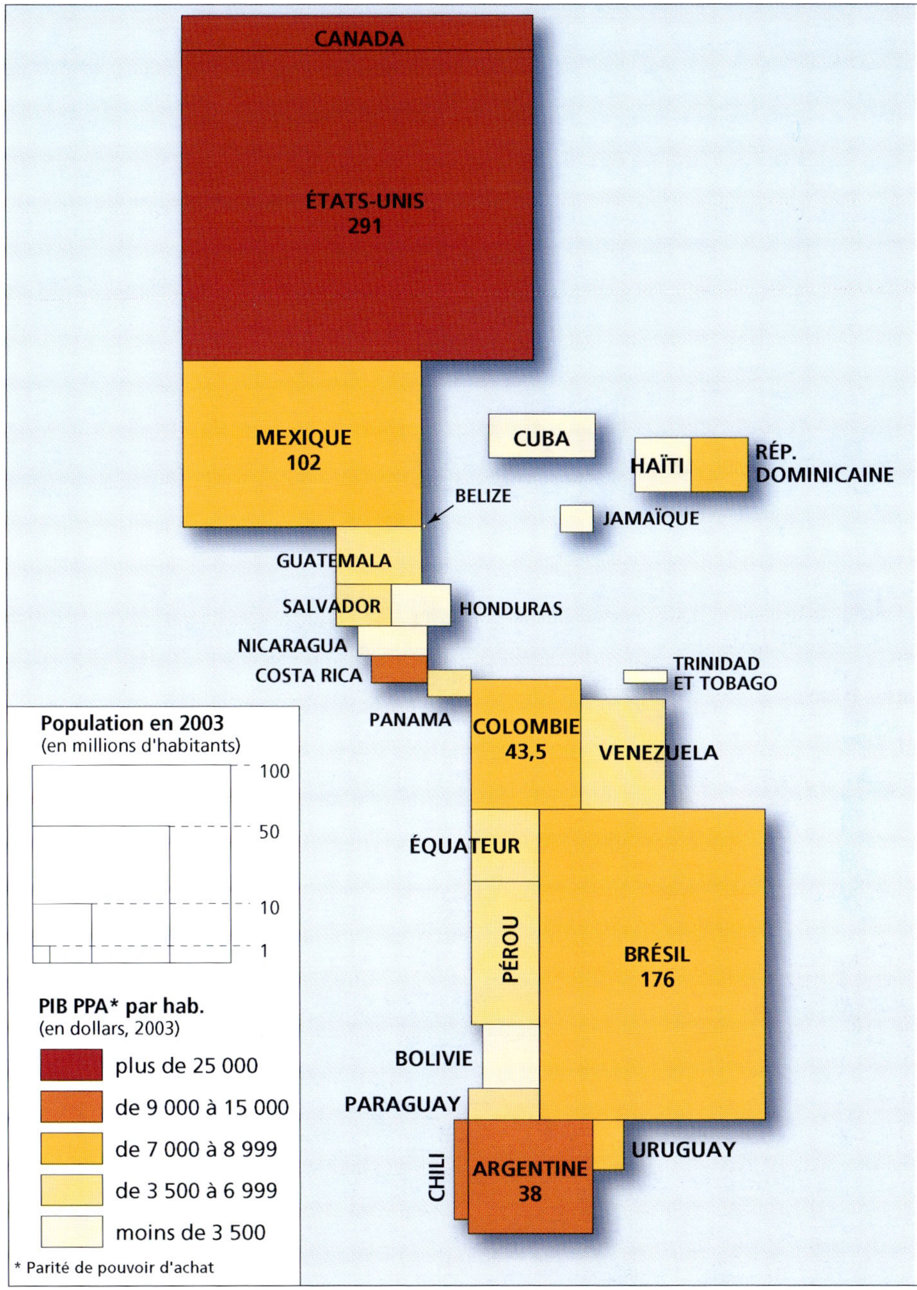

Sources des données : *L'état du monde 2004*, La Découverte et *Images économiques du monde*, A. Colin.
Anne Collin Delavaud, « Les villes et la préférence géographique des affaires en Amérique latine », *L'information géographique*, n° 4, 2002.

dossier 1

Le Brésil, puissance régionale ou mondiale ?

En développant des alliances avec l'Inde, l'Afrique du Sud et la Chine, lors de la conférence de l'OMC à Cancun (septembre 2003) et en invitant les États-Unis à revoir le contenu de la Zone de libre-échange des Amériques devant entrer en vigueur en 2005, le Brésil s'affirme sur sa scène régionale et sur la scène mondiale. Peut-on pour autant parler d'une nouvelle puissance mondiale ?

1 Des productions brésiliennes parmi les dix premières mondiales (2001 ou 2002)

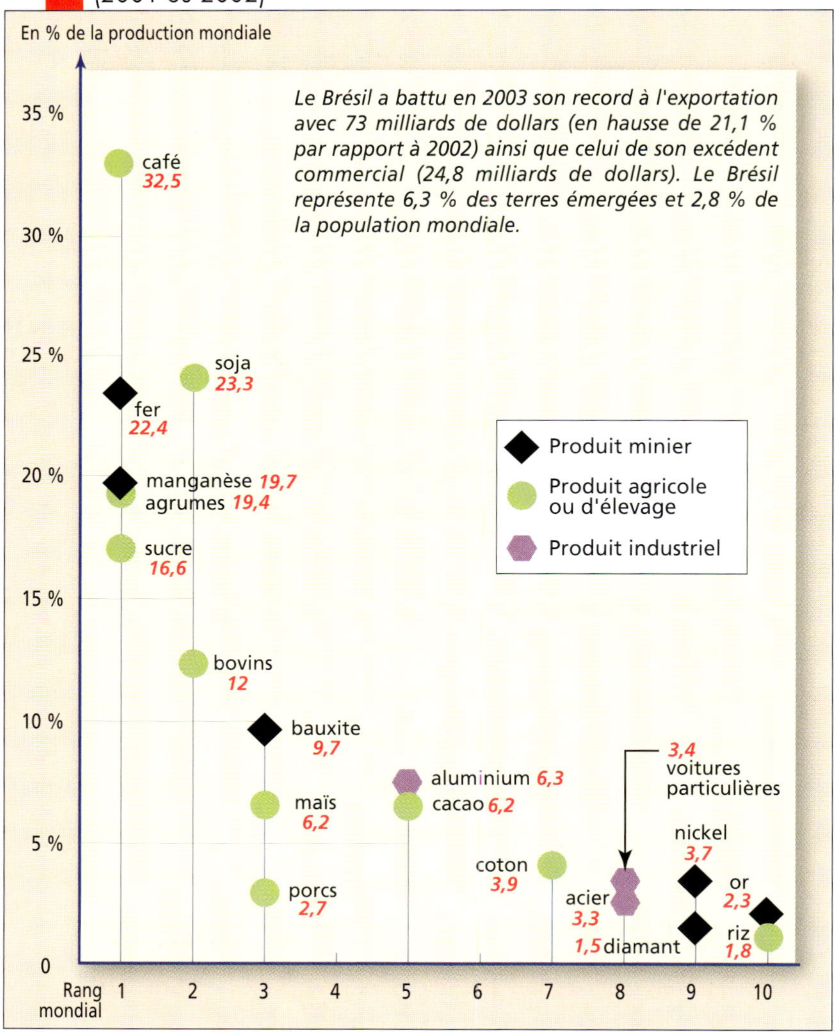

Sources : A. Gamblin (dir.), *Images économiques du monde 2004*, A. Colin 2003 et BRGM, *Ecomine*, septembre 2003.

2 Investissements directs étrangers (IDE) – entrants en 2001

Pays	IDE entrants (en milliards de dollars)	Proportion du total mondial (en %)
1. États-Unis	124,4	16,9
2. Royaume-Uni	53,8	7,3
3. France	52,6	7,2
4. Belgique/ Luxembourg	51	6,9
5. Pays-Bas	50,5	6,9
6. Chine*	46,8	6,4
7. Allemagne	31,8	4,3
8. Canada	27,5	3,7
9. Mexique*	24,7	3,4
10. Hong Kong*	22,8	3,1
11. Brésil*	22,5	3,1
12. Espagne	21,8	3
13. Italie	14,9	2

Source : CNUCED (2003).

* Pays « émergent ».

3 L'évolution des inégalités au Brésil (IDH en 1970 et 1991)

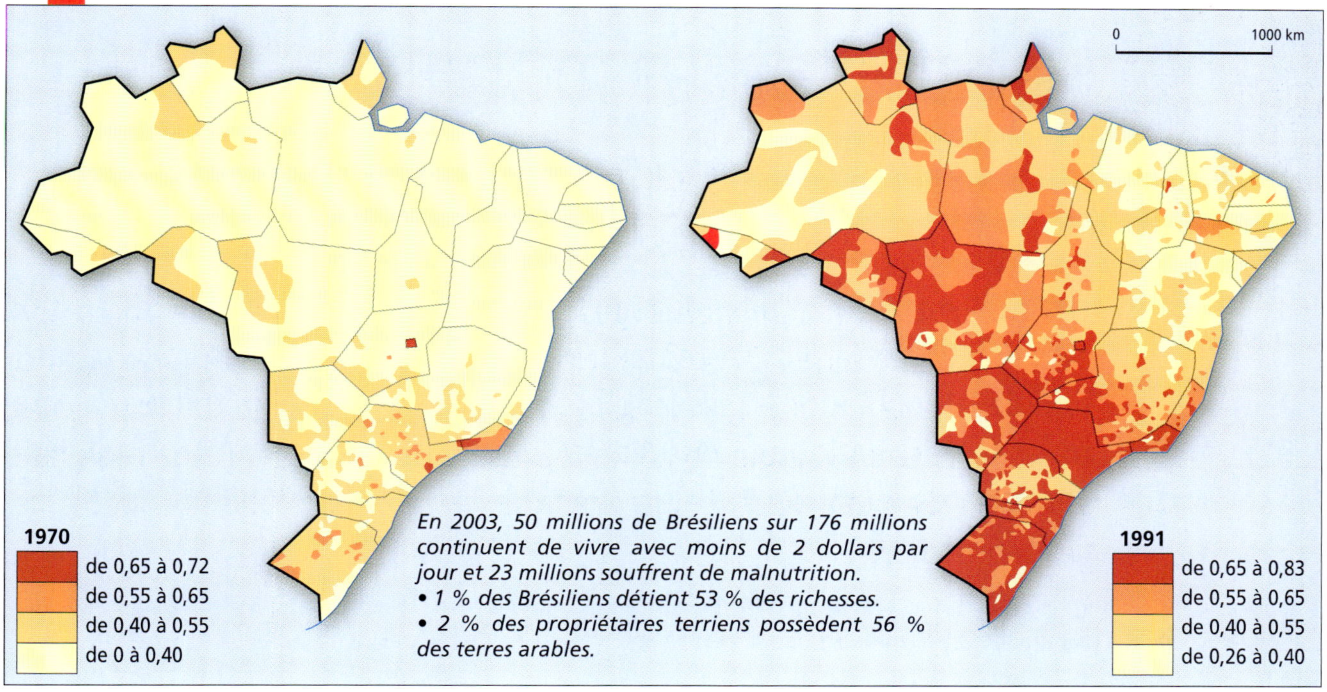

Source : PNUD, 1998, tiré de la revue *Hérodote*, Nation Brésil, n° 28, 3e trimestre 2000, La Découverte.

4 Au sommet de Cancun, le Brésil est devenu un acteur global

Après avoir commencé à exercer un leadership régional en Amérique latine, Brasilia accroît ses atouts pour obtenir un siège permanent au Conseil de sécurité de l'ONU. L'événement inattendu de cette conférence de l'OMC aura été l'apparition du groupe des 22 (G-22)*, introduisant un troisième interlocuteur dans le dialogue de sourds entre les grandes puissances et les ONG. Pour la première fois les pays du Sud ont fait face et se sont présentés en bloc, au lieu de subir. Or le G-22 est une initiative de la diplomatie brésilienne. Alors que l'alliance entre le Brésil, l'Afrique du Sud, l'Inde et la Chine pouvait évoquer du déjà vu –le tiers mondisme, le non-alignement– la diplomatie brésilienne insiste sur les bases pragmatiques, non idéologiques, du G-22. […]

L'ébauche d'un monde multipolaire déjoue à la fois les projets des unilatéralistes et les pronostics des tenants d'une scène bipolaire transatlantique. Le galop d'essai a été le G-3 formé par le Brésil, l'Afrique du Sud et l'Inde pour l'accès aux médicaments du sida, qui a obtenu gain de cause contre les multinationales pharmaceutiques. Réussir ensuite à mettre côte à côte l'Inde, la Chine et le Pakistan est un pas non dénué de signification politique. La configuration du groupe a été complétée par l'adhésion de pays africains (Nigéria, Égypte) et d'une douzaine de pays d'Amérique latine, entraînés par Brasilia, avec un œil sur la négociation d'un Accord de libre commerce des Amériques (ALCA). […] Le Brésil ne sera un acteur majeur qu'à condition d'assurer sa légitimité régionale. En Amérique latine, les défis sont connus : sécurité et droits de l'homme, consolidation de la démocratie et intégration régionale, croissance et réduction des inégalités, et ils sont parfaitement imbriqués.

D'après Paulo A. PARANAGUA,
Le Monde, 30 septembre 2003.

* Groupe à géométrie variable, aussi appelé G-21. On le dénommait début 2004 « G-20 et plus » (20 car il est « né » le 20 août 2003).

Activité

À l'aide de cet ensemble documentaire et de la carte page 277, relever les informations permettant de répondre à la problématique.
Pour organiser la sélection des informations, reproduire en l'agrandissant le schéma ci-contre, puis le compléter.

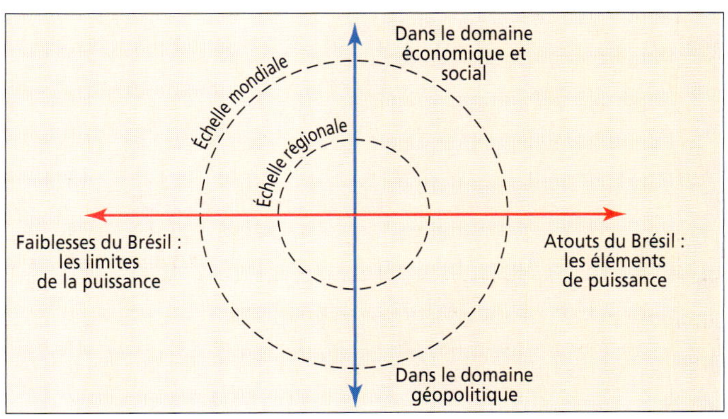

dossier 2

Répartition et mobilité de la population brésilienne

Le Brésil est la cinquième puissance démographique mondiale et aussi le cinquième État le plus vaste de la planète. Dans quelle mesure la répartition de la population et ses mobilités internes sont-elles la traduction spatiale des dynamiques, passées ou actuelles, qui animent un pays en permanente mutation ?

1 L'occupation du territoire brésilien depuis le XVIe siècle

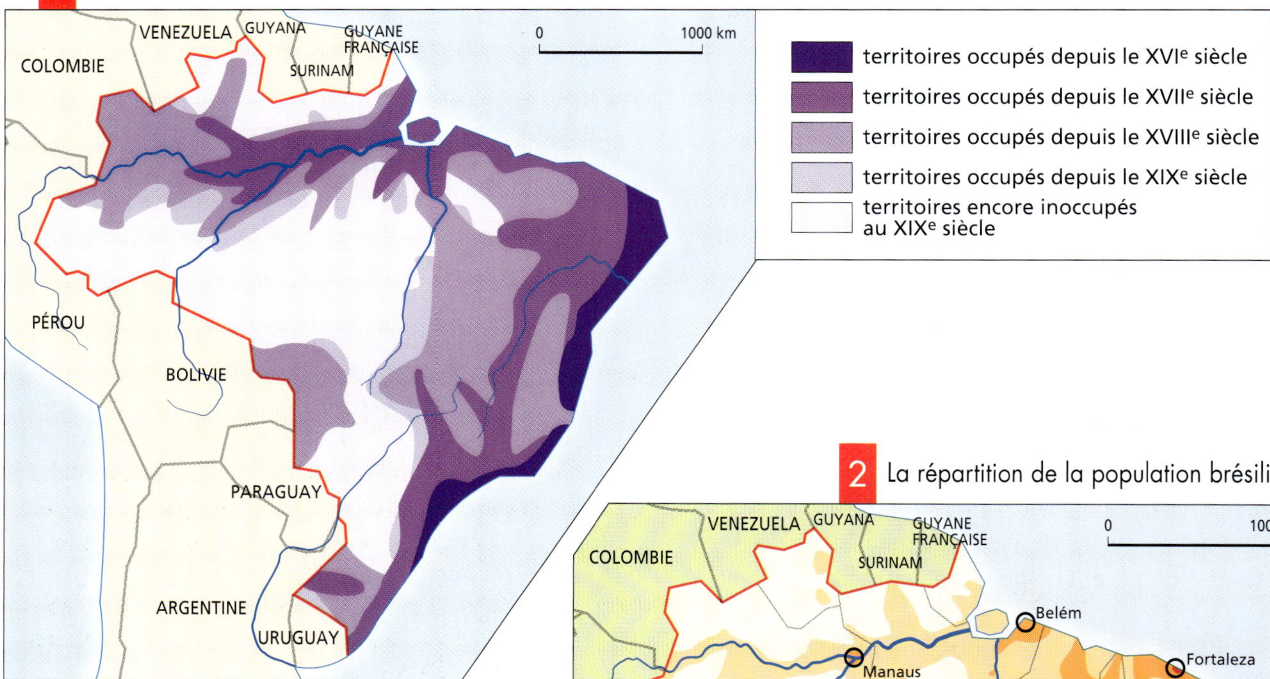

2 La répartition de la population brésilienne

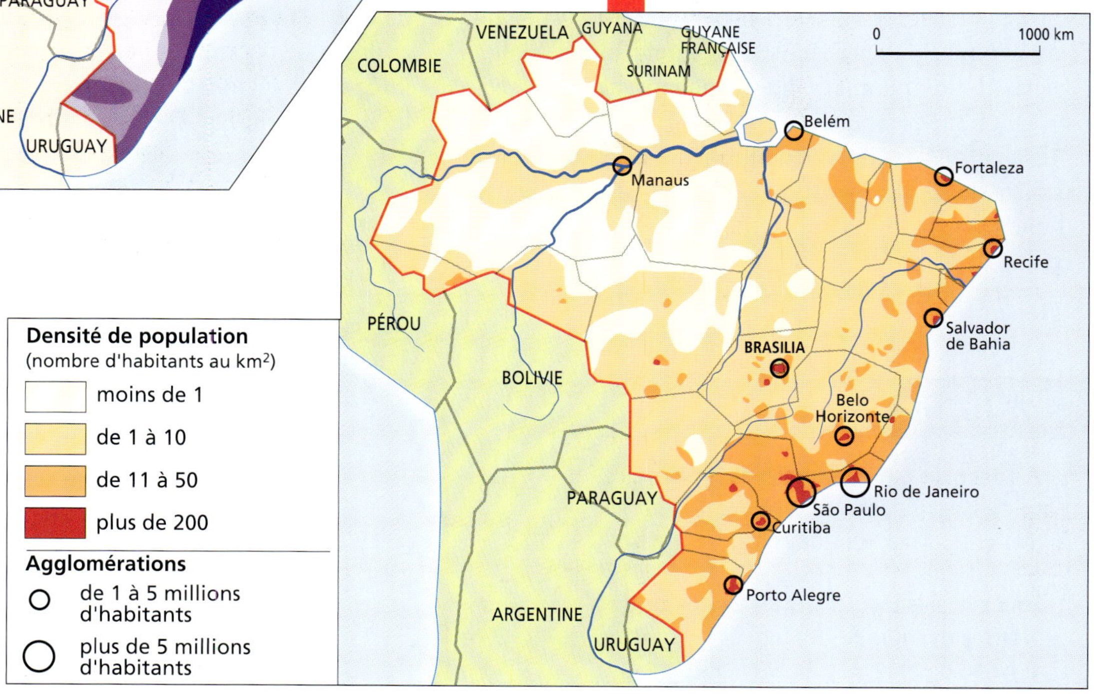

Source : IBGE, 2003.

3 Voyage au pays de Luiz Inacio da Silva dit « Lula », président du Brésil élu en octobre 2002

Lula vient de Caetes, une bourgade du Nordeste. La terre est grise, presque blanche, incandescente. Des broussailles côtoient des cratères de sécheresse, des cactus, quelques eucalytptus, des palmiers. Le sol ne ressemble à rien, il faut admettre que c'est de la terre. Il faut prier Dieu pour faire venir la pluie, le problème c'est qu'elle ne tombe jamais. [...] Ici, on s'acharne à faire pousser des plans rachitiques de maïs, de manioc et de haricots noirs. 80 % sèchent sur place. La récolte sert tout juste à nourrir Antonio, sa femme et leurs huit enfants qui travaillent au champ. L'homme gagne quelques dizaines de *reals*[1] en préparant de la farine de manioc. Il n'a pas voulu s'inscrire au programme gouvernemental « Faim zéro » qui prévoit une allocation de 50 *reals* mensuels aux plus démunis[2]. Antonio lui croit en son projet de création d'une association de paysans pour obtenir un tracteur communautaire. [...] À Caetes, la famille de Lula comptait douze frères et sœurs. Quatre sont morts de malnutrition. En 1952, sa mère décide d'embarquer ses enfants à bord d'un *pau de arara*, l'un de ces camions à l'intérieur desquels on a aménagé deux bancs latéraux pour les passagers. Direction São Paulo. Le voyage dure trois jours, trois nuits. Pas question de bouger, de dormir. À sept ans, Lula se retrouve dans la rue à vendre des cigarettes, des bonbons à la sauvette. Aujourd'hui, à la sortie de Caetes, surgissent toujours d'autres *paus de arara*. Le Sud n'est pas l'eldorado mais on espère quelques miettes, de l'eau, un petit travail au noir.

Dominique Le Guilledoux,
Le Monde, 12 septembre 2003.

1. Monnaie du Brésil (4 reals font alors environ 1 euro).
2. À la fin de l'année 2003, l'aide liée au programme « faim zéro » a été intégrée au programme « Bourse famille » qui fédère les principales aides sociales. Les bénéficiaires doivent en contrepartie scolariser et vacciner leurs enfants. Selon le gouvernement, ce programme devrait toucher 11 millions de familles en 2006, soit tous les pauvres.

4 La mobilité interne des Brésiliens (1991-1996) : poids des migrants et flux interrégionaux

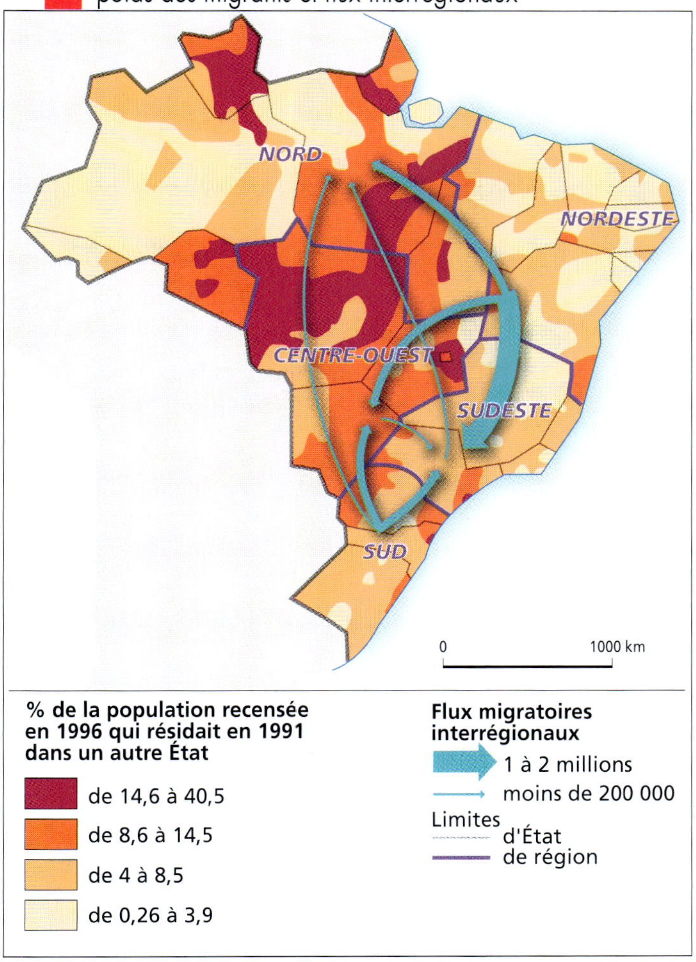

Source : IBGE, recensement 1996.

Activité

À partir de cet ensemble documentaire, réaliser une modélisation du système de peuplement brésilien en complétant le schéma ci-dessous.
Doivent apparaître : la répartition et la mobilité de la population ainsi que les facteurs explicatifs.
Construire une légende ordonnée et proposer un titre apportant une réponse sommaire à la problématique.

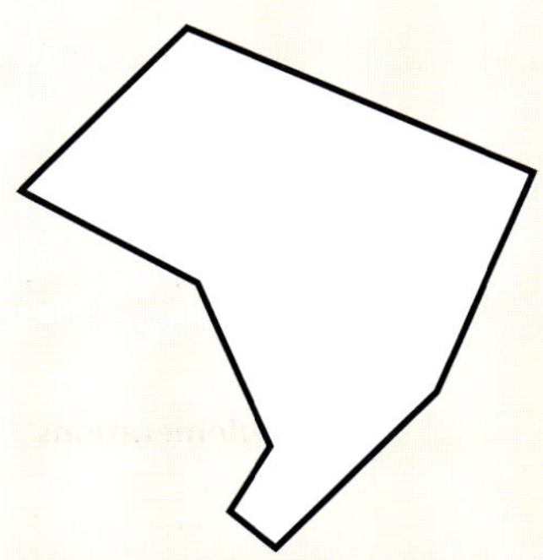

Agrandir ce schéma pour réaliser l'activité.

dossier 3

Agriculture et développement au Brésil

Selon les sources, l'agriculture représente de 8 à 11 % du PIB brésilien, et le tiers du PIB si l'on inclut les industries agroalimentaires. Essentielle pour l'économie du pays, elle l'est aussi pour les exportations et pour l'emploi (environ un quart des actifs). Cette puissance s'accorde mal avec la situation de la majorité des agriculteurs : petits propriétaires ou sans terre, ils sont souvent réduits à la pauvreté. Comment le Brésil peut-il concilier le développement agricole et l'amélioration du sort de ses paysans ?

1 Types d'utilisation du sol et dynamiques actuelles de l'agriculture brésilienne

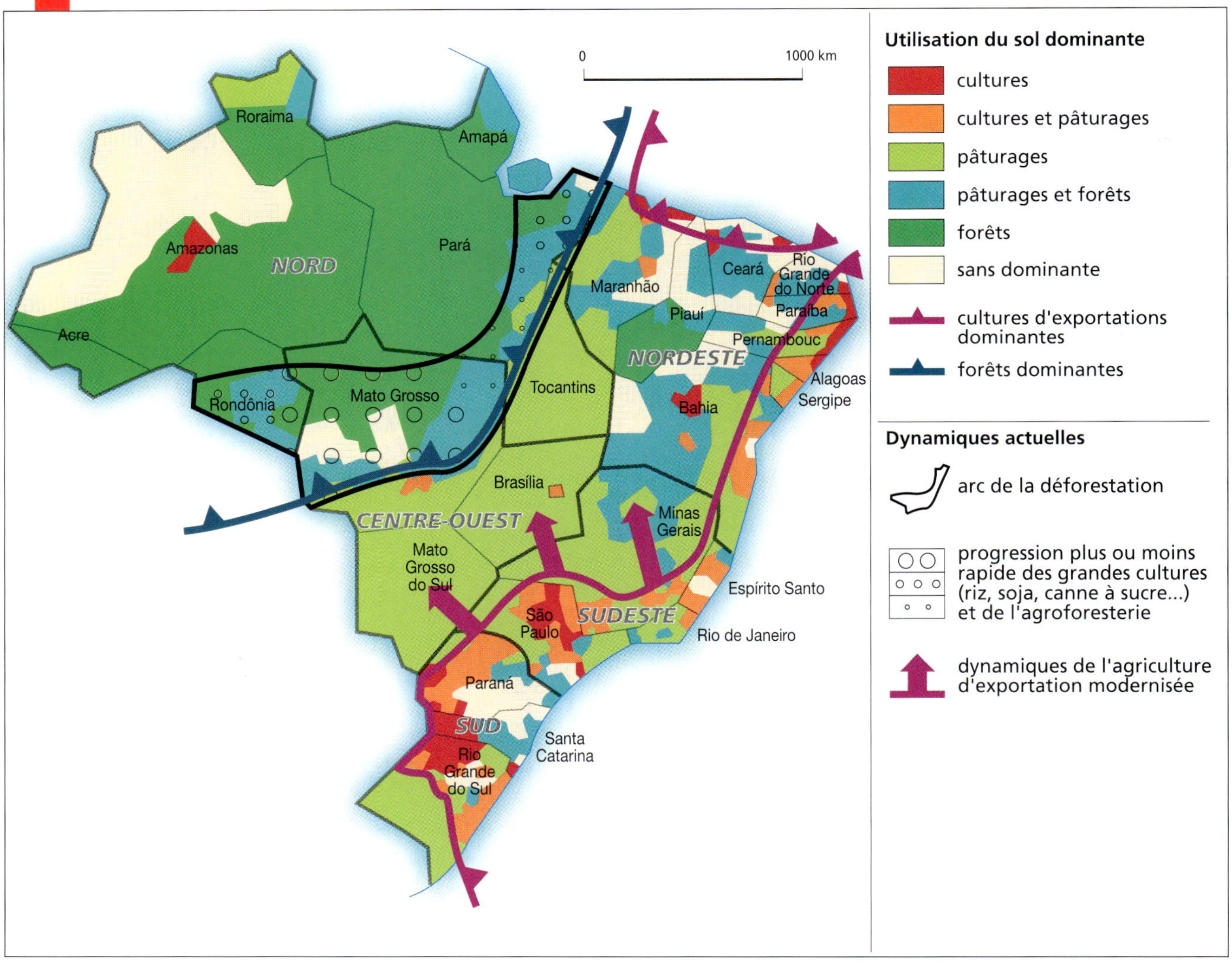

Adapté de Ph. Waniez et al., « Les mutations de l'espace agropastoral brésilien (1975-1996) », *Mappemonde*, n° 1, 1999.

2 Le Brésil, premier producteur sucrier mondial : maîtrise de l'eau et mécanisation dans une plantation de canne de l'État de São Paulo

3 Les *boias frias* des plantations de canne à sucre

Le marché mondial du sucre dépasse les 75 milliards de dollars et fait vivre, ou survivre, plus de 18 millions d'agriculteurs et 1,8 million d'ouvriers dans le monde. Le sucre européen n'est pas compétitif, car la betterave à sucre contient peu de sucre comparé à la canne à sucre. Les prix européens oscillent autour de 650 $ la tonne alors que le premier pays sucrier exportateur du globe, le Brésil, produit une tonne de sucre pour moins de 150 $.

Le paysage social sucrier brésilien comprend environ 300 familles qui règnent tels des seigneurs féodaux sur près de 800 000 ouvriers agricoles, les *boias frias* (« bouffes froides » car ces salariés temporaires n'ont qu'une gamelle froide pour se restaurer). En février 2003, la Commission pastorale de la terre (CPT) découvrait 300 personnes maintenues en esclavage dans une plantation de canne à sucre de l'État de Rio de Janeiro. Le mouvement des paysans sans terre (MST) et les problèmes de la réforme agraire proviennent, en partie, de la configuration sucrière du pays. Au Brésil, un ouvrier agricole doit couper plus de 22 tonnes de canne par jour pour être payé l'équivalent de moins de cinq kilos de sucre.

Olivier Geneviève et Olivier Girard, « Le sucre au péril de la mondialisation », *La Revue durable*, n° 8, déc. 2003-janv. 2004.

4 Productivité et structures agraires

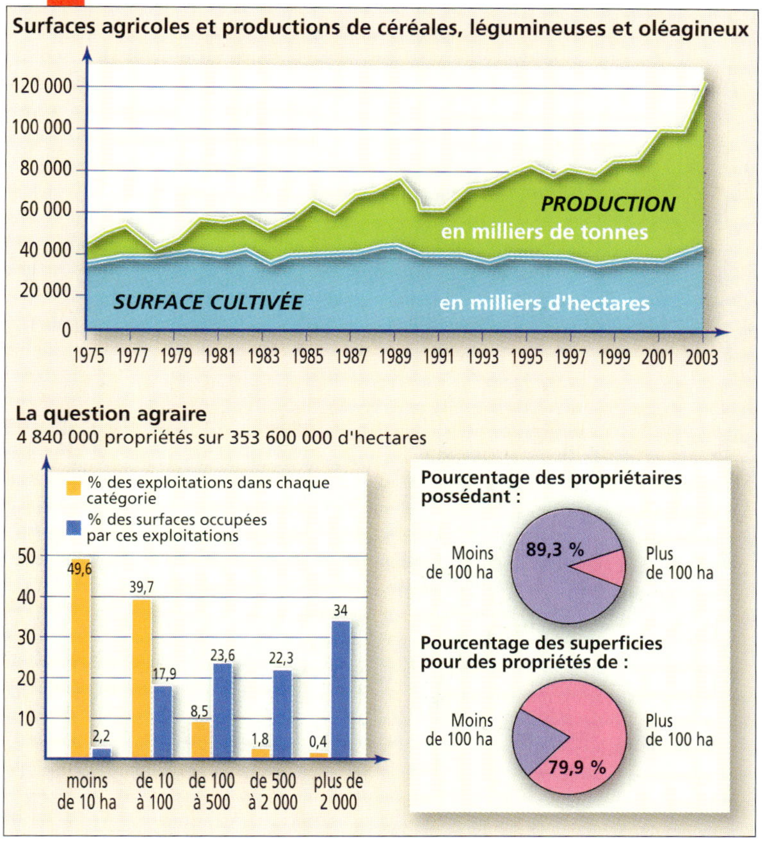

Source : IBGE, 2003 et 2004.

Activité

À l'aide des documents de ce dossier et du document 1 p. 278, répondre à la problématique en classant les informations selon les thèmes suivants :
- les éléments faisant de l'agriculture une des bases de la puissance économique du Brésil ;
- les éléments montrant que l'agriculture n'est synonyme de développement ni pour tout le territoire ni pour la majorité des paysans brésiliens.

dossier 4

La mise en valeur pionnière de l'Amazonie brésilienne : réussite ou échec ?

La mise en valeur progressive du Brésil depuis la colonisation européenne, fait de ses habitants des « spécialistes » des aménagements pionniers. Aujourd'hui, l'Amazonie, qui s'étend sur neuf pays avec une superficie de 7,3 millions de km^2 dont 5,5 millions au Brésil, est le dernier grand front pionnier encore actif. Quel bilan de la mise en valeur de cet espace écologique unique au monde peut-on faire aujourd'hui ?

1 Fronts pionniers et mutations de l'espace amazonien

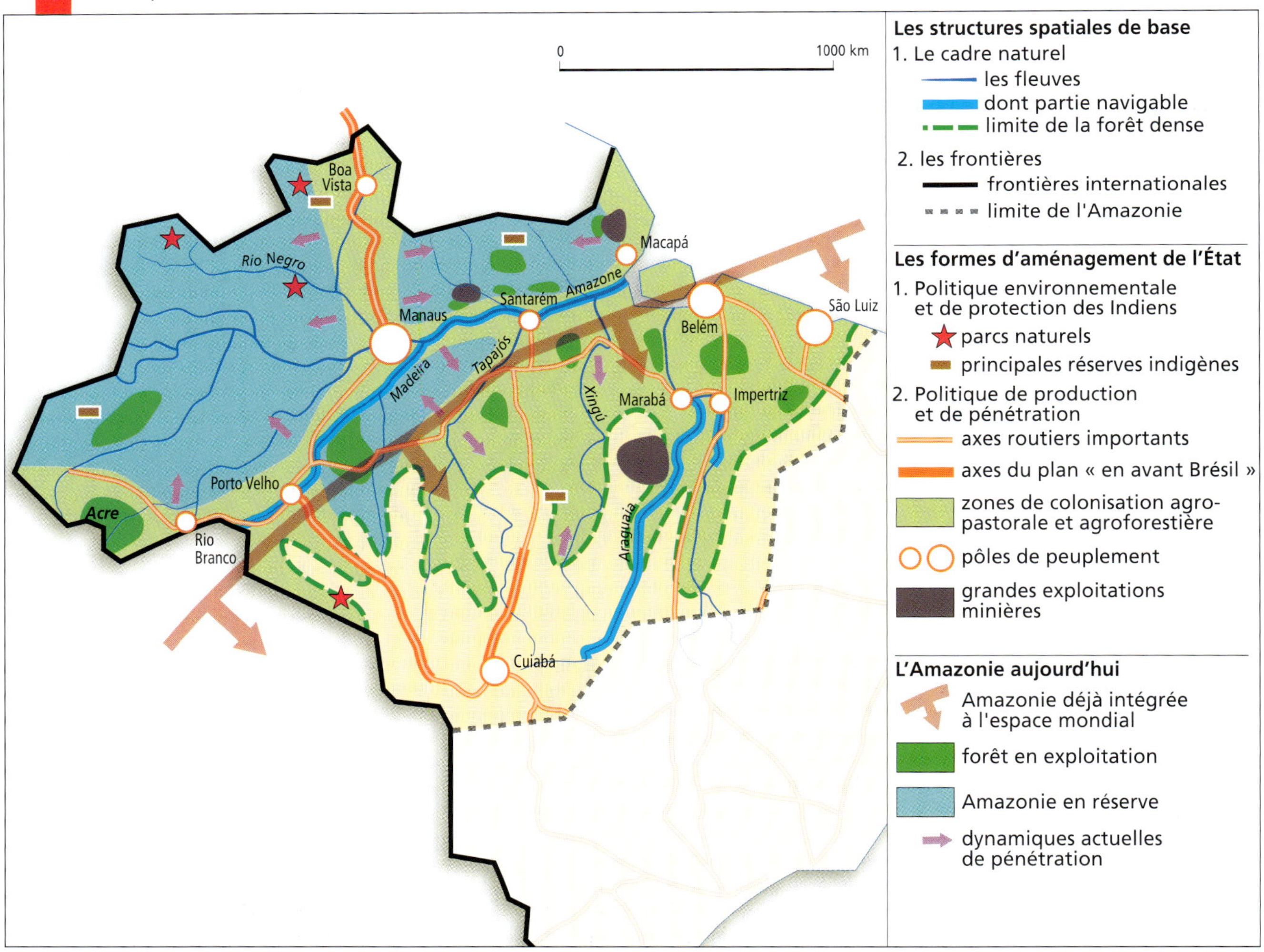

Sources : Adapté de Martine Droulers, *L'Amazonie. Vers un développement durable*, A. Colin, 2004 et M.-F. Fleury, « L'exploitation du bois et la déforestation : l'exemple du Brésil », *L'information géographique*, n° 1, 2000.

2 Les richesses de l'Amazonie : coupe illégale de bois et mine de fer de Carajas

3 L'exploitation de l'Amazonie

De 1970 à 2000, la population de l'Amazonie est passée de 5 à plus de 20 millions d'habitants dont la moitié d'urbains et malgré les cris d'alarme, les chantiers d'aménagement de routes, de mines et autres constructions de barrages, ne cessent de fragiliser la forêt. Avec des techniques d'arrachage toujours plus rapides, les défrichements progressent encore : 600 000 km² ont d'ores et déjà disparu, à la moyenne de 20 000 km² par an. Pour faire vivre les millions d'Amazoniens, d'importants investissements sont encore prévus d'ici 2010 : construction ou réfection de 8 000 km de routes, installation de gazoducs, modernisation d'une dizaine de ports et d'une demi-douzaine d'aéroports, etc. D'où des projections alarmantes qui annoncent que 50 % de la forêt amazonienne sera détruite, d'ici 2020 ! La législation brésilienne a pourtant prévu l'aménagement de zones protégées : parcs, réserves écologiques. La part la plus importante revient aux réserves indigènes, qui couvrent à elles seules 22 % de l'Amazonie. Un code forestier oblige ceux qui exploitent le bois à le replanter. Mais le gouvernement brésilien est loin de disposer des moyens pour faire appliquer la loi. Des compagnies forestières transnationales d'Asie, d'Europe ou d'Amérique du Nord ont obtenu des concessions de plus de 20 000 km². Les arbres les plus précieux disparaissent, comme l'acajou ou l'ipé en voie d'extinction. Les feux continuent à se multiplier. À la saison sèche, les satellites dénombrent plusieurs milliers de foyers par jour. Derrière ces brûlis, des cultures de riz, maïs et manioc sont plantées et laissent place, au bout de deux ou trois ans, à de maigres pâturages. L'Amazonie concentre aujourd'hui 21 millions de têtes de bétail, soit 8 % du troupeau brésilien. Il est pourtant contre-productif de remplacer la forêt par un élevage extensif et le gouvernement a supprimé les primes aux pâturages.

D'après Martine DROULERS,
« Jusqu'où l'Amazonie résistera-t-elle ? »,
Géo n° 267, mai 2001.

Activité

Relever, dans le corpus documentaire et dans le document 3 de la page 289, les types de mise en valeur pionnière de l'Amazonie et leurs conséquences économiques, démographiques, sociales et écologiques. Peut-on dire si la mise en valeur de l'Amazonie est une réussite ou un échec ? Justifier la réponse.

dossier 5

Les contrastes socio-spatiaux à l'échelle d'une mégapole : l'exemple de São Paulo

Si la commune de São Paulo compte environ 10 millions d'habitants, son agglomération le Grand São Paulo (8 000 km^2), atteint près de 19 millions d'habitants. Cette métropole mondiale contribue pour un tiers au PIB national et symbolise la réussite brésilienne alors que près de 380 000 ménages y vivent dans des logements insalubres. Dans quelle mesure les contrastes socio-spatiaux permettent-ils de dire que l'espace urbain est fragmenté ?

1 Les pauvres dans l'aire métropolitaine de São Paulo

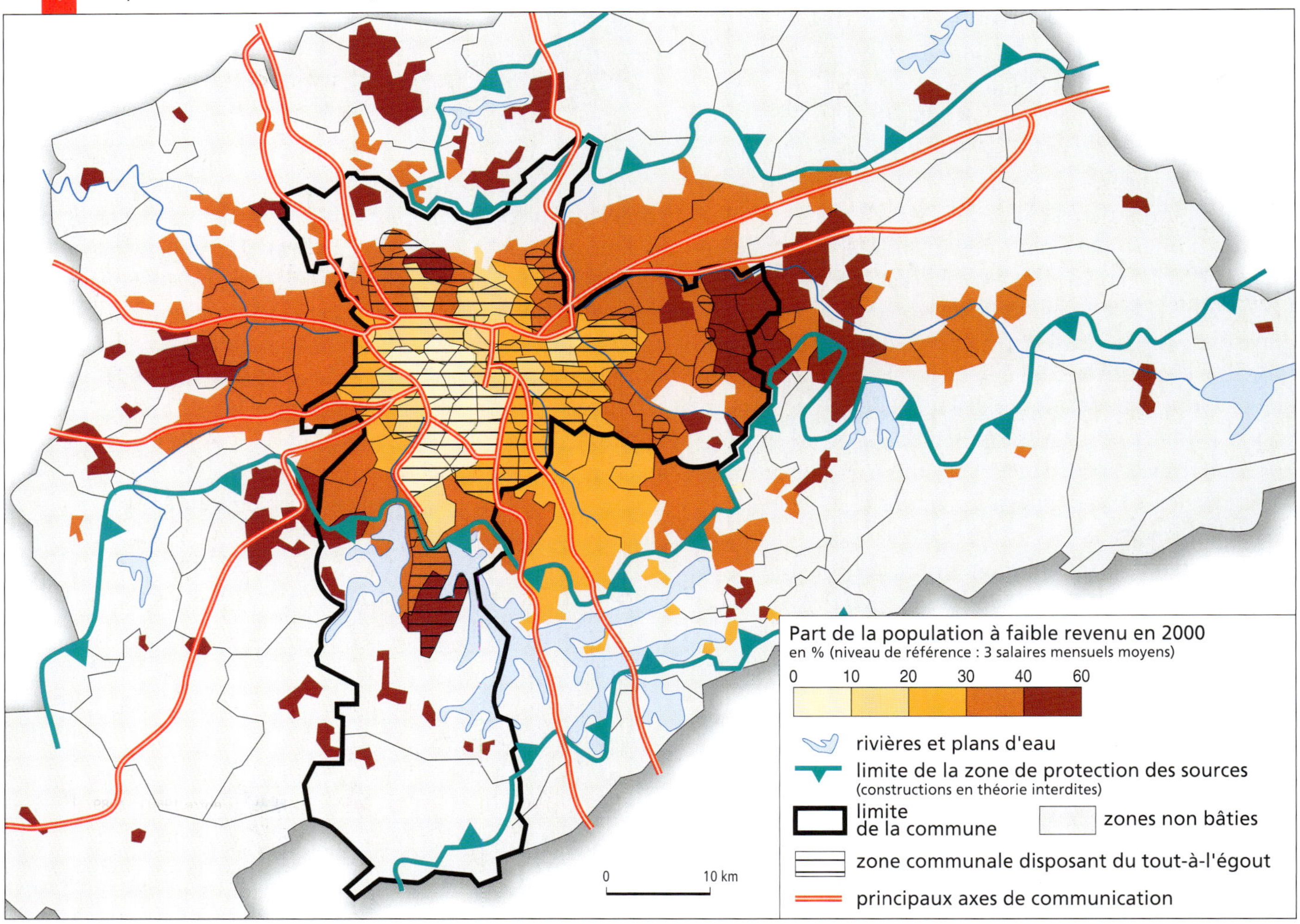

Source : IBGE, recensement 2000.

2 La ville verticale et la ville horizontale

La verticalité de la ville est la première attraction. Tout y est immeuble ! [...] Du point de vue du logement ou de l'organisation du travail les ascenseurs sont de rigueur, les fenêtres le plus souvent condamnées, la surveillance vitale. La rue, ou tout simplement le trottoir est un champ de bataille. On se surveille, on surveille son sac. Une fois dans l'immeuble, on déguste la sensation de sécurité. Je me souviens d'une rue piétonne du quartier de la Sé en plein centre-ville : ça brade, ça pétille, on entend la voix du peuple ; les camelots font leur boniment, l'accent nordestin résonne. On sent une odeur de poudre, de survie, une tension reposant sur des luttes intestines.

Les déshérités sont là, en général aux alentours de la ville, dans un espace horizontal. Cette rencontre de deux espaces urbains, le vertical et l'horizontal, est assez particulière de la réalité brésilienne : les bien-nés et les nouveaux riches dans des immeubles de plus en plus hauts, les pauvres dans des habitations classiques, petites maisons, baraques ou improvisations d'habitat. Cette donnée commence à changer pour les milliardaires qui, depuis un certain temps, ont commencé à construire à proximité de São Paulo des domaines hyper-protégés pour abriter leurs villas, comme à Hollywood. [...] Loin du centre, dans une zone qui borde une grande *favela*, un centre coopératif d'artisanat employait une vingtaine de femmes âgées pour effectuer des travaux commandés par l'industrie locale de la haute-couture.

Suzana Moreira, *São Paulo, violence et passions*, L'Harmattan (Carnets de ville), 2003.

3 Image de la fragmentation urbaine à São Paulo : l'une des plus grandes favelas et les tours du centre

4 Les centres commerciaux à São Paulo

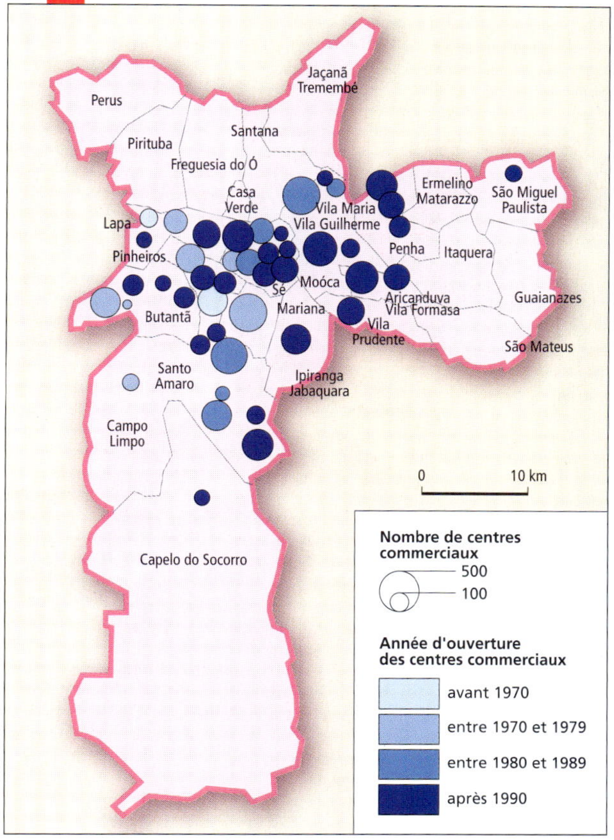

Source : Martin Coy, « São Paulo, les dynamiques du développement d'une mégapole brésilienne », *Geographica Helvetica. Revue suisse de Géographie*, n° 4, 2001.

Activité

Tracer un rectangle vertical de 13 × 5 cm. Indiquer sur ce « modèle » de la commune de São Paulo :
- les quartiers « riches » et les quartiers « pauvres » ;
- les centres commerciaux ;
- une localisation plausible de l'atelier de confection évoqué dans le document 2 ;
- à partir du document 2, reconstituer les flux à l'intérieur de l'agglomération.

À l'aide de ce schéma, du corpus documentaire et du document 3 p. 297, proposer une réponse argumentée à la problématique.

dossier 6

Le Brésil, un « laboratoire » du développement durable ?

Héritage de l'exploitation coloniale et de l'aventure pionnière, le Brésil a longtemps privilégié un mode d'exploitation extensif de son espace qui laissait peu de place à sa conservation. Mais les mentalités évoluent, et on peut aujourd'hui se demander si les enjeux liés à la préservation de la forêt et à la réduction des inégalités socio-spatiales ne vont pas faire du Brésil un « laboratoire » de la gestion durable des territoires ?

1 Protéger l'Amazonie

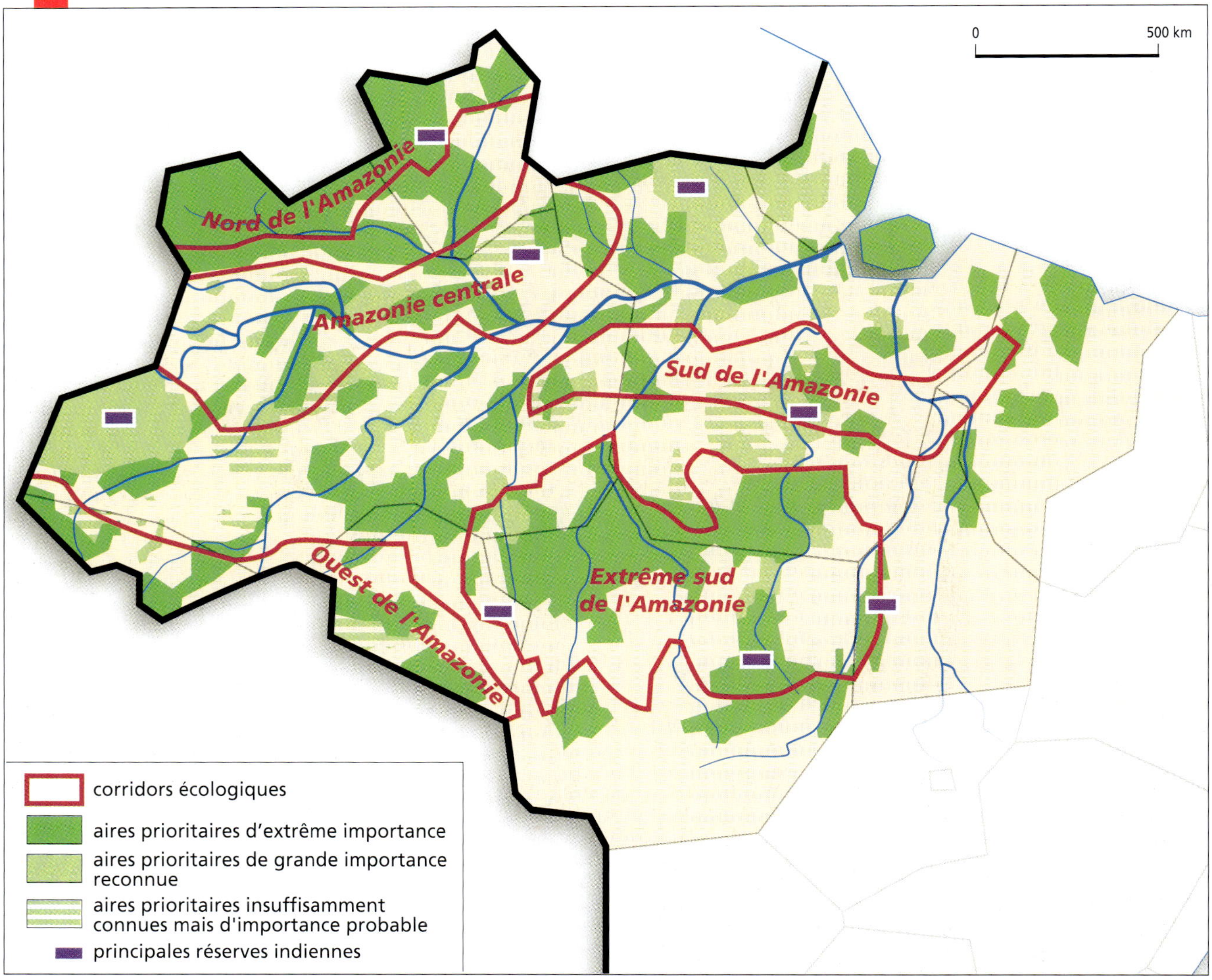

Source : Martine Droulers, *L'Amazonie. Vers un développement durable*. A. Colin, 2004.

2 Le développement durable en ville : faire participer les citoyens

Depuis la mise en place d'un système politique représentatif au Brésil, à la fin des années 1980, les expériences de politiques municipales de participation, par lesquelles on a cherché à associer les électeurs à la prise de décision locale, se sont multipliées. La participation des citoyens s'organise généralement à l'échelle du quartier. Cette territorialisation de l'engagement politique présente des avantages mais aussi des risques. Des associations de quartiers se créent et la participation aux débats s'intensifie, suscitant, à Porto Alegre par exemple, une mobilisation là où elle n'existait pas toujours. Mais cette politique comporte aussi des risques de « clientélisation », les dirigeants associatifs risquant de devenir de simples relais électoraux de la municipalité. Surtout, de tels systèmes ont pour effet de reproduire les inégalités territoriales préexistantes dans la ville : les représentants des quartiers défavorisés disposent de ressources faibles dans les instances de participation, notamment en termes de capital scolaire et politique. De plus, les pauvres ne sont pas représentés, comme c'est le cas pour les sans-abris. Cet inconvénient a été minimisé à Porto Alegre par un système de pondération des priorités en fonction de la densité et des besoins des populations, qui permet que les quartiers les plus pauvres bénéficient d'investissements supérieurs aux autres et d'une redistribution réelle. Cette hiérarchisation des priorités permet de prendre en compte l'intérêt général, par exemple pour discuter du tracé d'ensemble des réseaux de transports en commun, et d'éviter ainsi le « localisme » qui verrait les associations de quartiers se préoccuper uniquement de drainer les ressources en faveur de leur « territoire ».

D'après C. Goirand, « La démocratie participative au Brésil : les expériences de budgets municipaux participatifs », dans Bérengère Marques-Pereira (coord.), « Brasilités actuelles : paradoxes et contradictions », *Cahiers du GELA-IS*, n° 2, 2002 (L'Harmattan).

3 Greenpeace pour un développement durable de l'Amazonie

Près de vingt millions de personnes vivent en Amazonie, certains peuples indigènes depuis des centaines d'années. Ces populations ont su exploiter durablement les ressources naturelles de la forêt, sans détruire l'écosystème.

Pour le sauver, il est nécessaire de travailler avec les acteurs engagés dans une gestion durable.

– L'extractivisme pratiqué par les *Seringueros* : ils recueillent le caoutchouc, les noix, la pupunha (une sorte de palmier), ils concassent des noix de coco, participent à des projets d'agroforesterie ou collectent les huiles et les plantes médicinales. L'espoir de gérer durablement les ressources naturelles de la forêt et les demandes d'obtention de territoire les rassemblent.

– La pêche et la chasse écologiques : une grande partie de la population pratique la pêche et la chasse pour se nourrir et à des fins commerciales. Une réglementation de ces pratiques suivant des critères écologiques permettra d'assurer une exploitation durable de ces richesses.

– La foresterie écologique : certains programmes de foresterie communautaire ont vu le jour ces dernières années. La gestion des ressources forestières par les populations locales limite l'exploitation illégale de bois et assure des revenus réguliers. Au niveau industriel, un certain nombre d'entreprises s'engagent dans un processus d'écocertification de la gestion des ressources suivant des critères écologiques et sociaux.

Greenpeace, site internet, décembre 2003.

4 Indiens Caiapos venant défendre leurs droits à un congrès à Brasilia (mars 2001)

Au nombre de 100 000, il y a quelques décennies, les Indiens sont 358 000 lors du recensement de 2000 ; ils appartiennent à 215 ethnies réparties sur 588 zones indigènes représentant près de 12 % du territoire brésilien.

Activité

À l'aide de cet ensemble documentaire et des documents 1 p. 284 et 1 p. 295, relever les types d'enjeux qui apparaissent lorsqu'il s'agit de promouvoir le développement durable d'un territoire et d'une société ?
Peut-on dire que le Brésil est un « laboratoire » de ce type de développement ? Justifier la réponse.

Étude d'un ensemble documentaire

Le Mercosur : pour le Brésil, une alternative à la domination des États-Unis en Amérique ?

1 Libre-échange pour 220 millions de Latinos

Le Marché commun du cône Sud, appelé Mercosur (*Mercado comun del Sur*)* est un accord de libre-échange entré en vigueur en 1995. Il regroupe pour l'instant quatre pays : deux poids lourds continentaux (Argentine et Brésil) et deux pays de moindre importance (Uruguay et Paraguay). Deux autres pays, le Chili et la Bolivie, sans faire partie officiellement du Mercosur, s'y rattachent depuis 1995 et 1996.

Le Mercosur applique aux 220 millions de personnes qui le peuplent les principes de base d'une zone de libre-échange : libre-circulation des biens, des services, des personnes, des moyens de production et la volonté de coordonner les politiques économiques [...]. Il reste qu'en dépit de ses faiblesses, le Mercosur, qui englobe plus de 43 % de la population sud-américaine, produit environ la moitié du PIB régional.

L'organisation a cherché à s'ouvrir sur le reste du monde : elle est devenue le premier partenaire commercial de l'Union européenne, devant les États-Unis. Une coopération qui n'est pas du goût de Washington où on a toujours en tête la création d'une Association de libre-échange des Amériques (ALCA), englobant l'ensemble du continent, à l'exclusion de Cuba, et qui devrait voir le jour en 2005. Elle vise à éliminer les tarifs douaniers régionaux qui dans certains pays latino-américains, protègent encore les secteurs productifs locaux. De quoi inquiéter certains pays du Mercosur. C'est le cas du Brésil, qui considère que ses intérêts sont mieux défendus à l'intérieur du Mercosur, où son économie est prépondérante, qu'au sein de l'ALCA, où il ne pèserait pas plus de 10 % du total.

D'après Serge MARTI,
Le Monde, 12 septembre 2003.

* Mercosul pour les Brésiliens qui parlent portugais.

PREMIÈRE PARTIE

Analyser l'ensemble documentaire en répondant aux questions suivantes :

1. En confrontant le document 1 et les cartes p. 277, lister et classer les points forts et les points faibles du Mercosur. Quelle est la place du Brésil dans cet ensemble régional ?
2. En confrontant le document 3 et le document 4, relever les lignes de force de la politique étrangère de Lula.
3. En s'appuyant aussi sur le document 2, montrer en quoi cette politique entraîne une opposition entre le Brésil et les États-Unis.

DEUXIÈME PARTIE

À l'aide des réponses aux questions, des informations contenues dans les documents et de vos connaissances, vous rédigerez une réponse organisée au sujet : Le Mercosur : pour le Brésil, une alternative à la domination des États-Unis en Amérique ?

2 Une entraide latino-américaine pour résister aux États-Unis ?

3 Le Brésil et le Mercosur au sein des jeux d'influence en Amérique

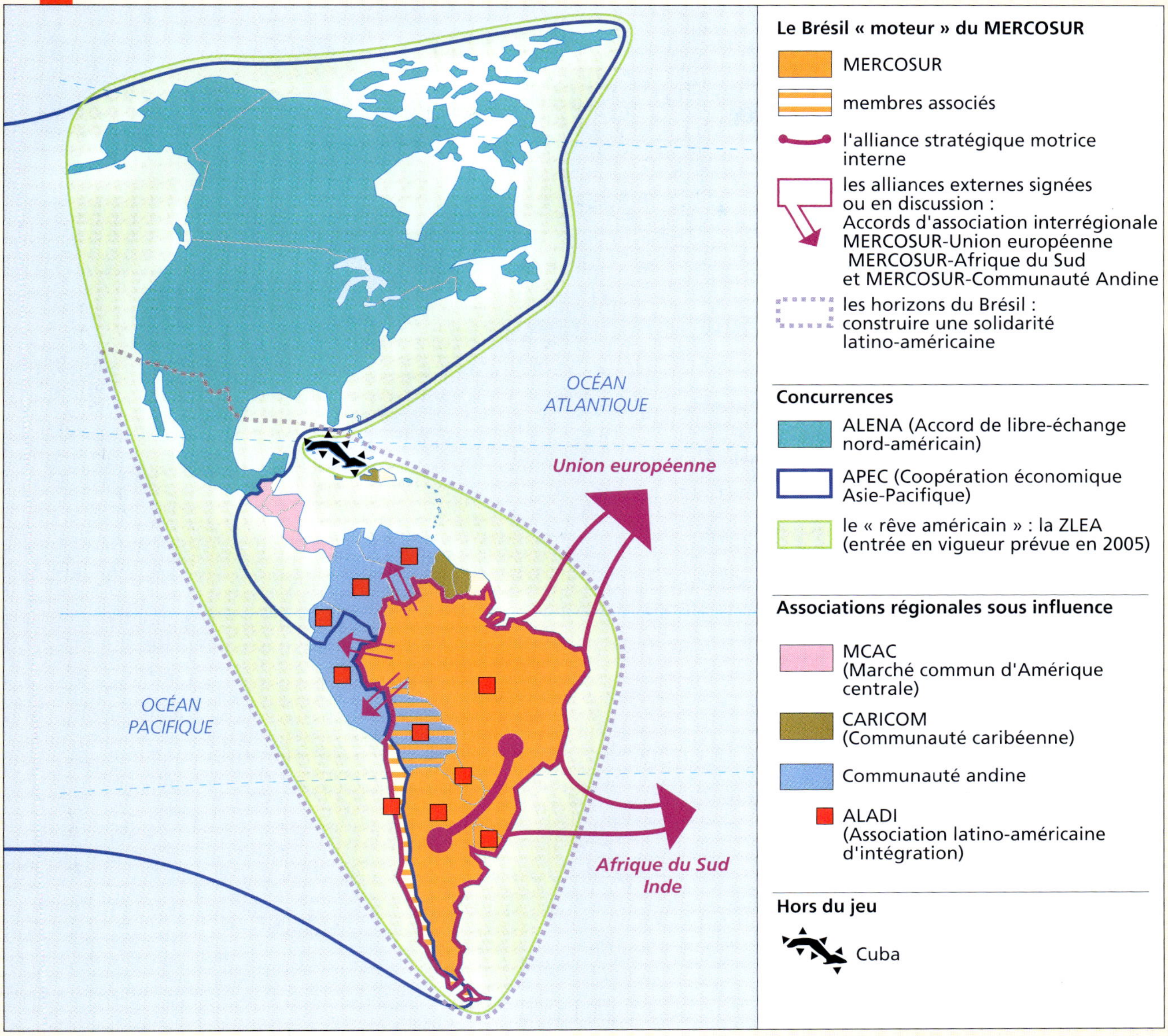

4 Les horizons géopolitiques du Brésil

La priorité de la stratégie diplomatique brésilienne a été clairement fixée : favoriser l'intégration sud-américaine autour d'un Mercosur renforcé. Lula propose l'approfondissement du processus d'intégration du Cône sud, y compris dans ses aspects politiques et sociaux, et la constitution d'une Zone de libre-échange sud-américaine (Amercosur) permettant de mieux négocier, avec les États-Unis, la création de la Zone de libre-échange des Amériques (ZLEA) prévue pour 2005. Le Brésil souhaite approfondir ses relations avec les pays « émergents » et certains États industrialisés. L'accélération des négociations en vue d'un accord d'association entre l'Union européenne et le Mercosur à l'horizon fin 2004, ainsi que l'accord « G3 », signé en juin 2003, en vue de la création d'une zone de libre-échange entre le Mercosur, l'Afrique du Sud et l'Inde, sont aussi censés renforcer le poids du Brésil dans les négociations multilatérales de l'OMC et vis-à-vis de la ZLEA. En définitive, la politique étrangère de Lula vise à faire du Brésil un protagoniste actif de la politique internationale, disposant d'une voix indépendante, mais sans que cela soit perçu comme une attitude hostile aux États-Unis ou comme un retour au non-alignement des années 1960.

Ramsès, Les grandes tendances du monde 2004, IFRI-Dunod, 2003.

Composition Le Brésil, pays « émergent » ?

Activité :
Analyser le sujet et relever les informations qui s'y rapportent pour développer une argumentation critique.

A. Comprendre le sujet : pistes pour la rédaction de l'introduction

Présenter le sujet – Le développement du Brésil et son « poids » au sein de son espace continental invitent à se demander si le pays est en train « d'émerger », c'est-à-dire s'il emprunte une voie cohérente de développement. Peut-il être classé parmi les grandes puissances économiques ? L'accroissement de la richesse nationale profite-il à une majorité de la population ? À quelles échelles s'inscrit la puissance du Brésil ?

Problématiser le sujet – Le sujet invite ici à une réflexion de nature dialectique : il faut montrer quels sont les éléments qui font du Brésil une puissance émergente sans oublier de présenter les « points faibles » qui vont à l'encontre de cette affirmation.
On peut se demander quels sont les atouts du Brésil et quels handicaps il lui faut surmonter.

B. Construire un plan détaillé

1. Il s'agit donc de relever les éléments du chapitre permettant de répondre à la problématique, en complétant un tableau pour les dossiers 2 à 6, sur le modèle ci-dessous proposé pour le dossier 1.

Parties du chapitre		Atouts	Handicaps
Dossier 1	Document 1	Un grand exportateur de produits agricoles et miniers.	Des productions industrielles encore peu présentes sur le marché mondial.
	Document 2	Un pays qui attire les investissements étrangers.	D'autres pays émergents, dont certains en Amérique latine, représentent des alternatives au Brésil.
	Document 3	Amélioration globale du niveau de développement.	La grande pauvreté subsiste ; le nord-est du pays reste en retard.
	Document 4	Un rôle de chef de file des pays émergents au sein de l'OMC.	Une alliance de circonstance à pérenniser. Une « légitimité régionale » encore incertaine.

2. Il s'agit ensuite de construire un plan détaillé en organisant de manière logique toutes ces informations.

C. Pistes pour la rédaction de la conclusion

La conclusion remplit deux rôles : elle doit, dans un premier temps, apporter une réponse à la problématique et elle doit ensuite apporter une « ouverture » au sujet.

- Réponse à la problématique : dans le cadre d'une réflexion dialectique, il s'agit d'apporter une réponse claire à la problématique. S'il faut être nuancé et ne pas passer sous silence les éléments les plus importants allant à l'encontre de votre réponse, vous devez prendre position en justifiant rapidement votre point de vue.
- L' « ouverture » du sujet : le Brésil n'est pas le seul pays en développement pour lequel les géographes se demandent s'il est en train d'émerger. Il est donc possible pour terminer de situer le pays par rapport aux autres « puissances émergentes » d'autant plus que plusieurs dossiers du manuel évoquent la situation de certaines d'entre elles.

Croquis

Les contrastes de développement au Brésil

A. Comprendre le sujet

Le sujet invite à montrer que le territoire brésilien est structuré par d'importants contrastes de développement. La difficulté est de montrer que les fortes inégalités sociales qui touchent le Brésil ont une inscription territoriale mais qu'en retour les dynamiques spatiales ont des conséquences sociales.

B. Activité

Relire au préalable le cours et, avec l'aide du manuel, compléter le tableau ci-dessous.

Les discontinuités spatiales à faire apparaître sur le croquis : les « structures élémentaires »	Éléments justifiant ce choix	Choix graphiques
L'archipel brésilien	Vestige de la colonisation et de la mise en valeur du territoire, les villes sont séparées par des espaces moins peuplés	Figuré ponctuel
Opposition Nord-Sud	Opposition climatique (Nord équatorial et Sud tempéré) et sociale (Nord pauvre et Sud riche)	Figuré linéaire
Opposition littoral/intérieur		Figuré de surface
Le Nordeste, un monde à part		Figuré linéaire (cerclage)
Opposition centre-périphérie(s)	Opposition entre un centre qui concentre population, activités et richesses et des périphéries plus ou moins en retard	Triangle
Le Front pionnier	Mise en valeur de l'Amazonie : la conquête du territoire se poursuit	
La fragmentation urbaine		Figuré linéaire dans les principaux pôles urbains

Chaque ligne du tableau fait apparaître une structure d'organisation du territoire : il s'agit de les indiquer sur le modèle graphique au fur et à mesure. Combinées, ces « structures élémentaires » expliquent l'organisation de l'espace brésilien et les contrastes qui l'animent.

C. Fond de carte

À compléter en proposant une légende organisée et un titre.

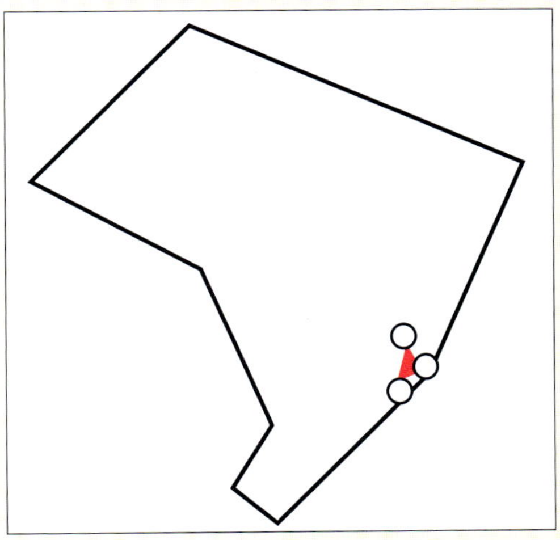

chapitre 11

1. Le territoire brésilien : un espace démesuré, inégalement mis en valeur

Avec une superficie de 8,5 millions de km^2 et une population de 176 millions d'habitants, le Brésil occupe le cinquième rang mondial par sa taille et par sa population. Cette apparente harmonie cache en réalité d'importants contrastes dans l'occupation et l'aménagement d'un **territoire** riche en potentialités. Quelles sont les caractéristiques de cet espace, de son peuplement et de sa mise en valeur ?

Dossiers 3 et 4, p. 282-283, 284-285.

A. Les défis et les atouts d'un territoire immense

La démesure d'un territoire s'étendant sur 4 320 km du nord au sud et sur la même distance d'est en ouest est d'abord un défi. Construire, puis assurer l'unité du pays a obligé les Brésiliens à surmonter d'importantes **contraintes** : problèmes de transport et d'administration notamment. Mais l'absence d'obstacles infranchissables et la disposition du réseau hydrographique ont stimulé les pionniers de la conquête de l'intérieur. Le Brésil, à l'inverse d'autres « géants », ne comporte pas de vastes zones répulsives.

La démesure de l'espace brésilien est aussi un atout. La diversité des sols et des climats autorise ainsi toute la gamme des productions agricoles : tempérées au sud (céréales, vigne), équatoriales au nord (cacao) et tropicales au centre sur la plus vaste étendue (café, riz, canne à sucre, agrumes...).

Le Brésil dispose également d'imposantes **ressources** naturelles : minérales (or, pierres précieuses, mines de fer, dont la plus importante du monde à Carajas, manganèse...), énergie hydroélectrique grâce au gigantisme des fleuves... Les **fronts pionniers** successifs et l'exploitation actuelle de l'Amazonie montrent que l'exploration des ressources n'est pas achevée. L'**organisation de l'espace** brésilien repose d'abord sur la possibilité de trouver régulièrement le potentiel nécessaire à l'**aménagement** d'une partie plus ou moins vaste du territoire.

Dossiers 2 et 5, p. 280-281, 286-287.

B. Un territoire inégalement occupé par une population métissée

C'est le pays le plus peuplé d'Amérique latine, sa densité dépasse à peine 20 habitants par km^2 et plus de 80 % des Brésiliens sont des urbains.

Une densité moyenne qui a peu de signification puisque ce nombre cache d'importantes disparités spatiales entre la frange côtière où vit l'essentiel de la population et se concentrent les plus grands **pôles** urbains, et l'intérieur, à peine peuplé le long des **axes** de mise en valeur de l'Amazonie ou autour de Brasilia, capitale créée *ex-nihilo* en 1960. Outre ces flux migratoires vers l'intérieur, la **mobilité** de la population se traduit surtout par l'émigration des paysans du Nordeste fuyant les grandes sécheresses (*sêcas*) pour l'eldorado du Sud ou l'aventure pionnière amazonienne.

La population brésilienne est très métissée. Colonie portugaise du XVIe au XIXe siècle, la nation fonctionne comme un creuset rassemblant les vagues migratoires successives issues d'Europe, d'Afrique et d'Asie. Au recensement de 2000, 53,4 % des Brésiliens se déclaraient « blancs », 39 % « métis », 6 % « noirs », et 0,5 % « jaunes ». Les Amérindiens représentent seulement 0,4 % de la population mais leur nombre est en progression.

Avec un accroissement naturel annuel de 1,3 % en 2000, la population brésilienne augmente encore assez rapidement même si ce taux est en baisse régulière, le pays étant entré dans la deuxième phase de la transition démographique. Cette moyenne cache une nouvelle fois d'importantes **disparités spatiales** : les États urbanisés du Sud ont quasiment achevé leur transition alors que les régions pionnières et le Nord plus rural n'en sont encore qu'au début.

Notions clefs

- Aménagement
- Axe
- Contraintes
- Disparités spatiales
- Front pionnier
- Mobilité
- Organisation de l'espace
- Pôle
- Ressources
- Territoire

Voir lexique, page 7

1 Les ressources minérales et hydroélectriques

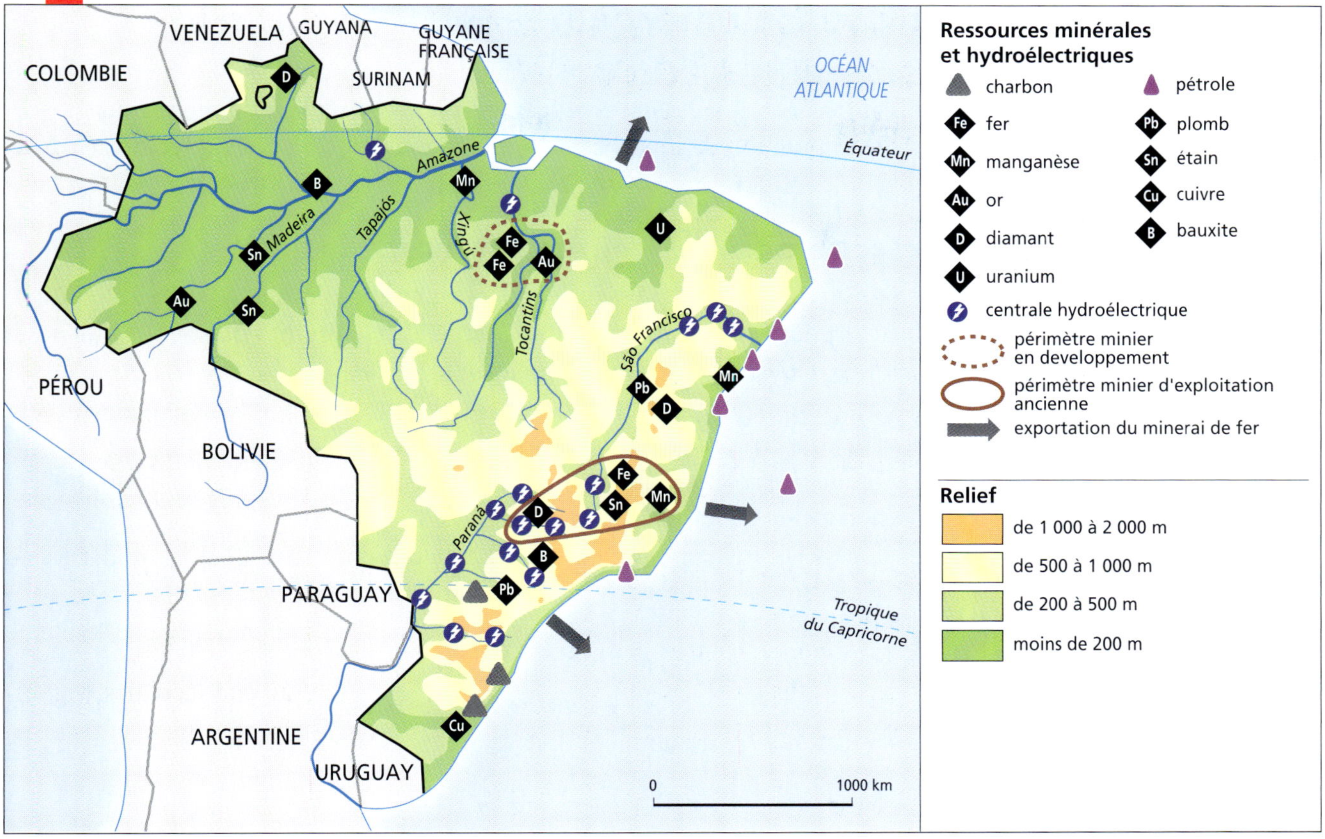

2 Structures de la population brésilienne, 1980-2000

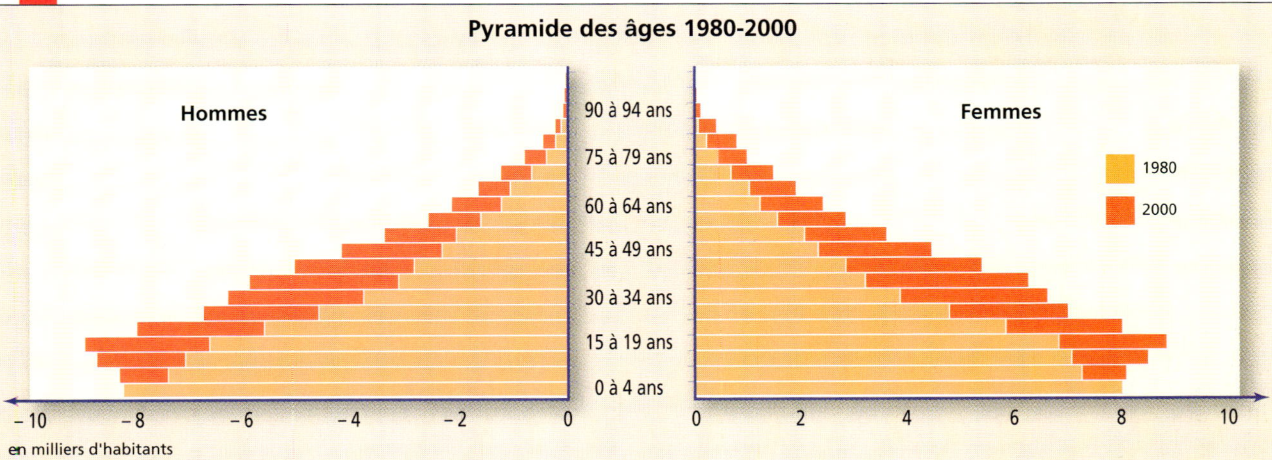

Quelques données démographiques	1980	2000
Nombre d'habitants (en millions)	121,2	169,8
Densité (hab/km2)	14,2	20,0
Accroissement démographique annuel	+ 2,3	+ 1,3
Taux d'urbanisation	67,6	81,3
Taux de natalité (pour 1000)	31,6	20,0
Taux de mortalité (pour 1000)	8,6	6,7
Taux de mortalité infantile (pour mille)	80,1	29,6

Sources : IBGE et ambassade de France au Brésil, 2003.

2. Une puissance émergente

Le Brésil est la dixième puissance économique mondiale, et la première d'Amérique latine, en terme de PNB global. Sur quelles bases le Brésil a-t-il construit son développement ? S'affirmant sur la scène internationale, quels défis doit-il encore relever pour que ce **développement** soit durable ?

Dossier 1, p. 278-279.

A. Une puissance agricole, minière et industrielle

Le Brésil est d'abord une grande puissance agricole. Sur le littoral, de vastes exploitations modernes produisent pour l'exportation : canne à sucre, café, agrumes ou soja. À l'intérieur du pays, c'est l'élevage extensif des grands domaines (*fazendas*) qui domine. La productivité de l'agriculture s'améliore, entraînant un important chômage dans les campagnes qui alimentent les flux vers les métropoles urbaines.

Profitant de l'étendue de ses ressources, le Brésil est aussi devenu l'un des plus importants producteurs et exportateurs de minerais au monde.

Le pays a su, depuis les années vingt, construire une des industries les plus modernes du monde. D'abord assise sur les capitaux investis par les grands propriétaires terriens dans le textile, l'industrie brésilienne s'est diversifiée sous le contrôle de l'État (sidérurgie, armement, aéronautique…) puis, à partir des années 1970 grâce aux capitaux étrangers, notamment dans le secteur automobile. En 2003, le Brésil est encore l'un des pays en développement accueillant les plus importants **flux** d'IDE, notamment dans le Sudeste (São Paulo, Rio de Janeiro), première région industrielle nationale.

Cartes, p. 276-277.

B. Une puissance ouverte sur le monde

Le Brésil a battu en 2003 son record d'exportation. Sa balance commerciale est excédentaire et ses partenaires sont à parts presque égales avec l'Europe, les États-Unis et l'Amérique latine. Le pays occupe une place dominante au sein du Mercosur, et tente d'imposer aux États-Unis l'ouverture d'une zone de libre-échange des Amériques (ZLEA) tenant compte des problèmes de développement.

Depuis l'élection de Lula en octobre 2002, le Brésil est devenu le chef de file des pays souhaitant infléchir la mondialisation libérale. Il a ainsi réussi à coaliser à Cancun lors du sommet de l'OMC (septembre 2003) un front demandant aux États-Unis et à l'Union européenne de réduire leurs subventions aux agriculteurs pour moins pénaliser les agricultures du tiers monde. Le Brésil cherche aussi à diffuser ses médicaments génériques contre le sida en Afrique et à promouvoir, sous l'égide de l'ONU, la création d'un fonds mondial contre la faim.

Dossier 3, p. 282-283.
Dossier 5, p. 286-287.
Dossier 6, p. 288-289.

C. Les défis à relever

Pour espérer un **développement durable**, le Brésil doit encore relever de nombreux défis. Si les enjeux liés à l'**environnement** sont importants, le principal problème est lié à l'ampleur des inégalités sociales qui engendrent de profondes **disparités spatiales**.

La société brésilienne est l'une des plus inégalitaires du monde. C'est dans les grandes métropoles que les contrastes sociaux et spatiaux sont les plus marqués : riches quartiers du centre et des banlieues résidentielles voisinent avec les *cortiços* (immeubles en hauteur dégradés) et les *favelas* sans eau courante ni égouts où habitent les plus pauvres. Les quartiers intermédiaires sont habités par la classe moyenne qui s'est étoffée.

Dans les campagnes, les inégalités sont liées à l'inégale répartition des terres. Une minorité de propriétaires de grands domaines (*latifundia*) accaparent la majorité des terres alors que la plupart des paysans n'ont pas de terre ou seulement des lopins trop petits (*minifundia*) pour nourrir correctement une famille. Ces paysans pauvres, parfois réduits en esclavage, sont dans l'attente d'une réforme agraire.

Notions clefs

- Développement
- Développement durable
- Disparités spatiales
- Environnement
- Flux

Voir lexique, page 7

1 Les inégalités sociales au Brésil et en Amérique latine

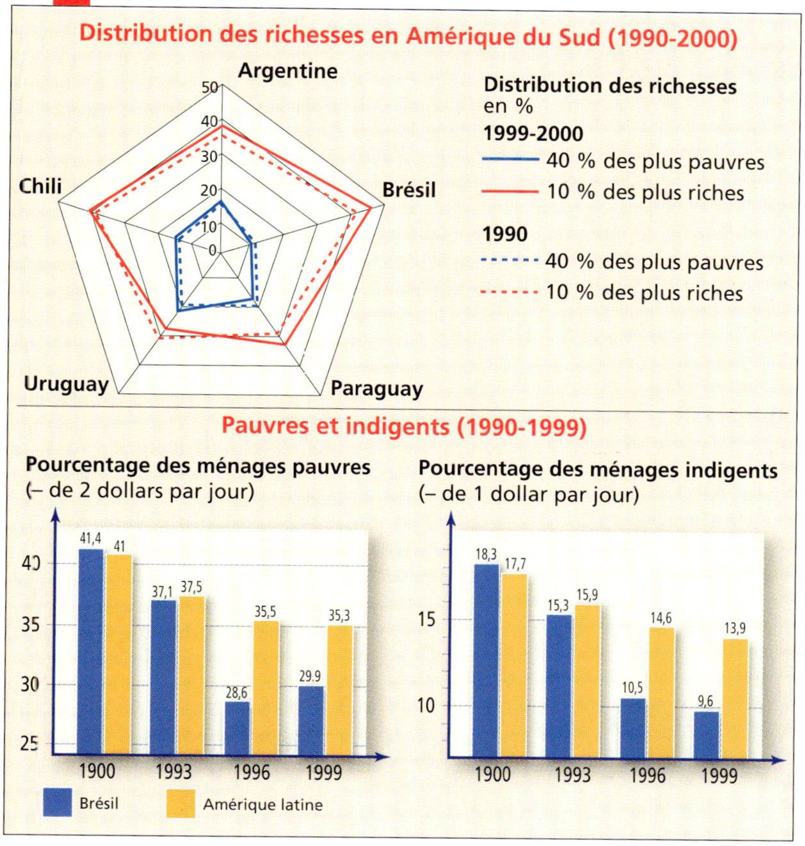

Source : *Panorama social de l'Amérique latine 2000-2001*, Commission économique pour l'Amérique latine et les Caraïbes, 2002.

2 Exportation d'agrumes depuis le port de São Paulo

3 La progression des identités territoriales dans les métropoles brésiliennes

L'identité se traduit sur le territoire par un discours de la différence. Ce discours se manifeste par l'exagération des traits distincts des groupes sociaux et il peut se fonder sur une ou plusieurs caractéristiques : ethniques, historiques, religieuses, de classe ou autres. L'espace dans cette dynamique est donc objet de dispute et de conflits, car établir un territoire de domination ouvre la possibilité d'affirmer l'existence du groupe et sa différence par opposition aux autres. L'espace public est le noyau de l'idée de ville. C'est sur ce terrain que se jouent la différence et simultanément la possibilité de vie commune [...]. L'identité territoriale, au contraire, cherche à établir un espace qui se veut homogène. Plusieurs phénomènes spatiaux sont associés à ce genre de manifestation sociale. Dans la ville de Rio de Janeiro, par exemple, des groupes de jeunes s'organisent en gangs territorialisés qui mènent des combats et ritualisent des « invasions sur le territoire ennemi ». Dans les favelas, les dealers dominent et contrôlent un territoire, en imposant leurs lois et leur sens de la justice. [...] La première conséquence de ces phénomènes est le rétrécissement de la vie urbaine dans les espaces publics. L'usage de la voie publique se restreint progressivement à sa seule valeur instrumentale primaire, la circulation. Une autre conséquence est visible dans les immeubles où habitent les classes moyennes et qui sont en général fermés, encerclés de grilles et gardés. Les étages inférieurs sont occupés par des garages ce qui les éloigne un peu plus de l'immédiateté de la rue. À São Paulo, la plupart des tours sont construites avec des murs sans fenêtres sur la rue ou encore avec de petites ouvertures sur la façade.

Devant ce tableau, il est facile de comprendre la tendance qu'ont certains segments de la population aisée métropolitaine à habiter dans les *condominios fechados*, grands ensembles de tours ou de maisons en général éloignés du vieux centre des villes. Ils disposent de tous les équipements et fonctionnent comme des clubs privés : ils sont souvent vendus comme des villes dans la ville. La multiplication de ces simulacres de ville donne place à une citoyenneté fragmentée. Ils reproduisent les formes de la vie urbaine (rues, places...), ses services et ses équipements mais ils sont condamnés aux rites narcissiques de la rencontre avec le même, condamné à l'ennui du déjà vu.

Paulo da Costa Gomes, « La dynamique de l'espace public métropolitain et le recul de la citoyenneté au Brésil », dans Leila Christina Dias et al. (dir.), *Villes et régions au Brésil*, L'Harmattan, 2000.

chapitre 11

3. Le Brésil, terre de contrastes

Pour résumer l'importance des **disparités spatiales** du Brésil, le géographe Hervé Théry y voit à la fois une « Suisse », un « Pakistan » et le « Far West ». Le centre de São Paulo peut tout aussi bien rappeler Manhattan et la forêt amazonienne évoquer le Zaïre. Dès lors, quels ensembles régionaux est-il possible de distinguer ?

Dossier 5, p. 286-287.

A. Le « centre » du Brésil : le Sudeste

Le « centre » du Brésil correspond environ à la région Sudeste qui accumule les signes de réussite grâce à une agriculture et à une industrie modernisées.

À l'intérieur de cette **aire de puissance**, il est possible de distinguer le « cœur » qui anime le Brésil actuel : le triangle formé à la base par la mégapole de São Paulo, capitale économique du pays et par la capitale culturelle, Rio de Janeiro et au sommet la métropole de Belo Horizonte. C'est à l'intérieur de ce **centre d'impulsion** que se trouvent les plus importantes concentrations humaines, d'industries et de services de haut niveau du Brésil qui lui permettent d'être relié à l'oligopole mondiale. C'est aussi au sein de ces métropoles que l'on peut observer les plus importantes disparités socio-spatiales.

Carte, p. 274.

B. Les « périphéries » brésiliennes

Au delà de ce noyau central, il faut distinguer une périphérie en **développement** où l'**organisation de l'espace** est plus diversifiée : les densités y sont plus inégales mais l'agriculture qui se modernise apporte un semblant d'unité à cet ensemble qui profite de la proximité du centre. Le nord de cette périphérie est animé par Brasilia, capitale politique du pays alors que le Sud s'organise autour de la métropole industrielle de Curitiba et de Porto Alegre.

La périphérie « problème », le Nordeste, est l'ancien « centre » historique du Brésil qui cumule les handicaps. Les conditions de vie y sont difficiles en raison de la sécheresse qui touche épisodiquement la zone semi-aride du *Sertao*. L'échec des politiques hydrauliques depuis le début du XXe siècle fait régner une sorte de fatalité : les paysans sont souvent dans la misère et obligés de quitter la région pour tenter leur chance dans le Sud dynamique ou l'ouest pionnier.

Cet exode rural qui alimente les *favelas* montre que l'enjeu principal de l'**aménagement** du territoire brésilien est de tenter d'atténuer le déséquilibre entre le « cœur » du Brésil et sa région « épave » du Nordeste où vit près de la moitié des 55 millions de démunis.

Dossier 4, p. 284-285.

C. Les régions pionnières : l'Amazonie et la partie septentrionale du Centre-Ouest

Les régions pionnières sont celles actuellement parcourues par les **fronts pionniers** et les espaces en « réserve » qui n'ont pas encore été, ou très peu, atteints par ce mouvement : il s'agit de l'Amazonie et de la partie septentrionale du Centre-Ouest. Encore sous-peuplés, ces territoires représentent une périphérie « en réserve » progressivement intégrée à l'espace national.

Les enjeux liés à la mise en valeur de cet espace sont énormes. L'installation de milliers de paysans sans terre, l'exploitation de la forêt et des ressources minérales fait peser sur cet écosystème unique au monde (plus de la moitié du capital de biodiversité se trouve en Amazonie) de lourds **risques** environnementaux et sociaux (les enjeux liés à la possession de la terre entraînent des affrontements souvent meurtriers le long des routes, principaux **axes** de mise en valeur).

La mise en valeur de l'Amazonie encore peu exploitée est au cœur des préoccupations de **développement durable** de la planète : comment exploiter les potentialités de cet espace sans commettre de dégâts irréparables et en préservant les droits des plus faibles, indiens et paysans sans terre ?

Notions clefs

- Aire de puissance
- Aménagement
- Axe
- Centre d'impulsion
- Développement
- Développement durable
- Disparités spatiales
- Fronts pionniers
- Organisation de l'espace
- Risques

Voir lexique, page 7

1 L'impact social de la question agraire

Années	Occupation illégale de terres (nombre de cas)	Assassinats de travailleurs ruraux luttant pour la réforme agraire (nombre de cas)
1996	397	54
1997	502	30
1998	446	47
1999	455	27
2000	226	10
2001	157	14

Source : Ministère du développement agraire.

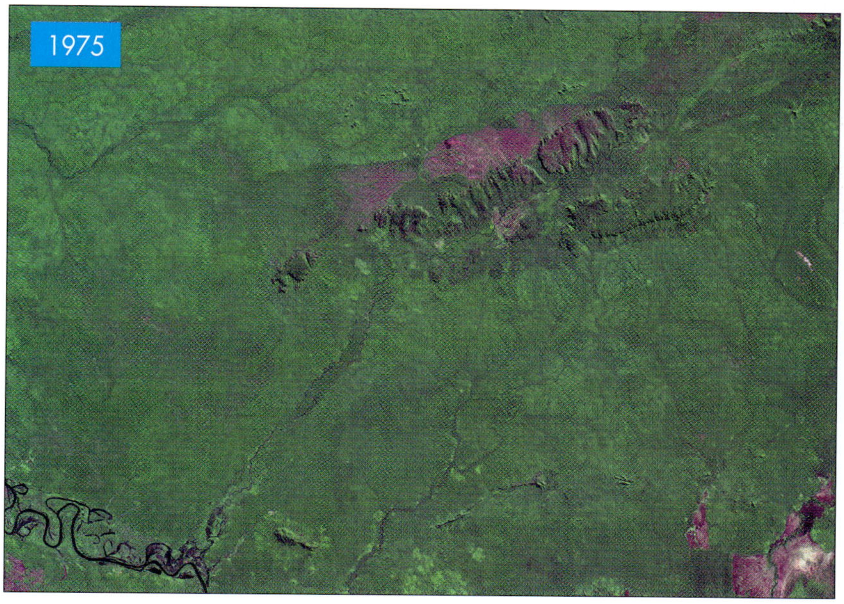

2 Le Brésil, un territoire en mutation : l'anthropisation de la forêt amazonienne

Afin de mettre en valeur de nouvelles régions, l'État brésilien a achevé en 1960 la construction de l'autoroute Cuiba-Pôrto Velho qui traverse la province de Rondônia (*voir carte, p. 284*).

Cette route a donné accès à des forêts tropicales humides qui auparavant n'étaient occupées que par des populations autochtones.

Deux facteurs ont intensifié l'immigration dans cette province : le revêtement en dur de la route qui facilite les transports et surtout l'arrivée de Brésiliens qui espéraient acquérir des terres.

Les deux dernières photographies montrent des établissements de paysans le long de la route ; le motif en arête de poisson du paysage est dû aux opérations d'abattage qui donnent accès à des terres nouvelles utilisées pour l'élevage bovin et la culture de plantes annuelles. Les cultures pérennes, moins destructives pour l'environnement, comme le café, le cacao et le caoutchouc n'occupent que moins de 10 % des terres agricoles.

Programme des Nations unies pour l'environnement, *L'Avenir de l'environnement mondial 3*, 2002.

L - ES - S

chapitre 12 Une interface Nord/Sud : l'espace méditerranéen

Problématique

Considérée comme le berceau de la civilisation, la Méditerranée est aujourd'hui tout à la fois un espace de clivages et de contacts entre les pays du Nord, ancrés à l'Union européenne et à l'économie mondialisée, et ceux du Sud et de l'Est, moins développés et plus isolés qu'eux. Quels contrastes de développement existent entre ces différentes rives du bassin ? Quels flux économiques et humains induisent ces grandes fractures ? Comment ces mouvements transforment-ils les sociétés et les territoires aux différentes échelles de l'espace ?

Le PIB par habitant et l'IDH

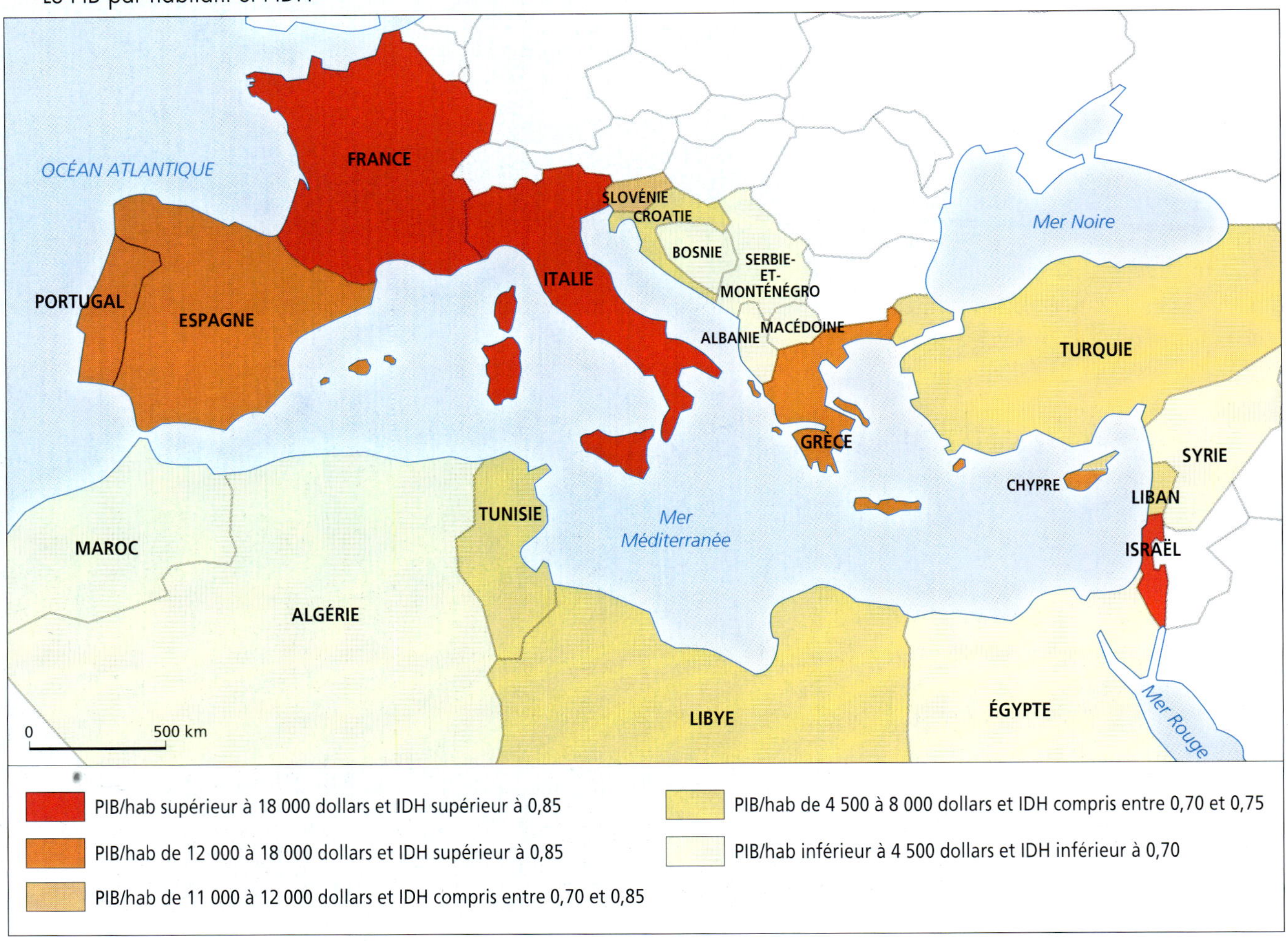

Le port de La Valette (Malte)

LES GRANDES AIRES CULTURELLES EN MÉDITERRANÉE

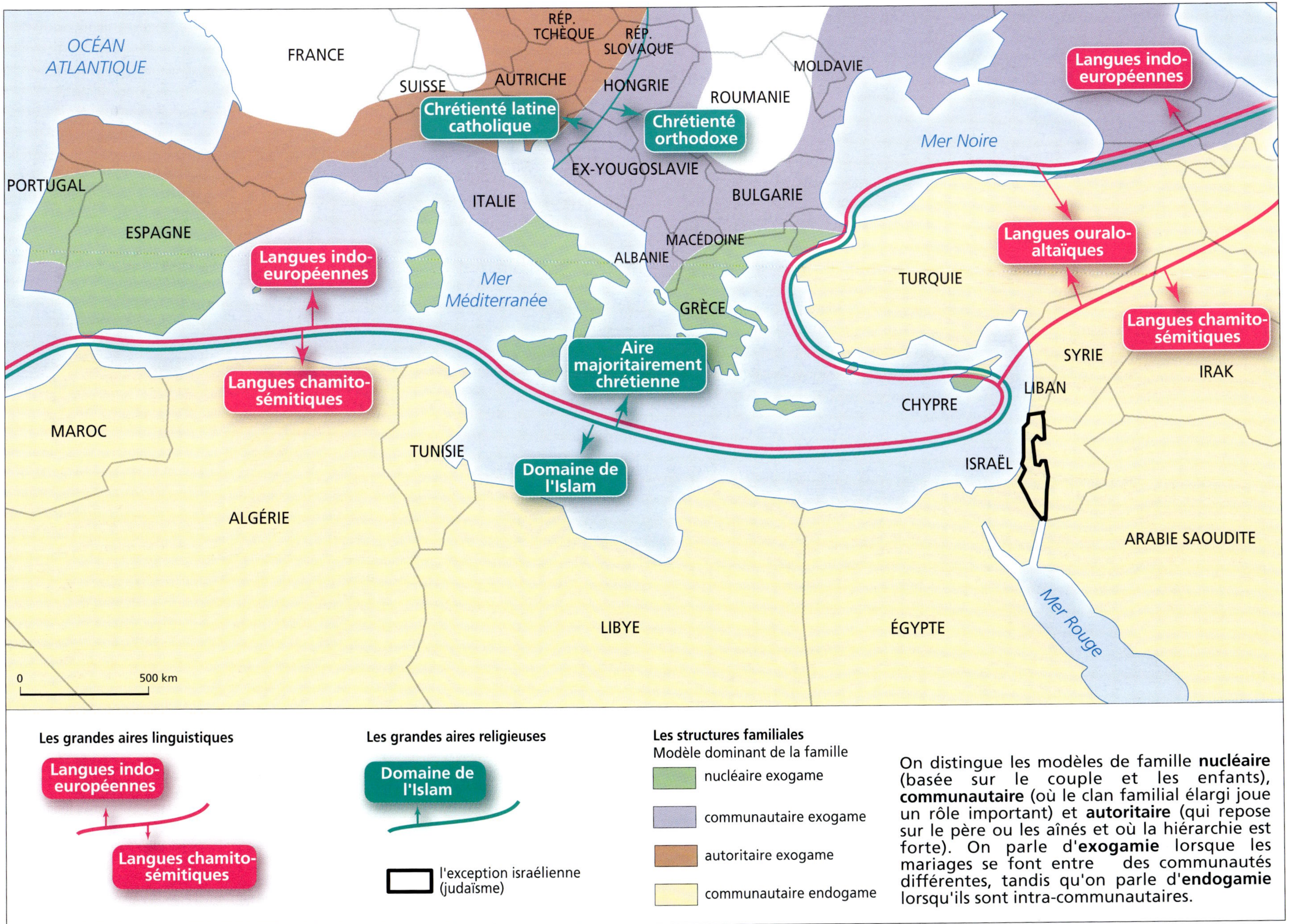

On distingue les modèles de famille **nucléaire** (basée sur le couple et les enfants), **communautaire** (où le clan familial élargi joue un rôle important) et **autoritaire** (qui repose sur le père ou les aînés et où la hiérarchie est forte). On parle d'**exogamie** lorsque les mariages se font entre des communautés différentes, tandis qu'on parle d'**endogamie** lorsqu'ils sont intra-communautaires.

Source : D. Borne et J. Scheibling, *La Méditerranée*, Hachette, 2002.

LE BASSIN MÉDITERRANÉEN : VILLES ET GRANDS ENSEMBLES DU RELIEF

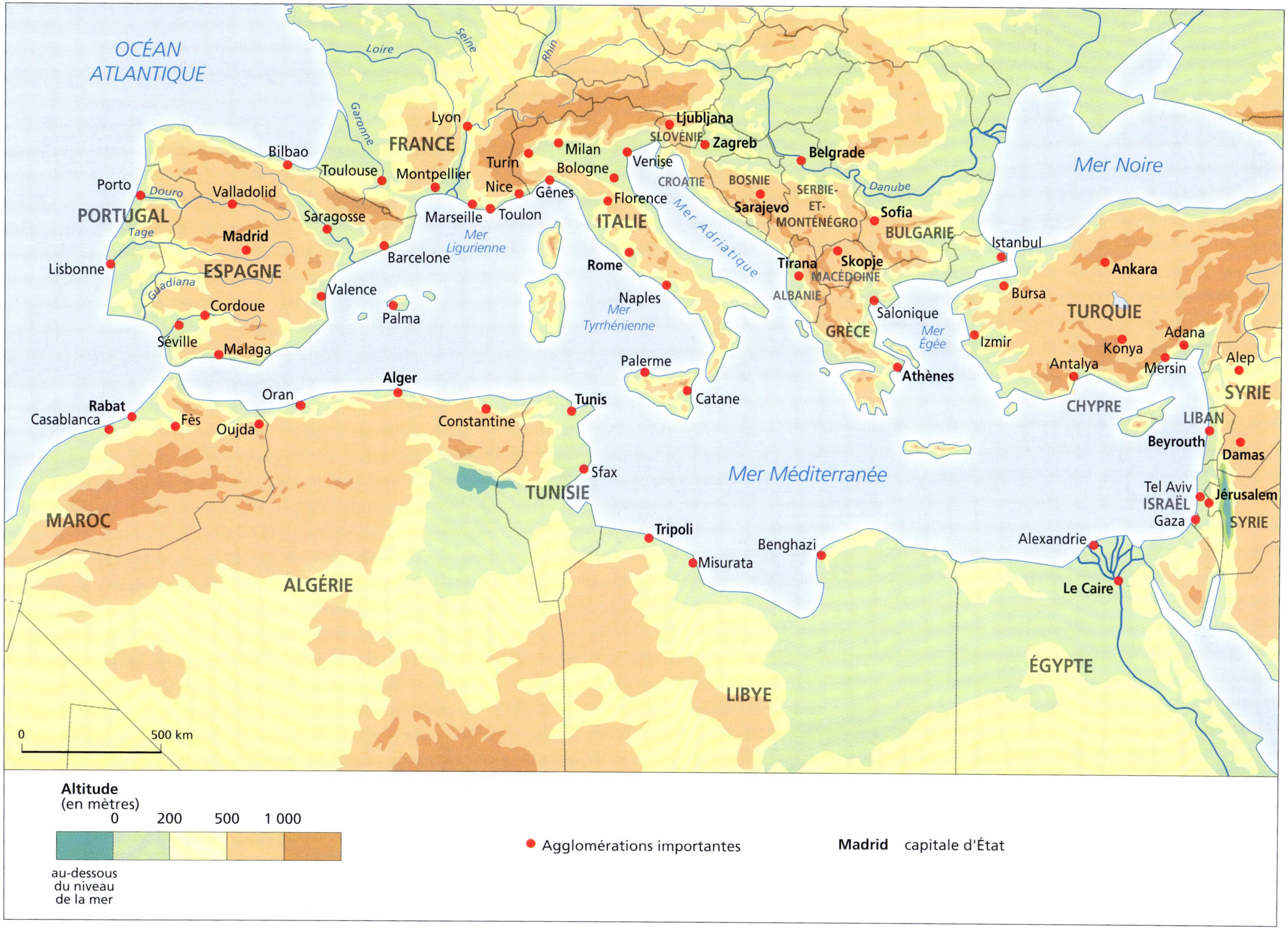

Source : D. BORNE et J. SCHEIBLING, *La Méditerranée*, Hachette, 2002.

dossier 1

Identité et fractures de l'espace méditerranéen

Quels éléments permettent de considérer l'espace méditerranéen comme un « lac » présentant une certaine homogénéité ? En quoi l'identité du bassin est-elle par ailleurs extrêmement diverse et complexe ?

1 Qu'est-ce que la Méditerranée ?

Méditerranée signifie « milieu des terres ». Dès l'Antiquité, elle s'est affirmée comme centre du monde connu, par rapport à des entités très excentrées comme l'Inde et la Chine, beaucoup plus vastes. En effet, la Méditerranée ne fait que 3 millions de km^2 (donc cinq fois la France et un peu plus de deux fois l'Algérie), elle a 3 800 km de long et elle est large de 1 700 km de Trieste à la Libye et de 138 km de Gènes à la Tunisie. À l'échelle planétaire, aucune superficie aussi faible n'a connu un tel nombre de civilisations prestigieuses. Les Méditerranéens ont une grande capacité à adopter ce qui vient de l'extérieur et à l'adapter à leurs besoins, mais aussi à exporter et à influencer.

Elle est le berceau des trois monothéismes. Le judaïsme est présent dans le monde à travers la diaspora, le catholicisme s'est diffusé jusqu'en Amérique latine, l'orthodoxie s'étend de la Grèce à la Russie, et l'islam de la Mauritanie à l'Indonésie, avec un milliard et demi de fidèles. Bien que pauvre au départ, elle est le berceau, avec la Chine, de « l'art de vivre », mais c'est elle qui a le plus d'influence mondiale dans ce domaine. En fait, depuis les origines, le flambeau de la civilisation va et vient d'une rive à l'autre.

Paul Balta,
« La Méditerranée, une mer, des peuples »,
Diplomatie Magazine, n° 4, juillet-août 2003.

2 Taormina (Sicile), un paysage au cœur de la Méditerranée

3 Des littoraux densément peuplés et urbanisés

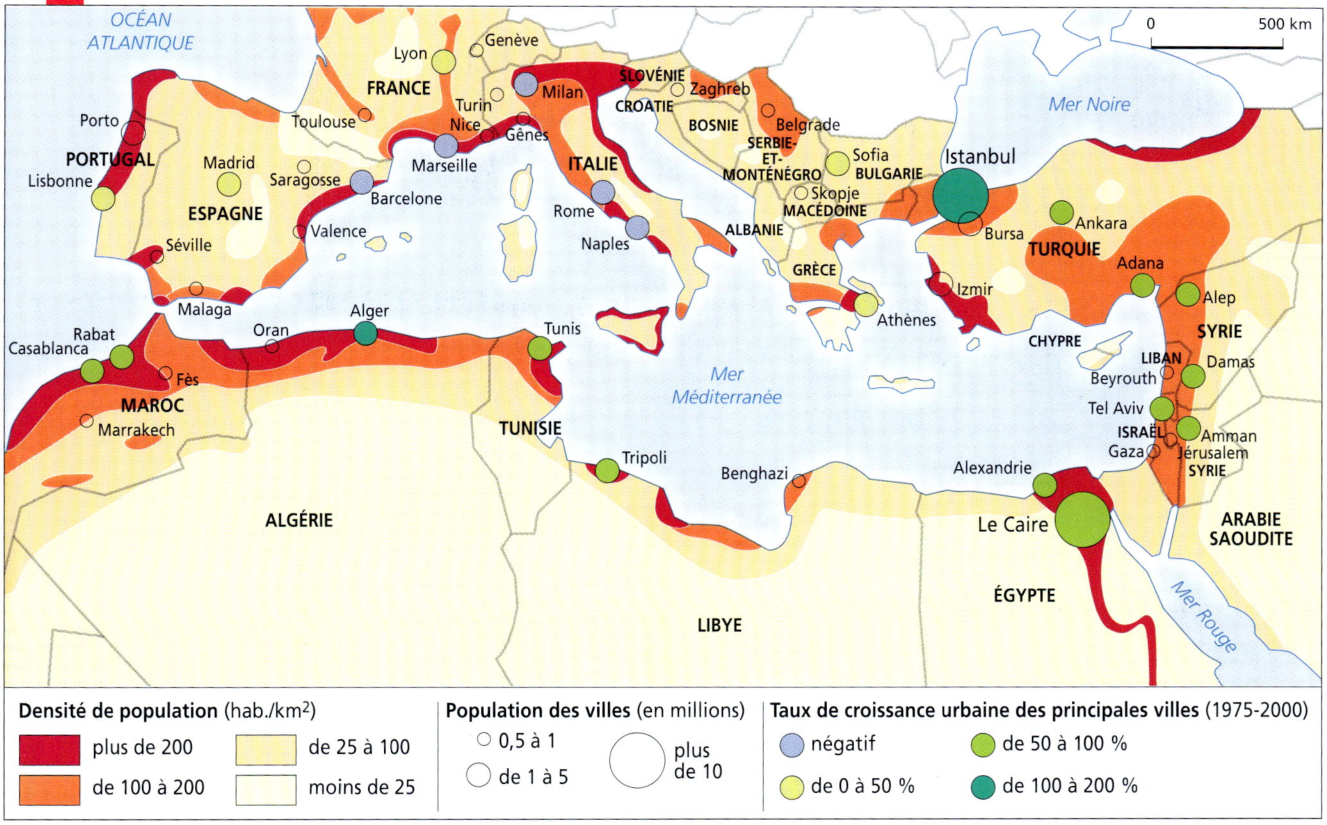

Source : Revue *Méditerranée*, 2001.

4 La Syrie du désert à la mer : une zonation caractéristique des éléments naturels

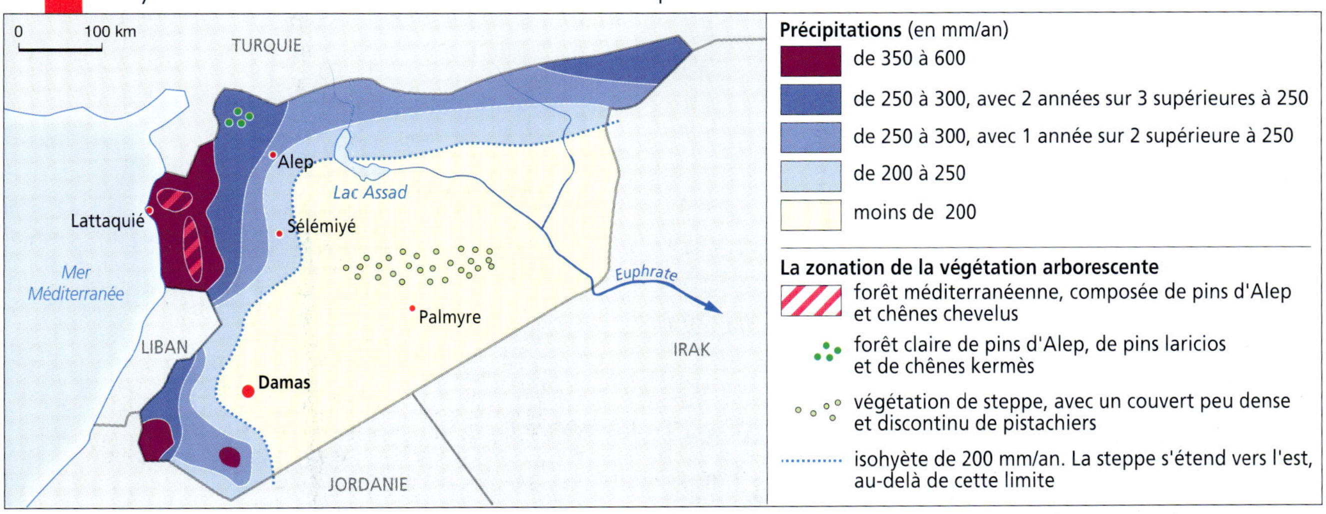

Source : D. Borne et J. Scheibling, *La Méditerranée*, Hachette, Paris, 2002.

Activité

En utilisant les documents de ce dossier et les cartes des pages 300, 302 et 321, sélectionner les informations permettant d'affirmer et de contredire l'idée d'une unité du monde méditerranéen en les classant dans les deux catégories suivantes :

- les fondements naturels, historiques et sociétaux de l'identité méditerrannéenne ;
- les éléments de différenciation qui font de la Méditerranée un espace complexe.

dossier 2

Un espace marqué par de grands écarts de développement

Quelle est l'ampleur des contrastes économiques et démographiques entre les sociétés des rives nord et sud de la Méditerranée ?
Quelles sont les différences régionales de développement sur le pourtour de l'espace méditerranéen ?

1 Richesse et développement des États riverains de la Méditerranée

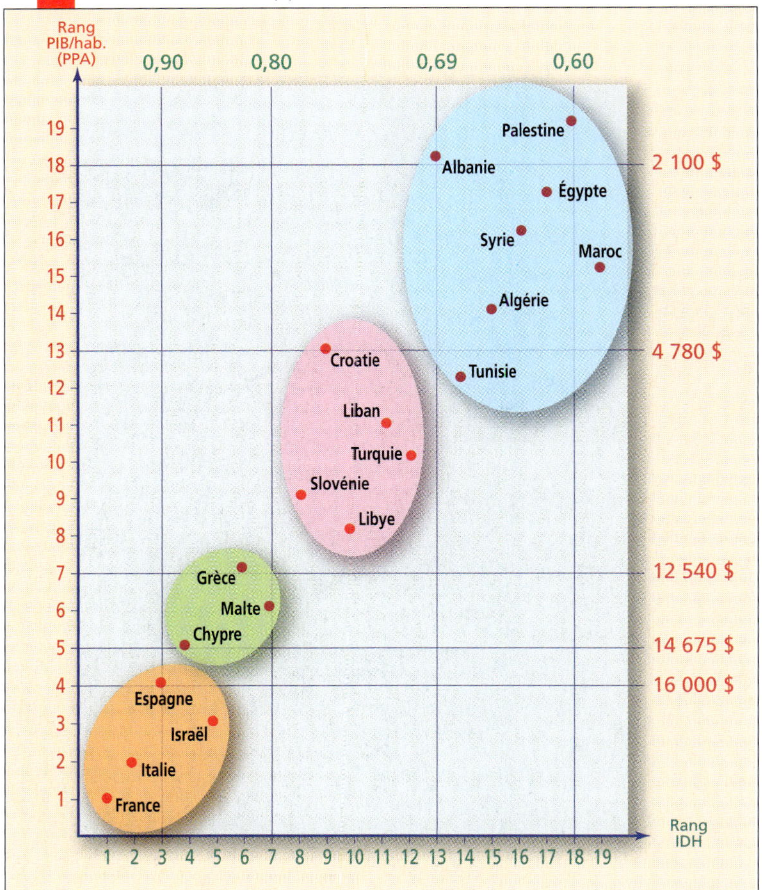

- **un centre riche et développé** constitué par les États membres de l'UE de l'arc latin (l'exception israélienne s'explique par l'aide américaine)
- **une périphérie parfaitement intégrée au centre** par la construction européenne
- **des États aux caractéristiques très variées**, en situation intermédiaire de développement
- **des « Sud »** accusant des retards de développement

Source : J.-P. LOZATO-GIOTART, *La Méditerranée*, SEDES, 2001.

2 Un contraste de situations démographiques qui s'accuse*

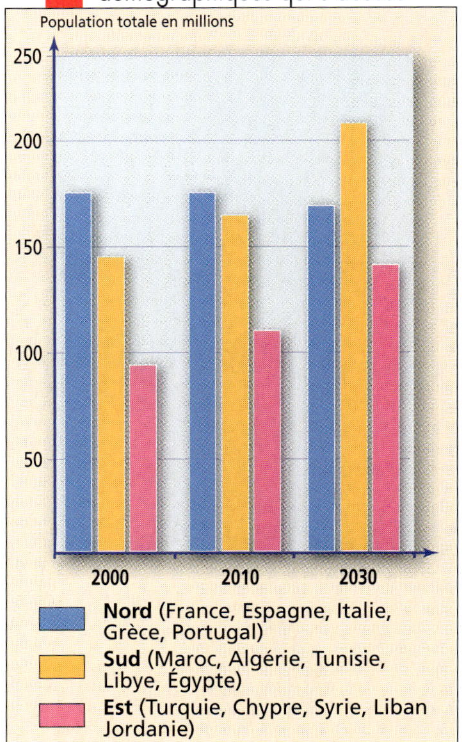

Taux de croissance démographique (en % par an)

	2000	2010	2030
France	0,48	0,23	0,03
Espagne	0,05	−0,05	−0,22
Maroc	1,81	1,59	1
Libye	3,36	3,11	2,03
Turquie	1,52	1,19	0,77
Syrie	3,4	3,13	1,86

* Estimations et projections.
Sources : World Population projections, Banque mondiale.

3 Un dynamisme économique inégal

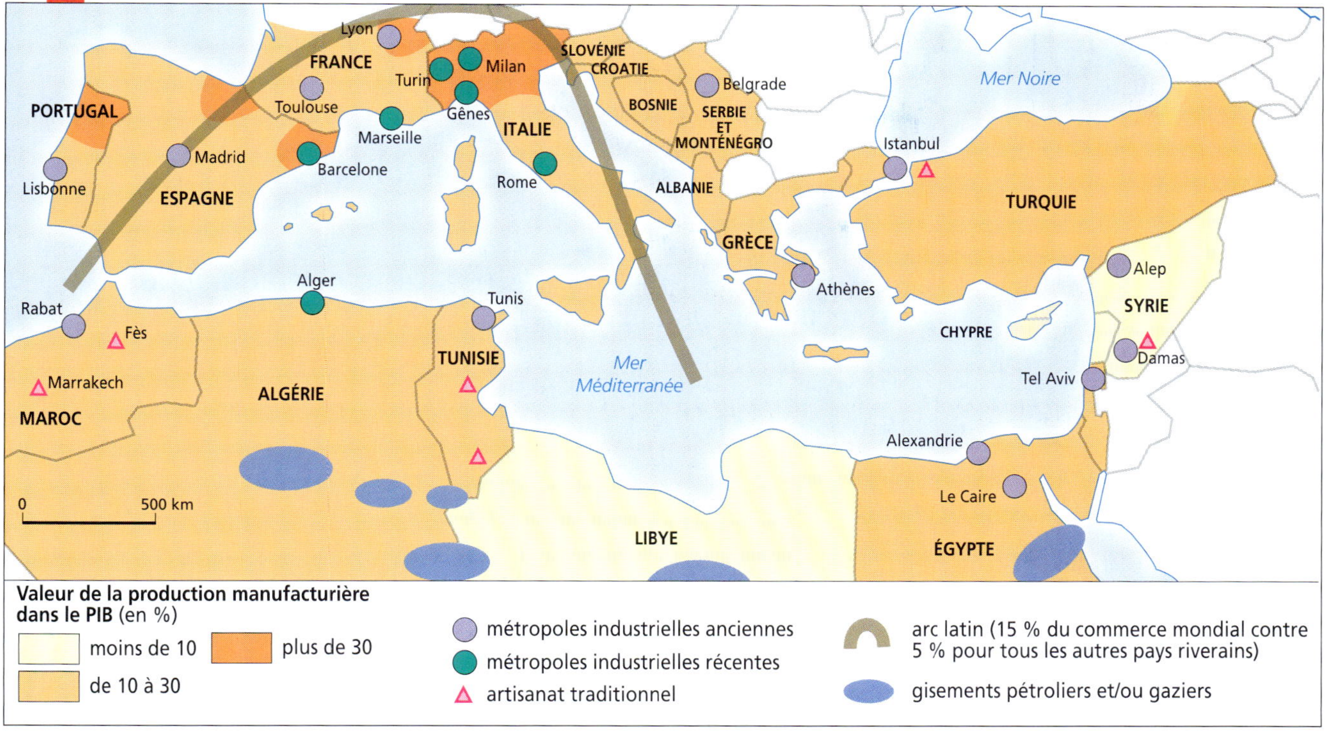

4 Almeria (Espagne). Les « chabolas », baraques de fortune des travailleurs immigrés marocains

Activité

À partir des documents proposés et en essayant d'envisager plusieurs échelles d'analyse, rédiger un paragraphe sur les différents aspects des inégalités de développement au sein du bassin méditerranéen.

dossier 3

Un espace traversé par des flux migratoires intenses

En quoi la Méditerranée est-elle un des espaces mondiaux où la pression migratoire est la plus forte ? Dans quelle mesure les migrations transforment-elles les sociétés des rives de la Méditerranée ?

1 Les migrations en Méditerranée au début des années 2000

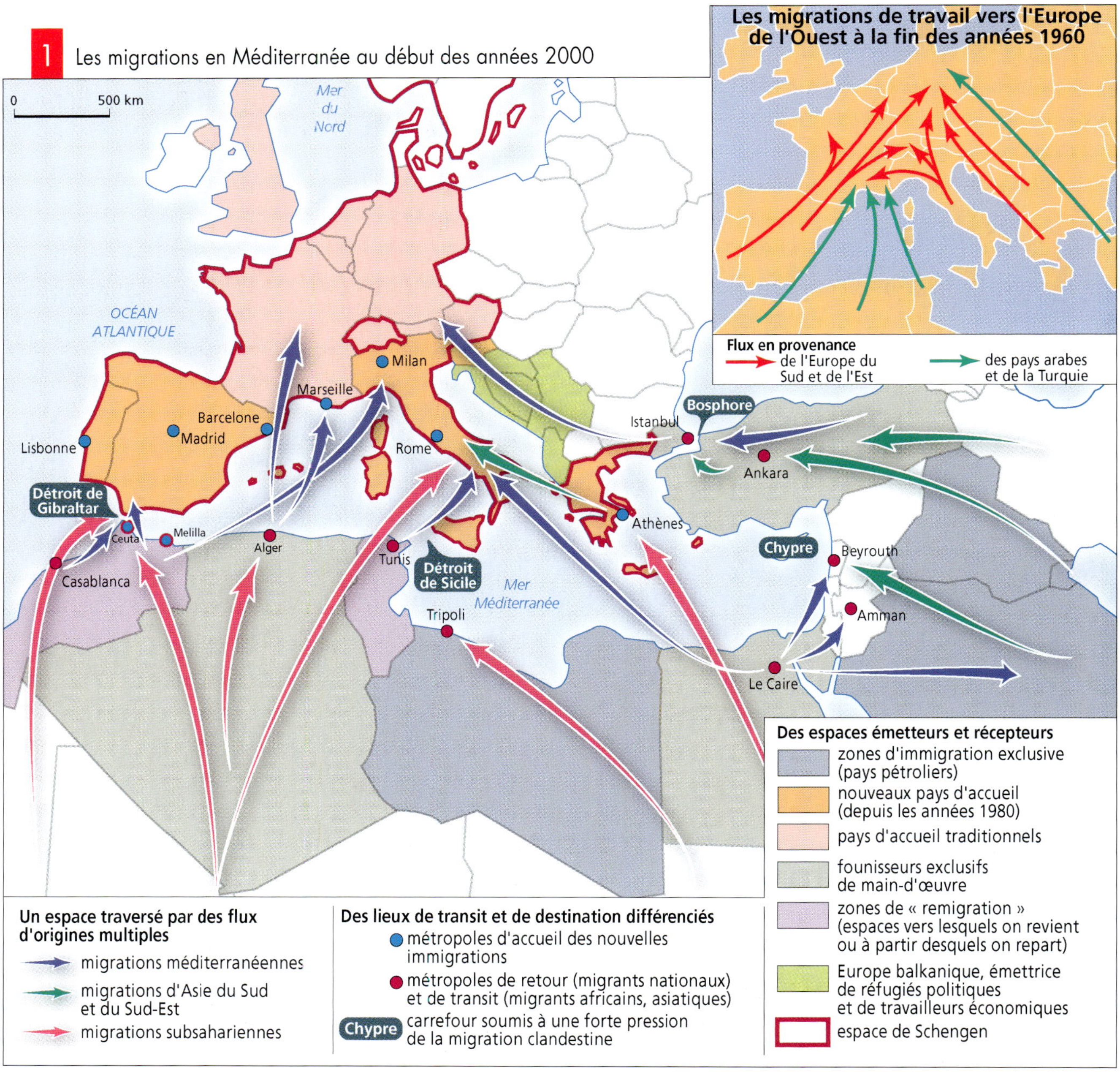

Source : Fr. Piantoni et G. Simon, MITI-Migrinter, 2002.

2 Des clandestins de plus en plus nombreux

Quelques-uns des quarante-huit immigrants clandestins interceptés par la Garde civile espagnole à Tarifa, après avoir réalisé la traversée du détroit de Gibraltar sur une petite embarcation (19 juillet 2003). Confrontés au chômage, à la montée de la xénophobie et aux problèmes de l'intégration, les États de l'Union européenne ont mis en place des réglementations restrictives aux échelles nationales et communautaires (Schengen et Traité d'Amsterdam) pour maîtriser les flux migratoires.

Chaque année, des dizaines de personnes disparaissent dans leur tentative de traverser illégalement le détroit (4 000 morts depuis 1996).

D'après *Diplomatie Magazine*, n° 4, juillet-août 2003.

3 L'immigration dans les pays d'accueil, fardeau ou bénédiction ?

Trois questions se posent habituellement sur les conséquences de l'immigration pour les pays d'Europe occidentale :

– L'immigration est-elle profitable à la croissance économique ?

Davantage d'actifs permet d'augmenter la richesse nationale produite et résout le problème du vieillissement de la population et du partage de cette richesse entre les générations. La population immigrée généralement jeune et active accepte des emplois à bas salaires ce qui permet une accumulation de capital dans l'entreprise et un progrès théorique des investissements. Plus flexible, elle remplit une condition technique nécessaire à l'accroissement de la productivité.

– L'immigration augmente-t-elle le chômage ?

Les travailleurs immigrés exercent peu de pression concurrentielle sur les salaires et sur l'emploi car ils occupent des activités désertées par les nationaux (dites en « 3D », « *demanding, dangerous, dirty* », difficiles, dangereuses et sales).

– L'immigration est-elle responsable des déficits sociaux ?

Les immigrés ont une moins bonne couverture sociale que les autres, ont moins recours aux médecins, bénéficient autant que les nationaux des services hospitaliers et jouissent moins de la retraite, leur mortalité étant plus précoce et un certain nombre regagnant leur pays d'origine dès l'âge de l'inactivité atteint.

Si l'immigration n'avait pas existé en France par exemple, nous serions 12 millions de moins et nous aurions engagé un déclin démographique sûr et préjudiciable.

D'après Gérard CLAUDE, *Migrations en Méditerranée*, Ellipses, 2002.

4 Les transferts officiels au Maghreb des travailleurs étrangers en France (en millions d'euros)

1968	1980	1990	1996
105	783,5	1 377,3	3 201,2

Source : Claude LIAUZU, *Histoire des Migrations en Méditerranée occidentale*, Éditions Complexe, Bruxelles, 1996.

Activité

À la lecture du dossier documentaire, s'interroger sur :
- la nature, l'origine, la destination, la trajectoire des flux migratoires intenses et variés qui traversent le bassin ;
- l'évolution de ces flux depuis les années 60 ;
- leurs retombées pour les pays récepteurs et pour les pays émetteurs.

dossier 4

Un espace touristique majeur

Quelles sont les caractéristiques différenciées de l'activité touristique en Méditerranée ? Quelles transformations induisent les flux touristiques sur les territoires riverains du bassin ?

1 L'activité touristique en Méditerranée

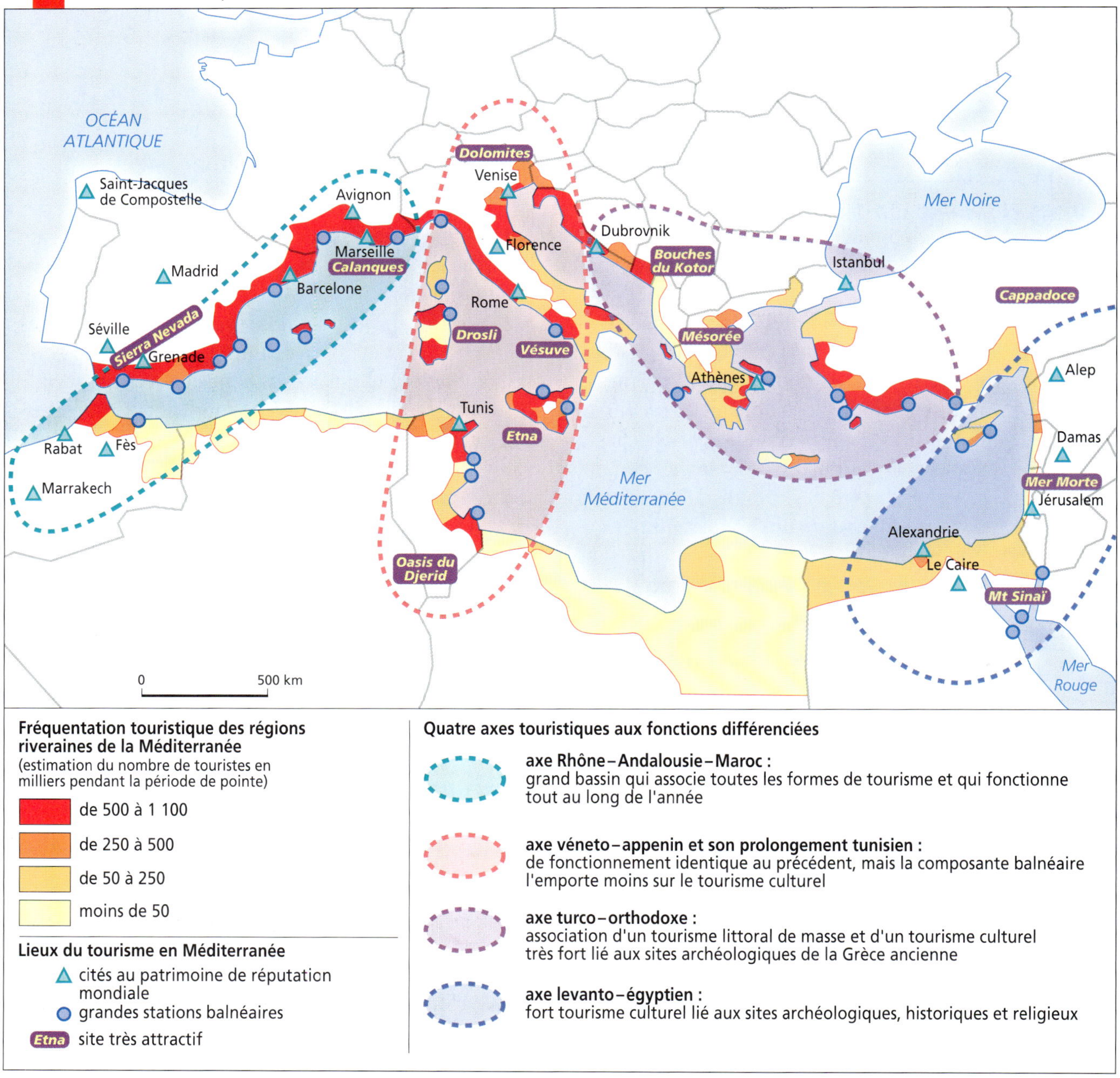

2 Une fréquentation exceptionnelle sur un bassin qui n'est pas totalement conquis

La Méditerranée constitue la première destination du globe : un tiers des touristes internationaux du monde. L'activité touristique y représente 3 % du PIB des pays de la Méditerranée. La fréquentation des rivages a pris un caractère massif avec la croissance économique qui a élevé le niveau de vie des 300 millions d'habitants de l'Europe occidentale qui possèdent à la fois une longue espérance de vie (retraités), des congés payés et du temps de loisir.

Si le tourisme méditerranéen poursuit son développement, on peut considérer sa période de croissance explosive (le nombre de touristes a été multiplié par 30 de 1950 à 2000) comme révolue pour au moins deux raisons : le bassin est une zone de conflits ce qui pénalise de nombreux pays et il est confronté à la concurrence de nouvelles destinations (Caraïbes, Asie-Pacifique).

Par ailleurs, l'activité est inégale dans le temps et dans l'espace au sein du bassin. La Méditerranée possède un climat à forte saisonnalité sur lequel se calque le gros de la fréquentation, surtout estivale. Les pays européens accueillent les deux tiers des flux globaux tandis que la Turquie, Israël, l'Égypte et la Tunisie totalisent l'essentiel des flux touristiques de la zone sud. Localement, la massivité de la fréquentation tient à l'étroitesse des espaces touristiques : de minces bandes littorales continentales et insulaires comme en Espagne, des comptoirs touristiques comme les clubs de la Turquie méridionale ou de la Tunisie orientale, des villes et sites historiques et religieux en Italie ou en Grèce, concentrent sur des points très limités des foules de touristes.

D'après D. Borne et J. Scheibling (direction), *La Méditerranée*, Hachette Supérieur, Paris, 2002.

3 Des espaces surchargés : l'exemple du nombre de jours de saturation touristique par an à Venise

	> 25 000 pers. / jour	> 100 000 pers. / jour
1989	156 jours	7 jours
1990	187 jours	7 jours
2000	216 jours	7 jours

À Venise, lorsque le flux de visiteurs atteint 70 000 personnes par jour, la saturation du centre et des moyens d'accès (rues, canaux) est presque totale.

En plein été ou lors du Carnaval en février, on enregistre des pointes d'affluence qui dépassent les 100 000 personnes provoquant l'asphyxie presque générale d'une grande partie de la ville.

J.-P. Lozato-Giotart, *La Méditerranée*, Sedes, 2001.

4 Les principaux flux touristiques émetteurs en Méditerranée

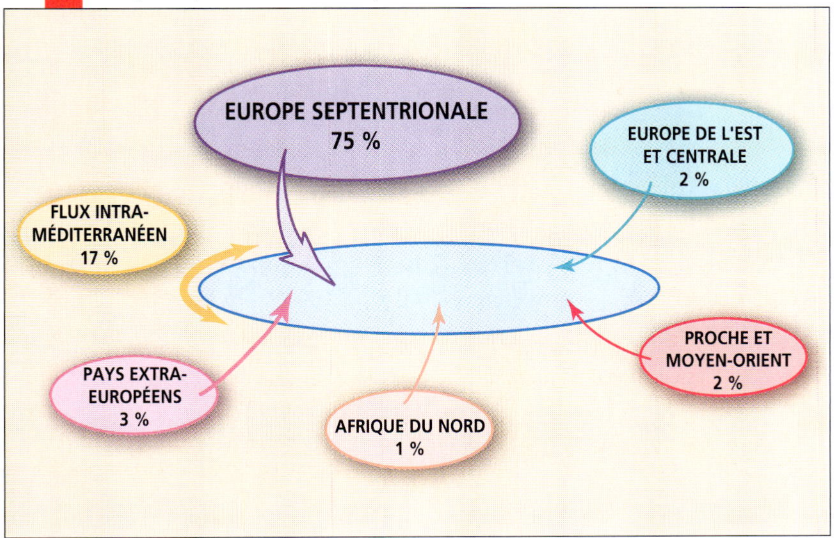

Activité

À partir de l'analyse des différents flux et des types de tourismes en Méditerranée, montrer que le bassin est un « lac récréatif » au service de l'Europe développée et étudier les conséquences spatiales.

dossier 5

Un espace d'échanges économiques : l'exemple des hydrocarbures du Maghreb

Comment l'énergie peut-elle être un vecteur de coopération entre l'Afrique du Nord et les pays méditerranéens de l'Europe développée ? Quels sont les risques écologiques liés à la multiplication des échanges en hydrocarbures dans le bassin méditerranéen ?

1 Les hydrocarbures, enjeu majeur entre les deux rives de la Méditerranée occidentale

La question géostratégique de l'énergie semble au centre des préoccupations de l'UE et des pays de l'Afrique du Nord. L'Afrique est dotée d'importantes ressources largement sous-exploitées. Les réserves prouvées en hydrocarbures y représentent 7 % des réserves mondiales et sont localisées essentiellement en Afrique du Nord et de l'Ouest. Il y a une complémentarité dans le domaine de l'énergie entre les pays consommateurs de l'UE et un certain nombre d'États du sud de la Méditerranée, qui sont soit des pays producteurs (Libye, Algérie, Égypte), soit des pays de transit (Maroc, Tunisie). C'est surtout au niveau du gaz que va s'affirmer cette complémentarité. Selon l'Agence internationale de l'énergie, l'Europe devrait en consommer 820 Gm^3 / an à l'horizon 2020. Comme sa production gazière devrait dans l'avenir sensiblement reculer, le volume des importations de gaz en provenance du Maghreb devrait représenter 80 % de sa consommation vers 2030. Mais s'il y a une dépendance énergétique européenne, il y a par ailleurs une dissymétrie entre les producteurs et les consommateurs : les importations en hydrocarbures ne représentent que 1,5 % du PIB de la zone euro (contre 5 % dans les années 1970) alors que les pays producteurs, pour leur majorité, ne parviennent toujours pas à se dégager de la situation de mono-exportateurs d'hydrocarbures. Aussi des besoins importants de capitaux seront nécessaires en terme d'investissement non seulement pour le développement de capacités nouvelles mais aussi pour préserver le potentiel de production existant.

K. Salame-Hardy,
Revue *Arabies*, n° 198, septembre 2003.

2 Exemples de ports à terminaux spécialisés en hydrocarbures en Méditerranée*

Arzew (Algérie)	Ras-el-Anouf (Libye)	Port-Saïd (Égypte)	Haïfa (Israël)	Tripoli (Liban)
40	53	46	2,4	1,9

* En millions de tonnes à la fin des années 1990.

D. Borne et J. Scheibling, *La Méditerranée*, Hachette supérieur, 2002.

3 Les conséquences sur l'environnement

Quelle que soit la méthode d'analyse ou le mode calcul utilisé, la pollution volontaire par rejet des huiles de vidange et résidus de fioul (ou « sludges ») en Méditerranée est comprise entre 0,7 et 1,5 million de tonnes chaque année, soit une moyenne de 1 million de tonnes, ce qui représente l'équivalent de :
- 50 Erika ou 15 Prestige par an ;
- 1 naufrage d'Erika par semaine en Méditerranée ;
- 280 rejets illicites par jour de 10 tonnes de moyenne, soit 2 800 tonnes rejetées par jour ;
- 100 000 rejets par an.

Élisa Noémie et Frédéric Castallenet,
Rapport sur la pollution marine par hydrocarbures et les dégazages sauvages en Méditerranée,
disponible sur le site de WWF
(http://www.wwf.fr/pdf/pollutionmarine.htm).

4 Les gazoducs transméditerranéens

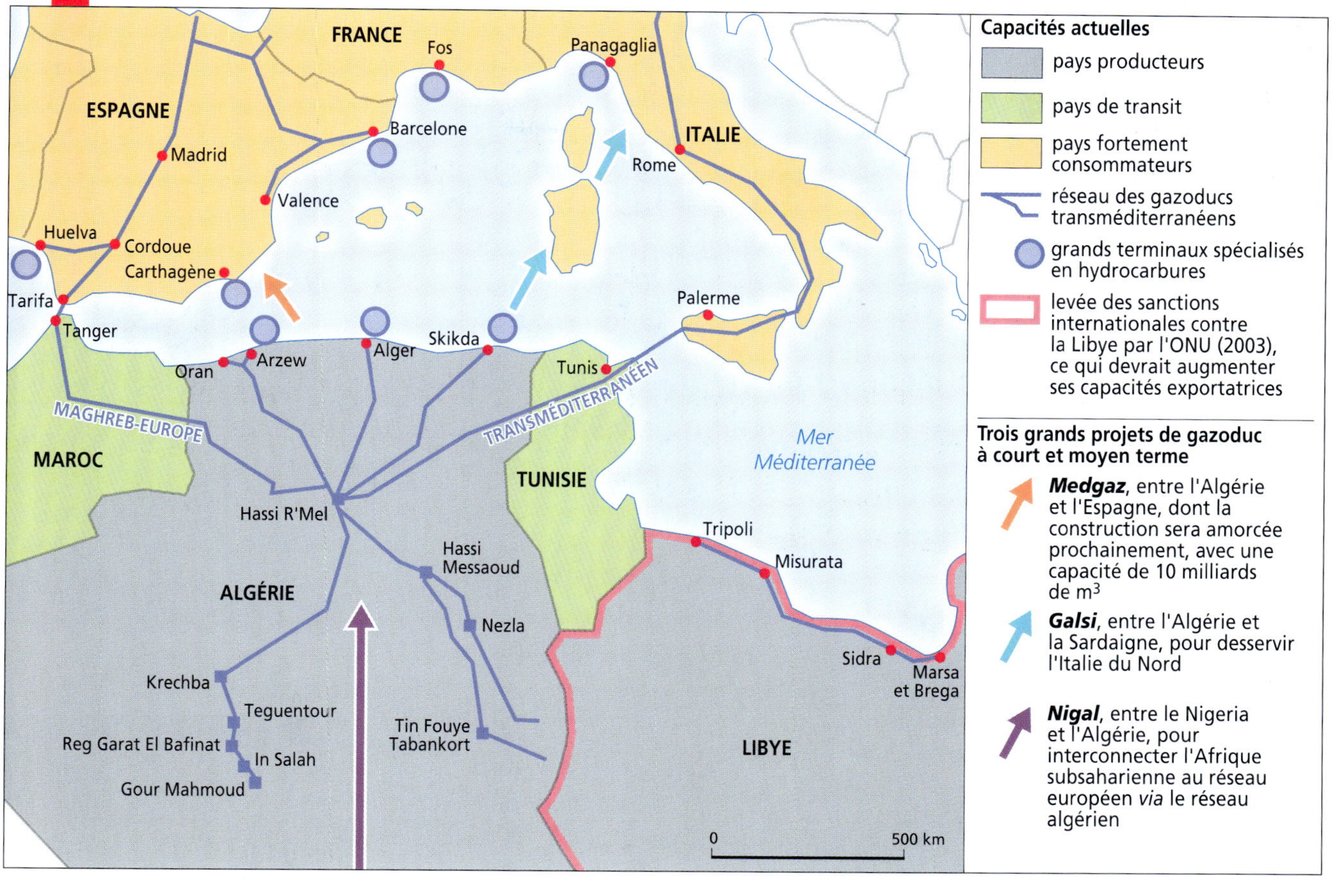

Source : D'après Gas Stratégies, Londres, 1997, in D. Dorne et J. Scheibling, *La Méditerranée*, « Hachette supérieur », 2002.

5 La structure des échanges énergétiques entre l'Europe et le Maghreb, reflet d'une organisation Nord/Sud ?

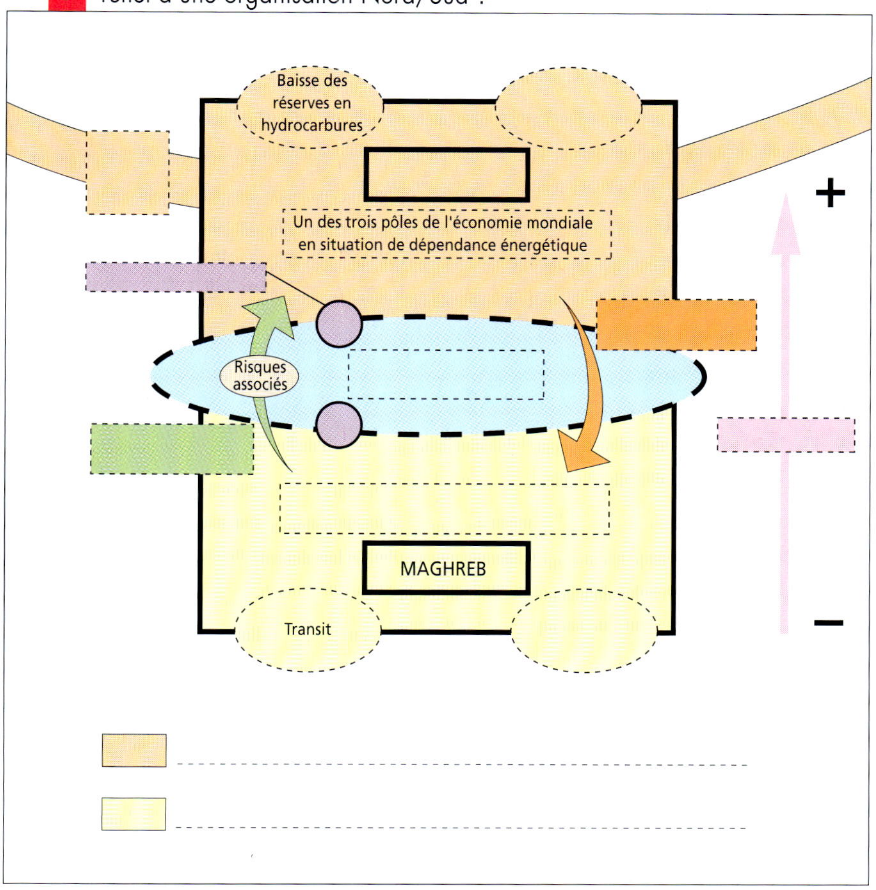

Activité

À l'aide des documents du dossier et du document 3 p. 307, compléter le schéma d'organisation de l'espace proposé au document 5 par les données suivantes : « Flux d'hydrocarbures », « Périphérie », « Insertion dans l'économie mondialisée », « Production », « gradient du développement », « Flux d'investissement », « UE », « Périphérie de l'Europe en situation de mono-exportateur d'énergie », « Interface Méditerranée », « Terminaux spécialisés », « Fortes capacités productives liées à une importante consommation d'énergie », « Centre ».

dossier 6

Vers un espace méditerranéen intégré à l'Union européenne ?

Quels sont les rapports qu'entretient l'Union européenne avec les autres pays du Bassin méditerranéen qui se localisent à ses portes ? Quelles sont les perspectives d'élargissement de l'Union vers la Méditerranée ?

1 L'élargissement en Méditerranée : plus de questions que de réponses au débat

L'Union européenne, à force de s'élargir, va-t-elle finir par englober l'ensemble de la Méditerranée ? Dans ce cas, où s'arrête l'Europe ? Les limites continentales avec l'Afrique et l'Asie sont-elles pertinentes ? Existe-t-il une civilisation européenne judéo-chrétienne comme les opposants à l'intégration de la Turquie veulent le faire croire ? Que faire alors des Balkans, de ces îles et archipels où l'influence ottomane a laissé des traces profondes ? Et qu'en est-il des pays qui ont été, pendant un siècle, colonisés par les puissances européennes et qui ont, de ce fait, une culture arabo-européenne ? La culture est-elle un critère suffisant pour retenir la candidature à l'adhésion ?

J.-F. Drevet, *Construction européenne et Méditerranée*, in D. Borne et J. Scheibling, *La Méditerranée*, Hachette supérieur, Paris, 2002.

2 Des organisations pour aller vers une Méditerranée intégrée

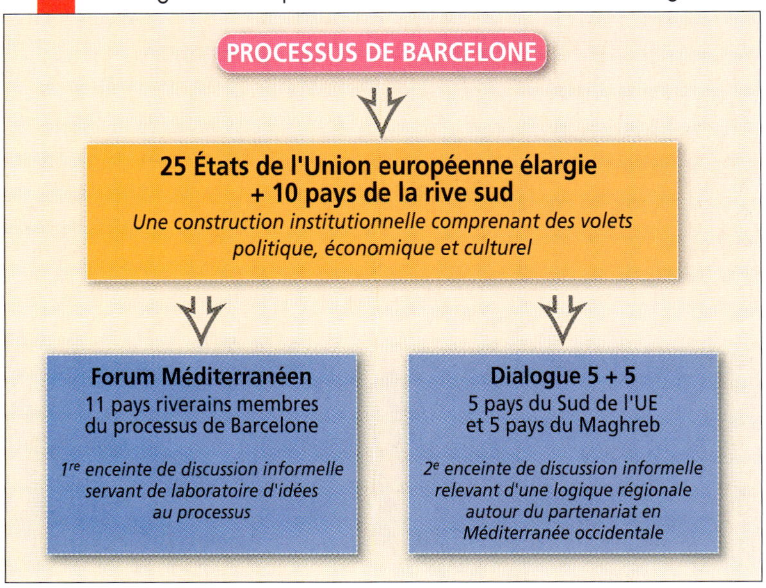

3 Le cadre institutionnel du dialogue entre l'Union et les PSEM

La conférence de Barcelone de novembre 1995 qui réunissait les pays de l'Union et les PSEM (Pays du sud et de l'est de la Méditerranée), a jeté les fondements d'une politique méditerranéenne rénovée.

Elle a initié un nouveau partenariat comprenant :

– un volet économique et financier qui repose, pour l'essentiel, sur la mise en œuvre d'une zone de libre-échange à l'horizon 2010 ;

– un volet politique et de sécurité (maîtrise des flux migratoires) ;

– un volet culturel et humain (aide au développement).

La Conférence de Marseille, en novembre 2000, a donné un nouvel élan en ouvrant ce partenariat à l'aménagement du territoire. Des thèmes d'intérêts communs seront approfondis. La mise en place de la zone de libre-échange ne changera pas radicalement la situation existante. Les échanges entre les deux rives de la Méditerranée continueront à être marqués par une forte asymétrie. Il faut donc jeter les bases d'une plate-forme commune sur l'aménagement du territoire et le développement de l'espace méditerranéen, construire ensemble la composante territoriale du partenariat euro-méditerranéen.

J. Peyrony, *Le Schéma de développement de l'espace communautaire*, La Documentation française-DATAR, 2002.

4 La Méditerranée, entre perspective d'adhésion et espace oublié par l'Union européenne

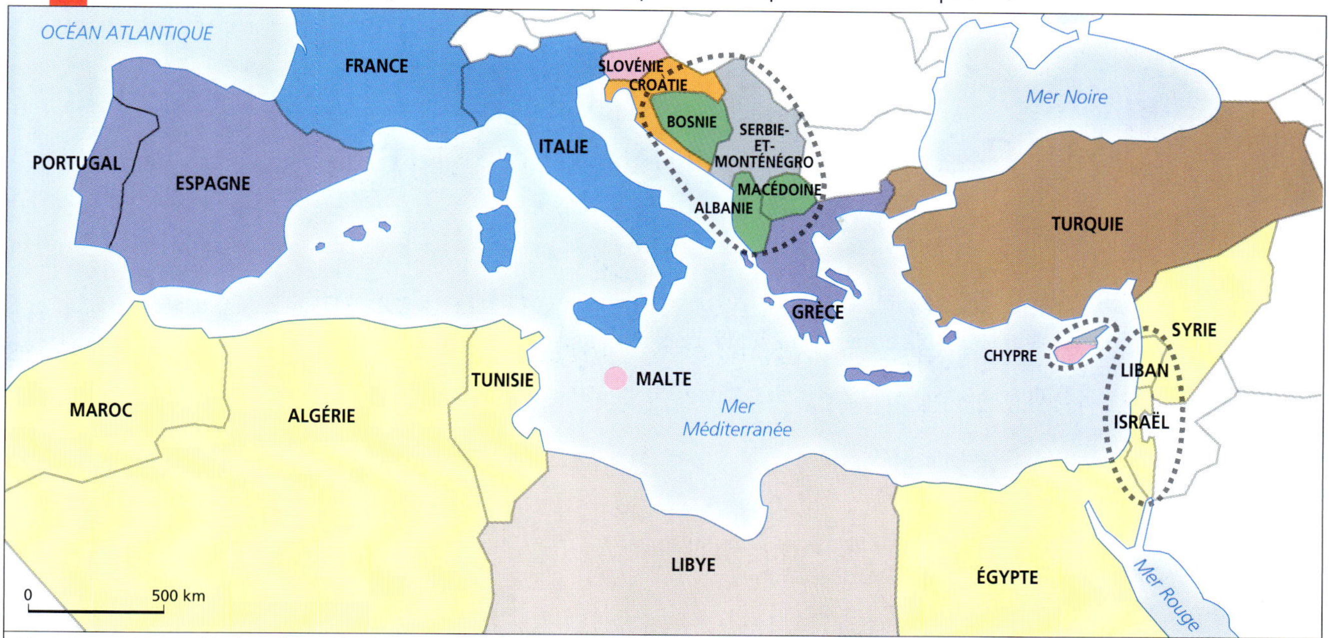

Une rive nord regardée de près par l'Union

- pays méditerranéens membres fondateurs de l'Union
- pays méditerranéens intégrés dans les années 1980
- pays méditerranéens concernés par l'élargissement à 25 en 2004
- Turquie, associée depuis 1963 et candidate depuis 1987, à l'adhésion ajournée et discutée actuellement
- États dont l'adhésion est envisageable, mais reste suspendue à la stabilisation politique intérieure (fédération yougoslave, Chypre du Nord)
- États où l'UE est engagée fortement dans des opérations de pacification (aides économiques et médiation militaire), condition pour envisager une adhésion
- Croatie, qui s'est donnée comme objectif de remplir les conditions d'adhésion pour 2006

Les PSEM plus isolés

- pays bénéficiant depuis les années 1970 d'un régime d'association économique et culturelle avec l'Union, périodiquement réexaminé, mais aux contours et aux objectifs mal définis
- Libye, en dehors du régime d'association
- zone dont les tensions géopolitiques sont des freins importants à l'intégration européenne

5 Le Free Trade Agreement (FTA)* annoncé officiellement en avril 2002 entre le Maroc et les États-Unis

C. Novelli, adjointe au représentant américain du Commerce et T. Fassi Fehri, ministre marocain délégué aux Affaires étrangères et à la Coopération.

Avec l'accord de libre-échange, le royaume chérifien deviendra le cinquième pays dans le monde et le deuxième pays arabe, après la Jordanie, à concrétiser ce genre de partenariat avec la première puissance mondiale.

Revue mensuelle *Arabies*, n° 198, septembre 2003.

* FTA ou Accord de libre-échange.

Activité

À partir de l'ensemble des documents de ce dossier, et après avoir analysé la grande diversité des types de relations qu'entretient l'Union avec les différents pays méditerranéens, montrer que malgré les bonnes intentions affichées, « la composante territoriale du partenariat euro-méditerranéen » (document 3) reste à construire, puis débattre en classe des questions soulevées par le document 1.

Étude d'un ensemble documentaire

En quoi la Méditerranée est-elle un espace de tensions ?

PREMIÈRE PARTIE

Analyser l'ensemble documentaire en répondant aux questions suivantes :

1. Identifier clairement les échelles des documents 1, 2 et 3, et dire en quoi le document 4 est d'une nature différente des autres documents de cet ensemble documentaire.
2. Lister et classer les facteurs de tensions qui apparaissent dans les documents 1 et 3.
3. Montrer en quoi, à l'aide du document 4, les facteurs de tensions se sont à la fois multipliés et complexifiés depuis une quinzaine d'années.
4. Yves Lacoste (document 4) parle de la Méditerranée et des « prolongements vers l'Est » : à quelle région du monde fait-il allusion et pourquoi (justifier la réponse en s'appuyant sur les informations données par le document 1) ?
5. L'existence de facteurs multiples de tensions en Méditerranée n'est-elle pas le produit de nombreuses « discontinuités » ? Identifier les différentes discontinuités apparentes dans cet ensemble documentaire.

DEUXIÈME PARTIE

À l'aide des réponses aux questions, des informations contenues dans les documents et de vos connaissances, vous rédigerez une réponse organisée au sujet : En quoi la Méditerranée est-elle un espace de tensions ?

1 Les principales tensions en Méditerranée

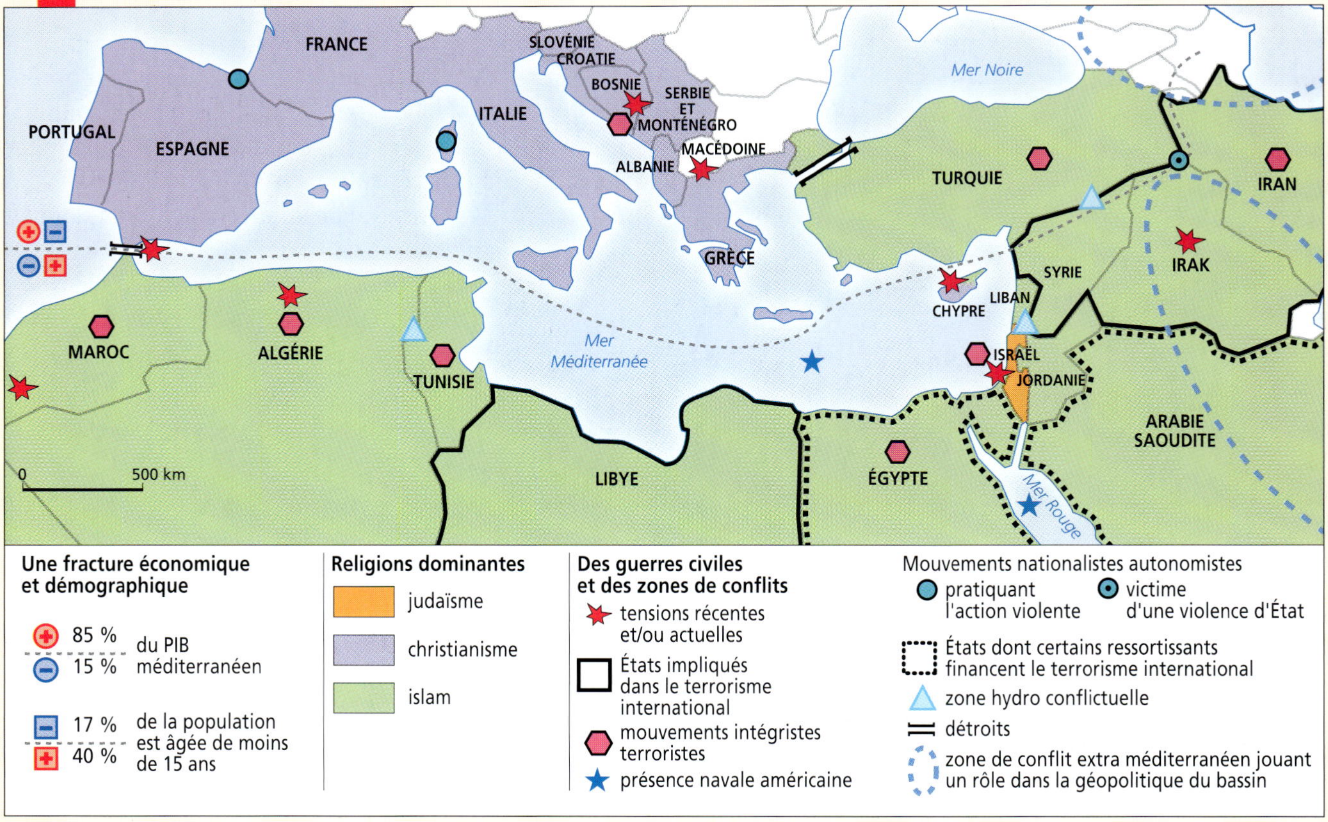

2 L'île du Persil, un territoire disputé entre le Maroc et l'Espagne

Une femme marocaine brandit le drapeau national, le 20 juillet 2002 à Bel Younech, face à l'île du Persil où des soldats espagnols ont pris position après avoir délogé des gendarmes marocains trois jours plus tôt.

Diplomatie-Magazine, n° 4, juillet-août 2003.

3 Une des grandes zones hydroconflictuelles dans la Méditerranée orientale

J.-P. Besancenot, *Les grandes zones hydroconflictuelles en Méditerranée*, in G. Wackermann, *La Méditerranée*, Ellipses, 2001.

4 La Méditerranée est devenue aujourd'hui la principale zone de conflits du globe

Alors que le traité de paix israélo-égyptien de 1979 avait mis fin à trente ans d'affrontements et que la guerre civile au Liban s'était apaisée sous contrôle syrien en 1989-90, les dix dernières années ont vu toute une série de conflits nouveaux: la guerre civile en Algérie depuis 1992, les guerres provoquées par l'éclatement de la Yougoslavie. Le contentieux israélo-palestinien, que l'on croyait en bonne voie de règlement après les accords d'Oslo en 1993, prend une tournure dramatique. De surcroît, il faut prendre en compte dans la géopolitique de la Méditerranée les conflits du Caucase qui commencent en 1988 entre Arméniens et Azéris, en 1992 entre la Géorgie et l'Abkhazie, et surtout en Tchétchénie depuis 1996.

Par ailleurs, non seulement la zone géopolitique Méditerranée est, dans le monde, celle où aujourd'hui les conflits sont les plus nombreux, eu égard à sa dimension et à son effectif de population, mais c'est depuis cette zone qu'a été organisée et lancée l'attaque spectaculaire contre les États-Unis du 11 septembre. Il apparaît donc plus que jamais que c'est autour de la Méditerranée et dans ses prolongements vers l'Est que se situe aujourd'hui la principale zone de tension au plan mondial.

Yves Lacoste, *Géopolitique de la Méditerranée*, revue *Hérodote*, n° 103, 4e trimestre 2001.

Composition L'espace méditerranéen, une frontière Nord/Sud

A. Comprendre le sujet

Les limites spatiales du sujet envisagent l'ensemble du bassin au sens strict du terme mais, il est permis de prendre en compte aussi certains éléments des espaces proches qui lui sont associés.
Par l'emploi du mot « frontière », le sujet invite d'abord à réfléchir sur les discontinuités spatiales multiples qui caractérisent l'espace méditerranéen, ainsi que sur l'interface qu'il représente pour le transit de flux intenses et variés.
« Nord » et « Sud » incitent à insister sur les inégalités de développement existant entre les deux rives du bassin dans tous leurs aspects (économique, démographique ou culturel). Par ailleurs, les deux termes renvoient à l'évocation d'une organisation de l'espace de type centre/périphéries.

B. Problématique

Quelles sont les fractures géographiques multiples qui existent entre les rives Nord et Sud de la Méditerranée ? Quelle est la structure des échanges qui en découle ? Quel type d'organisation de l'espace méditerranéen en résulte ?

C. Plan proposé

1. Un espace méditerranéen traversé par des limites de natures multiples	
Des oppositions culturelles anciennes, linguistiques, religieuses et sociétales	*Dossier 1, pages 304-305.*
De grandes inégalités de développement entre le Nord et le Sud	*Dossier 2, pages 306-307.*
Des tensions géopolitiques	*Étude d'un ensemble documentaire, pages 316-317.*
2. Une interface d'échanges	
Les mouvements migratoires, conséquence du développement inégal	*Dossier 3, pages 308-309.*
Un espace touristique au service des plus riches	*Dossier 4, pages 310-311.*
Un échange inégal entre les rives nord et sud du bassin	*Dossier 5, pages 312-313.*
3. Une organisation de l'espace de type centre/périphéries	
Un pôle dominant : l'Arc Latin, dans l'Union européenne	*Dossiers, pages 305 à 315.*
Une rive nord intégrée ou en voie d'intégration au pôle dominant	*Dossier 6, pages 314-315.*
Les PSEM aux situations et aux fonctions très variées	*Dossiers, pages 312-313 et 314-315.*

D. Quelques pistes pour la conclusion

Le bilan du devoir doit être une appréciation nuancée d'une stricte opposition Nord/Sud en Méditerranée et insister sur la complexité de l'organisation de l'espace du bassin.

Croquis

Comment l'espace est-il organisé en Méditerranée ?

A. Comprendre le sujet

Il s'agit de figurer sur le croquis les grandes fractures actuelles qui caractérisent le monde méditerranéen en même temps que d'en présenter l'originalité liée à la proximité de la Méditerranée, qui imprime partout sa marque naturelle, historique et sociétale. Une place particulière doit être donnée aux intenses échanges qui parcourent le bassin, ainsi qu'aux conflits qui en font la première zone de tension géopolitique mondiale.

B. Activité

À l'aide de l'ensemble des documents étudiés dans le chapitre, compléter le croquis et la légende organisée.

C. Fond de carte et légende organisée

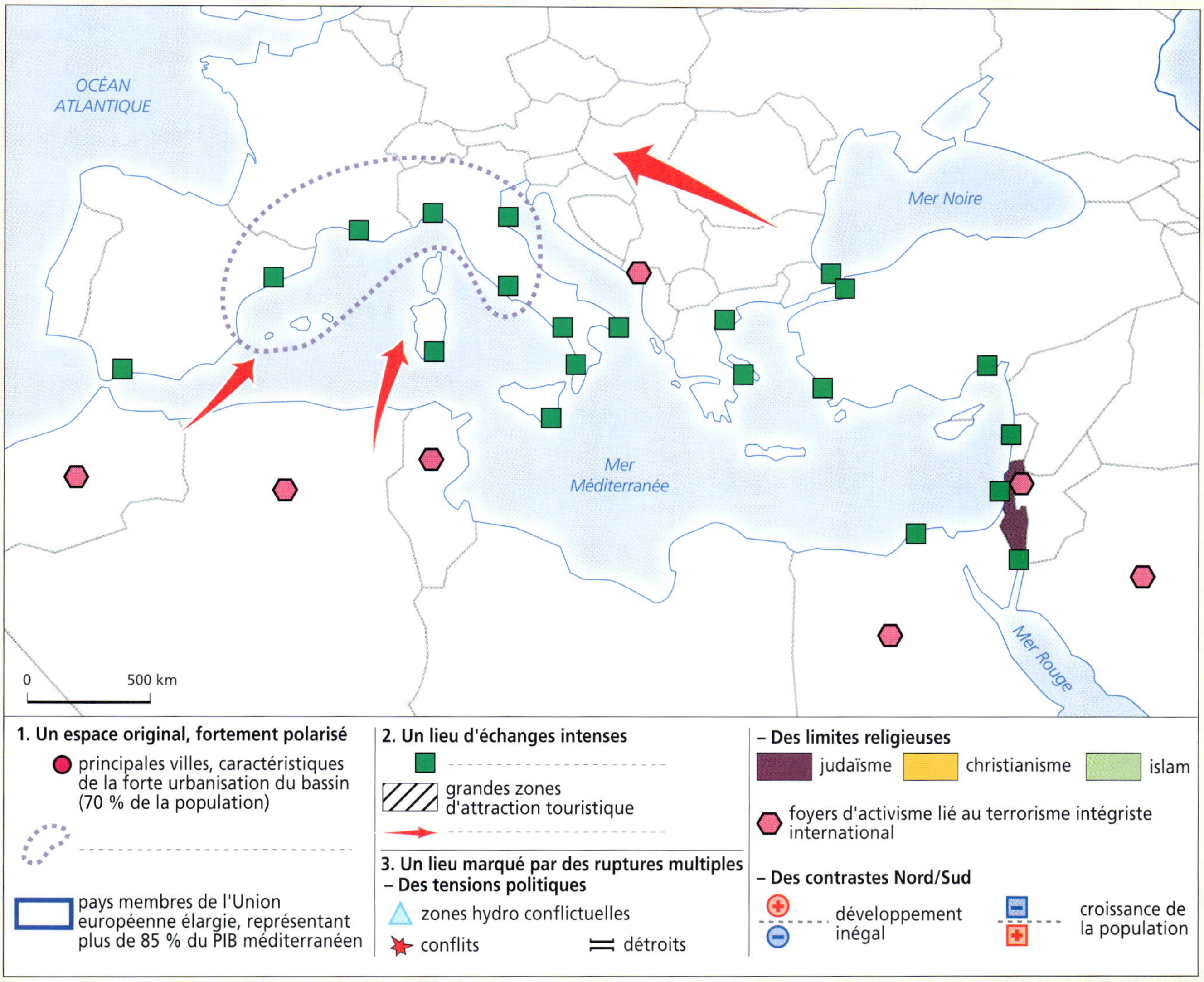

Source : D'après Cedrik ALLMANG, *Petites leçons de géographie*, PUF, 2001.

chapitre 12

1. Une zone de fractures

A. Un carrefour de civilisations

Carte 1, p. 321 et carte, p. 302.
Dossier 1, p. 304-305.

Au moins six grands ensembles culturels différents se rencontrent autour du bassin.

La rive nord se brise en trois sous-ensembles régionaux qui se sont fortement influencés les uns les autres au cours du temps : un *arc occidental* à dominante catholique et latin, un *monde gréco-balkanique* à majorité orthodoxe très marqué par la longue présence musulmane du *monde turc* qui fait pont entre l'Europe et l'Asie.

La rive sud, davantage unitaire, s'étire en latitude en déclinant trois variantes d'une même civilisation cimentée autour de l'Islam sunnite et de sa composante majoritaire arabe : le *Maghreb* à l'ouest, le *Proche-Orient* à l'est et le *monde égyptien*. La création de l'État d'Israël au sortir de la guerre a créé une exception mal acceptée par ses voisins.

Dossier 2, p. 306-307.
Texte 2, p. 321.

B. De grandes inégalités de développement

La Méditerranée développée du Nord-Ouest (IDH supérieur à 0,800), s'oppose à la Méditerranée des versants méridional et oriental aux situations plus variées (IDH oscillant entre 0,500 et 0,800).

Au Nord, si la France et l'Italie se distinguent en faisant partie du G-8, la Grèce, l'Espagne et le Portugal connaissent aussi une croissance remarquable depuis les années 1980. Les pays de l'ex-Yougoslavie accumulent des retards importants, liés à leur difficile transition vers l'économie de marché et aux violents conflits ethniques qui accompagnent la recomposition territoriale de la région depuis le début des années 1990.

Dans la partie Sud, l'Ouest maghrébin ou l'Égypte connaissent une ébauche de **développement** par l'exploitation de leurs ressources touristiques et de leurs hydrocarbures. Mais l'ensemble reste déprimé actuellement sur le plan socio-économique, du fait d'une démographie explosive, de structures rurales mal adaptées à une économie ouverte, de la chute des revenus du pétrole depuis les années 1980 et des inégalités sociales persistantes qui génèrent une forte instabilité politique. La partie Est, de la Syrie au Liban, forme un ensemble économiquement et politiquement plus varié mais globalement fragile. Quant à la Turquie, elle demeure caractérisée par un mal développement chronique, malgré les efforts d'ajustements entrepris pour rendre crédible sa candidature à l'Union européenne.

Étude d'un ensemble documentaire, p. 316-317.
Croquis, p. 319.

C. Le premier espace mondial de tensions géopolitiques

Espace traversé de conflits d'intérêts multiples, le Bassin méditerranéen accumule des points chauds de toutes natures. Contestation de frontières, guerres civiles, développement du terrorisme intégriste musulman, autonomisme ethnique, conflit israélo-palestinien ou insuffisance des **ressources** en eau font de la Méditerranée un espace dont la dangerosité pour la stabilité de l'ordre mondial est renforcée par sa proximité avec les zones de tensions caucasienne (Tchétchénie) et moyen-orientale (golfe Persique).

Traditionnellement proche de l'Europe du fait du passé colonial et longtemps soumis à son influence, le monde arabe est aujourd'hui regardé de beaucoup plus près par les États-Unis depuis les attentats du 11 septembre. La Méditerranée est devenue désormais un espace de concurrence entre les deux puissances, ce qui ne contribue pas forcément à en accélérer la pacification.

Notions clefs

- Développement
- Ressource

Voir lexique, page 7

1 Les six rives de la Méditerranée

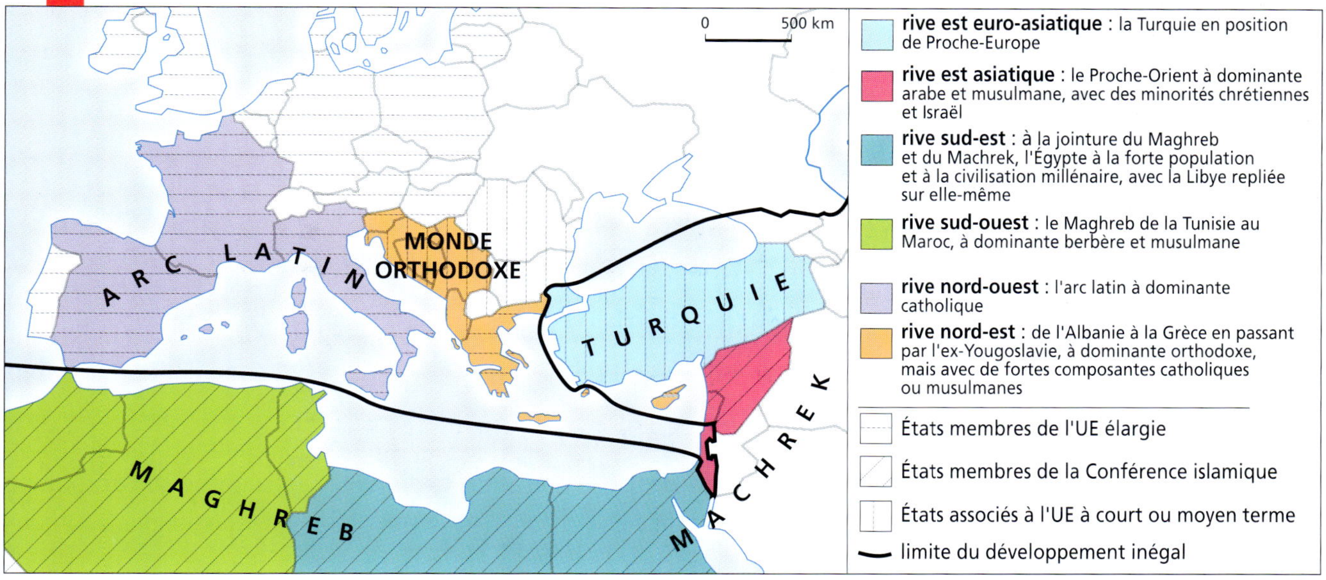

2 Des liens étroits entre le mal-développement et les problèmes géopolitiques

Le Moyen-Orient est une zone basse de l'économie mondiale depuis les années 1990. Bien sûr la croissance est positive dans plusieurs pays. La Turquie poursuit en cahotant une prodigieuse marche en avant. La Tunisie, qui a investi dans les petites et moyennes entreprises, le tourisme et l'éducation, exporte avec succès vers l'UE. Certains pays (l'Égypte, le Maroc) ont enregistré des croissances faibles mais pas négatives. Mais il y a des catastrophes, comme l'Algérie, frappée par la guerre civile et où le chômage atteint 40 % de la population, ou la Syrie qui entraîne dans son naufrage le Liban, autrefois considéré comme le Hong Kong du Moyen-Orient et aujourd'hui en cessation de paiement. Ce marasme économique contraste dangereusement avec la croissance démographique qui se ralentit certes, mais reste encore forte pour deux générations.

Certains sondages au Maroc ont montré que près de 80 % des jeunes étaient candidats à l'émigration. Ces pays ne sont pas les plus pauvres de la Terre en raison de l'importance des ressources, notamment en hydrocarbures. Ils se situent dans la moyenne inférieure, en dessous de l'Amérique latine, mais très loin de la pauvreté agricole en Inde, dans l'Afrique profonde ou dans la Chine intérieure. C'est vrai aussi que certaines ressources financières ont créé une classe de riches enviés qui se disposent en cercles concentriques autour du golfe Persique. Le résultat, c'est la montée de mouvements politiques fondamentalistes qui prônent une nouvelle répartition des richesses et du pouvoir.

La lutte contre Ben Laden, c'est d'abord la lutte pied à pied, dans chaque pays, dans chaque ville, pour arracher la population à sa misère, au désespoir, à la violence.

D'après Alexandre ADLER,
J'ai vu finir le monde ancien, Grasset, 2002.

3 L'île de Chypre, séparée en deux communautés

Dessin de M. HODGES paru dans
The Wall Street Journal Europe, Bruxelles.

Chypre, qui est l'une des îles principales de la Méditerranée orientale, fut le théâtre d'affrontements violents entre les communautés turques (Nord-Est) et grecques (Sud-Est), qui aboutirent à la partition de son territoire en 1975. L'adhésion de l'île à l'Union européenne étant acquise pour l'élargissement de 2004, la réunification des deux Chypre sur un modèle fédéral de type belge semblait en bonne voie de réalisation. Mais il apparaît que les réticences de la Turquie remettent en question pour longtemps encore le processus de réconciliation, et pour l'heure, seule la partie occidentale de l'espace insulaire est concernée par l'adhésion.

D'après *Courrier International*, n° 628,
du 14 au 20 novembre 2002.

chapitre 12

2. Une frontière traversée par des échanges multiples

Dossier 3, p. 308-309.
Documents 1 et 2, p. 323.

A. Les flux migratoires

Les pays méditerranéens de l'Union européenne combinent forte croissance économique et démographie stable, voire régressive, ce qui provoque vers eux des **flux** massifs de travailleurs à la recherche de conditions de vie plus dignes. L'Union européenne tente de maîtriser les flux depuis les années 70 par un durcissement des réglementations, ce qui contribue à développer l'immigration clandestine, à laquelle les autorités peinent à apporter des solutions satisfaisantes.

Le Maghreb, dans le Sud-Ouest, est dans une situation économique stagnante peu capable de satisfaire les besoins de sa population en croissance explosive. La proximité géographique et historique avec l'Europe développée en fait un espace puissamment fournisseur de main-d'œuvre ou une zone de transit (Maroc, Tunisie).

Le Sud-Est du bassin (de l'Égypte à la Syrie) connaît des situations économique et démographique comparables mais les flux s'orientent vers les monarchies pétrolières du golfe Persique, fortement demandeuses de travailleurs immigrés.

Dans le Nord-Est, la Turquie, qui est traditionnellement un espace d'émigration économique important vers l'Union (en particulier l'Allemagne), se distingue des pays de l'Europe balkanique où les violents conflits génèrent des flux de réfugiés politiques en même temps que de travailleurs.

Dossier 4, p. 310-311.
Document 3, p. 323.

B. Les flux touristiques

Depuis les années 60, on y assiste à une véritable explosion du tourisme de masse, fondé essentiellement sur les activités balnéaires et estivales. L'essentiel des flux sont émis par l'Europe septentrionale industrialisée. Les principales bénéficiaires en sont les rives des pays de l'Europe développée (Italie, Espagne, France, Grèce), qui disposent des 4/5e des capacités d'hébergement en Méditerranée. La pression touristique, fortement concentrée, pose des problèmes d'**environnement** liés à la surexploitation des littoraux ou à la consommation d'eau.

Quatre ensembles touristiques se distinguent à l'intérieur du bassin : un axe courant du littoral français au Maroc, un axe Nord/Sud de la Vénétie à la Tunisie, un ensemble associant les rives de l'ex-Yougoslavie, la Grèce et la Turquie, et un axe oriental qui va de l'Égypte à la Syrie.

Dossier 5,
p. 312-313.

C. Les flux commerciaux et financiers

Les échanges commerciaux, en expansion en Méditerranée, génèrent davantage de dépendance que d'interdépendance entre les rives nord et sud du bassin.

Si les pays industrialisés du nord-ouest sont demandeurs de **ressources** énergétiques en provenance du Maghreb ou d'Égypte, ils ont su depuis les années 70 diversifier l'origine de leurs importations en hydrocarbures et bénéficient depuis les années 80 de la baisse chronique de leurs prix. Par ailleurs, les économies mal développées des PSEM se révèlent incapables de sortir de leur fonction de mono-exportateurs en produits pétroliers et leur **développement** industriel stagne. Ainsi, les échanges entre les deux rives de l'espace méditerranéen sont très déséquilibrés : si les exportations des pays du Nord méditerranéen vers le Sud du bassin ne représentent que 4 % de leur activité commerciale totale, les PSEM dépendent à 60 % du Nord pour les leurs.

Notions clefs
- Développement
- Environnement
- Flux
- Ressources

Voir lexique, page 7

1 Le long périple des réfugiés kurdes depuis l'Irak

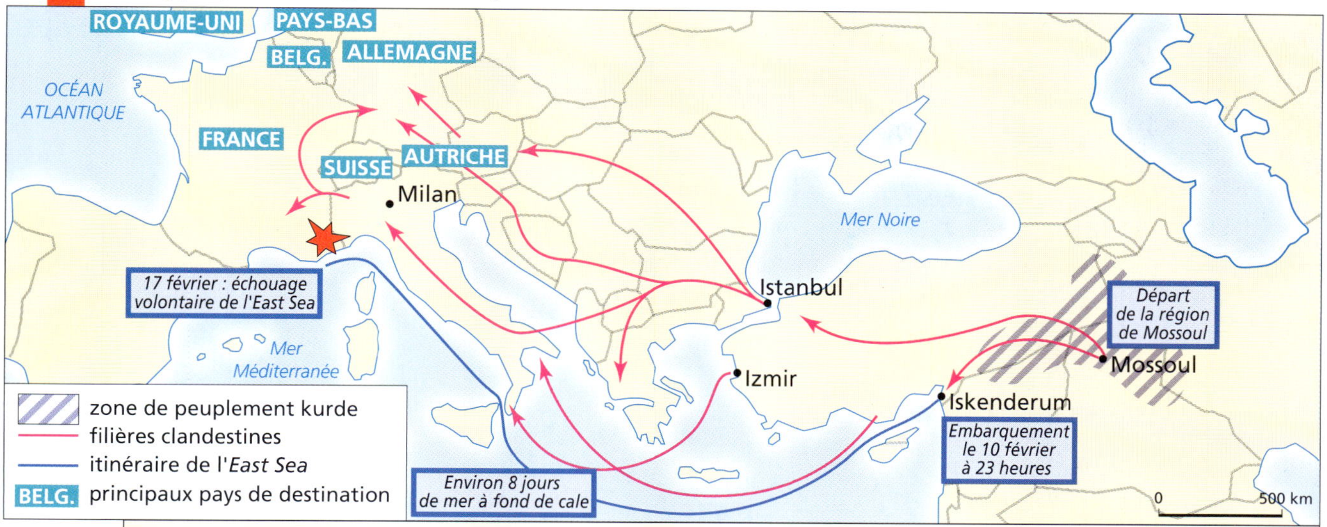

La presse internationale évoque fréquemment les itinéraires des vieux rafiots qui acheminent des réfugiés politiques à travers la Méditerranée. *Le Monde* du 20 février 2001 établit une carte de l'itinéraire du cargo *East Sea* qui a fait naufrage à Boulouris le 17 février, ainsi que les routes traditionnelles clandestines le plus souvent empruntées par les Kurdes dans les Balkans.

Source de la carte : *Le Monde*, 20 février 2001.

2 Comment gérer le métissage accéléré en Espagne ?

Le nombre d'étrangers vivant en Espagne connaît aujourd'hui une croissance spectaculaire. D'un peu plus de 900 000 étrangers en 2000, on est passé à presque 2 millions en 2002. L'arrivée de personnes en quête d'un emploi et d'une vie digne –ce que des centaines de milliers d'Espagnols étaient partis chercher, dans les années 60 et 70, dans la riche Europe de l'époque– pose deux grandes questions. La première est de savoir si la société espagnole va pouvoir assumer sans difficultés excessives une situation qui est pour elle entièrement nouvelle. L'Espagne a été jusqu'à très récemment un pays d'émigrants, pas d'immigrants, et elle n'est pas habituée à la diversité. La seconde question est matérielle : où trouver l'argent nécessaire à l'adaptation des infrastructures sanitaires et éducatives, et comment faire en sorte que chacun ait un logement digne ?

Extrait de *Courrier International* (d'après *El Pais*, Madrid), n° 669, du 28 août au 3 septembre 2003.

3 L'extension du tourisme littoral à Djerba (Tunisie)

3. Une organisation centre/périphéries, productrice d'un espace complexe

A. Une Méditerranée européenne, en position centrale

Dossier 2, p. 306-307.
Dossier 6, p. 314-315.

Acteurs de l'**aire de puissance** mondiale européenne, les pays de l'Union dominent largement l'espace méditerranéen.

Un « arc latin » (Italie, France, Espagne), auquel on peut ajouter la Grèce, représente près de 85 % du PIB méditerranéen et concentre les attributs de la puissance dans le bassin : métropoles dynamiques (Madrid, Barcelone, Toulouse, Marseille, Lyon, Milan, Turin, Gênes, Rome), activités industrielles, aménités pour la localisation de la haute technologie, bénéfices du tourisme, richesse et qualité de la **ressource** humaine, intégration aux marchés mondiaux.

B. Des espaces périphériques en voie d'intégration à plus ou moins court terme

Dossier 6, p. 314-315.

Les États méditerranéens concernés par l'élargissement de 2004 (Slovénie, Malte, Chypre) ont tourné l'essentiel de leurs échanges vers les pays de la Communauté et leur économie est de fait déjà largement intégrée à celle de l'Europe, même si leur niveau de développement n'est pas encore aussi élevé. Chypre n'adhérera que partiellement à l'Union du fait de la division de l'île mais déjà, les conditions et les modalités de l'intégration future de l'ensemble du pays ont été envisagées dans la négociation d'adhésion.

L'intégration des pays des Balkans à l'Europe reste suspendue à la résolution des tensions ethniques violentes qui déchirent encore l'ex-Yougoslavie. Si la Croatie peut espérer que sa candidature soit retenue, la Serbie menacée d'éclatement, la Bosnie sous contrôle international ou le Kosovo en pleine opération de pacification, sont loin de pouvoir envisager une perspective européenne. Quant à l'Albanie, où l'Union européenne assure le maintien de la sécurité intérieure, elle est aujourd'hui beaucoup trop pauvre pour faire face au défi d'une potentielle adhésion.

La Turquie, associée à l'Union par un traité de coopération économique depuis les années 1960 voit ses demandes répétées d'adhésion systématiquement déçues, mais sa volonté de devenir un candidat crédible l'a amenée à réformer en profondeur son économie et à libéraliser ses pratiques politiques.

C. L'isolement des pays du sud et de l'est de la Méditerranée (PSEM)

Dossier 6, p. 314-315.
Documents, p.325.

L'élargissement de l'Europe vers l'est semble détourner son regard des pays du Sud, qui constituent pourtant pour elle une aire d'expansion naturelle à plus ou moins long terme.

Si des initiatives ont pu être lancées au milieu des années 90 pour relancer le partenariat Nord/Sud au sein du bassin (Processus de Barcelone, Dialogue 5 + 5, Forum méditerranéen), elles n'ont pas les effets escomptés dans la réalité.

Par ailleurs, les autorités communautaires développent l'idée que l'intégration des PSEM à l'Europe n'est pas envisageable si l'on veut que les institutions de l'Union élargie puissent fonctionner. Et si elles sont favorables à toujours plus d'ouverture économique en direction des marchés méditerranéens, elles sont très réticentes à penser la construction d'un vaste ensemble communautaire en Méditerranée, que certains pays du sud du bassin appellent pourtant de leurs vœux.

Notions clefs
- Aire de puissance
- Ressources

Voir lexique, page 7

1 La Méditerranée doit-elle craindre l'élargissement de l'Europe à l'est

Les pays du Sud nourrissent plusieurs craintes : que les fonds structurels qui leur sont alloués baissent pour financer le coût de l'élargissement, qu'il y ait un détournement de trafic au profit des PECO, et que la production intensive en travail soit délocalisée de l'UE vers les PECO pour tirer avantage des différentiels de salaires.

Ainsi, à entendre certains pays méditerranéens, surtout en Afrique du Nord, on a l'impression que pour eux, plus d'élargissement à l'est signifie moins de partenariat euro-méditerranéen. Il faut effectivement être naïf pour supposer que l'élargissement aura un effet neutre sur les pays méditerranéens. Mais l'UE ne peut se consacrer exclusivement à sa façade Est en laissant sa façade Sud à l'abandon. Cela n'est pas dans son intérêt géopolitique et géoéconomique et ce n'est même pas souhaitable du point de vue des équilibres internes au sein de l'Union, car le délaissement de la Méditerranée renforcerait les États européens du Centre, notamment l'Allemagne, au détriment du pôle français et des autres États européens du Sud.

De plus, ce ne sont pas tant les PECO qui sont les véritables concurrents de la Méditerranée, mais l'Amérique latine. Celle-ci, en effet, a accaparé en 2000, près de 10,8 % des investissements directs européens contre 1,5 % en Méditerranée. À l'avenir, ce ne seront pas seulement les PECO qui entreront en concurrence avec les pays méditerranéens, mais outre l'Amérique latine, la Chine, l'Inde et les autres pays asiatiques.

D'après Bichar KHADER,
Diplomatie-Magazine, n° 4, juillet-août 2003.

Ouverture du sixième Forum méditerranéen à Malte, le 4 mars 1999.

2 L'adhésion de Malte acquise en 2004, malgré les euro-sceptiques maltais

3 Un exemple de coopération transfrontalière en Méditerranée

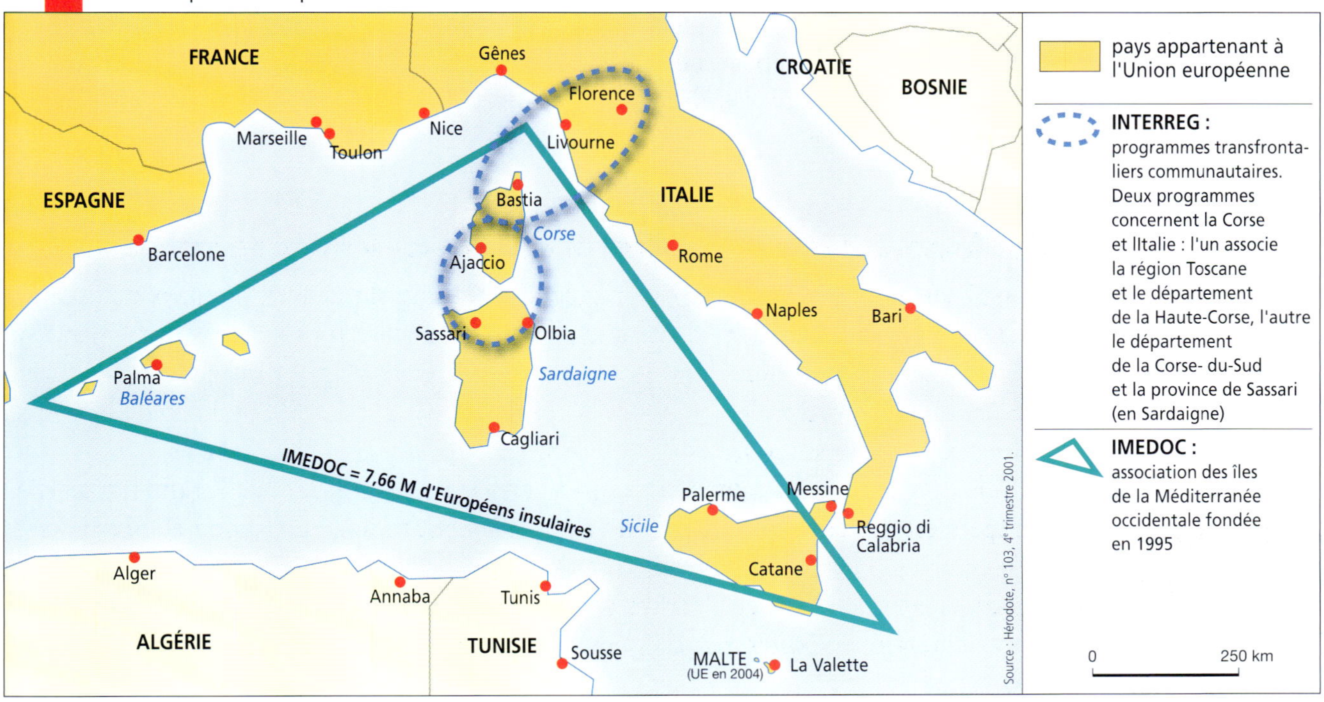

chapitre 13 La Russie, un État et un espace en recomposition

Problématique

La Russie est un État issu de l'éclatement de l'URSS en 1991. Malgré cette contraction, c'est l'État le plus vaste du monde, peuplé de 150 millions d'habitants et disposant de ressources importantes.

C'est donc un territoire en recomposition : de nouvelles formes de mise en valeur et de maîtrise du territoire se mettent en place, de nouvelles relations avec les anciennes républiques de l'URSS doivent être définies.

Comment surmonter les contraintes naturelles et l'héritage soviétique afin d'assurer les bases d'un nouveau développement ?

La Russie nouvelle : un enclavement et une continentalité renforcés

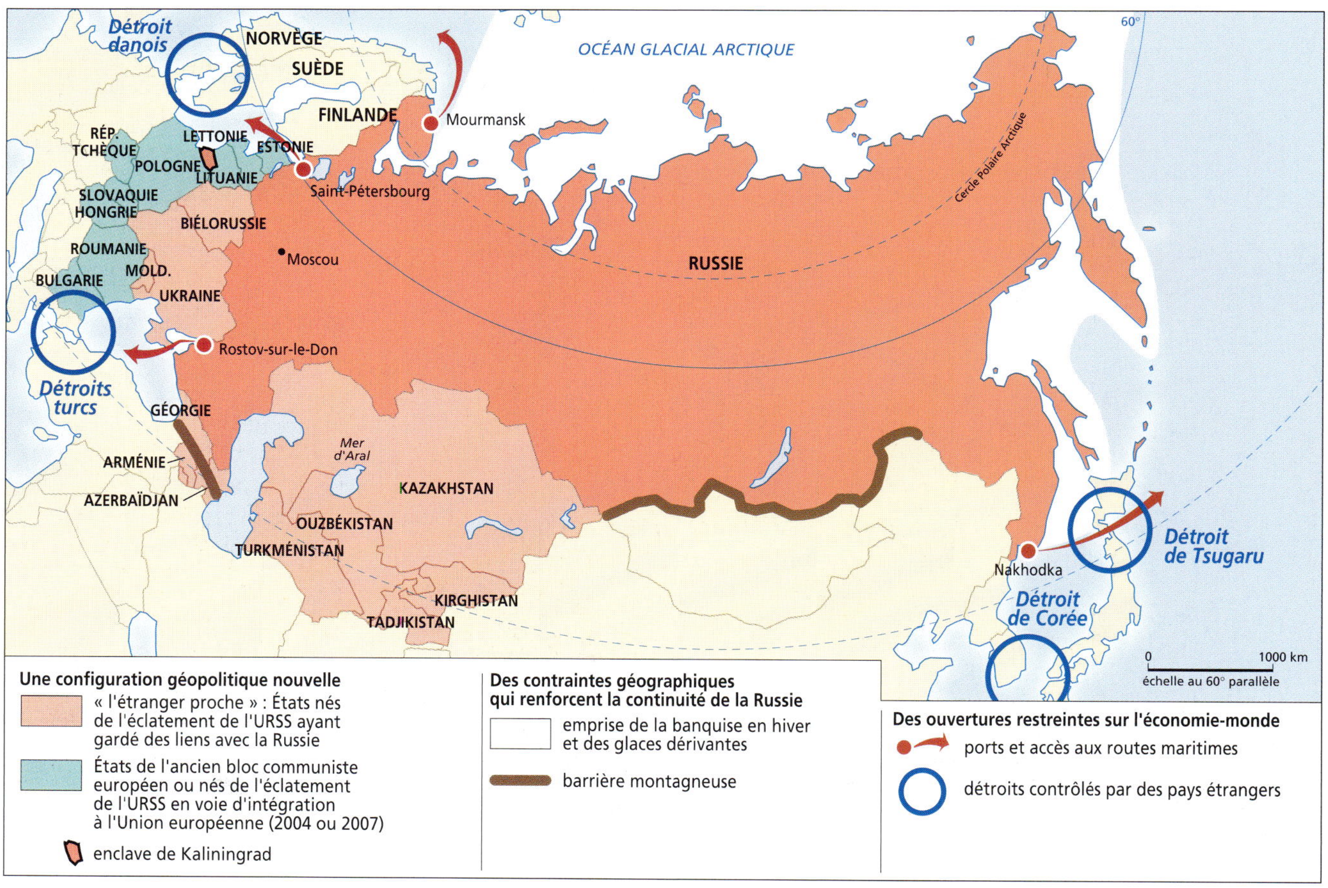

Le Transsibérien vu de l'espace : photographie prise de la navette américaine Endeavour au niveau d'Omsk (Sibérie)

UN ÉTAT FÉDÉRAL

Structures fédérales de la nouvelle Russie
- région ou territoire
- district autonome
- république autonome

La réorganisation de la fédération de Russie (2000)
- limite des 7 districts fédéraux (dirigés par un représentant du président)
- **VOLGA** nom des 7 districts
- capitale de district fédéral
- tentative de recentralisation

L'étranger proche
- États nés de l'éclatement de l'URSS

FORMATION ET DÉCOMPOSITION DU TERRITOIRE RUSSE

Source : *L'Atlas du Monde diplomatique*, 2003.

dossier 1

Les défis de l'immensité

La contraction de l'espace russe a surtout renforcé la continentalité et l'enclavement de la Russie. Mais avec une superficie qui dépasse encore les 17 millions de km², elle reste l'État le plus vaste du monde. Quels sont les freins à la maîtrise de ce territoire immense ?

1 Les contraintes naturelles

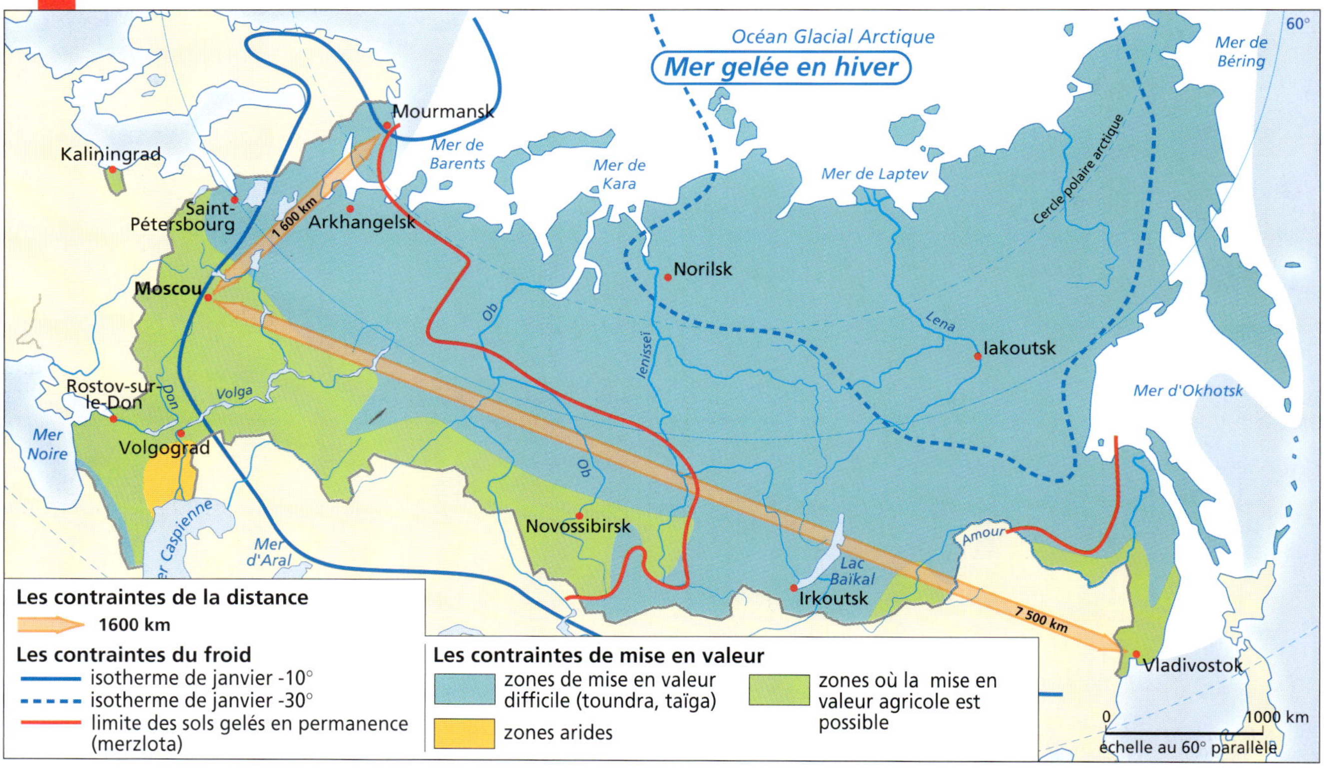

2 Les problèmes actuels des moyens de transport

La Russie éprouve, plus que tout autre pays, le besoin d'assurer des transports pondéreux continentaux sur des distances de plus en plus longues et dans des conditions climatiques extrêmes. Mais ces handicaps suffisent-ils à expliquer les faiblesses constatées ? Après la période de reconstruction de l'après-guerre, la part des transports dans les investissements globaux a longtemps stagné. Une partie de ces dépenses allait à des projets contestés comme le BAM (Baïkal-Amour-Maguistral)[1]. Dans le même temps, la presse dénonçait régulièrement l'utilisation inadéquate des moyens existants liés pour l'essentiel à la gestion administrative de ce secteur dont les prix largement subventionnés n'incitaient guère les utilisateurs à rationaliser leurs besoins. La situation actuelle est contrastée. L'effondrement de pans entiers de l'économie, les difficultés de la population ont entraîné une baisse des volumes transportés. La comparaison avec le Canada souligne le retard russe, pour le rail (5,1 kilomètres de voies ferrées pour 1 000 km² contre 9 au Canada), et plus encore pour la route (30 kilomè-tres pour 1 000 km² contre 85 au Canada).

J. Radvanyi, *La Nouvelle Russie*, A. Colin, 2000.

1. Ligne ferroviaire qui double le Transsibérien.

3 Les ressources naturelles

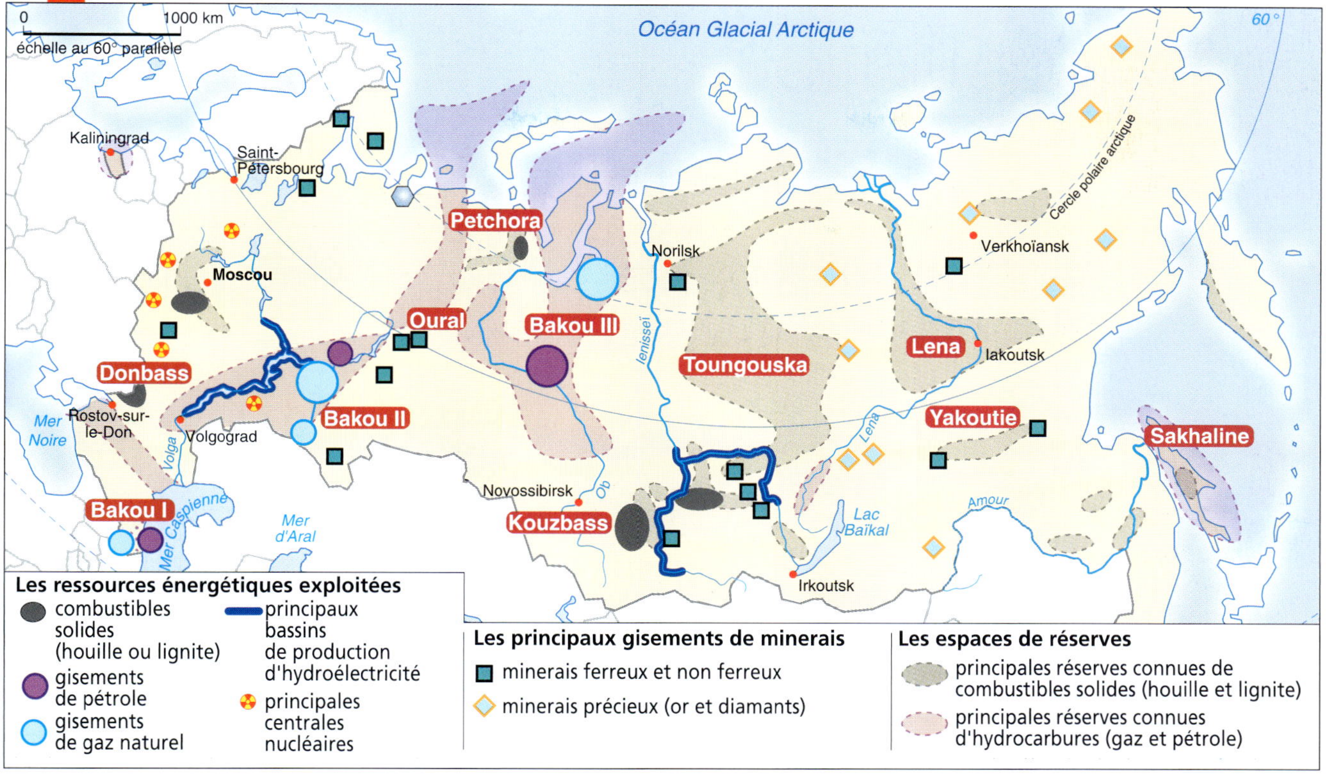

4 Les transports : une desserte inégale

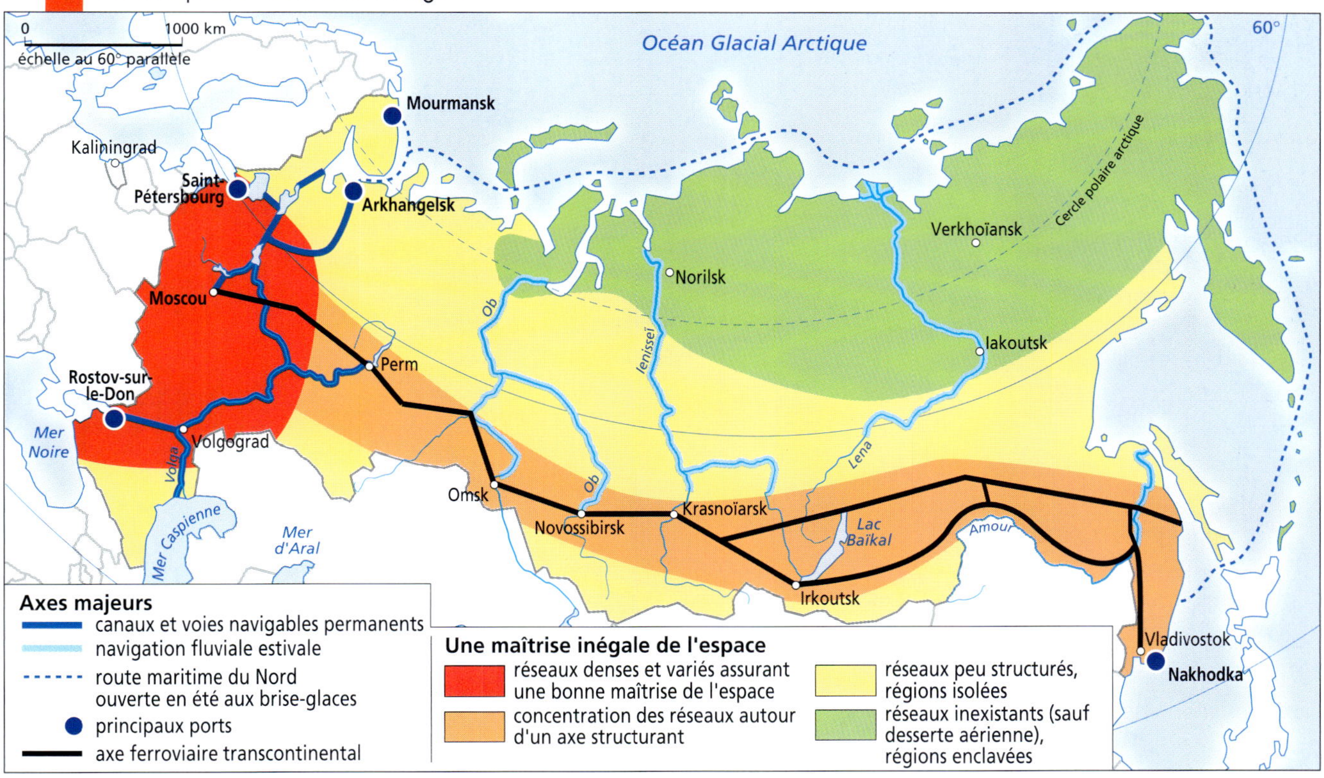

Activité

Après avoir montré que l'immensité peut être un atout, relever et classer les contraintes à la maîtrise et à l'exploitation du territoire.

dossier 2

Population et maîtrise du territoire

En quoi les dynamiques démographiques actuelles peuvent-elles être un obstacle à la maîtrise du territoire ?

1 Répartition de la population

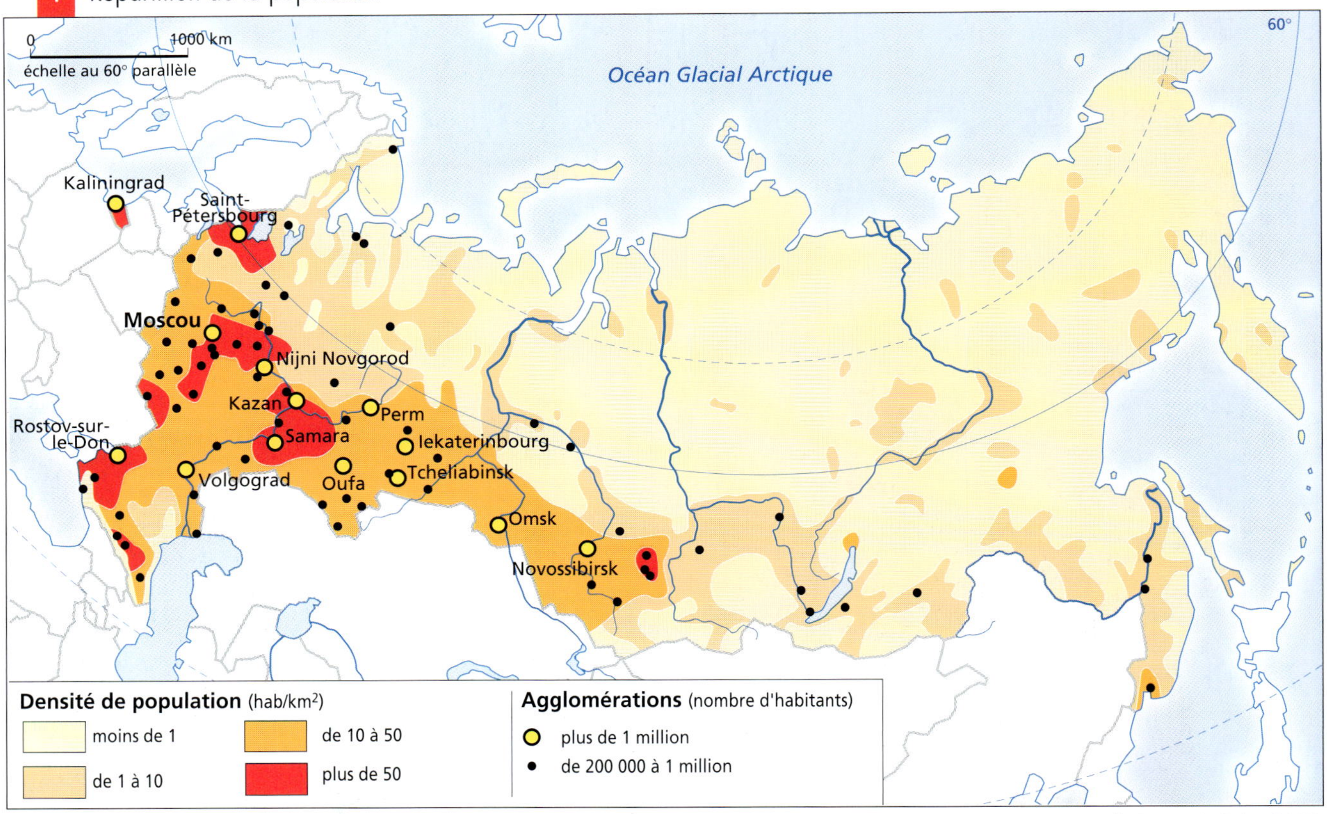

Source : J. Radvanyi, *La Nouvelle Russie*, A. Colin, 2000.

2 Les migrations en Russie

Outre les mouvements vers les républiques du sud, un des principaux flux, soutenu de longue date par les autorités soviétiques sous des formes diverses (depuis le Goulag jusqu'au « Primes Grand Nord ») concernait la Sibérie et l'Extrême-Orient où il constituait entre 30 et 40 % de la croissance globale de la population. Depuis quelques années, on constate dans les régions du Grand Nord une véritable inversion de ce flux. Face à une dégradation rapide des conditions d'approvisionnement et de travail, de nombreux Sibériens précipitent leur retour vers la partie européenne et ce phénomène, s'ajoutant à la baisse de la natalité, entraîne déjà une réduction sensible de la population (jusqu'à 40 % en dix ans) de certains fronts pionniers autrefois dynamiques comme la Tchoukotka ou le Kamtchatka. Alors que le sud de la partie européenne et les régions centrales doivent affronter un nombre croissant de migrants, la Sibérie, à l'exception d'une partie de la plaine de l'Ob, connaît une véritable hémorragie de nature à remettre en cause tous ses plans de développement.

D'après J. Radvany,
La Nouvelle Russie, A. Colin, 2000.

3 Variation de la population 1989-1999 (en %)

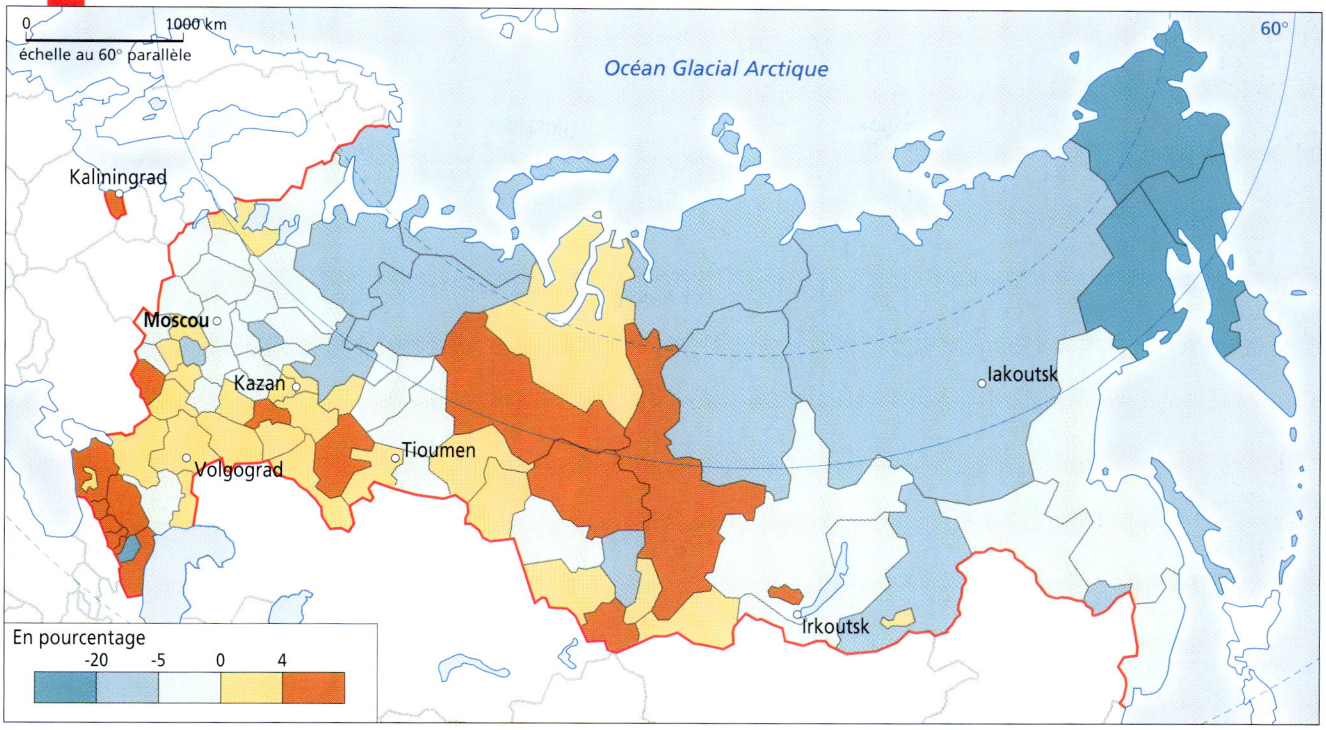

Source : J. Radvanyi, *La Nouvelle Russie*, A. Colin, 2000.

4 Soldes migratoires interrégionaux

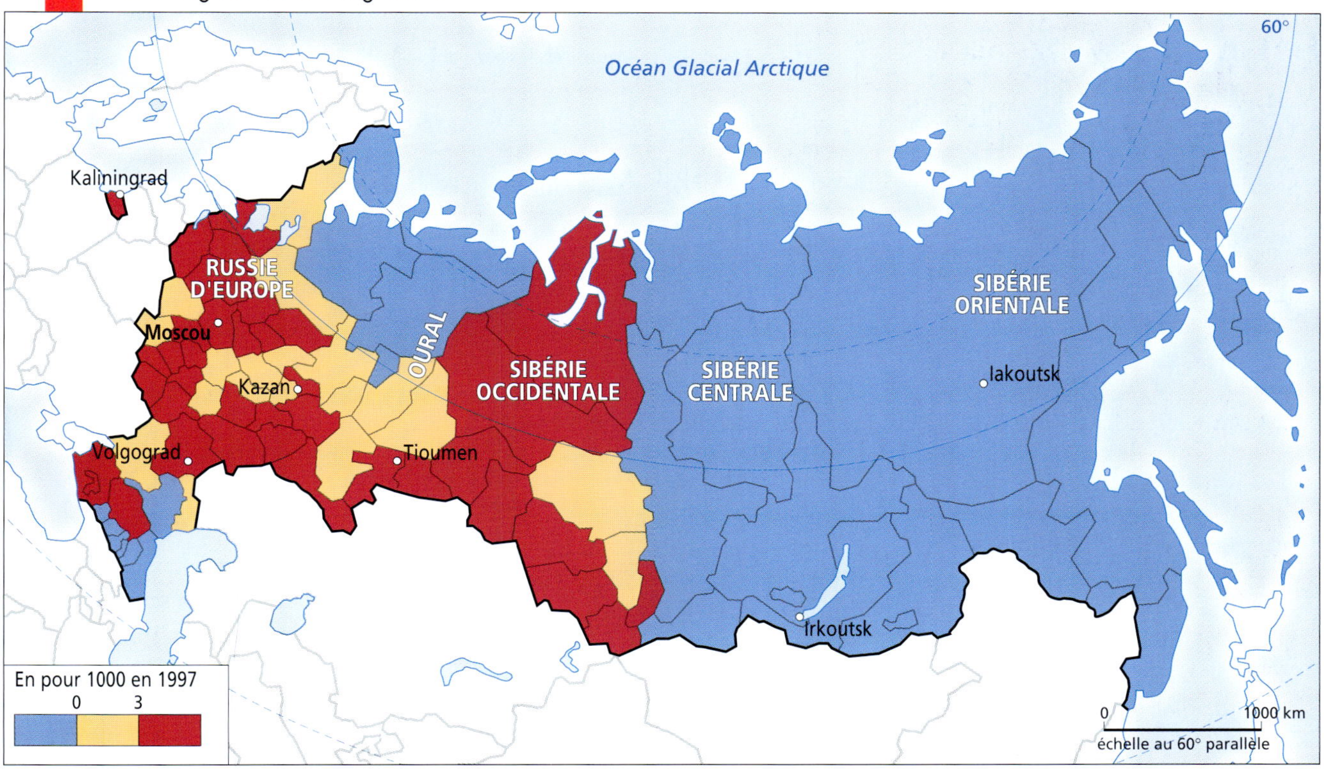

Activité

À l'aide des informations relevées dans les documents de ce dossier et du document 1 page 330, réaliser un croquis de synthèse sur le sujet : répartition et dynamique spatiale de la population.

dossier 3

La Russie et ses anciennes républiques

L'éclatement de l'URSS a provoqué la création de nouvelles frontières entre la Russie et ses anciennes républiques devenues des États indépendants. Comment la Russie tente-elle de redéfinir ses relations dans un espace post-soviétique en recomposition ?

1 La bataille des liaisons intercontinentales

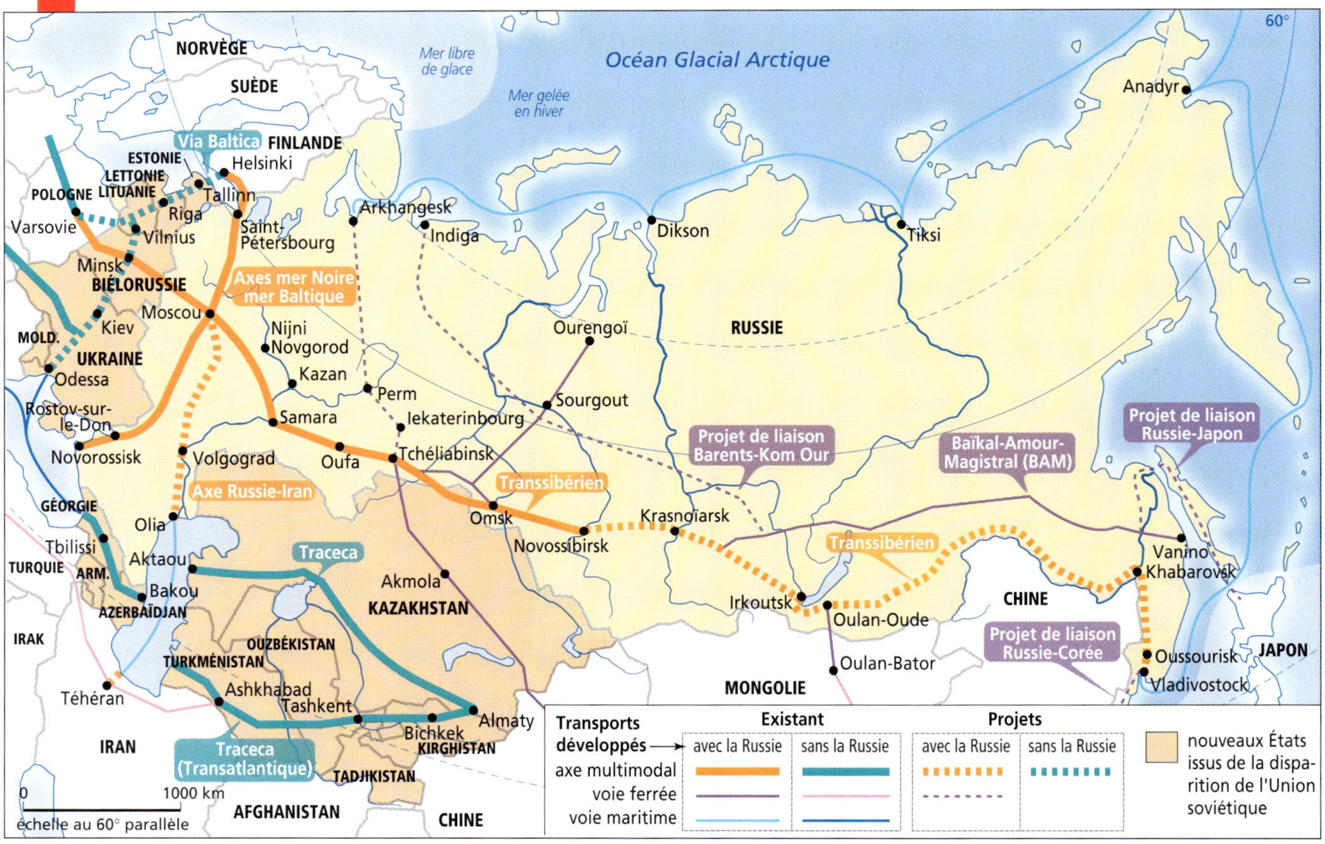

Source : *L'Atlas du Monde diplomatique*, 2003.

2 La volonté russe de maintenir son influence

Pour le Kremlin, l'ensemble des pays issus de l'URSS constitue une « sphère d'intérêt vital ». La Russie a volontiers utilisé le robinet pétrolier comme moyen de pression directe dans les débats internes. Les dirigeants du Kremlin ne cachent pas le caractère inéluctable selon eux, d'une nouvelle intégration, au moins économique, parfois stratégique. La mise en place de l'Union Russie-Biélorussie, amorçant une stratégie de type confédéral avec à terme un Parlement commun, une monnaie commune, se place concrètement dans cette optique.

J. Radvanyi, *La Nouvelle Russie*, A. Colin, 2000.

3 Populations russes dans les anciennes républiques

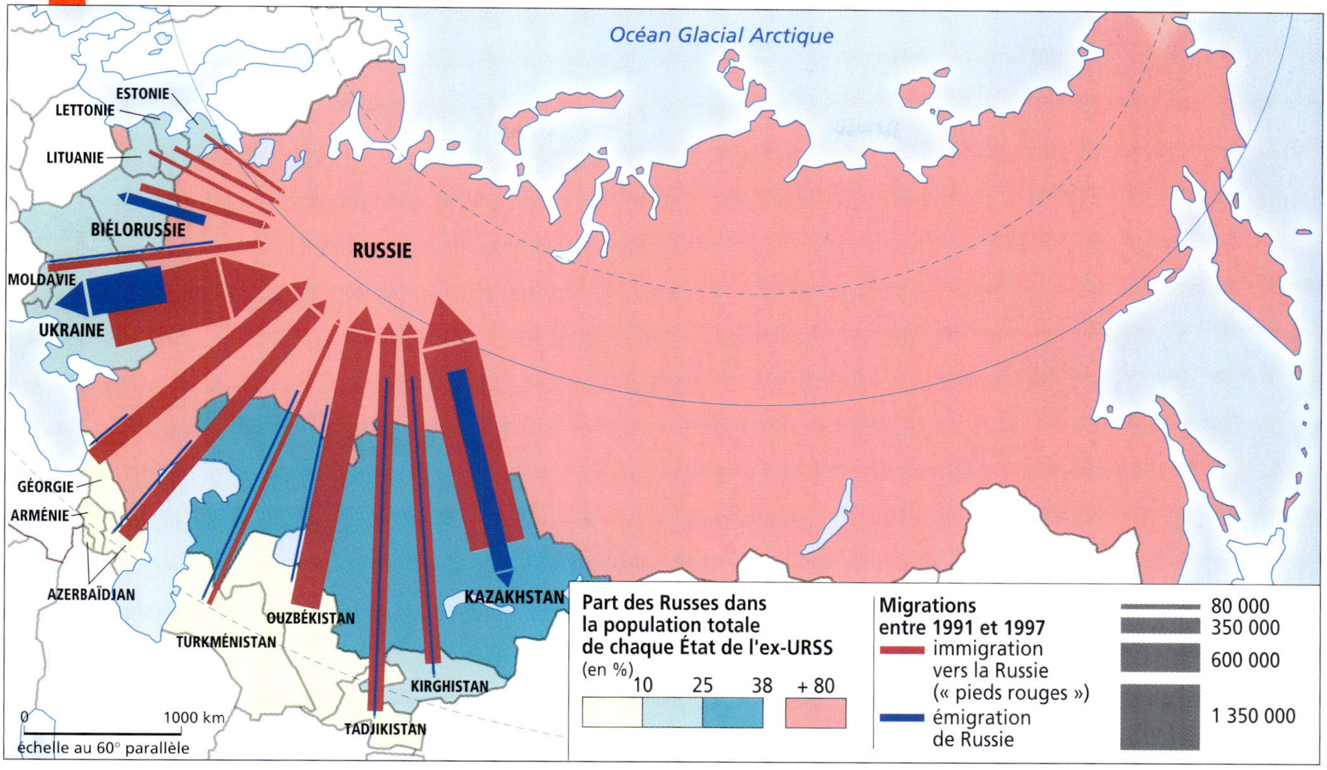

4 La CEI, instrument du maintien de l'influence russe ?

5 Part (en %) de la Russie dans le commerce des États (1999-2001)

Ensembles régionaux	États	Exportations	Importations
ÉTATS BALTES	Estonie	8	10
	Lettonie	-	9
	Lituanie	7	28*
ÉTATS SLAVES	Moldavie	45	13
	Ukraine	22	36,9
	Biélorussie	51	65
CAUCASE	Arménie	15	15
	Azerbaïdjan	11,8	21,3
	Géorgie	20,6	12,8
ASIE CENTRALE	Kazakhstan	19,5	48,7
	Kirghizstan	12,9	23,9
	Ouzbékistan	16,7	15,8
	Tadjikistan	30	16
	Turkménistan	–	11

* Transit vers Kaliningrad.

Activité

Rédiger un texte argumenté pour évaluer les conséquences territoriales et géopolitiques pour la Russie de l'éclatement de l 'URSS, et mettre en évidence les moyens utilisés par la Russie pour maintenir une influence sur son espace régional.

dossier 4

Moscou et les régions centrales

La métropolisation au profit de Moscou permet-elle à cette capitale d'organiser son territoire national ?

1 Les fonctions urbaines de Moscou

Moscou est, avec plus de 10 millions d'habitants, la plus grande agglomération européenne. L'agglomération de Moscou est le pôle organisateur de l'économie russe. En 1997, la ville de Moscou représentait 13,4 % de la production nationale. C'est à Moscou que l'on trouve le siège des principales entreprises du pays, notamment celles du secteur énergétique (Gazprom, Lukoil). Ce rôle directeur est attesté par le fait que 38 % des recettes d'exportation des biens russes ont été encaissés par des sociétés moscovites, alors que la production industrielle de Moscou représente moins de 5 % du total du pays (1999). La ville concentre des fonctions logistiques uniques dans l'espace de l'ex-URSS. Ses aéroports assurent 80 % des liaisons de la Russie avec l'étranger. Le développement des activités financières et commerciales a plus que compensé le déclin des industries. Cette position éminente a une influence sur le niveau de vie de la population. Les salaires distribués sont plus élevés de 50 % que la moyenne russe, bien qu'il faille prendre en compte un coût de la vie nettement plus élevé qu'en province. Dans le domaine culturel, la ville compte soixante-dix-huit grands musées, soixante-treize théâtres. Par ailleurs, les médias de rang national (télévision, journaux et périodiques) ont leur siège à Moscou.

Moscou, qui occupe une place éminente dans l'organisation de la vie économique russe, aspire à un véritable rayonnement international. Les multinationales américaines, européennes et asiatiques, qui ont fait leur entrée sur le marché russe dans les années quatre-vingt-dix, ont toutes choisi Moscou comme siège de leur filiale. La ville reste encore très en arrière par rapport à New York, Paris, Londres ou Tokyo, par exemple dans le domaine des services de haut niveau aux entreprises.

G. Jalabert, *Portrait de grandes villes*, Presses Universitaires du Mirail, 2001.

2 Modèle d'organisation de l'espace moscovite

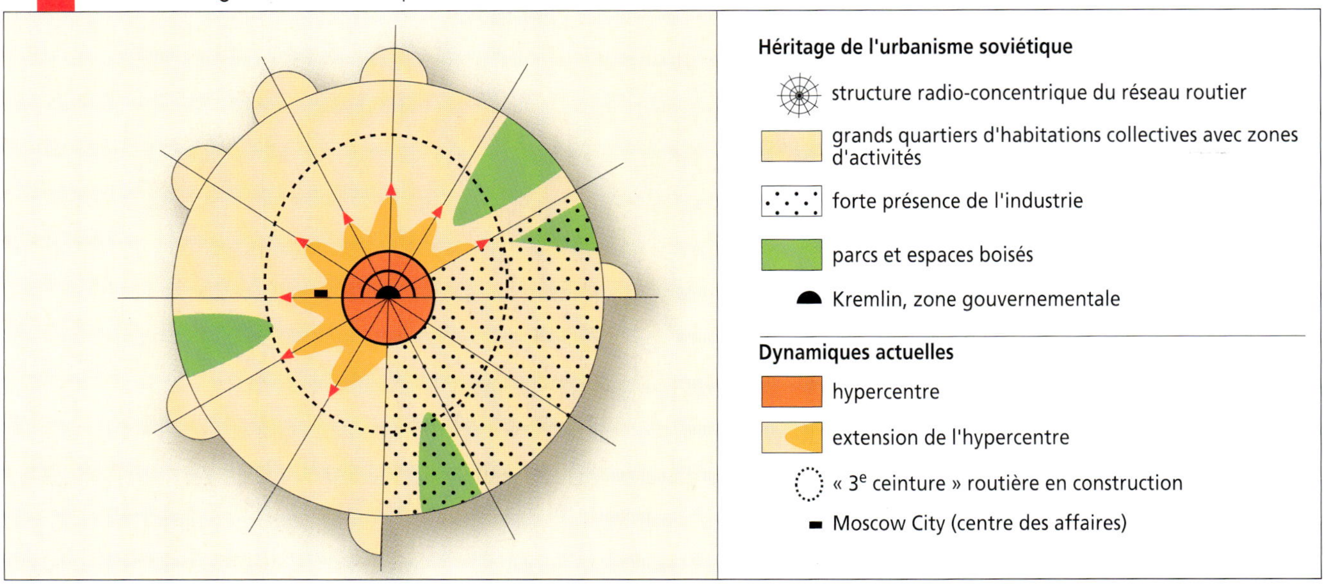

Source : D'après G. Jalabert, *Portrait de grandes villes*, Presses Universitaires du Mirail, 2001.

3 Le Kremlin à Moscou

A : Enceinte du Kremlin datant du XVIe siècle.
B : Siège du gouvernement.
C : Cathédrale et collégiales.
D : Marques de l'urbanisme stalinien (usines dans le tissu urbain, architecture grandiose).

4 La Russie d'Europe

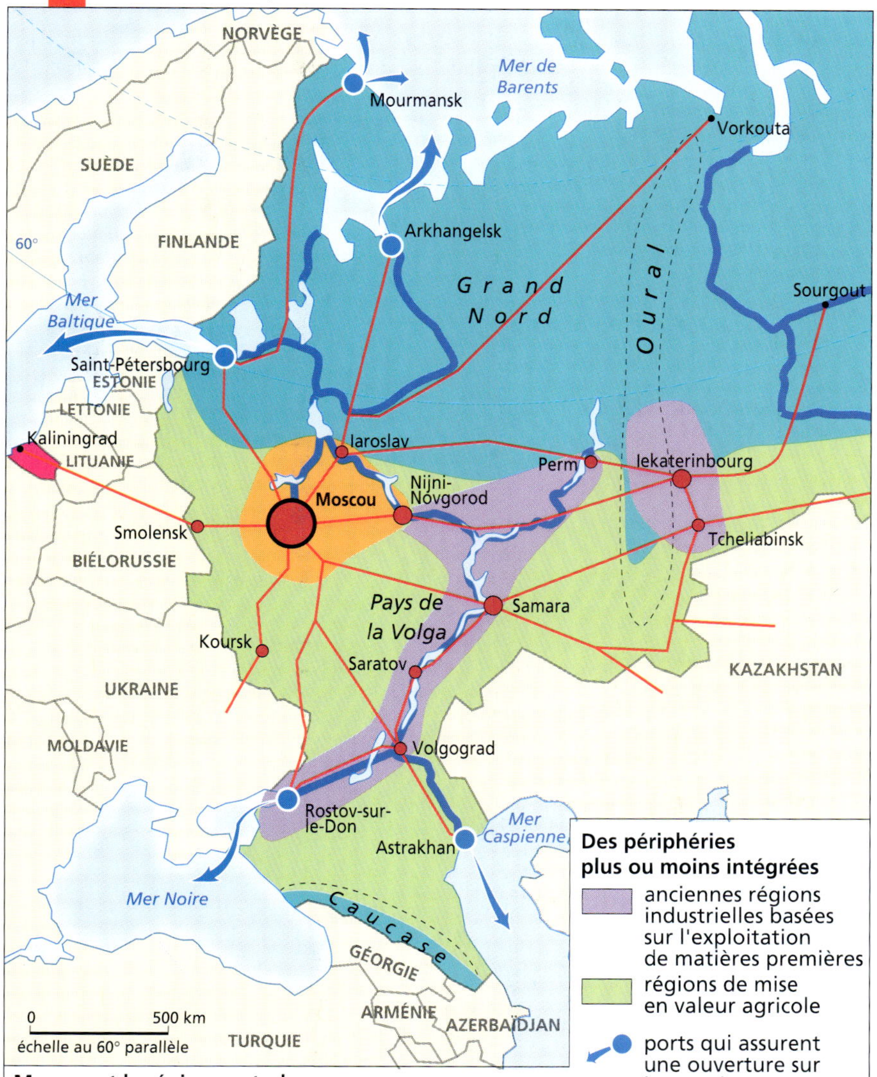

Moscou et la région centrale
- Moscou, capitale et centre décisionnel majeur
- la région centrale, un espace industriel en reconversion
- des réseaux ferroviaires et routiers organisés en étoile
- le réseau navigable du système des cinq mers

Des périphéries plus ou moins intégrées
- anciennes régions industrielles basées sur l'exploitation de matières premières
- régions de mise en valeur agricole
- ports qui assurent une ouverture sur le monde
- centres secondaires
- régions de mise en valeur difficile (fortes contraintes climatiques)
- l'enclave de Kaliningrad

Activité

À l'aide des informations tirées des documents de cette double page et de la carte page 328, compléter le tableau suivant afin de répondre à la problématique.

Un centre d'impulsion à l'échelle nationale	
Moscou : structures et dynamiques urbaines	
Un rayonnement limité à différentes échelles	

dossier 5 Les régions périphériques

La mise en valeur de la Sibérie à l'époque de l'URSS a été organisée à partir de Moscou, sous la forme de fronts pionniers et d'aides financières. Dans le cadre de la « Nouvelle Russie », la Sibérie est-elle en voie d'abandon ? Par qui cet espace est-il convoité ?

1 L'espace sibérien

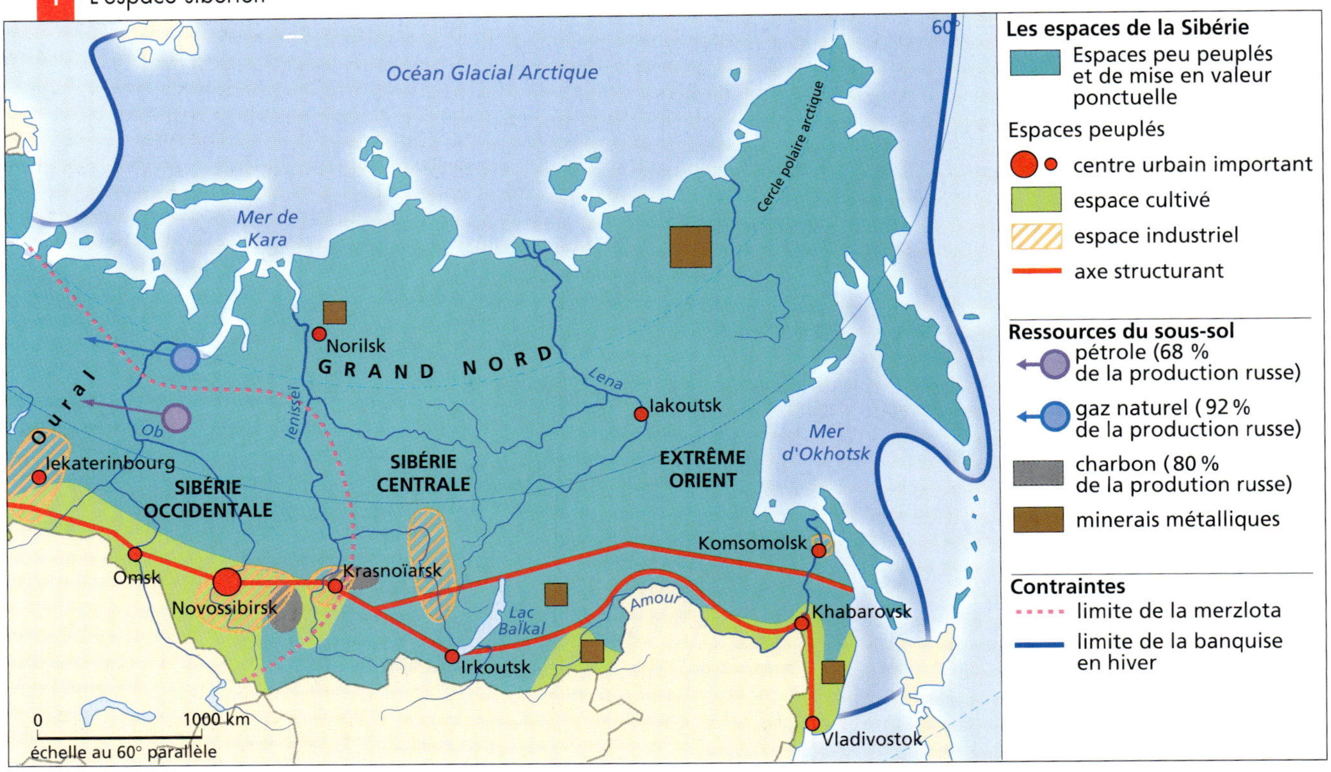

2 De nouveaux acteurs en Sibérie

Sans doute, les immenses richesses de ces régions en matières premières constituent-elles un atout pour l'avenir. Les infrastructures qui font défaut, à commencer par un système routier cruellement déficient, impliquent des investissements à long terme. Si le sort des populations indigènes ne peut laisser indifférent, il est clair que leur rôle ne peut qu'être marginal dans ce développement. Mais peut-on sérieusement penser que celui-ci ne concerne que les Russes, alors que ces régions quasi vides jouxtent la Chine du Nord...

Face à ces enjeux, la politique des autorités fédérales russes paraît bien peu cohérente. Dans un contexte de crise économique et de déficit budgétaire, Moscou a cherché à se désengager des subventions. Par ailleurs, si le centre a préservé un relatif contrôle des compagnies pétrolières, il n'en va pas de même dans de nombreux domaines (métallurgie, commerce du bois), où l'on assiste à de féroces batailles dans lesquelles les intérêts des Sibériens ne paraissent guère pris en compte. La maîtrise des secteurs exportateurs, comme la métallurgie non-ferreuse et le commerce du bois ont défrayé la chronique, le jeu trouble de compagnies russes liées aux clans locaux et des acteurs étrangers.

Gouverneurs et présidents sibériens cherchent à arracher des privilèges ou des mesures d'exception auprès de l'administration centrale, en les justifiant par l'éloignement. On peut citer les tentatives de l'ex-gouverneur de Sakhaline pour décrocher un contrat d'exploitation pétrolière avec les Japonais sans passer par Moscou, ou celle réussie, du président de la République de Iakoutie qui obtient pour sa République une part significative des diamants et de l'or produits en Iakoutie.

D'après A. BERELOWITCH et J. RADVANYI, *Les 100 portes de la Russie*, Les Éditions de l'Atelier, 1999.

3 Les dynamiques actuelles

4 Une ville du front pionnier : Norilsk

Norilsk, ville industrielle créée au temps de l'URSS ; on projette de ramener la population de 245 000 à 160 000 habitants compte tenu des difficultés financières pour entretenir les infrastructures.

Activité

À l'aide des documents de cette double page, classer les informations sous trois thèmes :
- les atouts et contraintes de l'espace sibérien ;
- l'abandon de l'État et ses conséquences ;
- de nouveaux acteurs spatiaux.

Rédiger ensuite une synthèse en réutilisant des notions (ressource, contraintes, acteur spatial).

dossier 6

Un atout majeur : les ressources en hydrocarbures

L'exploitation des ressources en hydrocarbures est-elle un atout pour le développement de la Russie ?

1

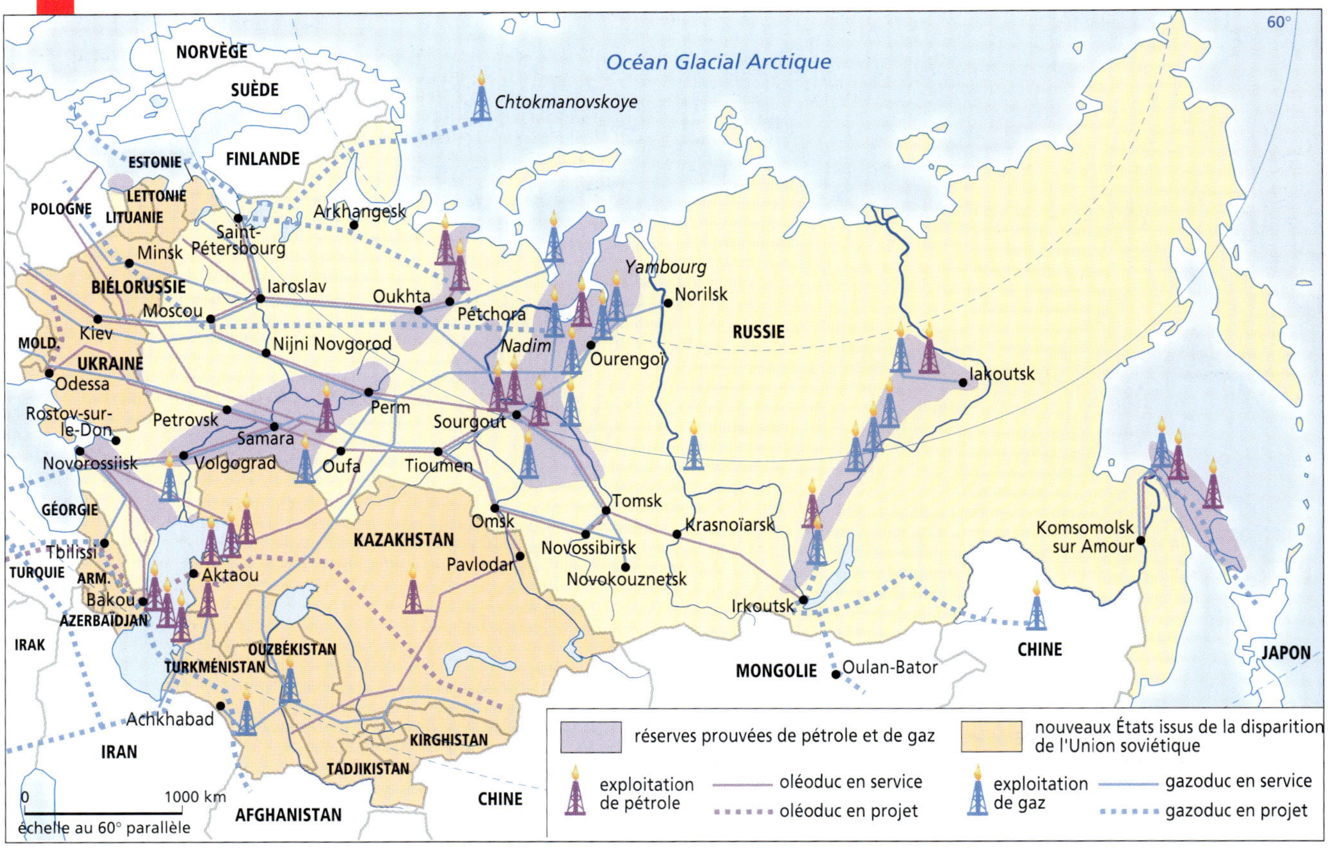

Source : *L'Atlas du Monde diplomatique*, janvier 2003.

2 Une économie dépendante des hydrocarbures

Jamais l'économie du pays n'a été aussi dépendante du cours des ressources énergétiques. La Russie s'est ouverte au commerce mondial, mais avec un handicap : contre les produits manufacturés importés, elle ne propose à l'exportation que ses ressources naturelles. Le président Poutine a avoué récemment que 40 % du budget fédéral provenait des exportations de pétrole. Les exportations de gaz rapportent, elles, 25 %. La Russie est totalement dépendante des prix des matières premières, et surtout énergétiques. De cette dépendance – qui leur permet d'honorer leurs dettes et de payer les salaires autant que faire se peut, mais dont ils se rendent compte qu'elle freine le développement économique et fragilise leur situation –, les Russes se lamentent depuis des années.

Dans l'ensemble des exportations, la part du pétrole et de ses produits dérivés est passée de 27 % en 1999 à 35 % au premier semestre de cette année. Dans le même temps, la part du gaz augmentait de 3 %, tandis que celle des voitures et équipements, de moitié inférieure, diminuait de 2 %.

Parmi les inconvénients de cette primauté des ressources énergétiques : les inégalités entre régions, les plus à l'aise étant celles qui disposent de richesses naturelles.

Mais aussi l'évasion des capitaux. « L'économie de la Russie devrait se tourner davantage vers les nouvelles technologies et être moins dépendante du secteur énergétique » (Vladimir Poutine).

M.-P. SUBTIL, *Le Monde*, 18 décembre 2001.

3 Le transport du pétrole de la Caspienne va-t-il échapper à la Russie ?

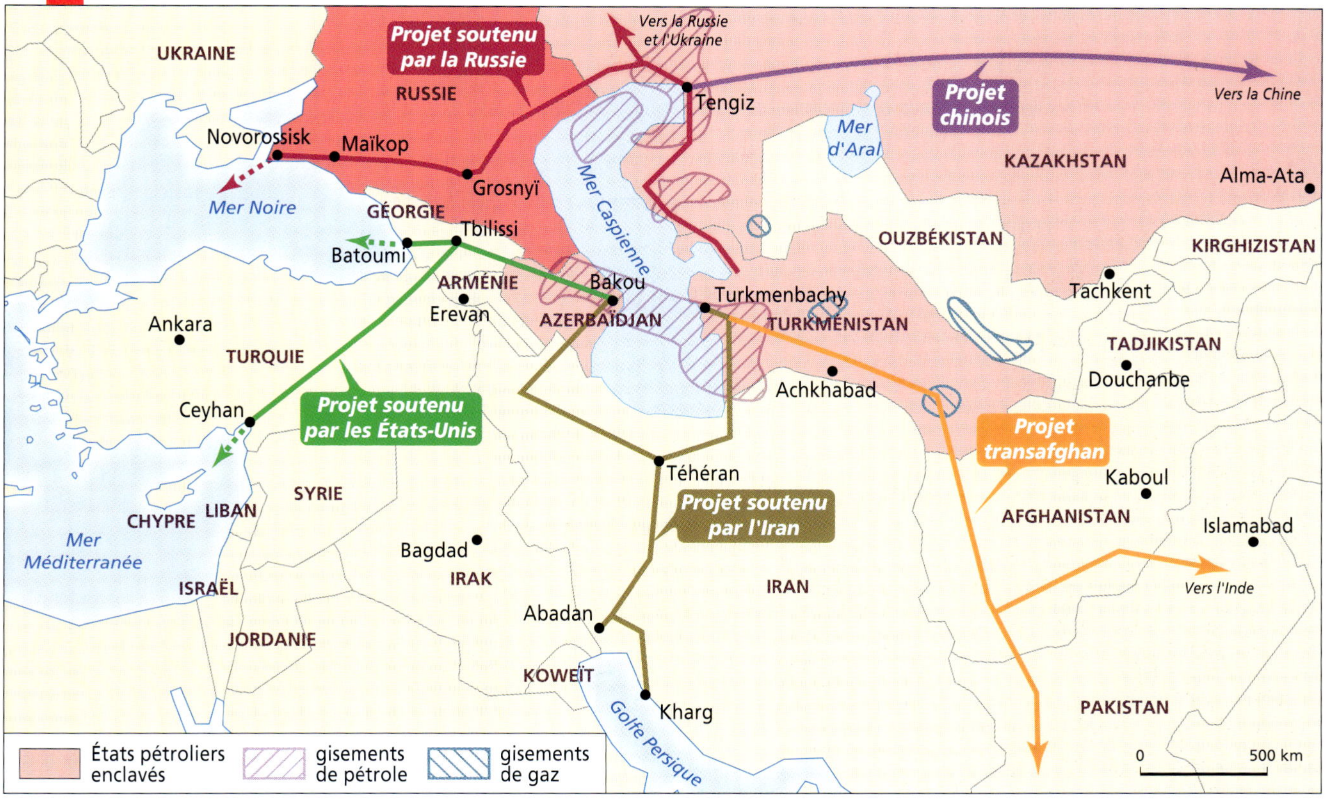

Source : *L'Histoire* n° 271, décembre 2002.

4 Production et réserves de pétrole

PAYS	Production en 2002		Réserves prouvées en janvier 2000 en % des réserves mondiales
	Production (en millions de tonnes)	Part de la production mondiale en %	
Russie	367	10,40	4,9
Kazakhstan	42,7	1,27	–
Arabie saoudite	418	11,85	21,6
Iran	166,8	4,72	7,4
États-Unis	360	10,20	1,9
Mexique	184	5,21	1,1
Venezuela	151	4,28	6,4
Chine	168,9	4,78	1,5

Sources : *Images économiques du monde*, SEDES, 2004.

Activité

À l'aide des documents de ce dossier et de vos connaissances, présenter le potentiel en hydrocarbures de la Russie puis l'enjeu des transports de l'énergie à différentes échelles. En conclusion, montrer que le développement de la Russie ne peut pas s'appuyer uniquement sur l'exportation des hydrocarbures.

Étude d'un ensemble documentaire

Les problèmes de l'environnement en Russie : un héritage encombrant ?

PREMIÈRE PARTIE

Analyser l'ensemble documentaire en répondant aux questions suivantes :

1. Identifier les échelles des documents 1, 2 et 4 et expliquer ce qu'apporte le document 2 pour traiter le sujet.

2. Présenter les différents types d'atteinte à l'environnement ainsi que les principales activités en cause (document 1).

3. Localiser et décrire les principaux espaces régionaux dont l'environnement est dégradé (documents 1, 2 et 4).

4. Relever et classer les informations afin de montrer la responsabilité de l'héritage soviétique en matière de dégradation de l'environnement (document 3). La « nouvelle Russie » réussit-elle à mieux gérer ces questions d'environnement ?

DEUXIÈME PARTIE

À l'aide des réponses aux questions, des informations contenues dans les documents et de vos connaissances, vous rédigerez une réponse organisée au sujet : Les problèmes de l'environnement en Russie : un héritage encombrant ?

1 Les dégradations de l'environnement

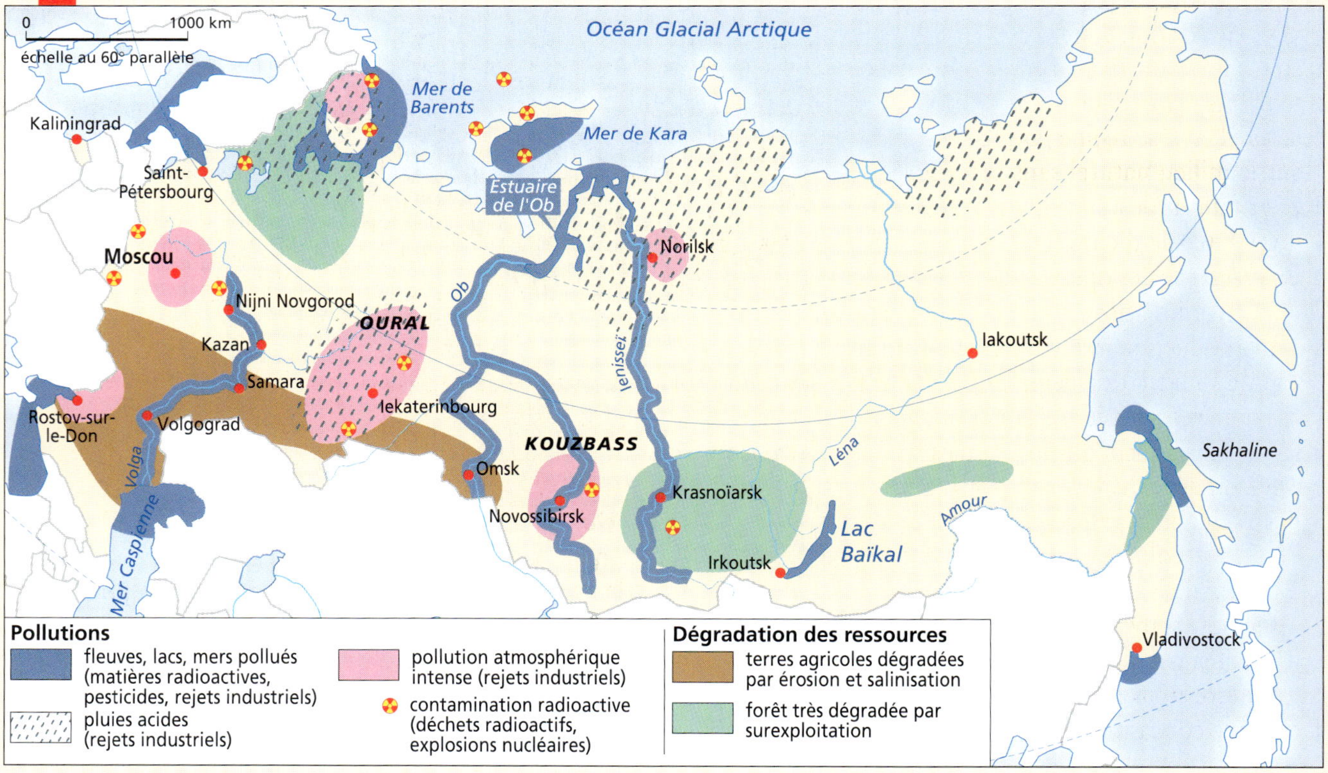

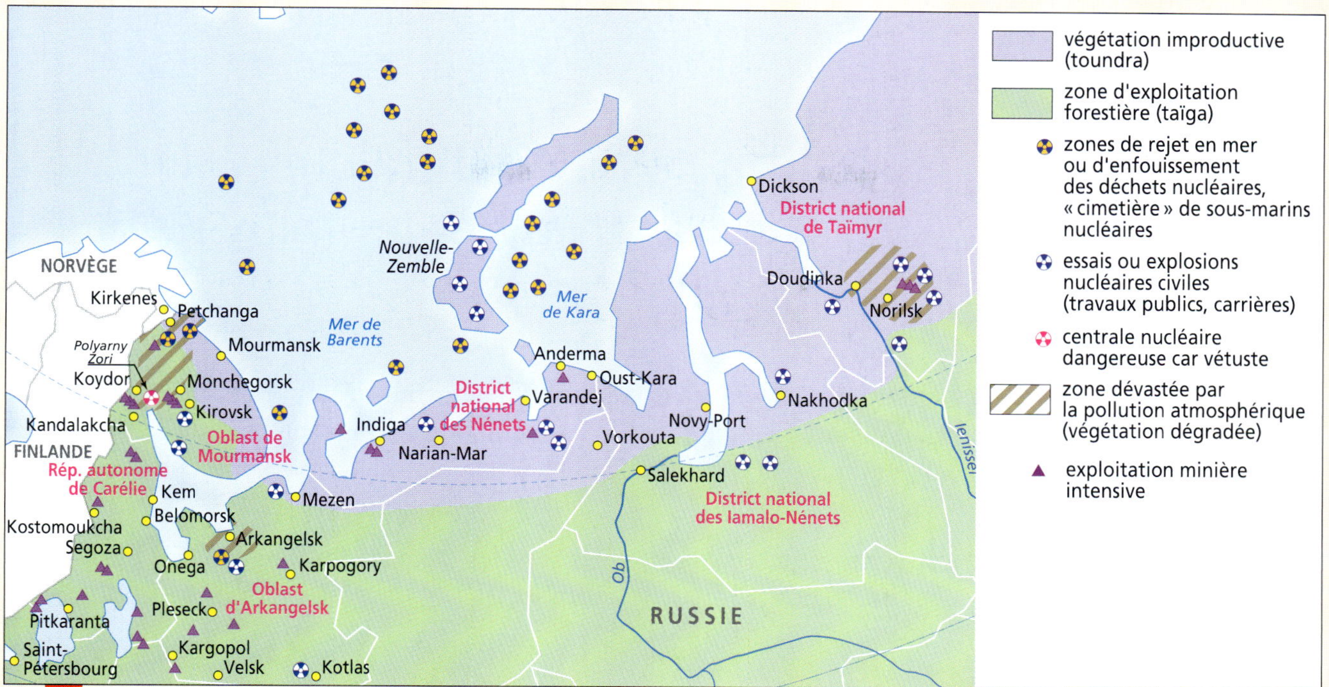

2 Pollution radioactive en mer de Barents

Source : *Le Monde diplomatique*, juillet 2000.

3 La responsabilité du système de mise en valeur du pays

L'exceptionnelle richesse minérale du sous-sol, la diversité des gisements, leur vaste étendue, le potentiel élevé des réserves ont conduit à des extractions sans souci de productivité, sans volonté d'éviter le gaspillage et selon des formes extensives. Il en résulte une pression excessive sur le milieu naturel sans cesse sollicité pour fournir de nouvelles richesses, alors qu'une partie d'entre elles pourrait être produite par des opérations de recyclage des consommations.

La production industrielle russe utilise encore souvent des technologies anciennes, gourmandes en matières premières. Non seulement les technologies sont fréquemment obsolètes, mais les équipements industriels ou de transport sont souvent anciens. Il en résulte des accidents ferroviaires, de graves fuites sur certains oléoducs (pollutions en novembre 1994 par un oléoduc à l'ouest d'Usinsk).

On note souvent le non-respect des règles ou des consignes ainsi que l'absence du sentiment de responsabilité. Cette irresponsabilité s'explique en partie par l'absence de toute éducation environnementaliste dans les établissements d'enseignement soviétique. Au contraire, la période stalinienne a développé le mythe de l'homme capable de « dompter les forces destructrices de la nature ».

Depuis la fin des années quatre-vingt, la déstabilisation du système financier a pesé négativement sur les problèmes d'environnement, même si certaines pollutions ont provisoirement diminué en raison des fermetures passagères ou définitives d'usines.

D'après C. Cabanne et E. Tchistiakova, *La Russie*, A. Colin, 2002.

4 Fonderies de nickel à Norilsk

Ces fumées contiennent du dioxyde de soufre toxique.

Composition La Russie : contraintes et maîtrise du territoire

A. Comprendre le sujet

Le « et » du libellé invite à mettre en relation les deux termes de « contraintes » (notion à définir) et de « mise en valeur ». Les contraintes naturelles ne sont pas en soi un obstacle à la mise en valeur. Mais pour que celle-ci se réalise de façon efficace, il faut des hommes et des capitaux, une politique d'aménagement cohérente et efficace.

Dès lors, on peut commencer à interroger le sujet : Quels sont les facteurs contraignants ? Quelles sont les formes de la mise en valeur du territoire ? Est-elle achevée ?

B. Problématique

Quels sont les obstacles à la maîtrise et la mise en valeur du territoire russe ?

Vocabulaire et notions à maîtriser : contrainte, continentalité, acteurs spatiaux, centre-périphéries, système de transport.

C. Plan proposé

Pour vous aider à bâtir une argumentation, un plan détaillé vous est fourni avec des renvois aux dossiers ou à des documents précis du chapitre que vous venez d'étudier.

I. Des contraintes naturelles à relativiser	
1. La contrainte du froid et de la distance	*Document 1, page 330.* *Texte de synthèse, page 346.*
2. Des ressources naturelles considérables	*Document 3, page 331.* *Document 1, page 340.* *Texte de synthèse, page 346.*
II. Les obstacles hérités de la mise en valeur soviétique	
1. Les transports, goulet d'étranglement de la mise en valeur	*Documents 2 et 4, pages 330-331.* *Texte de synthèse, page 346.*
2. La crise de la politique de mise en valeur de la Sibérie	*Documents 2, 3 et 4, pages 338-339.* *Texte de synthèse, page 348.*
3. Un environnement dégradé et pollué	*Étude d'un ensemble documentaire, pages 342-343.*
III. Les obstacles liés à la transition actuelle	
1. Réorganiser le réseau de transport (interne et externe)	*Document 1, page 334.* *Documents 1 et 3, page 340-341.*
2. Les conséquences spatiales de l'affaiblissement du pouvoir central	*Dossier 2, pages 332-333.* *Documents 2 et 3, pages 338-339.* *Texte de synthèse, page 350.*

Croquis

La Russie : un territoire en recomposition

A. Comprendre le sujet

Le sujet propose de réaliser un croquis qui montre les nouvelles logiques d'organisation de l'espace depuis l'effondrement du modèle soviétique en insistant sur la rétraction de l'espace russe. Le plan retenu dégage des grands ensembles selon le concept centre-périphéries puis les principales composantes qui permettent d'expliquer les dynamiques en cours : un repli sur le centre, des périphéries abandonnées ou tournées vers d'autres centres d'impulsion.

B. Activité

Compléter les figurés de la légende fournie puis réaliser le croquis en plaçant les différents éléments de la légende. Pour finir, indiquer la nomenclature suivante : nom des principales villes, RUSSIE D'EUROPE, OURAL, SIBÉRIE OCCIDENTALE, GRAND NORD, EXTRÊME-ORIENT, nom des pays limitrophes.

C. Fond de carte et légende organisée

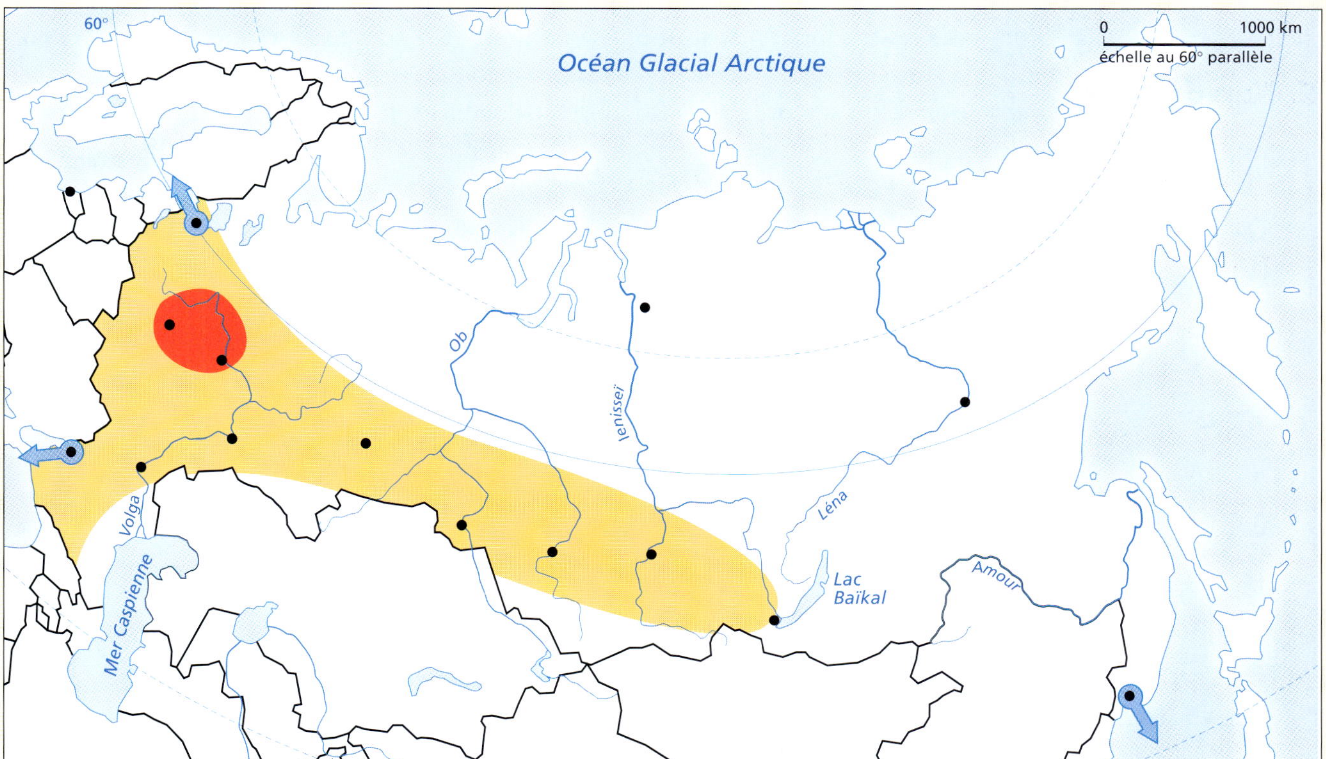

Un centre et des périphéries

1- Le centre
- forte urbanisation, diversification industrielle

2- Les périphéries
- périphéries intégrées par transports
- périphéries en réserve
- principaux gisements d'hydrocarbures
- périphéries ponctuellement exploitées

3- Espace politique perdu
- Républiques soviétiques devenues indépendantes après 1991

Axes et pôles structurant l'espace
- axe de communication majeur
- Moscou, centre décisionnel
- ville importante, souvent industrielle
- ville portuaire à la recherche de nouveaux débouchés

Dynamiques spatiales : le repli sur le centre
- flux migratoires externes (retour des « pieds rouges »)
- flux migratoires internes
- flux d'investissements étrangers
- flux de produits bruts

chapitre 13

1. Un territoire immense et rude

Avec 17 millions de km^2 (31 fois la France), la Russie est le plus vaste pays du monde. Cette immensité, à laquelle s'ajoutent des **contraintes** liées au climat, à l'état des transports et à la situation économique du pays, rend la maîtrise de l'espace très difficile.

Dossier 1, p. 330-331.

A. Les contraintes du froid et de la distance

La maîtrise du **territoire** est d'une part handicapée par l'immensité qui entraîne un problème de distances à surmonter (7 500 km à vol d'oiseau entre Moscou et Vladivostok) et d'autre part par le phénomène de la continentalité.

Son immense étendue, sa position en latitude (85 % de son territoire se trouve au nord du 50e parallèle) font que le froid et le sec dominent sur la majeure partie du territoire. Ainsi les hivers sont longs et rudes avec plus de cent vingt jours de gel sur les 4/5 du pays, notamment en Sibérie. Principale contrainte climatique, le froid gèle le sol en profondeur sur 10 millions de km^2, l'eau de mer est prise par la banquise durant de longs mois et les fleuves sibériens sont gelés à partir de l'automne.

Ces contraintes sont donc importantes pour la société : les possibilités agricoles sont limitées et les transports plus difficiles.

Dossier 6, p. 340-341.

B. Un atout : les ressources naturelles

Grâce à son immensité, la Russie dispose globalement des **ressources** les plus abondantes du monde. Le meilleur atout de la Russie est dans ses ressources en hydrocarbures : pétrole (5 % des réserves mondiales) et surtout gaz naturel (35 % des réserves mondiales). L'exportation de pétrole et de gaz grâce à un **réseau** d'oléoducs et de gazoducs constitue la principale rentrée de devises pour le pays et la principale rentrée fiscale pour l'État.

La Russie dispose également de nombreuses ressources minières telles que des gisements de charbon et des gisements métallifères (fer, or, minerais non ferreux) et possède la première réserve forestière au monde, la taïga. Malgré tout, leur exploitation est rendue difficile par les conditions naturelles mais également par le manque d'investissements et les problèmes des transports.

La Russie redevient également un acteur de poids sur le marché des céréales grâce à son potentiel agricole considérable (220 millions d'hectares de terres arables) qui commence seulement à être exploité. En effet, le Russie doit se doter des infrastructures nécessaires pour devenir un grand exportateur et moderniser son agriculture longtemps délaissée au temps de l'URSS. L'adoption en 2002 d'une loi autorisant la vente des terres agricoles peut permettre de nouveaux investissements.

C. Le problème des transports

L'immensité du territoire et les distances à parcourir entre les centres de consommation et les ressources de la Sibérie font des transports un **aménagement** vital pour la maîtrise du territoire. Or le poids des contraintes est lourd. Tout d'abord, c'est un réseau de transport déséquilibré, organisé en étoile autour de Moscou, qui ne permet pas de desservir correctement l'espace sibérien, le Transsibérien, doublé à l'est par le BAM étant le seul **axe** structurant.

Ensuite, l'éclatement de l'URSS a provoqué une désorganisation des **flux** traditionnels et des tensions pour le partage du réseau. Enfin, c'est un réseau vétuste (lenteur, fréquence des accidents) faute de moyens financiers et techniques alors que les contraintes climatiques nécessitent de considérables surcoûts (voie maritime Nord, entretien des infrastructures). Les transports sont donc aujourd'hui un goulet d'étranglement pour l'économie et un frein au **développement** des régions.

Notions clefs

- Aménagement
- Axe
- Contraintes
- Développement
- Flux
- Réseau
- Ressources
- Territoire

Voir lexique, page 7

1 Port commercial de Saint-Pétersbourg gelé

3 La plate-forme de Molikpaq

Amenée du Canada par le Pacifique nord, cette plate-forme sert de camp de base aux forages gaziers ouverts au nord de Sakhaline ; l'extraction, prévue pour 2007, devra s'arrêter en hiver, quand les températures descendent jusque – 70°.

2 Village de Nur-Shari

La Russie dispose d'un potentiel agricole considérable qui commence seulement à être exploité.

2. Les problèmes du post-soviétisme

Depuis les années quatre-vingt-dix, la Russie opère lentement sa transition afin de passer du modèle soviétique à un modèle empruntant des éléments à la démocratie libérale et à l'économie de marché. Cette transition a de nombreuses conséquences spatiales.

Cartes, p. 328-329.

A. Une crise des structures politiques et économiques

Face à un pouvoir central affaibli, de nouveaux **acteurs spatiaux** émergent (oligarques, pouvoirs régionaux) malgré les tentatives de reprise en main actuelles du président Poutine. En effet, la Fédération de Russie est un État multinational composé d'une mosaïque de peuples (20 % de non-russes) et si les revendications sérieuses d'indépendance sont rares, sauf peut-être pour les Tchétchènes, on assiste à des tractations de la part des régions riches en matières premières afin de capter une part importante des recettes budgétaires et d'exportations.

De plus, une restructuration économique est nécessaire afin de s'adapter à l'économie de marché : il faut moderniser et reconvertir des activités en cherchant de nouveaux moyens de financements et de nouveaux débouchés. Dans l'industrie, cela s'est traduit par une chute de la production durant les années quatre-vingt-dix (des pans industriels entiers se sont arrêtés de produire, recul des industries de transformation) et par un resserrement autour de l'exploitation des matières premières et des industries de première transformation dont profitent les régions de la Volga, du Don, de l'Oural et de la Sibérie occidentale.

Dossier 2, p. 332-333.

B. Des problèmes démographiques et sociaux

Pour la première fois depuis 1945, la population russe a diminué en raison d'un bilan naturel négatif qui n'est que partiellement compensé par le retour des « pieds rouges » (Russes qui vivaient dans les États devenus indépendants en 1991). Le taux de mortalité élevé est lié à la surmortalité masculine due à l'alcoolisme, à la dégradation des conditions de vie et à l'état sanitaire du pays.

La faillite d'un État protecteur a entraîné le creusement des inégalités entre les catégories sociales mais également entre les régions. Cette crise démographique et sociale aggrave les problèmes de déséquilibre du peuplement en provoquant un phénomène de déprise de certaines régions de Sibérie.

Dossier 5, p. 338-339.

C. La crise d'un modèle de mise en valeur

Le régime soviétique avait encouragé la mise en valeur de la Sibérie et du Grand Nord par une politique de **fronts pionniers** : attirer une population en lui offrant des avantages matériels importants, construire des villes nordiques de plusieurs centaines de milliers d'habitants comme celle de Norilsk. Cette politique est aujourd'hui abandonnée du fait de la désorganisation de l'économie et du désengagement de l'État. Cela provoque une inversion des mouvements migratoires –hier de l'ouest vers l'est, aujourd'hui de l'est vers l'ouest– et une nouvelle mise en valeur privilégiant des régions prioritaires (le sud de la Sibérie occidentale et centrale, le sud de l'Extrême-Orient).

Le poids de l'héritage de la période soviétique est important : une insuffisance des réseaux de transport et de l'armature urbaine (pas de véritables métropoles régionales), un environnement dégradé résultat d'un système d'exploitation peu soucieux de la préservation des ressources et de **l'environnement**.

Notions clefs
- Acteurs spatiaux
- Environnement
- Fronts pionniers

Voir lexique, page 7

1 Anciennes et nouvelles structures politiques et économiques

L'URSS		LA NOUVELLE RUSSIE	
Caractéristiques du système	**Conséquences**	**Caractéristiques du système**	**Défis du système**
– Le pouvoir est détenu par le parti communiste – Une économie planifiée, centralisée et étatique. – Propriété collective des moyens de production	– Croissance extensive (grâce à davantage de travailleurs, d'équipements, de matières premières) – Pas de souci de l'environnement, gaspillages – Absence du souci des coûts d'exploitation et des transports – Industries d'armement et industries lourdes privilégiées – Organisation spatiale centralisée, politique des fronts pionniers	– Lente démocratisation politique – Économie libérale : privatisations, appel aux investissements étrangers, liberté des prix – Réduction des dépenses de l'État	– Restructuration et modernisation d'un appareil productif vieilli et inadapté à la demande – Société très inégalitaire – Puissance des oligarchies (groupes industriels et financiers) – Organisation spatiale : tentatives autonomistes, fin des fronts pionniers

2 La crise démographique russe

La population russe, aujourd'hui de 145,5 millions d'habitants, a diminué de 2,8 millions au cours des huit dernières années. Et le facteur clé de ce déclin est un taux de mortalité exceptionnel chez les hommes[1]. L'espérance de vie d'un Russe ne dépasse pas 60 ans (contre 72 ans pour les femmes). « Une mortalité comparable à celle de l'Égypte ou du Maghreb, qui ne correspond absolument pas au niveau de développement du pays », selon l'Institut démographique de l'Académie des sciences.

Avec les réformes, on a aussi assisté à un effondrement du système de santé. Officiellement, les soins restent gratuits. Mais, de fait, 50 % des gens paient. Le matériel est souvent dépassé et, dans certaines régions, les médicaments manquent.

On voit ressurgir en Russie des maladies depuis longtemps maîtrisées à l'Ouest, comme la syphilis, dont les cas se sont multipliés par 70 depuis 1990, ou la tuberculose.

D'après V. Soulé, *Libération*, 21 mars 2000.

1. Dû à l'alcoolisme et au suicide de personnes marquées par les dures conditions de vie, la perte du travail.

3 Évolution de la croissance naturelle

Année	Natalité (en pour mille)	Mortalité (en pour mille)	Croissance naturelle (en %)	Mortalité infantile (pour mille naissances)	Espérance de vie à la naissance (ans)
1940	33,0	20,6	1,24	205,2	
1950	26,9	10,1	1,68	88,4	
1960	23,2	7,4	1,58	36,6	68,75
1970	14,6	8,7	0,59	23,0	68,93
1980	15,4	11,2	0,49	22,1	67,61
1990	13,4	11,2	0,22	17,4	69,25
1994	9,6	15,7	– 0,61	19,9	63,88
1998	8,8	13,6	– 0,48	16,7	67,2

Source : J. Radvanyi, *La Nouvelle Russie*, A. Colin, 2000.

3. Une contraction de l'espace russe

A. Un repli sur le centre

Dossier 4, p. 336-337.

La Russie d'Europe est un lieu de concentration des hommes et des activités qui a tendance à renforcer sa prépondérance. D'une part, les flux migratoires internes (en provenance de Sibérie) et externes (mouvement des « pieds rouges ») révèlent un repli sur le centre des hommes et des activités.

D'autre part, un processus de **métropolisation** renforce les fonctions de commandement de la ville de Moscou. Cette métropole est la tête de **réseau** du système des transports et de logistique et est la capitale économique et culturelle du pays. L'ouverture de l'économie de marché à l'international a été organisée depuis Moscou : les investisseurs étrangers y ont créé des sièges et des filiales. D'autres éléments montrent l'effervescence qui anime la ville : un développement d'un commerce de détail à proximité des lieux fréquentés, la construction d'immeubles post-modernes en plein centre.

Malgré l'aménagement d'un quartier des affaires (Moscow City), il s'agit d'une métropole incomplète : Moscou n'est pas une grande métropole internationale ; c'est un centre contesté par certaines périphéries.

Dossier 5, p. 338-339.

B. Un espace sibérien à recomposer

La Sibérie, constituée pour l'essentiel d'immenses étendues froides et faiblement peuplées, fournit le centre en **ressources** naturelles et en certains biens d'équipement lourd. Deux sous-ensembles régionaux peuvent être distingués.

D'une part, la Sibérie occidentale et méridionale, le long du Transsibérien, qui rassemble 80 % de la population sibérienne. Elle constitue une périphérie intégrée par l'exploitation de ses ressources minérales et énergétiques et de sa production agricole. Cependant, les industries de base ne sont plus adaptées aux besoins du marché, ce qui nécessite des restructurations.

D'autre part, les espaces de la Sibérie centrale, du Grand Nord ainsi que de l'Extrême-Orient sont une périphérie en réserve où les tendances centrifuges sont de plus en plus fortes, les relations avec le reste du pays étant distendues. En effet, les espaces du Grand Nord sont peu à peu abandonnés du fait des contraintes climatiques et de la fin de la politique des fronts pionniers faute de crédits. Dès lors, cette région tente de se rattacher aux **pôles** de croissance asiatiques et tourne un peu le dos à la Russie d'Europe.

Dossier 3, p. 334-335.

C. Un espace politiquement « perdu »

Il s'agit des territoires devenus indépendants après l'éclatement de l'URSS. D'une part, ces nouvelles frontières confèrent à ces nouveaux États des prérogatives en matière de transit et de contrôle des **flux** entre la Russie et les espaces de consommation. Cela oblige la Russie à repenser son ouverture sur l'extérieur (alors que les travaux de modernisation de la période soviétique avaient concerné les ports baltes et ukrainiens, les nouveaux projets concernent les ports de Saint-Pétersbourg et ceux de la mer Noire), et à repenser les liaisons internes (aménager un réseau russe).

D'autre part, la Russie a tenté d'utiliser la CEI (Communauté des États indépendants) –une association d'États– afin de maintenir une présence militaire et économique mais doit tenir compte des velléités d'indépendance de ces États.

Notions clefs
- Flux
- Métropolisation
- Pôle
- Réseau
- Ressources

Voir lexique, page 7

Valorisation du patrimoine architectural et culturel de l'ancienne capitale ; le musée de l'Ermitage, ancienne résidence des tsars, est l'un des grands musées d'Europe.

1 La place du palais à Saint-Pétersbourg

2 Saint-Pétersbourg, une métropole aux fonctions incomplètes

Outre un patrimoine historique exceptionnel, il reste quelques éléments de ses fonctions d'ex-capitale. C'est la deuxième ville universitaire du pays (8 % des étudiants) et ses laboratoires regroupent 12 % des chercheurs russes. En revanche, elle a beaucoup perdu de son rôle culturel et acquis, ces dernières décennies, une réputation de traditionnalisme régional, à côté du bouillonnement moscovite. C'est d'ailleurs une impression de délabrement qui prévaut encore malgré quelques opérations de restauration du centre. La plupart des grands investisseurs étrangers s'installent d'abord dans la capitale où continue de se prendre l'essentiel des décisions : si Saint-Pétersbourg est bien la deuxième place financière du pays, ces opérations sont largement contrôlées par des filiales moscovites ou internationales.

Adoptant une stratégie offensive, les ports estoniens, lettons et lituaniens, offrant des services réputés meilleurs et moins onéreux, ont réussi à capter une part élargie du trafic maritime extérieur russe. Tout un plan d'amélioration des dessertes externes de l'agglomération devait initialement accompagner [les] projets portuaires mais le projet de TGV entre Moscou et Saint-Pétersbourg est totalement bloqué.

D'après J. Radvanyi, *La Nouvelle Russie*, A. Colin, 2000.

3 Fusée Soyouz sur la base de lancement de Baïkonour (Kazakhstan)

PARTIE 4 Retrouver l'essentiel

Retrouver l'essentiel

chapitre 1 — Un monde de flux

Les flux reflets des inégalités croissantes entre les Nord et les Sud

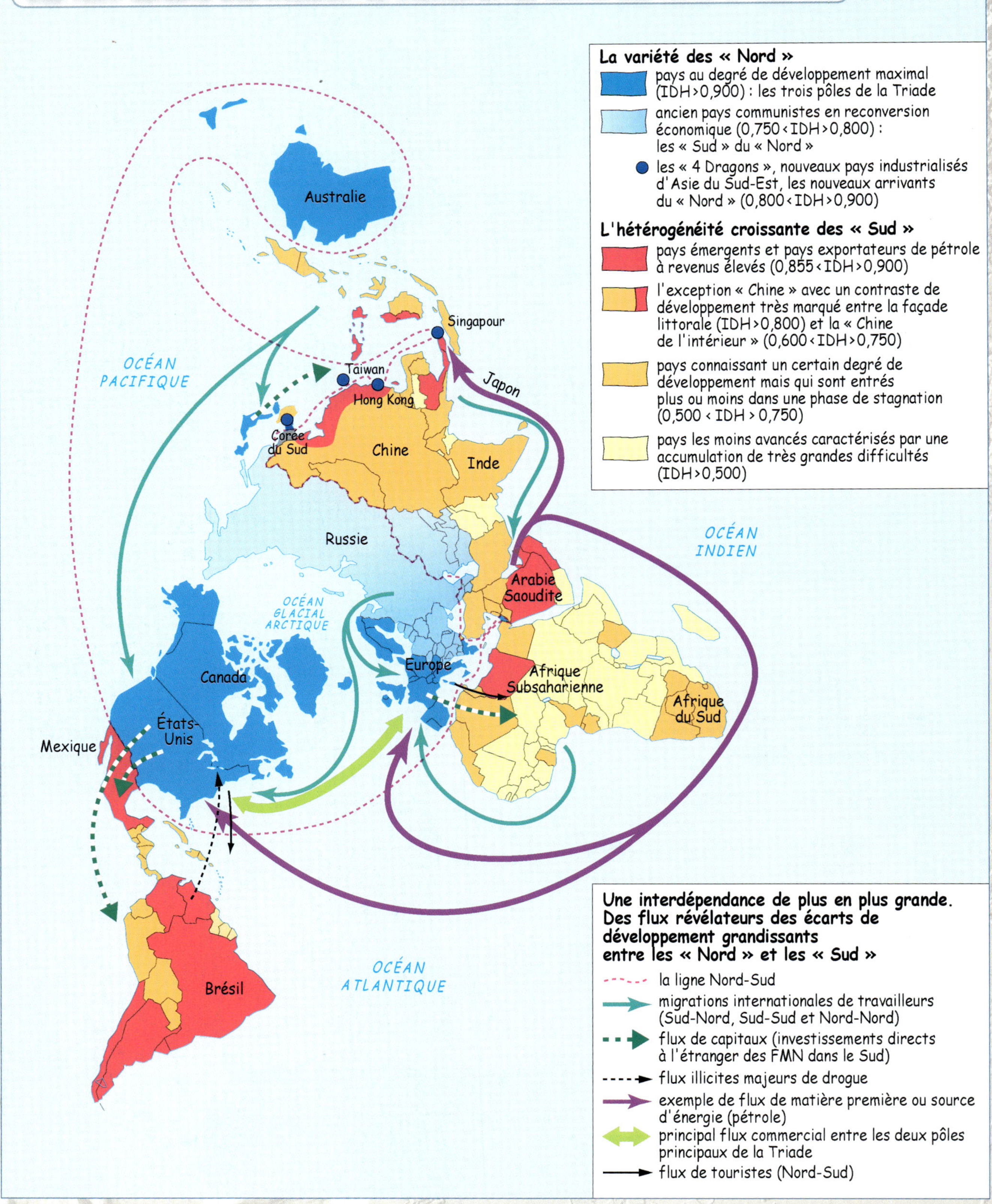

RETROUVER L'ESSENTIEL

chapitre 2

ACTEURS ET PÔLES DE L'ESPACE MONDIALISÉ

ACTEURS ET PÔLES DE L'ESPACE MONDIALISÉ

ORGANISATIONS INTERNATIONALES

- Organismes liés à l'ONU (OMC ,FMI, FAO...) ou forums (G-8, WEF)
- Interviennent à différents niveaux
- Préfigurent le futur gouvernement mondial

ORGANISATIONS RÉGIONALES

- Une soixantaine de regroupements économiques surtout (UE, ALENA, MERCOSUR, ASEAN, APEC)
- Regroupements militaires (OTAN)

LES ÉTATS-NATIONS

- Pouvoir d'intervention réduit dans de nombreux domaines
- Rôle de négociation et d'encadrement
- Interaction avec les ensembles régionaux

LES FIRMES TRANSNATIONALES

- Elles sont 60 000 à travers le monde d'après la CNUCED (ONU)
- Moteur principal de la mondialisation
- Certaines ont un chiffre d'affaires > PIB de certains États

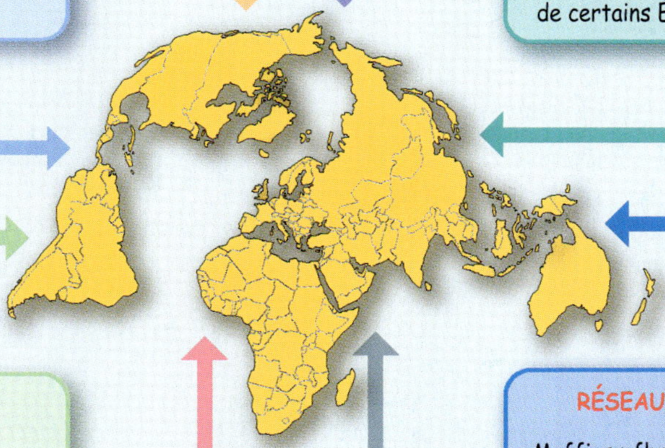

LES INVESTISSEURS INSTITUTIONNELS

- Poids considérable sur les marchés financiers (spéculation)
- Fonds de pension, fonds d'investissement (FCP, SICAV)

RÉSEAUX « SOUTERRAINS »

- Maffias : flux illicites (armes, drogues, immigrants)
- Paradis financiers
- Réseaux terroristes (Al-Qaida)

LES ONG ET ASSOCIATIONS

- Mobilisation de l'opinion mondiale sur de grandes causes
- Critique mondialisation
- Ébauche d'une société civile mondiale

VILLES GLOBALES

- Abritent les lieux de pouvoir et de décision (sièges sociaux, Bourses, banques...)
- Pouvoir dans le domaine de la création (modes, médias)

LES INDIVIDUS

- Personnalités de stature internationale (B. Gates)
- Tourisme international
- Manifestations pour grandes causes (guerre en Irak)

RETROUVER L'ESSENTIEL

chapitre 3 LES AUTRES LOGIQUES D'ORGANISATION DE L'ESPACE MONDIAL

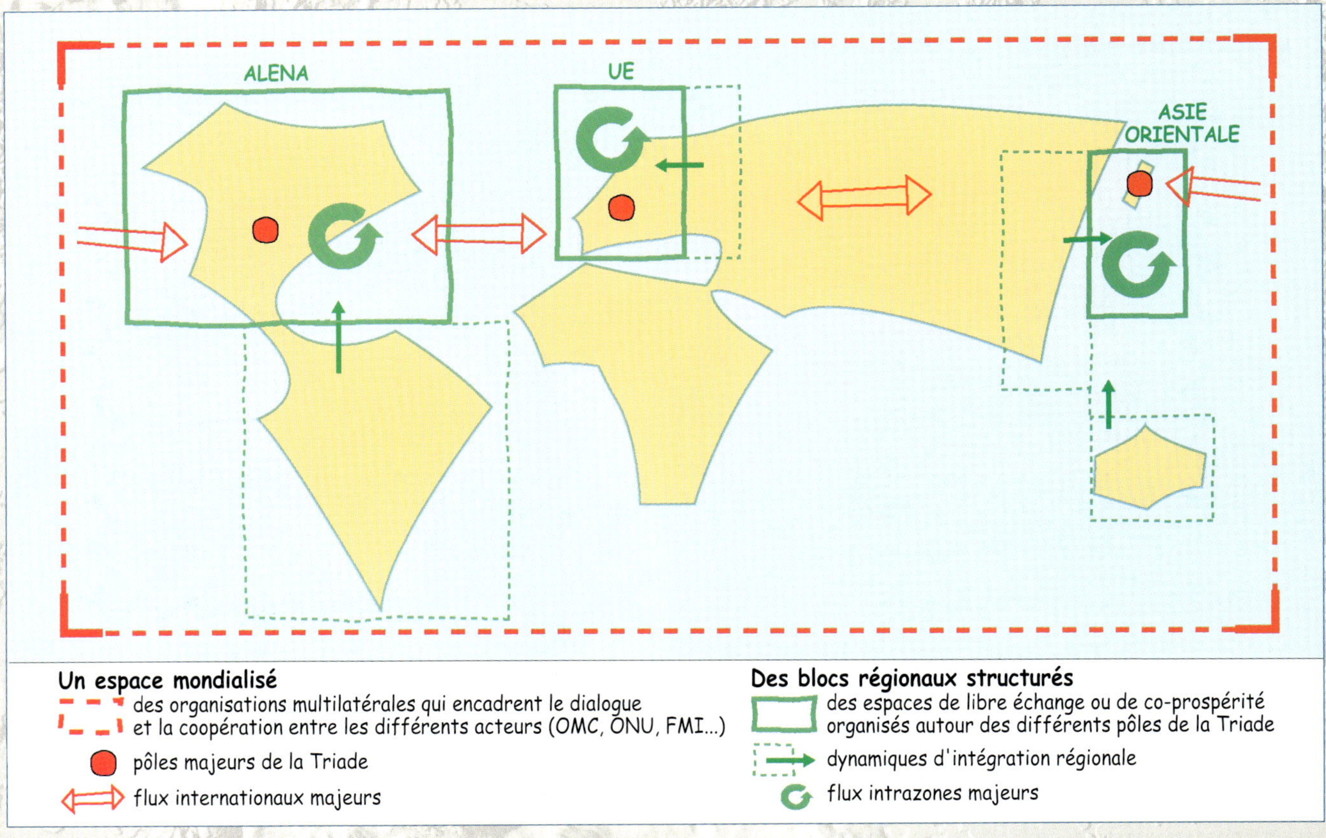

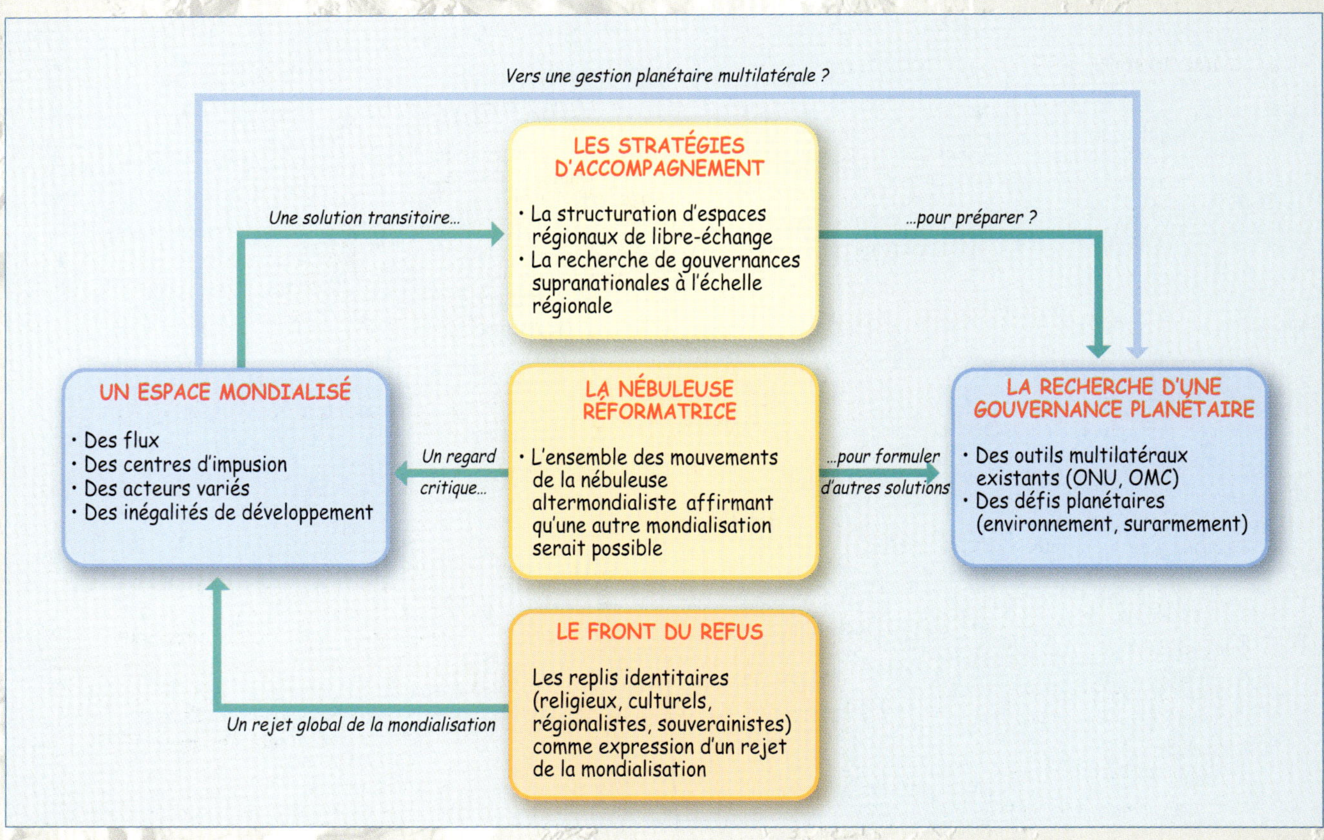

RETROUVER L'ESSENTIEL

chapitre **4**

LES ÉTATS-UNIS : LA SUPERPUISSANCE

LES RÉGIONS MOTRICES DES ÉTATS-UNIS

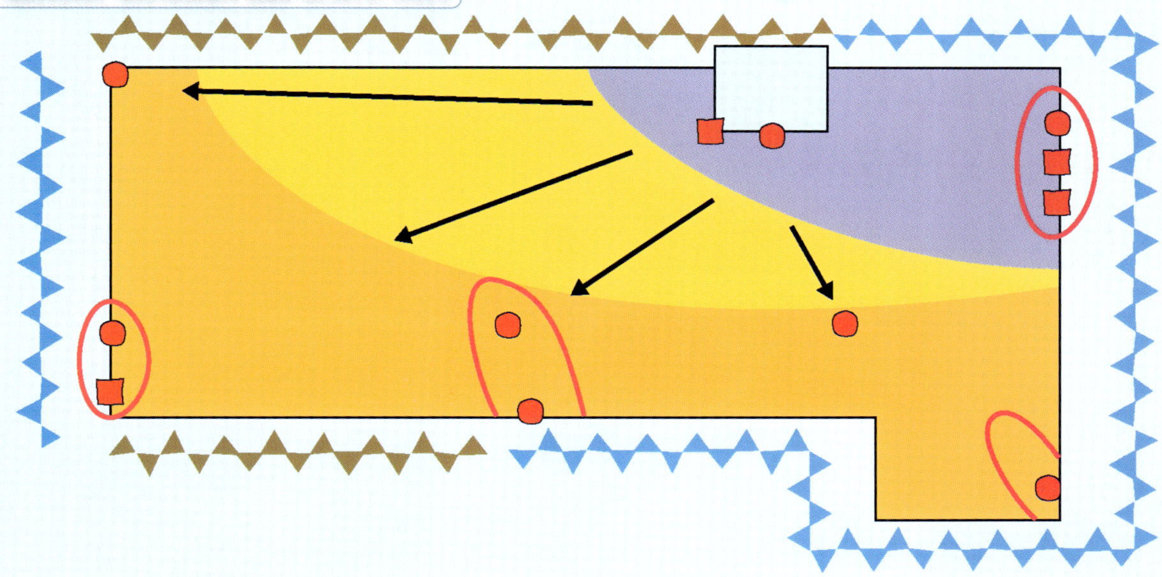

Les métropoles
- ville monde
- grande agglomération

Les interfaces
- marines et lacustres
- continentales

Les régions et les dynamiques
- *manufacturing belt* = région en reconversion
- croissant périphérique = des pôles de croissance
- intérieur délaissé = des centres isolés

- régions motrices
- flux internes de population et de capitaux

LES COMPOSANTES DE LA SUPERPUISSANCE

LES ASSISES DE LA PUISSANCE

Le territoire
- Superficie
- Ressources

La population
- Troisième rang mondial
- IDH élevé

Un poids économique considérable
- Production industrielle, agricole
- 25 % PNB mondial
- Un modèle d'organisation des entreprises

La maîtrise du territoire
- Les réseaux de communication

Les États-Unis, la superpuissance

LES BASES DE LA PUISSANCE

Financières
- Dollar, monnaie de référence
- Les places financières

Géopolitiques = militaire et diplomatique
- Défense du territoire et des intérêts
- Poids dans les instances internationales (ONU, FMI, OMC)

Culturelles
- Langue
- Les TIC : Internet, CNN...
- Le modèle idéologique

L'innovation
- Les parcs technologiques

UNE INSCRIPTION DANS L'ESPACE

National
- Les métropoles
- Les régions motrices
- La réorganisation de l'espace national

Régional
- Les zones transfrontalières
- Le continent : ALENA, ZLEA, ALCA
- Les flux : commerciaux, financiers, migratoires

Mondial
- Les Bourses (New York, Chicago)
- Les centres de décision (Washington, New York)
- Les carrefours (hubs)

RETROUVER L'ESSENTIEL

chapitre 5 LA FAÇADE ATLANTIQUE DE L'AMÉRIQUE DU NORD

ORGANISATION DE L'ESPACE ET OUVERTURE AU MONDE

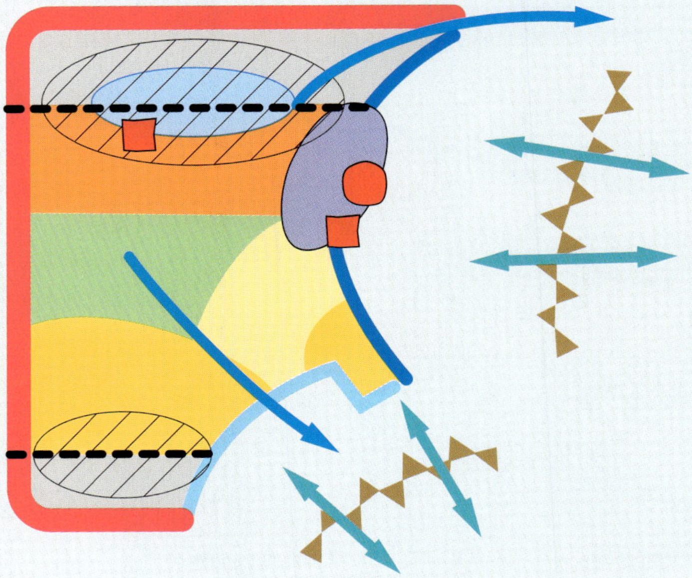

LA MÉGALOPOLE ATLANTIQUE

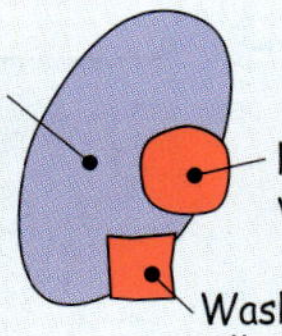

DES ZONES DYNAMIQUES D'INTÉGRATION TRANSFRONTALIÈRES

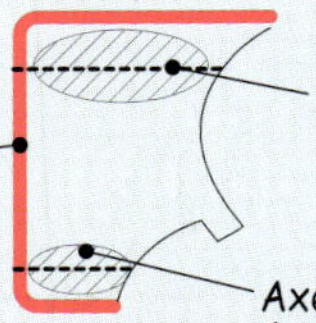

LA RÉGION DES GRANDS LACS

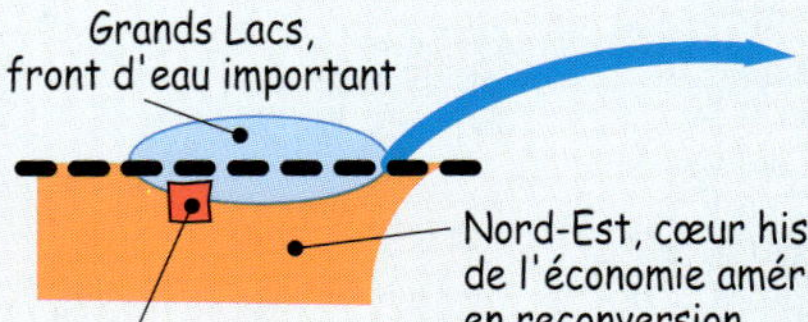

LA VOIE D'EAU, INTERFACE MAJEURE

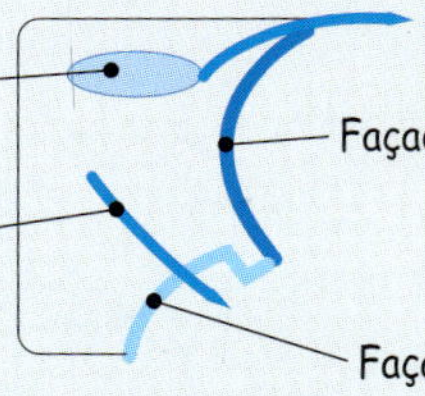

DES NOUVEAUX SUD EN EXPANSION

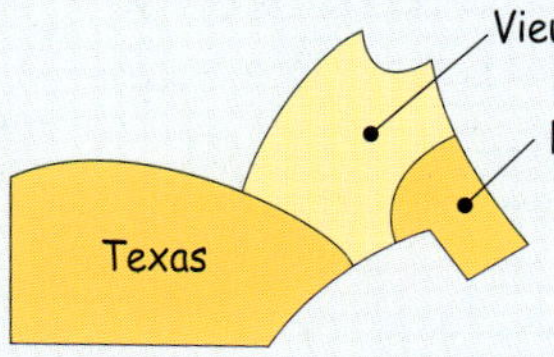

LES OUVERTURES AU MONDE

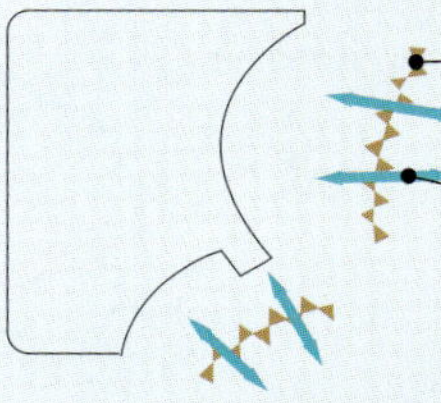

RETROUVER L'ESSENTIEL

chapitre 6 — LA PUISSANCE ÉCONOMIQUE DE L'UNION EUROPÉENNE

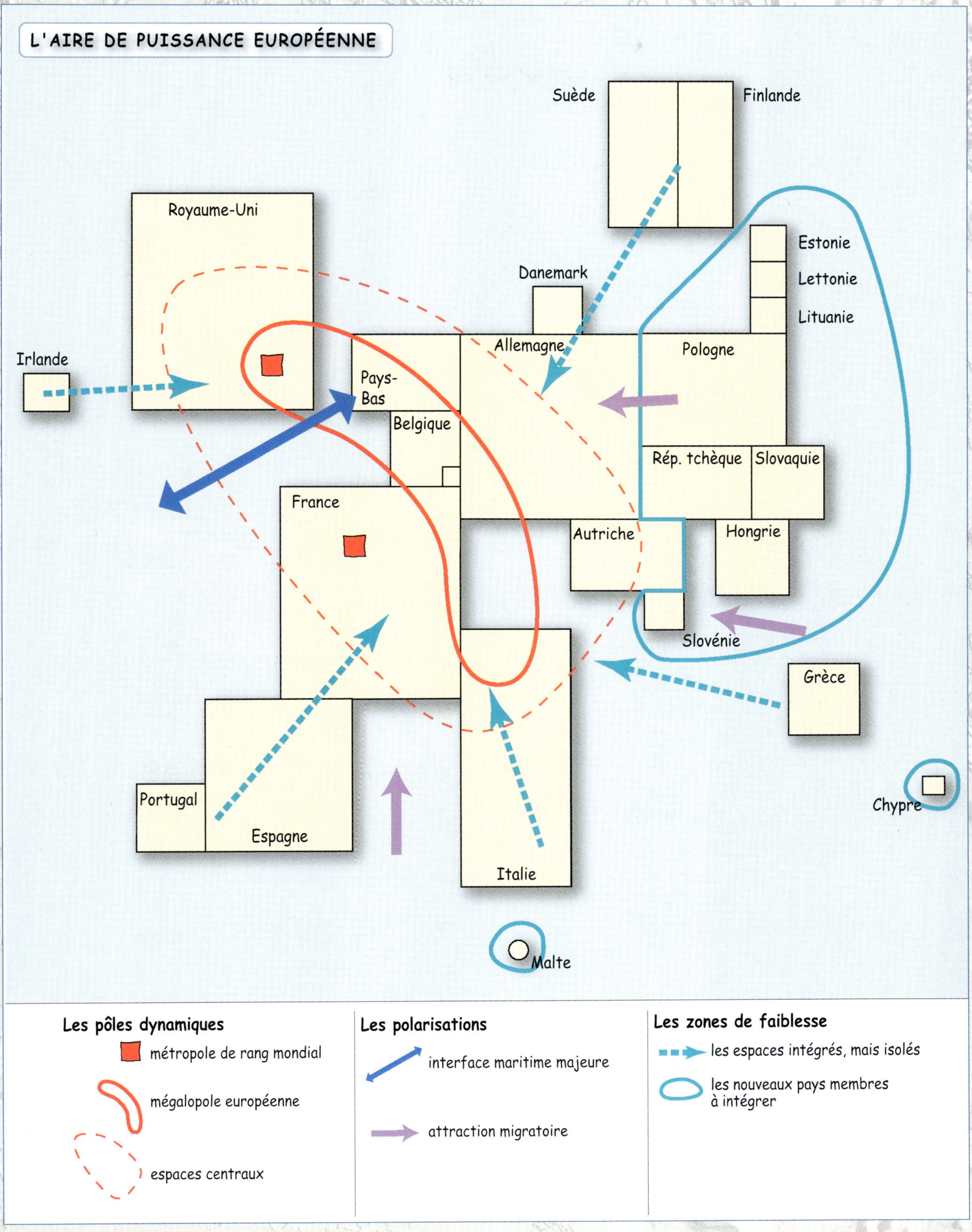

RETROUVER L'ESSENTIEL

chapitre 7

L'EUROPE RHÉNANE

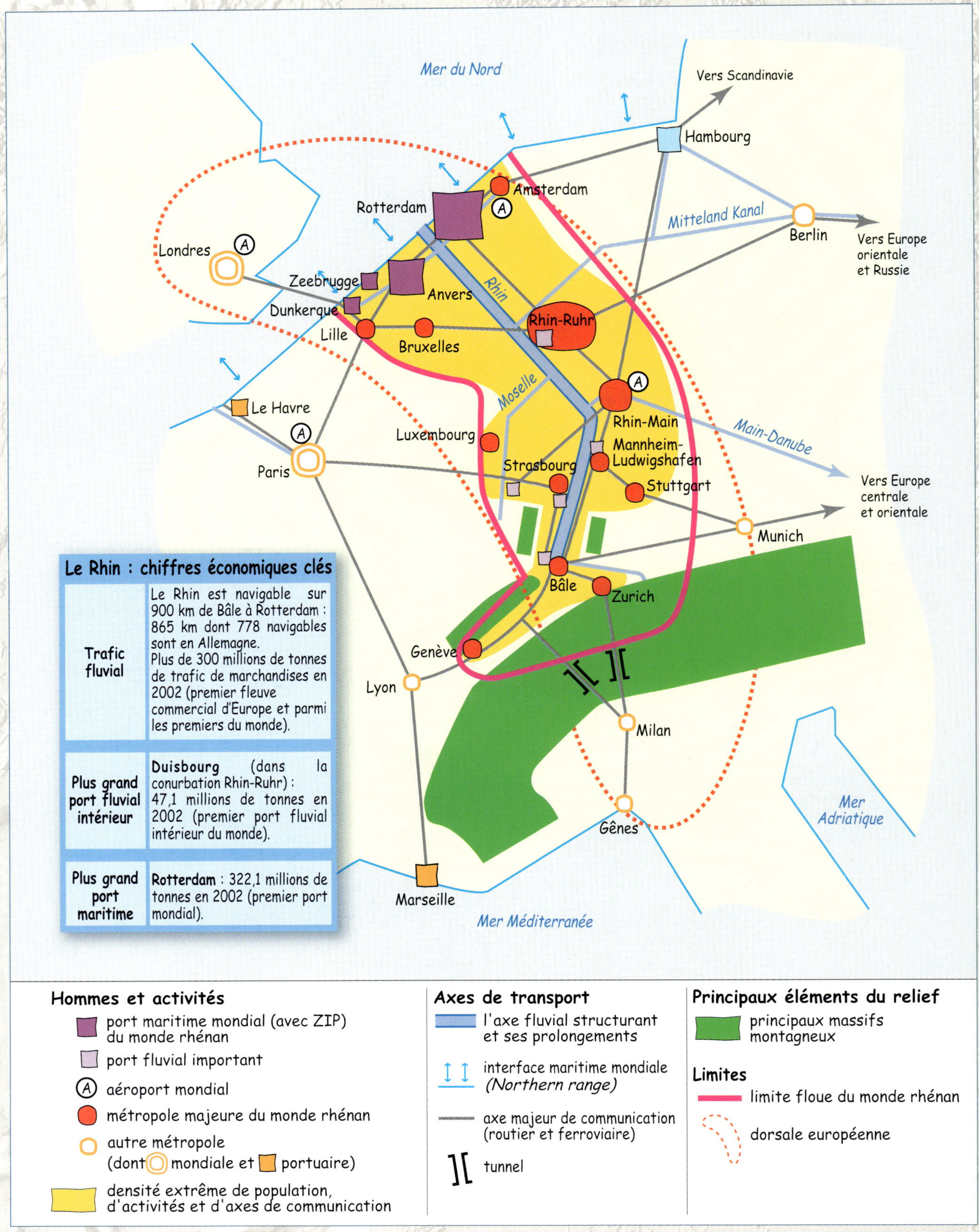

Le Rhin : chiffres économiques clés

Trafic fluvial	Le Rhin est navigable sur 900 km de Bâle à Rotterdam : 865 km dont 778 navigables sont en Allemagne. Plus de 300 millions de tonnes de trafic de marchandises en 2002 (premier fleuve commercial d'Europe et parmi les premiers du monde).
Plus grand port fluvial intérieur	**Duisbourg** (dans la conurbation Rhin-Ruhr) : 47,1 millions de tonnes en 2002 (premier port fluvial intérieur du monde).
Plus grand port maritime	**Rotterdam** : 322,1 millions de tonnes en 2002 (premier port mondial).

RETROUVER L'ESSENTIEL

chapitre 8 L'ASIE ORIENTALE, UNE AIRE DE PUISSANCE EN EXPANSION

UNE AIRE DE PUISSANCE MULTIPOLAIRE

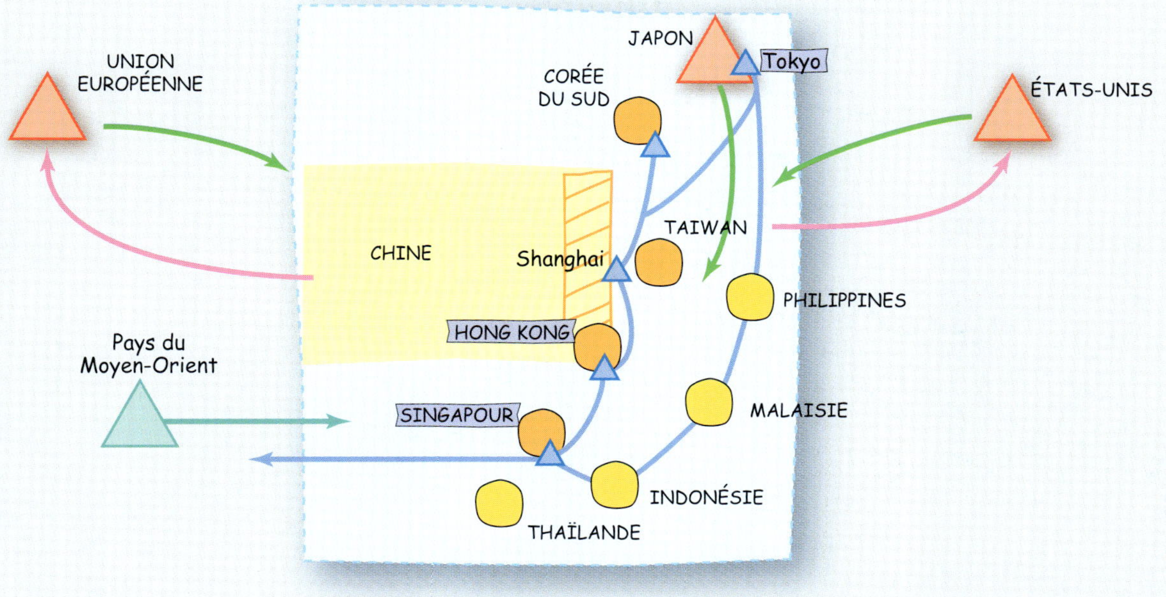

- l'aire régionale de puissance : un carrefour maritime
- les pôles de la Triade : principaux investisseurs et acheteurs
- les « dragons » : puissances récentes fondées sur le dynamisme commercial
- la Chine : nouvelle puissance émergente
- les « bébés-tigres » : espaces périphériques, réserves de main-d'œuvre
- port important
- provinces chinoises ouvertes sur l'extérieur
- grande route commerciale régionale
- SINGAPOUR place financière importante
- exportation de produits manufacturés
- flux d'investissements
- approvisionnement en pétrole

LES BASES DE LA PUISSANCE : L'ÉCHELLE RÉGIONALE

POPULATION NOMBREUSE
- Main-d'œuvre qualifiée et productive
- Le plus important marché de consommation du monde

OUVERTURE OCÉANIQUE

Littoraux aménagés : des ports modernes

POIDS ÉCONOMIQUE
- Places boursières importantes
- Firmes multinationales
- Capacité d'innovation : des pôles de haute technologie

L'ASIE ORIENTALE :
UN ESPACE EN FORTE CROISSANCE ÉCONOMIQUE
UN ESPACE MULTIPOLAIRE :
DES PUISSANCES RÉGIONALES EN CONCURRENCE ET DES INÉGALITES RENFORCÉES

LES MANIFESTATIONS DE LA PUISSANCE : L'ÉCHELLE MONDIALE

RAYONNEMENT MONDIAL
- Un tiers du commerce mondial
- Investissements japonais et coréens
- Diaspora chinoise : rayonnement culturel, flux économiques et financiers

ATTRACTION

Investissements étrangers industriels et technologiques

RETROUVER L'ESSENTIEL

chapitre **9**

LA MÉGALOPOLE JAPONAISE

LA MÉGALOPOLE JAPONAISE : UN CENTRE DU MONDE

	Un vaste ensemble urbanisé et industrialisé	Des métropoles puissantes	Un carrefour de communication
La région motrice du Japon	• extension linéaire sur 1 200 km le long du littoral Pacifique de Tokyo à Fukuoka • construction de terre-pleins : localisation des ZIP, reconversion vers des fonctions urbaines • concentre 80 % de la population japonaise • fournit 70 % de la production industrielle du Japon • de fortes densités qui aggravent les risques	Un réseau urbain multipolaire : **Tokyo et son agglomération** : 30 millions d'habitants, capitale politique, économique, industrielle, culturelle et financière du pays **Osaka-Kobé-Kyoto** : 17 millions d'habitants, métropoles industrielles et culturelles Orientation vers la recherche et le développement **Nagoya** : 9 millions d'habitants, métropole industrielle nombreuses métropoles intermédiaires	un axe de transport majeur : autoroute et Shinkansen pour relier les métropoles • construction de tunnels et de ponts pour relier les îles
Un centre d'impulsion aux échelles régionale mondiale	**un centre de commandement économique :** • sièges sociaux des grandes FMN, des Keiretsus • nombreux investissements en Asie, aux États-Unis et dans l'Union européenne	**Tokyo : métropole mondiale** • richesse : PNB équivalent à celui de la France • commandement économique • influence financière : 2e bourse mondiale • limite à la puissance : absence de rayonnement politique	**le littoral : une façade maritime dynamique** **Grands ports modernes** : baie de Tokyo, 1er ensemble portuaire mondial **3e puissance commerciale du monde** : liens privilégiés avec l'Asie (40 % des échanges commerciaux) et les pôles de la Triade

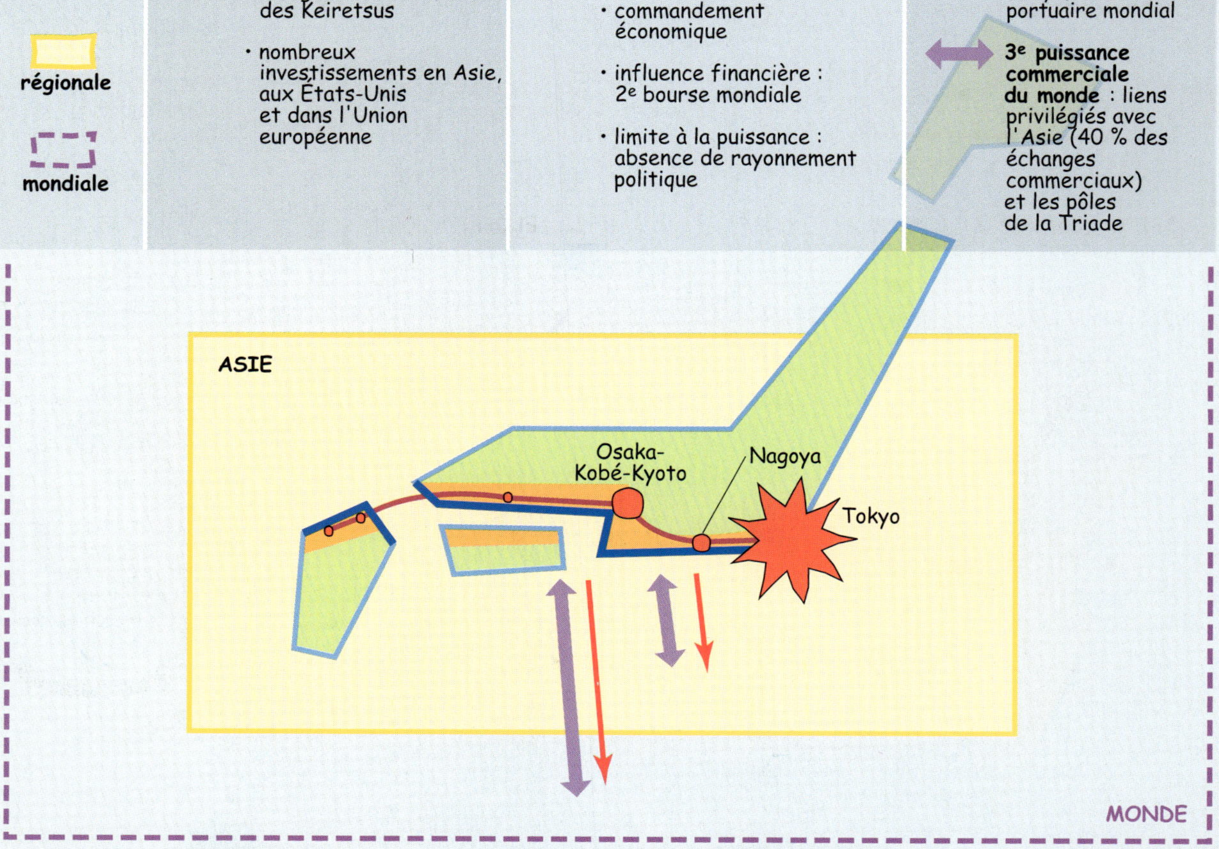

RETROUVER L'ESSENTIEL

chapitre 10 — UNITÉ ET DIVERSITÉ DES SUD

UNITÉ ET DIVERSITÉ DES SUD

	Des éléments d'unité qui subsistent ...	... mais des écarts qui s'accroissent
Évolution démographique	• une tendance générale au ralentissement de la croissance démographique • une urbanisation qui s'accélère	• un avancement encore inégal, selon les régions, dans le processus de transition démographique • d'importantes disparités internes en matière d'accès aux soins médicaux : urbains /ruraux, riches/pauvres
Évolution économique	• une tendance générale à la progression des indicateurs de développement • une insertion aux circuits de l'économie mondiale dans le cadre d'un libre échange de plus en plus généralisé (OMC) • l'existence de mécanismes variés d'aide au développement (APD, IDE...)	• des capacités variables d'insertion sur les marchés mondiaux en raison du caractère plus ou moins stratégique des productions ou savoir-faire locaux • des dynamiques régionales de développement plus ou moins actives en fonction de la proximité et des liens tissés avec les pôles d'impulsion de l'économie mondiale • des compétences variables pour gérer le développement (respect des droits de l'homme, corruption des élites locales...) • d'importantes disparités internes en matière d'accès aux services de base (éducation, eau, électricité...) : urbains/ruraux, riches/pauvres

DES HIÉRARCHIES NOUVELLES : LA PLURALITÉ DES SUD

PAYS ÉMERGENTS — PAYS EN VOIE DE DÉVELOPPEMENT — PAYS LES MOINS AVANCÉS

DIVERSITÉ DES SUD ET DYNAMIQUES RÉGIONALES DE DÉVELOPPEMENT

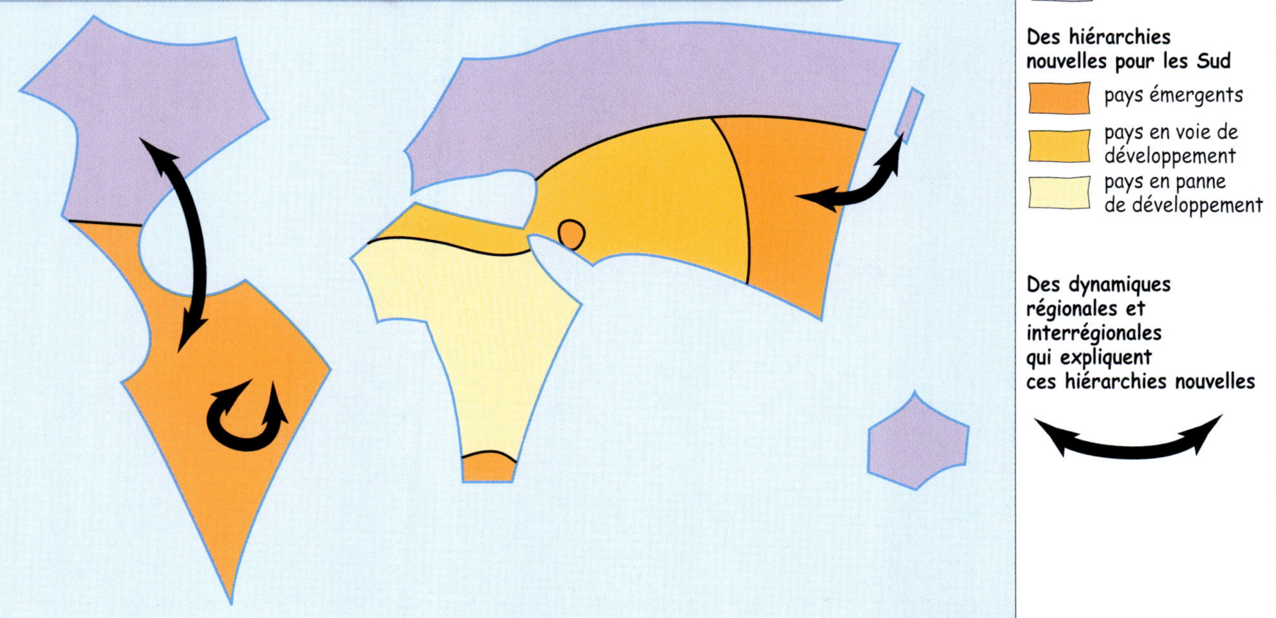

RETROUVER L'ESSENTIEL

chapitre **11**

LE BRÉSIL

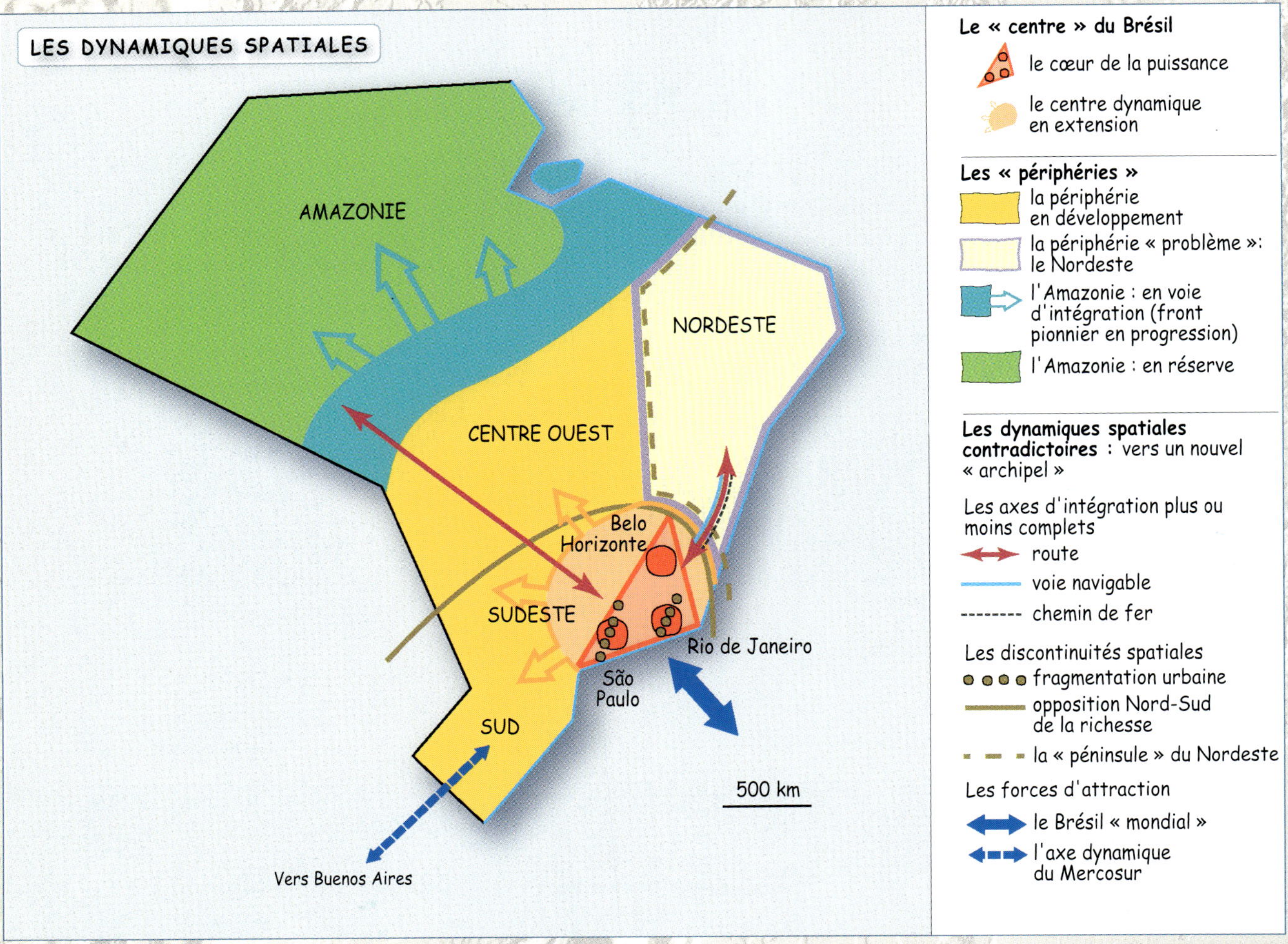

DES DÉFIS D'HIER AUX ENJEUX DE L'AVENIR

DES BRÉSIL
(colonisation)

L'ARCHIPEL
- Mise en valeur par les cycles : sucre, or, café, caoutchouc…
- L'urbanisation

LES « MERS »
- Sertão
- Amazonie

UN BRÉSIL
(XIVe s - XXe s)

LA « COUTURE » DES TERRITOIRES
- Fronts pionniers
- Infrastructures de transport
- Brasilia au centre (1960)

LES ENJEUX
(du XXIe s)

UN BRÉSIL MOINS INÉGALITAIRE ?
- Programme de réduction de la pauvreté
- Aménagements en faveur des régions en retard : irrigation dans le Nordeste, développement durable de l'Amazonie
- Réforme agraire : redistribuer les terres
- Réduction de la fragmentation urbaine

UN NOUVEAU RÔLE GÉOPOLITIQUE ?
- À la tête du G-20 aux négociations de l'OMC
- Relancer les solidarités latino-américaines face à l'hégémonie des États-Unis
- Animer les relations « Sud-Sud » (diffusion de médicaments génériques contre le sida)

chapitre 12 — UNE INTERFACE NORD/SUD, L'ESPACE MÉDITERRANÉEN

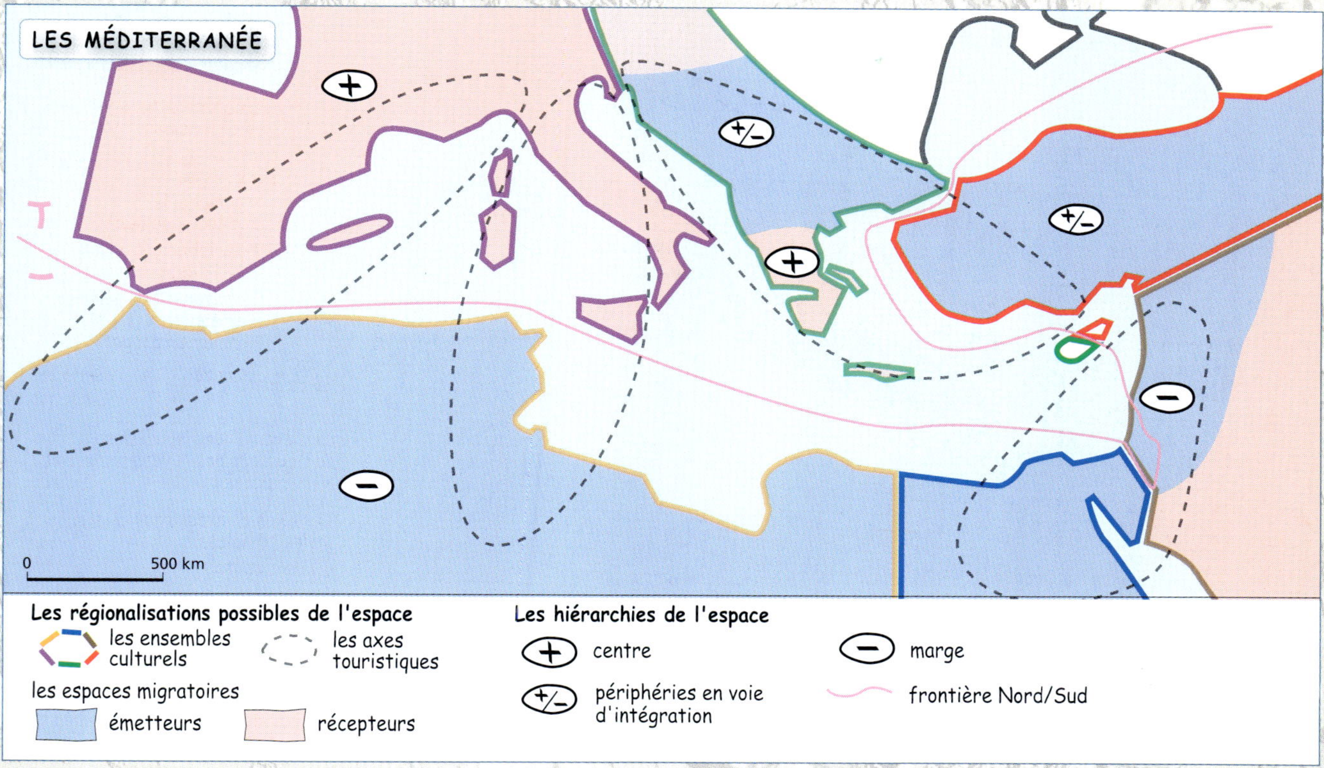

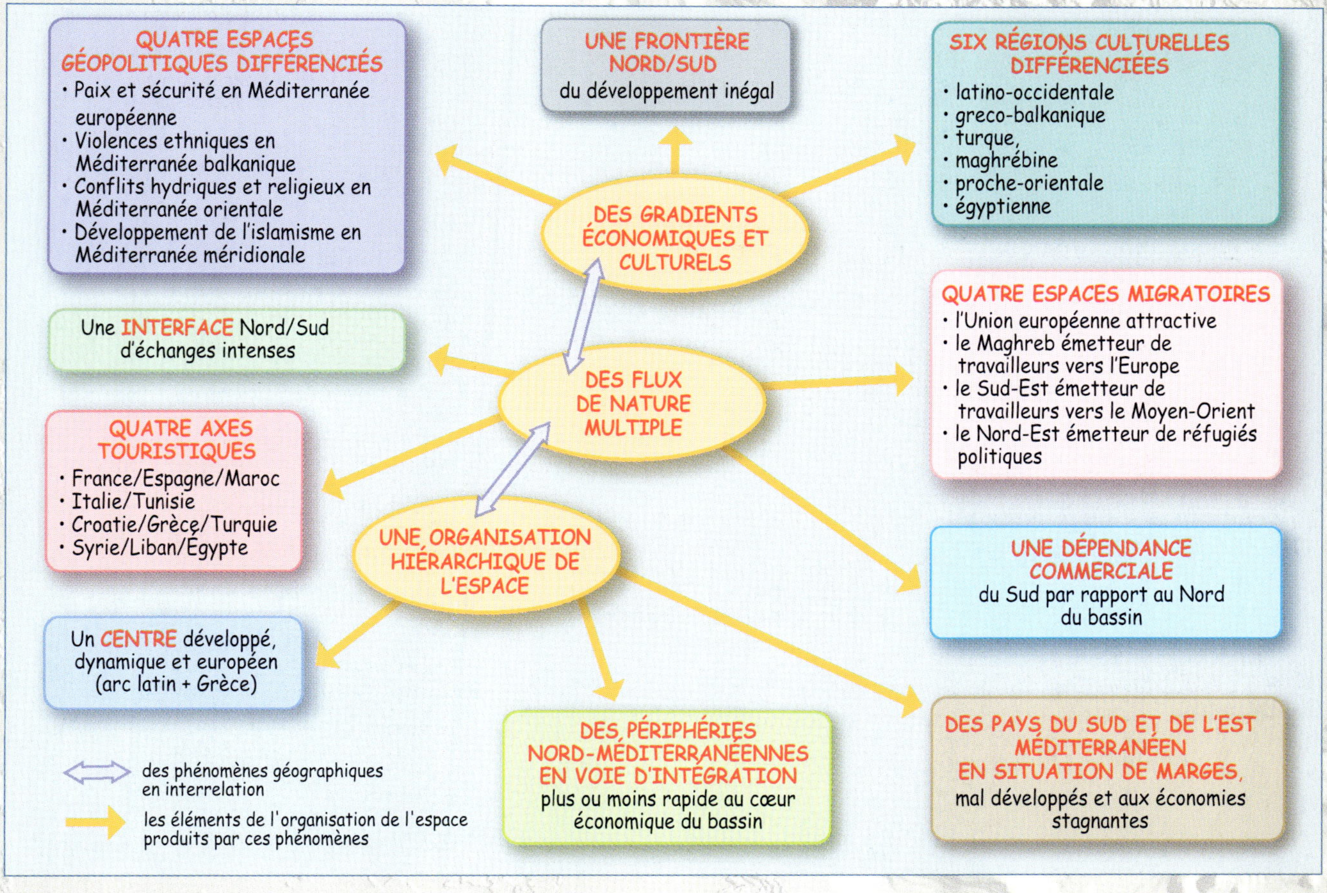

chapitre 13 La Russie, un État et un espace en recomposition

Les dynamiques régionales de l'espace russe

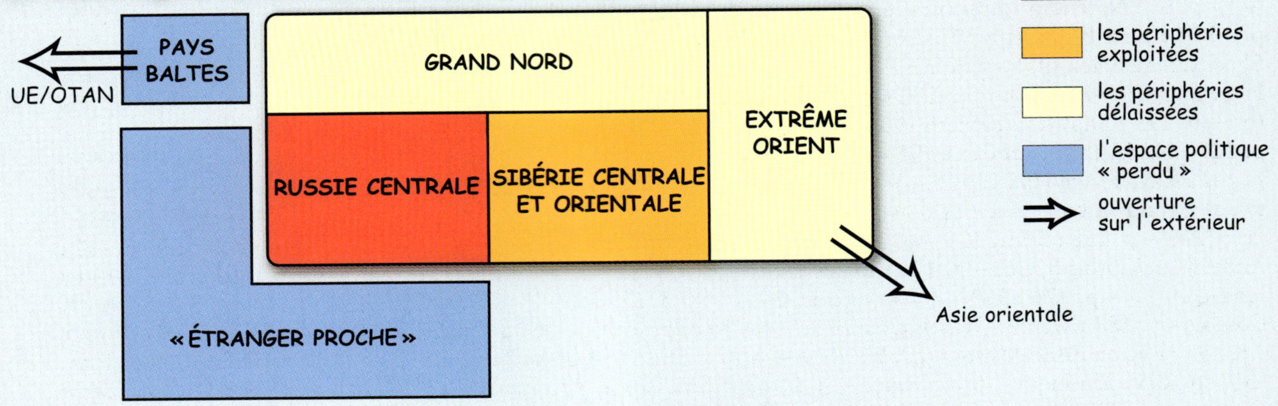

Les enjeux du développement en Russie

Un territoire immense

Contraintes	Atouts
• Le froid • Les distances	- Des ressources naturelles abondantes

De l'URSS à la « nouvelle Russie »

- Abandon de l'économie planifiée et collectivisée
- Une nouvelle organisation politique, économique et sociale

Une réorganisation territoriale

- Une rétraction de l'espace russe
- Un repli sur la « Russie utile »

L'enjeu de la maîtrise de l'espace

- **Constat :** des ressources peu accessibles, concentrées en Sibérie
- **Problématiques :**
  - Aménager les moyens de transports
  - Trouver les moyens humains et financiers pour exploiter les ressources

L'enjeu environnemental

- **Constat :** de nombreuses atteintes à l'environnement
- **Problématique :**
  - Comment assurer un développement durable ?

L'enjeu démocratique

- **Constat :** de nouveaux acteurs spatiaux qui accaparent les ressources à leurs profits
- **Problématique :**
  - Comment faire en sorte que la croissance économique profite à tous ?

CRÉDIT PHOTOGRAPHIQUE

Couverture : Sasse/Réa – **p. 13** : Dombrowski/Ebert/Laif-Réa – **p. 17** : Leimdorfer/Réa – **p. 21** : Aulin/Reuters/Max PPP – **p. 22** : Lalmand/Gamma – **p. 23** : AFP – **p. 25** : Webb/Magnum – **p. 26** : Roque/AP/Sipa Press – **p. 28** : Gould/Corbis-Sygma – **p. 39** : Scardino/RS/Olympia/Sipa Press (h.), Huber/Laif-Réa (b.) – **p. 40** : Alvarez/AFP – **p. 41** : Michel Setboun – **p. 45** : Rattay/Reuters/Max PPP – **p. 46** : Berenholtz/Corbis-Sygma – **p. 47** : London Aerial Photo Library/ Corbis-Sygma (h.), Laboratoire ADP/Fernandez (architecte : Paul Andreu) (b.) – **p. 49** : Beltra/Greenpeace – **p. 50** : Chen Fei/AP/Sipa Press – **p. 51** : UEN/Imagine China/Max PPP – **p. 52** : Donovan Wylie/Magnum – **p. 55** : Jobin/ANA – **p. 59** : Dessin Clair Arthur – **p. 61** : Dessin de Willem (g.), Crowell/UPI/Gamma (d.) – **p. 63** : Peter Lou/Sinopix/Réa – **p. 65** : Indranil Mukherjee/AFP – **p. 69** : Greenpeace – **p. 76** : Eshraghi/Agence Vu (g.), Hironori/Camera Press/Gamma (d.) – **p. 81** : Narendra Chhikava – **p. 83** : Leynse/Réa – **p. 85** : Mc Kenzie/Panapress/Gamma – **p. 87** : Gleizes/Réa – **p. 89** : Lefteris Pitarikis/AP/Sipa Press – **p. 93** : Reuters/Max PPP – **p. 97** : Ian Martin/Corbis-Sygma – **p. 103** : Blakeslee/Age/Hoa-Qui – **p. 105** : Lahoud/Altitude – **p. 107** : Campbell/Corbis-Sygma – **p. 111** : Leynse/Réa (g.), Piepenburg/Laif-Réa (d.) – **p. 115** : Carroll/Age/Hoa-Qui – **p. 117** : Lehman/Corbis-Sygma (h.), Ross/Corbis-Sygma (b.) – **p. 119** : Snowdon/Hoyer/Focus/Cosmos – **p. 121** : Tibor Boghar/Corbis-Sygma – **p. 125** : Michel Setboun – **p. 129** : NASA (h.), Grandadam/Hoa-Qui (b.) – **p. 133** : Didier Forray – **p. 134** : Smith/Katz/Réa – **p. 139** : AFP – **p. 141** : Cavalli/Age/Hoa-Qui (h.), Silberstein/Rapho (b.) – **p. 143** : Kord.com/Hoa-Qui (h.), Chappatte dans International Herald Tribune-globecartoon.com (b.) – **p. 145** : Nikos Daniilidis/Vinci – **p. 149** : Huart/ESA/AFP – **p. 155** : Perry/AFP – p. 158 : Marti/AFP – **p. 161** : Grochowiak Ewa/Corbis-Sygma – **p. 163** : Collart/Corbis-Sygma – **p. 167** : Annebicque/Corbis-Sygma – **p. 171** : Renders/Getty/Sipa Press – **p. 173** : Croucher/Corbis-Sygma (h.), Plus Pix/Age/ Hoa-Qui (b.) – **p. 176** : IGN, 2004-Autorisation n° 80-3121 – **p. 179** : Zuder/Laif-Réa – **p. 182** : Pflaum/Visum/ Cosmos – **p. 183** : Werner Otto/Age/Hoa-Qui – **p. 185** : Port autonome du Havre – **p. 189** : Arthus-Bertrand/Altitude – **p. 193** : Région Alsace/Anstett (g.), Roy/Hoa-Qui (d.) – **p. 195** : Roslan Rahman/AFP (h.), Chine Nouvelle/Sipa Press (b.) – **p. 205** : Liu Liqun/Corbis-Sygma – **p. 211** : Pitchal/Corbis-Sygma – **p. 215** : Buss Wojtek/Hoa-Qui (g.), Beck/ Corbis-Sygma (d.) – **p. 217** : Simmons/Sipa Press (h.), Hoffmann/Network/Rapho (b.) – **p. 221** : CNES/Dist. Spot Image- /Explorer/Hoa-Qui – **p. 224** : Fuste Raga/Corbis-Sygma – **p. 226** : Arthus-Bertrand/Altitude – **p. 227** : PANA – **p. 229** : Boening/Laif-Réa – **p. 230** : Yamashita/Corbis-Sygma (h.), Kurita Kaku/Wada/Gamma (b.) – **p. 232** : Wagner/Corbis-Saba (h.), Fuste Raga/Corbis-Sygma (b.) – **p. 235** : Arthus-Bertrand/Altitude – **p. 239** : B.S.P.I./Corbis-Sygma – **p. 241** : Ball/Photononstop – **p. 243** : Girard/Explorer/Hoa-Qui (h.), Essel NYC/Corbis-Sygma (b.) – **p. 247** : Amit Dave/ Reuters/Max PPP (h.), Quidu/Gamma (b.) – **p. 255** : Philippe Psaila – **p. 261** : Riffet/Rapho – **p. 263** : FAO – **p. 264** : Gubb/Corbis-Saba – **p. 271** : Balkis Press/Abaca – **p. 273** : Penn/Corbis-Sygma – **p. 275** : Arthus-Bertrand/Altitude (h.), De Wilde/Hoa-Qui (b.) – **p. 283** : Gerster/Rapho – **p. 285** : Sayao/EPA/Sipa Press (g.), Collart/Gamma (d.) – **p. 287** : Meneghini/AP/Sipa Press – **p. 289** : Rodrigues/AP/Sipa Press – **p. 290** : Courrier International n° 680 – **p. 297** : Azoury/Corbis-Sygma – **p. 299** : PlanetObserver.com/Hoa-Qui (les 3 photos) – **p. 301** : Chris Rogers/Corbis-Sygma – **p. 304** : Fuste Raga/Corbis-Sygma – **p. 307** : Salgado/Contact Press Images – **p. 309** : Carrasco Ragel/AFP – **p. 317** : Fedouach/AFP – **p. 321** : Courrier International n° 628 – **p. 323** : Arthus-Bertrand/Altitude – **p. 325** : Azzopardi/AFP (h.), Bouys/AFP (b.) – **p. 327** : Original image courtesy of NASA/Corbis-Sygma – **p. 337** : Philippe/Altitude – **p. 339** : Itar-Tass – **p. 343** : Alexander/Cosmos – **p. 347** : Raymer/Corbis-Sygma (h.), Nikishin/Getty/Sipa Press (b.g.), Hyzy/AFP (b.d.) - **p. 351** : Denisov/Itar-Tass (h.), Ingalls/NASA (b.).

Atlas du Monde Diplomatique, Philippe REKACEWICZ : p. 12, p. 14, p. 18, p. 24, p. 29, p. 35, p. 42, p. 53, p. 74, p. 75, p. 80, p. 95, p. 97, p. 115, p. 119, p. 217, p. 241, p. 250, p. 251, p. 252, p. 253, p. 265, p. 329, p. 334, p. 340, p. 343.

Cartographie : Jean-Pierre CRIVELLARI.
Conception et réalisation : Soft Office.

Aubin Imprimeur
LIGUGÉ, POITIERS

Achevé d'imprimer en avril 2004
N° d'impression L 66780
Dépôt légal avril 2004
Imprimé en France